改变世界的科学家

数学家的猜想

果麦 编　陈彦军 撰文

云南出版集团　晨光出版社

果麦文化 出品

目录

神秘而伟大的数学家毕达哥拉斯

神秘而怪僻的老师

数学历史的跨度可达几千年，虽然人们不知道它是从何时及如何开始的，但在有文字记载的文明中都能找到描述它的资料。古时候，探索数学知识是拥有天赋、时间、财力的人的追求，而真正能取得划时代成就的数学家却寥寥无几。这些顶尖数学家生前普遍会留下论文、著作等资料，我们可以通过阅读资料了解他们。不过这种方法在毕达哥拉斯身上行不通，因为他没有留下任何著作，历史上的毕达哥拉斯仿佛蒙着一层神秘的面纱……

毕达哥拉斯出身于古希腊的一个贵族家庭，从小就接受了阅读、演讲、演奏乐器等方面的教育。成年后游历了以几何学见长的埃及和以代数学见长的巴比伦，学习当地的数学知识。中年时，毕达哥拉斯返回故乡开办学堂，广收门徒。

毕达哥拉斯在少年时就曾提出了不同于当时社会的思想观点，比如男女平等。按当时的风俗，只有男孩才被允许接受教育，女孩是不能参加集会和学习的。毕达哥拉斯率先打破了这个规矩，他坚持认为女孩和男孩一样有接受数学、哲学等教育的权利。

毕达哥拉斯之所以被称为史上第一个数学家，是因为他真正理解了数学的含义。在课堂上，他讲述的不是错综复杂的概念，而是数学通识教育，普通人也能很好地理解。

不过，要想跟随毕达哥拉斯学习，学员必须保证坚决不向外界泄露所学内容。这条规矩无形中增加了后人了解他的难度。

万物皆数

在今天看来，伸出 5 根手指会自然让人想到数字 5，这是很普通的一件事情，但在 2500 多年前从 5 根手指中抽象出数字“5”的确是一个巨大的进步。毕达哥拉斯甚至提出“万物皆数”的观点，希望通过数来解释生活中的一切，这样世界就会变得简单而美妙。这里说的“数”指的是像 1、2、3、4、5……这样的正整数。

数字令毕达哥拉斯着迷，他研究数字规律的内容成了数论的基础。毕达哥拉斯对三角形数、平方数、亲和数、完美数等都有较深的研究，也发现了平方数的几个新性质，例如数字 n（n 为正整数）的平方等于前 n 个奇数之和（如 $4^2=1+3+5+7$）等。

毕达哥拉斯尤其喜欢将数字分组讨论，比如将自然数分成奇数、偶数，质数、合数等；将偶数分成 3 组："偶偶"（一直除以 2，直至商为 1，例如 2、4）、"奇偶"（除以 2，商为不是 1 的奇数，例如 6、10）、"奇奇"（除以 2 至少两次，最后一次商为不是 1 的奇数，例如 12、20）。

毕达哥拉斯从事的这些工作与他宣称的"万物皆数"有什么联系呢？

一天，毕达哥拉斯的学生向他请教了一个问题："您说'万物皆数'，那么我交朋友的过程可以用'数'解释吗？"

毕达哥拉斯脱口而出："当然，朋友是你亲近的伙伴，你与朋友之间要像 220 和 284 一样亲密。"

学生不明其意，毕达哥拉斯边写（1+2+4+5+10+11+20+22+44+55+110=284，1+2+4+71+142=220）边解释道："你和朋友就要像这两个数，一个是你，另一个是他。"

毕达哥拉斯用亲和数来比喻友谊，220 和 284 是人类认识的第一对，也是最小的一对亲和数。什么是亲和数呢？亲和数，又称为相亲数、友好数，是指两个正整数中，彼此的全部因数之和（本身除外）与另一方相等。284的因数1、2、4、71、142的和等于220，同样，220的因数的和等于284。这些看似浅显的知识中，无一不凝结着先贤们坚忍不拔的努力和汗水。

毕达哥拉斯定理

尼罗河贯穿古埃及，每年洪水泛滥后需要重新丈量土地，测绘者将一根均匀分布有12个绳结的绳圈围成三角形，三角形的边长分别为3、4、5，以此来标记直角；在巴比伦出土的“普林顿322号泥板”上记录着一些满足 $a^2+b^2=c^2$ 规律的数组（119、120、169；3367、3456、4825；4601、4800、6649；……）。

这就是大多数中学生都要学习的定理：直角三角形中，两条直角边的平方和等于斜边的平方（如，$3^2+4^2=5^2$），西方称之为“毕达哥拉斯定理”，在中国又叫作“勾股定理”。

追溯勾股定理的起源很难，毕达哥拉斯所处时代结束几百年后，这个定理才与毕达哥拉斯联系起来。这个定理为古埃及和古巴比伦人所使用，但善于思考的毕达哥拉斯认为，这一结论需要经过严密的演绎推理之后才能作为普遍知识来应用。

想到就做，毕达哥拉斯开始了这段艰辛的证明之旅，他常常一个人坐在巴比伦城外的沙地上，画着一个个直角三角形，边画边思索，却一直没有进展。

有一天，毕达哥拉斯接到邀请，去参加一场宴会。宴会的地点富丽堂皇，餐厅的地面铺着多彩的大理石瓷砖。与会的宾客们谈论着政治、音乐和绘画，他们高谈阔论，各抒己见，只有毕达哥拉斯沉默不语。原来，他被脚下规则排列的方形瓷砖吸引住了。毕达哥拉斯并不单是欣赏美丽的瓷砖图案，而是感受到它们与“数”之间似乎有关联。突然，他注意到以一块正方形对角线为边画正方形，这个正方形的面积恰好是两块瓷砖的面积之和。这令他兴奋不已，顾不得所谓的体面，就俯身趴在了地板上，在地板上画了起来。

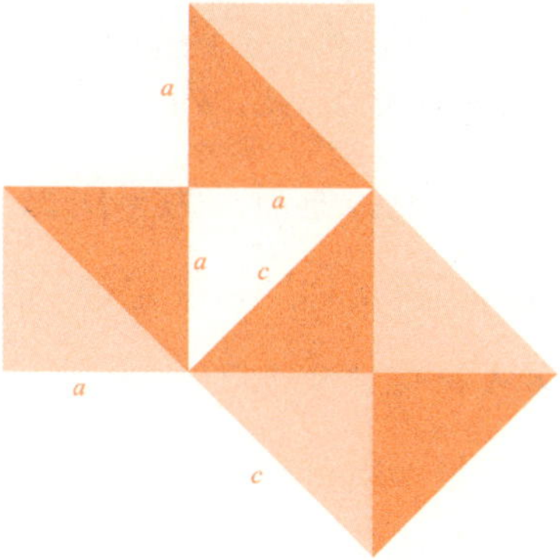

图中每个小三角形的面积均相等，以 c 为边的正方形面积等于两个以 a 为边的正方形面积的和，即 $a^2+a^2=c^2$。

“这个图形中一定隐藏着一种奇妙的证法！”毕达哥拉斯在心里暗自想着。他的思路是先分割正方形，再将其中的一部分重新拼凑成同样大小的正方形，最后利用面积完成证明。其间，毕达哥拉斯经历了多次失败，但他从不灰心，反而更加认真地分析图形。突然，他灵光一现，一拍脑门说：“原来这样分就可以了！”

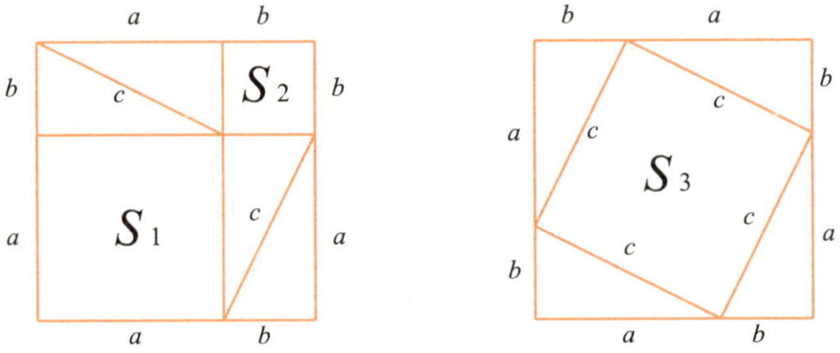

两幅图中大正方形的面积相等，三角形面积也彼此相等。可以得到：$S_1+S_2=S_3$，即 $a^2+b^2=c^2$。

据说，他当时为了庆祝这一伟大发现，用了 100 头牛设宴，故又称“百牛定理”。自他之后的 2500 多年里，很多人都痴迷于勾股定理的证明，迄今已有超过 400 种的证法，且不断有新的证法出现。

在毕达哥拉斯之前，几何学是通过实践得来的规律性知识，人们并不知道规律之间有没有关联。毕达哥拉斯提出发展几何必须先制定“公理”（公设），再经过演绎推理得到“定理”，这为欧几里得建立完整的几何体系提供了理论基础。毕达哥拉斯首次将证明引入了数学，这是他最伟大的贡献之一。

那么，勾股定理有多重要？

如果没有三角学，一切皆无可能。地球表面将不存在摩天大楼、公路桥梁、水库大坝等建筑物，天文学、深海探索、太空旅行、汽车、电脑等你所能想到的与所有现代科学技术有关的事物也不会存在。而勾股定理正是三角学的基础。

不过，勾股定理在带给人们无限可能的同时，也给当时的人们带来了一场数学危机！

第一次数学危机

毕达哥拉斯认为“万物皆数”，所有的数都可以表示为整数或两个非零整数之比，比如 0.4=2∶5，3.14=157∶50。

在证明了毕达哥拉斯定理之后，毕达哥拉斯很可能已经意识到这个说法是错误的，但他并未说出。

毕达哥拉斯有个学生叫希帕索斯，他聪明、善于思考，尤其擅长举一反三。在学习了毕达哥拉斯定理后，他提出一个疑问：边长为 1 的正方形的对角线长度是多少？根据勾股定理，对角线长度为$\sqrt{2}$，但这个数无法用两个整数的比表示出来。这就说明存在某些并不符合毕达哥拉斯“万物皆数”理论的数，也就是无理数，这是数学史上一个重大的发现。希帕索斯将“数的危机”宣扬了出去，激怒了毕达哥拉斯及其保守派，他为此付出了生命。

可真理不会一直被埋没，这次危机没有成为阻碍数学发展的绊脚石，反而成了一座灯塔，指引着数学家们将数的范围从有理数扩大到了实数(实数包括有理数和无理数)。

打铁声中创音阶

除数学外，音乐是毕达哥拉斯生活中的另一大主题。毕达哥拉斯钟情于各种乐器，他经常思索能不能用“数”来表示音阶。生活中处处留心皆学问，毕达哥拉斯深谙此道。

有一天，毕达哥拉斯边低头走路边思考一个问题，这时候他听到了一阵悦耳的“叮叮当当”的声音，抬头一看，原来是打铁匠在打铁。这挑起了他的兴致，他便驻足仔细观察。

毕达哥拉斯注意到打铁声时大时小，有的美妙动听，

有的刺耳难听,他开始琢磨那些悦耳的声音是怎么发出的。

很快，敏锐的毕达哥拉斯注意到不同大小的锤子敲击铁块发出的声音不同，特别是用两把特定锤子同时敲击时会发出令人非常愉悦的声音。他思索着其中的联系，并测量了这两把锤子的重量，发现其中一把是另一把的 2 倍。这个发现令毕达哥拉斯兴奋不已，他继续研究同时敲击 4 把锤子且发出悦耳声音时，锤子重量之比，并按照这些比例在自制的单弦琴上进行了各种各样的声音实验，最终发明了毕达哥拉斯音阶。

毕达哥拉斯音阶打破了存在 2000 多年的西方音乐常规，逐渐成为中世纪音律理论的基础。

可见，生活中只要善于观察和思考，就能从很平凡的事情中发现不同寻常的奥秘。

一个善良、和蔼的人

毕达哥拉斯喜爱动物。据说，他有一次散步时，遇到一个人在教训一条狗，这条狗被打得遍体鳞伤。毕达哥拉斯十分怜悯这条狗，立即呵斥道:“停！别打了，这条狗是我曾经的朋友！”

毕达哥拉斯不仅对动物和善，对普罗大众的教育更是热心。

一天，毕达哥拉斯遇到一个贫穷但非常努力上进的年轻人，他认为每个人都应该学点几何学，于是笑着说：“我能给你一个赚钱的机会，但需要你付出艰辛的努力。”

年轻人使劲点点头，说：“我不怕吃苦！”

毕达哥拉斯接着说：“你跟着我学习几何，每学会一个定理，我就给你一枚钱币。”

年轻人喜出望外地答应了毕达哥拉斯。就这样，仅仅过了一个学期，他就取得了很大的进步，并对几何学产生了浓厚的兴趣。他不满足于每次只学习一个定理，请求毕达哥拉斯每次上课多传授一个定理，还提议：老师每多教一个定理，就还给老师一枚钱币。毕达哥拉斯十分赞许他的学习热情，并倾囊相授。结果，没用多久，毕达哥拉斯就将给学生的钱全部收回了。

用毕达哥拉斯的自己话形容他自己最合适不过了：“我没有什么技艺，只是一个爱智慧的人。”

几何学之父欧几里得

最成功的数学教科书

“仰之弥高，钻之弥坚。”有天分的数学家在成为举世瞩目的“明星”之前，想必都会付出艰苦的劳动。无论贡献多与少，他们身上都有着“勤奋”的特质。古希腊著名科学家和天文学家泰勒斯，有一次边散步边仰望星空思考问题，不慎掉入了枯井之中；法国数学家安德烈·玛丽·安培，无论做什么事情，脑子里时刻想着数学题，有一次竟然把一辆马车的后箱板当成了黑板，在上面演算题目；我国数学家陈景润致力于研究“哥德巴赫猜想”，每天工作十几个小时；古希腊数学家欧几里得为了将零散的几何理论加以条理化、系统化，不辞辛苦远足求学，历经无数个日夜，几经易稿，才完成传世之作《几何原本》。

我们对欧几里得的身世几乎一无所知，但从他的著作中可以发现，他不仅有一颗求知欲很强且执着的心，还善于思考与推理，有一次坐在海边时就推理出“地球是圆的”。

几何学起源于古埃及，古希腊数学家将逻辑推理和证明融入其中，从而改变了几何学的意义。这些知识激发起了欧几里得的科学热情，在十几岁时他便带着一把直尺和圆规直奔当时的最高学府——柏拉图学院，学习几何学。随后的几十年中，欧几里得通过梳理远古数学思想，在前人留下的早期几何学理论基础上加入自己的见解，创立了完善、严谨的欧几里得几何学体系。

《几何原本》是欧几里得所著书中最著名的一本，它是希腊传统上最重要的数学成果的合集，并作为正式的演绎科学呈现给世人。《几何原本》在内容编排与风格上均不同于先前的数学，它以 23 个定义、5 条公理、5 条公设为基本出发点，陆续给出了 465 个命题及证明，内容涵盖了平面几何、立体几何和初等数论等方面。欧几里得将几何知识按由浅入深、由简入繁的顺序介绍给人们。时至今日，后人已经出版了 2000 多个版本的《几何原本》，世界各地的读者都能从中感受到几何学散发出的高超力量和不朽魅力。

欧几里得的书籍被视为内容准确、逻辑清晰、推理论证严谨的典范，对欧洲传统数学产生了巨大影响，《几何原本》更被广泛地认为是人类历史上最成功的教科书之一。

破解柏拉图的“阴谋”

雅典是古希腊文明的中心，这里有着浓郁的文化氛围，美丽的基菲索斯河穿城而过，绿树成荫的岸边矗立着欧洲第一所综合性的学校。它是由“古希腊三贤”（苏格拉底、柏拉图、亚里士多德）之一柏拉图创立的，众多古希腊名士都曾受教于此。欧几里得在少年时代也被柏拉图学院散发的浓郁的学术氛围深深吸引，与一群热爱科学的年轻人来到学院追求真理。

这群年轻学生热情洋溢，有说有笑地来到学院门口，可是当他们看到眼前的一幕时，都惊呆了。原来，学院大门紧闭，门口竖立着一块牌子，上面写着：“不懂几何的人，不得入内！”

大家面面相觑，原先一个个洋溢着的笑容纷纷消散，取而代之的是拧紧的眉头。有人小声嘀咕：“我是因为不懂几何才来到这里求学的，要是懂的话，还来这里做什么呢？”随后便有人质疑：“木牌上所写内容的意思是不让不懂几何的人进去，但并没有说懂得几何的人一定就可以进去啊！”这一下，学生们更糊涂了，进退两难。

欧几里得挤过局促不安的人群，走到前面，瞧了一眼

木牌，略加思索后便推开大门，脚步坚定地朝里走去。

原来，柏拉图认为数学是锻炼逻辑思维的最佳途径，严密的推导过程需要学习者极其专注，偶尔还需要一点灵感和自信。所以，柏拉图觉得只有那些有一定数学基础且有着坚定信心的人，才能应付得了学院的智力挑战，他就将几何学视为“入学要求”，立在了门口，让求学者体验“能进”“可能不能进”“不能进”等多种解读结果。欧几里得靠逻辑分析领悟到了柏拉图的深意，而他也的确有天赋和毅力掌握这门学科。

几何无坦途

公元前 4 世纪末，马其顿王国征服了埃及，建立了亚历山大城，渴望知识的亚历山大大帝在城市之中建立了一座宏伟的图书馆，这座图书馆很快取代了雅典的柏拉图学院，一跃成为世界学术交流中心。公元前 300 年左右，欧几里得接受国王托勒密一世的邀请，从雅典移居到了亚历山大城，在当地创办了一所传授数学知识的学校。

古埃及人很早就在丈量土地等实践中掌握了大量的几何学，积累了丰富的经验，但一直停留在实际的应用上。

比如，为了求圆的面积，他们将其等价于一个边长为直径九分之八的正方形，正方形的面积与圆的面积非常接近，以致他们没有发现差异。现在我们知道，这种计算方法中圆周率取值约为3.16，略大于真实值（3.14159…），虽然对于简单的工程来说已经足够接近，但很多年来没有人试图弄清楚这种想法是否正确，以及如果正确，有没有普遍适用性等问题。

欧几里得是个爱琢磨的人，在雅典积累了相当丰富的知识后，他发现以往的几何知识虽然繁多，但过于零散，不成体系，部分知识由于陈旧，已经不能满足当时社会发展的需要了。欧几里得敏锐地觉察到几何学要迈向新的发展道路——理论化、体系化。他下定决心，要在有生之年将应用几何学的知识收集起来，加以系统化的证明，使之成为一套完整、合理、前后贯通的知识体系。为了完成这个艰巨的任务，欧几里得不分昼夜地辛勤工作，他一边收集前人的手稿资料，与相关学者交流，一边尝试着构建几何学的框架。历经数次修改后，《几何原本》终于定稿，几何学渐渐成为当时乃至当今世界中学生的必学科目。

在欧几里得的大力推广下，几何学逐渐成为当地市民茶余饭后的谈资。国王托勒密也对几何学产生了兴趣，但做事精明的他在学习《几何原本》时却非常吃力。于是，他问欧几里得："你能不能教我学习几何的'速成法'和捷径？"欧几里得笑着说："抱歉，国王陛下。学习科学知识没有捷径可走，只有循序渐进、持之以恒才会有所收获。在几何里，没有专门为国王铺设的大道。"后来，欧几里得的这句话成为千古流传的学习箴言。

循循善诱的老师

欧几里得在亚历山大城教学期间，反对投机取巧和懒惰的学习作风，对待学生总是循循善诱，鼓励他们刻苦、勤奋地学习。欧几里得著书立说时极其严谨，对书中的每个定理都进行了严格的逻辑证明，即使这个定理是"显而易见"的。比如，定理"三角形两边之和大于第三边"。伊壁鸠鲁（古希腊哲学家）认为这是一个连驴子都明白的定理，但欧几里得亦对该定理进行了一个非常富有逻辑性的证明。

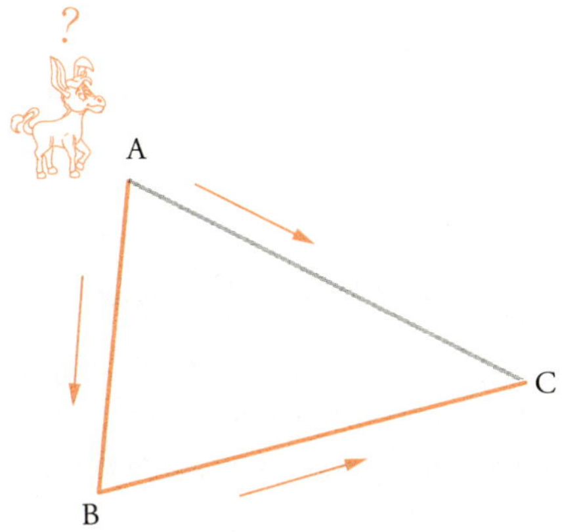

驴子需要将货物从 A 处运到 C 处，哪条路最近呢？是折线 AB—BC，还是线段 AC 呢？根据“两点之间，线段最短”可知，$AB+BC>AC$。

在传授知识的过程中，为了方便学生理解，欧几里得的教学方法不拘一格，力求简洁。比如在讲解“求两个正整数的最大公因数”时，在给出严格证明后，附上了简洁、直观的方法——辗转相除法。

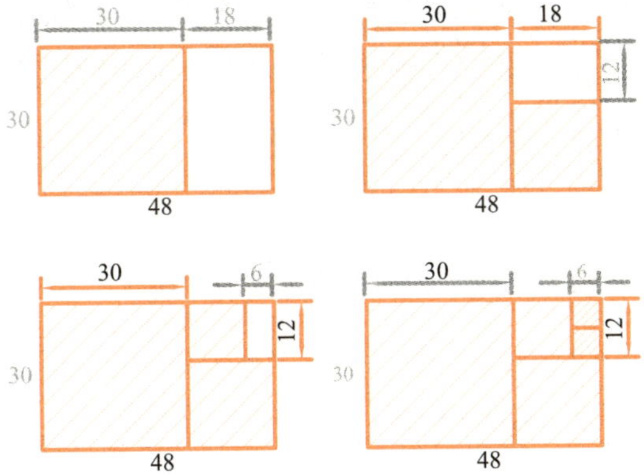

方法1：图解法。以两个正整数48和30为边画长方形，依次截取正方形，最小正方形的边长（6）即为两数（48，30）的最大公因数。

48	30
①48 ÷ 30 = 1……18	
	②30 ÷ 18 = 1……12
③18 ÷ 12 = 1……6	
	④12 ÷ [6] = 2……[0]

方法 2：竖式法。用较大数除以较小数得到第一个余数，用较小数除以第一个余数得第二个余数……直至余数为 0，最后算式中的除数即为两数的最大公因数。

欧几里得还善于通过与学生进行简单的对话，来引导他们找到解决复杂数学问题的方法。一天，几个学生在课堂上讨论怎么测量金字塔的高度，欧几里得问："你们想到了什么方法？"

一个学生回答："先在塔顶处垂直地面竖起一根木棍，再把木棍放倒测量。"

"不可行！"另一个学生接过话茬儿，说，"我们很难爬到塔顶，即使爬上去了，又要去哪里找这么长的木棍呢？"

欧几里得点点头，引导说："当直接测量不可行时，可以尝试间接测量。"

"我知道了！在金字塔影子的长度与塔身的高度相等时，测量影长。"

"它们的长度什么时候相等呢？"

又是一阵沉默，欧几里得继续说道："利用相似知识能否解决呢？"

"老师，我懂了！当人的影子与身高等长时，金字塔的影子也一定与塔高等长。"

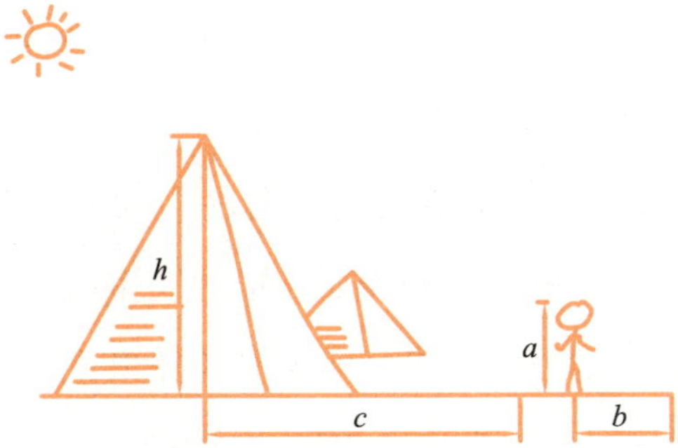

$h:c=a:b$，当 $a=b$ 时，$h=c$。

就这样，欧几里得通过引导学生思考，启发他们自己找到了解决问题的方法。

几何之美流传后世

欧几里得认为学习数学是寻找智慧的旅程，必须时刻以真理为导向，他一生淡泊名利，反对做学问时追求名利。

欧几里得是一位推动几何发展的数学家，《几何原本》

也使他成为古代乃至所有时代最杰出的数学老师之一。他的著作不仅启发过后代的科学巨匠（如牛顿、爱因斯坦等），还给很多业余几何爱好者培养逻辑思维能力提供了方法。比如，美国第16任总统亚伯拉罕·林肯在从事律师工作时，为了锻炼逻辑与语言能力，就将欧几里得的著作装进随身携带的袋子中，他经常在忙完每天的繁重工作后，点燃蜡烛，借着昏暗的烛光学习到深夜。

欧几里得的几何体系轰鸣着走过了2000多年，带着人们领略到了数学的优雅和美丽。他的著作虽然没有绘画和音乐那样华丽的外衣，但朴实无华的知识像一支蜡烛照亮了我们的内心，消除蒙昧、无知和恐惧。

数学的女儿希帕蒂亚

秀外慧中，聪明伶俐

让我们推开数学史的大门，漫步其中，脑海中幻想着数千年前的古代先贤是如何用智慧开垦土壤的，是如何探索浩瀚星辰的奥妙的，又是如何提出这些奇思妙想的。也许，第一个点亮智慧之灯的人并不知道他将引领一场横亘古今的科技变革。虽然古巴比伦、古埃及文明已经随岁月的流逝而消磨殆尽，但是直到今天，数学、哲学、雕塑、建筑等领域仍然随处可见它们的影子，彪炳寰中。

当人们说起古埃及时，脑海中会浮现出三三两两的学者正悠然坐在几棵橄榄树下，或低声讨论，或托腮沉思，或安静地读书的画面。彼时，矗立在地中海沿岸的亚历山大博物院门口人山人海，他们正翘首企盼着一位睿智、美丽、多才的数学家带来的演讲，她就是浪漫的希帕蒂亚。

希帕蒂亚出身于一个知识分子家庭，父亲塞翁是亚历山大博物院著名的学者和天文学、数学老师。在古代社会，女性几乎不被允许抛头露面，她们整天在厨房里忙碌并抚育后代。幸运的是，慈祥的父亲没有将她培养成家庭主妇。塞翁鼓励希帕蒂亚像男孩子一样接受教育，不仅把毕生所学全部传授给她，还与她分享获取真理的快乐和探索未知领域的激情。

自由环境中成长起来的希帕蒂亚表现出了惊人的数学天赋，10 岁时就懂得了利用物体的影长测量其高度的知识，同时对数学和天文学产生了浓厚的兴趣。

塞翁还为希帕蒂亚制定了一套学习和锻炼身体的方法，确保她拥有敏捷的头脑和健康的体魄。在对女儿的教育中，塞翁不间断地向她介绍世界各地的文化，教她如何借助文字的力量影响人们。希帕蒂亚口齿伶俐，塞翁就将教学、演说的技巧也传授给她，使她成长为一位知名的演讲家。只要有人愿意聆听，身披学者长袍、举止优雅的希帕蒂亚就会用清晰的逻辑发表演讲。人们深深地被她的话语和她本人迷住了，数不胜数的市民纷纷聚集在她身边，听她讲述柏拉图和亚里士多德的传奇故事和优秀思想。

多才多艺，清声善辩

2000 多年前，亚历山大城成为世界知识界的中心，在这里，埃拉托色尼首次精确测量出了地球的周长、欧几里得撰写了划时代的《几何原本》、丢番图开创了代数学、克罗狄斯·托勒密写下了《天文学大成》……然而，火灾、海啸、地震等灾难在数百年间先后洗劫和袭击了这座古城，亚历山大城内各式建筑、70 余万册藏书均毁于一旦，希帕蒂亚的著作也未能幸免。从其他资料中，数学史学家发现她的研究集中在算术、圆锥曲线、几何和天文学等方面。

“代数学之父”丢番图的《算术》将代数解放了出来，解题中的巧思妙招引人入胜，但部分内容难度太大。为便于学生理解，希帕蒂亚从《算术》中选取 100 多个典型的数学问题进行注解，她的文字通俗易懂，方法简单明了。这引起了一些保守派的忌妒和反感，他们冲着希帕蒂亚咆哮道：“数学是一门精密的学科，不能自作主张随意更改，你从哪里学的代数知识？”希帕蒂亚微笑着，眨了眨宝蓝色的眼睛，说：“一条水渠，人们很容易就能找到它的源头；汪洋大海的源头和尽头又在哪里呢？”

《几何原本》的成书时间与希帕蒂亚生活的年代间隔

近 700 年，这本著作在一代又一代的抄写中不可避免地出现了错误。希帕蒂亚和父亲一起对《几何原本》进行了整理，修正了书中延续了数百年的抄写错误，尽可能地消除学习者在学习中遇到的困难。父女二人搜集资料，一丝不苟地修订、加工着这部人类史上最为经典的几何学教科书。毫无疑问，新版本的《几何原本》得到了人们的认可，后来，它取代了以往几乎所有的版本，成为世界上使用最广泛的教科书之一。

除此之外，希帕蒂亚还特别喜欢天文学，曾经改进过星盘（用于观测夜空中星辰的仪器）。她还帮助父亲为托勒密的《大汇编》做评注，独立撰写了《天文准则》。希帕蒂亚的一位学生曾经请求她设计一种测量液体密度的仪器。虽然她从未听说过这类仪器，但是根据学生的描述和阿基米德的理论，她设计出了液体密度计。真是令人赞叹！

不惧权威的非凡女子

高逾 100 米的亚历山大灯塔耸立在地中海沿岸，夜空中燃起的光，给航行在茫茫夜色中的人们带去希望。探索真理的先知就像提灯的夜行者，他们坚信科学和真理的光终将照亮世界的每个角落。然而知识广袤无垠，灯光所照之处有限，需要像阿基米德、希帕蒂亚这样的人先行抵达真理之光未及的黑暗地带，指引后人携真理之光到达。而自古以来,科学界的先行者们都有一个共性——不惧权威。

芝诺是古希腊时期的哲学家，一生中提出过40余个各式各样的悖论，其中以亚里士多德记载的最为著名：阿喀琉斯是希腊神话中的跑步健将。一次，他与乌龟比赛，他奔跑的速度是乌龟的10倍。乌龟先行1000米，当阿喀琉斯跑到1000米位置时，乌龟又向前爬了100米；阿喀琉斯继续追100米,乌龟又爬行了10米；阿喀琉斯再向前追10米……只要乌龟不停地往前爬，阿喀琉斯永远也追不上乌龟!

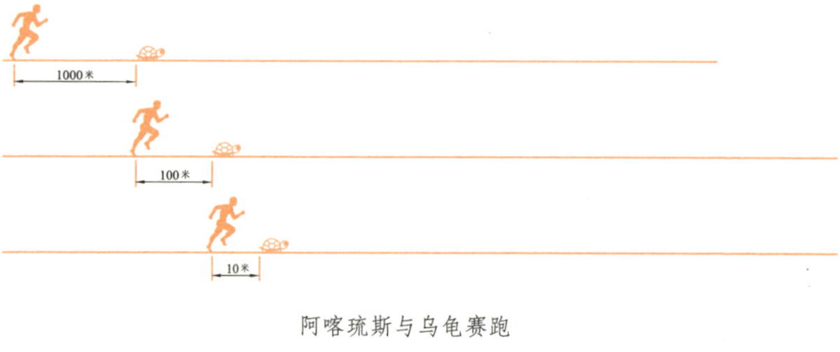

阿喀琉斯与乌龟赛跑

芝诺悖论在数学界引发了长时间的争论。塞翁在担任亚历山大博物院院长期间，曾多次主持数学、哲学问题的辩论会，他为了锻炼女儿的思辨能力，便鼓励希帕蒂亚参加一场关于“阿喀琉斯与龟”的辩论。当时，希帕蒂亚还未满 18 岁，她的对手是成名已久的哲学辩论大师，但她昂然屹立，没有丝毫的胆怯。

以希帕蒂亚为代表的“正方”率先发问：“设乌龟速度为 x 米/秒，阿喀琉斯速度为 $10x$ 米/秒，追赶时间为 $\frac{1000}{10x-x}$ 秒，既然能求出追赶时间，为什么还要说阿喀琉斯永远也追不上乌龟呢？”

“反方”代表不甘示弱，他反击道：“你是先假定阿喀琉斯能追上乌龟才求出的时间，要推翻‘悖论’必须证明阿喀琉斯能追上乌龟。”接着，他又复述了一遍悖论的内容。

希帕蒂亚说：“悖论本身的逻辑并没有错。但是芝诺只对阿喀琉斯与乌龟间的距离（1000 米）进行了无穷分割，并没有分割时间。如果将有限的时间（$\frac{1000}{10x-x}$ 秒）也分割成无穷多个时间点，那么阿喀琉斯走完乌龟无穷多个的位置就只需要有限的时间。”

希帕蒂亚用清晰的逻辑思维一针见血地找到了悖论中存在的漏洞，引起了在场所有人的注意。这场辩论会使希帕蒂亚声名鹊起，敏捷的思维、美丽的外表、不畏权威的勇气让很多人成了她的拥趸，甚至一些责备她抢了他们“风头”的反对者，也被她非凡的魅力所折服。

独立思考的精神

希帕蒂亚在父亲的引导下走向成熟。“保留你独立思考的能力，”她父亲说，“即使是错误的思考，也比不动脑筋、被动接受要好。”为了进一步扩充知识，希帕蒂亚乘船来到了古希腊圣地——雅典，在这个科学起源地学习更深层次的数学与哲学。雅典的学者对她丰富的几何知识惊叹不已，各界学者纷纷向她请教，与她探讨问题。

父亲去世后，希帕蒂亚接替了他的工作并开始教书，她将古希腊的数学、哲学和天文学知识传授给学生，一时间，非洲、欧洲、亚洲的学生成群结队地到宽容、温和的希帕蒂亚那里求学，并视她为精神领袖。

一生中，希帕蒂亚和父亲一样，是一个理性主义者，反对故步自封和教条。她无比热衷于自己选择的事业，把所有的爱都投入到教学及科学研究上，终身未嫁，这在当时是会受到惩罚的。然而，当凶神恶煞的暴徒质问希帕蒂亚为何不结婚时，她这样诠释“爱情”：“我心中早已有了心仪的对象，我只愿嫁给一个‘人’——他的名字叫‘真理’。”希帕蒂亚无视暴徒的威胁，每天坚持给学生讲课，直至暴徒残害她的那天。

亚历山大城中延续了数百年的科学圣火随希帕蒂亚的离世瞬间熄灭了，人类科学史上“百家争鸣”的时代也宣告结束。然而，科学的道路蜿蜒崎岖，古希腊、古埃及的数学知识很快以其他途径传播到世界各地。数学自 5000 年前的象形数字开始,直至今日,仍在不断地开辟出新的土壤。希帕蒂亚那曼妙、神秘的身影从未消散，她被深深印刻在人们的脑海中，象征着追求真理的勇气和智慧。

中国古代数学的奠基人刘徽

谦虚谨慎，贡献卓越

数学与音乐、绘画一样，是人类文明不断发展和人类共同智慧的结晶。在纸张发明之前，中国古代学者将数学知识写在木片或竹简上，由于这些材质很容易腐烂，所以早期大量的文献没能保留下来。

值得庆幸的是，经过历代数学家们的增补修订，《九章算术》得以完整地流传下来，这本书后来被翻译成日语、德语、法语、英语等多种文字版本，流传世界，与欧几里得的《几何原本》一起被称为现代数学思想的起源。

尽管中国古代数学取得了辉煌的成就，但也有其局限性，缺少严谨求证的思想。魏晋时期，数学家刘徽填补了这一空白。刘徽在《九章算术注》中，第一次明确了先给出定义，再用逻辑推理论证数学命题的研究方法，建立了中国古代数学的理论框架。鉴于此，有史学家认为，刘徽是中国古代数学史上最杰出的代表人物。

据考证，刘徽是汉高祖刘邦的后裔，相对殷实的家境使他在年幼时就能跟随老师学习算术。刘徽自幼品行端正，思维敏捷，敢于批判前人的错误并勇于创新。他创造出“割圆术”，纠正了“周三径一”（当时人们普遍认为圆周长为 3 时，直径为 1，$\pi=3$）这一错误的结论，设计出“牟合方盖”，证明了《九章算术》中球体积公式的错误，并为求解球体积提供了研究方法。刘徽本人最终没能解决球体积的问题，他坦言自己研究能力有限，并寄希望于后人。

在数学上，建立数学理论和提供研究方法比实际计算更重要。正是有了刘徽“割圆术”“牟合方盖”等理论和研究方法，才有了 200 多年后祖冲之的两个主要成就：一是将圆周率精确到 8 个有效数字（即圆周率在 3.1415926 和 3.1415927 之间）；二是和儿子祖暅之一起得到了球体积的计算公式（$V=\frac{4}{3}\pi R^3$）。

从刘徽的注解中，我们可以看到，他是第一位提出十进制小数的数学家，对数学概念有着深刻的理解，开创性的发现使他跻身数学史上最杰出的数学家之列。刘徽一生博学多长，通晓中国文史典籍，写作中旁征博引，文笔流畅。刘徽还是一个谦虚谨慎的人，从不妄断不确定的事情，认为“难题应该交给有才干的人”。刘徽对待学术极其耐心、孜孜不倦，对待百姓更是饱含深情，为官期间，他十分关心百姓的生存状况和国家经济的发展，制定了很多公平、有效的政策。

推算圆周率，首创割圆术

数学家的创造力来源于灵感、抽象思维与专业的技能。灵感稍纵即逝，它只青睐有准备的大脑，只有这样的大脑，才能在灵感冒出来的时刻，敏锐地发现事物之间的联系。

刘徽不仅有严密的逻辑推理能力，而且观察力强，他特别善于观察生活现象并从中总结出数学规律。

一天，刘徽一边散步，一边思考关于计算圆面积的问题，不知不觉中来到了一家石匠的作坊。作坊门口陈列着大小不一的圆形桌面，刘徽上前用手摸了摸边缘，感觉非常光滑。刘徽心里想：“这是用什么工具打造的呢？”带着疑问，他立即走进作坊一探究竟。

经过观察，刘徽发现门口的圆形桌面竟然是用方形的石块加工而成的。石匠先切掉方形石块的 4 个角，石块变成了 8 个角的石块，再切掉这 8 个角……以此类推，随着

一个个角被切去，方形石块渐渐变成了圆滑的柱体。

刘徽在心里想道：“原本方形的石块，割去 4 角后变成了 8 边形；再割去 8 角，8 边形又变成了 16 边形……”刘徽茅塞顿开，喊了声：“我找到方法了！”随即转身跑回家中。

回家的途中，兴奋的刘徽没有闲着，在脑海里设计出了求圆面积的方案：先画一个半径为 1 尺[①]的圆，再用正 6 边形开始割圆，依次可以得到正 12 边形、正 24 边形……随着多边形边数的加倍，多边形与圆面积的差越来越小，当边数无限多的时候，它的周长与圆的周长完全一致，用公式 $\pi=\frac{S}{r^2}$就可以近似求解出圆周率了。

刘徽让仆人买来一大摞草纸后钻进了书房，废寝忘食地埋头计算，经过几天的努力，他终于计算出圆内接正 192 边形的面积约为 314 平方寸，周长约为 62.8 寸，圆周率约为 3.14（或$\frac{157}{50}$）。

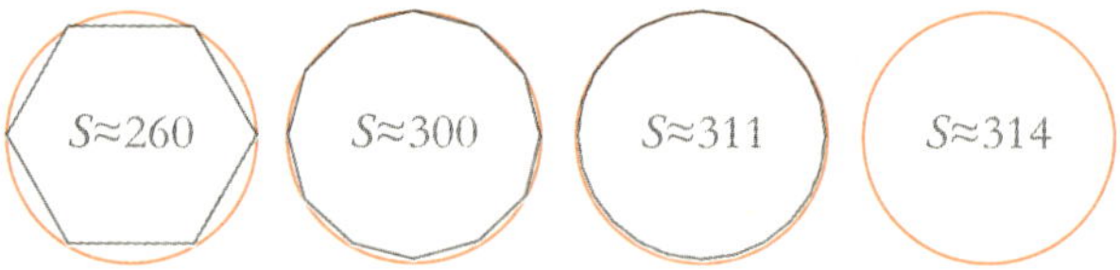

半径为 10 寸的圆，其内接正 6、正 12、正 24 和正 192 边形的面积

望着房间里写满字的草纸和摆弄了成千上万遍的算筹

① 尺：和下文的“寸”一样，都是市制长度单位，1 尺等于 10 寸。

（古人用竹子制成的同样长短、粗细的小木棍，用于记数和计算），刘徽长长地舒了一口气。这时，肚子里又传来了“咕咕”的叫声。刘徽抓起筷子，将家人送来的早已凉透了的饭菜一扫而光。

圆周率取 3.14 时，相对误差约为 0.0005，这个精度完全可以满足日常生活的需要了。可是，刘徽并不满足。后来，他通过计算圆内接正 3072 边形的面积，将圆周率精确到了小数点后四位（3.1416）。

数学上将这种不断加倍多边形边数的方法称为“割圆术”，刘徽为“割圆术”提供了理论依据与完整的计算方法。关于“割圆术”，刘徽说：“割之弥细，所失弥少，割之又割，以至于不可割，则与圆周合体而无所失矣。”这正是极限思想在中国数学中的最早应用。

刘徽从生活的平凡小事中得到了启迪，发现了他人没有发现的事情。可见，只要勤于观察和思考，我们就能发现很多有趣的事情和道理。

《海岛算经》

古人很早就明白“登东山（蒙山）而小鲁，登泰山而小天下”的道理，但一直没有办法准确测量出泰山的高度。

刘徽对“测量泰山高度”的问题很感兴趣，在阅读了大量数学史料后，他了解到可以利用物体的影子测量物体高度，不过由于地理条件等因素，无法测量出山体的影长，因此这种方法在实际中并不可行。

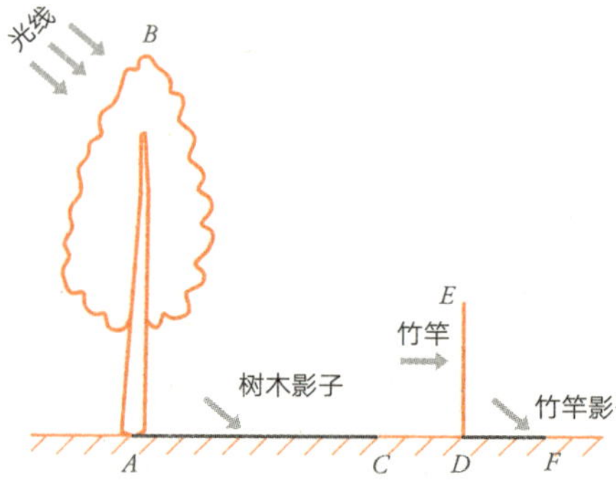

测量出竹竿长度及同一时刻树木、竹竿的影长，利用比例式 $AB:AC=DE:DF$ 可以求出树高 AB。

一天，刘徽和朋友在郊外游玩，边走边思考问题的刘徽渐渐地落在了后面。突然，朋友在前面大声喊道：“快看，山顶上有一只兀鹫！”刘徽回过神来，顺着朋友的手势望去。刘徽无意中发现他与朋友、远处的山正好在一条直线上，在各自位置都能看到山顶的鸟。刘徽兴奋得跳了起来，大声喊道：“原来是这样，测两次就可以解决了！”朋友不明其意，刚要张口询问，就见刘徽已经趴在地上开始用树枝画图了。

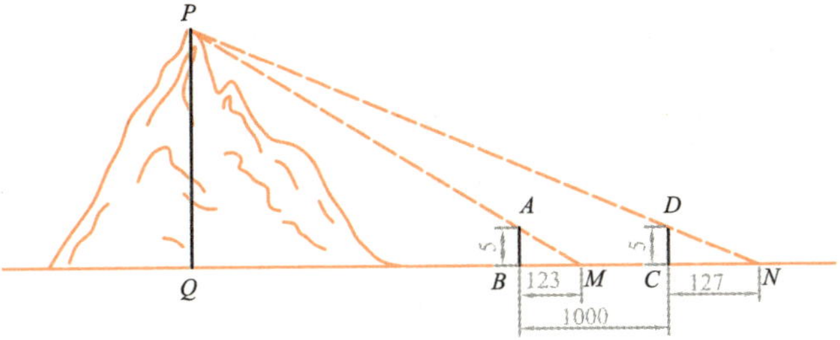

刘徽测量山体高度 PQ 的方法，公式为：$PQ=\frac{AB \cdot BC}{CN-BM}+AB$（图中单位：步，1 步 =6 尺）。

这种方法需要进行两次测量，第一次标尺设在 B 点，从 B 点向后走 123 步到达 M 点，此时观测者的眼睛 M 点、标尺顶端 A 点和山顶 P 点刚好在同一直线。第二次测量标尺设在距第一次 1000 步远的 C 点，人向后走 127 步到达 N 点，此时人眼 N 点、标尺顶端 D 点和山顶 P 点又位于同一直线。测量后根据相似三角形的知识就可以得出山体的高度。

这种“测高、测远”的方法就是刘徽在公元 3 世纪时创造的“重差术”，在当时遥遥领先于世界。类似的测量方法在公元 7 世纪才出现在印度，欧洲则在 15 ~ 16 世纪才开始有数学家研究“两次测望”的问题（测望是指没有特定的工具，只通过直观的观察，测量出粗略结果的一种方法）。

刘徽设计的方法收录在他编写的《海岛算经》中，这是中国最早出现的一部测量学专著，为以后三角学、地图学等提供了研究基础。刘徽的研究成果，对中国古代数学和世界数学的发展产生了深远影响，更有人把他称为“中国数学史上的牛顿”。

优秀的品质，卓越的贡献

刘徽思维敏捷、严谨，是我国最早主张用逻辑推理的方式来论证数学命题的人。他完全有能力自己写出多部经典的传世著作，但他并没有这样做。

在中国古代，没有像现在一样的专门教育学校，也没有职业数学教育家编纂教材。当时的老师都是口头教学，学生们很难接受较深的数学知识及原理。刘徽认识到，数学教育是用来培育人才的一门学科，一定要循序渐进且易于学习。

刘徽便着手对当时的经典著作《九章算术》添加注解，并将自己对原著的理解和心得整理成册。在那个书写与计算工具都很简陋的年代，这是份异常艰苦的工作。在给方程章节中一道题注解时，刘徽进行了多达上百次的“消元”计算，无一差错，他的注解是细心、严谨的典范。

经过多年呕心沥血的努力，刘徽终于完成了《九章算术注》。完成的那天，刘徽看着堆放在桌案上整齐的书卷，他倍感欣喜。书中囊括了以往数学家们优秀的思想方法，使中国古代数学理论水平上升到了一个新的高度，也使数学教育在社会上的广泛开展成为可能。正如刘徽所说，数学作为六艺（礼、乐、射、御、书、数）之一，自古以来都有算法传下来，就像度量有圆规、矩尺一样。当有了可以遵循的方法，数学学习便会有章可循，不再是什么特别繁难的事情了。

一个天资聪颖的人，如果没有刻苦勤奋的努力，终将一事无成。刘徽孜孜不倦地将他的聪明才智用于数学研究，使中国传统数学体系产生了本质的变化。他是中国古代数学领域最杰出的代表人物，也堪称世界数学巨擘。

多才多艺的数学家祖冲之

科学全才

太阳系中有一颗美丽的小行星，皎洁的月球背面有一座连绵的环形山脉，它们的名字都与祖冲之有关。祖冲之是中国南北朝时期最杰出的数学家、天文学家和机械制造家。

祖冲之的主要贡献是对圆周率（π）的研究，他采用魏晋时期数学家刘徽的方法（割圆术）进行推算，将圆周率数值精确到了小数点后7位，这是当时世界上最精准的圆周率数值，比国外数学家的发现早了1000多年。在天文学和机械制造领域，祖冲之制成更为精确的历法、重造了“指南车”、改进了“石碓磨”，还曾建造了一艘“千里船”。此外，祖冲之精通音律，还著有《述异记》等小说，是中国历史上少有的博学人才。

祖冲之出身于一个官宦之家，父亲祖朔之对儿子期望很高，希望祖冲之能考取功名，于是每天逼着年幼的祖冲之读《论语》。时间过去了一个多月，祖冲之只能勉强背诵数十行。这让望子成龙心切的父亲很生气，他将书扔到了地上，朝着祖冲之吼道：“你都读了那么长时间了，怎么还记不住？”

祖冲之很不服气，父子二人争执起来。祖冲之的爷爷祖昌听到动静来到书房，待问明情况后，对祖朔之说：“孩子需要引导，作为长辈要了解孩子的兴趣，因势利导。”

祖昌是一位建筑师、天文学家，从这天起，他便带着祖冲之接触、了解大自然，四处拜访科学界的名流。耳濡目染久了，祖冲之渐渐对天文学产生了浓厚的兴趣。有天晚上，他指着悬挂在夜空的满月问：“爷爷，月亮为什么会在每月的同一天变圆呢？”爷爷欣喜地摸着他的头，说：“孩子，月亮和太阳一样，有它自己的运行规律，只要你仔细观察，就能发现这些规律。明天我给你找几本历法书，你仔细研读。”

很多人觉得枯燥无味的历法书，祖冲之却“食之如饴”，他越来越喜欢研究天文学和数学，立志要在这些领域有所建树。有一天，旁人问他：“研究天文学，既费心劳神，又不能升官发财，你图的是什么呢？”祖冲之笑了笑，指了指天空说：“我对做官没有兴趣，我要发掘天地间的奥秘。”

不畏权威，改革历法

春去秋来，爱听爷爷讲“斗转星移”的祖冲之慢慢地长大了，他继承了家族精益求精、刻苦勤奋的优良作风，在青年时就名声在外，成为当地最博学的人之一。皇帝便安排祖冲之到图书馆工作，祖冲之欣喜若狂，不是因为做了官，而是因为可以在图书馆里饱读堆积如山的经典书籍了。

祖冲之收集了大量数学、天文学方面的书籍与文献资料，他坚持“尽信书，则不如无书”的学习信条，遇到有疑问的结论、方法时，他都会亲自测算，决不轻信古人的观点。

中国历朝历代都有从事研究天文、制定历法的人员，经过观测，他们制定出阴历（按月球的月相周期变化来安排的历法，平年 12 个月，一年 354 或 355 天），这与公历（按地球绕太阳一周安排的历法，一年 365 或 366 天）约有 10 多天的时间差。如果没有闰月，那么 3 年将相差 1 个月，19 年将相差 7 个月，此时四季就会颠倒。为了弥补这一时间差，古人便在 19 年里插入 7 个闰月，这种历法叫《颛顼历》，沿用了数千年之久。公元 412 年，赵𢊍提出了在 600 年中插入 221 个闰月的《元始历》，但并未引起人们的注意。

祖冲之仔细比较了两种闰法，发现：《颛顼历》虽然制作简单但精度不足（每200年会多出1天），《元始历》虽然精准度有所提高，但跨度太长。祖冲之在心里萌生了创造一种新历法的想法。在古代，质疑传统历法的精度是需要勇气的，可能会遭到他人的非议和诋毁。祖冲之“浮词虚贬，窃非所惧”。他想了很久，认为单靠研究古人留下的书籍是不可能制作出更精准的历法的，必须自己动手进行观测、推算才行。

祖冲之开始了长达10年的观测工作，他必须记录每天正午时分铜表上的日影长度以及日出、日落的准确时间等数据，还要以此推测出相邻两个冬至间隔的时间。

寒来暑往，夏去冬来，厚厚的一沓观测记录本上已经写得满满当当。凭借着精心测算，祖冲之克服了种种困难，审视多次确认无误后，才向皇帝提出“391年144闰”的历法——《大明历》。

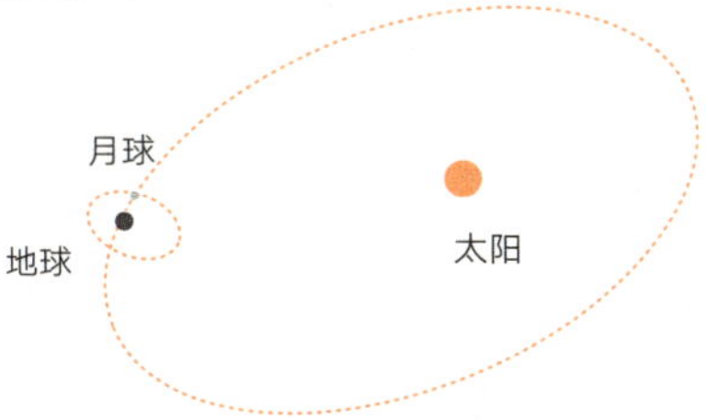

祖冲之测算出：地球绕太阳一圈约$365\frac{9589}{39491}$天，月球绕地球一圈约$\frac{116321}{3939}$天，两者相除，得到一年中应有$12\frac{1691772624}{4593632611}$个月，化简后为$12\frac{144}{391}$，这意味着如果不加闰月，那么每隔391年将产生144个月的偏差。

这引起了保守派大臣戴法兴等人的不满，他斥责祖冲之："后人更改祖先的历法，歪曲天理，大逆不道！"祖冲之很不以为然，他没有一丝畏惧，他一边展示精心推算的数据，一边严肃地说："我改革历法的想法，不是来自无端臆测，而是来自长期的观察和准确的数学计算。希望你们不要无端指责，请拿出证据，核对事实！"最后，虽然祖冲之赢得了这次辩论，但直到他去世 10 年后，《大明历》才得到推行。

祖冲之推算的一年的时间与今天测算的结果仅有 50 秒的误差，足见其精密程度。他"不虚推古人"，对前人的研究成果保持怀疑态度，一定要在经过反复推算、确认无误后才能使用，这种学术精神很值得我们学习。

精益求精，父子同心计算圆周率

自人类发现圆周率之后，如何求出更精确的圆周率（π）成了数学史上最重要的课题之一，因为圆形对我们制造和使用的物品十分重要，从齿轮到航天飞机，π 的身影无处不在。

纵观历史长河，这个令无数数学家着迷的常数，"准确"

似乎与它无关，千百年来，很多人都在努力探索它的精确值。中国古代数学家对圆周率的研究非常早，数千年前的《周髀算经》和《九章算术》中就有“周三径一”的记载，即“圆的周长与直径的比值为 3”。虽然祖冲之在很小的时候就从长辈和老师那里知道了这个比值，但是他不明白其中的道理，好奇心极强的他便思考检验的方法。

一天，祖冲之边想问题边坐在门前的石墩上出神。“吁——”爷爷乘坐的马车停在了门口。祖冲之脑海中突然有了主意，他跳下台阶，顾不得跟爷爷打招呼，就蹲在车轮旁忙活起来。祖冲之先在车轮与地面接触的位置做上标记，然后请车夫沿直线向前慢慢赶车，让车轮滚动一圈，待标记处再次与地面接触时停止。祖冲之按这种方法反复测量了车轮的周长，又去测量了车轮的直径。他仔仔细细地计算了很多遍，每次得到的周长和直径的比值都比 3 要略大一点。后来，他又测量了不同的车轮，得到的结果还是这样。从这时候起，祖冲之就断定书中记载的圆周率数据是不准确的，但那时他还没有找到推算圆周率的方法。

成年后的祖冲之在研究刘徽的著作时，掌握了“割圆术”，他一下子就明白了“周三径一”的错误所在。

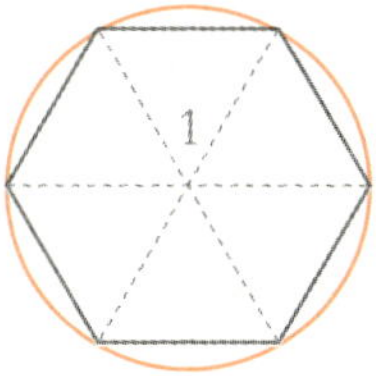

圆（直径为1）内接正6边形的边长为0.5，周长为3，小于圆的周长，所以 π>3。

祖冲之沿用刘徽的方法，不断加倍圆内接正多边形的边数，正12边形、正24边形、正48边形……在祖冲之生活的时代，算盘还没有出现，他和刘徽一样使用算筹进行计算，计算时产生的数位越多，摆出来的面积就越大。祖冲之与儿子祖暅之一起，开始了漫长的计算之路。当计算出正96边形的边长时，他们的结果比刘徽的结果少了五十万分之一，儿子自信地说："我们每一步都很仔细，可能是刘徽算错了。"祖冲之摇摇头，说："无论谁对谁错，我们都必须再验证一次，只有找到错误之处，才能有说服力。"父子俩又辛苦地忙活了十几天，发现刘徽的结果是正确的。多走的这段弯路提醒了祖冲之，计算中难免会出错，必须专心致志。

靠着冷静、精细的头脑和不畏困难、坚忍不拔的毅力，祖冲之父子没日没夜地重复进行了多次运算程序，每次程序中都包括加、减、乘、除四则运算和乘方、开方等运算。

历经数载终有成，他们通过计算圆内接正 24576 边形的边长，推算出圆周率的值在 3.1415926 和 3.1415927 之间。为了方便计算，祖冲之用分数（密率和约率）表示圆周率的近似值。1000 多年后，15 世纪的阿拉伯数学家卡西才得到这一数值。为了纪念祖冲之的贡献，日本数学史家三上义夫将“密率”称为“祖率”。

$$\frac{355}{113}=3+\frac{16}{113}=3+\frac{1}{\frac{113}{16}}=3+\frac{1}{7+\frac{1}{16}}$$，省略 $\frac{1}{16}$ 后，

$$\frac{355}{113}\approx 3+\frac{1}{7}=\frac{22}{7}$$

密率和约率之间的关系

优秀品质，世代相传

祖家人才辈出，前后五代都有对天文学、数学感兴趣的学者，祖冲之不仅自己醉心于科学研究，还将自己的知识和优秀品质言传身教给了儿子祖暅之。祖暅之继承了祖冲之勤奋好学、专心致志的品质，当他深入思考问题时，“耳不闻雷霆之音”。有一次，他边走路边思考数学问题，头撞到了他人身上，直到那人呼叫，他才意识到撞人了。

数学真的那么有魅力吗？恰当地说，数学里不仅有真理，还有朴素的美丽，它能揭示自然奥秘的能力吸引着古

往今来的爱好者，祖冲之就是其中的一位。祖冲之的一生是为数学辛勤探索的一生，他是视名利为粪土、学而不厌的贤者，他用勤勉的一生给中华民族留下了宝贵的知识财富，值得我们铭记。

伟大的算学大师杨辉

少年“神算”

在中国的东南方向有一处历史名郡，是华夏文明的发祥地之一，曾孕育出数不清的文人志士，它就是杭州。这里自古景色优美，是举世闻名的富庶之乡，“烟柳画桥，风帘翠幕，参差十万人家”。手工业、商业的繁荣推动了数字及算术的发展，晚唐及北宋时期，人们就掌握了简化计算的方法，但是遇到位数较多的数时，计算过程依然很繁杂。南宋时期的数学家杨辉不遗余力地改进了计算术及计算口诀，算盘也应运而生。

杨辉是中国古代享有盛誉的人物，以在数学领域的杰出贡献而闻名。他的著作分类精细、丰富易懂，涉及的范围之广超越了同时代的所有人。杨辉对一些几何命题进行了严格的证明，这与公元前 300 年古希腊数学家欧几里得的几何体系惊人相似。要知道，直至 17 世纪初，在利玛窦和徐光启的合作下，欧几里得的《几何原本》才第一次被翻译成中文。

少年时代的杨辉不仅聪明，而且喜欢读书、思考，当时可读的书籍并不多，他便四处搜集古书及零碎的题目，带回家仔细研究。一天，朋友对杨辉说："我听说城北郊外有一位精通数学的老人，珍藏着《九章算术》《海岛算经》《周髀算经》等古典名著，不过老人性格乖张，不肯将藏书轻易示人……"话音未落，杨辉已经兴奋地拉着他跑向郊外。

说明来意后，老人抬头望着大口喘着粗气的杨辉，轻声地说："你还是回家读书，考取功名吧，学算（数）学没什么用处！"

杨辉闻听此言，顿时急得满脸通红，低声苦苦哀求。老人拗不过他，捋一捋胡须后说："我收学生是有条件的，必须通过入学考试才行。"杨辉坚定地点了点头。老人接着说："听好了！ 1 立方寸的宝玉重 7 两[①]，1 立方寸的石头重 6 两，将玉、石混合成棱长为 3 寸的正方体，重 11 斤。

① 两：和下文的"斤"一样，都是市制重量单位，1 斤等于 10 两。我国还曾长期使用 1 斤等于 16 两的计算方法，成语"半斤八两"的原意就是"1 斤等于 16 两，半斤等于八两"，文中此处采用的就是这种计算方法。

请你告诉我：立方体中玉、石各重多少？”

言毕，老人就侧卧在藤椅上闭目养神，心想：“如果几个时辰后他还是算不出来，就会知难而退了。”杨辉沉思了一会儿，便蹲在地上用树枝演算起来。很快，他恭敬地对老人说：“先生，我算出来了，玉重6斤2两，石重4斤14两。”

石块体积为：$(3^3\times7-11\times16)\div(7-6)=13$立方寸
宝玉体积为：$3^3-13=14$立方寸
石块质量为：$13\times6=78$两=4斤14两
宝玉质量为：$14\times7=98$两=6斤2两

杨辉的思路

听到答案后，老人从椅子上“弹射”而起，他仔细检查了杨辉的演算过程后，上前紧紧拉住杨辉的手说：“孩子，你是一个不可多得的数学奇才啊！好好努力，将来必成大器！”后来，在老人的悉心指导下，杨辉熟读了多部古典数学书籍，为今后著书立说奠定了坚实的基础。

数学启蒙老师

杨辉每读一本新书，都会写下心得体会。他认为算经之首的《九章算术》虽然实用，但难度太大不利于普及，李淳风等人的注解只有解题过程，既没有给出具体的理论解释，也缺少数学原理的介绍。杨辉“因法推类”，按3个层次将《九章算术》中的问题梳理了一遍，他首先解释各个问题背后的逻辑，其次求出问题的答案，最后引导读者解决其他类似的问题。为了便于读者理解复杂问题，杨辉在《详解九章算法》一书中配上了漂亮的插图，很受人们的欢迎。

对于困难的题目，即使注解得很详尽，初学者也很难理解。朋友对杨辉说：“市面上的数学书不仅内容深奥，而且语言晦涩，你精通算学，何不写本入门级别的书呢？”杨辉是一位经验丰富的老师，听了朋友的建议，他便从生活中选取一些实际问题，用通俗易懂的文字改编成数学题目，汇集在《日用算法》一书中。书中涵盖了数的基础、乘除法、数学应用等内容；除此之外，他还为初学者提供了学习方法，建议他们从“九九表”、乘除法等基础知识学起，由浅入深、循序渐进，最后将数学知识应用于实际问题。可惜的是，这本引人入胜的启蒙书已经失传了。

杨辉大量阅读、吸收了前人的研究成果，将自己的理解与创新精神融入著作中，他找到了对数学问题最有趣、最易懂的解释。杨辉主张要真正理解数学解题方法而不能死记硬背、生搬硬套，这改进了传统学习数学的方式，一时间吸引了大量的求学者。虽然杨辉已经是一位远近闻名的数学家了，但他对于求学的人来者不拒，他效法孔子，有教无类，且不限年龄。他的学生中，既有官宦富商之子，也有贩夫走卒之后；既有及冠青年，也有垂髫孩童。

杨辉一生治学严谨，遇到学生请教问题，他一定要先仔细演算，再条理清晰地讲给求教者。他十分重视计算，认为“学习计算要以乘法为主”。为便于学生掌握，他系统性地简化了计算，发明了“化多位数乘除法为加减法”（例如：$327\times102=327\times100+327\times2$）、“重乘”（例如：$125\times56=125\times8\times7$）等方法。

杨辉用毕生心血为中国数学教育谱写了新的一页，他优良的人品、卓越的学识被人们景仰，是一位不折不扣的教育家。

痴迷“纵横图”

杨辉十分痴迷于古数学问题，在《详解九章算法》一书中详细记载了“贾宪三角”（又称“杨辉三角”），这是中国数学史上的一个伟大成就，比西方数学家发现这一规律的时间早了近600年。

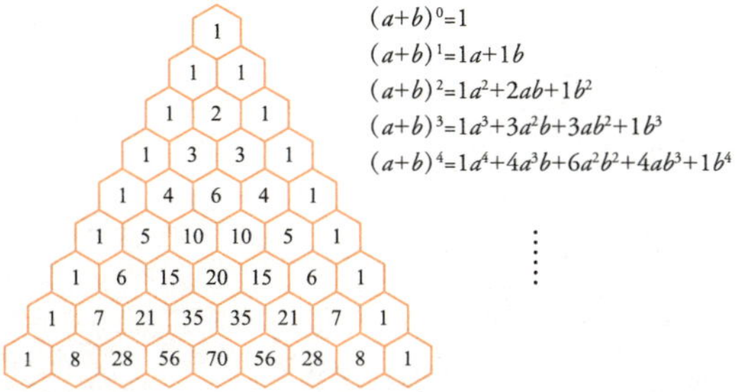

杨辉三角

杨辉在他的第四部数学书籍出版后，如释重负。这天清晨，阳光明媚，心情大好的杨辉决定乘轿巡游散心。一路上，杨辉不时地撩起轿帘欣赏旖旎风光，突然，前面传来孩童的尖叫声，轿夫随之驻足并呵斥道：“小孩，快些闪到一旁！”杨辉急忙制止：“不可无理，上前好声好气地询问。”原来，这个男孩正在路上演算数学题，怕轿夫踩坏他的算式，所以才挡在轿前。杨辉平日里十分喜爱刻苦学习的孩子，便下轿一探究竟。只见男孩眼噙泪水，噘着嘴说：“老师让我把数字1～9排成三行，要求每横行、竖行、斜行的数字之和都是15。我思考了很久，刚有点思路，你们就来了。”杨辉笑了笑，蹲在男孩的旁边，说：“这个问题很有趣，我能和你一起计算吗？”

男孩看了看眼前慈祥的中年人，点了点头。两人在路旁找了片空地，经过多次验算，直到中午才完成。男孩高兴得手舞足蹈。杨辉也很欣慰，但心中有一丝疑问，便问：“你今天怎么没有去学堂啊？”男孩脸一红，低头摸着衣角说：“其实我靠替人放羊为生，交不起学费，这道题是我路过学堂时偷听来的。”杨辉很受感动，拍了拍他的肩膀，转身从轿中取出一笔钱给了男孩，又去学堂为他缴纳了学费。后来，杨辉将这张图称为“纵横图”或“三阶幻方”，记录在《续古摘奇算法》一书中。

关于三阶幻方，杨辉编写了一个口诀：九子斜排，上下对易，左右相更，四维突出。戴九履一，左三右七，二四为肩，六八为足。

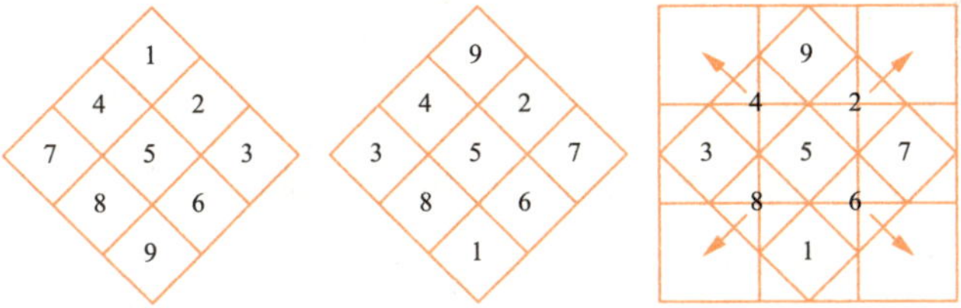

4	9	2
3	5	7
8	1	6

九子斜排　　上下对易，左右相更　　四维突出

三阶幻方口诀的对应步骤

九子斜排：从上向右下斜着写数，先写 1、2、3，再换行写 4、5、6，再换行写 7、8、9；

上下对易，左右相更：将上下的 1 和 9 对调，左右的 3 和 7 对调；

四维突出：将 4 个边位上的数字 4、2、8、6 移到角位，得到最终的结果。

数学研究普遍具有联想性，善于动脑的杨辉便突发奇想：有没有更高阶的幻方？有没有圆形或其他形状的幻方？他白天工作，晚上在昏暗的油灯下研究幻方。很快，他就发现了复杂的 4 ~ 10 阶幻方的制造方法及性质，但圆形幻方的难题一直困扰着他。经历了成百上千次的失败，杨辉苦恼不已，但他没有惧怕失败，继续痴心于排列圆形幻方。杨辉因为劳累过度而病倒了。即便卧病在床，他也没有放弃摆弄幻方，“无意”中他竟然成功了，病也好了一大半。

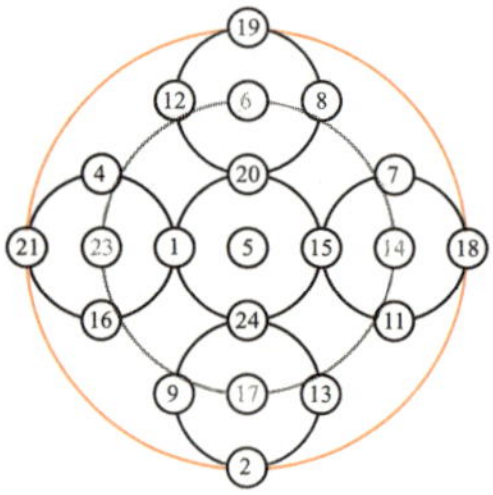

圆形幻方，图中 7 个圆周上四个数字与圆心处数字之和均为 65，例如：19+21+2+18+5=6+23+17+14+5=20+1+24+15+5=65。

幻方出现在古希腊的时间比中国晚了近 200 年，但一直没有进展。直到公元 15 世纪，中国的“纵横图”才被带到欧洲，吸引了西方数学家们的注意。后来，计算机技术的应用使幻方大放异彩，因为科学家们发现幻方在程序设计、图论、人工智能等领域有很大的应用价值。

正直、高尚的品格

杨辉在台州做官时秉公办事、廉洁自律，尤其重视农业生产，深受当地百姓的爱戴。南宋时，人口的大量南迁为农业生产提供了人力和技术经验，随着水利工程的兴起，农业得到了进一步迅猛的发展。彼时，丈量土地是最常见的数学问题。如何将一块不规则土地平均分配？如何快速比较两块土地的大小？如何在田间确定水井的最优位置？所有这些问题，间接地推进了测量与计算技术的完善。为此，杨辉专门编写了《田亩比类乘除捷法》一书，给出了几何图形的测量方法和面积定理。

在整个辉煌的数学生涯中，杨辉将中国古代数学向前推进了一大步。他是一位受人尊敬、天资聪颖、领悟力及创造力一流的数学奇才；同时，杨辉还具有高尚的情操、有趣的灵魂和丰富的科学知识。虽然杨辉的成就为他赢得了名望，但他从不以此谋利，一生都把所有的情感与抱负寄托在一尘不染的思考之中……

代数符号之父韦达

代数从哪里来？

当你写下“$3x-6=0$”这样的方程式时，几乎所有学过初级代数的人都能理解它的含义，无论他们身处何地，说何种语言。那么，又是谁发明了代数里的符号？为什么要发明这样的符号？

距今1万多年前，人类开始了农业生产活动，在分配谷物、肉类等食物的过程中，量的概念应运而生。随着世界各地不同形式的数字的出现，量的概念逐渐转化为算术运算，又经各代杰出数学家们的凝练，逐渐演化为代数学。

公元9世纪，阿尔·花拉子模通过学习印度数学，完成著作《代数学》，详细介绍了四则运算的方法及一元一次方程、一元二次方程的解法，从而开创了代数学。随后，代数学得到了快速发展，但代数符号的发展过程却十分漫长和缓慢。此后的几个世纪里，涌现出许多擅长发明符号的数学家，不过这些早期的符号只是单词的缩写，除了节约了书写和印刷的时间，对要表达的代数思想及其普及并没有帮助。直至公元16世纪的最后10年，法国数学家弗朗索瓦·韦达率先成体系地使用代数符号，创造了具有连贯性、普遍性的符号规则。此后，代数符号及其书写形式才逐渐规范。

业余数学家并不“业余”

韦达出生于法国东部的普瓦图，18岁进入法国普瓦捷大学学习。因为父亲是一名检察官，所以韦达读的是法律，毕业后顺理成章地从事了与法律相关的工作。工作之余，韦达最大的爱好是数学，他对数学一直情有独钟，总是在闲暇时研究数学，但并没有整理他的研究成果。

一个偶然的机会，韦达给法国一位军事领导人的女儿做家教，给她讲授数学和科学知识。为了方便讲课，韦达撰写了大量天文学、数学、地理学、三角学等方面的文章。在这些文章中，很多理论走在了时代前列，比如他使用了十进制进行算术运算（早于西蒙·斯特芬20多年），详细描述了行星的椭圆形运行轨道（领先于约翰尼斯·开普勒

40 多年），等等。

虽然韦达在数学上有着惊人的天赋，但如果他没有将大部分闲暇时间奉献给数学，就不会有这些成就。一次，韦达碰到一个很棘手的数学问题，他伏案研究，竟然连续几天不眠不休，即使是吃饭、喝水，他的眼睛也一刻不离开题目。

破译高手

勤奋、孜孜不倦的探索让韦达的数学天赋得到了最大程度的发挥，他逐渐成为法国赫赫有名的人物，不过直至 16 世纪末，他才第一次尝到了代数的“甜头”。

那个时候，西班牙与法国之间爆发了战争，战况一度胶着。后来，西班牙军队与潜伏在法国的间谍取得联系，法国军事机密频频泄露，在战场上节节败退。法国的情报人员也截获了一些书信，上面写着密密麻麻的、形状各异的符号，显然，这些书信中隐藏着一套复杂的密码。但是情报人员对此束手无策，找不到一点解决的方法。

无奈之下，法国国王请当时已赫赫有名的韦达来帮忙破译密码。经过一番辛苦的研究，韦达终于发现了这些书信中隐藏的“秘密”，他一共破译出500多个符号，这意味着法国截获的所有密函都能轻易破解了。随后这场战争得到平息，西班牙国王竟怀疑韦达使用了某种“魔法”窃听了他们的秘密，韦达否认了这一点，将自己的破译方法写成论文驳斥了他的观点。

潜心思考，开创代数符号

韦达帮了法国军队的大忙后，受到了国王最高规格的礼遇，还被特别任命，担任破译密文的职务。韦达并未因此沾沾自喜，而是继续回忆和思考破译密码带来的启发。

韦达想，书信的密码是由写信人和收信人双方事先约定好的，只有知道这一套规则的人才能看得懂，即使书信被他人看到，也不必担心泄密，这的确是个天才的想法！

此时，韦达在数学方面极具创造性的天赋显露了出来，他想到：在数学方面，也可以这样做！先选定一些特殊的符号或字母，然后由数学家们约定好这些符号、字母各自代表的含义，那么在书写数学上的结论、公式时就会变得快捷、简便。韦达兴奋得像个孩子一样拍着手，说：“我以前怎么没有想到呢？”

后来，经过韦达的“巧手”，代数学有了和几何学一样坚实的基础。韦达在其著作《分析方法入门》中引入了数学史上第一套成系统的代数符号。这本书的名字令人费解,因为它听起来不像是一本代数书,之所以选用这个名字，是因为韦达认为代数是根据结果推求条件的逻辑分析（比如 $3x=6$ 表示：一个数的 3 倍是 6，求这个数），他相信古希腊数学家（丢番图等）已经掌握了这种方法。不得不说的是，韦达的工作主要建立在古希腊数学先贤们研究的基础上，他的很多想法与早期的阿拉伯数学家相一致。

韦达在研究丢番图代数学的著作中发现，丢番图对每个数学问题采用了不同的特殊解法。韦达想，能不能创造一种一般的符号代数，优化解题过程，只需要“操纵”符号，就可以得到结果。基于此，韦达对方程式的符号及理论进行了改进，他使用字母来表示两种量（用元音字母表示未知量，用辅音字母表示已知量）。不久之后，法国数学家勒内·笛卡尔使用字母 x 来表示未知数，方程式逐渐变成了现在的样子。当我们写下“$ax=b$”时，大家都知道 a 和 b 代表已知量，x 是需要求解的未知量。

数学家之间的“较量”

阿德里安·范·罗门是出生于比利时的一位博学的数学家，他曾经设计出一个45次方程的难题，请欧洲众多数学家解答，遗憾的是无人会做。罗门邀请的名单中遗漏了法国数学家，后来，比利时大使竟在法国国王面前夸下海口：“陛下，你们国家没有人能解出罗门提出的难题！”

法国国王很不服气，当场便找来了几个优秀的数学家解题，可是很长时间过去了，仍然没有人能给出答案。自信满满的国王在大使那里碰了一鼻子灰，为此闷闷不乐了好几天。这天，国王猛然想到了韦达，便赶紧派人去请。韦达看过题目便靠着窗户思考起来，为了避免打扰他，国王便准备出去散步。还没等国王走出宫殿，韦达已经得到了一个答案，第二天更是一口气计算出了该方程的其他20多个解。

国王高兴地夸赞韦达，而韦达笑着说：“我可以回答比利时大使出的任何数学问题，而且能当场给出解答。”

后来，作为一种“回敬”，韦达也给罗门出了一个数学问题，即阿波罗尼“尺规作图”题——用没有刻度的直尺和圆规，画出一个圆，使它与3个已给定的圆（圆心不

在同一条直线上）都相切。尽管罗门及时给出了答案，但并不是标准的“尺规作图”。几年后，韦达发表论文阐述了自己的解决方法。虽然两人未曾谋面，但在给对方出题的“较量”中，都大受裨益。

执着、璀璨的一生

数学家的执着与信仰总是相似的，他们坚信数学能够带来智慧、力量和勇气。韦达中年时遭到流放，但他仍矢志不渝，致力于数学研究，收获了大量的成果。

16 世纪，方程的疆域迅速扩展，塔尔塔利亚、卡尔达诺等数学家近乎“疯狂”地研究三次方程的解法，这是当时数学界的“时髦”研究，但韦达并没有追随主流，而是将目光放在了一元二次方程的根（解）与系数的关系上。经过研究，韦达提出了“根与系数关系”定理，又称为“韦达定理”。

> 若一元二次方程 $ax^2+bx+c=0(a, b, c\in R, a\neq 0)$ 的两个实数根是x_1和x_2，则：$x_1+x_2=-\frac{b}{a}$，$x_1\cdot x_2=\frac{c}{a}$。

韦达定理

这个定理非常实用，不仅在处理圆锥曲线、函数等问题中极其有用，而且可以用来解一元二次方程。

除此之外，韦达还是第一个给出圆周率值的无穷算式的人，比牛顿发现的计算公式早了 60 多年。仅凭这一点，韦达就称得上是 16 世纪最杰出的数学家之一，而他的成就远不止于此。自人类文明之初，数学的两个分支——代数与几何就以某种方式共存着，各司其职。有时，人们生产和生活中开始大量使用几何中的三角学，代数便被“冷落”；有时，人们觉得数量更值得信任，代数学的“风头”又盖过了几何。在漫长的历史岁月中，某个新概念或想法都可能造成此消彼长的情况，“竞争”相当激烈。韦达想：两者各有所长，代数精于细节却缺少直观性，而几何恰恰相反；它们又都源自生活，那么一定有相通的地方，应该能找到一个将代数、几何联系在一起的方法，彼此补充。后来，笛卡尔借鉴了韦达这种用代数方法解决几何问题的思想，逐渐发展出一个新的学科——解析几何学。

由于长年案牍劳形，韦达的身体每况愈下，他不得不申请退休，虽然法国国王给了他一笔丰厚的退休金，但他直接将这笔钱存放在床头，直到去世也没有动用。原来，退休在家的韦达并没有停止钻研数学，他想利用生命里最后的时间做一些有益的事情。然而身体已经不允许韦达日夜不停地工作了，他便调整作息，将精力最充沛的几个小时用来研究数学。在去世前的几个星期，韦达重新梳理了密码学相关的理论，完成了他一生中最后的论文，这些论文一经发表，当时所有的加密方法就都形同虚设了。

一套好的数学符号，不仅方便书写，更是一种世界通用的语言，在清楚表达数学思想的同时，还能“代替”人类思考。韦达开辟了代数符号的先河，与其说他创造了一种新的代数体系，不如说他将古代难懂、难记、难学的代数学变成了一种易懂、清晰、简洁的新数学，这是一个伟大的成就。因此，韦达被誉为“代数符号之父”，但在被人称赞时，韦达总是谦虚地说：“我，称不上数学家，但一有空闲，就喜欢研究数学。”

用思考影响世界的数学家笛卡尔

多病、勤奋、爱思考的学者

文艺复兴将古希腊、古罗马的文化艺术带到了欧洲，改变了欧洲自然科学领域的面貌，新思想、新文化层出不穷。从事这些领域的学者，无不感受到新知识带来的学术内涵和气息。勒内·笛卡尔就降生在这样一个人才辈出的时代，他创造性地将代数和几何融合在了一起，被称为“解析几何之父”。正是由于笛卡尔的贡献，数学进入现代发展阶段。

1596 年，笛卡尔出生在法国一个贵族家庭，出生不久他就感染了肺病，虽然在家人的悉心照料下转危为安，但这场大病导致他一生身体孱弱。值得庆幸的是，父亲敏锐地发现笛卡尔有着极高的智商和过人的才华，十分重视对他的培养，并将他送入欧洲名校拉弗莱舍学校接受正规教育。

笛卡尔虽然外表瘦小、脸色苍白，但他举止儒雅温和，待人接物彬彬有礼。学校的老师都很喜欢这位矜持、敏感，却乐于助人的孩子。因为身体上的原因，在拉弗莱舍学校的 8 年时间里，笛卡尔不必像别的孩子一样每天凌晨 5 点钟起床读书，他被特许可以自由地在床上躺到上午 11 点。然而，勤奋好学的笛卡尔并未因为受到特殊照顾而偷懒，天亮后，他总是将上半身高高垫起，在脑海中快速回忆着昨天的课程，边思考边解答。无论酷暑还是寒冬，笛卡尔每天坚持阅读堆放在枕边的数学、哲学类书籍，或是积极思考不明白的问题。

在日复一日的静思中，笛卡尔渐渐形成了对数学的深邃见解和思想，数学推导成为他的思维方式，也为他日后撰写著作奠定了基础。

结交良师益友

笛卡尔善于思考，从不盲目认同他人的观点，他总能在思考中发现问题，并提出疑问。年幼时，笛卡尔曾经将家中一个聪明伶俐的仆人问得哑口无言。而在老师的眼里，笛卡尔是一个尊敬师长、性格内向又争强好胜的学生。

笛卡尔在进入学校的第 7 个年头才接触数学，逐渐了解到古希腊及当时的数学知识体系。这些知识在当时被视为权威，但笛卡尔依然勇于质疑其中与时代脱节的部分。笛卡尔每年都被评为优等生，但他却逐渐认识到自己知识的匮乏，觉得几年来除了满脑子的怀疑和不确定的知识，他没有别的收获。面对笛卡尔的怀疑，学校一开始选择包容他，不久便有几位老师当面严厉指责了他。笛卡尔情绪一度十分低落，在好朋友马兰·梅森的安慰下，他又振作精神，重拾信心。

笛卡尔毕业后，父亲想让他去世界各地拓宽视野，从社会中汲取营养。笛卡尔便与几个贵族子弟来到了巴黎的花花世界。不过他很快就厌倦了奢靡的生活。幡然醒悟的笛卡尔觉得唯有严谨、精密的数学能让他一直沉迷其中。

后来，笛卡尔认为参军不仅可以最大限度降低外界干扰，还可以跟随军队游历欧洲，便于1618年加入了荷兰的军队。很快，荷兰和西班牙停战，笛卡尔便在荷兰布雷达城郊区找到一个僻静住所继续潜心研究数学。

一天，笛卡尔在布雷达城闲逛，看到城门口围了一群人，笛卡尔快步走上前一探究竟。

原来，城墙上张贴着一道数学题，向民众悬赏征集答案。周围的人有的沉思不语，有的摇头叹息。题目是用荷兰文写的，笛卡尔笑着询问谁能帮忙把题目翻译成法文或拉丁文。巧合的是，学者艾萨克·贝克曼站在笛卡尔的身旁，听到声音便扭头瞧了一眼笛卡尔，他认为这个胡子拉碴的年轻人是在凑热闹，根本没有能力解答题目，但出于礼貌，还是提供了帮助。

没想到，两天后笛卡尔便将正确答案交给了贝克曼，令贝克曼惊讶不已。这次见面让两人成了至交好友，此后他们便经常聚在一起探讨各类科学问题。贝克曼在数学和物理学上都有很深的造诣，他是笛卡尔在荷兰的良师益友。后来，他们还一起研究并论证了空气是有质量、真空是存在的事实。

这次经历也让笛卡尔看到了自己在数学上的天赋，激发了他更大的研究热情，他比以往更努力、更忘我地思考。此时，笛卡尔还没有发表过任何数学论文，在贝克曼的帮助下，他开始撰写自己在数学上的研究成果，逐渐形成了解析几何理论的基础。笛卡尔称，是贝克曼将自己从沉睡中唤醒的。

一只改变数学发展的苍蝇

笛卡尔对数学最重要的贡献是创立了解析几何，他向世

人证明了几何问题可以转化为代数问题，也可以通过代数方法发现、证明几何性质。笛卡尔的著作《几何》，被认为是数学历史上的里程碑。笛卡尔在丢番图、花拉子模、韦达等人发明的数学符号的基础上，引入了更简洁的代数符号，比如用小写字母 a、b、c 表示已知量，x、y、z 表示未知量等，这是世界上第一本接近现代数学教科书的书。

《几何》中还提出了用两个数字来描述平面内点的位置的方法，第一个数字确定点的水平位置，第二个数字确定点的垂直位置，这种新颖的方法就是平面直角坐标系（或笛卡尔坐标系）。其实，笛卡尔这个富有创造性的灵感来自一只飞来飞去的苍蝇。

一天，笛卡尔像往常一样微闭着双眼躺在床上思考，怎样将图形与方程联系起来的问题已经困扰他很长时间了，一直没有头绪。突然，天花板上一只苍蝇引起了他的注意。苍蝇在天花板上飞来飞去，飞累了就会“降落”在天花板上的不同位置休息。卧室天花板上镶嵌着正方形的格子，笛卡尔突发奇想：能不能用数字来描述苍蝇的确切位置呢？经过深思熟虑，他想到了一个绝妙的方法。

笛卡尔将天花板想象成一个个网格，天花板的两条对称轴分别为横轴（x 轴）和纵轴（y 轴），天花板被横轴和纵轴分成了四个部分（四个象限），成为平面直角坐标系的一部分。沿着横轴方向数出方格的数量作为表示苍蝇位置的第一个数字（横坐标），沿着纵轴方向数出方格的数量得到第二个数字（纵坐标）。

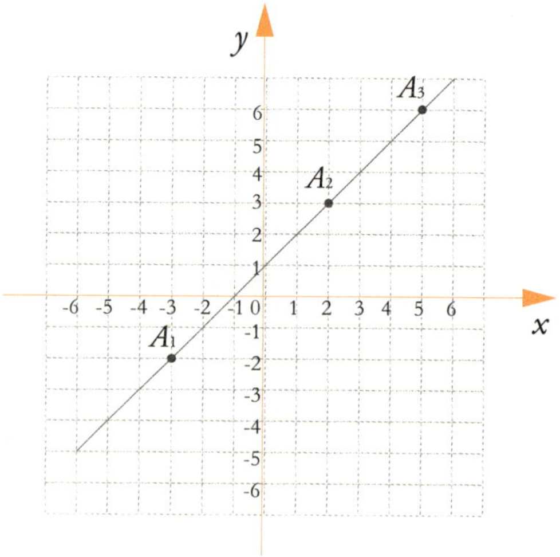

苍蝇位置：第一次落点 $A_1(-3, -2)$，第二次落点 $A_2(2,3)$，第三次落点 $A_3(5,6)$。

笛卡尔在脑海中将苍蝇停留的三个位置用线连了起来，发现它们处于同一条直线上，他接着想到：如果用 x、y 分别表示这条直线上点的横、纵坐标，不难发现 x、y 满足方程 $y=x+1$，该方程代表着这条直线。

在笛卡尔的脑海里，运动的苍蝇变成了一个动点，当它沿着某条直（曲）线移动时，它的坐标会发生变化，每次变化过程都可以写一个方程来描述坐标值的变化。

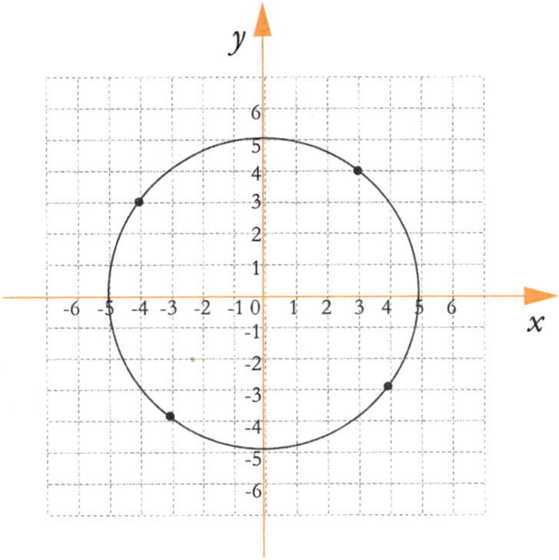

苍蝇飞出了一个圆，圆的方程为 $x^2+y^2=25$。

正因为有了坐标系，才有了变量与函数，微积分才获得了空前发展的广阔舞台。利用笛卡尔发明的坐标系，就能将代数和几何联系起来，这种思想深刻影响着数学的每一个分支。

宁静中醉心于科学研究

笛卡尔喜欢与各领域翘楚交流，虽然在每次谈话中他总是沉默寡言。在交流中，笛卡尔一方面可以获取行业新知识，另一方面可以寻找灵感。在遇到梅森后，笛卡尔将他的住所变成了哲学、数学家们聚会的场所，生活日渐繁忙。

有一次，一群朋友在早上11点时拜访笛卡尔，此时笛卡尔仍然卧在床上，朋友们问："你躺在床上干什么？"笛卡尔微笑着说："思考。"朋友们听得一头雾水。笛卡尔接着说："在床上冥思、反省自己，要比起床做一些琐事有意义得多！"

1628年，在游历了欧洲各国后，笛卡尔决定找一个宁静的地方隐居起来，于是他再次来到荷兰，在这里生活了20年。

移居荷兰的时光里，笛卡尔对哲学及所有自然科学领域进行了深入而细致的研究，做出了杰出的贡献。比如：在数学上发明了幂指数上标符号（如 3^4 表示 $3\times3\times3\times3$），重新证明了塔比伊本库拉（阿拉伯数学家）求亲和数的法则，并成功找到了一对新的亲和数（9363584和9437056）；在物理上提出了惯性定律及天体运动中的"旋涡"假说，证明了光的折射定律并发现了彩虹形成的原理；在哲学上提出了著名的哲学命题"我思故我在"；等等。

在当今世界，大多数情况下，一个将精力分散在如此之多的领域上的人，往往是“半瓶子晃荡”。笛卡尔所处的时代，有才干的人可以在感兴趣的领域探索出一些有趣的奥秘。即便如此，一个天才如果没有笛卡尔那样敏锐的观察力和爱思考的习惯，那么他必然把握不住机会，注定一事无成。

伟大生命的陨落

笛卡尔在荷兰过着悠闲自得的隐居生活，思考、侍弄花园、与梅森通信。平静的生活在 1649 年春天被打破了，瑞典的克里斯蒂娜女王十分景仰笛卡尔，便三番五次邀请笛卡尔到瑞典做她的私人教师。这年冬天，笛卡尔来到了瑞典，在斯德哥尔摩受到了热烈欢迎，处处受到礼遇。然而，好景不长，女王突然觉得学习的最佳时间是早晨，便要求笛卡尔在 5 点至 10 点给她讲哲学，每周 3 天。

凌晨 5 点，瑞典的温度还很低，笛卡尔忍住咳嗽从黑暗中爬起来，穿过大风呼啸的广场赶往王宫的图书馆。仅仅几个月的光景，笛卡尔就患上了严重的肺病，很快，他就虚弱得认不清朋友了，但他还是平静地等待着生命的枯萎。1650 年，笛卡尔在瑞典因病去世，享年 54 岁。

笛卡尔的数学与哲学的思想影响深远，正如人们在他的墓碑上所刻的那句话：“笛卡尔，欧洲文艺复兴以来，第一个为人类争取并保证理性权利的人。”

无与伦比的数论学家费马

自律、低调的一生

受益于文艺复兴期间对欧几里得、托勒密等古希腊数学家著作的整理、完善，数学这一学科在 16 世纪虽然得到了发展，但进展缓慢。如果我们能倒拨时钟，穿越到中世纪之后的欧洲，会发现 17 世纪初的图书馆中数学类藏书的数量屈指可数，且大多数是古希腊书籍的译本，少有新的理论著作。而这一切随着一位天才的出现得以改观，他就是博学善思的法国数学家皮耶·德·费马。

费马出身于一个富足的家庭，大学主修的专业是法律，还没有毕业时，律师的职位已经虚席以待。在当时，律师倍受社会尊重，而且收入稳定，工作也比较清闲。费马学识广泛，通晓多种语言，诸如法语、西班牙语、意大利语、拉丁语、希腊语等，他还喜欢翻译和研究古数学书籍，广为人知的“费马大定理”就是他在阅读丢番图《算术》一

书时发现的。

费马没有接受过系统的数学教育，但超强的想象力和创造力使他在数论、概率论、微积分、解析几何、物理学等领域均有建树。尽管一生中的科学研究硕果累累，但费马生前并不热衷于发表论文，他只与朋友分享他的想法和研究成果。彼时的欧洲，没有发达的交通和通信工具，费马是通过什么途径与朋友交流的呢？只有写信！

可以说，费马的故事，就是关于写信的故事。

与帕斯卡通信讨论概率问题

300 多年前的法国，贵族间盛行着“掷骰子”的游戏。这种骰子是正方体，有 6 个面，上面分别刻有 1 到 6 个点，相对面的点数之和为 7。

参与游戏的两人轮流掷骰子，双方约定先赢 5 局的人获胜，可以拿走全部奖励。有一次，参与者进行到一方赢了 3 局、另一方赢了 4 局时不得不临时终止游戏。但两人对奖励的分配产生了分歧，赢了 3 局的人认为应该按 3:4 的比例分配奖励；赢了 4 局的人认为这样分配不公平，因为他只需再赢 1 局就能拿走全部奖励。两人各执己见，争得面红耳赤，结果谁也说服不了谁。没有办法，他们找到数学家布莱士·帕斯卡并请教了这个问题。帕斯卡并没能立即做出判断，而是将这个难题写信告诉了费马。

由此开始，两人频繁通信，围绕游戏中的数学问题展开细致的讨论。他们通过科学试验，仔细地审视每种可能出现的情况，终于解决了奖励分配的问题。

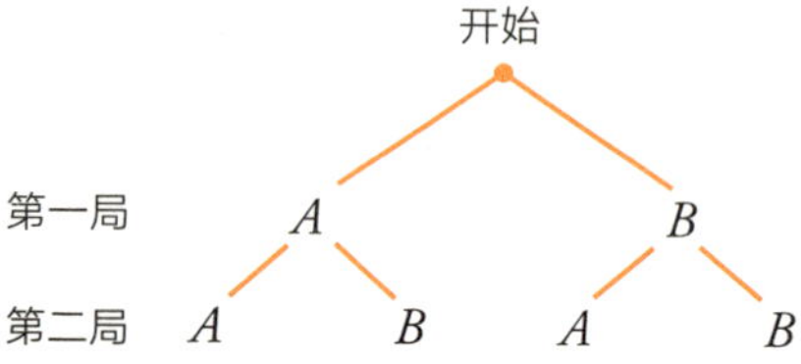

说明：前提是*A*已经赢了3局，*B*赢了4局，先赢5局者为胜。
不考虑平局，决出胜负最多需要2局比赛，共四种情况，其中*AB*、*BA*、*BB*均为*B*获胜的情况，所以*B*应该得到赌注的四分之三。

费马并未因解决这一难题而沾沾自喜，而是继续潜心研究，将解决方法加以推广，进而创立了概率论的雏形。

谁能想到，催化概率论这一学科产生的竟然是掷骰子的游戏！正如数学家皮埃尔－西蒙·拉普拉斯所说：“生活中一些重要的问题，绝大多数在实质上都是概率问题。”

受到质疑后的坚守

与职业数学家不同，费马只有在处理完日常工作后的空闲时间里才能研究数学问题。这就引起了一些职业数学家（笛卡尔等）的质疑，他们指责费马长期从事法律工作而缺少数学家的思想与素质。

事情的起因是费马在研究古希腊数学书籍时发现其中存在一些领域内的空白，经过长期钻研，创立了包括解析几何、光学在内的理论体系。和以往一样，费马只将这些内容寄给了好朋友梅森。巧合的是，笛卡尔也研究出了这些理论，而且两人的方法竟然惊人地相似。笛卡尔指责费马的推导过程不严谨，认为所有的成果都应归自己。

都说数学家特别注重细节，费马则不然。费马在表述自己的研究成果时往往忽略细节，而且在面对质疑时从不过多解释，这更加深了质疑者的不满。

尽管内心愤懑，但是费马在这场长达 10 年之久的“争斗”中一直彬彬有礼。费马认为与其花费时间在争辩、争夺虚名上，不如去探索科学里的真知。他没有因为受到质疑而消沉，反而意志更加坚定，用心琢磨。费马随后发现了笛卡尔光学理论中的漏洞，并在 1661 年重新推导得到结论，这就是“费马最短时间原理”。也许，这是命运对有着良好品质与锲而不舍精神的费马的馈赠吧！

续写“亲和数”

在众多的数学分支中，费马最倾心的部分应该是数论。

数论早期的名字是算术，是2000多年来最古老的数学领域之一，在这个领域中，费马一生孜孜不倦。不了解费马的人会觉得他有点古怪，因为他经常做一些大多数人看起来很枯燥、烦琐的计算。

古希腊先贤热衷于发现各式新奇的数，比如“亲和数”——两个正整数中，彼此的真因数之和等于对方。亲和数作为数论里一朵美丽的花朵，常被用于形容忠贞不渝的友情、爱情。第一对被数学家发现的“亲和数”是220（1+2+4+5+10+11+20+22+44+55+110=284）和284（1+2+4+71+142=220）。

寻找“亲和数”的过程是非常艰难的，但费马毅然决定单枪匹马挑战这一古老名题，他进行了大量的计算、试验。面对着一对又一对数字在试验后不是“亲和数”的现实，费马并未气馁，他坚信每一次失败都是在帮他筛选，助他在成功的大道上前进了一步。

功夫不负有心人，“亲和数”的“家族族谱”在尘封了 2000 多年之后，终于由费马在 1636 年续上了第二对（17296 和 18416）。这一发现引起了数学界的轰动，极大地激发了数学家们寻找“亲和数”的热情，仅仅两年后，笛卡尔就发现了第三对亲和数，1750 年瑞士数学家莱昂哈德·欧拉更是一口气提出了 60 对亲和数……

费马每向前“迈出”一小步，就会推动数论向前“迈出”一大步！

敏锐的直觉与诚实的品质

费马之所以对数字痴迷，是因为他想要发现其中所隐藏的秘密。1640 年的一天，像往常一样，费马独自在数字的海洋里畅游，他“无意”之中在稿纸上写出了几行数字：

$2^0=1$，$2^1+1=3$ 是质数；

$2^1=2$，$2^2+1=5$ 是质数；

$2^2=4$，$2^4+1=17$ 是质数；

$2^3=8$，$2^8+1=257$ 是质数；

$2^4=16$，$2^{16}+1=65537$ 是质数；

……

这时，费马凭借直觉，得到了一个关于质数的猜想：根据上面规律得到的数均为质数。后来，人们把这一发现称为“费马数”。费马随后将这一猜想通过书信告诉朋友，他很坦诚地承认自己并没有找到证明猜想的方法。

费马有没有尝试检验下一个数($2^5=32$, $2^{32}+1=4294967297$)呢？我们无从知晓，这个数也不得不背着“问号”沉寂了100多年。直至数学家欧拉以其天才的手法得出$4294967297=641\times6700417$，证明这个数不是质数，才宣告费马这一猜想是错误的。

费马大定理

费马酷爱读书，虽然具有惊人的记忆力，但他在阅读中仍坚持做笔记，随时记录他的学习心得和灵感，这些笔记让他的成果得以流传后世。

1637年前后，费马在阅读古希腊丢番图《算术》拉丁文译本时，在有方程$x^2+y^2=z^2$的页边上写下了一段对数学界有深远影响的话：“将一个高于二次的幂分成两个同次的幂，这是不可能的，关于此，我确信已发现了一种美妙的证法，可惜这里空白的地方太小，写不下。”他提到的“这是不可能的”就是“费马大定理”，其内容可以表述成“当整数 $n \geqslant 3$ 时，关于 x、y、z 的方程 $x^n+y^n=z^n$ 没有正整数解”。

一石激起千层浪，世界各国数学家纷纷关注与研究费马大定理，却一直没能完全证明它。费马轻描淡写的这几句话，让全世界数学家为之痴迷了 350 多年，直到 1995 年，费马大定理的最终证明才由英国数学家安德鲁·怀尔斯完成。甚至有人认为，费马大定理的证明历程，就仿佛是一段数学发展史。

“费马大定理”除了延伸出众多数学理论和分支外，还曾经挽救过一个年轻人的生命！德国小伙子保罗·沃尔夫斯凯尔，是一位数学爱好者，他曾一度对生活失去信心，陷入绝望。有一天，沃尔夫斯凯尔无所事事地来到图书馆，随手翻看一本数学期刊打发时间，他很快被一篇《库默尔解释为何柯西和拉梅证明费马大定理的方法行不通》的文章所吸引。经过研究，沃尔夫斯凯尔发现了原文中存在一处逻辑漏洞，他开始全神贯注地计算、验证，他不知不觉忘记了时间，终于在第二天黎明前填补了漏洞。有感于证明过程带来的成就感和喜悦感，沃尔夫斯凯尔重新找到了人生的价值，重拾生活的希望。

费马究竟有没有发现一种“美妙的”证明方法呢？这

种方法是不是近几百年来一直没有被人们发现？方法有没有错误？这些问题我们都无法回答。而这并不会影响后人对他的评价——第一流的数学家，无可指摘的诚实人，无与伦比的数论学家。

走在时代前沿的科学通才莱布尼茨

自学语言的通才

“样样皆通，样样稀松”，这句俗语也有它的例外。戈特弗里德·威廉·莱布尼茨是 17 世纪德国科学的集大成者，被誉为继亚里士多德后的又一位科学通才，他一生兴趣广泛，是数学、哲学、逻辑学、法律、政治、历史、文学等领域的先行者，他的思想走在了众多科学领域的前沿，影响深远。毫不夸张地说，莱布尼茨在每个领域留下的研究成果，或许是该领域的卓越人才用尽一生精力才能取得的。

莱布尼茨在学术研究中从来不闭门造车，他十分热衷于和其他学者交流。一生中，莱布尼茨与 1000 多位学者有过书信往来，写下了超过 50000 份手稿。莱布尼茨可以在任何地点、任何时间、任何条件下工作，他无时无刻不在读书、写作和思考。为了工作，莱布尼茨经常乘坐马车出行，他的大部分著作是在四处漏风、颠簸的马车上完成的，途中就用随身携带的各种尺寸、材质的纸张写下了手稿。虽然这些手稿在很久之前就被发现了，但是300多年之后仍然没有学者能真正完整地读完，一是因为文稿是用多种语言（法语、拉丁语、德语、英语、意大利语、荷兰语等）写成的，二是因为文稿涵盖了浩瀚的主题。时至今日，部分手稿仍保留在德国汉诺威图书馆里，等待着学者从中筛选出有用的知识。

1646年，莱布尼茨出生在德国莱比锡城里的一个书香家庭。父亲是莱比锡大学的教授，亲自负责莱布尼茨的教育，并组建了一个私人图书馆。年幼的莱布尼茨可以经常泡在这个图书馆里，阅读各类先进的哲学、语言学等书籍，这些书籍大部分是用拉丁文写成的，莱布尼茨便自学并精通了拉丁语，这为他今后博览群书和改进图书馆学奠定了基础。

遭受质疑却彬彬有礼

莱布尼茨“故意”忽视学科之间的界限，在多个成熟的专业领域提出自己的见解，世界上可能再也找不到一个可以媲美莱布尼茨的通才。

在多如繁星的研究工作中，数学是莱布尼茨最擅长、取得最伟大成就的学科。令人惊讶的是，莱布尼茨20多岁时才真正接受数学教育，在克里斯蒂安·惠更斯的指导下开始系统研读数学、物理学类著作，逐渐做出了一些影响世界科技发展的发现，比如微积分、计算机技术中广泛应用的数制——二进制等。

莱布尼茨曾有过一次短暂的伦敦之行，这次旅行让他从普通的数学家变成了一位富有创造力的数学天才，但也使他的晚年生活变得暗淡。莱布尼茨被指责在英国时剽窃了牛顿的微积分理论，尽管他曾彬彬有礼地表示“在从世界开始到牛顿生活的时代的全部数学中，牛顿的工作超过了一半”，但直到20世纪初，数学界才普遍认为莱布尼茨和牛顿都独立地创立了微积分。牛顿创立的微积分是典型的实用工具，用于解读物理世界；而莱布尼茨的理论拥有更广泛的哲学论点，他不仅将微积分视为工具，更将它视为一个可以孕育出其他数学分支的真理。

精益求精推动图书馆学的发展

莱布尼茨曾受邀撰写德国布伦瑞克王朝的历史，接受

任务后的莱布尼茨在接下来的几年中辗转德国、奥地利和意大利各地，寻找和这段历史相关的档案资料。在这段旅程中，莱布尼茨有机会与科学领域的学者们见面交流。就这样，莱布尼茨一边搜集着历史资料，一边拜访学者。

然而，这本历史书久久不能成稿，赞助人很生气，认为莱布尼茨的大部分时间都在写其他领域的论文。其实，赞助人不知道莱布尼茨已经完成了任务的一部分，他坚持要根据现有资料写出一本精心研究和符合史实的书，但赞助人只想得到一个家族族谱和一本简短精致的书。莱布尼茨不为所动，坚持按自己的想法工作，最终他写出了9本相关的档案材料。

莱布尼茨供职于汉诺威王朝期间，不喜欢打猎、饮酒，他从未真正融入当时统治者的核心圈子，平时就负责在图书馆里整理图书资料，这份工作虽然很普通，但很繁重。与以往图书管理者不同，上任后的莱布尼茨非常重视图书馆的发展。莱布尼茨认为“用于展示和炫耀的图书馆是一种资源的浪费，但一座拥有丰富的藏书且井然有序的图书馆对促进所有学科的发展非常重要”，他制订了一项图书馆改扩建计划，可惜的是，没有资金的支持，计划未能实施。

莱布尼茨还曾将目光转向改进图书的目录索引上，他创建了一种按作者姓氏的字母排序的编目方法。除此之外，莱布尼茨还对书籍进行主题分类，他希望将图书馆改造成集众多学科和兴趣培养均衡发展的图书馆，他把图书馆书目分为哲学、法律、药物、数学、物理学、语言学等 10 类。莱布尼茨还精心设计了方便快捷的索引及图书出版的标准形式，他呼吁图书出版商按他的设计制作标题与摘要，但一直没有成功。直到 20 世纪，在大英图书馆的支持下，莱布尼茨的构想成了英文出版物的标准。

勇于创新，改进计算器

莱布尼茨每次外出时必备两个物品，一个是挂在马车上的折叠椅，方便他在马车行驶时继续写作；另一个是他自己设计的计算器。发明计算器的想法来自他的兴趣爱好，他从小就对新技术、新发明有着浓厚的兴趣，脑海中经常会有新点子、新想法出现。

法国数学家帕斯卡的父亲从事过税务工作，每天要做大量繁重的计算，为了减轻父亲的工作负担、避免出现错误，帕斯卡发明出世界上第一个机械式加法计算器。莱布尼茨看了帕斯卡的发明后，在心里想："让机器代替人类完成计算，优秀的人才就可以从复杂的计算中解脱出来，这真是个天才的想法！”莱布尼茨立即意识到了计算器对人类的重要性，下定决心研制出一台功能更强大的计算器。

莱布尼茨是个实干家，说干就干，全身心地投入计算器的设计与制作之中。历经多次试验，第一台莱布尼茨计算器完成了。在帕斯卡计算器的基础上，莱布尼茨独创出了乘法器和除法器，新型计算器不仅可以执行加法、减法运算，还可以执行乘法、除法、开方等运算。

但是莱布尼茨并不满足，为了提高计算器的计算速度和操作的便捷性，在此后长达 20 多年的时间里，他自筹资金，聘请机械工程师不断地对计算器进行升级。最终，这台箱式手提计算器有了一个显示结果的“窗口”，可以完成千万位的计算，输出的结果可以达到千亿。

此后，莱布尼茨发明的计算器中的齿轮组合成了各类机械计算器的关键组件，直到 20 世纪 70 年代随着电子计算器的发明才逐渐退出历史舞台。

将二进制与中国文化相融合的“中国迷”

在青年时期，莱布尼茨创造了一种新型的计数系统——

二进制，只用 0 和 1 这两个数字就可以表示所有的数及算术运算的结果（进位规则是“逢二进一”，借位规则是“借一当二”），他曾经表示“二进制是世界上最具普遍性、最完美的逻辑语言”。

莱布尼茨可能是第一个对中国文明感兴趣的欧洲学者，他曾与出访中国的使者通信，初步了解了中国文明。莱布尼茨还十分推崇孔子的思想，他认为孔子的思想超越了古希腊先贤。当《中国哲学家孔子》一书在欧洲出版后，莱布尼茨第一时间精读了它。读完之后，莱布尼茨得出结论：欧洲人可以从儒家传统伦理中学到很多东西。他注意到书中详细介绍了伏羲八卦图，并配有文王六十四卦图，有意思的是，在相应的卦象上，依次标有阿拉伯数字 1 到 64。莱布尼茨在心里想道：“这些图是怎么和数字联系在一起的呢？”

带着疑问，莱布尼茨反复研究了六十四卦图，发现它们都是由六个“阴爻（--）”或“阳爻（—）”上下排列而成的，他兴奋地跳起来，自言自语地说：“这不就是我设计的二进制中的 0 和 1 吗？”

莱布尼茨用二进制中的 0 代表“阴爻（--）”，1 代表“阳爻（—）”，通过替换，六十四个卦象可以看作二进制中的 64 个数字，这些数字在十进制中分别是 0 到 63。

卦象：坤，二进制数为：000000，十进制数为：0。

卦象：乾，二进制数为：111111，十进制数为：$1\times2^5+1\times2^4+1\times2^3+1\times2^2+1\times2^1+1\times2^0=63$。

卦象：蒙，二进制数为：010001，十进制数为：$0\times2^5+1\times2^4+0\times2^3+0\times2^2+0\times2^1+1\times2^0=17$。

莱布尼茨巧妙地将他的二进制理论和周易中“阴阳”观念结合在了一起，在他眼中，或许“阴”“阳”就是二进制的中国版，这令素有“中国迷”之称的莱布尼茨非常高兴。

莱布尼茨设计二进制的初衷并不是为科学技术服务的，在他晚年重新审视二进制时才有了新的构想。据说这个构想来源于他的梦境，在梦里他梦见了一台机器，一些弹珠表示二进制数字，一种穿孔的卡片控制着弹珠的移动，只需要操纵卡片，就可以实现计算自动化。这是现代电子计算机的雏形，只是莱布尼茨梦中的零件被移位寄存器、电子脉冲等替代了，除此之外，它们大致是按照莱布尼茨在1679年梦中的设想运行着。可见，莱布尼茨可能是世界上第一位计算机科学家和信息理论家。

0与1，一切数字的本源。二进制的构思，使莱布尼茨成为历史上第一个接近人工智能的科学家。

莱布尼茨就像黑夜中的北极星，指引着计算机、人工智能等领域航行的方向，他值得被全人类铭记。

数学史上的明星欧拉

多产的数学家

1727年，百科全书式“全才”牛顿离世，欧洲科学界纷纷悼念这位解读了苍穹之谜的天才。天才的陨落不禁让很多人担忧：谁能引领未来科学的发展？事实证明，他们的顾虑是多余的。1707年，瑞士巴塞尔城里一颗“新星”正冉冉升起，他将接过牛顿传下来的“接力棒”，继续带领数学走向科学之巅，他就是历史上最伟大的数学通才莱昂哈德·欧拉。

欧拉出现的时机似乎恰到好处，因为牛顿、莱布尼茨、笛卡尔等数学家将各数学分支上遗留下来的孤立的难题解决了，并提供了有力的分析方法，这时，正需要一个像欧拉这样的天才对基础数学、应用数学进行系统性总结和进一步研究。前人丰富的研究成果给欧拉的创作提供了肥沃的土壤，加上勤奋好学，欧拉成为数学史上著作第二多的

$e^{i\pi} + 1 = 0$
B
D
L
H
Q
N
F

数学家。欧拉的论文兼具数量与质量，论文内容涉及众多科学领域，仅数学分支就多达 30 多个。

欧拉写研究论文就像文笔顺畅的作家写信一样容易。据说，欧拉在一次家人喊他吃饭的空隙中就起草了一篇论文，他还经常一边将孩子抱在怀里，一边创作。据统计，欧拉生前平均每年发表 800 多页的学术论文，其著作收录在《欧拉全集》中。由于欧拉生前工作效率很高，所写的很多论文、研究内容未来得及整理出版，直到欧拉去世后，他竟然还“发表”了 228 篇论文！

师承名师

孔子说：“不愤不启，不悱不发。”一个优秀的老师不仅能洞察出学生的天赋，而且能最大限度地激发其潜能。幸运的是，欧拉在青年时期遇到了这样一位亦师亦友的老师。

欧拉的父亲很喜爱数学，经常向欧拉讲述一些数学基础知识和小故事，欧拉被故事中的人物所感染并立即爱上了数学。欧拉 10 岁时，父亲将一本《代数学》送给他学习。虽然这本书中有很多晦涩难懂的概念和知识，可是欧拉却看得津津有味。欧拉学习时有个好习惯，就是在读书时遇到看不懂、有疑问的地方会做好标记，以便向人请教。

凭借着努力与天分，欧拉在 13 岁时就考入了巴塞尔大学，成了当时瑞士大学里最小的学生，并在 15 岁时取得学士学位，一年后又取得了硕士学位。这时欧拉迫于父亲的压力，准备放弃数学，将全部精力用于神学，但他心里仍对数学充满向往。于是，欧拉便“偷偷”跑去隔壁数学系听课，授课教师正是瑞士大数学家约翰·伯努利。

这位巴塞尔大学的教授对欧拉早有耳闻，在课堂上也见识过欧拉惊人的数学天赋。约翰·伯努利认为父母都不应该消除孩子的天赋，应该多给予鼓励和发掘。他不希望看到一个天才就这样“泯然众人”，便去拜访欧拉的父亲。

约翰·伯努利对欧拉的父亲讲明了来意，并说：“我的父亲曾经要求我去经商，但被我拒绝了，因为我知道我不是那块料。您应该也发现了，您的儿子是位数学天才，他将来注定会成为一个伟大的数学家！”

约翰·伯努利的话让欧拉的父亲有所动摇，他接着说：“每周六晚上，我都会单独辅导欧拉数学！”就这样，欧拉的父亲改变了主意，允许欧拉继续主修数学。

在约翰·伯努利的帮助下，欧拉夜以继日地研究数学，为心中的理想而努力奋斗。约翰·伯努利既宽厚仁慈，又治学严谨，开始时他也会因为欧拉的不足而气愤，鞭策着欧拉加倍努力。为了在见老师时尽可能地少带问题，欧拉通常会用一周的时间预习下周的知识，再也没有问过细枝末节的问题。

1726 年，年仅 19 岁的欧拉博士毕业。欧拉决定要用实际行动表达他对数学的热爱，并向父亲证明他擅长并可以终身从事数学事业。从这一年开始，欧拉真正开启了他在各个领域发表论文、出版著作的生涯。

崭露头角

自巴黎科学院成立之时，人类历史上诞生了第一批职业的科学家，而法国也逐渐成为当时全世界科学的中心。1726 年，巴黎科学院发布了关于“航船上安装桅杆的优化”的有奖征集，尽管参与者中有很多成名已久的科学家、造船专家，但欧拉没有退缩，毅然参与了角逐。

人生的前 19 年，欧拉一直生活在欧洲内陆国家瑞士，他所有关于海洋的记忆都是听来的。欧拉可能在河流或湖泊上见过几条小船，但他从来没有见过一艘航船，没有实物及经验的支撑，为航船设计桅杆的难度可想而知。

虽然从未踏上过航船的甲板，但欧拉还是凭借着他超强的抽象思维与计算能力，在很短的时间内提交了论文。

这次竞赛最终由法国地理学家皮埃尔·布格拔得头筹，他就是后来的“造船工程之父”。欧拉并未气馁，他重拾信心，继续投入数学、物理学、航海学、建筑学等领域的研究中。欧拉先后又参加了巴黎科学院举办的12次竞赛，赢得了12次最高奖项，这也算是对他第一次与金奖失之交臂的弥补吧。

开创数学新领域

18世纪，居住在格尼斯堡的市民热衷于一个难题。城内的普雷格尔河包围了两座岛屿，共有7座桥梁连接着岛屿与陆地。市民们尝试从一个位置出发，不重复、不遗漏地穿过每座桥后返回起点。经过一番试验，他们纷纷以失败告终，几个学生就将这个难题寄给了欧拉。

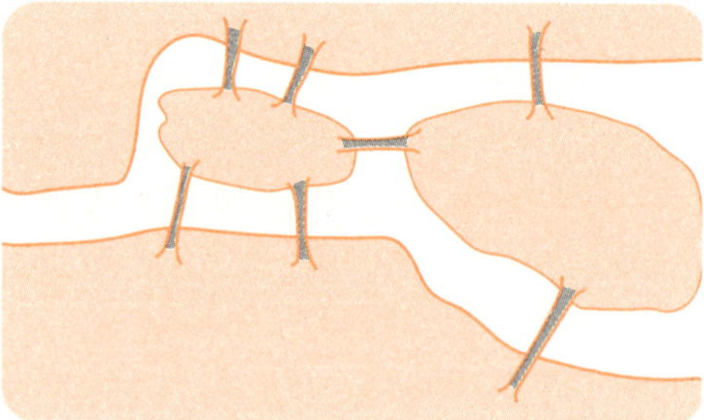

格尼斯堡“七桥”

面对这个问题时，欧拉强大的抽象思维能力再次发挥了作用，他创造性地将两个岛屿、河岸抽象为 4 个点，7 座桥简化为 7 条线，将“七桥问题”转化成了“一笔画”问题。

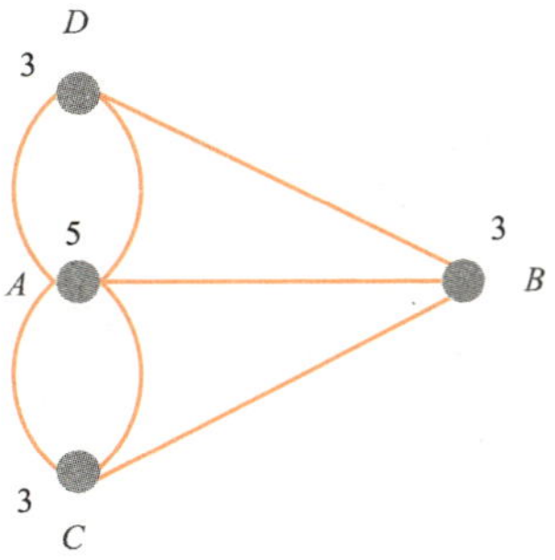

能否按要求走完七桥，取决于能否一笔将图画出。

敏锐的欧拉注意到，要想完成“七桥挑战”，图中的点均需要具备一个特征：每“进入”该点一条线就需要对应一条“出去”的线，这叫“有来有回”。那么，以每个点为端点的线的条数必须为偶数。

经过观察，欧拉发现图中 A、B、C、D 四个点均不满足这个条件，因此他认定“七桥问题”是无解的。

经过进一步的研究，欧拉总结出一个图形可以一笔画出需要具备两个条件：图形是连通的；图中“奇点”的个数为 0 或 2。

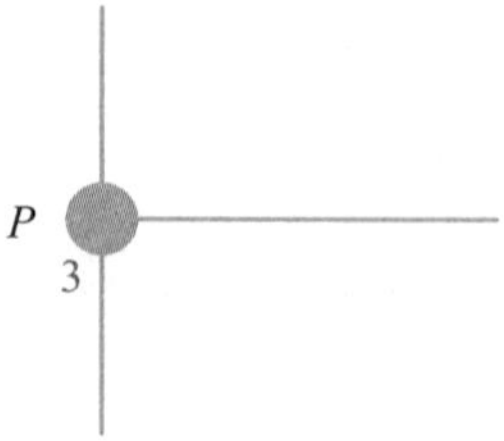

奇点：以该点为端点的线的条数为奇数；

如：以 P 点为端点的线有 3 条，3 是奇数，P 为“奇点”。

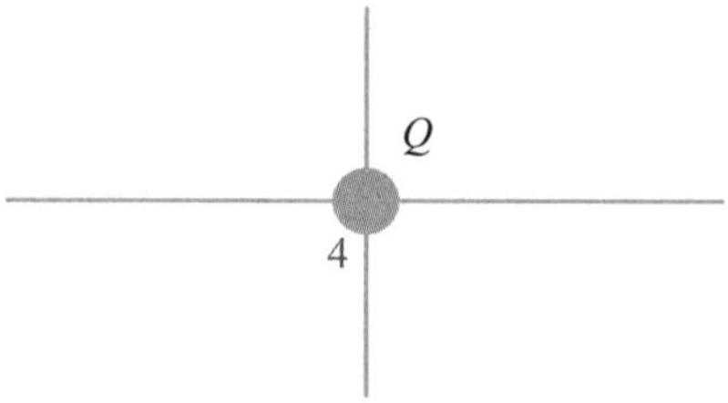

偶点：以该点为端点的线的条数为偶数；

如：以 Q 点为端点的线有 4 条，4 是偶数，Q 为“偶点”。

当“奇点”个数为 0 时，从图中任意一点出发都可以回到起点；当“奇点”个数为 2 时，必须从其中一个“奇点”出发，最后回到另一个“奇点”。

1736 年，欧拉提交了《格尼斯堡七座桥》的论文，详细阐述了他的巧思妙解，这为数学新分支——图论、拓扑学的建立奠定了基础，著名的“地图四色问题”（任何一张地图只用四种颜色就能使具有共同边界的国家分别涂上不同的颜色）就是该分支的内容。

坚忍不拔的毅力

欧拉在整个数学生涯中，不断遭受着各种厄运，可他每次都挺了过来。28 岁时，欧拉右眼视力开始衰退，近乎失明。59 岁时左眼又患上白内障，不久后几乎完全失明。后来在 1771 年，欧拉居住的房屋又遭遇一场大火，虽然在仆人的帮助下幸免于难，但他创作的如书山、纸山般的文稿大多毁于火海……

坚强、自信的欧拉没有被生命中的种种不幸所吓倒，在他逐渐失去全部视力时，亲朋好友非常担忧和同情他，欧拉却处之泰然。欧拉没有让自己“屈服”于寂静和黑暗，他并没有将疾病和磨难放在心上，而是积极寻找方法克服失明带来的困难。在最后一点光感消失之前，欧拉找到并适应了自己研究数学的方法：先用粉笔在石板上书写公式，再口述对公式的说明，最后由他的儿子誊写、整理。欧拉惊喜地发现，在儿子和其他人的帮助下，工作效率不仅没有下降，反而提高了。这也是欧拉在 68 岁高龄且双目失明的条件下，仍能坚持每周发表一篇数学论文的原因。

在研究数学的过程中需要用到一些复杂的公式，如果忘记了，可以在“浩如烟海”般的公式书里查到，可是双目失明的欧拉怎么查呢?

别担心,欧拉具有非凡的记忆力。欧拉少年时背诵过《埃涅阿斯纪》(著名史诗,约12000行),虽然成年后很少再翻看这本书,但是他能随时说出书中任意一页从第一行到最后一行的全部内容。18世纪及以前所有的数学公式、定理也都深深刻在欧拉的脑海中。不仅如此,欧拉的记忆中还精准储存着前100个质数的平方、立方、四次方甚至五次方、六次方的结果。当其他人在为计算诸如179^5、521^4而焦头烂额时,欧拉已经随口说出了答案。这造就了欧拉另一个超级技能——心算。

欧拉不仅可以心算简单的加减乘除,还可以进行高等数学等复杂的心算。

一次,欧拉的两个学生在计算一道极其复杂的问题时,发现各自得出的结果不一致,为此争得不可开交。欧拉躺在藤椅上,静悄悄地进行了一次心算,很快就发现了错误所在。

欧拉可以轻而易举地进行心算,就像人类呼吸、雄鹰翱翔一样自在、轻松。由此可见,失明对欧拉来说已经不是问题了。据统计,在失明后的十几年里,欧拉完成了占一生中接近一半数量的论文及著作。

面对多舛的命运，欧拉没有意志消沉，而是用他顽强的斗志、渊博的知识和超乎常人的智力与命运进行抗争。他曾说：“如果命运是块顽石，我就化为大锤，将它砸得粉碎！”

谦虚、善良的品格

欧拉喜欢和朋友、学生交流学术问题，当他有了新的科学发现，一定会第一时间与别人分享。与其他数学家不同的是，欧拉不仅有深刻的见解，还可以将自己的思想传达给普通人。欧拉除了能写出深奥的论文，还参与编写初级教科书。欧拉认为并非所有读者都具备他那样超群的数学能力，因此他编写的教科书从来都不会故弄玄虚，所有的论述都非常清楚易懂，选用的数学符号都清晰明了，质量超越了以往所有的同类书籍。

尽管一生取得了无与伦比的成就，但欧拉仍然是一个谦虚的人，他喜欢平静的生活，从不试图引起人们的注意。高等数学中有一个重要的“欧拉—麦克劳林”公式，数学界对谁先发现的该定理争论不休。欧拉的朋友也曾写信咨询，欧拉在回信中说：“我不希望科林·麦克劳林先生的名声因这件事而受损，他是第一个发现该定理的人。”

欧拉表示“对名誉几乎没有欲望”，他不在乎自己为定理付出的努力，也从不炫耀已取得的成就，因为他已经专注于研究下一个数学难题，着眼于下一个成就了。

欧拉获得的成就和尊敬，离不开他非凡的天资、勤奋的努力和谦逊善良的品格，正如同时代人给欧拉的评价：一个谦虚、善良却开朗和善于交际的人。

仰望星空的数学王子高斯

幸运、有孝心的孩子

欧拉“统治”数学界长达70余年后溘然长逝，此时丝毫没有人注意到一个孩子悄悄地开始了他在数学上的光辉历程，在接下来的70多年里，他继承了欧拉的衣钵，继续拓展数学的疆界，使人类文明又向前迈进了一大步。他就是被誉为“数学王子”的约翰·卡尔·弗里德里希·高斯。

与出身于富裕家庭的数学家约瑟夫·拉格朗日、约翰·伯努利不同,高斯是一个贫穷人家的孩子,父亲靠做杂活为生,生活窘迫；与另一位虽然家境贫困但父亲非常重视教育的数学家加斯帕尔·蒙日也不同，高斯的父亲曾多次粗鲁地阻挠他接受教育。冬季来临时，为了节省煤油，父亲甚至要求高斯在晚饭后立即上床睡觉，不允许他在夜里看书。

庆幸的是，聪慧的母亲和舅舅及早地发现了高斯的天分，并在他身上倾注了很多心血，竭尽所能地锻炼他敏捷的逻辑思维。和所有的母亲一样，高斯的母亲一直将他视为自己的骄傲，她希望自己的孩子将来能成就伟大的事业。后来，当高斯的母亲从别的数学家口中得知“高斯必将成为欧洲最伟大的数学家”时，激动的泪水从她眼中夺眶而出。高斯的成功离不开母亲的支持，为报答母亲的支持与理解，当母亲晚年失明、患病后，高斯亲自服侍她，让母亲安详、幸福地度过了晚年。

初露峥嵘

虽然阿基米德、牛顿、欧拉等数学家留下了丰富的数学遗产，但他们童年时展现出的数学天赋却在数学史上鲜有记载。而高斯在 3 岁以前就展示出了他杰出的数学才能。

那是一个平常的下午，高斯的父亲在家中核对账单，他一边念着账单上的数字，一边计算，丝毫没有觉察到年幼的高斯也在非常用心地计算着。当父亲算完最后一张账单，还没等松口气，就从身后传来了一个稚嫩的声音：“爸爸，您算错了，结果应该是……”父亲很诧异，因为没有人教过高斯数字与算术，他又仔细计算了一遍，答案竟和高斯的一致。高斯终生保持着进行复杂心算的能力，当别人向他询问心算的秘诀时，高斯笑着说：“在我学会说话之前，就已经会数数了。”

8 岁时，高斯就读于一所乡下学校，开始了他的学生生涯。当时，学校的数学老师十分严格和挑剔，经常出一些让学生们答不上来的难题。一天，他在黑板上写下了一道算式：“1+2+3+4+…+100= ？”老师让学生们用一堂课的时间进行计算。看着一脸严肃的老师，孩子们赶紧在石板上辛苦地计算起来。还没等老师坐到椅子上，高斯就已经将结果写在石板上了，然后双手撑住下巴坐在那里。老师用余光瞟了一眼高斯，心里纳闷：这个孩子不可能这么快算出结果，他的答案保准是错的。

很快，下课时间到了，老师逐个检查石板，如他所料，孩子们要么没有做完，要么计算的结果是错误的。当他翻开高斯的石板，看到上面赫然写着“5050”时，他惊呆了，因为这就是正确答案！虽然利用公式可以在几秒钟内得到正确答案，但是没有人教过高斯做这类题目的技巧。

带着疑问，老师问高斯：“你是怎么计算的？”高斯抬起头，说：“老师，我不是按顺序加的。我发现 1 加 100 等于 101，2 加 99 等于 101，3 加 98 也是 101……把一头一尾对应的两个数凑成一组，一共有 50 组，50 乘以 101，就能得到5050。”

听到这话，老师惊讶之余也颇为自责，他为自己的傲慢而深深羞愧。几天后，他还购买了一本较深奥的数学著作送给高斯，高斯很快读完了这本书。几年后，12岁的高斯便怀疑欧几里得的《几何原本》里存在“漏洞”，后来，数学家们按照高斯的思路创立了独立于欧式几何之外的几何体系。此时，数学老师认为他已经没有知识可以教给这个数学天才了，就让自己的助手和高斯一起研究数学，互相帮助。

智断瓶中线

叩开了通往数学的大门之后，高斯便将目光转向古希腊的数学，经过潜心研究，仅在1796年这一年，就收获了很多“果实”。

数千年之前，人们已经知道了如何用直尺和圆规画出等边三角形、正5边形、正15边形以及它们边数偶数倍的正多边形的方法。可是，自欧几里得以来，从来没有人想到过能画出正17边形。而那时，年仅19岁的高斯证明了可以画出正17边形，在数学界引起了轰动。这一发现，也坚定了高斯将数学作为一生事业的决心。

这一年，高斯还改进了计算方法，极大地简化了整数计算。这不禁让他联想：如果阿基米德有这个发现，科学将上升到什么高度？同年 5 月，高斯猜测了质数的分布规律（100 年后被数学家证明）；两个月后，他又发现了“每个正整数都可以表示为最多 3 个‘三角数’的和”；等等。

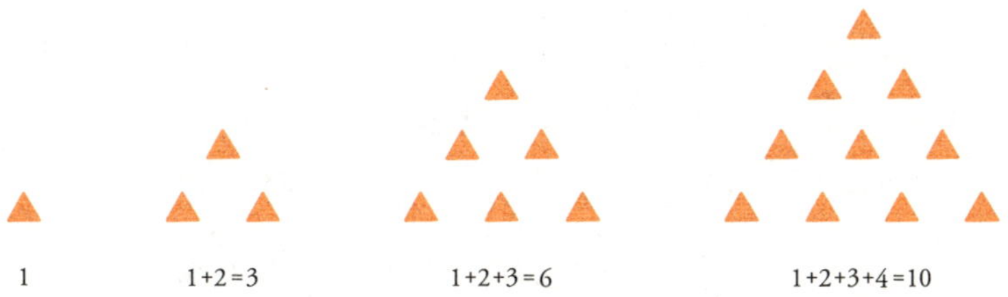

三角形数：1、3、6、10、15……

比如：18=15+3，22=15+6+1

年轻的高斯一下子从默默无闻的平常人跃升成了人们口中的“天才”，无论走到哪里都会成为焦点。一个烈日炎炎的上午，高斯快步走在路上。突然，几个年轻人冲出来拦住了他的去路。其中一个人说：“听说你是个天才，无所不知，无所不能。我们遇到个小问题，你能帮忙解决吗？”

高斯对自己的数学知识很有信心，便欣然应允。

那人从身后拿出一个玻璃瓶，瓶子里有一枚用棉线系着的硬币，棉线的另一头系在瓶口，瓶口塞着塞子，这样硬币就悬在瓶中了。他边把瓶子放在阳光下，边说：“不准打开瓶塞，怎么将棉线弄断？”

高斯顿时愣住了，心里想：“这不是数学题啊！不过题目很有意思。”他随即蹲在地上，认真思考起来。

不一会儿，高斯的周围就聚集了一群人，有的人边思考边摇头，有的人在心里窃笑，等着看高斯的笑话。出题的年轻人不禁洋洋得意，高兴得吹起了口哨。

高斯并没有被周围嘈杂的声音影响，继续冷静地思考。这时，一位戴着老花镜的慈祥老人走到高斯身旁，说：“小伙子，慢慢想。”高斯抬起头，眼睛被老人老花镜反射的光线晃了一下，他突然间有了主意：用凸透镜将太阳光聚焦后热量会很高，应该能将棉线引燃。

高斯赶忙借来了放大镜，不断地调整角度、距离，让太阳光透过镜片聚焦在棉线上。很快，棉线烧着了，硬币随之掉落，周围的人报以热烈的掌声，那几个年轻人更是对他佩服得五体投地。

不一样的“追星族”

太阳系中约有 50 万颗小行星围绕太阳公转，它们的体积很小，追踪它们可不是件容易的事。迄今为止，登记在册的小行星仅有 8000 多颗，其中谷神星是人类最早发现的一批小行星中最大的一颗。

1801 年，意大利天文学家朱塞普·皮亚齐在观测星空时，一个非常微弱的光点引起了他的注意，凭借经验，他认为这是一颗没有被记录的星体，于是将它命名为“谷神星”。接下来的几个星期，他观测并记录了星体位置的变化，发现它移动的速度很慢，不像彗星而像一颗行星。不幸的是，皮亚齐突然病重，不得不停止了观测。数月后，皮亚齐大病初愈，他赶忙来到望远镜旁，夜空中早已找不到谷神星的“踪迹”，它似乎消失在了茫茫宇宙中。皮亚齐便将自己观测的数据公布出来，希望全世界的天文学家能一起寻找。

天文学家都无法靠观测来确定出谷神星的轨道，他们便寻求数学家的帮助。当时，24 岁的高斯听说了这个难题，便着手研究。在接下来 3 个月的时间里，高斯紧张而有效率地工作着。功夫不负有心人，高斯通过研究皮亚齐的观测数据，发明了一种只需要几次观测数据便能计算出星体轨道的新方法。经过复杂的计算，高斯成功预测出了谷神星的运行轨迹（几乎是圆形），像一颗行星，同时他还计算出了它与太阳之间的距离。当谷神星在几个月后被重新发现时，它所处的位置与高斯预测的几乎完全一致，高斯在当时的科学界获得了当之无愧的声誉。

在寻找谷神星的过程中，高斯对天文学产生了浓厚的兴趣，他接受了哥廷根大学天文学教授的职务。高斯对待天文工作极其认真，多次改进观测仪器，每个宁静、晴朗的夜晚，高斯会使用望远镜瞭望夜空，探索宇宙的奥妙。后来，高斯将行星轨道的计算方法等汇总成一本著作《天体运动论》，这是一本关于天体运动理论的重要著作。

执着与征服

数学知识的发现，就像春天花园里的紫罗兰一样，有着自己生长、开花的季节，任何人都没有办法推迟或提前这一过程。高斯是一个聪明、勤奋的人，但他执着、追求完美，从不急于求成，所以他拒绝发表不完整或不成熟的作品，正如他的格言“Pauca sed matura（宁缺毋滥）”，所以高斯并不是一位多产的数学家。同一时代的数学家发表的好几项重要数学发现，在高斯的日记中早有记载。有的数学家认为：如果高斯能及时发表他所有的发现，数学将至少进步 50 年。

高斯的博士论文证明了代数基本定理，他当时采用的证明方法并不能令所有人信服。在长达 50 年的时间里，高斯又陆续从 3 个不同的角度，对这一重要结论给出了 3 种证法，可见他对数学的执着与热爱。

高斯一直对科学理论的实际应用很感兴趣，他便接受了勘测领土的任务，开始了一段风餐露宿的野外考察生活，但高斯不断解决难题，极大地推动了大地测量学的发展。工作中，高斯发明了日光反射仪，这是一种可以将光束反射到很远的地方的仪器，极大地提高了观测的准确性。另外，在 19 世纪 30 年代，高斯还和物理学家威廉·韦伯一起发明了电话电报系统、绘制出了世界上第一张地球磁场图，同时标记出了地球南磁极和北磁极的位置。

晚年的高斯深受痛风的折磨，但他的思维依然敏捷，甚至在 62 岁高龄时还自学了俄语。可以说，高斯的一生一直在不断攀登科学上的一座座高峰。高斯在给好友的信中表达了他对科学研究的看法："追求科学知识的道路上，最值得铭记的不是获得知识的那一刻，而是不断探索的过程。

当我将一个知识理解透彻，便会转身离开它，奔向下一个未知的领域。我对知识的追求永不满足，决不会为了平静的生活而待在‘建造’好的知识框架内。我想，征服世界的人一定有这种感觉，在征服了一个王国后，会将目光投向下一个王国。”

中国现代数学之父华罗庚

命运多舛，幸遇良师

在人类文明的历史长河中，涌现出一大批杰出的数学家，他们的拼搏精神和伟大贡献不断激励着一代又一代的年轻人前行。华罗庚是一位有着博大胸怀、享誉世界的数学家，被列为芝加哥科学技术博物馆中“当今世界 88 位数学伟人”之一。华罗庚一生历经坎坷，少年辍学、青年残疾、中年寄人篱下生活窘迫、晚年疾病缠身……但他没有被种种厄运所吓倒，而是努力拼搏，终成一代大师。

华罗庚于 1910 年出生在一个普通的家庭，全家靠着父亲经营的小杂货铺勉强度日。幼年时，华罗庚爱动脑筋，却因贪玩而成绩平平，甚至没能取得小学毕业证书。进入初中后，渐渐懂事的他才开始发愤读书，很快就表现出了超群的数学天赋。

一天，王维克（著名学者，居里夫人的学生）老师在课堂上给全班同学出了个古代数学题目，担心孩子们听不懂古文，便读得很慢：“今有物不知其数，三三数之剩二，五五数之剩三，七七数之剩二，问物几何？”大意为：一个数，除以 3 余 2，除以 5 余 3，除以 7 余 2，问这个数是几？

王维克环视了教室一周，发现全班同学都在苦苦思索着，当他准备再进一步解释时，华罗庚举起手来说：“老师，这个数是 23。”这是正确的答案，王维克好奇地问他：“你读过《孙子算经》吗？”

华罗庚摇了摇头，说：“没有。”

王维克觉得很不可思议，接着问道：“你能谈谈计算的方法吗？”

“除以 3 余 2，且除以 7 余 2 的最小的正整数是 $3\times7+2=23$，23 除以 5 恰好余 3，我就得出这个数是 23。”

王维克意识到眼前的孩子具有很高的数学天赋，好好培养必成大器。从这以后，王维克开始有意地培养华罗庚，给他讲做学问和做人的道理，还将自己珍藏的《代数与几何》《微积分》等书籍借给他阅读，勉励他脚踏实地、勇攀数学高峰。没想到，几天后华罗庚就来还书了。王维克稍有不悦，意味深长地说：“数学学习要循序渐进，切不可贪功求快啊！我问你几个问题吧！”没想到，华罗庚不仅对答如流，还指出了书中几处刊印的错误。这下，王维克更笃定了自己之前对华罗庚的判断。

初中毕业不久，华罗庚就因家境贫寒而辍学在家，这并没有阻碍他继续研究数学，他一边在杂货店做工，一边学习。当他沉浸于数学中时，说话便驴唇不对马嘴，店里的老主顾也经常嘲笑他。一次，一位顾客进店买酥果，挑选称重后问他价钱，华罗庚头也没抬，随口便将自己计算的一个很大的结果报了出来。顾客吃惊地喊道："怎么那么贵！"这时，华罗庚才从数学的世界里醒悟过来，连忙帮顾客包好并按正确的售价结算。父亲知道这件事情后，气得要烧掉他所有的数学书。这些书都是华罗庚的宝贝，他赶紧将书藏了起来，趁父亲不在家的时候再拿出来看。

天资聪颖的华罗庚从王维克那里明白了做学问就像挖井的道理，漫无目标乱挖一气是挖不出水的，只有认准目标，坚持不懈，才能有所得。因此，他对待学问极其认真，遇到不懂的题目，从不轻言放弃，哪怕花费数小时甚至几天的时间也要解答出来。就这样，历经5个春秋，他自学了高中和大学的数学课程，为将来研究数论等高深理论打下了坚实的基础。

聪明在于学习，天才在于积累

是金子总会发光的。

20 岁左右时，华罗庚在《科学》杂志上看到一篇名为《代数式的五次方程之解法》的论文，这与阿贝尔、伽罗瓦的理论相悖，带着疑问，他便认真研读这篇文章。经过反复计算、推敲，他发现文章中存在一处计算错误，便以读者来信的方式，发表了一篇题为《苏家驹之代数的五次方程式解法不能成立的理由》的文章。幸运的是，这篇文章被清华大学的熊庆来教授看到了，熊庆来善于发现人才，有“中国数学界的伯乐”的称号。这篇文章清晰的逻辑、严谨的证明、简洁的语言无一不让熊庆来拍案叫绝，经过多方打听，他才知道华罗庚并不是数学教授，而是一名只有初中学历的名不见经传的青年。

熊庆来凭直觉认为华罗庚是一位难得一遇的数学天才，他力排众议，打破常规，将他破格招到清华大学工作。因为缺少去北京的路费，华罗庚婉言谢绝了熊庆来的邀请。了解到情况后，熊庆来又亲自给他写了一封信，说：“我非常欣赏您的才华，既然您暂时来不了，那么我在暑期时前去找您。”

有感于熊庆来的至诚之心，华罗庚想方设法凑齐了路费，踏上了前往清华大学的列车。两人相见恨晚，促膝相谈至深夜，鉴于华罗庚的情况，熊庆来安排他先在图书馆工作，因为丰富的藏书能帮助他快速成长。华罗庚深知熊庆来的用意，他每天除了睡觉就是泡在图书馆里攻读数学著作。他就像一峰长途跋涉到绿洲的骆驼，在“书海”里快速地吸收“水分”。以往不曾见过的定理、公式、推理演绎让华罗庚目不暇接，在不断接受新知识的过程中，之前困扰他的一些难题也迎刃而解了。

几个月后，凭借着惊人的天赋和勤奋的学习，华罗庚已经能跟上熊庆来教授的解析数论课程了。这时，熊庆来建议他学习英文，了解国外数学各领域的发展情况。华罗庚也认识到，在数学领域，中国与西方国家之间存在着较大的差距，于是他开始自学英文。由于英文基础差，华罗庚便独创了“猜测”学习法：他先集中注意力通读一遍英文资料，遇到不懂的单词就猜测其含义，最后再查字典。华罗庚每次都能猜对英文单词的含义，渐渐地就不需要查字典了。几年的光景，华罗庚不但能通读各类英文文献，而且可以用英文写学术论文了。

一分耕耘，一分收获。废寝忘食的学习给华罗庚的工作提供了最大的助力。在清华大学的几年时间里，他发表了 20 余篇论文，其中一篇刊登在当时全世界最重要的数学杂志《数学年鉴》上，这在当时正处于动荡中的中国实非易事。

在“伯乐”熊庆来的精心指导下，华罗庚迅速成长为数学界的一匹“千里马”，奔驰于数论、积分等数学领域，逐渐成为中国现代数学殿堂级代表人物。

大道至简

在普通人眼里，数学家从事的工作似乎是高深莫测的，有一些研究数学的学者经常把数学理论“包装”得很“高深”，哗众取宠。而真正的数学家不仅可以研究复杂、深奥的问题，还应该能为一些复杂的问题找到简单的解决方法。华罗庚认为，高水平的教师能把复杂的知识简单化，深入浅出；反之，如果把简单问题讲复杂，就是低水平的教师。他的一生中总是尽力地将数学知识化繁为简，化难为易。

一天，华罗庚乘坐飞机出国访问，邻座的旅客正在聚精会神地看着杂志，时而点头，时而摇头，不久便两手一摊，说：“太难了！”

他扭头看去，原来杂志上印着一道智力测验题：计算 59319 的立方根（如果 $x^3=a$，称 x 是 a 的立方根，例如：$2^3=8$，8 的立方根是 2）。

华罗庚稍作思考，就报出了答案："应该是 39。"

邻座的旅客很吃惊，立即验证，发现答案正确。周围的人都被华罗庚快速计算的能力惊呆了，询问有没有什么窍门和公式。

华罗庚笑了笑，说："没有什么神秘的，我用的是估算法，你们都能学得会。首先计算出 $30^3=30\times30\times30=27000$，$40^3=40\times40\times40=64000$，因为 59319 在 27000 与 64000 之间，所以所求的答案在 30 和 40 之间；然后根据 0 ~ 9 中只有 9 的立方的个位数字是 9，就可以得出答案一定是 39 了。"

"哦，原来如此！"大家纷纷向华罗庚投来赞赏、敬佩的目光。

工作到生命的最后一天

数学家为什么要积极探索未知领域？他们或许并不知道探索过程中会发现什么，绝不是为了荣誉、金钱而探索，而是为了发现人类本该知道的真理。他们一生中从未停歇过前进的脚步，直至生命的最后一刻。

1985 年，一名记者问华罗庚："你一生最大的心愿是什么？"他思索了片刻后说："我希望工作到我生命的最后一天。"半个月后，他应日本科学界之邀，前往东京大学演讲。在明亮的礼堂里，一个满头白发却精神矍铄的老人正滔滔不绝地讲述着《理论数学及其应用》，讲到兴头上，他脱去外套，甩掉了轮椅和拐杖，这一瞬间，听众们仿佛看到了他年轻时候的样子……

不过，因为日语翻译传达的意思不够准确，华罗庚便改用英语演讲，还有意延长了演讲时间。随行的同事担心他的身体，手心里都攥满了汗。

演讲结束，掌声雷鸣，华罗庚心满意足地朝轮椅走去。他刚把沉重的身躯放到座椅上，意外就发生了，他的身体缓缓倒下，随之不省人事。经过几个小时的抢救，医生也未能挽救他的生命，这位 20 世纪中国最优秀的数学家永远离开了人世。

华罗庚把自己的毕生精力都奉献给了数学，他虽聪明过人，但从不炫耀，而是将勤奋与积累作为改变命运的基石，反复以此教育、勉励青年人，要他们做到"拳不离手，曲不离口"，不断地钻研数学。

2020年，一颗小行星被正式命名为“华罗庚星”，它在宇宙深处穿行，星耀苍穹，引领人们在科学的道路上披荆斩棘，不断前行。

现代微分几何之父陈省身

少年成名，师承姜立夫

自人类诞生，夜晚总会有人抬头望向深邃的天空，点缀在夜空中的浩瀚繁星让仰望者赞叹不已。数百万年来，居住在无垠宇宙中一颗与众不同星球上的人类，一直在用智慧探索未知，渴求解答心中的疑问。探索的过程异常艰辛和缓慢，直至 1 万年前，人类才踏上了文明之旅。日夜的交替点亮了地球上万物生灵的生命之光，清晨的第一缕阳光下，走在时代前沿的科学家们正在通过勤奋的工作探索出宇宙的奥妙。

数学是科学里最引人注目的珍珠，它不仅美妙，而且实用。假如人类社会失去数学一天，文明将不复存在。在生活中我们能时刻意识到数学的存在，当人们身处影院观看三维动画时，他们不需要懂得微分几何，但必须有人了解这些专业的内容。陈省身正是微分几何领域的先驱，他开创了整体微分几何、纤维丛微分几何和“陈省身示性类”等领域的先河。这些专业词汇不免让外行人望而生畏，进而联想到数学的高冷、艰难。但对于陈省身来说，数学的美妙能让他愉悦，他曾写下“数学好玩”勉励青少年。

1911 年，陈省身出生于浙江嘉兴一个书香家庭，父亲在省城工作，只有年末才回家团聚。祖母十分疼爱他，没有送他进小学学习，而是让他待在身边、自然成长。略通文墨的祖母没有放松对陈省身的教育，让自己的女儿，也就是陈省身的姑姑，教他识字、阅读。令她们惊奇的是，年幼的陈省身虽然顽皮，但记忆力超群，他能背诵所有读过的文章。父亲曾送给他一本《笔算数学》，教给他一些简单的数学基础知识和四则运算方法。陈省身发现数学简单、有趣，便开始自学算术，很快就解决了书中所有的习题。有了这些基础，没有上过一天小学的他在 9 岁时顺利考入秀州中学。第一节国文课上，老师用疑问的目光看了看瘦小的陈省身，心里疑虑：这孩子会写文章吗？然而，陈省身不仅最先完成了作业，而且能就一个题目从不同角度写出好几篇文章。

6 年后，陈省身进入南开大学学习数学，是学校少有的年轻才子。年龄虽小，但他的功课一直名列前茅，生活中亦乐于助人，对向他请教难题的同学来者不拒。平日里，陈省身最爱去的地方就是图书馆。他涉猎广泛，历史、文学、哲学、物理、数学等方面的著作无所不读。

在当时中国的高等学府中，没有几位数学博士，姜立夫是最早出国留学的一批“洋博士”。姜立夫教学非常认真，将全部精力都用在教育学生上。勤奋好学的陈省身深受姜立夫的喜爱，他亲自指导陈省身的数学训练与课程学习，为他开设了诸如非欧几何、微分几何等高深的课程。后来，学有余力的陈省身成了老师的助手，帮忙批改试卷，在一个月的时间里挣了 10 元钱，这令他十分得意，因为这笔钱在当时可以买 300 斤的大米呢！

出国深造，更上一层楼

19 世纪 30 年代初，一批在国外取得博士学位的数学家回到中国从事教学工作，陈省身觉得这些新一代教师并不会鼓励学生独立思考问题，只是让学生解决一些相当常规的难题。他意识到，要想取得高质量的数学成就，必须出国深造。那时，他家庭的收入不足以负担高昂的留学费用，在得知清华大学研究院会给优秀学生提供留学奖学金的消息后，他就于1931年考入了清华大学研究院，成为中国最早期的数学研究生之一。

要想看到日出必须等待至拂晓，做学问也是如此，确定目标后，必须矢志不渝。陈省身从小就喜欢几何学所蕴含的想象力和创造力，大学期间，他更是被德国数学家威海姆·布拉施克的几何理论深深吸引，他的内心已经将几何学作为自己终生奋斗的目标了。布拉施克在1932年访问北京期间曾做了6场学术报告，陈省身一场不落地听完了，受益匪浅。1934年，陈省身顺利从清华大学毕业，虽然他获得了去美国留学的奖学金，但美国没有他想要研究的几何类型。为了实现心中的理想，他毅然请求前往德国汉堡大学留学，追随布拉施克，要知道当时德国纳粹正在驱逐犹太人，时局动荡。

抵达汉堡大学后，陈省身便开始研究埃利·嘉当理论在微分几何中的应用。因为布拉施克频繁出差，所以陈省身经常与他的助手埃里希·凯勒一起工作。凯勒是微分几何领域的翘楚，他组织过一个数学研讨会，刚开始感兴趣的数学家不少，但是题目很难，几次之后，除了陈省身外就没有人参加了。陈省身不仅坚持到了最后，而且学以致用，将学到的方法应用到了另一篇学术论文中。两年后，在布拉施克的推荐和中国文化基金会的支持下，陈省身动身前往法国巴黎跟随著名几何学家嘉当学习。

嘉当深受学生爱戴，他的办公室门口经常早早地排起了长龙，这些学生们渴望获得一个与这位声名远播的大数学家一起工作的机会。陈省身认为这样做毫无意义，与其白白地浪费时间，不如在图书馆里读书。幸运的是，嘉当对陈省身青睐有加，于是邀请陈省身到他家中交谈，两人亲密无间地谈了一个多小时。嘉当惊叹陈省身具有和他相似的思维方式，便决定每隔一周与他面谈一次。

当时的数学家们普遍认为嘉当的理论理解起来十分困难，因此与嘉当合作对陈省身来说既是机会，也是挑战。嘉当对自己所研究的领域内的论文都烂熟于心，只要他在街上遇到陈省身，就会掏出一个旧信封或稿纸，写一些问题让陈省身解答，每个问题需要花费几个小时甚至几天才能得到答案。

为了提高会面交流的效率，在接下来的10个月里，陈省身工作得非常努力，他倾尽全力准备会面的知识、内容。在巴黎的日子里，他掌握了嘉当的几何理论，更重要的是，他学会了思考、研究数学的方法。这一时期，陈省身撰写了3篇学术论文，其中只有小部分的内容与嘉当的理论有关。

凭借天资和勤奋，陈省身逐步成为现代微分几何的代表人物，一生成果无数，斩获多项国际数学奖项。陈省身在海外生活 40 余年，于 1983 年回到祖国，决心为中国数学事业的发展贡献力量。

心系祖国，捐款赠书

20 世纪 70 年代末，中国的数学还是一片待开垦的沃土，但图书馆里藏书量很少，顶尖数学教授更是凤毛麟角。当时，年近古稀之年的陈省身充当起了中国数学“领路人”的角色，他立志要用余生“为中国数学的发展做一些事情”。回国定居后，他除痴心于数学研究外，将其余的时间和精力全部用于将中国建设成为“21 世纪数学大国”的目标上面。他一边动员自己最出色的学生陈永川、张伟平回国，成为中国数学界的中流砥柱；一边将自己的 10000 余册藏书捐赠给南开大学数学研究所，还把自己获得的世界最高数学奖项——沃尔夫数学奖的 5 万美元奖金捐给南开大学。

20 世纪末，陈省身以南开大学为基地，连续数十载举办学术研讨会，涉及多个数学领域。他还在南开大学创立数学试点班，坚持给学生讲课，为中国数学的发展做出了不可磨灭的贡献。

国际数学家大会被誉为数学界的“奥林匹克盛会”，每 4 年举办一次，旨在为全世界数学家提供一个学习、交流的机会。1993 年，陈省身与丘成桐向国际数学联盟呼吁，希望由中国承办一届国际数学家大会。在两人的不懈奔走下，第 24 届国际数学家大会在北京召开。这标志着中国数学与国际数学正式接轨，是中国数学发展的新起点，也为国际数学的发展续写新的篇章。

由简入繁，探索真理

1985 年起，每年炎热的 7 月，全国顶尖中学生都会齐聚南开大学，参加“数学夏令营”，当时只要有时间，陈省身一定会去参加开幕式，与同学们交流数学之美。

有次同学们问他：“您为什么要学数学啊？”陈省身笑着说：“因为我没有别的特长啊，体育很差，五音不全，就是数学成绩还不错。”幽默的话语一下子拉近了师生之间的距离。他接着勉励孩子们：“不要总想做大事，立足当下，一生把一件事做好已经很不容易了。”他反复讲道：“学好数学的要领在于简单化，将复杂理论、研究简单化，学起

數學系
南開
数学研

来就轻松了。”

比如我们耳熟能详的“三角形内角和等于180° ”定理，在陈省身看来是“不对”的。他曾经这样解释：说这个定理不对，不是说这个事实不对，而是说这种看问题的方法不对。应当说“三角形的外角和等于360° ”。

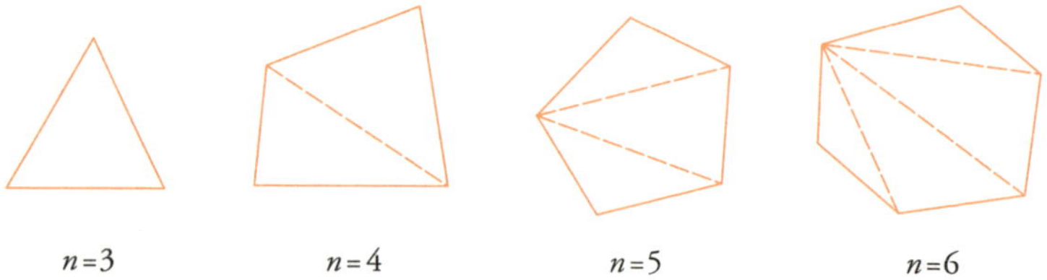

三角形内角和等于180°，四边形内角和等于360°，五边形内角和等于540°，这样可以得到 n 边形内角和等于（$n-2$）×180°。

n 边形内角和公式中含有多边形的边数 n（n 为整数且 $n \geqslant 3$），“三角形内角和等于180° ”只是其中一个特例，并不是一般规律；而任意 n 边形的外角和均为360° ，与 n 的取值无关，这是一般规律。这个规律告诉我们：一只蚂蚁绕多边形外围爬行一周回到起点，角度变化总量为360° 。就是在这样一个简单问题的基础上，靠着犀利的数学眼光和不懈努力，陈省身证明了曲面上封闭方向改变量总和的公式，称为“高斯－博内－陈定理”，将几何学带入一个新的天地。

陈省身对数学事业的追求、对祖国的无私奉献始终感动着每一个中国人，也为中国学术界树立了榜样。在卫津河对岸，一处绿树成荫的地方，现在仍矗立着一块陈省身纪念碑。碑体横截面是一个曲线三角形，碑前有黑板、座椅，就像一个开放的教室，大家可以来这里自由地讨论问题。在学生的眼中，陈省身和蔼可亲，既是良师，又是朋友，他那非凡的智慧、深邃的思想、高尚的品格永远值得我们怀念。

一生只爱数学的“怪才”陈景润

命运多舛的数学家

科学能够为我们照亮前行的路，科学家们的研究对人类发展至关重要，但他们所经历的痛苦、困难却并不为人们所知。

他，曾蜗居在一间6平方米的屋子里，屋内逼仄闷热。打开房门，就会有一股混杂着油烟的酸臭气味迎面扑来，狭窄的过道内不时传来锅碗瓢盆的碰撞声、孩童的哭闹声，让人心生烦躁。无论是寒风凛冽的冬日，还是酷暑难耐的暑天，每个深夜，一位身材瘦削、偶尔咳嗽几声的青年都会趴在昏暗的灯光下奋笔疾书。他就是酷爱数学、将一生都奉献给数学的学者陈景润。

陈景润就是在如此恶劣的环境中忘我地工作的，他拥有完成艰苦研究所需要的惊人毅力。在邻居的眼里，他是个“怪人”，除了搞数学研究，其他什么都不会，因为他经常一连几天不出门，一日三餐只能啃窝窝头充饥。

作为他那个时代中国最伟大的数学家之一，陈景润专注于解析数论领域，他在华林问题、勒让德猜想和哥德巴赫猜想等方面的研究成果，极大地推动了解析数论的进步。不幸的是，在解决哥德巴赫猜想的关键时刻，他因骑自行车撞伤了头部而住进了医院。住院期间，医生发现他患有帕金森病。几个月后，他在乘坐公共汽车时不慎摔倒，再次撞击了头部，导致了严重的后果。虽然随着时间的推移，病情有一点好转，但是他再也无法继续剩下的复杂的工作了。即便如此，陈景润并没有被命运吓倒，他将有限的精力用于悉心培养青年学生上，让他们接棒研究。

少年立志，勇攀“1+1”高峰

德国数学家高斯形容数论是“数学的皇后”，作为数学理论的基础，数论是研究数，特别是研究整数规律的学科，数千年来吸引着众多数学家沉迷其中。数论中的一些猜想，犹如高山上坚硬的巨石，不仅能磨去攀登数学高峰的人的锋芒，而且会耗尽他们一生的精力。1742 年，哥德巴赫在给数学家欧拉的一封信中提到一个猜想：对于大于

2 的偶数都可写成两个质数的和（例如：4=2+2，8=3+5，12=5+7，等等），欧拉回信说："虽然我知道结论是正确的，但没有证明它的方法。"后来，数学界将这一猜想命名为"哥德巴赫猜想"（简称"1+1"）。"一石激起千层浪"，数百年来，世界各国的数学家都曾经尝试证明这一结论，但都未能成功。

陈景润读高中时第一次听说了"哥德巴赫猜想"，数学老师在课堂上介绍了它，并说："希望在座的各位中有人能攻克它！"顿时，教室里响起一阵哄笑声，显然他们并没将它当回事。全班同学中只有陈景润没有笑，他在笔记本上郑重地写下了定理的名字和内容，立志成为证明它的人。

高中毕业后，陈景润考入厦门大学数学系，他虽然在生活上一贫如洗，但仍然痴迷于学习，整天沉浸在数学的世界里。4 年后，陈景润在一所中学做教师，但因口齿不清被停职。厦门大学校长王亚南了解到他的境况后，便为他申请了学校图书馆管理员的工作。在这期间，陈景润曾对华罗庚的《堆素数论》进行专门研究。几年后，陈景润改进了华罗庚《堆素数论》中的一些方法，并写了一篇论文《论塔里问题》，寄给华罗庚。这篇论文受到华罗庚的赞赏，他对陈景润的数学天赋充满期待。在这一段艰难的岁月中，陈景润在数论领域取得了一连串的研究成果，但面对“1+1”时仍然束手无策。

华罗庚教授也曾经研究过“哥德巴赫猜想”，后来因为身体的原因不得不放弃。结识陈景润之后，华罗庚将自己的心得、方法等均提供给陈景润参考，希望他能继续研究。陈景润始终不忘华老的恩情，他深知自己的成就离不开华老的赏识和提携。1985 年，在惊闻华老去世的消息后，无法走路的陈景润在他人的搀扶下参加追悼会，默哀了近一个小时。

与天文学家一样，数学家不仅想象力丰富，而且善于从前人的方法中举一反三。2000 多年前，古希腊数学家埃拉托色尼提出了一种从正整数中“筛”出质数的方法，陈景润大受启发，经过数次改进，创造了一种新型“筛选”技术，并将它应用于证明“1+1”之中。

以1、2、3、4、5、6、7、8、9、10为例。

第一步：筛去数字1；

第二步：2是质数，标示并保留，从余下数中筛掉2的倍数，还剩下，2、3、5、7、9，若余下数中最大数小于最后标示质数的平方，则余下的数均为质数，否则重复第二步过程，$9>2^2$，继续筛；

第三步：3是质数，标示并保留，从余下数中筛掉3的倍数，还剩下，2、3、5、7，$7<3^2$，此时余下的数均为质数。

埃拉托色尼“筛出”质数的方法

为了突破难关，陈景润开启了“疯狂工作”的模式。他吃住在书房，饿了就啃冷窝窝头，渴了就喝凉水。房间里没有桌椅，只有一张木板床，陈景润只要睡醒就立即掀起铺盖在床板上演算。

功夫不负有心人，1973年，陈景润发表了“1+2”（任何一个足够大的偶数都可以表示成一个素数和一个不超过两个素数的乘积之和，素数也称质数，例如：150=73+7×11）的详细证明。这是迄今为止最接近哥德巴赫猜想的证明，具有里程碑式的意义，数学界称其为“陈氏定理”。

陈景润在逆境中不向命运低头、奋斗不息的精神，激励着一代又一代青年在科学的道路上勇往直前。

消失的“38号”

1978年，报告文学《哥德巴赫猜想》像一颗流星突然划破中国的夜空，人们争相传阅这篇有关陈景润的文章。一时间，“陈景润”这个名字火遍了大江南北，甚至连拗口的“哥德巴赫猜想”一词也早已家喻户晓、妇孺皆知了。

可是接踵而来的报告、讲学等活动打乱了陈景润的生

活，他一方面继续压缩睡眠时间，另一方面将研究工作放到深夜进行。连续的熬夜让他本来就欠佳的身体雪上加霜，不得不住院治疗。开始时陈景润感到非常沮丧，但当他想到可以利用休养的时间好好搞研究时，又转悲为喜了。不承想，他刚开始思考问题，就会有不速之客来探望他，有的是亲戚朋友，有的是慕名而来的数学爱好者，有的是想一睹“怪人”风采的陌生人。

病愈后，陈景润的生活仍然不规律，忘记吃饭、理发是常有的事。一个周末的下午，他无意中看到了镜子中的自己，着实被里面的人吓了一跳。原来，他已经好几个月没有理发，头发长得很长了。于是，他快步奔向理发店。

周末的理发店里顾客很多，门口排起了长龙。陈景润领到了 38 号的牌子，他发现店里只有一个理发师，心里盘算着：一个人理发按 5 分钟计，轮到我还需要一个半小时，这么长的时间可不能白白浪费掉！他赶忙从口袋中掏出外文书，背起了单词。刚背了几分钟，突然想起中午遗留了一个没弄懂的问题。当天的问题必须当天解决，这是陈景润学习的原则，他想：先去图书馆查阅资料，然后赶回来理发应该也不迟。让人忍俊不禁的是，在他走后不久，店里又来了几个理发师，很快就轮到他了，理发师叫道：“38

号，来理发了！”可是一连叫了好几次，也没人应答。

一踏入图书馆，陈景润立即畅游在知识的海洋里，将理发的事抛之脑后了。等他将问题弄懂后，一摸口袋中的号码牌，才想起理发的事，等他走到理发店时，只能重新排队了。

热爱祖国，奉献一生

中美建交后，陈景润应普林斯顿高等研究院的邀请访问美国及讲学。初到异国他乡，他没有到处游玩，而是整天穿梭在图书馆、书房。他渊博的知识和勤奋治学的精神受到国际社会的广泛称誉。回国后的陈景润成了中国的“科学英雄”，他的生活形象和故事不断出现在报纸、杂志、电视节目及电影中。除此之外，受陈景润的影响，中国涌现出了一大批热爱科学的青少年。

在周围人的眼里，陈景润只懂得研究数学，有点呆板，但这样的他，心里始终装着国家、民族和人民。

在美国短暂工作期间，陈景润取得了新的研究成果，完成了论文《算术级数中的最小素数》。这篇论文达到了世界顶尖水平，周围的朋友开始劝陈景润将论文发表在影响力更大的美国期刊上，但被他拒绝了。他特地将论文包裹好，邮寄回祖国，他说：“我要将一切成果献给祖国的现代化建设。”

出国伊始，陈景润就听到了各种各样的风言风语，有人说他“在国外享福，不会再回国”，也有人说他“沉迷于享乐而不思进取”，面对这无端的指责，他只是摇头苦笑，却从不争辩。

事实胜于雄辩，身处物质条件优越的美国，陈景润仍然保持着朴素、节约的生活作风，他每月领取的经费都有盈余，一共节约了 7500 美元。回国后，陈景润将这笔钱全部捐给了科研所，要知道，在当时这笔钱是可以购买一整套豪华家用电器的，由此可见陈景润不求名利、无私奉献的品格。

1996 年，罹患帕金森病长达 10 年后，陈景润因突发肺炎不幸逝世。他曾要求在去世后，捐赠自己的遗体供医学研究。可以说，他一生都在为数学事业不懈奋斗，他不忘初心、直面困难的科研精神，鞭策着一代又一代中国青年勇攀科学的高峰。

（全书完）

改变世界的科学家 数学家的猜想

主编 _ 果麦　撰文 _ 陈彦军

产品经理 _ 王宇晴　装帧设计 _ 朱大锤　插画绘制 _ 王俊宇
产品总监 _ 何娜　技术编辑 _ 白咏明
责任印制 _ 刘淼　出品人 _ 王誉

果麦
www.guomai.cn

以 微 小 的 力 量 推 动 文 明

图书在版编目（CIP）数据

改变世界的科学家. 数学家的猜想 / 果麦编；陈彦军撰文. -- 昆明：晨光出版社, 2023.7
ISBN 978-7-5715-1607-9

Ⅰ. ①改… Ⅱ. ①果… ②陈… Ⅲ. ①科学知识—少年读物②数学—少年读物 Ⅳ. ①Z228.1②O1-49

中国版本图书馆CIP数据核字（2022）第128738号

改变世界的科学家 数学家的猜想
GAIBIAN SHIJIE DE KEXUEJIA SHUXUEJIA DE CAIXIANG

果 麦 编　　陈彦军 撰文

出版人	杨旭恒
责任编辑	魏 宾
特约编辑	王宇晴
插画	王俊宇
装帧设计	朱大锤
责任校对	杨小彤
责任印制	廖颖坤
出版发行	云南出版集团　晨光出版社
地址	昆明市环城西路609号新闻出版大楼
邮编	650034
电话	021-64386496（销售部）
法律顾问	云南上首律师事务所　杜晓秋
印装	天津丰富彩艺印刷有限公司
经销	果麦文化传媒股份有限公司
版次	2023年7月第1版
印次	2023年7月第1次印刷
书号	978-7-5715-1607-9
开本	140mm×200mm　32开
印张	5
字数	80千
定价	198.00元（全七册）

改变世界的科学家

物理学家的世界

果麦 编　李元琪 撰文

云南出版集团　晨光出版社

果麦文化 出品

目录

名为第一缕曙光的亚里士多德与阿基米德

文明起源

从猿到人，人类经历了百万年[①]。原始人聚集在一起，从共同狩猎、采集，到形成部落，人类的足迹逐渐遍布地球。在自然条件优越的地方，聚落越来越兴盛，人口增多，小的聚落逐渐聚集、合并。人们互相交流，形成语言文字。生产力的发展让人们不再满足于仅靠狩猎动物和采集果实为生，人们开始种植可以吃的植物，形成了农业；人们制作方便实用的器物，形成了手工业；人们拿着本地的特产到远方去和其他地方的人进行交换，形成了商业……在这颗美丽的蓝色星球的一些角落，出现了文明。

文明的出现，意味着人们不再仅仅满足于填饱肚子和赶跑攻击他们的野兽，他们想要今天吃饱，还需要确保自

① 从南方古猿的出现开始计算。

己以后也能吃饱，所以，他们在种植农作物的时候，需要观察作物的生长周期、生长条件以及天气特点，以确定什么时候适合播种；他们在把土烧制成陶器的时候，需要思考究竟烧多长时间才可以既保证陶器足够硬，又不会浪费太多燃料；他们在奔赴远方交换物品的时候，需要记录地形和路线……这些内容，其实就是知识。

但是，仅仅把这些“知识”记录下来，还不够。

刚才我们描述的这些知识，类似于我们现在所说的经验。这些经验虽然有用，但是数量很多，很复杂，不利于传播和记录，也不利于更多的人学习。

于是，人们希望从这些经验中，总结出更简洁、更普遍的规律。还有一部分人，把目光投向了更遥远的天空，投向了更深邃的大海，投向了复杂而又迷人的世间万物。他们希望找出星河点点运转的法则，看透大海中波涛的方向，看懂身边的鸟兽虫鱼如何生长又消亡，他们想要看到世界更深的规律，他们想要——寻找科学。

数千年前，有四个区域孕育出了早期文明，在这些地方，纷纷出现了致力于寻找世界的规律的人，他们为人类的早期科学史留下了光辉的笔墨。如果从文明的发源这一角度看，现在的人类文明，主要有东方和西方两个源头——

东方的古代中国文明和西方的古希腊、古罗马文明。[①]

无论是东方还是西方，早期的先哲们都在思考世界的本源，但由于后来的发展差异，目前我们所学的物理学源头，将追溯到距今2000多年前的古希腊科学家那里，本章要介绍的亚里士多德和阿基米德两位科学家，就是其中的代表。

理性之光

地中海位于亚、欧、非三大洲的交界处。地中海的东北部，有一片岛屿众多的海域——爱琴海。爱琴海的西岸，就是希腊，这里的交通十分便利，距离东边的亚洲、南边的非洲都比较近。爱琴海是理想的水上货运通道，这使得希腊人可以很方便地发展贸易。在那个交通不便的时代，贸易的利润是巨大的，可能A地区的自然条件适合种植辣椒，但不适合种葡萄，而相隔300千米的B地区正好相反，那么，在A地区一公斤葡萄也许可以换来一百公斤辣椒，而在B地区，需要一百公斤葡萄才能换一公斤辣椒。这时候，

---

① 人类早期的文明区域，就是我们常说的四大文明古国：古埃及、古巴比伦、古印度、古代中国。很可惜的是，四大文明古国中，除了古代中国以外，其他三处文明都出现了断代。现在一般认为欧洲文明的源头是古希腊、古罗马文明。

商人只要能把辣椒从A地运到B地，把葡萄从B地运到A地，他就可以赚取百倍的利润。

希腊有很多小城邦，雅典就是其中很强大的一个，优越的交通条件带来高额的贸易利润，这使得雅典积累了大量的财富。富裕的雅典出现了很多哲学家，他们无须每日辛苦劳作，有大量的时间思考人生，每天都在想："我是谁？我从哪里来？我要到哪里去？"

正是借助这种独特的经济与社会环境，古希腊形成了一种很特别的理性主义精神与世俗精神。在其他的早期文明都热衷于用宗教解释一切的时候，古希腊的哲学家们，在理性地思考世界运行的规律，他们没有把一切都归于神的力量。

在这些哲学家里，有一个人非常出色——他叫苏格拉底。苏格拉底有位学生叫柏拉图，柏拉图有位学生叫亚里士多德——他就是我们这个故事的主角。

百科全书

苏格拉底和柏拉图，都是人类文明史上闪耀的明星，他们的哲学思想深深地影响着后世，他们也是历史与哲学教科书上的常客。我们不难想象，亚里士多德青少年时期接受的是雅典当时最好的教育，而亚里士多德后来的成就，也完全对得起他的老师，并且，他还有一位出色的学生——亚历山大大帝。

亚里士多德被称作“百科全书式的科学家”。笔者列出他的著作给大家感受一下：《工具论》《形而上学》《物理学》《气象学》《论天》《论生灭》《动物志》《动物之构造》《动物之运动》《动物之行进》《动物之生殖》《论灵魂》《论感觉和被感觉的》《论记忆》《论睡眠》《论梦》《论睡眠中的预兆》《论生命的长短》《论青年、老年及死亡》《论呼吸》《论气息》《尼各马可伦理学》《优台谟伦理学》《政治学》《雅典政制》《大伦理学》《欧代米亚伦理学》《论美德和邪恶》《经济学》《修辞学》《诗学》《亚历山大修辞学》。这长长的著作列表，既体现出他研究的成就斐然，又能看出来亚里士多德是极为博学的，他的著作涵盖了逻辑学、哲学、自然科学、伦理学、经济学、美学等各方面。

从当时的视角来看，亚里士多德的知识面几乎包含了所有学科，这一点极为特殊。在各地的古代文明中，不乏各种对世界有深度思考的先哲，但论知识面的广度，亚里士多德可谓第一人。一方面，这是由于亚里士多德非常重视实践，他并不是把自己关在屋子里冥思苦想，而是走遍整个希腊，在旅行中，他见到了广阔的天地，好奇心也愈加强烈；另一方面，他那位出色的学生——亚历山大大帝在征讨四方的路上，贴心地为他带来了各地的动植物特产，让亚里士多德的知识边界不断扩展。

亚历山大大帝是马其顿的国王，是欧洲历史上最伟大的军事家、政治家之一，他 20 岁即位，21 岁统一希腊全境，22 岁开始东征，横扫小亚细亚、中东、伊朗高原，征服埃及、波斯，南征印度，他足迹之广阔，在古代世界可谓数一数二，这也使得他这位老师——亚里士多德，得以见识到来自各地的奇特标本。

亚里士多德的科学成就尽管伟大，却也带有很明显的时代局限性。亚里士多德的大量观点后来都被推翻了，现在再看他的科学推断，会感觉非常朴素，充满了人类早期文明对科学的想象。

比如，亚里士多德认为：地球是宇宙的中心，地球上的物质是由水、火、气、土四种元素组成的，他还认为：所有运动的物体必然都有推动者在推着它运动。这些理论，虽然后来都被证实为错误的（后文在伽利略一章中也会讲到如何证明），但依然难掩亚里士多德对人类早期科学启蒙的重大贡献。其实我们单从他的这些著作名就可以看出，

之前的人们研究自然现象，都是笼统地把各种自然现象放在一起研究，而亚里士多德进行了学科分类，比如前文中我们列出的著作《物理学》。他将学科进行分类，对于学科发展有极大的促进作用。如果一直笼统地研究全部的自然科学，很多问题很难深入研究。亚里士多德为自然科学，甚至是整个人类知识，贡献了一套分类体系，其中很多都沿用至今。

除了将物理学分类为独立的分支，亚里士多德还明确了很多物理概念，再一次为物理学打下一块坚实的基石，比如速度、密度、温度等概念均是由他明确提出的。

概念是学习物理与理解世界的第一关。长度之类的概念，人们可以直接观察得出，拖把杆比筷子长，这很容易看出来，但是像速度这样的概念，就需要明确地进行定义。我们在看短跑比赛的时候，能看到同时同地出发的运动员，有人跑在前面，有人在后面，以此我们判断出在前面的人更快——也就是同样的用时，谁运动得远，谁速度快；最终比赛判定成绩的时候，是看同样跑一百米，谁用的时间更少，也就是同样的距离，谁用时短，谁速度快。由此可见，人在判定速度快慢的时候，已经出现了两种方式，这种分歧会导致后续的研究越来越模糊，而明确的速度定义：运动路程除以时间，就可以消除这种分歧，让研究得以继续下去。因此，我们在学习物理的时候，都是先学习物理概念的定义。

公元前 323 年，亚里士多德优秀的学生，那位人类历史上伟大的军事家、政治家——亚历山大大帝，在他 33 岁准备整顿军队远征迦太基与罗马的时候，突然病倒并撒手人寰。英年早逝的他并没有留下合法的继承人，帝国内部发生动乱。

亚里士多德一直生活在雅典，而雅典人曾与亚历山大大帝交战。尽管亚里士多德一直避免谈论他的学生以免触怒雅典人，但亚历山大大帝的离世，还是让雅典人的怒火有了发泄的机会，亚里士多德被指控不敬神灵——这是他老师的老师——苏格拉底也曾被指控过的罪名。

亚里士多德并未选择像苏格拉底那样毅然赴死，而是逃离了雅典，在逃亡的路上，他染病去世，享年 63 岁。此时，距离他的学生亚历山大离世，仅过去了一年。

走向精确

在亚里士多德与亚历山大大帝这对西方古代史中的知名师徒相继离世后，希腊的黄金时代结束了。

亚历山大大帝的帝国在他离世后分崩离析，古希腊的辉煌逐渐衰退。在地中海周边，北非的埃及、迦太基兴起，地中海北岸的罗马帝国日渐兴盛，这些文化中心如星点分布在地中海周围，文明的光芒还将继续覆盖这片被大海环绕的土地。

彼时的亚历山大城是地中海地区的经济、贸易、文化中心。这座以亚历山大大帝的名字命名的城市面积是雅典城的六倍，优良的港口、优越的地理条件使这里带来了繁荣的商贸交流。

古代世界的商贸中心大多都会发展为文化中心，因为来往的商旅不仅仅在交换货物、互通有无，也把各自家乡的文化带了过来，交流促进了文化与知识的繁盛。

在这里，数学、文学、天文学、医学等各类知识都很发达，毫无疑问，阿基米德到了世界知识最丰富、交流最活跃的地方。他在这里跟随过很多位知名的数学家学习，其中最广为人知的，就是被称为“几何之父”的欧几里得。欧几里得的著作《几何原本》被认为是人类数学甚至是人类理性最重要的奠基石之一，他以定义和公理作为基础，以此推导出全部的几何学定理。后世数学的发展，也都遵循了这一方法：给出定义，提出正确且不需要进行证明的公理，进而通过严格的逻辑推导出各种定理。与数学关系紧密的物理学，也在发展理论的过程中借用了这一原则。

有这样伟大的老师，在这样繁盛的文化环境里，阿基米德吸收了来自各方的学术思想，兼容并包，为他日后取得伟大的学术成就奠定了基础。

阿基米德把基于逻辑推理的数学和基于实验的物理学相结合，在研究物理学的过程中使用了很多数学方法。

相比于亚里士多德那样观察世界得出一些较为笼统的、定性的结论，阿基米德开始定量研究物理学。在定量研究中，杠杆原理是一个典型的代表。

阿基米德发现，要想杠杆平衡，需要杠杆两边的力乘以力臂这个乘积相等，才能实现。在这里，他已经使用了明确的数量关系来描述规律，这对于人类文明的意义是十分重大的。定量描述规律更为精确，这也使得人们可以更好地利用科学规律，使得自然科学可以很容易地指

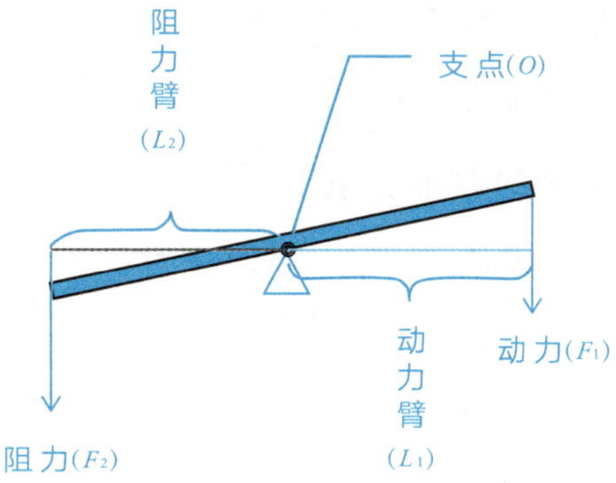

杠杆原理示意图：杠杆平衡的条件为动力 × 动力臂 = 阻力 × 阻力臂。

导工程技术的发展，大大推动了人类文明的进步。

关于杠杆原理，阿基米德留下过一句著名的话：“给我一个支点，我就能撬起地球。”其实就是表明，当动力臂比阻力臂大很多时，即使阻力很大，用较小的动力也可以满足杠杆原理，撬动这个杠杆。

其实，当我们知道杠杆原理以后，可以直接在生活中发现这一定量规律的应用。例如，在有的公园里有跷跷板，这种玩具其实就是一个杠杆。如果你和一个体重跟你差不多的同学玩跷跷板，假设你不坐在座位的正中间，而是往靠近中间支点的位置挪一点，你会发现你会上升，因为你虽然不能减少自身这边对杠杆的力，但是你减小了力臂；反之，如果你往远离支点的方向挪一点，增加了你这边的力臂，你就可以下落。

现在在街边买烤红薯的时候，有的小摊仍然会使用杆秤。商贩用手捏住吊环，这里其实就是这个杠杆的支点，你要买的红薯或者其他商品放

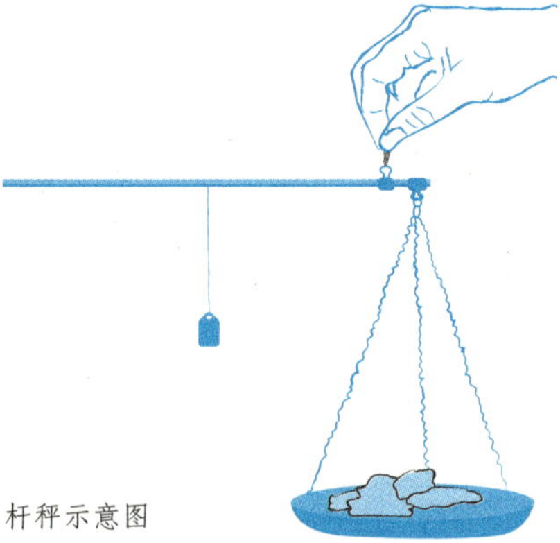

杆秤示意图

在秤盘里，它所受重力就是位于支点右边的动力，而动力臂是固定不变的，秤砣所受重力不会变，也就是阻力不变，但是商贩挪动秤砣，改变了阻力臂，直到杠杆平衡。

此时，他可以在秤杆上读出刻度，说出商品的重量，其实这个重量的刻度就是根据动力臂的长度变化，使用杠杆原理换算出来的数值。秤砣停在 5 千克的刻度那里，其实是意味着，当动力臂长度为刻度所在直线到支点的距离时，计算得出秤盘里的物体质量为 5 千克。

从跷跷板和杆秤的例子我们可以看出，科学规律从定性走向定量以后，就更容易在实际生产生活中应用，如制造机器设备。

相传[①]，罗马的军队包围了阿基米德所在的城市。阿基米德利用杠杆原理制造了抛石机，战斗中抛射的石块砸向进攻的罗马士兵，给冲锋的罗马军队造成了重创。

除了杠杆原理以外，阿基米德的另一项突出贡献是浮力定律：物体在液体中所受到的浮力，等同于它排开液体所受重力。这一重要的物理规律也被称作“阿基米德原理”。

---

① 由于年代久远，早期科学家的很多故事其实难以考证其真实性，他们并不像近代的科学家那样有丰富的史料。

关于浮力定律的发现，有这样一个广为流传的故事[①]：国王请工匠打造了一顶纯金的皇冠，但是他无法确定工匠们有没有往里面掺入更廉价的银，于是他请阿基米德想办法进行鉴别。阿基米德苦思冥想，都没有想到不破坏皇冠的鉴别方法，直到有一天洗澡的时候，他坐进浴缸里，浴缸中的水被排到浴缸外，他灵光乍现，找到了鉴别方法。金和银的密度不一样，金密度更大一些，所以只要测定这顶皇冠的体积和重量，就可以计算它的密度是否小于纯金的密度，以此来判断有没有掺银，而要测定这个形状不规则的皇冠，只要把它放入水桶中，测量水面升高的程度，就可以计算排开水的体积，也就是皇冠的体积。

阿基米德不仅仅是一位伟大的物理学家，也是一位伟大的数学家，他是古代欧洲数学研究的巅峰人物，他的数学研究中蕴含了微积分的思想。他研究了圆的周长与半径的关系——其实就是计算圆周率 π 的数值，他采用“逼近法”去计算圆的周长，我们如果画出圆的内接正三角形、内接正四边形、内接正五边形……不断增加边数，这个正 n 边形的周长就逐渐接近圆的周长。阿基米德还通过这种思路计算了球的表面积和体积、椭圆的面积等等。这种通过不

① 记载于罗马建筑师维特鲁维的《建筑十书》。

断细分以达到“化曲为直”，以便于计算的效果，其实就是一种微积分的思想。一千多年后的牛顿与莱布尼茨发展出了成体系的微积分理论，使它成为对人类贡献最大的数学工具之一。值得一提的是，在遥远的东方，魏晋时期的数学家刘徽提出“割圆术”，采用同样的数学思想计算出了圆周率。

公元前 212 年，古罗马军队攻破了阿基米德所在的叙拉古，阿基米德倒在了罗马士兵的武器之下，终年 75 岁。

他的遗体葬在家乡西西里岛，墓碑上刻着一个圆柱体内切球的图形，他曾推导出圆柱体内切球的体积是圆柱体的三分之二，人们用他的这一发现纪念他在几何学上的卓越贡献。

关于他的离世，流传着数个不同版本的故事，其中流传最广的版本是：罗马士兵攻入的时候，阿基米德正在沙地上画着一个几何图形。一个罗马士兵命令阿基米德离开，他没有动身，而是说：“别把我的圆弄坏了！”罗马士兵勃然大怒，用刀刺死了这位伟大的科学家。

公元 395 年，已经危机缠身的罗马帝国分裂为两部分，西罗马帝国在 81 年后宣告灭亡，欧洲进入了“黑暗的中世纪”。整个欧洲被教廷控制，科学与文化在宗教的钳制下毫无发展，甚至欧洲人都已经忘记了自己曾经创造的辉煌的文明。欧洲人忘记了他们的知识，但曾经到过希腊罗马的阿拉伯商人保留了知识的火种，把它们带到了中亚。

这一段时期，中亚、西亚、北非成为世界的科技中心，出现了花拉子模[①]等优秀的科学家，阿拉伯世界保留下来的科学火种，将在文艺复兴时再次传入欧洲。

中世纪的欧洲处在沉沉的黑暗当中，这块古老的大陆在等待一个人，一个能够划破黑暗，再次带来科学火种的人，一个为人类近代科学带来曙光的人，这一等，就是1000年。

---

① 阿尔·花拉子模：波斯数学家、天文学家、地理学家。

现代物理学的先驱伽利略

少年英才

伽利略，意大利天文学家、物理学家和工程师，现代自然科学的开创者。伽利略一生对科学的贡献极大，涉及力学、天文学、光学、热学等多个方面。在学习自然科学的道路上，他将是我们要提起的“常客”。

伽利略，1564 年 2 月 15 日出生于意大利比萨。当时的意大利，是欧洲文艺复兴运动的中心，繁荣的环境也使得这里成了文化、艺术与科学的热土。

意大利位于地中海的中心，狭长的亚平宁半岛一直延伸到地中海深处，而地中海又地处欧洲、亚洲、非洲三个大洲的中心，从东方运来的丝绸、茶叶等货物，会在西亚由阿拉伯人转运到地中海，非洲和欧洲的商品也会在地中海相互交流，意大利人就借助他们天然的位置优势，建立起了极为繁荣的贸易路线。

正如上一章中我们讲过的商业繁荣的古希腊、埃及一样，这种古代的商业中心会促使来往的商队进行充分交流，来自各地的知识与文化也会在此碰撞，商业中心也就很容易成为文化、科技中心。

得益于繁荣的贸易，意大利也就顺理成章地成了当时欧洲的经济与文化中心。文艺复兴运动也率先在意大利兴起，这是一场科学、文化、艺术在欧洲的恢复运动，大约从 14 世纪持续到 17 世纪。

14 世纪的欧洲，经历了长达 800 年黑暗的中世纪，教廷长期把持着欧洲科学与文化领域全部的话语权。在这期间，科学几乎没有进步，甚至产生了倒退，一些古希腊、古罗马时期就已经被发现并总结的科学规律也逐渐失传了，反而是由于贸易的原因，生活在西亚的阿拉伯人掌握了这些科学知识，并将其留传下来。在 14 世纪，又通过经济与文化的交流路线传回欧洲，第一站就是意大利。

正因为这是欧洲人再一次接触到了已经被他们遗忘的科学与文化知识，因此被称作文艺“复兴”[①]。重新被人们发现的科学与文化知识，蓬勃发展的艺术，都使得意大利

① 其实并不仅仅是重新学习失传的知识，也吸收了中亚、西亚的科学家创造的新知识。

成为欧洲经历中世纪黑暗之后曙光照进来的地方。而 1564 年出生的伽利略，将成为这曙光中最亮的一束。

少年时，伽利略遵从父亲的期望，16 岁到比萨大学学医。17 岁那年，有一次伽利略到教堂去，目光却放在了教堂顶部悬挂的吊灯上，他一边仰头观察，一边还把手放在脉搏上。原来，他注意到吊灯正在晃动，并且晃动幅度越来越小。奇怪的是，晃动幅度减小以后，吊灯每摆动一个来回，所需要的时间，似乎并未减少，这引起了伽利略的兴趣。他摸着自己的脉搏进行更准确的计时，得到的结果仍然是——时间没变！

他回去以后，就自制了一个“单摆”，也就是在细线下端悬吊了一个铜块——以此来模拟吊灯。他让这个“单摆”在空中摆动，再一次验证了自己的猜想：“尽管随着时间的推移，摆动幅度会减小，但是摆动一个来回所需要的时间不会变。”之后，人们根据少年伽利略总结出来的这一规律，制作出了摆钟。

后来，伽利略向父亲提出请求，希望改修数学与自然哲学[①]。他父亲不太情愿，但还是同意了。伽利略不仅仅在科学上展现了天赋，在艺术方面也有所建树。他研究过素

① 自然哲学：当时的称呼，现在我们称之为自然科学。

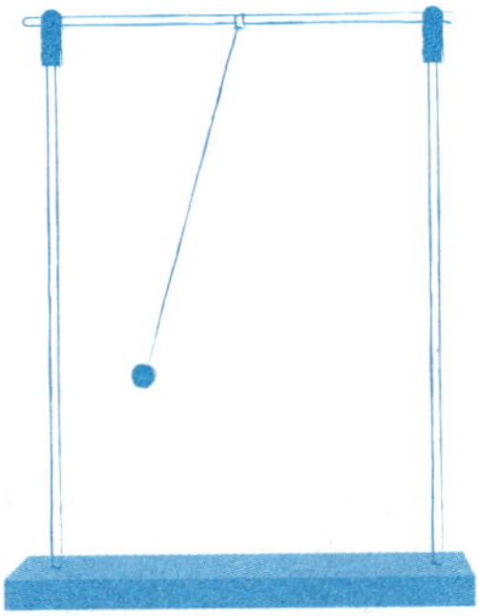

左图为单摆，细线悬吊一个重物（可以是小球，或者其他物体）。

右图为摆钟，下方的单摆每摆动一个来回，钟内的齿轮就会转动相应的格数，累积起来，可以控制表针的走动。

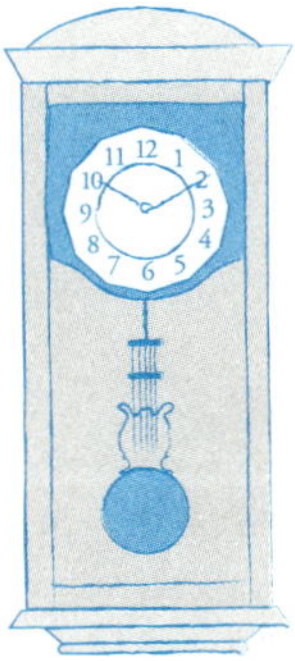

描，并于24岁时在佛罗伦萨的美术学院担任讲师。25岁时，伽利略入职比萨大学数学系。

也许你看到伽利略的经历，会觉得非常不可思议，这种大幅度的转换专业，在今天是一件很难做到的事情。

因为在经历了几百年的近代科学发展后，学科门类越分越细，学科之间的壁垒也越来越高，人们越来越难做到如此巨大的跨越。

而在伽利略所处的时代，科学刚刚兴起，学科之间还没有这样高的壁垒，一个人可以相对容易地在两个或者多个方向做到顶尖。

比如，我们很熟悉的达·芬奇，他可不是只有画鸡蛋这一个绝活，他不仅是个伟大的画家，还在机械、解剖学等诸多领域有极高的建树。

科学巨匠

伽利略 27 岁的时候，父亲去世。28 岁时，伽利略到帕多瓦大学执教机械、几何和天文等学科，这份工作他一直做到 46 岁。在此期间，他作出了很多对后世影响极大的科学研究，还推翻了很多持续上千年的错误观点，为后来现代科学的发展奠定了基础。此后，牛顿等多位著名科学家的重大发现，几乎都建立在了伽利略的研究基础之上。

伽利略还给后人提供了非常宝贵的一项遗产——科学方法论。“方法论”这个概念，你可以简单理解为“一整套方法”。

伽利略研究问题的方法是提出猜想，对猜想进行推理，得到推论，实验验证推论，从而反推回猜想。他在研究过程中，很好地结合了数学、理论物理与物理实验。这样的研究方法，直到现在，我们还在使用。

牛顿说：“如果说我看得比别人更远些，那是因为我站在巨人的肩膀上。”我们完全可以说，无论是牛顿等后来的大科学家，还是我们现在的自然科学研究者，都是站在了伽利略的肩膀上。

自由落体运动

自由落体运动指的是一个物体从空中下落的过程。例如：手里捏一块橡皮在空中松手，一颗熟透的银杏果从树上掉落……对于这些现象，人们早已发现：一块石头比一片树叶落得快些。

古希腊的科学家亚里士多德认为：物体下落的快慢跟它的轻重有关，重的物体下落得快。他的这一论断符合人们的常识，以至于其后 2000 年的时间里，大家都奉之为真理。

然而，伽利略并没有盲从先前的论断，而是做了一个令人惊叹不已的“思想实验”。他假设：一块大石头的下落速度为 8，一块小石头的下落速度为 4，当把两块石头捆在一起时，大石头会被小石头拖着而变慢，那么整个物体的下落速度应该介于 8 和 4 之间；但是，把两块石头捆在一起后，整个物体比大石头要重，因此整个物体下落的速度应该比 8 还要大，这就推出了矛盾。

这种相互矛盾的结论，说明亚里士多德“重的物体下落得快”的看法是错误的。既然“重的物体下落得快”是错误的，那么反过来的结论就是重的物体与轻的物体应该下落得同样快。

我们注意：

* 伽利略的逻辑是典型的“演绎推理”，即：想知道某一论断是否正确，有时候没办法直接去判断这一论断。那么，我们就从该论断出发，看看能够推断出什么其他的内容。如果被推理出的新内容可以被实验证实，那么就可以作为原论断的一个证据；反之，如果推理出的新内容被证明是错误的，则可以说明，原论断错误。我们来看伽利略的做法：“重的物体下落得快”无法直接被推翻，因为当时的实验条件下，人们只能观察到，树叶比石头下落得更慢。因此，伽利略就对“重的物体下落得快”这一原始论断做推理，证实了推理出的内容是自相矛盾的，由此推翻原结论。
* 这是一次“思想实验”，也叫“思维实验”。首先，它是实验，并不是理论推演，它使用了一个具体的例子与场景（例如伽利略设想的大石头和小石头分别落下，以及把它们捆在一起落下），但是，它又没有把实验实际操作出来，而是在想象中完成。思想实验是科学家们经常采用的科学研究方法，本书中你将会多次见到。

此时的伽利略还没有完全找到自由落体运动的规律，他还需要找到其中的定量关系，比如，速度是怎么变化的，下落的距离是怎么变化的？伽利略又一次设计了非常精彩的实验。

讲解这个实验之前，我们首先看一下伽利略当时面对的困难有哪些，然后我们再看他是如何通过巧妙的实验设计解决这些困难的，借此体会一下大科学家精妙的思维。

探究自由落体运动的规律，其实就是找到速度、运动距离、时间这几个物理量之间的关系。

速度，在这三者中是最难测量的，在伽利略的时代，并没有测量速度的仪器。运动距离最好测量，直接用尺子就可以测，测量长度用的尺子，几乎是人类最早使用的测量仪器，而且测得的结果也比较准确。时间，在伽利略的时代可以用水滴计时、脉搏计时、沙漏计时等方法来计量时间，比如，让水缓缓滴落，通过水滴的计数，来度量时间，或者测量脉搏跳动的次数，来计量时间，但这几种测时间的方法都只能得到一个大致的结果。通过刚才的分析，我们可以发现，速度、运动距离、时间三者当中，速度无法测量，下落距离可以准确测量，时间可以很粗略地测量。那么，伽利略就选取了下落距离和时间这两个量，来探究这二者之间的关系。

因为时间只能粗略地测量，而自由落体运动又很快，就像让一块橡皮从桌子上落下，掉到地上经历的这段时间可能脉搏才跳了一下，这样做，测量误差就会很大，谁也说不清楚这到底是经历了一下脉搏，还是两下。那么，伽利略要想用简陋的计时条件来测量自由落体运动的时间，就必须设计更精巧的实验。伽利略的策略可谓天才——他测量了一个“被冲淡的自由落体运动”。

伽利略没有让铜球做自由落体运动，而是巧妙地让铜球从斜面上滚下来，来测量时间和运动路程。这时候，斜面上铜球的下落被看作一个冲淡的自由落体运动。毕竟斜面上的下落没有直接自由落体那么快，以至于时间间隔还是可以测量的。伽利略重复做了很多组斜面实验，换用不同的斜面倾斜角，发现不论以怎样的倾斜角，铜球的运动距离都和时间的平方成正比。

实体的实验到此为止，然而伽利略的思维实验并没有停下。他假设，自由落体运动，相当于是斜面倾斜角为90° 的一种斜面下落，既然实验中，每个倾斜角都满足运动距离和时间的平方成正比，那么，当斜面倾斜角是90° 的时候，也应该满足这一关系。

终于，伽利略通过实体实验与思维实验相结合的方式，完成了自由落体运动规律的探究，并推翻了亚里士多德延续了2000年的结论，他所采用的科学实验方法与研究思路，也开创了科学进步的新纪元。

力与运动的关系

上一次，伽利略通过精巧的实验推翻了亚里士多德关于自由落体的结论，这一次，伽利略将再次使用斜面和铜球，做一个精巧的实验，为人类的科学史，带来一次更重大的革命。

在生活中，我们经常见到这样的现象：用脚踢足球，过一会儿，足球就会停下；如果一直推着纸箱，纸箱就会一直向前运动，但是如果不再推它，纸箱滑行一段距离就停下。因此，亚里士多德根据这种朴素的观察总结出：力是维持物体运动的原因。他认为，如果要让物体持续运动，必须一直给物体施力，一旦停止施力，就无法维持物体继续运动下去。

伽利略并不认同这一观点，他观察到物体在较为粗糙的地面上，滑动的距离较近，但是在比较光滑的冰面上，滑动的比较远。所以他认为：力并不是维持物体运动的原因。假如他能找到一个绝对光滑的冰面，那么物体就不需要外力推动，可以一直滑动下去。现实中不可能存在这样极度光滑的地方，因此，伽利略再次利用斜面，设计了一个实验：

他把两个斜面的底部拼起来，然后把一个铜球从一个斜面上某个位置自由释放，然后，他发现铜球会到达另一个斜面上跟释放点差不多的一个高度。不论他怎么调节另一斜面的倾斜角，情况都如此。

斜面实验，球从左侧斜面滚落，不断调整右侧斜面的倾斜角。

接着，伽利略再次利用了“思想实验”。他思考：如果对面斜面的倾斜角为零，即一个斜面后面接一个平面，这个铜球将永远也无法达到它释放的高度，它将永远运动下去！也就是说，物体如果一开始就在运动，那么在不受力的情况下，将一直运动下去。

伽利略再一次推翻了延续了2000多年的理论，并且，伽利略的这一实验，之后由牛顿进一步总结成牛顿第一定律，开启了人类科学的一个崭新时代。

望向太空

17世纪初，荷兰人率先制造出望远镜，用这种望远镜看地面上远处的物体效果还不错，但是用来观测星星的时候，就不太够用了。很快，伽利略设计出一种专为天文观测使用的望远镜，后来被人们称作“伽利略望远镜”。从那一刻起，人们望向太空的视线越来越远，给人类的天文学研究插上了翅膀。

伽利略发现，当调大放大倍率，观测距离越远的时候，恒星数目越多，这说明我们生活的宇宙并不是只有夜空中肉眼可见的这些星星，宇宙的浩渺，超出了此前人类的认识。他观察到月球表面崎岖不平的现象，关于这一点，同学们在晴朗的月圆之夜，使用一架普通的望远镜就能看到，月亮表面有明暗区域的变化——这其实就是月球表面的地形起伏。得益于现代工业的精细加工，哪怕是一架较为便宜的玩具望远镜，也可以拥有光滑的镜面，较为精确的对焦，而这对于只能手工制造器材的早期科学家们来说，是不容易做到的。伽利略绘制了第一幅月面图[①]，也就是月球表面的样子。不知道你有没有注

月球朝向地球的一面

① 当时，也有其他观测者在同一时代画出月面图，但是后世一般都认可伽利略为首位，即便时间上有争议，但是他画得最好看，也就长期被人们使用。

意过，无论是哪一天，你观察月亮，看到的月球表面的图案都是一样的，这是因为月球面对地球的这一面，一直都没有变。月球在绕地球公转，同时它也在自转，月球自转的周期和地球公转的周期刚好一样[①]，因此，它永远是以相同的一面朝着地球，也正因为这样，人们才有机会去画出月面图。

伽利略用望远镜观察太阳，还发现了太阳黑子，他没有简单地认为那些黑色的点是镜片上的灰尘，而是判断这是一种太阳表面的现象。在观察太阳的时候，伽利略没有加装遮光装置，眼睛严重受伤。我们平时在观察太阳相关的自然现象，如日食的时候，需要在观察装置前加装类似墨镜的减光设备[②]。伽利略还观察到了土星环。土星是太阳系行星中光环最亮的一个，由冰颗粒和尘埃组成，尽管很亮，土星环也是无法用肉眼看到的，伽利略是用望远镜观察到的。

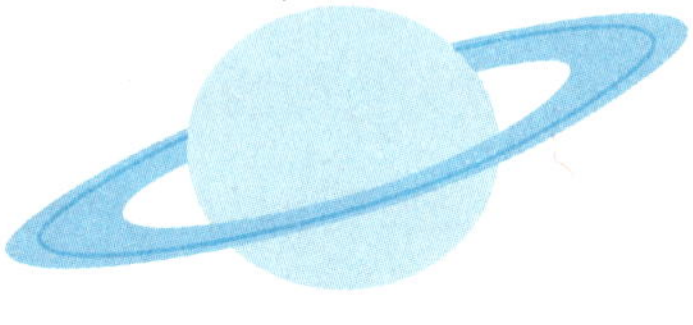

美丽的土星环

此外，伽利略用他的望远镜观察到了木星的四颗卫星。

---

① 这并非巧合，这与太阳系早期，月球的形成过程有关。

② 原理类似墨镜，减光效果比墨镜强，仅仅戴普通墨镜也是不能直视太阳的。

当然，木星并不仅有四颗卫星，伽利略看到的是最大的四颗卫星——木卫一、木卫二、木卫三、木卫四，它们后来也被称为“伽利略卫星”，其中最大的木卫三比水星还要大。发现木星的卫星，这在当时是意义极为重大的，这是人类首次发现“明显不以地球为中心运行的天体”，也是对地心说的巨大冲击。

地心说早在古希腊时期就被提出，它由前面我们讲过的亚里士多德进行整理、完善，并由托勒密发展成为完善的地心说。

也许你会好奇，明明太阳系的行星都是绕着太阳转的，在以太阳为中心的时候，它们有接近圆形的椭圆轨道，有固定的绕转周期，如果以地球为中心，这个轨道可能就不是规则的椭圆轨道了呀！确实是这样的，地心说的确遭遇了这个困难，但是古希腊的科学家们，用一个较为复杂的多个圆轨道组合成行星轨道的理论解释了这个问题，这就留下了不简洁的缺陷。而木星的卫星，如果硬要用这种组合圆轨道理论来解释它们绕着地球转动，这个组合将会极为复杂，最便捷的解释就是——这些卫星绕着木星转动，地球不是它们的中心！

在伽利略观察到木星的卫星时，哥白尼已经提出了日心说，伽利略支持日心说，因此，他也遭受了来自教廷的巨大压力。

伽利略写了一本书来阐述他对日心说支持的论据——《关于托勒密和哥白尼两大世界体系的对话》，这本在科学史上享有重要地位的著作，也常被简称为《关于两大世界体系的对话》或者《对话》。

书中，伽利略写了支持日心说观点的人物与支持地心说观点的人物的对话，它采用这种新颖的叙述方式，希望能够吸引更多的读者。这本书激怒了教廷，教廷将他召至罗马，判决软禁他，这位伟大的科学家在他年近七旬的时候，开始了他的软禁生涯。

1642 年，伽利略 77 岁时，因病逝世。直到 300 多年后的 1979 年，梵蒂冈教皇若望·保禄二世才代表罗马教廷宣布此前对伽利略的迫害是错误的，为他平反昭雪。

1642 年，人类失去了一位伟大的科学家，但他带来的科学曙光没有因此消退，一年后，一名男婴在英格兰林肯郡的乡下降生，他将接过伽利略手里的科学接力棒，奔向更远的未来，他叫——艾萨克·牛顿。

揭示万物运行规律的牛顿

爱动手的少年

伽利略去世的那一年，一个名叫艾萨克·牛顿的男孩出生在英格兰[①]的乡下。5 岁那年，牛顿被送去读书。儿时的牛顿并不是那种聪慧过人的天才少年，但是他很喜欢动手，自己摸索着制作了风车、磨盘的模型，自制了日晷。在做手工的过程中，牛顿对精巧的机械产生了浓厚的兴趣，亲身体验也加深了他对科学与机械的理解。

11 岁的时候，牛顿进入中学读书。中学时代的他读书很用功，对于数学、物理学都有浓厚的兴趣。他在中学接触了哥白尼的日心说，并认真做了笔记。

原本，他母亲打算让他务农，但是他强烈的求知欲打

---

① 英格兰：英国的一部分。英国全称为“大不列颠及北爱尔兰联合王国”，这里的“联合”，指的就是位于大不列颠岛上的英格兰、苏格兰、威尔士，与爱尔兰岛东北部的北爱尔兰的“联合”。

动了母亲，母亲打消了这一念头。

如果说，儿时和中学时期的牛顿，看起来仅仅是像我们身边一个优秀的同学一样，热爱读书和做手工，有强烈的求知欲，那么，进入大学以后的牛顿，才真正地开启了他的传奇人生。

瘟疫来袭

牛顿在 19 岁那年进入剑桥大学三一学院学习。大学期间，牛顿开始钻研数学与物理，到 23 岁毕业的时候，已经积累了深厚的数理功底。然而刚毕业的牛顿，见到了一个如人间炼狱般的伦敦。

最初，码头地区有人患病，病人开始发烧，然后淋巴结开始肿大，皮下出现黑色的斑块，最终因多器官衰竭而死。人们意识到，那个萦绕在欧洲人头上数百年挥之不去的梦魇——黑死病，又回来了。

黑死病，就是鼠疫，是由鼠疫杆菌引起的烈性传染病。这种病菌寄生在啮齿类动物[①]体内，在跳蚤吸食其血液携带病菌后，又叮咬人类，使人类患病。

---

① 啮齿类动物：老鼠就是典型的啮齿类动物。

14 世纪时，欧洲爆发过一次极为严重的鼠疫。当时感染人们的是鼠疫中一种名为腺鼠疫的类型，腺鼠疫感染者皮肤会出现黑斑,发病很急,从发病到死亡可能也就一两天，因此被人们称作“黑死病”。

14 世纪的黑死病大流行夺走了近三分之一欧洲人的生命。当时的欧洲城市并未建立有效的卫生设施，生活污水与垃圾随意倾倒在路旁，这些臭气熏天的垃圾堆成了老鼠的乐园，除了富人的庄园稍显洁净，普通市民整日与这些垃圾里的老鼠、跳蚤为伍。糟糕的卫生条件让城市成了黑死病的重灾区,城郊的农村也被波及。在夺走无数生命以后，鼠疫并没有被人们消灭，而是突然消失了，就如当初它来时那样突然。

有一种解释是由于鼠疫杀死了过多的人，城市人口密度大大降低，人们也不再频繁接触，客观上切断了传播途径，使传染病消失。由于鼠疫传播快，病症严重，死亡率高，这个黑色死神的身影永远刻在了欧洲人的记忆里。所以，1665 年，当死神的身影再一次出现时，牛顿马上想到了最直接的解决方案：快往乡下跑！

鼠疫在欧洲大流行的年代，躲到乡下可能是最佳的选择。城市人口过多，卫生条件差，没有垃圾和污水处理设备；

而乡村人口密度低，空旷的环境也让生活垃圾和污水有地方倾倒，不至于污染食物和饮用水，所以乡村的疫情比城市轻，城里人跑到乡村能大概率躲过鼠疫。

尽管离开了剑桥大学优质的科研环境，乡村的生活却意外地带给了牛顿一段平静的时光。两年的乡村生活给了他安静的思考环境，这也是他人生中思想最活跃的时候。在这两年中，他继续研究数学与物理，尤其是微积分、力学、光学等内容。在英格兰的乡村，这位安静的青年头脑中孕育出了人类近代历史上最伟大的思想，他的理论将照亮后人的天空。

两年后，另一场灾难意外地结束了这场恐怖的瘟疫，伦敦的一家面包店失火，当时的伦敦城里大部分都是木质建筑，并且建筑毫无规划，非常拥挤。火势逐渐在全城蔓延，大火整整烧了四天，伦敦城里约六分之一的建筑被毁，然而这场大火却为城市做了一次“消毒”，切断了鼠疫的传播，把伦敦从鼠疫中拯救出来。

伦敦安全了，牛顿带着他这两年来丰富的思考成果，回到了大学。此后，他逐步把自己的思考成果进行完善，整理成书，把璀璨的科学成就带到世人面前。

理论突破

牛顿一生中最知名的科研成果被记录在他所著的《自然哲学的数学原理》《光学》《流数学》[①]等书中，为微积分、力学、光学等学科在近代的发展奠定了基础。下面，我们分别介绍一下这些伟大的科学成果。

微积分

我们在介绍阿基米德的一章中，讲了阿基米德采用“逼近法”，也就是和中国魏晋时期数学家刘徽首创的“割圆术”相似的方法——用不断细分的正多边形的边界去逼近一个圆，其实，这就是“微积分”的数学思想。所谓微积分，就是微分和积分，微分指的是对一个整体进行细分，而积分指的是对这些细分的内容做累加。

比如，现在有一条曲线，我们无法计算它的长度，但是我们会计算线段的长度，于是就把曲线切分成很多短的线段，分别计算小线段的长度再累加起来，就可以得到曲线的大约长度。“割圆术”，也就是这个道理，圆周是曲线，没办法直接计算，但是我们可以观察到，正方形比正

①《流数学》：当时的人们管微积分叫流数学。

三角形的周长更接近这个圆周，正五边形比正方形更接近，正六边形比正五边形更接近……

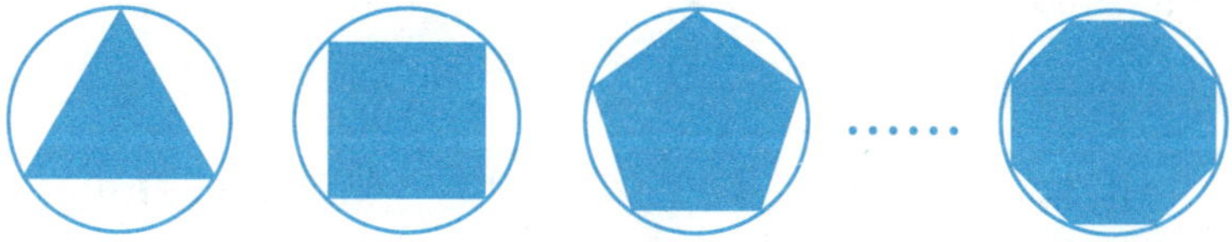

边数越多，越接近圆

这种细分无限进行下去，然后进行累加，来求一个难以直接计算的不规则的物体的方法，就是微积分。牛顿对微积分的问题进行了系统的研究，并提出了相应的数学计算方法。在同一时代，另一位数学家莱布尼茨也独立地研究出了相应的求解公式，科学史上一般认为二者可共享这一殊荣。

微积分的应用是非常广泛的，因为这种非规则的问题在生产、生活中极为常见。

同学们小学的时候可能都做过类似的应用题，如：张老伯家的地是个长方形，长 70 米，宽 30 米，王老伯家的地是个圆形，直径 60 米，他们两家种的小麦每年每平方米产量约 0.7 千克，问两家一年各收获多少小麦。

再如：汽车在高速公路上保持 100 千米每小时的速度行驶，问 90 分钟的时间汽车跑了多远。这些题目我们都可以求解，但是，现实生活中，张老伯家的地很可能不是一个规则的长方形，王老伯家的地也很可能不是一个规则的圆形，小麦的生长情况也可能会由于靠近水渠的远近、光照情况的不同而造成差异；汽车也很难在长时间内一直保持不变的速度。

面对这些现实生活中的“不规则”情况，微积分就成了重要的工具。在后人进行科学研究的道路上，微积分是非常重要的方法。

经典力学[①]

在牛顿的诸多伟大成就中，最为人所称道的就是《自然哲学的数学原理》一书。该书出版于 1687 年，牛顿那一年 44 岁。这本书总结了牛顿关于力学的各种研究成果，里面的内容涵盖牛顿三定律、万有引力定律、向心力、流体力学与阻力等内容。

我们可以看到，现在中学和大学使用的物理教材上的力学内容几乎全是牛顿在这本书里提出的理论。牛顿在这本书里，搭建起了“力学”大厦最重要的支柱与房梁。这本书的书名，也许会引起同学们的困惑，明明是物理学

① 经典力学（classical mechanics）：也被翻译为古典力学，区别于 20 世纪出现的相对论与量子力学。

著作，为什么要叫“自然哲学”，还有“数学”呢？其实，这是一个历史发展的问题，早期科学发展的时候，人们将揭示自然规律的学问，称作“自然哲学”[①]（natural philosophy），把识别并分类各种新的动物、植物、矿物的学问，称作“自然史学”（natural history），也叫“博物学”。

牛顿这个书名揭示了“自然哲学”里面的数学本质，或者说，是用数学的方法来研究物理，也可以说是在进行物理学的理论研究过程中用到了数学工具。

首先是牛顿三定律，正如几何学的定理与公式全部都来源于欧几里得的五条公理[②]，有了牛顿三定律，我们几乎[③]可以解决遇到的一切力学问题，而这三条定律，又是那样的简洁、优雅：

* 第一运动定律又被称作“惯性定律”：物体在所受合外力为零时会一直保持静止或匀速直线运动。
* 第二运动定律：物体的加速度[④]等于所受合外力除以质量。

---

① 尽管亚里士多德就已经提出了“物理学”这一分类，但是自然哲学这个名字也一直在使用。

② 在阿基米德一章中，我们介绍过欧几里得几何五公理，用这五条公理，可以推导出全部的几何学定理。

③ 并不是所有力学问题都可以只使用牛顿三定律解决。

④ 加速度：物体速度改变的快慢，速度描述的是物体位置改变的快慢。

* 第三运动定律：每一个力都会有一个反作用力与之对应，二者大小相等，方向相反。

其实，牛顿第一定律我们已经熟悉了。在伽利略一章中，我们介绍过伽利略用两个斜面底部相接，然后将小球从左侧斜面的某一高度释放，无论右边的斜面倾斜角度是多少，小球都可以到达和释放时差不多的高度。那么，如果是把右边的斜面放平，小球从斜面上运动到平面上，小球就永远到不了原来的高度，理想情况下，它可以一直运动下去，也就是小球在不受力的时候，保持匀速直线运动。

和第一定律一样，第二定律、第三定律也都是从实验中总结出来的物理定律。它们和欧几里得的五大公理一样，都无法用数学的方式推导得出，反而可以使用它们推导出很多其他的定理。它们就像所有公式最初的“源头”一样。人们研究数学的时候，首先会提出不需要证明的“公理”[1]，当然，公理也必须是没有反例的，然后用不需要证明的公理做源头，推导其他的定理和公式，如果推出了矛盾，说明提出的公理有误；如果推出的定理也都正确，说明公理是正确的，以公

---

①注意用词的不同，只有这种“源头”，才能被称作“公理”，其他推导出来的公式，都被叫作“定理”。

理为“源头”推出的整个体系都暂时[①]是正确的。

数学是物理的基础，物理采用了同样的逻辑体系，用已经总结出的定律来推导出新的定理。但是，物理和数学也是有区别的：物理建立在实验之上，也就是说，实验和数学逻辑，这两者都是“物理”大厦的基石，少了哪一块都不行。

物理理论中，推导出的内容不仅自身要没有矛盾，还不能和实验结果相矛盾。如果理论推导的结果与实验不一致，要么是实验失败，没有测量准确；要么就是理论出现了错误。

从伽利略开启了现代物理学后，经过几百年的发展，物理学家们提出新的理论时，仍然会想办法用实验验证自己的理论，如果某个理论无法直接用实验验证，那就用实验去验证它的推论，脱离了实验，物理定律就成了无源之水、无本之木。

牛顿三大定律作为经典力学整个理论体系的“源头”，它本身是经过了实验验证的。并且，它推导出的新的内容，也是需要用实验来验证的，后世的科学家不断完善了各种验证，工程师们也把牛顿的理论应用在了工程当中。

我们可以想象一下，在峡谷上搭建一座桥梁，计算各个模块受力情况的时候，牛顿第三定律被反复使用；把一

① 使用暂时一词，是因为现在没有推出矛盾，并不能确定以后不会推出矛盾。

颗卫星送上太空，火箭每时每刻的运动情况都可以用牛顿第二定律计算……

除了牛顿三大定律以外，万有引力定律的提出也是牛顿在力学领域作出的伟大贡献。

也许你听说过牛顿坐在苹果树下，被落下的苹果砸到，然后想出了万有引力定律的故事，但那只是后人加工出来的传言。牛顿得出万有引力定律，是经过了非常精妙的推理，并借助了大量天文观测数据的。

下面，我们就来欣赏一下这个美妙的过程。

首先，人们观察到身边的物体在没有支撑的时候都会落到地面上，但是月球一直绕着地球转动，却一直都在天上，从未落到地球表面上。

其实，月球不会落下来的原因，牛顿在《自然哲学的数学原理》一书中，就率先推导过向心力[①]的问题。月球绕着地球转，它的运动轨迹是一个绕着地球的圆，可以看作匀速圆周运动，尽管速度大小没有改变，但是速度的方向是始终在改变的，这并不是匀速直线运动，因此并不符合牛顿第一定律中描述的“合外力为零”。

① 向心力：当物体沿着圆周或者曲线轨道运动时，指向圆心（曲率中心）的合外力作用力。

这说明月球必须受一个外力的作用，才能使它做匀速圆周运动，而外力的大小，应该满足牛顿第二定律所描述的——等于月球的质量乘以月球的加速度。

速度，描述的是物体位置改变的快慢程度；而加速度，描述的是物体速度改变的快慢程度。匀速圆周运动的加速度可以用几何方法推导得出，反比与周期的平方，正比于轨道半径。所以，月球所受的这个外力，就可以用牛顿第二定律得出，等于月球质量乘以这个向心加速度，表达式写出来是：

$$F=m\frac{4\pi^2 r}{T^2}$$

公式看起来有点复杂？没关系，其实都对应着刚才的文字解释，F代表这个力，m代表月球的质量，π就是圆周率，r代表月球绕着地球旋转的轨道半径，T代表月球转一周所需要的时间，即周期。牛顿就是从这个公式出发，得到了万有引力的表达式的，整个推理过程可谓精彩。

既然，月球做圆周运动，需要上面表达式里的力来为它提供加速度，也就是需要受到这样的一个外力，而月球悬在太空中，并不与其他物体接触，能够为它提供这个力的，只有地球对月球的万有引力。这说明，上面表达式里的力，就等于万有引力。

但是，上面的表达式里，只有月球的质量 m，而根据牛顿第三定律，地球对月球的引力，应该等于月球对地球的引力。那么，真正的万有引力公式里，就不应该只有月球质量这一项，地球质量与月球质量这两个参数应该享有同等地位！因此，地月之间的万有引力应该不仅仅与月球的质量成正比，应该与地球质量、与月球质量都成正比，也就是二者相乘。

$$F \propto Mm$$

其中这个像数字 8 躺倒了又有个缺口的符号，意思是“正比于”，即万有引力 F 正比于地球质量 M 与月球质量 m 的乘积。到这里，我们再观察最开始那个公式，分母上有周期的平方，这一项其实也可以被消掉——一个公式里，所包含的内容越简洁，这个公式揭示的规律越具有通用性——这是历代科学家们一直以来追求的目标。牛顿也巧妙地消掉了这里的周期一项——他借用了开普勒的研究成果。

开普勒是 16 世纪—17 世纪德国著名天文学家，他精通天文学与数学，他还有一位伟大的老师——丹麦天文学家第谷·布拉赫[①]。这位伟大的天文学家用毕生精力观测行星运动，尽管他一直信奉地心说，但是他留下的精确的观测结果依然促进了科学的进步。

开普勒没有拘泥于地心说，他用数学知识分析了其老师留下的数据：一方面，他发现当各个行星（包括地球）以太阳为中心旋转时，获得的规律更加简洁、统一，他把这些写进著作，支持了哥白尼的日心说；另一方面，他总结了以太阳为中心时，行星运动的数学规律，后世称之为“开普勒三定律”：

* 所有行星绕太阳旋转的轨道为椭圆，太阳位于椭圆的一个焦点上。
* 行星和太阳的连线在相等的时间内扫过的面积相等。
* 所有行星绕太阳公转周期的平方与轨道半长轴的三次方成正比。

开普勒三定律描述的是椭圆，看起来好像很复杂。但是，这里可以做个类比，因为行星的轨道都是接近正圆的椭圆，因此，完全可以将其看作圆，第三定律中的“半长轴”，其实就可以替换为轨道半径。

牛顿正是利用了开普勒第三定律，消去了原公式中的

---

① 第谷·布拉赫（1546—1601）：丹麦天文学家和占星学家。

周期 T。也许你注意到了，最初的推导里，我们用的例子是地球和月球，而开普勒三定律里描述的是太阳和行星，其实这并不影响最终的结论，因为月球绕着地球转，和行星绕着太阳转，是一样的情况，都是近似的匀速圆周运动，都是受万有引力约束下改变速度的方向。

因此，这里完全可以把公式里的 M 替换成太阳质量，m 替换为任意一个行星的质量 T，r 替换为该行星的周期与轨道半径。这时候，用上开普勒第三定律，周期的平方和轨道半径的三次方成正比，也就是：

$$T^2 = kr^3$$

这里的 K，是个比例系数，是常数。那么，把这个式子代入最初的式子，替换掉周期，原公式就变成了分子上一个 r，分母上 r 的三次方，也就是说——力和轨道半径的平方成反比！再结合最初我们推出的，万有引力和两个物体的乘积成正比，就可以得出：

$$F = \frac{GMm}{r^2}$$

这里面的 G，是个常数系数，被称作万有引力常量。推导到这里，优美的万有引力定律表达式，终于“千呼万唤始出来”。看到这里，同学们大概也能理解，为什么说牛顿仅仅被苹果砸一下就悟出万有引力定律这件事，只是个传说故事而已。得出这一定律，需要严密的逻辑，大胆的假设，还必须借助第谷、开普勒等科学家前辈的成果，才能得出这一伟大的定律，其间的努力，绝非苹果树下的一点感悟可以概括的。

牛顿推导出了万有引力定律的表达式，但是此时，这个公式还没办法计算天体之间的引力，因为万有引力常数 G 是多少还不知道，没办法计算引力 F。

后来，英国科学家卡文迪许巧妙地设计实验，测出了万有引力常数，使得完整的万有引力定律使用在天文学的研究当中。

这一伟大成就的一次重要应用，就是在“笔尖上”发现了海王星。19 世纪，天文学家通过观测，获得了天王星的轨道数据，但是科学家发现观测到的数据和理论计算的数据有偏差，这种偏差，似乎暗示了在天王星轨道外侧还有一个比它更重的东西在吸引它。

人们使用牛顿三大定律与万有引力定律进行更精确的计算，获得了要想让天王星的轨道发生这样的异常，那个更外侧的行星理论上运行轨道的相关信息，天文学家们按照这一计算结果进行观测，果然看到了一颗光芒暗淡的行星。随后，这颗行星被命名为“海王星”，成为太阳系的第八颗行星。由于这一传奇性的发现过程，人们也称之为“笔尖下发现的行星”。

牛顿在力学领域可谓是第一位集大成者。牛顿三大定律是整个力学体系的基础，万有引力定律指导了天文学的进一步发展，他的研究成果统一了天上的物体与地下的物体所遵循的物理规律，这种对不同物理学分支的“统一”，一直都是物理学家们追求的目标。

光学

牛顿曾在大学中讲授光学，并在 1704 年写了他的另一本巨著《光学》。牛顿用三棱镜对太阳光，也就是白光进行分解，分解出了和彩虹一样的多种颜色，证实了白光并非单色光，而是由不同颜色的光合成的。这种分解的原理其实非常简单，光在从一种介质①，传播到另一种介质中的时候，路线会发生偏折，而不同颜色的光，偏折的程度是不一样的。因此，牛顿使用三棱镜，可以让不同偏折程度的光路线分开，它们叠在一起的时候是白色，分开以后，

① 空气、水、玻璃，都是不同的介质。

就呈现各自的颜色了。牛顿又用第二个棱镜，把不同的彩色光再次叠在一起，又呈现了白色。

牛顿的分光实验意义重大，这说明此前使用的透镜式望远镜，其玻璃镜片必然会带来不同颜色的光的分离，会对天文观测造成影响。因此，牛顿发明了反射式望远镜，让天文观测避免了单色光分离的影响，这种望远镜又被人们称为“牛顿望远镜”。

三棱镜对光的分解

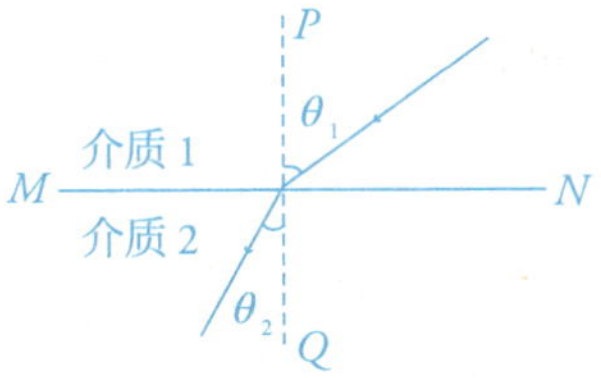

光的折射示意图

牛顿还注意到，无论是反射，还是折射，不同的色光都不会改变自身的颜色，我们平时所观察到的五彩斑斓的世界，就是不同颜色的光的重叠。

牛顿在《光学》一书中，提出了光的微粒学说，他认为光是由粒子组成的，这很直接地符合光沿直线传播这一特性，但是后来的科学家无法用微粒学说解释光的干涉和衍射，因此出现了光的波动学说。

到了 20 世纪，在爱因斯坦等科学家的研究下，人们逐渐认识到，光具有波粒二象性。

物理之外

牛顿除了担任英国皇家学会会长、法国科学院会员，还曾担任过议员，只不过他并未有太多发言。53 岁时，他担任了皇家铸币厂的监管，直到 85 岁去世之前，他在这份工作中都表现得很出色。他曾研究化学与炼金术。在那个年代，化学与炼金术彼此关联，炼金师们在研究“点石成金”的时候，曾意外地取得了很多化学领域的研究成果，化学家们在研究化学时也必须查阅炼金师们的研究数据。

牛顿在化学领域的研究成果与论著，后来不幸遗失，后人难以确定他作出了怎样的贡献。

1727 年，牛顿去世，他被安葬在伦敦的威斯敏斯特大教堂①，诗人亚历山大·波普为牛顿写下了这样一段流传百世的墓志铭：“自然与自然的定律，都隐藏在黑暗之中。上帝说‘让牛顿来吧！’于是，一切变为光明。”

---

① 威斯敏斯特大教堂：也被称作“西敏寺”。

电磁时代的开拓者迈克尔·法拉第

最好的时代，最坏的时代

1791年，迈克尔·法拉第出生于英格兰一个贫苦的铁匠家庭。此时的欧洲，正处在狄更斯在《双城记》中所写的："这是最好的时代，也是最坏的时代。"

1588年，英国在大西洋上击败西班牙的"无敌舰队"，从西班牙手中获取了海上军事霸权。在此后的200年间，英国殖民者在地球上每一处洋面、每一处海上咽喉要道上都留下了他们的足迹。他们登上非洲西海岸，登上北美大陆，登上大洋洲大陆。

到18世纪末，法拉第出生的年代，大英帝国的殖民地已经遍布全球。在殖民地通过掠夺、贸易等方式获取的原材料正源源不断地运往英国，加工后的工业制成品又被英国的商船运到世界各地，激增的工业生产需求不断刺激着产业扩张，在这种强大的需求刺激下，各种创新也层出不穷。在1765年到1790年间，瓦特[①]对蒸汽机进行了一系列改进，英国工程师哈格里夫斯也发明了珍妮纺纱机[②]，各种各样的机器设备被应用在工业生产中，改变世界的工业革命，正在大不列颠岛上酝酿。

这个最好的时代，创新风云激荡，但在火热的气氛之下，工人过着悲惨的生活，手工业者在大工厂的夹缝中艰难求存。少年时的法拉第，成长在贫苦的家庭中，没钱接受良好的教育，只是“受过基本的读、写、算训练”[③]。处在第一次工业革命的热烈氛围中的英国人也许没有想到，这位贫苦少年日后的伟大发现，将会为百年后的第二次工业革命打下基础，带领人类进入一个新时代。

尽管因穷苦而影响了读书，少年时的法拉第却没有停下求知的脚步。14岁那年，法拉第成为一名书店学徒，刻苦学习书籍装订技术。事实上，他日后良好的设计实验与实施实验的能力很多都来源于学徒期间的锻炼。

没能出生在一个富裕家庭的法拉第，幸运地遇到了一位善良的店主兼师傅。法拉第利用做学徒的空闲时间，阅

---

① 瓦特：英国发明家，第一次工业革命的重要人物。

② 珍妮纺纱机：高效率的纺纱机器，哈格里夫斯以他女儿珍妮的名字为其命名。

③ 来自法拉第的自述。

读书店里的各种书籍，旺盛的好奇心与坚持不懈的刻苦努力让他在少年时代弥补了儿时受教育的不足。广泛的阅读唤起了法拉第对科学的兴趣，他尤其对物理和化学兴趣浓厚,并自己制作了一些简单的实验器具,摆弄一些科学实验。日后的他，也因此成长为一位伟大的物理学家、化学家。

科学生涯

法拉第曾在聆听化学家戴维[①]的演讲时做了认真的记录并毛遂自荐。戴维非常欣赏这个聪慧且用功的年轻人，引荐他进入英国皇家研究院工作。

在法拉第 22 岁那年，戴维带他到欧洲大陆考察，法拉第借此开阔了眼界，结识了欧洲大陆的很多科学家，并与他们交流。24 岁时，法拉第搬到了皇家研究院顶楼的一个房间里，大师的科学生涯在这里开启。

电与磁

人类很早就发现了一些特殊的石头会指示南北方向，也发现了物体摩擦后会产生吸引与排斥的力量，人们逐渐

---

① 戴维：即汉弗莱·戴维（1778 年 –1829 年），英国化学家。

地总结出一些电现象和磁现象的规律。但是，最初人们只是分别地研究它们，并未考虑它们之间的联系。

1820 年，丹麦科学家奥斯特在一次授课结束后，偶然发现通电的电线旁边的小磁针发生了偏转，他立刻敏锐地意识到这件事情不简单。他花费 3 个月的时间做了各种各样的实验，证实了电流会产生磁场。他在论文中详细阐述了这一科学规律。这是学术界第一次发现了电和磁之间的关系。

电生磁这一现象被人们发现，那么，磁能否影响电呢？法国科学家阿拉果和德国物理学家冯·洪堡在测量地磁场时发现，小磁针在被碰到的时候，会小幅度震颤，然后逐渐停下，但是拥有一个铜制底座的小磁针，比没有底座的小磁针摆动的时候停下得要快。阿拉果敏锐地联想到可能存在逆效应，他很快就做了进一步实验：将磁针悬吊在铜盘上方，二者均可自由旋转，但不相互接触。旋转磁针，铜盘会在短暂的迟滞后跟随一起旋转；旋转铜盘，磁针也会在短暂的迟滞后跟随一起旋转。这便是著名的“阿拉果铜盘实验”。

彼时的法国科学院俨然是电学研究的中心，不但有阿拉果的实验成果，还有毕奥、萨伐尔、安培等多位物理学家进行电学方面的实验与理论研究工作。

英法两国隔着英吉利海峡相望，那时候的英国皇家研究院与法国科学院的交流非常频繁，身处英国皇家研究院的法拉第显然是处在学术交流前沿的。在得知阿拉果铜盘实验后，他又设计了数个更为复杂的实验，并在理论上解释了阿拉果铜盘实验：磁场和金属的相对运动在金属中产生了电流，电流产生磁场，与磁针产生了力的作用。

在研究阿拉果铜盘的过程中，法拉第在铜盘上方放置了一个磁铁，用导线将铜盘中心和铜盘边缘相连接，并在导线中间接了一个电流计，旋转铜盘时，电流计指示导线里出现了电流。这说明，在磁场与运动导体的作用下，电流可以产生。在奥斯特发现电可以产生磁之后，法拉第也发现了磁可以产生电。

其实，法拉第设计的这个装置，就是一个原始的直流[1]发电机。法拉第通过实验还发现，单纯的一个通电线圈产生的磁场并不能在另一个线圈中引发电流，但是如果将通电的线圈切断电源,或者突然接通,在切断和接通的那一刻,另一个线圈中会引发电流。这说明，稳定的磁场并未产生电流，但是变化的磁场可以！

1831 年，法拉第在英国皇家学会公开了他发现电磁感

① 直流：方向不变的电流。

应现象的四篇论文，题目分别为《论电流感应》《论从磁产生电》《论物质的一种新的电状态》和《论阿拉果的磁现象》。

法拉第在论文中对磁生电的过程进行了详细的理论总结，这种磁场产生电流的过程被称为电磁感应现象。从奥斯特发现电生磁到法拉第发现磁生电，电和磁两个领域实现了初步的统一[①]。法拉第还研究发现了磁—光效应，发现了磁场对光的影响，这为后来的光学与电磁学的统一打下了基础。

科学家们在研究科学理论的时候，一直都在追求用最少的语言与公式总结出最通用的理论，完成不同分支理论的统一。这是每一位理论物理学家梦寐以求的成就。

法拉第做研究非常有特点，他非常善于用巧妙且直观的物理模型来对抽象的规律进行解释。当物理学的研究深入到电磁学现象时，人们面对一个很现实的问题：与力学、光学等可以直观看到的问题不一样，电磁作用难以直接观察，而是需要借助其他指示方法（力的作用或者电学仪器等），无论是研究还是学习，都有不便之处。法拉第开创性地使用了电力线的模型，将电场和磁场想象为一根一根

① 麦克斯韦方程组会完成最终的电磁统一。

的线，我们称之为“力线”。“力线”的方向指示了电场或者磁场的方向，疏密指示了场的强度大小。至今，我们仍然在使用这种直观且简洁的表示方式。

与化学的不解之缘

近代化学的发展也始终离不开电学的进步。从伽伐尼在解剖青蛙时金属手术刀偶然碰到神经造成蛙腿抽动开始，人们就逐步意识到化学反应可能会和电有关。意大利科学家伏打造出了伏打电池，人们通过化学反应获得了稳定的电源。在伏打电池中，物质进行化学反应的化学能转化成了电能，那么，如果反过来会怎样呢?

组成物质的基本单元名叫分子，分子又由原子组成，也可以说，分子是原子的一种组合。所谓化学反应，就是不改变原子，只改变原子的组合的过程。

在化学反应过程中，分子改变的时候，会发生电子的转移[①]，对于那些可以自发进行的反应，如果把两种反应物用导线连接，电子的转移会通过导线进行，导线中移动的电子，就形成了电流，这就是电池——利用内部的化学反应产生电流。但这是有条件的，这要求这一化学反应是“可

① 化学反应中的氧化还原反应会发生电子转移。

以自发进行的”。也就是产物蕴含的化学能低于反应原料，此时化学反应就可以像石头从山坡上滚落那样，不需要外部的力量，自己就能反应。

那么，我们反过来思考这个问题：如果想让石头从山脚往山顶滚，那么需要推这块石头，如果想要让不自发进行化学反应的物质产生化学反应,我们能否也“推它一把”?其实，刚好和电池反过来，如果向溶液中通电，那么溶液里原本不会反应的物质，就会在这个外部的“推动”下，发生化学反应，这个过程就是——电解。

法拉第的伯乐戴维——也就是我们前面讲过的举荐他进入皇家研究院的那位化学家，在 19 世纪初首先使用电解的方法获取了金属钠和钾。法拉第继续了戴维的研究，他定量地研究了电解过程，并总结出了其中的规律——反应物质与电流、通电时间之间的定量关系。

后人以法拉第名字命名的科学规律有两条：其一是法拉第电磁感应定律，前文我们讲过，它定量地描述了磁生电的过程及其中的数量关系；其二就是这里的法拉第电解定律。这两条伟大的规律分别为物理和化学开启了两个重要的研究方向，把人类文明带进了一个伟大的时代。

法拉第在研究化学的时候还发明了一种加热设备，是后来“本生灯”[1]的原型，这种设备后来基本常备在化学实验室中。

法拉第还首先发现了苯，他从制备煤气时剩下的油状液体里分离出了苯——这种物质后来成了最重要的化工产品之一。

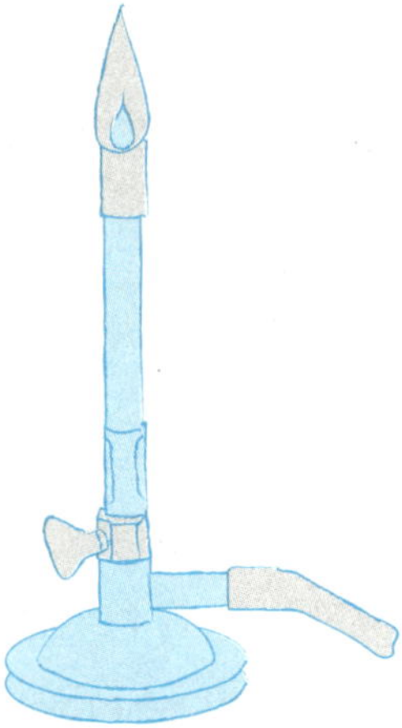
“本生灯”原型示意图

拥抱未来

法拉第在物理和化学两个领域的研究成果，几乎开启了人类文明的新时代。

在物理学领域，法拉第的电磁感应定律成了电磁学最重要的奠基，为电气化时代的到来敲响了钟声；在化学领域，法拉第电解定律从科学角度指导了电解工业——这是化工领域最重要的生产手段之一，为人类生产出不计其数的新产品。

绝大多数的金属，除了金、银等化学性质很稳定的金属以外，基本上在自然界中都会以化合物的形式存在，铜矿、铁矿，基本上都是铜和铁的化合物，把金属元素从化合物中分离出来的过程，就是冶炼。

① 本生灯：一种以煤气为燃料的加热器具。

铁和铜的化学性质都决定了它们比较容易地用木炭进行冶炼，但是铝、镁就无法这样冶炼，直到电解技术逐渐成熟，并且发电机广泛应用，出现较为廉价的电力，人们才能通过电解的方法获取这些性质优异、储量丰富的金属资源！

法拉第在演示圆盘发电机，并借助它讲解他刚刚发现的电磁感应定律的时候，有人问法拉第："这个东西有什么用呢？"

法拉第反问："一个新生的婴儿有什么用呢？"电磁学的这声婴儿啼哭，是整个电气时代的曙光。

在法拉第发现电磁感应定律的几十年间，发电机被逐步改进并应用。

1879 年，经历了上千次失败实验的爱迪生，将一根碳化棉线用作灯丝，获得了明亮并且可以稳定发光十几小时甚至几十小时的白炽灯泡。

20 世纪初，人们将钨丝放入白炽灯泡。从此，电线中传输的那些看不见的能量逐渐点亮了千家万户的夜晚。法拉第接生的这个"婴儿"，长大了！

搭建电磁宫殿的麦克斯韦

现代科技从哪来？

炎炎夏日，当你在家里躺着，一边吹着空调，一边惬意地刷着手机，手机里流畅地播放着视频，视频的数据来自互联网的另一端。你并不知道那一端在哪里，但是你知道数据到达你家里的 Wi-Fi 以后，传向家里的每个角落，你或躺或坐，或立或卧，这些海量的数据都可以传到你的手机里。

在你享受现代信息科技成果的时候，你有没有想过，这些数据是怎么传过来的呢？

无论是视频数据从 Wi-Fi 传到你的手机，还是你朋友的声音从他的话筒传到他小区旁边的信号塔，再通过你这边的信号塔传到你的手机听筒里，这些过程，都是怎样发生的呢？这些信息，都是借助什么媒介、什么方式传播的呢？

这一切，都要归功于一样东西——电磁波。无论是你在家时 Wi-Fi 向你的手机发射信号，还是你不在家时手机和信号塔的信息交换，都是通过电磁波，这种你看不见的媒介就是传播信息的载体。

天线可以把电磁波以光速传向四面八方，也可以接收来自四面八方的电磁波，无论是 30 年前的天线电视机，还是 20 年前的“大哥大”，或者是今天的智能手机，用的都是电磁波。

为什么电磁波是信息时代的基石呢？

首先，我们来理解波是怎样承载信息的。当你发出声音的时候，声带振动[①]，振动的声带会带动周围的空气振动，周围的空气再带动更远处的空气振动，空气中的振动连续传递，一直传递到别人耳朵里，带动鼓膜振动；鼓膜紧挨着听小骨，这几块人体中最精细的骨头会将鼓膜的振动传导到耳蜗的神经处，神经信号传进大脑，你的朋友就听到了你的声音。而你发出的声音里，每个字的音调都不同，也就是振动的频率[②]不同，那么空气振动的频率也不一样，相应地，最终传到你朋友的大脑中的神经信号也各不一样。朋友的大脑解析出了这些信号对应的含义，也就听懂了你

① 振动可以产生波，就像你把手指放在水中振动，水面上可以看到波纹一样。

② 频率：可以理解为往复运动中完成一个循环的快慢。

对他说的话。

上面是空气中传播的声波携带信息的例子，但是，声波这种最原始的信息传递方式却受到诸多限制。

声波在空气中传播是会逐渐减弱的，假设你搅动平静的水面，你会发现水波扩散出去以后，振动幅度会越来越小，这是因为水之间有相对运动的时候，是有阻力的，这种阻力会让波的振幅越来越小。声音也是一样，在空气中传播，空气和水都是流体，都会有这种阻力，因此，你会发现距离声源越远的地方，听到的声音越微弱，你喊得再大声，如果间隔上几百米，也难以听清。

那么，如果电磁场振动起来呢？

电磁场的振动，也会产生波然后传播出去，就像声带振动、声波传播出去的时候一样。而和声波不同的是，电磁场的振动并不会受到空气中的阻力影响，它可以传播很远而没有太多衰减，因此，电磁波自然就比声音更适合用来做信息的载体。

此外，声音的传播速度并不够快。空气中声速只有每秒 340 米，如果声波从北京传到 1200 千米外的上海，需要 3500 多秒，大约一个小时，这个时长根本无法完成实时通信，你这边说完一句话，对方要一个小时才能听到，两个

小时才能完成一句对话；然而电磁波的传播速度跟光速一样，约 30 万千米每秒，信息从北京传到地球另一端的布宜诺斯艾利斯[①]也仅仅需要 0.067 秒。

从以上两个特点可以看出，电磁波显然更适合用来传递信息。然而，我们是怎么从“通信基本靠吼”的年代，进入使用电磁波的年代的呢？

数学与物理

与家境贫寒的法拉第不一样，麦克斯韦家境殷实，这使得他从小就接受了良好的教育，打下了坚实的数学基础。

他的第一篇论文，是关于二次曲线问题的，发表在爱丁堡皇家学会会报上，那一年，麦克斯韦年仅 14 岁。16 岁那年他进入爱丁堡大学学习数学与物理，之后又转到剑桥大学三一学院学习数学。剑桥大学三一学院，就是我们之前讲过的牛顿就读的学院。毕业后的麦克斯韦留校任职，继续从事科学研究工作。1865 年，麦克斯韦 34 岁时，回到家乡，系统地总结了他十几年来对电磁学的研究工作，

---

① 布宜诺斯艾利斯：阿根廷的首都，在地球仪上我们可以看到，阿根廷在地理位置上基本处在与中国相对的另一端。

完成了他的巨著——《论电和磁》。

我们曾经讲过牛顿的《自然哲学的数学原理》一书的重大意义，牛顿在书中系统地总结了他在力学中的研究成果，该书可谓是经典力学中的集大成作品，书中所描述的牛顿三大定律、万有引力定律以及其他各种各样的推论构成了经典力学的理论基础，而麦克斯韦的《论电和磁》，称得上是电磁学领域的《自然哲学的数学原理》。

法拉第此前的工作大多是一些实验探索与经验总结，而麦克斯韦的工作对电磁学的规律进行了数学总结与推导。他提出的麦克斯韦方程组，用四个方程，以完美的对称形式，对电磁学领域最本质的规律进行了总结。从麦克斯韦方程组出发，可以推导出全部电磁学领域的各种推论，并对实验现象进行解释，就像牛顿三定律和万有引力定律在力学当中的作用一样。

我们来欣赏一下这组完美的公式：

$$\nabla \times H = J + \frac{\partial D}{\partial t}$$

$$\nabla \times E = -\frac{\partial B}{\partial t}$$

$$\nabla \cdot B = 0$$

$$\nabla \cdot D = \rho$$

看不懂没关系，公式里的数学符号都是在大学理工科专业的课堂里才学习的内容，我们先欣赏其中的美，体会它的重要意义：代表电场的物理量 E、D 与代表磁场的物理量 B、H 在方程组中处于对称的地位，如果去掉代表电流的字母 J，代表电荷的字母 ρ，那么，我们将可以调换 E 与 H，调换 D 与 B，调换以后，方程组并没有发生变化，就像把自行车前面和后面的两个轮子拆下来，互换装到对面以后，自行车仍然能照常使用一样。

这个优雅的对称方程组具有重大的意义。这种对称说明，在电磁现象中，电和磁可以相互影响，并且这种影响在没有电流与电荷的空间中是均等的！

麦克斯韦继续用这四个方程推导，最终，他推导出了一个波动方程，也就是描述一种波的方程。这个方程描述了以波的形式向前传播的电场与磁场。

这个方程是这样描述的：电场在变化，电场变化的时候产生磁场，而产生的磁场也在变化，这变化的磁场又产生电场，二者相互纠缠，向前传播。

没错，麦克斯韦预言了信息时代的曙光——电磁波。

其实，法拉第已经在一定程度上揭示了电和磁的关系：变化的电场会产生磁场，变化的磁场会产生电场。但是麦克斯韦对这一重要现象的研究显然更为深入，并取得了傲人的成果，这其实源于他手里最重要的工具——数学。

正如天文学家使用牛顿提供的物理原理，结合数学工具，在纸上“发现”了海王星一样，麦克斯韦也用强大的数学工具做出了出色的物理成果，并预言了电磁波的存在。

此前的人们更多地从实验中发现新的物理现象：伽利略从实验中观察得出自由落体的规律，法拉第从实验中揭示电与磁的规则。而随着数学的发展，数学工具也越来越多地被物理学家精妙地使用，这其中的最高峰，就是麦克斯韦方程组。

麦克斯韦用数学方法得出了电磁学领域最本质、最关键、使用最广泛的规律，并用这一规律预言了电磁波的存在（注意这里的用词：预言）。

当时的人们并没有观察到电磁波，尽管后人知道光是一种电磁波，但是当时的人们并不知道自己每天都能看到的五彩斑斓的光线，与在电线里以及磁铁周围那些看不见、摸不着的电磁场有什么关系。

1887 年，在麦克斯韦预言电磁波存在的 23 年后，德国物理学家赫兹用一个线圈观察到电磁场的振动，在 10 米外的另一个线圈中，他观察到了电火花！这说明，电磁场被电磁波传到了远方！ 1898 年，马可尼用实验证明了光是电磁波的一种。

其实，近代物理学的发展也是从理论与实验两条路上寻求突破的。

如果物理学家在实验室发现了此前的物理理论难以解释的现象，那么理论物理学家就会提出新的理论或者模型，对新现象进行解释，总结新的物理规律。这就像伽利略做实验探究力与运动的关系，后来牛顿进一步将其总结为牛顿第一定律一样。理论物理学家们也会从现有理论出发，进行推导与计算，预言一些还没有在实验中观测到的现象，然后再设计新实验，对理论方面的进展进行验证。就像麦克斯韦通过麦克斯韦方程组预言了电磁波以后，赫兹设计实验证实了电磁波的存在，这不仅证明了麦克斯韦对电磁波的推导，也进一步证实了麦克斯韦方程组的正确性。

实验操作与数学推导，几乎可以说是物理学的“两条腿”，有了它们，物理学才能坚定地向前走。

除了电磁领域的重要贡献，麦克斯韦还在热学领域做出了重要的贡献，主要集中于分子运动论与统计物理学。

也许，你看到这几个学科分类的名词就会感觉一头雾水，为什么“热”“分子运动”和“统计”有关呀？这里可以补充介绍一点背景：热学，可以简单理解为物理学中研究冷热的分支。我们知道，“冷”和“热”，都是可以用温度来描述的，温度越高越热。可是冷与热的本质是什么呢？这就需要从分子层面来理解了。

分子，也就是微观粒子，在永不停歇地运动。空气中有氧气分子和氮气分子，它们一直在运动，就像在一个封闭的房间里疯狂乱撞，然后弹开的网球一样。

只不过，房间中弹跳的网球，会因为空气阻力而逐渐停下，但空气分子不会，它们运动的路线上除了其他分子，全是真空。

这种运动的强烈程度，其实就是这团气体的冷热程度，越热的空气，分子运动越强烈，蕴含的能量也越高。而空气分子数量实在太庞大，我们不可能搞清楚每一个分子的运动情况，只能得出一个统计规律，比如，有大约一半的分子，它们的速度大于某数值。

因此，要研究其“冷”“热”的规律，需要用上统计学这一工具。麦克斯韦在“分子运动论”与“统计物理学”中的贡献，就属于物理学分支[①]中的“热学”领域。麦克斯

---

① 现在我们学习物理学的时候，通常分力学、热学、电磁学、光学、原子物理这五大领域，在前沿研究领域又有很多交叉与新兴领域，但基本都以这五大学习领域为基础。

韦推导出了气体分子速度满足的统计关系，对很多气体中的现象作出了理论解释，在热学这个领域，他同样作出了优秀的理论贡献。

优秀学风

麦克斯韦是一位伟大的理论物理学家，但是他对实验同样十分重视，英国剑桥大学著名的卡文迪许实验室，就是他一手创立的。

这个实验室的命名是为了纪念那位测定了万有引力常量的著名科学家——亨利·卡文迪许，而这个实验室建立时，时任剑桥大学校长的威廉·卡文迪许资助了8450英镑，他和亨利·卡文迪许是亲属，这个名字也就兼具了纪念科学家与这位首倡的校长的意义。

第一任卡文迪许实验室主任（被称作“卡文迪许物理教授”）由麦克斯韦担任，他为这所伟大的实验室赋予了灵魂。

麦克斯韦没有止步于自己在理论方面的专长，而是在实验室中逐渐形成了物理学发展需要建立在实验探索基础之上的观念。他提出实验室不仅要提供和传播真实的科学原理，而且要提供和传播深刻的批判精神。他坚决反对数学分析与物理实验脱离的倾向，坚持认为数学与物理应该深入结合，他的大量观点都在后来的科学实践中被证实是正确的。

卡文迪许实验室隶属于剑桥大学，也承担着一定的教学任务，麦克斯韦认为低年级学生主要应该从实验中加深对知识的理解，而高年级的学生应该以研究性实验为主，以培养他们的研究与创造能力。直到今天，大学理工科的实验教学仍然遵循着这一思想。

1879 年，48 岁的麦克斯韦深感自己的身体状况大不如前。这一年的 11 月 5 日，这位伟大的科学家因病在英国剑桥与世长辞。

1931 年，爱因斯坦在麦克斯韦百年诞辰的纪念会上，评价他的贡献是：“牛顿以来，物理学最深刻和最富有成果的工作。”

此前我们讲牛顿的时候，讲到牛顿的理论把太空中（天上）与地下的力学规律统一了起来，而麦克斯韦的研究工作把电、磁、光统一起来，是继牛顿之后的又一次物理学理论上的统一。

在人类物理学史上，每一次统一，都是人类对世界认知的一次飞跃。今天的我们对世界的深刻理解，要感谢麦克斯韦等伟大的科学家一次又一次为我们拓展知识的边界，而在现在的边界之外，还有无数的秘密，等待着我们去发现。

承上启下的科学家玛丽·居里

曾被瓜分的祖国

居里夫人是波兰人，但她出生的时候，没有波兰。

1867 年，一位名叫玛丽·斯克洛多斯卡的女孩出生在华沙，这里原本是波兰王国的首都，但是从 18 世纪开始，波兰多次被普鲁士、奥地利、沙皇俄国帝国主义势力瓜分。这个存在了 800 年的国家一度在世界版图上消失了 100 多年，直到 1918 年，十月革命后，布尔什维克建立的苏俄政府宣布废除瓜分波兰的这一系列条约，波兰才重新独立。玛丽出生的时候，波兰正处在帝国主义的控制之中。

尽管环境险恶，玛丽的父亲仍对孩子们进行了爱国主义教育，玛丽很小的时候就能背诵波兰爱国诗人的诗篇。父亲也非常鼓励玛丽对学习的兴趣，他尽力地解答这个爱好数学与物理的小姑娘的种种好奇，为孩子们讲解大自然的奥妙。

玛丽幼年丧母，但是在父亲的努力下，儿时的她并未耽误学习。中学毕业后，她成了当地一名中学教师，24 岁那年，玛丽为了追求理想，只身前往法国的巴黎大学物理系深造。

勤奋刻苦的成长之路

在巴黎求学的日子艰苦但是很充实。玛丽在学校附近租了一个小小的顶层阁楼，当时小冰期[①]还没结束，巴黎的冬天很冷。她用的炉子也很小，并且经常缺煤，因此她的房间一点也不暖和，就连脸盆里的水都会在夜里结冰，她晚上睡觉只能把衣服全都压到被子上来取暖，做饭也只能用酒精灯简单地加热食物。为了支付学费，在巴黎独自一人的她还需要一边上学，一边打工。

即使生活困顿，玛丽把全部的精力都放在了学习上，自得其乐。她发现自己的学科基础比法国同学薄弱，于是，除了白天在课堂、实验室和图书馆中认真学习之外，晚上仍在阁楼里刻苦读书，常常学习到深夜。

刻苦的玛丽沉浸在知识海洋中，忘记了处在陌生大城

① 小冰期：从 15 世纪初持续到 20 世纪初的全球气温偏低的时期。

市中的孤独，在面对世界的奥秘时，她总是激动万分、兴奋不已。

1893 年，玛丽以全院第一名的成绩完成了物理学结业考试；第二年，以数学第二名的成绩获得了数学、物理学双学位。

1894 年春天，27 岁的玛丽为了解决留学费用问题，接受了一项关于钢铁磁性的研究任务。这是一项来自法国国家工业促进委员会的有偿科研任务。但是她在寻找合适的实验室时犯了难，经朋友介绍，她结识了皮埃尔·居里，这一问题得以解决。

当时，皮埃尔·居里已经获得了博士学位，是法国颇有名气的物理学家，他正在从事晶体压电现象的研究。

一年多的时间里，玛丽和皮埃尔从相识到相恋，在 1895 年 7 月，两人步入了婚姻的殿堂。玛丽·斯克洛多斯卡的名字冠上了丈夫的姓氏，从此以后，她叫玛丽·斯克洛多斯卡·居里，简称为玛丽·居里。她就是我们熟知的居里夫人。

研究

婚后两年，两人的大女儿伊蕾娜·居里出生了。夫妻俩尽可能合理地规划开支和时间，确保一方面把宝贵的时间用在科研工作上,另一方面尽可能地照顾好家庭。在周末，一家人会散步、郊游，缓解大脑的紧张。

此时此刻，这对人类科学史上最著名的夫妻，还不知道他们即将开始一段奇迹般的科研旅程。而这段旅程，将持续到他们生命的最后一刻。

1896 年，法国物理学家亨利·贝克勒尔发现了一个有趣的现象——他用黑纸严密地包裹住铀盐[1]，放在抽屉里。而放在铀盐下方的照相底片上，竟然出现了影像。

这里我们简单解释一下这个现象代表的意义。在数码相机出现之前，老式的胶片照相机是通过底片感光来捕捉影像的，底片上涂有对光很敏感的材料，当按下相机快门的时候，相机快门——其实也就是一个小孔——会打开，让外界的光线照到底片上，光的强弱分布会在底片上留下不同的印记——这其实就是照片。

---

① 铀盐：可以理解为一种含铀元素的化合物。

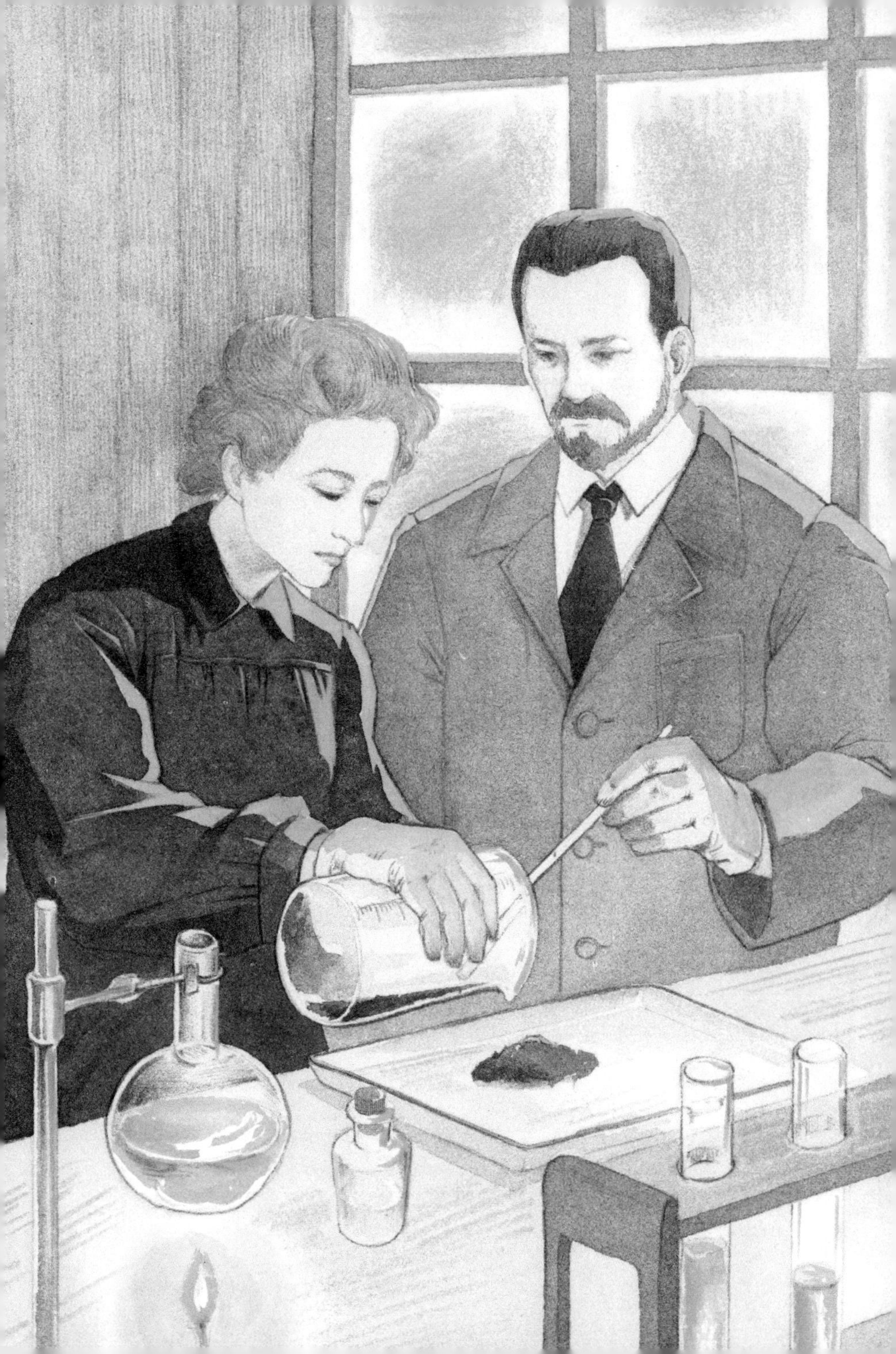

贝克勒尔抽屉里的底片意外地曝光了，意味着有“光”照射到了底片上。但是，抽屉里的底片是正常密封的，说明这种照到底片上的“光”穿透性很强，并且实验发现它能和X射线[1]一样使验电器放电。贝克勒尔认为：铀能够自发地放出一种性质独特的射线，这与铀这种物质有关。

这个新出现的课题引起了居里夫妇极大的兴趣。要研究一种新物质，首先需要精确测定其物理参数，铀放出的射线会在空气中引起分子内部的正负电荷分离，原本显现电中性的空气中会出现正负电荷，这被称作“电离现象”。而居里夫妇用灵敏度更高的验电器测量出了微弱的电荷。

这个实验显示了放射性物质的放射性可以被定量测量，并且利用测量的数据证实了这种放射性仅与里面包含的铀元素的量成正比，而与其他元素无关。

这里需要补充一点很基本的化学知识。

我们的世界有各种各样的物质，种类非常多，比如水、空气中的氧气、二氧化碳等，都是分子。而分子又是由原子组成的，原子的种类并不多，这些原子排列组合，形成了种类繁多的分子。铀原子也不例外，铀原子可以与其他

---

①X射线：由德国物理学家伦琴于1895年发现。这是一种可以穿透较薄的木板、书本、肌肉的射线，可以穿透肌肉，拍出骨骼的样子，用于医学诊断。

不同的原子形成多种多样的分子，但是居里夫人用实验证实了：放射性这种现象独属于拥有放射性的原子，而与原子所属的其他分子无关！

居里夫人又进一步研究了当时已知的其他元素，除了铀以外，她只发现了钍元素也能放出相似的射线，并且遵循的规律和铀一致。

由于发现并深入研究了“放射性”与放射性物质，玛丽·居里与丈夫皮埃尔·居里还有贝克勒尔三人共享了1903年的诺贝尔物理学奖[①]。

居里夫人并没有止步于此，她继续对放射性现象进行深入研究。在研究铀和钍的过程中，她发现了一些放射性异常强的矿物，名叫“沥青铀矿”。这些矿物中含铀和钍，但放射性却比高纯度的铀和钍还要强。玛丽·居里敏锐地意识到：这里一定是包含了比铀和钍放射性更强的物质，一种人们此前从未发现的物质！

经过了仔细的成分分析，这些矿物中并未发现除铀和钍以外的放射性元素，这是怎么回事呢？玛丽·居里大胆地假设：这里面包含了放射性极强的新元素，但是新元素

---

① 一般来说，诺贝尔奖都具有滞后性，在诺贝尔奖授予这项关于放射性研究的成果时，居里夫妇早在几年前已经完成了这项研究。

含量太低,以至于在之前的分析过程中没有发现它们。那么,要想找到这些隐蔽的小家伙，居里夫妇必须找来大量的沥青铀矿，然后对它们进行提纯，获得里面那少得可怜的强放射性物质。

这是一件极为艰苦并且繁重的工作，但是对科学的强烈热情和旺盛的求知欲让居里夫妇战胜了身体和心理上的双重困难，他们忍受着刺鼻的气味，忍受着冬季的刺骨寒冷与夏季的炎炎暑天，大量地提纯沥青铀矿。

终于，在 1898 年 7 月，玛丽·居里向世人宣布了一种新元素的存在。这位来自华沙的女孩用她饱经苦难的祖国的名字命名了这种元素——钋（Polorium， 与法语单词波兰 Pologne 的发音相似）。同年 12 月，她宣布了“镭”的存在。

发现两种新元素无疑是巨大的鼓舞，但是居里夫妇的头脑此时是很冷静的，他们并没有在已经获得的成就上过多停留，而是开始思考新的问题。

尽管发现了这两种元素的存在，但是极低的含量难以研究它们的性质，因此，要想深入探究关于钋和镭的更深层次的秘密,居里夫妇必须大量分离和提纯这两种新元素。

此前他们用来做提炼研究的铀沥青矿价格较高，实验经费已经不足以购买足量的矿石，他们只能想一个省钱的办法——低价购买大量的矿渣，从矿渣中提取剩余的镭和钋——这无疑大大地增加了工作量。并且处理这些矿渣需要较大的工作场地，以前的实验室并不足以解决这个问题，幸好他们所在的巴黎大学的校长准许他们使用一个废弃的木棚。居里夫妇就在这个夏天闷热、冬天阴冷的木棚里搭起了他们的提纯设备，夜以继日地工作。

无论是搬动那些沉重的矿渣，还是在反应容器里搅拌大量的沥青，都极为消耗体力。他们的工作环境充斥着粉尘和烟，在这样艰苦的环境中进行精密的提纯操作，其难度之高难以想象。居里夫妇为解决这一个又一个的问题，充分发挥了他们的聪明才智，并付出了巨大的努力。直到1902年，居里夫妇宣布他们获得了0.1克的纯净氯化镭，并测定了镭的光谱、原子量等一系列物理性质。

镭元素应用到了医学领域，癌细胞会被镭产生的射线杀死，这种疗法让人类在癌症面前拥有了一件有力的武器。法国人把这种基于镭的癌症治疗方法称为“居里疗法”。

有人建议居里夫妇把镭的提纯工艺申请专利并以此获取巨额的垄断收入。居里夫人拒绝了，她将这一宝贵的财富献给了全人类。

除了献出宝贵的镭提纯工艺，居里夫妇还捐赠了他们获得的诺贝尔奖奖金，尽管他们自己的生活并不十分宽裕。

1904 年，居里夫妇的二女儿艾娃出生了，他们在此之前的研究工作中透支了太多的精力，因此休养了一段时间。1906 年，正当居里夫妇准备向着下一座科学高峰发起冲锋时，一场飞来横祸降临到他们这个原本幸福的家庭——皮埃尔·居里先生因一场马车车祸失去了生命，那一年，玛丽·居里 39 岁，她失去了生命中最重要的人。

巨大的打击让居里夫人几乎崩溃，但是，强大的她还是逐渐把悲痛与思念放进行囊，背起皮埃尔和她的梦想与科学热情，再一次朝着大自然的秘密，坚定地走下去。

她一边照顾家中老少，一边继续她对镭的研究。1907 年，玛丽·居里对镭的原子量做出了更精确的测定。1910 年，她提炼出了纯净的单质金属镭，并对测量镭的方法进行了改进与研究，这极大地促进了镭的应用——应对癌症。但是她未能实现钋的提纯，她希望后人在掌握更先进的技术后能进行这一工作。

1910 年的放射学理事会上，居里夫人提议建立镭的标准，为科学研究与医疗技术服务，并且提纯了 20 毫克金属镭用作标准测定。在这次大会上，科学界为了纪念去世的皮埃尔·居里，将新的放射性单位命名为“居里”。

1911 年，玛丽·居里被授予诺贝尔化学奖，以表彰她在发现镭和钋以及在镭的提纯与研究的过程中所作出的巨大贡献。在诺贝尔奖历史上，至今只有四个人获得过两次诺贝尔奖，居里夫人是其中唯一的女性。

尾声

1914 年 6 月 28 日，奥匈帝国皇储斐迪南大公在萨拉热窝遇刺，引爆了帝国主义国家们积聚已久的矛盾，第一次世界大战爆发。居里夫人倡导用 X 射线来救治伤员，并亲赴前线，国际红十字会任命她领导放射学救护部。

其间，她亲自培训了部队医院的医生和护士使用 X 射线仪器来辅助诊断与治疗。在她的助手中，有她的大女儿伊蕾娜·居里。在 1935 年，大女儿伊蕾娜·居里与女婿约里奥·居里[①]因对人工放射性的研究获得了诺贝尔化学奖。

长期以来，居里夫人的研究都与放射性物质有关，并

① 大女儿叫伊雷娜·约里奥-居里，女婿叫让·弗雷德里克·约里奥-居里，女婿本来姓约里奥，但是夫妇二人为了纪念居里这个伟大的姓氏，采用了合姓的方式，他们的姓氏就变为了约里奥-居里。

且由于研究条件的限制与早期对放射性之于人体生理的影响认识不足，没有足够的防护，居里夫人的身体受到了严重的伤害，她因白血病于 1934 年 7 月 4 日与世长辞，享年 67 岁。此时距离波兰复国已经过去了 16 年。

5 年后的 1939 年 9 月，纳粹德国的入侵再一次把她的祖国波兰从地图上抹去。

在那一场世界大战之后，波兰将迎来解放，而一位与她有着深厚友谊的年轻后辈的一项研究，将彻底结束那场世界大战，为人类驱散法西斯的阴云。

天才的代名词阿尔伯特·爱因斯坦

求学之路

如果提到物理学家这个词，你第一个想到的人是谁？如果提到天才这个词，你第一个想到的又是谁？如果说到最高深的科学理论、最晦涩难懂的科学概念，你会想到哪位科学家的成果？

我想，很多人第一时间都会想到拥有一头乱蓬蓬的白发和一双深邃眼睛的老人——阿尔伯特·爱因斯坦。

1879年，阿尔伯特·爱因斯坦出生在一个德国的犹太裔工厂主家庭。小时候的爱因斯坦学说话比其他小孩晚，家人甚至担心“小阿尔伯特不太聪明”，但是每当母亲弹钢琴的时候，他都会认真地倾听。后来，爱因斯坦学习了小提琴，音乐陪伴了他一辈子。他沉迷于小提琴悠扬的乐曲创造的世界，十分享受一边拉琴、一边思考的过程。音乐让他放松心情，也带给他面对困难的勇气——这是他从音乐大师莫扎特身上学到的精神。

爱因斯坦喜欢音乐与阅读，对大自然充满了兴趣，然而彼时的德国，在中小学普遍实行军事化管理，爱因斯坦非常不喜欢这种氛围，在学校很难得到老师和同学们的喜爱。

1896 年，17 岁的爱因斯坦来到苏黎世联邦理工学院就读。他不喜欢大学的教学方式，有时候就不去上课，一个人读基尔霍夫、亥姆霍兹、赫兹等物理学家的著作。然而，爱因斯坦并不是那种逃避现实，把自己封闭起来，用虚假的努力麻痹自己的人，他非常清醒地知道自己该如何学习。他经常到实验室做实验，验证从课堂或者书本上学到的知识，或者与同学交流心得，加深对知识的理解。但是他应对考试仍然捉襟见肘，在同学的帮助下，他总算顺利通过了毕业考试，然而随后的求职过程，又给爱因斯坦泼了一盆冷水。

数学和物理教授都对他没有什么好印象。他的同学有的被留下来当助教，可他没有，并且他到其他高校求职也都遭到了拒绝。他不得不面对一个尴尬的情况：毕业，随即失业。

1902 年，大学毕业两年后的爱因斯坦，终于在朋友的推荐下进入了专利局工作。1904 年，他与大学同学米列娃结婚并有了孩子。20 世纪人类最伟大的几项科学发现，将由这位专利局的普通技术员在其入职后一年之内带来。

1905 年，这一年被后人称作“爱因斯坦奇迹年”，因为在这一年内，这位名不见经传的年轻人做出了四项科学发现，每一项从今天的角度看都至少是诺贝尔奖级别的，甚至有的贡献已经大到了无法用诺贝尔奖衡量的程度。

这一年里，爱因斯坦提出了光子学说，该学说成功解释了光电效应，让人类对光的认识迈入现代；他用分子动理论解释了布朗运动，证实了分子的存在，分子是物质的基本组成部分，是化学学科的基本研究对象；他完成了论文《论动体的电动力学》，在文中他提出了狭义相对论，人类对世界的认知从此完成了一次新的飞跃；这一年，他还提出了质能方程 $E=mc^2$，这条方程拉开了人类发现和使用核能的序幕。

奇迹之年

光子

还记得我们在讲到牛顿时，提到牛顿提出了光的微粒说吗？牛顿认为光是由粒子组成的，这样就可以很方便地解释光沿直线传播这一现象。

在牛顿之后，科学家们研究认为光是一种波，各种各样的干涉与衍射实验也都佐证了光是波这一事实。

当光通过非常狭窄的缝隙时，会发生衍射，此时的光不再严格地按照直线传播，而是会在窄缝后面散开，这是波的特有性质，光的波动学说逐渐兴起。

但是，德国物理学家赫兹在1887年发现了光电效应，这个实验无法用波动学说解释。他把两块金属板并排放置，并且用导线连接它们。当用光照射其中一块金属板时，竟然在导线中测到了电流！原本不连通的电路中出现了电流，这只能说明：在光的照射下，有一部分电子从一块金属板飞到了另一块金属板！

难道是光照射的能量让电子飞出去了？但光的波动说无法解释这一实验中的很多细节，因为在实验中，如果降低照射光的频率，当频率低于某一数值的时候，电流就会突然变为零，是否能检测到电流，只和光的频率有关，而与光有多强无关！

如果光是波的话，波的能量与振幅是相关的，增大光的强度理应让传递出去的能量变强，而使得电子更容易被击飞才对呀！并且，波的能量可以累积，应该是照射的时间越长，电子越容易飞出去，为什么实验中没有观察到这些现象呢？在几十年的时间里，没有人能够正确解释这一实验现象。

直到 1905 年，爱因斯坦提出了光子说，他认为把电子从金属板中打飞的是光子，光子的能量和频率有关，频率越大，单个光子的能量越高，这和牛顿的微粒说并不一样。

爱因斯坦的解释直接引出了光的波—粒二象性，也就是说，光既是波，又是粒子。这是人类对光的本质的认知的一次飞跃，这与 20 世纪量子力学的迅猛发展也有着非常紧密的联系。

布朗运动

1827 年，苏格兰植物学家布朗观察发现，水中的花粉或者其他悬浮的颗粒会不断地做不规则的运动，这种运动也被称作“布朗运动”。后来有科学家把布朗运动解释为分子运动，但是他给出的理论计算并不正确，直到爱因斯坦在 1905 年的论文里给出了正确的推演与计算。

他首先假设布朗运动是由于分子无规则的热运动碰撞了花粉，花粉的大小比分子大多了，它因为这种来自四面八方的无规则的碰撞也随之出现了随机的运动。尽管分子在随机运动，当数量足够多的时候，速度等属性会遵循一种统计规律，这种分子运动的统计规律也会使得被碰撞的花粉的运动符合某种统计规律。

爱因斯坦的论文正确地推演了这种规律，他推演出来的花粉应该符合的运动统计规律和实验观测的结果一致。

这说明，布朗运动这种看似无规则的运动，竟然是分子热运动的必然结果！尽管当时还没办法观测到分子，但是这个现象与推导可以说明分子是真实存在的！

爱因斯坦再一次向我们展示了物理理论推导与计算在科研过程中的强大作用。

狭义相对论

相对论可谓是爱因斯坦的代表性成果。相对论分狭义相对论和广义相对论，狭义相对论讨论了时间和空间的关系，广义相对论则进一步讨论了引力对时空的影响（时空弯曲），我们也会在后文讲到。

相对论的出现，完全颠覆了人们从古代开始的直观、朴素的时空观念。人们旧有的观念认为，空间就是一个平坦的盒子，这个盒子有三个维度（可以简单理解为长、宽、高），而时间是一条缓缓流动的河流，永远都平静地匀速流淌着，无论在空间中的什么位置，时间的流逝快慢都没有任何区别。这种关于时间和空间的认知观念，叫作“牛顿时空观”，是基于牛顿力学的时空观念。

那么，既然时间和空间是相对独立的，这就很自然地引出了一个相对运动的概念：坐火车的时候，我们看到铁道边的树不断地后退，其实就是你相对树向前运动的时候，树相对你向后运动了。

再考虑这样一个场景：你站在一列长度为 1000 米的火车的车尾，火车车速是 100 千米每小时，你走路的速度是 1000 米每小时，火车向前开的同时，你朝着车头的方向走，这时候，你相对地面的速度就是 101 千米每小时[①]。

所以说，我们讨论速度这个概念时，必须要讲以谁为参照物[②]。就像这个人在火车上步行的例子中，如果是以火车为参照物，那么人的速度是 1000 米每小时，如果换成以地面为参照物，那就是 101 千米每小时；地面上的树，相对地面的速度是零，相对火车的速度则是向后的 100 千米每小时。

---

① 不难发现，一小时后，你出现在了火车车头，你相对地面移动的距离是火车移动的 100 千米加上车长度的 1000 米。

② 参照物：更专业的名字叫参考系。

Albert Einstein

我们前面提到过，麦克斯韦使用麦克斯韦方程组推导出了光是一种电磁波，并且推导出了电磁波的波速，也就是光速。他推导出光速是个常数[①]，是一个不变的量[②]！那么，这个光速的参照物究竟是谁呢？

有人提出，光速的参照物是“以太”。这种东西充斥着所有空间，完全透明，它没有质量，绝对静止。这种解释现在看起来显然很苍白，因为没有实验能证实“以太”的存在。

1887年，物理学家阿尔伯特·亚伯拉罕·迈克尔逊和爱德华·莫雷试图寻找“以太”存在的证据。既然麦克斯韦方程组中推导出的光速是光相对“以太”的速度，那么我们只需要制造一个相对“以太”运动的参照物，去测量光相对这个参照物的速度，看看有没有变化，如果有，就可以证实这个参照物真的相对“绝对静止的以太”运动了。但是，这个相对运动的参照物，该怎么找呢？难道借助火车吗？当时的一列蒸汽机车车速也就几十千米每小时，而光速有30万千米每秒！巨大的差异会使得光速这细微的变化根本难以测量。后来，这两位科学家找到了一个绝佳的

---

① 常数：数学名词，指规定的数量与数字，如圆的周长和直径的比 π。

② 真空中的光速由真空中电场和磁场的性质相关的两个常数计算得来。

运动参照物——那就是地球自己。

地球一直在自转，地球表面由于自转产生的速度可以达到每秒 400 米，这比一切火车都要快得多，他们还制造了一种可以精确测量出光速变化的仪器——迈克尔逊干涉仪。他们用这台仪器测量了沿地球自转方向，和垂直于地球自转方向的光速，它们没有任何区别！这个实验结果深深地震撼了科学界，但是人们无法从理论上解释这个实验。

1900 年，英国物理学家威廉·汤姆生在英国皇家学会的演讲中，回顾物理学的发展时，讲道："物理学的大厦已经落成，所剩下的仅有一些修修补补的工作……只有两朵小小的乌云令人不安。"

汤姆生讲到的"两朵小小的乌云"，其一就是迈克尔逊-莫雷实验，该实验的结果与原有的牛顿理论不符；其二就是黑体辐射实验，其实验结果与现有的热力学理论不符。后来，这两朵乌云引出了 20 世纪人类在科学领域最重大的两项突破——相对论和量子力学。

爱因斯坦并没有拘泥于牛顿力学的理论框架，而是大胆假设：是否光速本来就是一个与参照物无关的量？他以这一论断为基本假设，做出了推演，得出了一系列颠覆人们直观感受的结论，后续的实验也证实了爱因斯坦是对的。

当光速不变时，时间、空间就不再是相互独立、互不影响的事物，而是相互影响的。在快速运动的物体上，时间会变慢，测量到的长度也会变化。随着速度不同，这些看似永恒不变的东西都会发生变化。

爱因斯坦的相对论，彻底打破了统治人类物理世界数百年的牛顿时空观，从此，人类对时空的认识进入到相对论时空观的时代。

质能方程

在狭义相对论中，爱因斯坦对速度、时间关系继续推导：既然他遵循的规律改变了，那么推动物体加速时，力、质量、速度之间的关系也会变化。他计算发现，随着物体速度的增大，物体的质量也会变大，速度又和能量有关。最终经过一系列复杂的推演，他得出了一个很简洁的公式：

$$E=mc^2$$

经过了纷繁复杂的推导，最终的科学规律以这样美丽简洁的形式呈现出来。这个被人们称为“人类历史上最美的物理公式”，将以一种人类难以想象的方式，永久地改写了历史的走向。

E 是能量，m 是质量，c 是光速。因为光速是常数，所以这个公式表明质量和能量是可以相互转化的；又因为光速这个常数非常大（$c=3\times10^8$m/s，这个数字写出来有八个零），所以，只要有很少一点的质量参与转化，都会释放出巨大的能量。

自然界中存在质量消失的现象，但是并不是我们肉眼可以看到的，而是发生在极其微观的尺度——原子核上。

原子组成分子，进而组成我们这个世界。原子内部有一个很小的原子核，集中原子大部分的质量，原子核外有质量很小的电子。原子核也并不是一成不变的，人们把原子核发生的变化称作“核反应”。例如，铀原子核就会发生衰变，它会变成一大一小两部分，小的那部分被称作“α 粒子[①]”，大的那部分就是一个比铀更小的新原子核。

新生成的这两部分的总质量会小于原来的原子核，尽管质量只减少了很小一部分，也足以释放出携带巨大能量的射线，这种射线就是我们在讲到居里夫人时提到的造成她患上白血病的元凶。

除了衰变以外，原子核还会发生裂变和聚变。裂变就

---

① 除了产生 α 粒子的 α 衰变以外，还有产生 β 粒子的 β 衰变。

是铀、钍、钚等质量非常大的原子核分裂成几个原子核。新产生的原子核的总质量小于原来的重核的质量，亏损的质量会释放出巨大的能量。这种能量，可以用来制造武器。

再攀高峰

在 1905 奇迹年之后，爱因斯坦没有停下他探索世界奥秘的脚步。在提出狭义相对论以后，他认为狭义相对论的理论还不够完美。第一，狭义相对论仍然无法定义“惯性参照系”；第二，狭义相对论尽管联通了时间和空间的关系，但无法把经典力学中万有引力的部分纳入理论体系，力学理论并没有完成全面的更新。

在 1907 年时，他在论文中提到了“等效原理”，即一个观察者无法确定自己是身处一个引力场中，还是身处一个加速运动的空间中。爱因斯坦提出了著名的“封闭箱”模型，这一点我们在生活中也能观察到。

如果你坐在车上，车加速启动，这时候你会感觉自己被“压”在了椅背上，其实这一力学现象，和你背后出现了一个万有引力源是一样的。

假设你并不是身处在公路上行驶的汽车，而是身处一艘太空中的宇宙飞船，并且飞船的窗户全部封闭起来，原本你是失重的，在飞船里自由地飘着，这时候你突然感觉自己被“压”在了椅背上。如果不给你看飞船的仪表，你并不能区分自己这种感觉究竟是来源于飞船突然加速，还是飞船后方有一个星球吸引着你。

在 1915 年和 1916 年的论文中，爱因斯坦逐步解决了广义相对论中的基本问题，并且提出“广义相对论”这个名字。

在广义相对论中，爱因斯坦把万有引力解释为时空弯曲。至此，人类历史上第一个把时间、空间、物质、能量等内容全部连通的物理学理论诞生了。

相对论是符合麦克斯韦的电磁理论的（并不会像经典力学那样产生关于光速的悖论），它让人类的物理学理论朝着统一的路又迈出了一大步。

爱因斯坦自己也高度评价了广义相对论，他说：“就算我不发表狭义相对论，5 年内也会有人研究出来，但如果我不发表广义相对论，50 年之内也不会有人发表。”

他并没有夸张，狭义相对论的出现借助了当时大量科学家的研究成果，并且洛伦兹等科学家的成果已经比较接近狭义相对论，但是广义相对论非常超前，爱因斯坦的贡献是前无古人的。

可惜当时的科学界仍被旧的思想观念束缚，对爱因斯坦提出的如此新颖的理论与概念仍然带有一些质疑。1922年，瑞典皇家科学院在授予爱因斯坦诺贝尔物理学奖时，给出的颁奖理由是“由于他提出了光电效应方程，以及其他对物理学理论的贡献”，却未提及相对论[①]。

也许你会疑惑，相对论的内容如此晦涩，它究竟有什么用呢？其实，这个理论并不仅仅是在科学认知上让人类向前推进了一大步，在生产生活中，也起到了很大的作用。

我们前文说过，根据狭义相对论，高速运动的参照物上测量的时间会有所变化，而依据广义相对论，引力会弯曲时空。这种影响在我们身边的低速度、引力变化不大的场景下，会非常微弱，用牛顿力学足以解决我们身边的问题，但是那些在天上运行的人造卫星，它们因为速度和引力变化引发的技术问题就需要使用相对论来进行修正。

飞机、轮船、车辆使用的导航，是依据卫星（北斗导航卫星、GPS 导航卫星等）发射的信号来进行定位的。每个导航卫星时速上万千米，由于狭义相对论效应，卫星上搭载的原子钟每天比地球上的钟慢 7 微秒。另一方面，导

① 这也是因为当时还没有足够的实验证据可以证实相对论。

航卫星位于距离地面大约 20000 千米的太空中，卫星上的原子钟和在地球表面的原子钟受到的万有引力大小有较大差异，这使得卫星上的时钟每天要快几十微秒。二者综合后，卫星上的原子钟每天都会快几十微秒。一微秒是一秒的一千分之一，这个差异看似非常细微，但如果不加以修正，它带来的定位误差每天都会累积 10 千米，这将酿成难以想象的灾难。

战争与和平

就在爱因斯坦沉浸于思考广义相对论的时候，一位热爱绘画的奥地利青年在维也纳被艺术学院两度拒绝，正过着窘迫的生活。后来，青年迁居德国慕尼黑，并以一名士兵的身份参加了第一次世界大战，还获得了一枚“一级铁十字勋章”。爱因斯坦并不知道，这个名叫阿道夫·希特勒的失意青年会在 20 年后成为德国的最高统治者，并发动一场人类历史上最血腥、最惨烈的战争，在这场战争中，爱因斯坦和他的数百万犹太人同胞的命运被彻底改变。

爱因斯坦一生都热爱和平，反对战争。

1927 年，他在法国作家巴比塞起草的反法西斯宣言上签名。后来，他又对国际联盟在改善国际关系方面不作为的表现提出抗议，此时的他，早已是名满天下的物理学家。

1931 年 11 月，九一八事变爆发后的两个月，他号召世界各国对日本实施经济封锁，以制止其对中国的军事侵略。

1932 年，由于纳粹德国的迫害，爱因斯坦移民美国。

1939 年，爱因斯坦与其他科学家一起致信美国总统富兰克林·罗斯福，建议美国抓紧进行原子能方面的科学研究，以避免法西斯首先掌握核武器，这直接促成了后来的“曼哈顿计划”。

我们前面讲过，有一些原子核可以发生裂变，并且在短时间内释放大量能量，这其实就是原子弹。

将铀 235① 从天然铀矿中提取并富集，这些提取出的高纯度浓缩铀被称作“核燃料”，当足量的核燃料聚在一起，就会释放出巨大的能量，带来一次威力远超当时任何武器的爆炸，这就是原子弹的原理。

在“曼哈顿计划”中，美国聚集来自各国的科学家、工程师、技术工人，进行秘密研究，终于抢在德国和日本的前面制造出了原子弹。

1945 年 8 月 6 日，代号为“小男孩”的原子弹在日本

---

① 铀 235：一种铀的同位素。

广岛引爆，城市在顷刻之间化为焦土。三天后，代号为“胖子”的原子弹被投向日本长崎。1945年8月15日，日本宣布无条件投降,之后世界人民赢得了反法西斯战争的胜利。[1]

原子弹为战争的胜利立下大功，但是见到了其恐怖威力之后，爱因斯坦开始担心这种武器是否会被滥用。

1950年2月，他公开发表电视演讲，反对美国制造氢弹[2]。他签署了《罗素-爱因斯坦宣言》，宣言对核武器带来的危险深表忧虑，并呼吁世界各国领导人通过和平方式解决国际冲突。

爱因斯坦警告世人：“我不知道第三次世界大战会使用什么武器，但是第四次一定是用棍棒和石块。”

他认为，如果人类不警惕核战争的风险，未来发生的核大战可能会让人类回到原始社会。

核武器的威力十分恐怖，也带来了一个副产品——大规模战争的破坏性大幅增加，任何战争发动者都无法承担这一后果。“战争是政治的延续”，但是足以毁灭全人类的战争将使得一切政治目标都没有意义。

---

① 原子弹加速了反法西斯战争的胜利，但并非决定性因素，即使没有原子弹，日本也是必败之局。

② 氢弹：核武器的一种，威力远比原子弹大。

二战后，各大国相继都掌握了核武器，这也使得大国之间发生像二战这样的全面战争的可能性在客观上降低了。

1955 年，爱因斯坦被确诊患有主动脉瘤，在睡梦中，他因主动脉瘤破裂产生的脑出血逝世，享年 76 岁。

遵照他的遗嘱，他死后没有举行葬礼，没有留下坟墓、纪念碑，遗体被火化了，骨灰撒在永远保密的地方，其目的是不令埋葬他的地方成为圣地。

这位人类近代史上最伟大的科学家安静地离开了，他的身后，留下了一片更广阔的宇宙。

“顽皮”的科学家理查德·费曼

顽童

1918 年，理查德·费曼出生于纽约，尽管他和我们这个系列中讲过的伽利略、牛顿、爱因斯坦等伟人相比没有那么耀眼，但他绝对是这个系列里人生最有趣的一位科学家。这一切，从他还是个孩童的时候，就已经显现出来了。

费曼有个比他小 9 岁的妹妹——琼，妹妹后来也成了一位物理学家。父母对这两兄妹的教育非常用心，在他们很小的时候就买来一些不同色彩的瓷砖块，陪着孩子们一起探索，培养孩子对形状和数量的认知。

在费曼小时候，父亲就锻炼他的思考能力，他问小费曼：“假如外星人来到了地球，他们一定会疑惑于地球上的各种现象，当他们问你为什么的时候，你该怎样解答呢？比如，人们为什么要在夜晚睡觉？”其实，父亲的这种锻炼思维的方式是很棒的，这会让孩子们避免用简单的“自然而然”

来解释身边的现象，而是去思考现象背后的原因。

在阅读之前的章节的时候，也许你已经发现，很多科学家的研究成果，都是因为他们对生活中或者是科学实验中的物理现象深入思考，而后发现了现有理论的缺陷，进而得出新的科学理论并进行解释，从而让科学理论得到发展进步的。也许我们在学生时代还没有研究新理论的知识与能力，但是我们在学习知识的时候，如果能多问自己几个为什么，知其然，更知其所以然，就会更牢固地掌握知识的内容。

费曼长大一些后，就喜欢亲手制作自己的“小玩具”。他从旧货市场上淘来一些小灯泡和蓄电池，把灯泡钉在木板上，那时候的他已经学习了串联与并联电路，知道了不同连接方式对电流的影响，他就用这些小灯泡来做实验观察。他还把一根旧的保险丝并联在小灯泡旁边，通上电，等着保险丝熔断，在保险丝熔断后，通过灯泡的电流会大幅增加，点亮灯泡。当放在糖果包装纸后面的灯泡亮起来的时候，整张包装纸看上去就会呈现出一大片红光，一旁的小费曼就感到无比快乐。

小费曼弄来了一台小型收音机，晚上会戴着耳机躺在床上，边睡边听，爸妈晚上会到他的房间，把他的耳机摘下来。后来，小费曼想预先知道爸妈的到来，便做了个类似门铃的东西：用电线把蓄电池和一个电铃连接，当父母推开房门，打开的门会把开关闭合，接通的电路会让电铃响起。一天晚上，父母回家很晚，害怕吵醒小费曼，他们小心翼翼地打开房门，此举却接通了电铃，突然铃声大作，小费曼从床上一跃而起，高兴地大叫："成功啦！成功啦！"

小费曼还发现当他把耳机接到扬声器上的时候，如果用手触碰扬声器，耳机中可以听到触碰的声音，其实这是由于触碰的振动被传播了，因此，扬声器可以当作麦克风使用，如果再从旧收音机上拆下来一只扬声器，他就可以用线接通楼上楼下，双向播音。

后来学校讲到贝尔[①]的故事，他回想起来，才发现那就是贝尔使用的电话。于是，他在楼上对着麦克风播音，学着 3 岁的妹妹最喜欢的广播节目里面的声音逗妹妹开心。他还会买来一些二手收音机，其中的大部分都已经损坏了，他设法将它们修好。那些收音机损坏的原因并不复杂，一般都是电线没接好或者线圈损坏，对于当时动手能力很强的费曼来说并非难事，当他从修好的收音机里听到来自远方的广播时，难掩内心的喜悦。

---

① 贝尔：电话的发明者。

之后，甚至有人专门请他去修理收音机，因为当时美国已经进入经济大萧条时期，人们没有太多的余钱去修理收音机，而费曼收费低廉。

在不断的锻炼中，费曼的手艺越发高超，实验能力越来越强。他买了一个电流表，经过计算以后，给它接上不同粗细的铜线而改成一个电压表，修理收音机就更加得心应手。

挚爱

1935 年，17 岁的费曼考上了麻省理工学院，先学习数学，而后攻读物理，幼年时在他心中种下的对科学的向往逐渐生根发芽，蓬勃生长。

四年后，费曼本科毕业，毕业论文发表在了著名期刊《物理评论》上。之后他到普林斯顿大学攻读博士学位，并于 1942 年 6 月获得理论物理学博士学位。

费曼与艾琳·格林鲍姆从青年时期开始相恋，在交往 6 年后，他们正式订婚。

在费曼前往普林斯顿的时候，艾琳持续地低烧并感到乏力，后被诊断为结核病。那个时候结核病几乎是绝症，

费曼的父母反对他们结婚,他们担心费曼也会染上结核病,但是费曼并没有接受他们的提议，坚持与艾琳完婚，他认为应该照顾好自己的爱人。

1942 年，博士毕业的费曼加入了美国原子弹理论研究小组，而后加入秘密研究原子弹的“曼哈顿计划”。这一年的 6 月，费曼找了一辆轿车，在车里摆上一张床，用这辆简陋的救护车载着艾琳去医院,在路上,他们完成了婚礼。这时候的费曼已经忙于原子弹的研究工作，但是他仍然竭尽心力地照顾妻子。从结婚那天直到去世，艾琳都一直躺在医院休养。

由于原子弹计划的保密性，在这期间，艾琳见到自己的丈夫愈加憔悴，只能抚摸着他那因沉重的工作压力、紧张的工作进度而变得瘦削的面庞。艾琳曾多次询问费曼的工作情况，费曼都支支吾吾地搪塞过去，直到妻子去世，他都没对妻子说出自己的工作内容。

在不能前往医院看望妻子的工作日，费曼通过信件与妻子交流，但是负责保密工作的人会对信件进行比较严格的审查，这对夫妻还用他们那特有的机智与幽默设计了一套专属于他们两人的密码。

1945 年 6 月 16 日，艾琳在与费曼度过三年婚姻生活后去世了，费曼陪伴她到了生命的最后一刻。

后来费曼回忆当时的状态，只记得自己非常“麻木”，那也许是人陷入极度悲伤的表现，巨大的悲痛让大脑用“麻木”来保护自己。直到几周以后，费曼路过一家商店，看到橱窗里的连衣裙，他想到艾琳如果穿上一定很好看，泪水才瞬间夺眶而出。

尽管面临着巨大的工作压力，以及生活的万般悲痛，费曼依旧保持着他的顽童本色。

1945 年 7 月 15 日，人类历史上第一颗原子弹在美国新墨西哥州的沙漠里试爆，由于原子弹爆炸会产生强光，每一个在场的工作人员都配发了墨镜。然而费曼在心里计算了距离，他认为哪怕摘下墨镜，只靠汽车的挡风玻璃，也足以避免让自己的眼睛受伤，于是在蘑菇云腾起的时候，他摘下了墨镜，成了截至目前人类历史上唯一一位用肉眼观察了原子弹爆炸的科学家。

费曼终究是一位乐观的人，随着时光消逝，他渐渐从悲痛中走出来，将更大的热情投入到工作之中。1960 年费曼再婚，两年后儿子出生，后来夫妇俩又收养了一个女儿。

大师

在 1949 年，费曼发表了文章《正电子理论》和《量子电动力学的时空探讨》。他研究了电子与光子的相互作用，他提出了费曼图、费曼路径积分、费曼规则等研究工具，这些一直都是量子电动力学的基本研究手段和现代理论物理学家的常用工具。也正是在该领域作出的贡献以及提出的方法论，费曼在 1965 年获得了诺贝尔物理学奖。

1951 年，费曼来到加州理工学院，在这里，他给学生们做了一系列讲座，费曼对知识的讲解深入浅出、风趣幽默，让他非常受欢迎。后来，加州理工学院将这一系列讲座的内容编纂成书，出版了《费曼物理学讲义》。这本书成了大学物理教育领域的经典之作，与苏联物理学家列夫·达维多维奇·朗道所著的十卷本《理论物理学教程》并称为 20 世纪物理教学最重要的两套著作。

相比之下，《费曼物理学讲义》的讲解更加轻松，对初学者更加友好，而朗道的《理论物理学教程》总结性更强，适合有一定基础的人。

1986 年 1 月 28 日，美国挑战者号航天飞机准备升空执行它的第十次飞行任务，航天飞机是美国在美苏争霸期间大规模太空开发活动中研制的新装备，由于航天飞机每次在太空执行任务以后可以像飞机那样降落然后回收，美国人认为这会比每次发射就得丢弃的火箭更加节省成本，于是就大力发展航天飞机。

升空的挑战者号

在挑战者号升空后50秒钟时，地面曾有人发现航天飞机的固体推进器冒出一丝黑烟，但这个现象没有引起人们的重视，73秒，航天飞机爆炸，七名宇航员全部罹难。

事后，美国政府成立专门调查此事的总统委员会，费曼作为权威科学家也加入了委员会，着手调查事故原因。面对巨大的公众舆论压力，费曼没有浪费一秒钟，他深入一线，直接到设计、制造人员以及发射航天飞机的操作员那里去了解情况，他认为这样获得的第一手资料比坐在办公室里翻阅提交来的报告与会议记录更加可靠。

他判断航天飞机失事最核心的原因是一个封闭助推燃料舱的“O”形橡胶环因低温发生了老化，发射时正值冬季，发射场当天的气温低至零摄氏度以下，原本富有弹性的橡胶环在低温下失去了弹性，在剧烈的振动下无法再密封燃料舱，当航天飞机升高到16000多米的高空时，燃料箱爆炸，整个航天飞机被炸得粉碎。

在调查会议上，其他调查人员拿着繁琐复杂的数据资料讲述爆炸的原因之后，轮到了费曼发言。他只是要来了一杯冰水，然后从口袋里拿出一个尖嘴钳和一个跟航天飞机上相同型号的“O”形橡胶环，他用钳子夹住环，放入冰水，几分钟后，他把因低温已经失去弹性的橡胶环取出，向所有人展示了低温老化状态下的橡胶环是多么的脆弱。他说：“当天发射场寒冷的天气导致橡胶环因低温而难以膨胀，进而导致燃料箱泄露，这就是事故的原因。”

这位伟大的物理学家、物理学教育家，像在他的课堂上那样，用一个简单而优雅的实验，让人们直观地明白了事故的原因。

晚年的费曼深深着迷于艺术，他热爱绘画，并且取得了不俗的艺术造诣。他还热衷于音乐，经常快乐地击打着他的手鼓，尽管他有时会调侃自己唱歌跑调。在他的世界里，艺术与科学一样美丽且迷人。

1978年，费曼罹患癌症，但是乐观的他并没有被病魔吓倒，在抗癌的道路上接受了数次手术，也没能磨灭他对生活的热情。1986年参与挑战者号航天飞机事故调查的时候，已经是他生命的最后几个年头了。

1988 年 2 月 15 日，与癌症战斗了十年的费曼于洛杉矶病逝，享年 69 岁。他给世人留下的最后一句话是：“死去的过程真无聊啊！”

这种随性洒脱的人生态度几乎是费曼一生的写照，也许这位老人即将离去的时候，心里住着的仍然是那个会把电铃的线接到门上当门铃，把两个扬声器接起来、在楼上假扮广播员逗妹妹开心的小男孩。

走向未来的杨振宁

乱世

1922 年，杨振宁出生于安徽合肥，他的父亲是中国近代著名的数学家、数学教育家——杨武之。在他不到 1 岁的时候，父亲获得了安徽省的公费留学资格，只身赴美留学，在美国获得了学士、硕士和博士学位。他的父亲在博士期间便开始数论研究，直到 1928 年回国。

杨振宁的母亲文化水平并不高，但她深知教育的重要性，在杨振宁 4 岁的时候便开始教他识字。一年时间里杨振宁就学会了 3000 个字，可以阅读书籍，这更方便他在知识的海洋里遨游。

1929 年，杨武之受聘于清华大学，举家搬迁至北平。不幸的是，乱世并不允许人们拥有平静的生活。

1931 年，九一八事变后日本入侵东北，张学良带着东北军撤到关内[①]，日本人在侵吞整个东北后野心愈发膨胀，把目光投向了华北。

1937 年 7 月 7 日夜，驻扎在卢沟桥的日军在未通知中方的情况下，举行所谓的军事演习，并诡称有士兵失踪，要求进入北平西南的宛平县城搜查，被中国守军严词拒绝。日军随后发动进攻，震惊中外的卢沟桥事变爆发，日本全面侵华。北平已经不再安全，杨振宁随家人返回合肥。日本的侵略不断扩大，在中华大地上，日军所到之处都留下禽兽暴行。1938 年，杨振宁全家向西南逃难，直至昆明。

在卢沟桥事变后，也有一群人，他们带着文化的火种，带着中华民族的学脉在战火中的希望，走上了一条辗转南迁的长路。1937 年 7 月底，南开大学的校舍在日军轰炸中被焚毁，8 月底，国民政府教育部致函北京大学、清华大学、南开大学的校长，指定三校在长沙合并组成长沙临时大学。

1937 年 8 月 13 日开始，淞沪会战打响，中日双方投入百万大军在上海及周边一带激烈战斗，持续约三个月。日本军国主义者在战争前“三个月灭亡中国”的痴心妄想彻底被打破。人们逐渐意识到，抗日战争将是一场持久战，社会各界都需要做好长期作战的准备。

---

① 关内：山海关以南的华北地区。

1938 年 1 月，长沙临时大学决定西迁昆明，2 月开始搬迁，让知识的火苗在大后方永不熄灭。由于战时交通困难，只有一部分体弱的同学可以坐车，有一部分同学几乎是徒步从长沙穿越湖南、贵州、云南三省，走到昆明。他们的足迹踏遍饱经战火摧残的国土，他们见到苦难中的人民，他们看到自己的祖国因不够强大而受尽欺凌。刻苦努力，报效祖国的决心，早已在他们心中生根发芽。

杨振宁在抵达昆明后，就读昆华中学高中二年级。1938 年秋天，高二的他参加招生考试，被西南联大录取，就读于物理系。这个乱世中知识的诺亚方舟，将迎来一位伟大的传承者、开拓者。

在西南联大，吴大猷、王竹溪先后教过杨振宁，这二位都是中国物理学与物理学教育领域的大师。杨振宁在这里打下了良好的基础，物理学的大门正在向他逐渐打开。尽管战争导致物资匮乏，学校条件极其简陋，昆明还经常会遭到日军空袭，杨振宁依然不惧困难，努力吸收一切知识。1944 年，他毕业于西南联大，拿到硕士学位。

1945 年 8 月 15 日，日本无条件投降，从 1931 年开始持续 14 年的抗日战争以我们的胜利而告终。西南联大的同学们也在次年终于回到他们在平津的校园，不必再时常因为空袭而躲入防空洞。1945 年，杨振宁获得了赴美留学的机会，前往芝加哥大学深造。

游子

起初，杨振宁想做一些实验方面的研究，但是他在动手能力方面天赋不佳，实验进行得很不顺利，有时还会不慎发生爆炸。他的同学们时常调侃说：“哪里有爆炸，哪里就有杨振宁。”后来，经理论物理学家爱德华·泰勒的点拨，杨振宁转而研究理论物理，从此他找到了属于自己的那条大道。

杨振宁与费米、米尔斯、李政道等科学家展开合作，连续做出了多项科学史上突破性的理论发现。

之前我们讲过的重要的理论物理学家——牛顿、麦克斯韦、爱因斯坦，均在物理学的各个方面为统一各分支作出了突出贡献：牛顿统一了天上和地上的物体的运动规律，麦克斯韦统一了电和磁的物理规律，爱因斯坦用狭义相对论解决了光速在原有理论框架下的矛盾，又用广义相对论把引力与时空关系统一起来。

随着人们的研究逐渐深入到微观粒子，人们又发现了新的基本相互作用——强相互作用与弱相互作用。它们的作用范围仅存在于微观世界，强相互作用出现在原子核内部，是质子与中子之间的相互作用，而弱相互作用只作用于电子、夸克、中微子等粒子。两种新的基本相互作用，使理论物理学家们遭遇了新的问题与挑战。

1954 年，杨振宁和米尔斯两人提出了杨 - 米尔斯理论，为人们研究强相互作用打下了基础。1956 年，杨振宁与李政道提出弱相互作用下宇称不守恒，并在后来被著名华裔女性物理学家吴健雄用实验验证，该理论获得了 1957 年的诺贝尔物理学奖。

一般来说，诺贝尔奖的授予都会有比较长的时间滞后，一个理论可能在提出后几十年才拿到诺贝尔奖，但是杨振宁和李政道的这一发现第二年便斩获诺贝尔奖，足以见到科学界对他的理论贡献的重视。

事实上，杨振宁一生的科学贡献远不止这一个诺贝尔奖可以涵盖。科学界一般认为他作出的贡献中，达到诺贝尔奖级别的科学发现共有 13 项之多，分别涉及统计力学、凝聚态物理、粒子物理、场论等方向。杨振宁几乎引领了整个 20 世纪下半叶理论物理学的发展，他是人类历史上最顶尖的科学家之一。

如果我们把人类对物理世界的认知突破按时间顺序排列成一个线索的话，在这条时间线上应该有四位物理学家：牛顿、麦克斯韦、爱因斯坦、杨振宁。

他们每个人都在各自的时代完成了对物理规律的总结与突破，并带领人类走向更浩渺的宇宙。

杨振宁身居海外，无时无刻地关注着祖国，听到新中国成立，人民迎来解放，打赢抗美援朝，开展工业化建设……日益强大的祖国让杨振宁激动不已。他要抓住这个中美关系正常化的历史性机会，完成游子归家的愿望。杨振宁在报纸上看到美国不再将中国列为禁止前往的国家，他立刻给父亲杨武之写信，希望回家探望。杨武之将此事上报，受到中央高度重视，中央向杨武之表达了对杨振宁回国探亲的欢迎。

1971 年 7 月 19 日，杨振宁踏上了飞往上海的飞机，当飞行员说出“您已进入中国领空”时，他激动的心情无以言表，这位游子终于在阔别 26 年之后再一次踏上了祖国的土地。这一次，他在中国停留了大约一个月。他的日程被安排得满满的。杨振宁除了陪侍重病住院的父亲，也抽出时间访问了复旦大学、中科院生物化学所、北京大学、清华大学、中科院原子能所等，还见到了好友邓稼先和大学同窗黄昆，拜访了老师吴有训、王竹溪等人。1973年7月17日，毛主席会见杨振宁，亲切谈话一个多小时，次日的《人民日报》用头版头条报道了此次会见。同年7月28日，周恩来总理在人民大会堂会见了杨振宁并设宴款待，整个会见前后近5个小时，周总理与杨振宁相谈甚欢。终于回到家乡的杨振宁深切感受到了祖国的热情。

回到美国后，他多次公开演讲介绍新中国的建设成就，为推动中美两国之间的了解和交流作出了巨大贡献。

后来，杨振宁还利用各种机会，在北美、欧洲、拉美、亚洲其他国家演讲，向世界介绍新中国的情况，促进各国与中国的沟通。当时的杨振宁，在物理学领域的巨大成就已经让他成为继爱因斯坦之后最伟大的物理学家，他的正面宣传效应我们可想而知。

彼时在海外漂泊，每日思念祖国的华人、华侨不止杨振宁一人。杨振宁向华侨们介绍这次旅行的见闻，介绍新中国的建设成果，在海外华人、华侨当中引起巨大反响。

新中国成立后，在美苏冷战的大背景下，整个西方世界对社会主义阵营都充满了敌意，麦卡锡主义盛行于美国社会，把反共当成头号任务，大量左派人士被指为共产党且遭到加害。到了杨振宁中国之行的时候，中美关系开始正常化，很多美国华人对新中国还不够了解，听到杨振宁讲述自己的经历与见闻后，大批华裔学者逐渐消除了顾虑，纷纷申请回国探亲、访问、旅游。著名华人力学家、数学家林家翘率领学者访问团来到中国，受到毛主席和周总理的热情接见。林家翘对记者说，他们都是受了杨振宁回国的启示和鼓舞决定到新中国访问，回到祖国，探望家乡。

1971 年，杨振宁还参与了保卫钓鱼岛的社会运动，他穿梭在各个大学之间，展开演讲，以不屈不挠的精神影响了很多中国学生。

数十年内，杨振宁为中国科学家与海外的交流合作立下汗马功劳，对中国的科学发展作出巨大贡献。这些交流合作影响极为深远。

回家

2003 年底，杨振宁回到清华大学任教，定居中国，这位人类最伟大的物理学家，彻底回到了他的祖国。2015 年，杨振宁放弃美国国籍，加入中国籍。

1957 年，杨振宁在领取诺贝尔奖后的致辞中说道：“我深深察觉到一桩事实：在广义上说，我是中华文化和西方

文化的产物，既是双方和谐的产物，又是双方冲突的产物，我愿意说我既以我的中国传统为骄傲，同样的，我又专心致力于现代科学。”

这位伟大的物理学家，他既是中国人的骄傲，也是全人类的骄傲，他为人类带来了革命性的理论突破，为中国的科学发展注入了持续的活力，他是人类的英雄，他是我们的英雄。

（全书完）

改变世界的科学家 物理学家的世界

主编 _ 果麦　撰文 _ 李元琪

产品经理 _ 张幸　装帧设计 _ 朱大锤　插画绘制 _ 王俊宇
产品总监 _ 何娜　技术编辑 _ 白咏明
责任印制 _ 刘淼　出品人 _ 王誉

果麦
www.guomai.cn

以 微 小 的 力 量 推 动 文 明

图书在版编目（CIP）数据

改变世界的科学家. 物理学家的世界 / 果麦编；李元琪撰文. -- 昆明：晨光出版社, 2023.7
ISBN 978-7-5715-1607-9

Ⅰ. ①改… Ⅱ. ①果… ②李… Ⅲ. ①科学知识—少年读物②物理学—少年读物 Ⅳ. ①Z228.1②O4-49

中国版本图书馆CIP数据核字（2022）第127758号

改变世界的科学家 物理学家的世界
GAIBIAN SHIJIE DE KEXUEJIA WULIXUEJIA DE SHIJIE

果 麦 编　　李元琪 撰文

出版人	杨旭恒
责任编辑	魏 宾 陶安桦
特约编辑	张 幸
插 画	王俊宇
装帧设计	朱大锤
责任校对	杨小彤
责任印制	廖颖坤
出版发行	云南出版集团 晨光出版社
地 址	昆明市环城西路609号新闻出版大楼
邮 编	650034
电 话	021-64386496（销售部）
法律顾问	云南上首律师事务所 杜晓秋
印 装	天津丰富彩艺印刷有限公司
经 销	果麦文化传媒股份有限公司
版 次	2023年7月第1版
印 次	2023年7月第1次印刷
书 号	978-7-5715-1607-9
开 本	140mm×200mm 32开
印 张	4.25
字 数	60千
定 价	198.00元（全七册）

如发现印装质量问题，影响阅读，请联系 021-64386496 调换。

改变世界的科学家

化学家的谜题

果麦 编　高铭 撰文

云南出版集团　晨光出版社

果麦文化 出品

目录

近代化学的奠基人波义耳

从藏书阁到实验室

罗伯特·波义耳1627年出生于爱尔兰利兹莫尔城堡的一个贵族之家。波义耳的父亲科克伯爵一世在爱尔兰拥有大片地产，是当时爱尔兰最富有的人之一。小波义耳家中有许多哥哥姐姐，据波义耳回忆，父亲对年幼的他格外宠爱。波义耳的母亲身体不好，3岁那年，可怜的小波义耳就失去了母亲，父亲请了一位爱尔兰保姆照顾小波义耳。

8岁那年，小波义耳离开了故乡，父亲将他和哥哥弗朗西斯送到英国伦敦的伊顿公学学习。一入学，小波义耳就表现出勤奋好学的天性，比起闲暇娱乐，他更喜欢将时间用到学习上，老师们都为有这样一位出色的学生感到自豪。

如果问小波义耳，他在学习之余怎样放松身心？小波义耳一定会回答："读课外书。"伊顿公学的藏书很多。

经历史学家考证，当时伊顿公学有英国存世最早的科学书库之一，小波义耳很有可能就是在这里翻开了他人生中的第一本科学书。但根据波义耳的自传所言，他在中学时代最爱读的不是科学书，而是历史书，尤其是那些古代英雄们的传奇故事。那时，小波义耳根本想不到，自己长大后竟然会成为一名伟大的科学家。

小波义耳在伊顿公学待了将近 4 年，直到父亲科克伯爵搬到英国斯托尔布里奇庄园。可能是父亲认为伊顿公学新校长推行的教学方法过于死板，于是把波义耳从学校里带走了。不久后，肩负父亲的期待，波义耳与哥哥弗朗西斯一道踏上了去往欧洲大陆的旅程，陪同他们的是一位来自日内瓦的家庭教师——伊萨克·马尔孔布。那个年代，知识的传播速度远比不上现在，所以要想汇集各国最为先进的思想学说，最好的办法就是亲自到各国游历一番。

他们穿过法国，来到日内瓦，在马尔孔布先生的家中借宿了一年多，学习几何学、伦理学等各种课程。这期间，有一件事在波义耳的人生中留下了深刻的印记。

一个盛夏的夜晚，一场暴风雨席卷了日内瓦。一道惊雷让波义耳从睡梦中惊醒。他起身，发现窗外风雨大作，雷声震耳欲聋，闪电炫人双目。狂风呼啸而来，声音大得几乎能盖过雷声，瓢泼大雨仿佛能将天上的闪电也浇灭。当时的波义耳只不过是一个 14 岁的孩子，他所熟悉的是英国温和而连绵的雨，何曾见过这种场面！大自然的暴戾倾泻而下，小波义耳以为世界末日来临了。害怕不已的他在心中暗暗许愿，如果能从如此可怕的世界末日中活下来，他将用余生投身于为人类服务的神圣事业。

第二天早上，风雨平息。这次经历让波义耳意识到生命可贵，不能虚度光阴，也让他在面对自己所做的学问时，心中多了一份责任感。

1641 年，波义耳兄弟来到意大利，并在佛罗伦萨度过了冬天。在那里，波义耳读到了“伟大的观星者”伽利略的著作。伽利略用望远镜观测星空，支持“日心说”的科学理论，还对数学颇有研究，在当时有重要影响。伽利略为了令科学思想广为传播，在著作中采用了独特的“对话体”，用人物对话的形式讨论科学观点，通俗易懂，给波义耳留下很深的印象。他们很想亲自去拜见这位伟大的物理学家，可是还没来得及去，就听到了伽利略突然去世的消息。那时刚过完 1642 年的新年，波义耳听到这个消息时，难过极了。

那时，爱尔兰正发生叛乱，英国内战也拉开了序幕，动荡的时局影响到兄弟俩的学习生活。因此，哥哥弗朗西斯匆匆回国，年轻的波义耳则留在日内瓦，继续跟随马尔孔布先生学习。两年后，一个不幸的消息传来：波义耳的父亲科克伯爵去世了。波义耳赶回英国，经过一番波折，继承了父亲的斯托尔布里奇庄园。随后多年里，他定居于此，其间也经常到伦敦拜访朋友。

波义耳在斯托尔布里奇庄园继续他的学术探索。值得一提的是，此时的波义耳将主要的精力放到了伦理学和文学创作上，直到1649年，他才突然转向科学研究。

在今天，哲学和科学是两个不同的学科，如果一位年轻人从学科学转而去学哲学的话，人们会为他跨学科的抉择而诧异。但在那个年代，科学和哲学还没有彼此分离，我们现在称作“科学”的学科，在当时是哲学的一门分支，被称作“自然哲学”——牛顿的名著《自然哲学的数学原理》这一书名也说明了这一点。从这个角度看，波义耳最初没有将科学作为研究方向，而是选择钻研哲学的另一分支——伦理学，是再正常不过了。

但波义耳为什么突然改变了兴趣呢?

波义耳在1646年写给恩师马尔孔布先生的信中，提到自己最近加入了“无形学院”。波义耳去伦敦做客时，偶

波义耳的信件

然参加了一群年轻学者的聚会，他们心怀天下，以全人类的幸福为己任，正契合波义耳的理想。当时尚无正式的期刊出版，学者们通过非正式集会展开讨论，分享知识。在讨论中，他们提到自然哲学对人们有实用价值，这让波义耳开始有了做科学实验的想法。

遗憾的是，波义耳那一时期的许多信件都丢失了，我们难以得知“无形学院”这群风华正茂的年轻学者中都有谁。1647 年 5 月之后，在波义耳的信件中未再提及“无形学院”，历史学家推测学院在某时解散了。尽管如此，志同道合的朋友、学术交流的氛围都给波义耳带去了快乐，学院的精神留在了波义耳心中。

1647 年，波义耳试图在斯托尔布里奇庄园建造一座实验室，但他的首次尝试不太成功。为了实验室，他定制了一座熔炉，当熔炉千里迢迢运到时，却已成了碎片。波义耳沮丧极了，他给姐姐拉纳拉夫人写信抱怨道：“第一次涉足化学领域，我就如此不走运。”

对当时的英国人来说，1649 年一定是翻天覆地的一年。

根据议会的判决，英国国王查理一世于1月30日以叛国罪被处死刑；3月，英国废除了君主制；5月，英国宣布为共和国。社会的变革让波义耳怀疑起了自己在书中学到的传统伦理道德，也让他决定寻求新的研究方向。他想到自己两年前的尝试，决定再试一次，这次他终于成功了！8月，熔炉完好无损地送到了他的庄园，他两年前就采购好的各式玻璃仪器也终于派上了用场。这次，波义耳给姐姐的信中写道："实验室就是我的极乐世界。"

与其他学者的交流、社会的变革、实验室的建成，在种种因素的共同作用下，波义耳走上了作为科学家漫长的实验之路。

在牛津，发现酸碱指示剂

1650年，一位名叫乔治·斯塔基的炼金术[①]士，从新英格兰（位于现在的美国）移居到伦敦。波义耳偶然结识了斯塔基，两人一见如故，马上成了好朋友。

斯塔基比波义耳小一岁，但他知识渊博，波义耳把他

① 炼金术：指企图把普通金属"嬗变"为黄金的一种方法与技术，是现代化学的前身。18世纪前，炼金术和化学在英语中是同一个单词。

当作老师看待。斯塔基指导波义耳在庄园里做了一些炼金术实验，又向他推荐了炼金术士海耳蒙特的著作，波义耳都仔仔细细地研读。从此，波义耳的一生都深受炼金术思想的影响，同时他也察觉到，炼金术（化学）作为一门学科存在很多问题。

1652 年，波义耳回到爱尔兰，照看他在家乡继承的土地。事后看来，这是波义耳人生中相当不开心的两年。“我住在未开化之地，在这里，化学精神如此受误解，化学仪器也如此难得到……”波义耳在信件中写下了这样的话语。

很明显，在爱尔兰没能建成实验室，波义耳只好用读书的方式坚持他的学术探索。1654 年，波义耳患上一场重病，后虽治愈，但视力大不如前。波义耳想起，有一位自然哲学家约翰·威尔金斯曾邀请他迁居英国牛津，于是，他一有机会就搬到了牛津，再也没回爱尔兰了。

一到牛津，波义耳顿觉柳暗花明。这里有一个活跃的自然哲学家小团体——“实验哲学俱乐部”，他们常常在牛津大学聚会，这些活动的领头人正是他的朋友——约翰·威尔金斯。眼前的俱乐部、学术交流的氛围让波义耳想起他年少时参加的“无形学院”，求知的快乐再一次充盈了波义耳的心。他积极参与到俱乐部的学术活动中，还

在牛津建起了新的实验室。由于身体原因，他又聘请了几位实验助手，有不少实验都是波义耳和助手们一同完成的。

牛津快乐的学术生活激发了波义耳的创造力，17 世纪 50 年代后期是波义耳在科学探究中工作成果最为多产的一段时期。波义耳将工作成果拿到讨论会上，得到了朋友们的好评。不过，由于做事力求完美，波义耳一般要等上好几年才肯把自己的成果发表出去。

实验室果然是波义耳的“极乐世界”。很快，他就在这里完成了两个与“颜色变化”有关的著名实验。

第一个实验中，波义耳的实验对象是一种药用植物：紫檀。波义耳先用刀将紫檀切成薄片，放在水中，一晚上过去，水被染上了一种美丽的天蓝色荧光。这是那时人们很熟悉的一种自然现象。

波义耳尝试探究这种荧光药水的性质，于是，他将溶液倒入一个小玻璃瓶中，又往里倒入一点“醋精”（我们现在所知的乙酸，食醋的重要成分）。意外的事情发生了，天蓝色的荧光消失了！

波义耳猜想：荧光的消失，是受到了醋的某种化学性质的影响；再加入一种与醋化学性质相反的物质，应该能使这种药水恢复发荧光的能力。但是上哪里找这样的物质呢？

酿葡萄酒的木桶里，经常会结出一些白色的结晶体，当时的化学家觉得这样的现象很稀奇，经常拿这种“酒石”做实验。波义耳观察到，把酒石烧成灰（主要成分是碳酸钾），再把“醋精”倒到上面，会冒出大量的气泡，就像是两种物质发生了“冲突”，打起架来一样。波义耳评价：“没有什么比这更性质相反的物质了。”

于是，波义耳将酒石烧成的灰配成溶液，往装药水的小瓶中滴了几滴。他马上高兴地笑了起来，因为他的猜想没有错，那天蓝色的荧光又回来了。

第二个实验中，波义耳要研究的是那个时代另一种常见的药品——紫罗兰糖浆。有的药剂师在熬制这种糖浆时，会加入一些柠檬汁，此时，紫罗兰糖浆就会变成红色，人们却不知道是什么原因。

紫罗兰与紫罗兰糖浆

波义耳很快发现，不仅是柠檬汁，前一个实验用过的“醋精”也能使紫罗兰糖浆变红。波义耳之前的化学家大多会认为，紫罗兰只是与这两种特定的物质发生反应而已。波义耳非常敏锐地意识到它们的共同点：柠檬汁和醋都有酸味，紫罗兰糖浆应该是和一系列“酸”都能发生反应！

波义耳拿来各种化学试剂，记录下紫罗兰糖浆遇到它们会有怎样的现象。果然不出他所料，各种酸都会让紫罗兰糖浆变红。

波义耳还有进一步发现：之前他已经察觉到，有的物质好像有与“酸”相反的性质，那它们能使紫罗兰变色吗？实验很快有了结果：酒石烧成的灰、草木灰、石灰……种种“灰”[①]物质都会让紫罗兰变成绿色。波义耳博览群书，据他所知，这样的现象是没有出现在前人记载中的！他将这一类使紫罗兰变绿的化学物质定义为“碱”。至此，酸与碱的定义正式进入了科学史中。

像紫檀、紫罗兰这样的物质，遇到酸或碱的时候，会有很明显的颜色变化。我们现在将这样的物质称作“酸碱指示剂”。

有的科普作品将波义耳与指示剂的故事浪漫化，说是女仆送给波义耳一束紫罗兰，波义耳不慎将盐酸溅到了花上，用水冲洗时发现紫罗兰变红了。这个故事显然是编造的：第一，紫檀才是波义耳发现的第一种酸碱指示剂；第

① 英文中的“碱”（alkali）一词最早即来源于“灰”。

二，女仆要送，送的也应该是一瓶紫罗兰糖浆才对。

近代化学的奠基人

波义耳选择化学作为他的主要研究领域，这一决定曾让当时一些学者感到不解，因为在他们看来，化学根本不能算一门科学，充其量不过是一种技术活儿。他们一定没有想到，正是波义耳这样的先行者为化学带来了革新，将它也纳入了自然哲学的框架中。

在牛津，波义耳开始将他之前反思得到的炼金术（化学）中存在的问题整理成书，最终写成了《怀疑的化学家》一书。波义耳借鉴大物理学家伽利略的写作风格，用生动的对话体写了这本书。他在书中借助一个叫“卡尼阿德斯”的形象，表达了自己的观点。这本书批判了当时两种主要的化学理论：“四元素说”和“三要素说”。

“四元素说”是一种古老的理论，由亚里士多德总结先贤观点得来，其理论认为世间万物由土、水、气、火四种基本元素构成。“三要素说”则由中世纪炼金术士帕拉塞尔苏斯提出，在当时是一种流行的新理论。

阿拉伯炼金术有一个传统观点：所有金属都由某种类

似“硫”的可燃物和某种类似“汞”的液体组成。这些假想成分完全与物质的某一种性质对应，所以又叫“要素”。

帕拉塞尔苏斯在继承阿拉伯炼金术思想的基础上，又增加了要素“盐”，用来解释物质燃烧后留下的灰烬。他认为，三要素的不同比例，就能解释万物不同的性质了。帕拉塞尔苏斯同时也是一名医生，他在行医时融入他的炼金术理论，竟取得许多成果，这也使得他的理论风行一时。

亚里士多德和帕拉塞尔苏斯都认为，用火能将万物分解成组成它们的基本元素。然而，在这些理论的指导下，化学家们的工作却陷入了死胡同。

与波义耳同时代的化学家们沉迷于把各种物质放到火上加热。实际上，一些物质并不能分解成带有硫、汞、盐三种性质的组分，例如黄金，“真金不怕火炼”，黄金本身不管怎么加热，似乎都分解不出其他物质来。可是，当时鲜有人怀疑这一理论是否正确，而是以为自己的操作手法不对。再加上炼金术士为了保护自己的研究秘密，会在他们的著作里故弄玄虚，有时读者根本搞不清楚他们到底做了什么实验，这进一步阻碍了化学的发展。

波义耳实在看不下去了，他在《怀疑的化学家》一书的开头就指出，用火分离出的产物根本不是所谓的基本元素，也就是说，他的同行们做了大量的无用功。很明显，为了令化学真正成为一门科学，需要重新思考化学实验方法论，并将炼金术传统的神秘主义倾向驱逐出去。

一位严谨的学者在推翻旧理论的同时，也应当提出用于指导科学研究的新理论，只破坏而不建设是不可取的。对此，波义耳也早有准备。波义耳此前研读过炼金术士海耳蒙特的著作，并在他的炼金术思想基础上，早早地发展出了自己的物质理论——微粒哲学。

在波义耳看来，化学家们所说的元素，其实是由唯一的“普遍质料”凝结成的“第一凝结物”（第一级微粒），而元素具有的不同性质，是微粒大小、形状不同而导致的；“第一凝结物”又可进一步结合，形成更复杂的微粒，乃至物体等。炼金术士海耳蒙特做了著名的“柳树实验”：只给柳树浇水，5年后，小柳树长成大柳树，而种植柳树的土壤在重量上几乎没有变化。海耳蒙特据此认为，组成万物的“普遍质料”是水。波义耳则认为不一定是水，但这一实验支持了他万物同源的观点。

波义耳的学说取得了一定影响力，他的晚辈——牛顿，就采纳了波义耳的“微粒哲学”观点。

皇家学会与空气泵

《怀疑的化学家》完稿后，波义耳将研究重心转移到我们身边空气的性质上。1658 年—1659 年，波义耳优秀的实验助手——罗伯特·胡克，改良前人的设计方案，为波义耳制造出了一台实用的空气泵。

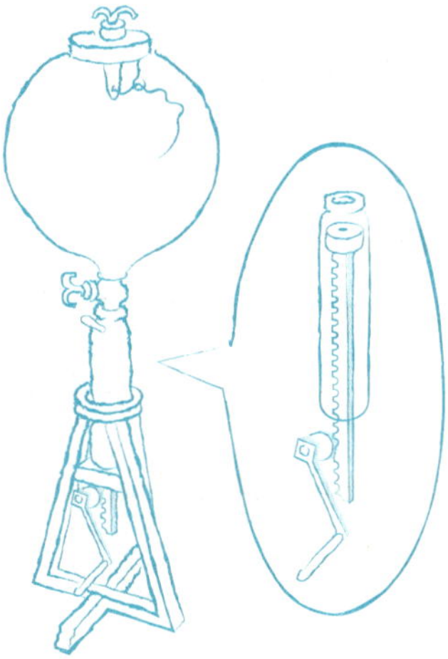

空气泵

这台仪器的上半部分是一个庞大的玻璃球，下半部分有一个活塞装置，可以将玻璃球中的空气抽出。当时科学界对真空是否存在有很大争议，波义耳决定绕过一些形而上的争议，用实验的方法制造出一个真空环境来。遵循这个思路，波义耳和胡克用空气泵做了一系列物理实验，提出了空气有“弹力”的观点。

他们的朋友约翰·威尔金斯换工作，去了剑桥大学三一学院，“实验哲学俱乐部”就不方便在牛津大学开展聚会了。在波义耳的邀请下，俱乐部的活动改到他的家中进行。可能是受到朋友们的赞叹，波义耳迅速将空气泵实验的成果整理为《物理机械新实验》一书，而且一写完就在次年（1660 年）发表了出来。

1660 年还发生了不少其他的事。英国政坛不稳，议会不得不宣布君主制复辟，流亡国外的查理二世回到英国即位。

查理二世热爱科学。在国王的支持下，1660 年 11 月 28 日，在伦敦格雷欣学院，12 位学者决定创立一个促进实验知识交流的学会。天文学教授克里斯托弗·雷恩的一篇演讲宣告英国皇家学会的成立，波义耳、威尔金斯等人都在学会创始人之列。

空气泵是波义耳践行“实验哲学”方法的完美体现，在一段时间里也成了皇家学会的象征。历史学家指出：“波义耳的空气泵和胡克的显微镜，构成皇家学会的重要展品；招待贵客时，主要的展示项目总是气泵实验。”

科学离不开质疑：现在要想发表一篇学术论文，必不可少的一步就是接受同行专家的质疑。为了回应对空气泵实验的各路批评意见，1662 年，波义耳以实验证明了气体的体积与压强成反比的定量规律，也就是现在所知的波义耳定律，这是科学家最早发现的物理公式之一。我们可以看到，波义耳将争议化为工作的动力，取得了更大的成就。

1668 年，为了更方便参加皇家学会的活动，波义耳离开牛津，和他在伦敦的姐姐——拉纳拉夫人一起住。这些年中，波义耳又撰写了许多科学著作，继续发展他提出的酸碱理论、微粒哲学、空气弹力等理论。

1680 年，波义耳被推举为皇家学会的主席，但此时他的身体已经不太好，便找了一个讨厌宣誓仪式的理由而推辞了。最终，他在伦敦安享晚年。

波义耳一生中多行慈善，世人公认他为品德高尚之人。就像小波义耳在童年的那场暴风雨中默默许下的誓言那样，他将自己的一生献给了为人类服务的伟大事业。如今，他创立的皇家学会在世界上已有 1700 多名会员，成为科学探索道路上的常青树。

揭开燃烧之谜的拉瓦锡

文理双修的小科学家

安托万·拉瓦锡1743年出生在法国巴黎。他的父母虽没有贵族的身份，但家境还算殷实。拉瓦锡的父亲是一位律师，母亲则是律师的女儿，小拉瓦锡就在这样浓厚的法学氛围中长大。拉瓦锡5岁时母亲就去世了，父亲很悲伤，同时也为怎样抚育孩子束手无策；还好拉瓦锡的阿姨尽心尽力地抚养他长大，给了小拉瓦锡一个幸福的童年。拉瓦锡成年以后，与他的阿姨常有书信来往，对她的养育之恩心存感激。

过完11岁生日后不久，拉瓦锡来到了当时法国著名的马萨林学院读书。马萨林学院又名“四国学院”，隶属于巴黎大学，有许多法国的大学者在这里教书。学院里还有一座图书馆，是法国历史最悠久的公共图书馆。总而言之，对年少的拉瓦锡来说，这是一个弥漫着书香的学习好去处。

拉瓦锡的父亲自然希望孩子学习法律，将来好继承家业。在马萨林学院，学生学完基础课以后，会特地用一年时间修读“雄辩术”课程。对当时想要从事律师工作的人来说，这是他们必备的专业技能。小拉瓦锡学习这门课时也非常用心，还在学校组织的一次演讲比赛中得了奖。这样看来，小拉瓦锡真的有机会子承父业，成为一名出色的律师。

但马萨林学院的课程设置很独特，为了培养全面发展的人才，修完“雄辩术”后，学生还需要用三年时间学习我们现在所说的理科课程：包含数学、自然哲学等课程。正是即将接触到的这些理科课程，让这位少年找到了人生中真正的兴趣。

法国著名天文学家拉卡耶此时正在马萨林就职。他曾远征好望角[①]探险，绘制南半球的星图，现在月球上有一个环形山就是人们为了纪念他而命名的。1760 年，拉卡耶教授给学生们上数学课，拉瓦锡是有幸在台下听讲的学生之一。

拉卡耶教授的数学课讲得真好，他将数学知识串在一起，正如天空中闪亮的星座一般。拉瓦锡想随这位老师深造，拉卡耶教授一开始态度冷淡，但拉瓦锡既有刻苦学习的好品质，又习得了出色的口才，最终打动了他的老师。

---

① 好望角：地名，位置接近非洲的最南端。

拉卡耶教授请拉瓦锡登上自己的天文台，还教他进行天文观测，就这样带领拉瓦锡走进了科学的大门。

这时，拉瓦锡对科学的浓厚兴趣，和父亲的期望产生了不小的矛盾。应家人的要求，拉瓦锡转到法学院，学习更专业的法律课程。勤奋的拉瓦锡做到了文理双修，在取得法律学位的同时，一点没落下他的科学功课。

遗憾的是，作为拉瓦锡的科学启蒙老师，拉卡耶教授还没来得及教给拉瓦锡更多知识，便于 1762 年辞世了。万幸的是，拉卡耶教授的许多朋友也是科学家，其中一位还和拉瓦锡很熟悉，那便是常来他家做客的法国地质学家盖塔尔教授。此后，拉瓦锡便在盖塔尔教授门下继续学习科学。

盖塔尔将化学这门学科介绍给了拉瓦锡。这位老科学家教他如何用化学方法来鉴定矿物的成分，这是拉瓦锡第一次动手做化学实验。不仅如此，盖塔尔一向知道自己研究的学问与化学有密切的关系。他说“一个矿物学家进一步就能成为一个化学家”。因此，他竭力让拉瓦锡去听法国教授鲁埃勒的化学讲座，学习化学理论。

拉瓦锡毕业后，盖塔尔接到法国政府的任务，要为法国绘制一份地质图。他邀请拉瓦锡这位年轻人担任自己的助手。1767 年夏，拉瓦锡与盖塔尔一道前往法国东北部的乎日山脉考察，骑马旅行了足足四个月。在这些环境艰险的勘测旅行中，拉瓦锡不负老师的期望，对待工作一丝不苟，每天早起记录温度表和气压表的读数，收集矿石标本，反复测定各地水的比重，最后还要将这些结果加以整理记入笔记本中。在野外的考察，令对他从小爱护备至的阿姨提心吊胆。在给拉瓦锡的信中，阿姨写道："我担心你的健康，担心那……危险的悬崖……到处是沼泽的森林地带……凶猛的野兽……请你比你答应我的小心谨慎更要小心谨慎。"拉瓦锡最终平安完成了他的科研任务，收获很大。这次旅途磨炼了他的意志，锻炼了他的身体。——小读者们，将来若是想当科学家，这两者均不可忽视哦！

地质考察结束的次年，拉瓦锡接连发表了两篇关于比重计的论文，并顺利入选进入巴黎科学院学习。我们暂且先不说他在科学院中还有哪些奇遇，回过头来讲一讲另一位对拉瓦锡影响深远的老师——鲁埃勒。

鲁埃勒讲授化学理论

鲁埃勒是 18 世纪法国大化学家、实验家、药剂师，还是一位风趣的演讲家，他生动的演讲吸引了许多上流社会的听众。

要如何描述鲁埃勒的个性呢？鲁埃勒进课堂时总是穿着当时的大礼服。刚开始讲课时他还算沉着镇静，但用不了多久，只要一遇到难解的问题，他便激动起来了。他无论讲话，还是做示范，都越来越快：帽子碍事，就脱掉帽子；扑了粉的假发讨厌，也去掉它；接下来是带花边的领结、天鹅绒的外衣和绣花背心，一件件解开或脱去。直到他思路明晰，演示出精彩的实验结果，听众眼前一亮，都心悦诚服。

拉瓦锡曾去巴黎的皇家植物园听鲁埃勒讲课。课后，他与讲台上的鲁埃勒教授寒暄一番，教授让他到自己开的药店打工，以便教他更多的化学知识。

拿着地图，拉瓦锡找到了他的老师鲁埃勒开在雅各布街上的药店。那个年代的药店更像今天的中药房，店里卖的药不是制药公司生产的，而是由药剂师本人现场调配的。这样的药店里一般也会有一间化学实验室。

盖塔尔教授提前打好了招呼，于是鲁埃勒先是教了拉瓦锡一些地质学方面的知识，然后教他化学实验的各种技巧。等这些课程讲完，终于到了讲授化学理论的时候。

“古希腊哲学家认为，土、水、气、火四种元素通过比例的变化而构成自然界中一切已知物质。”鲁埃勒开篇这样讲。听到这话，小拉瓦锡皱起了眉头——而小读者们可能也会产生一样的疑问——这不是早就被波义耳所否定的“四元素说”吗？鲁埃勒解释说，古往今来提出的元素理论，只有“四元素说”提到了“气”在化学反应中的作用。

近代早期的化学家对气体的认识是波折的。炼金术士海耳蒙特第一个做实验证明，化学反应会产生气体[①]；可惜，他不清楚该怎样收集气体，只能做一些很表面的研究。

波义耳观察到，物质燃烧一般需要空气，但他没想到反应前后的空气在化学上是不同的，因为这和他提出的“微粒哲学”有一些矛盾。空气有“弹力”，波义耳已经用空气泵证明了这一点。按照波义耳的理论，气体微粒像一个个的小“弹簧”，这便是“弹力”的来源了。既然如此，气体微粒和其他物质之间会不会也有排斥、很难结合在一起呢？倘若这是对的，那气体确实不知怎样才能参与化学反应了。

鲁埃勒教授从身后的书架上取下一本深色封面的书，那是英国牧师斯蒂芬·黑尔斯1727年的作品《植物静力

① 英文中的“气体”（gas）一词就是海耳蒙特发明的。

学》，译成了法文。小拉瓦锡打开书，看到一张插图：原来黑尔斯将一个很大的瓶子盛满水，倒立在水槽内，再将一根导管伸入瓶内。这样如果有气体通过来，就会被收集到这个瓶中。这就是如今化学课本上会介绍的“排水集气法”。

黑尔斯的集气装置

黑尔斯的实验材料包括鹿角、贝壳、小麦、烟草、琥珀等千奇百怪的东西。他将这些实验材料加热，结果每一样都分解出了大量的气体！气体不参与化学反应的理论观点也就不攻自破了。

“波义耳虽然很厉害，但我们不能迷信权威，要相信实验，尊重实验事实。”鲁埃勒教授教育拉瓦锡道。他指出，空气只有在游离状态时才表现出“弹力”；而当空气的粒子发生化学反应，与其他粒子相结合时，“弹力”就消失了。

“不仅是空气，每一种元素在自然界中都有两种存在形式。火元素被释放出来，便形成了火焰；火元素结合在有形的物质中，我们叫它‘燃素’。具体的你可以看德国的施塔尔先生写的书，他是一位化学大师。”讲到这里，鲁埃勒教授又神采飞扬地告诉小拉瓦锡，用燃素说可以解释不少化学现象。小拉瓦锡也连连点头，为老师的讲解而叹服。鲁埃勒综合前人观点，整理出了18世纪中叶法国最先进的化学理论，这和鲁埃勒风趣的模样一起，深深烙印在拉瓦锡的心中。

古希腊哲学家亚里士多德说："吾爱吾师，但吾更爱真理。"对于拉瓦锡而言，道理也是一样。鲁埃勒的化学理论虽然较为完善，但从另一方面讲，简直就是他未来要推翻的旧化学理论的代表。

化学革命

追随海耳蒙特、波义耳两位前辈的做法，拉瓦锡在化学实验中一向会使用天平。天平的使用实际上假定了某种形式的质量守恒定律成立，拉瓦锡后来详细阐述了这一化学"公理"。因为这很重要，只有使用定量方法，才能合乎逻辑地指出旧化学理论存在的问题。

加入巴黎科学院不久，拉瓦锡的天平就派上了用场。1768年，一派学者受旧化学理论影响，认为水长时间加热会生成土元素。炼金术士海耳蒙特做过实验，也认为是这样。拉瓦锡表示不信，决定亲自试一试。

于是，他将装有纯净水的玻璃容器封口并称重加热一百天，发现的确有一种白色沉淀生成。然而，打开容器，将水蒸干后，拉瓦锡发现玻璃仪器的质量减轻了，而白色沉淀的质量和玻璃仪器减轻的质量相等。这就很明显了，“土”是从玻璃仪器上被水溶解下来，而不是从水本身得来的。这一结论展示了拉瓦锡定量实验方法的威力，不由得让他对旧化学理论产生了一丝怀疑。

旧化学理论最大的问题还是出在对燃烧现象的解释上。

把一支燃烧的蜡烛放在密封的钟罩内，不久，蜡烛便熄灭了，钟罩内剩余的气体也不再能支持燃烧。燃素说认为，物体燃烧形成火焰，是其中结合的燃素（火元素）释放了出来；而剩余的气体被称作“被燃素饱和了的空气”，因为它吸足了燃素，所以再放一支蜡烛进去，也会马上熄灭。这幅图景里，气元素、火元素各司其职，分工明确。

上面的场景是英国化学家普里斯特利想出来的。普里斯特利是英国皇家学会会员，在气体化学领域有重大贡献，一生共发现十种不同气体，还是汽水的发明人。他是“燃素说”的坚定捍卫者。

有机物燃烧留下的灰烬通常比可燃物本身少得多，因此，化学家们一直以来认为燃烧时某些物质被释放了出来，这是可以理解的。另一类化学问题是金属的煅烧（在空气中加热），这个问题要复杂一些：煅烧金属铅，所得的灰烬质量变重了；可又有人煅烧金属锑，结果发现质量变轻了。这些不一致的实验结果使讨论该问题的化学家长期达不到共识。

1772 年，拉瓦锡在巴黎科学院开会时，偶然听说了一位年轻科学家吉东·德莫尔沃的成果。通过一系列严谨的实验，他排除了前人实验中的失误，终于证明，金属煅烧后，如果质量会发生改变，那么一定是变重。

在论文中，这位化学家试着用“燃素说”解释自己的实验结果，但说得明显有错，没能让人信服；而拉瓦锡一听到这个结论，马上意识到“燃素说”有问题，因为如果燃烧释放出某些物质，灰烬的质量要变轻才合理。想到这一点，拉瓦锡又回顾了黑尔斯曾经的发现：黑尔斯让化学家们认识到，气体可以从物质中分解出来；那么反过来想，燃烧是否也可能是物质与空气的化合？这样想的话，不需要火元素也可以解释燃烧现象了。

这一年里，拉瓦锡设法验证自己的猜想，终于发现了最适合的实验材料：白磷。他把盛有白磷的小舟放到水银面上[1]，再用烧红的铁丝把磷点燃，立即罩上钟罩。罩里浓烟弥漫，燃烧的白磷很快就熄灭，水银面上升到 1/5 左右。将所生成的白色粉末收集起来，与燃烧前对比，增加的重量和所用的 1/5 体积的空气的质量接近一致。拉瓦锡推出，空气中只有 1/5 的气体参与燃烧作用。

白磷燃烧实验

那么这部分参与燃烧的气体是什么呢？拉瓦锡百思不得其解。直到 1774 年，拉瓦锡的朋友，一位彬彬有礼的绅士普里斯特利先生访问巴黎，为拉瓦锡带来了自己的最新发现——“脱燃素空气”。普里斯特利向大家介绍，物质

① 如果小读者们想亲自做一下拉瓦锡的实验，最好改用没有毒的红磷和水，也能看到一样的现象。

在这种气体中燃烧时，火焰特别明亮。拉瓦锡夫妇同在场的众人都表示非常惊奇。

拉瓦锡意识到，所谓“脱燃素空气”很可能就是他正在寻找的空气中参与燃烧的部分。普里斯特利告诉他，这种气体可以通过聚焦太阳光，加热汞灰（氧化汞）得到。拉瓦锡立即重复了这项实验，所得气体的性质与他预期之中的完全相同。拉瓦锡将这种气体命名为“氧气”。至此，燃烧的氧化学说差不多建立起来了。

推翻旧化学理论后，拉瓦锡想，古往今来提出的元素理论没有一个特别合适的，不如自己写一个。

在 1789 年写成的《化学基础论》这本著作中，拉瓦锡将元素定义为：不能用化学方法再分解的物质。他还列出了世界上第一张近代化学元素表，表中总结了 33 种他认定是化学元素的物质。其中大部分现在看来是正确的。因此我们说，拉瓦锡是“近代化学之父”。

拉瓦锡之死

法国一度盛行包税制，直到大革命时期才废除。所谓“包税制”就是先向国王交纳一大笔税金，成为“包税官”，

再代替政府，向百姓征收税款。这种政策的严重后果类似于“中间商赚差价”：为了使自己利益最大化，包税官往往会设法征收比要上交给国王的那部分多得多的税钱。法国人民对此怨气极大。

拉瓦锡为了募集科研所需的经费，曾经当过一段时间包税官。在法国大革命时，这成了他的一大罪状。

有人为拉瓦锡辩护，说他的科学贡献在法国是最重要的，尤其是他的大部分税收所得，不是用来挥霍享乐，而是用于卓有成效的化学研究。可革命法庭没有采纳这样的辩护，于 1794 年 5 月 8 日将这位著名学者送上了断头台。

就在他死后的第二天，拉瓦锡的科学界同事，法国大数学家和物理学家拉格朗日悲痛地说：“砍掉他的脑袋只需一瞬间，可是，要再出现一位像他那样卓越的科学家，也许要等一百年。”

科学原子论的创立者道尔顿

寒门学子早当家

我们有时会听到这种说法：在历史上，科学研究是有钱人的“爱好”，如果没有经济条件的支持，是很难成为科学家的。我们前面认识的两位“化学之父”，波义耳和拉瓦锡，一个是贵族，一个也出身于小康之家。道尔顿和他们可不一样。

小道尔顿1766年出生于英格兰北部一个偏远的小村庄——伊格尔斯菲尔德。他的父亲以织毛衣为生，收入微薄，家中又有好几个子女，一家人努力地生活着。

尽管家中贫困，没法送小道尔顿进好学校读书，父母还是想方设法让他上了教友会办的农村小学。中途由于交不起学费，小道尔顿还一度辍学。为了补贴家用，受他的一位老师、长辈伊莱休·鲁滨孙先生鼓励，小道尔顿12岁就试着开班教书了！讲台下坐的主要是当地的一些同龄人，小道尔顿讲课显然很不专业，但给他们讲一点自己学过的、基础的文化知识也还足够。

在此之前，小道尔顿就结识了伊莱休·鲁滨孙先生，他是当地一位有文化的绅士，又是小道尔顿的远房表亲。鲁滨孙先生十分欣赏小道尔顿勤奋、好学的天性，将自己的书和期刊都慷慨地借给这个孩子阅读。

鲁滨孙先生还是一位自然哲学爱好者，在他的指导下，小道尔顿兴趣盎然地开始进行气象观测。大气的变化，以及它与人们生产、生活之间的关系，都深深地迷住了小道尔顿——农村长大的孩子对这些事有切身体验。可以说，鲁滨孙先生是他科学探索之路上的第一位导师。

1781 年，15 岁的道尔顿和哥哥一起外出谋生，来到距家乡 44 英里[①]的肯德尔镇。兄弟俩一开始在镇上的学校担任助教，不久后老校长退休，他们买下了这所学校，自己当校长。其实，比起当老师、当校长，小道尔顿内心里还是更像一名学生，迫切地希望自己有机会学习更多的知识。幸运的是，与在伊格尔斯菲尔德时一样，在镇上，小道尔顿遇到了一位与他爱好、性格都相合的朋友，后来成为他的第二位导师——盲人天才科学家约翰·高夫。

---

① 英里：英制长度单位。1 英里等于 1609.344 米。

肯德尔镇遇伯乐

高夫两岁左右就因感染天花而失明，但他身残志坚，竟成了科学史上的一位奇才。道尔顿给朋友写信时，对高夫曾做过如下生动的描述：“他通晓数学的各个分支，仅凭头脑就能解决复杂而深奥的问题，多么神奇啊……他用触觉、味觉和嗅觉能分辨出本地方圆 20 英里内几乎每一种植物。”在高夫的指导下，小道尔顿学了拉丁语、希腊语、植物学，甚至还学到一些高等数学。高夫还教他如何将每天的气象观测结果记成一本日记。1787 年 3 月 24 日，一个飘荡着极光的夜晚，小道尔顿动笔写下了他的第一篇气象日记。从此他的记录从未间断，一直坚持到他去世的前一天。

这时的道尔顿已经 20 来岁了。在镇里工作多年的他，开始想通过去大学深造的方式，改变自己的境遇。

可选择一个什么方向学习最适合自己呢？像每一个迷茫的年轻人一样，道尔顿对自己的前程充满未知。在采集动植物标本的过程中，道尔顿渐渐对生理学产生了兴趣，一度还想学习医术，当一名医生。就此事，道尔顿写信咨询他的亲友们。他敬重的鲁滨孙先生认为，教书育人的工作更光荣，温和地反对他改行的想法。而道尔顿一位在伦敦工作的叔叔则刻薄地指出：以道尔顿的社会地位，他是很难成为一名医生的（当时医生这个职业的社会地位较高）；如果退而求其次，去当一名药剂师，或许还有点希望。

认识到社会地位的制约，别说做医生了，道尔顿上大学的理想似乎也渺茫起来。峰回路转，飞速发展的工业城市曼彻斯特，给他带来了新的机遇。

曼彻斯特本地的有识之士普遍认为，必须兴建新的高等学校，为该地区提供更多的教育机会。曼彻斯特城附近曾有一个“沃林顿学院”，发现氧气的普里斯特利以前在这里任教。1786 年，沃林顿学院关闭了，但学者们用剩余的经费在曼彻斯特创办了一所“新学院”。1793 年，在高夫等科学家的牵线搭桥下，新学院向年轻的道尔顿发出邀约，请他来学院做讲师，讲授数学和自然哲学。

学院给的待遇不算优厚，但仍比他在镇上的工资高很多。更重要的是，大学里有学术交流的氛围，便于讨论科学研究的最新成果。道尔顿提上行李，带上他的气象日记，从肯德尔迁居到了曼彻斯特——这是他人生的转折点。

一到曼彻斯特，道尔顿就爱上了这座新兴的、由红砖建成的城市。他如愿加入了学者云集的曼彻斯特文哲学会。

到曼彻斯特后，道尔顿将之前写下的研究报告整理出版了《气象观察和论文集》一书，这是他发表的第一部科学著作。在书的前言中，道尔顿对高夫一直以来给予他的各种帮助深表感激。道尔顿写道：“如果我的作品中包含什么新的、重要的科学贡献，那首先要归功于他（高夫）的指导，以及他在哲学研究中起到的榜样作用。”

色盲的发现

有趣的是，第一篇使道尔顿名垂青史的论文，不是他的气象观测，更不是后来才提出的科学原子论，而是关于色盲的发现。

道尔顿发现：自己的色觉与常人不同，不能分辨光谱中的某些颜色。文哲学会的朋友们将道尔顿发现的这种现象定名为“色盲”。为了纪念他，在相当长的时间内，也有科学家将这种现象称作“道尔顿症”。

还在肯德尔镇的时候，道尔顿跟随高夫学习植物学，这使他留意起各种花朵的颜色。这时，他隐约地意识到书上对颜色的描述和自己的感觉有所不同。一朵美丽的天竺葵，植物学的书说它是粉红色；而在道尔顿看来，在晴朗的天空下，花瓣与天空的颜色一模一样。但人们一般不会说天空的颜色是粉红色啊？小道尔顿很奇怪，又不知道该问谁；毕竟他的老师高夫一点颜色也看不见。

也可能这些颜色本来就是差不多的，只是人们形容不同物体时的用词习惯不同[①]。这样想着，小道尔顿差点就要淡忘此事。直到1792年秋，他又有了意料之外的观察结果。

一天晚上，道尔顿偶然发现：烛光下的天竺葵，与在阳光下呈现出的颜色不同。现在，花朵一点天蓝色都没有了，反而看起来像红色。

烛光下的天竺葵

道尔顿请来他的一些朋友，分享这一新发现。不料，他的朋友们好像不明白他在讲什么。朋友们表示：在不同的光源下看东西，当然不太一样，但一个粉红、一个红色，好像没有质的区别。只有道尔顿的哥哥看出了他描述的现象。道尔顿担心和朋友哪里

① 对汉语中的量词的考察，可以帮助我们体会色盲患者的感受：我们会说“一朵粉红色的花、一片蓝天”，即使要表达的都是“一”的意思，也会分别说成“朵”和“片”。这是外国人学汉语的一大难点。小道尔顿一开始以为，粉红/蓝色两个词的区别也类似这样。

产生了误会，追问之下，他大惊失色——原来在其他朋友眼里，粉红是一种看起来像红色的颜色。这在道尔顿和哥哥看来，完全相反，粉红简直就是蓝色的“别名”，和红色可是差得远了。

为了进一步研究他看到的颜色与常人有哪些区别，道尔顿请教一位学过牛顿光学的朋友，果然取得了进展。这位朋友叫道尔顿拿出一个三棱镜，观察白光分解出的彩色光带（光谱）。道尔顿发现，他能分清光谱一端的蓝色，但是红、橙、黄、绿对他而言基本上是同一种颜色，难以分辨出来。

道尔顿收集了几条粉色的缎带，加上他的三棱镜，用来当作现在所说的“色盲测试图”，在他的学生中间做调研。他惊奇地发现，在他所教的二十五名学生中，就有两人的色觉同他一样。他又写信询问各地的友人，也打听到了一些分辨不出某些颜色的人。道尔顿经过认真分析，将他从自己身上发现的这一现象写成论文，在文哲学会上宣读。就这样，道尔顿虽不是医生，却成了世界上第一个提出色盲问题的科学家。

本节最后，让我们揭开天竺葵变色之谜吧：原来粉红色花瓣同时反射红、蓝二色光。道尔顿这样的红绿色盲患者，看红色会觉得暗淡，看蓝色则显眼，这样就把一部分蓝光凸显出来了。而烛光几乎不含蓝光，花反射的主要是红光，道尔顿和朋友们终于达成一致，认为花是红色的了[①]。

科学原子论

1794 年，道尔顿在新学院担任讲师时，结合国际最新的科学成果，选用拉瓦锡写的《化学基础论》作为教科书，为学生们上课。这一年，拉瓦锡不幸去世，但他在科学上的贡献流芳百世。

道尔顿在这里工作了 6 年，深感教学工作辛苦，无法抽出精力进行科学探索。于是他下决心辞去了讲师职务，此时他已经很有名气，可以靠做家庭教师为生。

年过三十的道尔顿用源自两位“化学之父”的知识武装了自己的头脑。他熟悉波义耳提出的“微粒哲学”，一种认定宇宙万物由大小、形状不同的微粒组成的理论；他又从拉瓦锡那里，学到了与今天相同的“元素”定义。这

① 在生物学与计算机科学的合作下，我们打开图像处理软件 Photoshop，选择“校样颜色”就能模拟一张图片在红绿色盲患者眼中的样子。粉红可爱的天竺葵，在道尔顿看来，正是清朗的天蓝色。

些都为他的科学原子论奠定了基础，眼下等待他的只是一个契机。

物质常见的固、液、气三态中，气体的性质最为简单。在 18 世纪，科学家们对气体的物理、化学性质已经有了不少认识。长期做气象记录，道尔顿也想进一步了解大气的变化规律，于是跟进了当时关于气体的课题。

从研究气体出发，道尔顿向科学原子论走出了关键的一步。1802 年左右，道尔顿的挚友亨利正专攻使气体溶解于水的研究。在与亨利合作时，道尔顿猜想：气体粒子的相对重量越大，在水中越易溶解。但他一时不知道如何验证自己的想法：要找到一种测定粒子相对重量的方法才行。

1803 年，道尔顿终于想到该怎样测原子量了。

以水为例，拉瓦锡通过实验证明了 100 份水中，约含有 85 份重量的氧、15 份重量的氢。遵循“简单”原则，道尔顿假定一个水分子是由一个氢、一个氧结合而成的。其中氢是最轻的元素，道尔顿将一个氢原子的重量定义为 1；这样就能计算出氧原子的相对重量约为 5.7。

有些元素之间可以按不同比例化合，道尔顿在计算原子量时，也认真考虑了。一个简单的例子：那时发现了碳的两种氧化物，一种约含 44 份碳和 56 份氧，另一种则含

28 份碳和 72 份氧。

初看这些百分比，似乎摸不到门道。但是稍加化简，前面这个比例约等于 4:5，后者约 4:10，后者所含的氧刚好是前者的 2 倍。

如果不用原子论，很难解释这种“倍比”现象，用原子论则太简单了：一种是一氧化碳，一个分子中只含一个氧原子；另一种则是二氧化碳，一个分子中含两个氧原子。

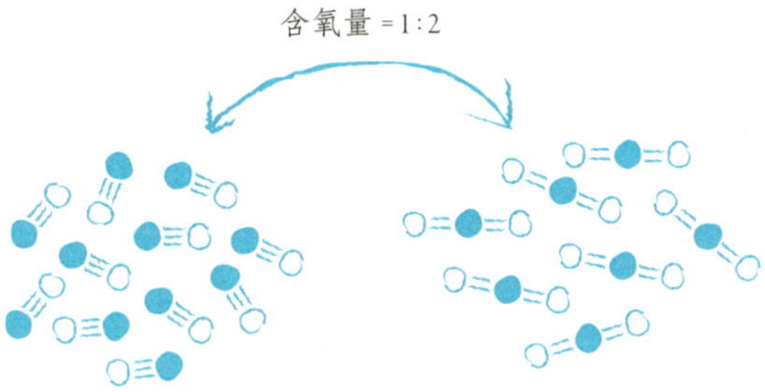

碳的两种氧化物

假设一个黑球重 4，一个白球比 5 重一点，则左边重量比 44:56，右边重量比 28:72，与实验数据相符。

元素按不同比例化合的现象，不但没给计算原子量的工作添麻烦，反而为科学原子论打下了坚实的基础。

1803 年 10 月，道尔顿在文哲学会公布了他制定的第一张原子量表，标志着科学原子论的成立。在学会上，道尔顿自豪地说："测定那些构成物质的最小粒子的相对重量，据我所知，还是一个全新的课题；我近来从事这方面的研究，并获得相当成果。"

1808年，道尔顿的代表作《化学哲学新体系》问世了，这本书系统地阐述了他的科学原子论。在书中，道尔顿用一个个小圆表示原子，以及由原子结合起来的分子；他的图形符号虽然看起来很形象，终究不便于使用，甚至有些像炼金术士遗风。瑞典大化学家贝采里乌斯欣赏原子论，决定提出一种简化的表示方法：取元素拉丁文名称的一两个字母来表示元素（还可表示该元素的1个原子）。这种表示方法简洁、方便，成了今天通用的元素符号。

由于道尔顿的"简单"原则在很多情况下都不对（比如水的分子式应该是 H_2O），再加上当时的实验有误差，因此道尔顿给出的原子量数值，和现在化学书上的很不一样。但瑕不掩瑜，原子量的测定在化学上有极重要的意义。

在化学作为一门科学诞生之初，海耳蒙特、波义耳为它引入了定量的研究方法，正是这种定量方法，在历史上成为科学进步的源泉；拉瓦锡抛弃了天平上称不出重量的"燃素"，领导了化学革命；道尔顿对传统微粒论的改革更温和，改革的思路，还是在"定量"二字上。

波义耳认为组成万物的微粒在本质上是相同的；道尔顿则断定，不同元素的原子在本质上有区别，将它们区分开来最主要的标准就是原子的重量。原子量的不同，决定了元素之间不同的性质。总体来说，在化学研究中，道尔顿的理论要准确许多。

为了表彰道尔顿的科学贡献，曼彻斯特市政厅里，竖起了一座道尔顿的雕像。小读者们，日后如果你有幸到曼彻斯特，请不要忘记在这里驻足，对道尔顿传达一种跨时空的敬意。

电化学的先驱戴维

一场讲座

设想这是1801年的一天，你是一位来伦敦的游客，正在城里寻找一些闲暇娱乐活动。你本想去看一场戏剧，却临时改变主意，决定到阿尔比马尔街上的皇家研究院听听讲座，看看有没有新鲜有趣的科学新进展。皇家研究院创立于1799年，旨在向普罗大众传授科学知识，特别是会介绍与日常生活有关的新技术、新发明，因此虽有“皇家”之名，却与高高在上的英国皇家学会大不一样。

你向一位听过讲座的朋友要了一张票，朋友却委婉地给讲座打“差评”：讲座虽然内容丰富，台上的教授讲起课来却老气横秋[①]，你听了可能会觉得没意思。

尽管朋友劝你不要来，出于好奇，你还是走进了会场。会场里，阶梯状排列的座位呈扇形，环绕着中央讲台。当

---

① 这里指皇家研究院的首任讲师托马斯·加尼特博士，他的讲座风评不佳。

你坐定时，很快意识到朋友描述的那位讲师已经被炒鱿鱼了。现在站在讲台上的是一位年轻人，他明亮的双眼闪烁着青春的光彩，洪亮的声音饱含着对科学的热爱；甚至不用管他具体在讲什么，光听声音，都感染了在场的所有人。这场讲座的主题是伽伐尼电学：当年轻人演示死去青蛙的肌肉抽动时，听众们都感觉到一丝诡异。但年轻人随即向听众揭开了谜底：原来肌肉抽动是电流的作用导致，该电流并非来源于生物体，而是出自两种金属接触时所发生的电池反应。就这样，科学之光驱散了神秘现象，科学理性回归到听众的心中。

你为这场精彩的讲座而倾倒，深感不虚此行。后来，当主讲人的名气在你的朋友中间传开时，你才知道，他的名字叫汉弗莱·戴维。

对电的最初研究

1801 年 4 月 25 日，戴维举办第一场讲座时年仅 22 岁，梦与诗歌伴随着这位年轻人，自由、愉悦的童年生活塑造了他富于创造力的个性。还在上学时，他就学会了写诗、讲故事。他最早接触到化学是和妹妹一起制作烟花时；18

岁时，他又读了拉瓦锡的教科书《化学基础论》，于是有志于从事化学方面的工作，让人们对化学的认识取得突破。

在布里斯托尔的“气体研究所”，戴维开始了他的科研生涯。这时的他已经显露出了不迷信权威、独立思考的特质。当时有一种很流行的观点：一氧化二氮对人体是有害的，当人吸入了这种气体以后，就会受到致命的伤害。戴维对这种说法表示怀疑，但他的行动不失谨慎，先用动物做试验证明该气体对动物无害，再在自己身上做试验。他意外发现，吸入这种气体会给人带来一种心情舒畅、麻醉的感觉，于是给这种气体取了个别名“笑气”。

关于“笑气”的研究使戴维变得小有名气，因此被邀请到皇家研究院当讲师。但在这段时间里，他更重要的发现其实是在电化学领域，而这些成果最终汇集成了 1801 年“你”听到的那场别开生面的讲座。

意大利生物学家伽伐尼曾在解剖青蛙时，将青蛙放在一块铁板上，当他用铜制的钩子挂住蛙腿神经时，惊讶地发现青蛙腿部的肌肉抽动了一下。伽伐尼误以为自己发现了“生物电”。他的同事，物理学家伏打验证过他的实验，却提出了不同的意见。伏打认为，电流是实验中用到的铜、铁两种不同金属相互接触时产生的。

为了证明自己的猜想，伏打发明了“电堆”：将许多铜、锌制成的圆形金属板堆叠在一起，中间再夹上浸有盐水的纸片（或布片），两端就生出电流——这是史上第一个电池。

伏打一开始可能预想，他的装置和起电机一样，能够分离静电，制造出一些间断的电流；但电堆实际上发出了强大、连续的电流，让伏打以及同时代的科学家们都大呼神奇。发明电堆的消息传开以后，很快有人利用这种新装置，将水分解成了氢气和氧气——通电使物质分解，这便是我们现在所说的电解。

读到这些新论文，戴维敏锐地意识到：将电的威力应用到化学研究之中，将大有可为。于是，他立即投身到这个新的研究领域，探索前人在实践和理论方面是否还有不足之处，不久后便有了收获。

伏打一直认为电堆中的电流仅仅是由于两种不同金属相互接触而产生的，戴维却证明不是这样：如果金属板之间的水中没有溶解氧气，电堆就不灵了；如果将水换成稀硝酸，发出的电力则更强。戴维提出，实际上电流是由于电堆中发生了化学反应而产生的；这种将电和化学反应联系起来的思路受到了普遍的重视和支持，也引领戴维登上新的科学高峰。

电解法发现新元素

一系列出色的科普讲座使戴维声名鹊起，1803年，他发表的一篇关于鞣革[①]技术的论文又巩固了他学者的地位。1804年，戴维入选皇家学会；1806年，他受邀在学会举办贝克讲座[②]。皇家学会专业讲座的受众和科普讲座可大不一样，会有许多国际知名的大学者光临。不过，27岁的戴维毫不怯场，除了他一贯自信以外，最重要的是在电化学领域，他已经积累了充分的研究成果，正适合找一个机会公之于众。

1806年的贝克讲座，他果然取得了成功。瑞典大化学家贝采里乌斯盛赞戴维的这篇演讲是“丰富了化学理论的最出色的研究报告之一”。戴维究竟讲了什么，获得了如此高的评价？原来戴维大胆地提出了一个观点：化学亲和力的本质是一种电力。

---

① 鞣革：指制造皮革。

② 贝克讲座：皇家学会为了纪念博物学家亨利·贝克（Henry Baker）而每年举办的讲座。

自古以来就有化学亲和力的概念：有些物质之间容易化合，有些则不易化合，这个概念要说明的无非是这件事。按照传统微粒论观点，组成万物的微粒的大小、形状不同；波义耳曾做过一个“锁和钥匙”的比喻，认为化学亲和力反映了两种微粒在结构上的“适配性”。但总体上看，这样的解释不尽如人意，拉瓦锡就觉得，当时涉及亲和力的理论，都没有充足的实验证据来支撑。现在戴维公布了一系列用电使物质分解的案例，勇敢地对亲和力的本质提出猜测，怎能不引起轰动？

戴维大胆假设，小心求证，在演讲中，进一步提出了检验他思想的实验方法：“如果化学结合具有大胆设想的这种特性，不管元素的天然电力有多么强，总不能没有限度，而人造仪器的力量似乎能无限地增大。希望新的方法（电解）能够使我们发现物体中真正的元素。”

什么叫“真正的元素”？拉瓦锡指出，古往今来的元素理论没有一个特别合适的，于是，他给出了元素的一种现代定义：如果一种物质用化学方法不能进一步分解，我们就叫它“元素”。但这种定义暗含推翻过去知识的潜力，随着化学实验室里的仪器不断增多，原先无法分解的物质，可能会在新的化学方法作用下分开，从而得到“真正的元素”。汉弗莱·戴维正是要做这样的事。

戴维想要分解的第一种物质是苛性钾（氢氧化钾）。皇家研究院里的伏打电堆，能找到的全被他找了过来，以便提供强大的电流。①

干燥的苛性钾固体是不导电的。一开始，戴维用苛性钾饱和溶液进行电解，结果发现只有溶液中的水分解了，此路不通。他改变思路，将苛性钾放在一只白金勺中，加热熔化。电池的一极接在白金勺上，另一极接了导线，导线伸入熔融的苛性钾中。

电解池分阴、阳两极：与电源负极相连的一极叫阴极，另一极叫阳极。现在我们知道，钾离子带有正电，会与阴极上的负电荷结合，还原成钾单质。这个实验中两个电极分别是白金勺、导线，这样看来，戴维只需要先接通电流，再观察阴极现象，就能“守株待兔”了。但事情真的如此简单吗？

导线作阴极时，一道火柱自导线与熔碱接触的一点升起，强光炫目，令戴维激动万分；但冷却下来，好像没有生成什么产物。综合思考这些现象，戴维判断：苛性钾的

---

① 戴维的实验流程看似并不复杂，但无论是强大的电流，还是有腐蚀性的苛性碱，不慎接触都会对人体造成伤害。请勿自行尝试。

确分解了，但分解产物一生成出来又立即烧掉了。

现在的局面，真是水攻不行，火攻也不行，科研中这样的困难是常事。还有怎样的办法，让苛性钾变得可以电解呢？ 1807 年 10 月 6 日，戴维灵光一现：将苛性钾在空气中暴露片刻，待表面吸收一点空气中的水分，不就具备了导电能力吗？他马上招呼助手准备实验。

这回他们用一个白金制的小盘换掉了之前的白金勺，作阴极。接通电流后，苛性钾开始熔化。只见盘底产生了带有金属光泽的、酷似水银的颗粒，有的颗粒一生成便炸开了，产生光亮的火焰；还有一些则完整地保留了下来，表面渐渐蒙上一层白色的薄膜。

这便是戴维苦苦寻求的钾单质了。据助手说，戴维看到了这一惊人的发现，欣喜若狂，竟然在屋子里跳起舞来。

戴维迅速将他的研究成果整理成文。时间十分紧迫，距离 1807 年的贝克讲座（仍然由他主讲）只有一个半月了！事实证明，他如期写完了稿件，在讲座上将自己的新发现公布了出来。这场讲座让他成为当时最有名的化学家。

运用电解法，戴维证明了拉瓦锡元素表上列出的多种“土”元素，其实都可以进一步分解。在不到两年的时间里，他运用这一方法，接连发现了 7 种新元素。

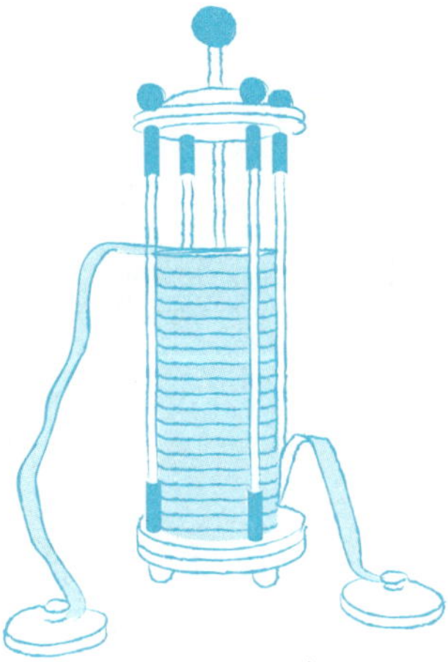

电解用到的“电堆”

发现新元素的轰动效应，促使贝采里乌斯将戴维提出的亲和力观点系统化，提出了物质是由阴阳离子组成的理论，这就是“电化二元论”。当时认为这种思想解决了几百年来的化学亲和力问题，戴维也一度被誉为化学界的牛顿。后来发现，“电化二元论”用于解释简单无机化合物的性质尚可，到有机化学里根本不管用。因此，与当年相比，戴维的名声如今稍稍黯淡下来，但作为从自然界中发现化学元素最多的人，他仍将被我们铭记。

分析太阳成分的本生和基尔霍夫

“药金”与烟花

每逢春节，烟花便会在夜空中绽放。望着半空中炸开的五彩缤纷的火花，你可曾想过这背后的科学原理？

《旧唐书》记载了这样一段故事：唐代炼丹术士、医生孟诜去看望他的朋友，当时的凤阁侍郎刘祎之。刘祎之的家中有御赐的黄金，孟诜看到后，感到很惊奇，对刘祎之说：“此药金也，若烧火其上，当有五色气。”意思是这种黄金是由炼金术炼制而成的，不是真正的金，把它放到火上，就会看到“五色气”。刘祎之一试，果然如此。后来武则天听说了这件事，认为孟诜学习方术丢了朝廷的面子，就将孟诜贬职。

这段故事不但有趣，更让我们知道：中国炼丹术士很可能早在唐代，就懂得使用“焰色反应”作为鉴别物质成分的工具了。

“药金”一般是含有铜的合金，灼烧时，其中的铜会将火焰染成蓝绿色，十分显眼。约莫过了一千年，“化学之父”波义耳同样发现了铜盐的这一性质。像这样，将一些元素（或其化合物）送入火焰，火焰就会呈现出一种特征颜色，这样的现象叫作“焰色反应”。

虽然西方化学家独立发现了焰色反应，但要将科学发现转化到实际应用中，并没有那么简单。这又体现出中国古代劳动人民的智慧。偶尔光临中国的欧洲学者对这里绚烂的烟花表演赞不绝口，一位法国文人评价道：“中国人怎样给火焰赋予不同的颜色，是他们制造烟花时最大的秘密。”早在南宋时，便有“放五色烟火”的记载。13 世纪阿拉伯学者哈桑的书中，记录了从中国传来的烟火制造技术，其中便提到，铜绿具有使火焰变绿的功效。这自然是出于铜的焰色反应的作用了。

由此可见，焰色反应这一科学原理既推动了分析化学发展，又带给了人们美的享受。

然而，纵观科学史，不少科学原理要与定量的研究方法相结合，才能发挥真正的威力。而进一步推进相关研究，最终“修成正果”的，是化学家与物理学家合作的典范——本生和基尔霍夫。

一封来信

1854 年，德国物理学家基尔霍夫收到了一封来自海德堡大学的信，他们俩的故事也由此开始。

看到信的内容，基尔霍夫喜出望外：海德堡大学聘请他当物理教授，工资比他现在所在的布雷斯劳大学高得多。再一看推荐人：罗伯特·本生。这个名字唤起了基尔霍夫的回忆。

3 年前，这位叫本生的教授曾来布雷斯劳访问过一段时间，基尔霍夫便是在那时结识了他。他们都对彼此的研究领域感兴趣，一个讨论物理学，一个讨论化学，相谈甚欢。短暂的时光也足以让两位学者建立深厚的友谊，自从分别以后，基尔霍夫一直期待与本生再见面。既然是老朋友的呼唤，自然要速速前行！

基尔霍夫初到海德堡大学时，引发了一场不大不小的轰动。同事们发现，本生倾情推荐的这位物理教授，竟然只是一位刚满 30 岁的年轻人，而且这位年轻人举止优雅，文静有礼。

本生和基尔霍夫经常一起在校园内散步，在假期里一同出游，还喜欢一起去海德堡的一家小剧院看戏。只看外表的话，他们走在校园的路上，怎么看都很不一样：本生高大健壮，个头在一米八以上，说起话来也活泼；基尔霍夫则害羞文静，总是默默地听本生说着各种有趣的事情，偶尔回应一两句。

基尔霍夫刚来海德堡大学不久，学校就给本生建了一栋新的实验楼。新落成的实验室里铺设了煤气管道，学生们都用煤气灯作加热器具。由于燃烧不充分，煤气灯的火焰很明亮，温度却不高，不能满足实验的要求。本生与一位实验助手改造了煤气灯的设计，发明了“本生灯”：在灯座上开一个气孔，让煤气完全燃烧，这样得到的火焰温度很高，又稳定。而且火焰本身接近无色，特别适合用来研究元素的焰色反应。

本生还想将焰色反应发展成一种系统的化学分析技术，最好是只要将一点样品送入火焰，就能马上知道其中含有的元素成分。但在研究过程中，本生很快碰到了难题：锶盐和锂盐燃烧时都呈红色，用肉眼难以分辨；若是几种物质混合在一起，则更看不出来了！

一次散步中，本生向基尔霍夫谈起自己的实验，以及实验中遇到的困难，基尔霍夫说：“本生，如果我是你的话，我就观察火焰的光谱。”

开创光谱分析法

关于光谱的研究最早可以追溯到伟大的科学家牛顿。他用三棱镜，将白光分解出彩色光带，并提出白光是由不同颜色的光组合而成的科学观点。听完基尔霍夫的解释，本生恍然大悟：将火焰发出的光透过三棱镜，它包含的不同颜色的光就会落到光谱上不同的位置，这样就将难以准确描述的“颜色”转换成了容易感知的“位置”。这一听就是个好想法！于是，一位化学家和一位物理学家展开了紧密合作。

一个天气晴朗的日子，物理学家基尔霍夫带上三棱镜和其他一些光学仪器，来到本生的实验室里，负责制造将不同颜色的光分开的“分光镜”。他的同伴，化学家本生，已经预备好了最纯净的化学物质，不让杂质干扰他们的分析。

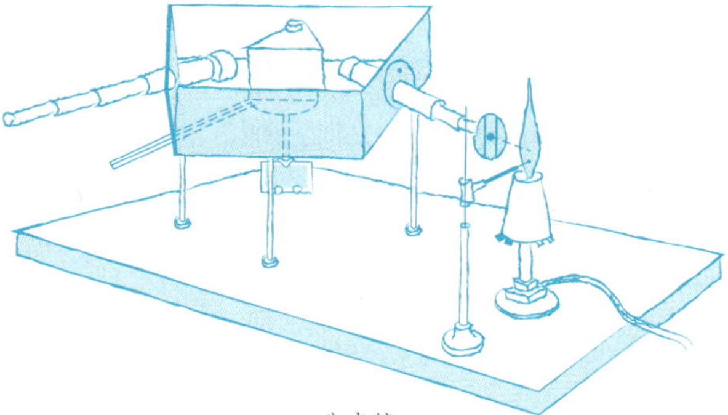

分光镜

待基尔霍夫安装好设备，本生将一点钠盐送进火焰灼烧，火焰随之变成了亮黄色。通过分光镜观察，基尔霍夫发现，钠的火焰的光谱中，黑色的背景上有两条明亮的黄线，其余便什么也没有了。本生换了几种钠盐，光谱还是不变。由此看来，这就是钠元素的特征谱线。基尔霍夫留意到：两条亮线的位置，恰好和太阳光谱中编号是 D 的两条暗线相同。

1814 年，德国物理学家夫琅和费[①]仔细观察太阳光谱时，发现其中有一条条的暗线。他给其中一些主要的暗线按光谱上从红到紫的顺序用字母 A 到 H 标了出来。关于这些暗线的成因，当时找不到合理的解释。为了不打扰本生做实验，基尔霍夫暂时放下自己的疑问，继续观测。

本生接下来将其他种类的金属盐放到火上。基尔霍夫看到，锂盐给出了一条红线和一条橙线，锶盐则给出一条蓝线和几段红色光带（展宽的谱线）。表面上很难区分的两种火焰，在分光镜下却分得一清二楚！有了这样的突破，本生已经在欢庆胜利了。

他们将这几种元素的光谱详细地记录下来。从今以后，

---

① 夫琅和费：请注意此处是一个人名，音译自德语 Fraunhofer。曾有同学学习物理时误认为这是两个人。

遇到未知的样品，只要放到火上烧一烧，再与记录下来的光谱相对照，就能立即知道样品中有没有这几种元素了。

收工之前，基尔霍夫决定再探讨一下“夫琅和费线”的问题。钠元素的特征谱线，在太阳光谱上是暗线，一明一暗，是不是说明太阳上缺少钠呢？基尔霍夫决定再做个实验，看看钠的黄光能不能“填”上太阳光谱中缺失的D线。一束明亮的阳光照进实验室，穿过钠的黄色火焰。当基尔霍夫用分光镜观察时，却大惑不解：两条暗线不但没被照亮，反而变得更黑了！

这个现象真的太奇怪了，基尔霍夫思考了一天一夜。待他摸索出暗线的形成条件，心中明晰起来。基尔霍夫提出：一种元素既发射自身特征谱线的光，也会吸收同样颜色的光。

如今，我们对原子结构有了深入了解，可以更好地表述基尔霍夫的发现：将元素放入火焰，元素原子外层电子会吸收能量，像跳台阶一样“跃迁”到能量更高的状态。不过，跃迁后的电子并不稳定，它们会马上回到之前的较低能量状态，这中间的能量差就以光的形式发射出来，即特征谱线。

如果将白光照到元素的气态原子上，原子上的电子会特别倾向于吸收该元素特征谱线的光，这是由于这种光和“台阶高度”相匹配。当然，这些原子还会将吸收的光再发射出来，不过这次的光发射向四面八方，大部分都到达不了我们的眼睛。所以在我们看来，特征谱线变暗了。

白光自太阳内部生出，穿过太阳大气时，太阳大气中的元素吸收了自身特征谱线的光，在光谱上留下了暗线。这样看来，太阳光谱中有暗线，正好说明太阳上含有钠!

基尔霍夫一讲，本生才意识到光谱分析法的厉害之处。牛顿证明宇宙中的天体和地球上的物体服从相同的运动规律，使得物理学统一了宇宙体系；但对于天体的化学成分，当时却知之甚少。观测光谱，不仅能分辨地球上的元素，还能让我们知道遥远的太阳上有哪些元素，而这一切都是在基尔霍夫小小的分光镜中看到的。

就这样，1859 年秋，一位化学家和一位物理学家携手，共同发明了光谱分析法。

化学家本生看到了光谱分析法在发现新元素过程中的潜力。1860 年，他们运用这一方法分析一种矿泉水时，发现分光镜中有两条美丽的蓝线。当时已知的元素都没有这样的谱线，所以他们断定，这一定是一种新元素，后来命名为“铯”。10 年间，有 5 种新元素都是通过光谱分析法发现的，这为 1869 年元素周期律的提出积累了重要的研究资料。

光谱分析法的故事并没有到此结束，在我们的下一个故事中，还有光谱的“戏份”。

元素周期律的发现者门捷列夫

门捷列夫的预言

1875年，法国化学家布瓦博德朗分析闪锌矿的成分时，看到了分光镜中的两条全新的谱线。他意识到，自己发现了一种新元素。他将新元素命名为“镓”，把它的一些性质简要记录下来，并在《法国科学院院刊》上公布了结果。

发现新元素的消息让布瓦博德朗收到了学者朋友们的祝贺，但法国科学院接到的一封来信，却令他非常惊奇。

原来俄国化学家门捷列夫写了一篇针对他论文的评论，评论中说，根据“元素周期律”可以预言出一种“类铝”元素的存在，布瓦博德朗刚刚发现的镓元素，很可能就是“类铝”。

读完这封信，布瓦博德朗一开始是不相信的。他想：这位俄国化学家连镓的样子都没见过，怎么可能比他还清楚镓的性质呢？不过布瓦博德朗是个有科学态度的人，看到信中列出了十几条“类铝”应该具有的性质，他设法逐条验证，还真的和镓的性质对得上。只有一点明显不同：信中说“类铝”的比重是5.9，而他初步测定镓的比重是4.7。是理论有错，还是他的实验出了问题？

为了谨慎起见，布瓦博德朗决定将镓进一步提纯，然后再测定，看看结果怎样。测定结果：镓的比重是5.935。正好与门捷列夫的预言相符。

证据确凿，布瓦博德朗深深地钦佩门捷列夫，不但和他成了好朋友，还主动向周围同事宣讲起元素周期律的科学观点来。关于元素周期律的论文很快被译成英文、法文，受到了国际上的关注。一些没听说过门捷列夫的科学家纷纷问起，他是谁？又是如何做出这一发现的？

门捷列夫的童年

1834年，德米特里·伊万诺维奇·门捷列夫诞生在西伯利亚的托博尔斯克城一个中学校长的家里。他们家生了十几个孩子，有的早早夭折了，在活下来的孩子中，门捷列夫是最年幼的。

门捷列夫出生的那一年，他的父亲伊万患病而双目失明，不能再担任中学校长的职务了。家境困苦，他的母亲性格刚强，一手经营起附近一家小玻璃厂，以此维持全家的生活。不管生活多么困难，母亲玛丽亚坚持要将孩子们送进学校，接受教育，成长为有文化的人。7岁时，门捷列夫进了本地的一所8年制学校，还算安稳地读着书，度过了童年时光。

中学快毕业时，噩耗一个接一个传来。1847年，他的父亲去世；1848年，玻璃厂失火烧没了，家庭失去了主要的收入来源。等到门捷列夫终于毕业时，他的哥哥、姐姐们多已离开家，谋生去了。为了让成绩优秀的小儿子门捷列夫得以深造，母亲克服了无数困难，将家搬到了圣彼得堡。

来到圣彼得堡，门捷列夫考进了父亲当年就读的中央师范学院。化学家沃斯克列先斯基在这里任教，门捷列夫很有可能就是听他的课，对化学产生了兴趣。沃斯克列先斯基的讲演被门捷列夫仔细地记录下来，手稿至今还保存在博物馆里。

入学后不久，门捷列夫最敬爱的母亲也逝世了。临终时，玛丽亚对门捷列夫说："不要幻想，要坚持工作，耐心地寻求科学的真理吧……"门捷列夫对此感触颇深，因此在余生中，他一直秉持科学上的深入钻研精神，不懈努力。

没有了父母的陪伴，16 岁的门捷列夫孤身一人，踏上了艰辛的科学道路。

德国留学记

功夫不负有心人。经过几年的刻苦学习，门捷列夫以十分优异的成绩从中央师范学院毕业了。1856 年，他又在圣彼得堡大学拿到硕士学位。此后，门捷列夫教了两年的书，直到 1859 年初，他光荣地获得了为期两年的国家公派留学机会，便动身前往德国海德堡，投入研究工作。

当时有一些著名的科学家在海德堡大学任职，如本生、基尔霍夫等。本生亲切地接待了门捷列夫，让他加入了课题组。

门捷列夫刚一开始工作，就遇到了麻烦。学校给本生新建的实验室，当时真的很先进——有管道煤气和自来水，都是别处少有的。但说到实验室里的通风橱，就不尽如人意了，不但吵，通风效果还不好。再加上旁边有人在分析“臭”名远扬的含硫化合物，通风效果不好的问题就更严重了。

门捷列夫受不了身旁的烟气和噪声，无奈之下，他将他的公寓改造成了一间属于自己的小实验室。在这里工作终于可以不受人打扰，他高兴极了。当时，本生研究焰色反应，正碰到难处，也没能抽出太多精力关照新来的门捷列夫。

门捷列夫十分珍惜这次出国学习的机会，一方面结交朋友，一方面认真搞研究。他在学化学的同学中，意外认识了一位王子的私生子——鲍罗丁。鲍罗丁后来成为浪漫主义作曲家，一生都和门捷列夫是好朋友。

两年间，门捷列夫做出了许多漂亮的研究，比如他研究取得突破的“临界温度”问题。当时人们观察到，对于氧气、氮气等气体，（在常温下）怎么加压都不会液化。对这一现象的研究可以追溯到17世纪炼金术（化学）时代：炼金术士海耳蒙特认为，组成万物的“普遍质料”是水，意思是万物都是由水转化而来的，唯一的例外是空气。因为他发现，即使在最寒冷的冬天给空气加压，都不会使其凝结成水元素。炼金术的时代早已过去，对一些气体无法液化的现象，仍然没有很好的理论解释。

在门捷列夫的一篇论文中，他提出了“临界温度”的概念：当气体温度高于临界温度时，无论施加多大压力，都不能变为液体[①]；将气体冷却到这一温度以下，则有望液化成功。这个科学结论使人们恍然大悟，调整思路，果然液化了这几种气体。门捷列夫为科学界解决了一大难题。

1860 年 9 月，全世界第一次国际性化学会议在德国卡尔斯鲁厄举行。这次会议在化学史上具有极重要的意义，怎么强调都不为过。参会者有：提出有机化学结构理论的凯库勒、发明光谱分析法的本生、“微生物学之父”巴斯德……可谓是“众星云集”。

在德国留学的门捷列夫也有幸随他的导师本生来参会。会议主要讨论了原子、分子等化学基本概念。

科学原子论的创立者道尔顿显然没想到，很多常见气体元素（如氧气）的一个分子是由两个原子组成的。因此，对于元素的原子量，与化合物的分子量，化学家们长期分不清，而这造成了一系列非常奇怪的理论问题。会议无法达成共识而即将结束之际，意大利化学家坎尼扎罗以小册子形式散发了他写的《化学哲学教程提要》，对科学原子论作了重要的完善。会议后，以 H=1、C=12、O=16 为基

① 现在，在工业应用中，反而会特意给临界温度以上的气体加高压，使气体进入“超临界流体”的状态——性质介于气体和液体之间，在萃取操作中发挥了很大作用。

础的现代原子量数值，渐渐被广为接受了。

参会后的门捷列夫收获巨大。对原子量的统一标准，正是他未来得以发现元素周期律的关键。

天下没有不散的筵席。1861 年，两年的公派留学时间到了。虽然门捷列夫的确取得了不少研究成果，但他申请延长出国的时间并未获得批准，只得启程回国。他的好朋友们听说了消息，为门捷列夫举办了一场欢送会，他深受感动。在回程的路上，门捷列夫噙着泪水——海德堡成了他亲切的回忆。

发现元素周期律

门捷列夫回国后，主要工作是著书、讲课，并在理论化学方面进行研究。

1867 年 10 月是门捷列夫科学生涯的转折点，当时他担任了圣彼得堡大学的化学系主任，并发现缺少一本合适的教科书，于是决定自己编写《化学原理》。在写书的过程中，他在编排章节顺序时，渐渐看出元素之间的规律性。

在门捷列夫之前，也有不少化学家研究过这种规律性。

1829 年，德国化学家德贝赖纳提出了“三元素组”观点，把三种性质相似的元素划分为一组，一共有锂、钠、钾，氯、溴、碘等4组。每组中，处于中间的元素的原子量，差不多是前后两种元素的原子量的平均值。然而更进一步研究，其他化学元素并不满足这些关系，所以并没有引起化学界的重视。

1865年，英国化学家纽兰兹又提出了“八音律”：他按原子量递增顺序，将元素排列起来，选一个元素往下数；每到第八个元素，就和第一个元素在性质上有相似之处。这个想法当时未被接受，甚至遭到了人们的笑话，气得纽兰兹转而研究制糖工业去了。

为了进一步将已知的化学元素进行分类，门捷列夫发明了一种给自己玩的桌游“元素接龙”：在卡片上写上元素符号，一同写上的还有原子量和其他性质，采用各种不同的分类方法对这些卡片进行排列，看看哪种排法最有规律。当他按原子量大小排列时，发现了元素的性质呈现出周期性的变化规律，但有一点让他惊奇：在元素之间留出一些“空位”时，整体和规律性吻合得最好。

有了指导思想，门捷列夫深入钻研原子量问题，修订了当时一些错误的原子量，终于在1869年2月编成了第一张元素周期表。1870年—1871年，门捷列夫将自己的成果

ОПЫТЪ СИСТЕМЫ ЭЛЕМЕНТОВЪ,

ОСНОВАННОЙ НА ИХЪ АТОМНОМЪ ВѢСѢ И ХИМИЧЕСКОМЪ СХОДСТВѢ.

			Ti = 50	Zr = 90	? = 180.
			V = 51	Nb = 94	Ta = 182.
			Cr = 52	Mo = 96	W = 186.
			Mn = 55	Rh = 104,4	Pt = 197,4.
			Fe = 56	Ru = 104,4	Ir = 198.
			Ni = Co = 59	Pl = 106,6	Os = 199.
H = 1			Cu = 63,4	Ag = 108	Hg = 200.
	Be = 9,4	Mg = 24	Zn = 65,2	Cd = 112	
	B = 11	Al = 27,4	? = 68	Ur = 116	Au = 197?
	C = 12	Si = 28	? = 70	Sn = 118	
	N = 14	P = 31	As = 75	Sb = 122	Bi = 210?
	O = 16	S = 32	Se = 79,4	Te = 128?	
	F = 19	Cl = 35,5	Br = 80	I = 127	
Li = 7	Na = 23	K = 39	Rb = 85,4	Cs = 133	Tl = 204.
		Ca = 40	Sr = 87,6	Ba = 137	Pb = 207.
		? = 45	Ce = 92		
		?Er = 56	La = 94		
		?Yt = 60	Di = 95		
		?In = 75,6	Th = 118?		

第一稿元素周期表（1869 年）

加以改进、补充，正式将他发现的元素之间的规律性命名为“周期律”。1871 年他公布了第二张元素周期表，还十分详细地推断出了三种未知元素“类硼”“类铝”“类硅”的物理、化学性质。

门捷列夫在第一张元素周期表中，将化学性质相似的元素（一族）横着排列，与今天化学书上的形式很不一样；

Ti=50
V=51
Mo=96
Fe=56
Nb=94
W=186
Mn=55

他在第二张元素周期表中则将一族元素竖排，人们看起来更易懂了。

一个理论，要称之为科学的理论，除了需要“解释力”（解释我们所知道的事），还应当具有“预言力”（预言我们还不知道的事）。预言新元素，正是元素周期律的伟大之处。1875 年，布瓦博德朗发现了门捷列夫预言的“类铝”（镓），引出了本文开头的故事，这是元素周期律初次展现威力。1879 年，发现了预言的“类硼”（钪）；1886 年，又发现了“类硅”（锗）。门捷列夫的预言一一得到证实，元素周期律的正确性基本上得到了认可。

尾声

早在门捷列夫正式提出元素周期律之前，一位学生听过他的课，回忆说：“过去学化学，感觉有许多需要死记的零碎事实，难以接受。可是在门捷列夫那里，我开始认识到化学是一门丰富生动的科学。”在极为重要的自然规律——元素周期律发现之前，无机化学中零碎的事实堆砌在一起，没有一点系统性；这对于想要学习、运用化学知识去解决生产技术问题的人们，造成了很大的阻碍。元素周期律的发现和提出，给化学带来了统一的体系。因此，我们说这一规律的发现，是化学发展史上的里程碑。

有趣的是，几乎在门捷列夫发现元素周期律的同时，一位德国化学家尤利乌斯·洛塔尔·迈耶尔也独立发现了这一规律。1860年的风云际会，简直像是专门为确立元素周期律而召集：门捷列夫和迈耶尔同时出席了卡尔斯鲁厄会议，了解到对科学原子论的完善工作，并在此基础上，各自探索出了原子量与元素性质的关系。

1882年，两位化学家共同获得了英国皇家学会的戴维奖章。

发现“太阳元素”的洛克耶

神秘的“太阳元素”

1868年8月18日，日全食。前来观测的天文学家们，除了在行李中带上望远镜、相机、日食眼镜[①]，还纷纷配备了1859年由基尔霍夫发明的分光镜。他们要做什么？

不到10年前，本生和基尔霍夫发明了光谱分析法，这一方法因使用便捷、效果强大，迅速为世人所接受。然而，为了解释太阳的光谱线，基尔霍夫提出了太阳周围有大气的观点，这就让一些天文学家有异议了。

基尔霍夫说，太阳有一层大气，大气中的元素会吸收一部分光，这样一来光谱上就留下了暗线，又叫“吸收线”。想法好是好，但真的有这样一层大气存在吗？对于追求严谨的人来说，还是要亲眼观测到太阳大气，才能信服。

---

① 日食眼镜：观测日食时，必须要戴具有防护作用的观测眼镜，否则会灼伤眼睛，严重时会导致失明。

“食甚”时刻来临，太阳被完完全全地遮住了。只在这短暂而宝贵的几分钟里，天文学家们可以摘下观测眼镜，用他们的“新帮手”——分光镜对太阳做研究，并有令人惊叹的发现：一观察到太阳周围的深红色、云一样的物体“日珥”，光谱上就浮现出了明亮的谱线，这是化学元素发射出来的谱线。再一看，这些发射线中有许多还是跟太阳光谱中的吸收线一一相对。

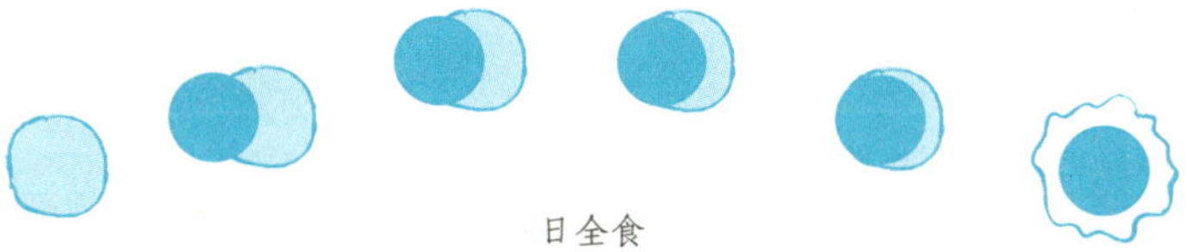

太阳大气一直都在太阳周围，
但只有阳光被遮挡时才容易看到。

这正应了基尔霍夫提出的“吸收–发射过程”：太阳大气中的元素将一部分光吸收后，发射向四面八方去了，而且吸收、发射的光是同样的颜色，对应的是元素特征谱线的颜色。

确认了太阳有大气，大家开始辨认起太阳大气中的元素来。光谱上有氢、钠、镁……

此时，一条黄色的谱线被大家归为钠元素的特征谱线

（又叫“D线”），没人觉得有什么异常。

正当人们齐心协力地观测太阳大气时，故事的主角，英国天文学家诺曼·洛克耶却不在场。他正躺在病床上休息。1868年夏天，洛克耶不幸生病了，结果错过了观测日全食的机会。虽然遗憾，洛克耶倒不担心自己的科研进度会落后。精通光谱技术的他，有自己的“独门绝技”。

为什么要特意等到日全食的场合，观测太阳大气呢？原来平日里天空的散射光过于明亮，太阳大气“沐浴”其中，几乎看不到。

然而，苦等日全食让天空变黑暗实在太过麻烦，洛克耶提出：分辨率足够高的光谱仪，可以无视天空的干扰，直接探测到太阳大气的光谱，不需要再等待日食了。

为了实现自己的想法，洛克耶申请资助，英国政府也认为他的提议靠谱，便发给他科研基金，让他制造所需的仪器。1868年10月，洛克耶休养好身体，光谱仪也顺利完工。

回到实验室，洛克耶有了一个重要的发现：太阳大气发射的光中，众人识别成钠元素D线的黄色谱线，其实和D线并不完全重合；实际上，这条谱线和基尔霍夫记录的任何一种元素都不重合。这意味着——太阳上有一种新元素！

经过几年的深入研究，洛克耶鼓起勇气公布了自己的发现，将这种新元素叫作“太阳元素”[①]。“太阳元素”的发现激起了许多争议。有的人认为，这种元素只存在于太阳上，地球上是找不到的；也有的人分析说，证据不足，不承认这个发现。

种种谜团，还要再过 20 多年才能真的解开。

科学教育的倡导者

发现“太阳元素”时，32 岁的洛克耶是一名公务员，并没有接受过正规的科学教育，却做出了相当优秀的科学成果。洛克耶出生于 1836 年，他的父亲是药剂师，又是一位热情的科学爱好者，发表过科普演讲。洛克耶从小耳濡目染，学到了不少科学知识。

1860 年左右，一位朋友邀请洛克耶去家里做客，向他展示自己买的制作精良的天文望远镜。洛克耶用过之后，被星空的美丽深深打动。他的科学生涯从此开始了，从观测太阳、月亮做起，一路做到了当时最尖端的光谱学。

---

① 太阳元素：也就是氦。英文中的“氦”（helium）一词就来源于赫利俄斯（古希腊神话中的太阳神）。

NATURE

英国的维多利亚时代（1837 年—1901 年），科技发展迅速，有许多标志性的事件：1851 年，维多利亚女王成功举办了万国博览会，集中展示了工业革命取得的一系列成果；1859 年，英国生物学家达尔文发表了《物种起源》，引发了巨大反响，科学终于摆脱了宗教的束缚。人们对科学的进步充满信心，与之相对的却是，英国的学校里，科学教育很不充分，和其他一些国家产生了落差。当时深刻影响了化学研究思路的几位科学家，如本生、门捷列夫等，都是由德国培养出来的。

结合自身经历，洛克耶当然明白科学教育的重要性，于是，他决定做点什么，改变这一现状。

如今，世界上最权威的学术期刊，非《自然》《科学》二刊莫属。但当我们去读这两本久仰大名的杂志时，可能会发现一件稀奇的事：上面刊登的不少文章并不是严肃古板的研究报告，而是通俗的科普文章。若是了解杂志背后的故事，就不会对这件事感到奇怪了，创办《自然》杂志的人，正是科学教育的倡导者——洛克耶。

1869 年，发现“太阳元素”之后不久，洛克耶就带上一份出版计划，联系到了另一位科学爱好者，出版商麦克米伦。两人一拍即合，决定创办《自然》。洛克耶提出，这份期刊的办刊宗旨首先是“将科学研究和科学发现的重大成果呈现给公众”，其次才是帮助科学家，为他们探讨问题提供交流平台。这一宗旨，体现了洛克耶对于科学传播的良苦用心。刚一创刊，他就得到了科学界朋友们的大力支持。

洛克耶喜欢争论，也在期刊中为读者争论提供了自由的平台，一些学者因此不喜欢他。但我们不要忘了，科学离不开质疑。在摆事实、讲道理的基础上，争议同时也是科学前进的动力之一。

周期表上的新成员

1895 年，洛克耶年近花甲，离他初次观测太阳大气已过去了 20 多年。洛克耶成了一名光谱专家，著作甚丰，但“太阳元素”仍是一个谜。这时，他收到了英国化学家拉姆齐的来信。对这位英国化学家朋友，洛克耶很有印象。

3 年前，英国物理学家瑞利勋爵正在做精密测量气体密度的实验，用两种不同方法提纯氮气，却发现密度有差异。他没有找到问题出在哪里，只好给《自然》杂志社投递了一封求助信：“近来关于氮气密度的研究结果使我百思不得其解……”拉姆齐看到这封信，便和瑞利勋爵合作展开了研究。

1894年，他们宣布：密度的差异来自氮气中混杂的一种密度大、性质不活泼的气体“氩”。洛克耶听说了这一成果，心中很欣慰。他创办《自然》的初衷，就是促进科学问题的交流。他提供的论坛真的让科学家们得以合作，推动科学进步，洛克耶顿时感到他辛苦担任主编工作是值得的。

新的一封信中，拉姆齐说，他又在铀矿石中发现了一种神秘的气体。但是他没有精密的分光镜，对气体的成分不敢确定，所以寄来样本，请光谱专家洛克耶来鉴定。洛克耶看到信，欣然答应了朋友的请求。

将气体充入一只玻璃管内，两端加上电压，管中的气

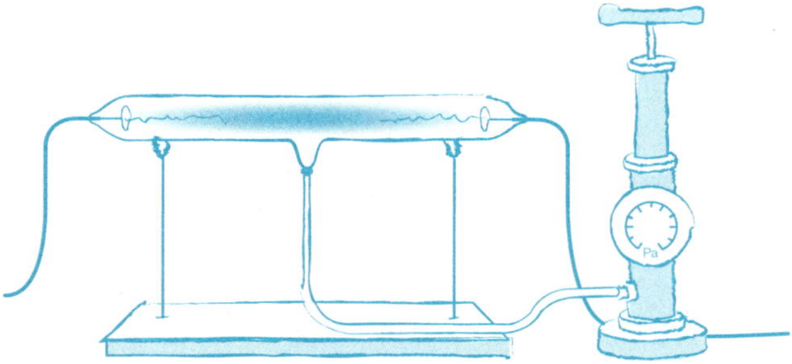

发光的放电管

体便会发光。科学家一般用这种方法测定气体的光谱，城市里闪烁的霓虹灯也是用这一原理制成的。

观察光谱时，洛克耶发现气体发射出一条黄线，位于钠元素 D 线的旁边；进一步比对，洛克耶意识到，这和他 1868 年在太阳大气中看到的“太阳元素”的谱线完全一样！

“太阳元素”在地球上找到了！

洛克耶急忙与拉姆齐联系，告之这一惊人发现。洛克耶本人没有想到的是，“太阳元素”的确证，只是化学史上的一块拼图。进一步研究发现，“太阳元素”和前一年发现的“氩”一样，性质都很不活泼，在诸多方面都具有共同特点。

正像洛克耶的发现 20 多年来不受认可一样，发现“氩”之后，拉姆齐也是面对来自各方的质疑。当时他宣布“氩”是一种新元素，元素周期律的发现者门捷列夫一听说这事，马上拍了一封电报过去，说拉姆齐的结果不对。

门捷列夫不想承认“氩”是元素，也是情有可原的：元素周期表上，已经没有空位留给“氩”了。但元素周期表上也没有“太阳元素”。

将它们结合起来考虑，事情就明朗了。几年后，门捷列夫意识到，氦、氩两种元素的发现[①]，不是对元素周期律的破坏，而是对它的完善——周期表可以另开一列，容纳这些元素。

当时周期表每一列的名字是由元素化合价决定的，分Ⅰ到Ⅷ族。周期表上的这一族新成员，最大的特点是几乎不发生化学反应，没有化合价，我们称作“0 族”元素，历史上又叫“惰性气体”。

元素周期律得以完善，门捷列夫心满意足。至于这个故事里的其他人，也各有收获。“太阳元素”确证后第 2 年，英国女王授予洛克耶爵位；瑞利和拉姆齐则获得了 1904 年的诺贝尔奖。

① 关于氦的发现，本文中有一个遗留的问题。为什么太阳大气中的氦有一条明亮的发射线，太阳光中却没有对应的吸收线？仔细想一想，这和基尔霍夫的太阳大气理论是不符的。历史上的科学家答不出来，这个问题远远超出当时科学的发展水平。其原因是，产生谱线的物理机制不同，详见《中国大百科全书·天文学》“复合线”词条。

硝化甘油炸药的发明者诺贝尔

波折的成长路

阿尔弗雷德·诺贝尔的童年是在不安定中度过的。他父亲老诺贝尔是一位杰出的发明家、工程师，曾在瑞典建起过桥梁和大楼，但他做起项目来似乎从不考虑经济条件，这使得家里的抗风险能力很糟糕。在小诺贝尔出生前，一场大火把他们家的产业烧掉了，老诺贝尔破产了。

为了躲债，父亲竟一个人跑到国外去，另寻出路。这可苦了诺贝尔的母亲安德里埃特，家中除了小诺贝尔，还有两个更年长的孩子。她在几位有同情心的朋友的帮助下，开了一间小商店，卖牛奶、蔬菜，勉强维持了自己和孩子们的生活。小诺贝尔年少时体弱多病，有了母亲的悉心呵护，他才平安长大。

诺贝尔的父亲看似不负责任，但他手里真的有一项“秘密武器”：水雷。他曾将这项发明献给祖国的军方，没想到他们对此一点也不感兴趣。辗转到俄国圣彼得堡时，他又向一位政府官员展示了水雷的威力。终于，在俄国，他的发明得到了应有的重视。老诺贝尔收到了一笔奖金，建起了新的机械厂，生活渐渐好了起来。他可以派人去接自己的家人来俄国了。

小诺贝尔 9 岁时，一家人搬到圣彼得堡，他终于又见到了自己的父亲。一家人重新团圆，度过了幸福的几年。

赚到了钱，老诺贝尔挺直身板，将他在瑞典欠下的债款一一还清，小诺贝尔和哥哥们也受到了良好的教育。父亲没有让他们去学校上学，而是请来了很有名气的家庭教师，在家里读书。教他们化学的是俄国著名的有机化学家济宁，这位教授后来成了元素周期律的发现者门捷列夫的好朋友。

17 岁时，小诺贝尔长成了一位拥有丰富知识的青年。在老师指导下，他打下了化学的基础，会说好几门语言，还对写诗感兴趣。老诺贝尔欣赏他好学而勤奋的品质，却又专横地认为写诗的爱好纯属不务正业。他决定，将小诺贝尔送去留学，进一步学习工程技术，以后好一起干事业。至于当个作家，那是想都别想了。

小诺贝尔出国时，先是去法国巴黎学化学，又去美国找一位工程师学技术，沿途还经过他的祖国瑞典等国家。

1852 年，小诺贝尔被父亲叫回俄国工作。随后爆发的克里米亚战争，使他们家发了一笔战争财。当时俄国的军队急需武器装备，老诺贝尔的工厂接到了大批国家订单，水雷更是在战争中抵御了英法舰队的进攻，但这样都没改写俄国战败的结局。战后，俄国砍掉了订单，老诺贝尔的工厂顿时陷入了资金链断裂的困境中，只得宣布破产。老诺贝尔又搬回了瑞典去。为了东山再起，他开始研究一种物质——硝化甘油。

硝化甘油炸药

1847 年，意大利化学家索布雷罗第一次制出了硝化甘油，这是一种多么危险的物质啊！实验中，索布雷罗将一点点硝化甘油放到一支试管里加热，结果发生了猛烈的爆炸，碎玻璃深深地刺入了这位化学家的手上、脸上，还伤到了房间里其他的人。

炸药受到外界能量作用而爆炸，有不同的敏感程度，简称“感度”。外界能量形式不一，炸药也有火焰感度、冲击感度等。中国古代炼丹术士发明的黑火药，有个优点：

它只要点燃，便会迅速燃烧，以致爆炸，在战场上效果稳定。硝化甘油的性质则比较奇怪：它难以稳定地点燃，有时会产生巨大的爆炸，有时却没反应；但它的冲击感度却非常高，可能不小心受到磕碰，就炸了，在加工和运输中都极不安全。

克里米亚战争开始时，诺贝尔的老师济宁向诺贝尔父子演示了硝化甘油的威力。他把几滴硝化甘油滴在铁砧上，用锤子敲击，产生了响亮的爆炸，让年轻的诺贝尔深感震撼。济宁教授指出：这种物质爆炸的威力很大，如果将它用作炸药，一定很有前途，但却需要克服一系列的困难。

诺贝尔留学时，可能听说过硝化甘油的发现，但在济宁教授的演示实验中，他才第一次见到实物。简单来说，摆在诺贝尔面前的困难有两个：一是怎样让它该炸的时候炸；二是怎样让它不该炸的时候不炸。

战争期间，济宁教授做了一些将硝化甘油用作武器的尝试，但没做出成果来。尽管如此，诺贝尔父子仍相信这种物质大有前途，因此老诺贝尔回到家乡，又建厂生产起硝化甘油来；暂时留在俄国的小诺贝尔也独立做起了相关的研究。

1862 年，父子俩的研究都有了一些突破。先是年初，

老诺贝尔提出将硝化甘油与传统的黑火药相混合的思路，他认为这样既便于点燃，又增加了爆炸的威力。这个想法看似不错，但小诺贝尔收到父亲的信后，进一步实验发现，这样制造出的炸药不耐存放，放一两个小时，硝化甘油被黑火药中的木炭所吸收，竟然炸不起来了。

小诺贝尔想道，父亲用黑火药引爆硝化甘油，这个思路本身并没有问题；但是要加以改进，不是将两种物质混合起来，成分相互干扰，而是将两种炸药既放到一起，但又分隔开。

1862 年，小诺贝尔首次试验：将一个装有硝化甘油的小管，放到一个填进黑火药的大管里。诺贝尔点燃黑火药，将整个“炸弹”丢进一条水渠里，轰的一声，地面摇晃了起来，威力比仅使用黑火药时还要大，这说明硝化甘油引爆成功了。1863 年，他回到瑞典，和父亲交换了意见，继续推进研究。年底，他将研究成果加以改进，仅用少量黑火药，便点爆了较多的硝化甘油。用少量容易引爆的炸药（起爆药），进一步引爆具有更大威力的炸药，这样的装置叫“雷管”，是阿尔弗雷德·诺贝尔独创的。

阻碍硝化甘油投入应用的第一个问题“怎样让它该炸的时候炸”，被 30 岁的诺贝尔圆满地解决了。而那尚未解决的第二个问题，马上让他们家付出了代价。

1864年9月3日，一间新建的硝化甘油车间爆炸了，数人在这起事故中丧生，其中就有诺贝尔的弟弟埃米尔。听到这则消息，诺贝尔的父亲悲痛欲绝，得了中风，卧床不起。住在诺贝尔工厂附近的人也纷纷抗议，毕竟谁都不想住在一只炸药桶边上。诺贝尔不得不把实验仪器搬进一艘驳船，在远离人烟的湖面上，继续开展对硝化甘油的研究。

不得不指出的是，这位大发明家一开始想出的增加硝化甘油安全性的方法纯属治标不治本，例如，使硝化甘油的生产地靠近使用地，这样就能减低运输过程中的风险——基于这个思路，诺贝尔设法到世界各个国家建厂，减少了多少风险不好说，倒是有效打开了销路。但事故还是接连不断，诺贝尔终于醒悟过来，该负起责任，解决这一问题了。

几年前，他就注意到，硝化甘油被木炭吸收，似乎失去了炸药的性质。但他惊喜地发现，实际上，用雷管是能引爆这种物质的，而且威力还不小，看起来硝化甘油的威力“锁”在木炭中，而雷管将它重新释放了出来。用这个思路，也许就能达到“不该炸的时候不炸”的目的。

有这样一个故事：一个装硝化甘油的桶坏掉了，硝化甘油从桶里漏了出来，却被垫桶的硅藻土吸了进去，没有发生事故；诺贝尔研究后，发现这样得到的东西性质稳定、柔软可塑，于是发明了安全炸药。

其实上面这个故事是假的，被诺贝尔本人驳斥过。一想到提高炸药安全性的思路，他就动手做实验，用木炭还嫌不满意，又试验了几种疏松、多孔的物质，最后才敲定硅藻土。与故事相比，安全炸药不是意外之喜，而是爱迪生所说的“百分之九十九的汗水”的成果。

诺贝尔在公开场合做了几次演示，安全炸药一炮而红，诺贝尔公司的风评也有所回升。有了安全的硝化甘油炸药，开山、碎石要容易多了。诺贝尔后又发明了“炸胶”等产品，生意越做越红火了。

诺贝尔的遗嘱

如今更多人听说诺贝尔的名字可能是通过“诺贝尔奖”，这是根据诺贝尔1895年的遗嘱设立的奖项，表彰“对人类作出最大贡献”的人士。

诺贝尔为什么要设立这样的奖项呢？按人们广为接受的说法，可能是两件事结合起来的产物。

1888 年，诺贝尔的一位哥哥路德维希去世了，但粗心的报纸将这位哥哥与诺贝尔本人搞混了。诺贝尔一看报纸，上面竟然登着自己的讣告，大标题写着"'死亡贩子'死了"。诺贝尔气得把报纸摔在地上，大喊："我不是'死亡贩子'！我不是'死亡贩子'！……"

等他冷静下来，开始反思自己的一生。诺贝尔公司卖了无数份炸药出去，其中有相当一部分变成了夺去他人生命的军火。诺贝尔意识到，要想赢得一个好的身后名，应当用自己的遗产，真正地做些造福人类的事。而设立诺贝尔奖，激励人们不断进步，就是他做出的决定。

在诺贝尔的一生中，他对物理、化学、生物三门学科都感兴趣，还有一个年少时被父亲否定的文学梦，这些都反映到了诺贝尔奖的奖项设置中。余下的一个奖项则显得较为独特：和平奖。因为有这样一位女子，让他关注到了和平主义者存在的社会意义。

1876 年，诺贝尔曾招过一位秘书，前来应聘的竟是一位贵族女子——贝尔塔·金斯基女伯爵。她谈吐优雅、学识渊博，诺

诺贝尔奖奖牌

贝尔对她一见倾心。遗憾的是，贝尔塔小姐已有婚约，不久后便回奥地利结婚去了。但她和诺贝尔相互欣赏，终身保持书信联系。诺贝尔晚年，贝尔塔成了一名极有影响力的和平主义者，特别是 1889 年创作了反战小说《放下武器！》，一定程度上破除了当时盛行的军国主义思想。和她的交往，很可能促成诺贝尔设立了和平奖。

1896 年，诺贝尔平静地离世了，他一年前立下的遗嘱公之于世。几经周折，诺贝尔基金会成立了，从 1901 年开始颁布诺贝尔奖，延续至今。

贝尔塔于 1905 年荣获诺贝尔和平奖，成了第二位女性获奖人，而第一位，则是我们接下来要介绍的居里夫人。

两次获得诺贝尔奖的居里夫人

冲破阻碍

1867年，一位叫玛丽亚·斯克洛多夫斯卡的女孩出生在波兰华沙。那时候，她的祖国遭到列强瓜分，波兰这个国家在世界版图上被抹去了。

玛丽亚的父母均是著名教师。家中有一位哥哥、三位姐姐，玛丽亚年纪最小，学习却最好。她的父亲斯克洛多夫斯卡先生在一所中学教物理和数学。父亲的柜子里摆满了玻璃试管、小天平、矿物标本……他常带着这些东西进教室，可是，自从学校里减少了科学课程的课时数，他就不带了。玛丽亚望着这些各式各样的仪器，心中充满了好奇——这是她对科学最早的认识。

玛丽亚出生时，家境尚好，过了几年，则急转直下了。母亲患了当时的“不治之症”肺结核，父亲又被俄国上司降了职。一时求财心切，父亲竟胡乱投资，结果投资失败赔光了家中的全部积蓄。为了谋生，父亲只好办起私塾来，收寄宿学生，家中变得吵吵闹闹。

即使在这样的环境下，年少的玛丽亚读起书来，还是全神贯注，这使她非常快乐。毕竟原先不明白的事情，看过书以后就知道了。

玛丽亚的姐姐们看到她认真读书的样子，淘气地在她身边搞恶作剧，看能不能使她分心。结果发现，玛丽亚沉浸于书中，压根儿注意不到旁边的人在搞什么。姐姐们不禁感到惊奇。

玛丽亚 15 岁中学毕业，成绩优异，还获得一枚金质奖章。她的哥哥姐姐们此时也长大了。哥哥约瑟夫进了大学的医学系，每每向她们讲起大学的生活，姐姐们既为他感到骄傲，又对沙皇统治下，女性不得进入高等院校的现状愤愤不平。

关于这个问题，姐姐布罗尼亚特别有发言权。在那个年代，她们想读书，是多么不容易啊！玛丽亚曾与布罗尼亚一道，参与波兰爱国人士秘密组建的“流动大学”，这是私人住宅中的聚会，有年轻的革命者参加，为了防止俄国沙皇找麻烦，地点经常变换。只有在这里，才有人教玛丽亚一些科学知识。也是在此时她的心中，树立了一种理想主义的信念……

40 年后，她评价道：“那种活动方式其实不高明，取得的效果不是很大，然而，我当时仍然坚信，引导我们的是唯一真正能走向社会进步的思想。只有促成个人的进步，才有希望建设一个比较完美的世界。”

理想虽宏大，也要结合实际。玛丽亚意识到，留在故乡，深造的机会是很少的。于是，玛丽亚与姐姐布罗尼亚商量好，玛丽亚先去担任家庭教师，资助姐姐到法国巴黎上学，等姐姐学业有成，再把自己接过去。

布罗尼亚在巴黎发奋读书，顺利毕业，当了医生。她准备履行诺言，将妹妹接来读书，却被妹妹的巨大变化吓坏了，艰苦的家庭教师生活似乎已经把妹妹的理想磨去。玛丽亚说，她想回到华沙，和父亲一起生活，先不去巴黎了。

所幸，亲切的家庭生活渐渐让玛丽亚恢复了元气，她心中的理想又重生出来。与此同时，“流动大学”又给了她一个宝贵的机会，她可以到实验室去做实验了。

这个地方的名字起得很浮夸，叫“工农业博物馆”，其实是“流动大学”的一处活动场所。玛丽亚捏住试管，仿佛一瞬间又回到了自己的童年时光，回到了父亲摆满各种仪器的柜子前。塑造了她理想的过往，此刻又重新连结起来。

1891 年，24 岁的玛丽亚终于打定主意，和姐姐商量好，乘上了前往巴黎的列车。旅途中，她回顾着往事，思索着前方的风景，这是她盼望已久的神奇旅行。

遇见所爱

来法国读书后，玛丽亚将名字改成了更符合法语风格的“玛丽”。她进入了梦寐以求的巴黎大学就读，却一下遇到了学业上的困难：过去担任家庭教师时，她自学得到的知识很不系统；在“流动大学”尝试做的一些实验，远不能与同学们所受的扎实训练相提并论。但玛丽不仅较常人更为刻苦，还有超群的记忆力作为辅助；她花几个月的时间，将功课逐渐赶了上来。到她毕业时，成绩已经十分优秀了。

毕业后，玛丽接到的第一个科研任务是调查各种钢铁材料的磁性。她已经开始着手研究了，但是要将研究继续下去，需要用到笨重的设备。她目前所用的实验室已经很挤了，不知道怎么办才好。她把自己的烦恼向一位波兰朋友科瓦尔斯基先生说起，科瓦尔斯基略加思索，告诉玛丽他另有一位熟人皮埃尔·居里，是位物理学家，说不定他那里有更大的实验室。科瓦尔斯基先生安排他们见面，于是，在这位先生的家中，玛丽初次和皮埃尔·居里邂逅了。

玛丽这样描述他们见面的情形：“我进屋的时候，皮埃尔·居里正站在通往阳台的落地窗前。虽然他当时已经35岁了，可我觉得他还很年轻。他那外表稍带不经意的庄重姿态和清澈的目光打动了我。……我们开始交谈，很快就十分投机。谈话题目是一些科学方面的问题，我喜欢就这些问题询问他的看法。”

由于对科学事业的共鸣，两人之间产生了感情。但玛丽心中怀有救国的理想，不会轻易答应留在巴黎和皮埃尔结婚。皮埃尔则答应，未来去波兰谋个职业，为她的祖国作出贡献。如此真诚，终于打动了玛丽。1895年7月26日，玛丽从此成为“居里夫人”。

对放射性的研究

婚后，居里夫人生下了大女儿伊雷娜·居里——伊雷娜后来也成为一位优秀的物理学家。这位母亲等身体恢复，便回实验室工作了。居里夫人想要读博士，为了选一个合适的研究方向，她和皮埃尔一起翻阅文献，调研当时最新的科学进展。

1896年，法国物理学家贝克勒耳发现，铀盐会放出不可见的射线，使包在黑纸中的照相底片感光。当时这种射线被称作“铀射线”，并被认为和前一年发现的X射线有关系。

这两种不可见的“光”引发了巨大轰动：大家纷纷讨论起肉眼看不见的事物来；英国作家H.G.威尔斯著名的科幻小说《隐形人》也是这一时期写成的。玛丽决定，用“铀射线”作为自己的博士课题。

当时知道“铀射线”能让空气发生电离，在一段时间内，让电流从中通过。如果一件物体上带有静电，而周围有电离的空气，电荷则会渐渐从物体上流走。运用这一原理，玛丽便在丈夫皮埃尔发明的一种验电器的基础上，发明了探测射线的方法：她手拿精密的计时器，测量一定量的静电离开物体的时间；时间越短，样本放出射线的能力就越强。

玛丽很快发现，除了铀以外，还有一种化学元素“钍”也能放出射线。很明显，再把这种射线叫“铀射线”就不恰当了。但这种现象总得有个名字。

玛丽将放出射线的性质用一个词“放射性”来表述，

而有这种性质的元素，则叫“放射性元素”。

当玛丽一一测定各种标本的放射性强度时，她有了一个意外发现。根据矿石中铀、钍的含量，应该能推算出放射性的大小；然而，玛丽发现，某些铀矿石的放射性比推算出来的要强得多！她大胆猜测，这样的铀矿石中含有一种新元素，含量极低，但放射性非常强。

皮埃尔也放下自己原计划的研究项目，一起投入到妻子的研究工作中。他们通过化学分析法，将矿石中不同的元素分开，而射线检测器又成了他们的好伙伴。

举例来说，在加入一种试剂后，矿石分成了溶液、沉淀两部分；只要将它们用过滤的方法分开，再分别测定两部分的放射性强度，就知道他们下一步要往哪一部分里面寻找了。

这样的调查接近尾声，居里夫妇却发现，矿石的放射性主要集中在两个不同的化学部分里。这意味着，不止有一种新元素，而是有两种。

1898 年 7 月，他们确信自己发现了其中一种元素。玛丽以祖国波兰的名字将其命名为“钋”。1898 年 12 月，他们宣布：发现了另一种元素“镭”。

问题是，一些保守的化学家不承认仅凭放射性强度就宣布发现了新元素。而早期放射化学研究存在的一些混乱，似乎也反映出他们的保守有一定道理[①]。至少还要测出原子量，新元素的发现才受认可。

为了提取出纯净的新元素，最终测定其原子量，居里夫妇简单估计，要处理几吨的铀矿石[②]；很明显，这不是他们的经济条件可承受的方案。但他们灵机一动，虽然这种矿石非常昂贵，但是提炼铀之后剩下的矿渣几乎卖不出价钱，而他们要提取的物质，反而是矿渣里面更多。承蒙维也纳科学院的帮助，奥地利政府决定送给他们一吨这样的矿渣，居里夫妇只需出运费。

实验材料送到后，玛丽需要将上千克的矿渣放在一口锅中，用盐酸溶解，还要日夜奔走在几百个蒸发皿之间进行重结晶操作。而这一切都是在一间非常简陋的实验室里进行的。

将镭分离出来，玛丽足足工作了4年时间。1902年，

---

① 一种元素的同位素，由于原子核中所含的中子数量不同，原子量与放射性不同，但本质上还是同一种元素。对这个概念理解不清楚的时期，冒出了大量“新元素”。

② 铀矿石：居里夫人用于提炼镭的矿石，颜色、光泽看起来有点像沥青，因此叫“沥青铀矿”，但化学成分和沥青并没有关系。为防止误会，本文中不用这个术语。

居里夫妇终于从矿渣中提取出 0.1 克纯净的氯化镭。这是一种白色的粉末，在黑暗中发出幽幽的蓝光，又源源不断地放出热量，好似违背了能量守恒一般（爱因斯坦提出的质能方程可以正确解释这一现象）。他们测定了镭的原子量，又测定了其光谱，再也没人不承认镭的发现了。

1903 年，贝克勒耳、居里夫妇因研究放射性，共获诺贝尔物理学奖。1906 年，皮埃尔因车祸而去世，居里夫人大受打击。但她最终振作起来，决定建立研究所，告慰逝去的皮埃尔。1911 年，为表彰镭、钋的发现，居里夫人再获诺贝尔化学奖。她是第一位两次获得诺贝尔奖的科学家。

第一次世界大战期间，为了拯救受伤的士兵，居里夫人被派往前线，在战地医院里，她指导组装出了“流动式 X 光机”。用这些设备检查伤员的身体，让军医能准确定位并取出射进士兵身体里的子弹。一战结束后，波兰得以复国，居里夫人最大的理想终于实现了。

当时对电离辐射的危害没有充分认识，由于长期受到各种放射线的影响，1934 年，居里夫人因再生障碍性贫血而去世，享年 66 岁。她一生淡泊名利，拒绝给分离镭的技术申请专利。爱因斯坦评价她：“在所有的著名人物中，玛丽·居里是唯一不被荣誉所腐蚀的人。”

20 世纪科学史的序幕

显然，居里夫人的成果不仅仅在于发现了两种元素，并将它们辛苦提炼出来。实际上，居里夫人提出的电学方法，是定量测定放射性强度的第一个方法；居里夫人发现的镭，则是无数更加深入的研究所需的实验材料。可以说，居里夫人为整个放射性研究领域奠定了基础。

从对于放射性的研究出发，人们探索原子的结构，明白了原子核是怎样分裂、结合，并一路推导出了宇宙大爆炸后最初 3 分钟发生的事。这一过程历经几十年，多位科学家的贡献交织其中，不可能在这本书中尽述。但居里夫人这段故事，正是科学史上光辉、波澜壮阔的章程的序幕。

中国“稀土之父”徐光宪

什么是稀土

本书中提到了好几种元素背后的故事，但还没有讲过“稀土元素”。稀土元素指的是元素周期表中原子序数从57到71的镧系元素，再加上位于它们正上方的钪、钇，共17种元素。由于电子排布的原因，稀土元素化学性质相近，自然界中往往结伴出现。过去人们以为只有非常稀有的矿石才能提取出这些元素，从而得名“稀”；至于“土”，则是由于它们的氧化物不溶于水，外表上和“土”相似。这是拉瓦锡时代就流传下来的名字。

稀土有着非常奇特的光、电、磁、催化作用等特性，只要使用一点点就可以“化腐朽为神奇”。例如，将稀土元素钕，与常见元素铁、硼加以化合，就可以制成磁性极为强劲的“钕铁硼磁铁”。用这种磁铁代替手机扬声器中的传统磁铁，可使扬声器重量减少到原来的三分之一。

实际上，稀土元素在地壳中的分布十分广泛，数量也不少。但化学性质的相似，使得分离、提炼出这些物质异常困难（特别是稀土要在纯度很高时，才能发挥出上文所说的神奇功效）。这样看来，分离稀土，既是在当今世界上尖端科技发展的基础，也是技术上的难关；而这样的难关，正是由一位中国人研究，并最先取得突破的。他就是中国“稀土之父”徐光宪。

徐光宪生平

1920 年，徐光宪出生在浙江绍兴一个还算殷实的家庭，他是鲁迅先生的老乡。父亲精通《九章算术》，教他解“鸡兔同笼”等古代数学趣题，又教他下围棋，这些都激发了徐光宪对学习的兴趣。

到了 20 世纪 30 年代，父亲病逝，家道中落。母亲告诉徐光宪：“家有良田千顷，不如一技在身。”徐光宪权衡思量，决定放弃考普通高中，改考浙江大学附属杭州高级工业职业学校（简称“杭州高工”）。因为杭州高工的学生，毕业后即可直接工作，徐光宪希望自己早日挑起一部分家庭负担。

这所高工教育体系规范，课时紧凑，3 年时间，几乎涵盖了大学土木工程系的所有课程。面对课业，徐光宪学习非常用功。

一天晚上，徐光宪去听时任浙大化学系主任周厚复先生的讲座，主题是“荧光染料”。他曾回忆道：“周厚复先生把荧光染料倒进盛有水的脸盆中，关掉电灯，脸盆中的液体熠熠发亮；周先生又把毛巾放进脸盆中绞了一绞，拎起来，整块毛巾在黑暗中发出美丽的亮光，让我和同学们兴奋不已，直呼化学的神奇。”这次讲座让年轻的徐光宪感觉到化学“很好玩”，对他以后走上化学研究的道路产生了影响。

徐光宪求学的这段日子，正是中国相对稳定、有所发展的时期，可惜不久被日本侵略者打破了。他在杭州高工读书刚刚一年，1937 年 7 月 7 日，“七七事变”爆发了，全面抗战由此而始。杭州沦陷后不久，浙大内迁至贵州，附属于浙大的杭州高工则解散了。徐光宪转入宁波高工，继续学业。由于宁波市区也被日军占领，他们只得在宁波乡下一个破庙里上课。正是在这样艰苦的环境中，徐光宪于 1939 年夏毕业了。

这时，一次被骗的经历，永久地改变了徐光宪的人生轨迹。他听说，昆明铁路局派了人来，要招收8名毕业生；经过考核，徐光宪被录取了。那时候，到云南的陆路不通，需要从上海乘船走海路，绕一大圈去云南。8个人满怀希望，跟着昆明铁路局来的领班来到上海；领班把他们留在一个小客店中，说声“去买船票”，便离开了。后来他们才知道，这个领班带着他们的路费潜逃，在乱世中不知所踪了。

无奈之下，徐光宪只好投奔在上海教书的大哥——徐光宇。徐光宇虽没有钱送徐光宪去昆明，却给了他学费，让他去读大学。若干年后，徐光宪回忆起来说：“人生的一些重要转折点上，常有一些偶然的机遇。若不是昆明铁路局的人携款潜逃，我就不会羁留上海，也不会有上大学的机会，或许现在，我就是一个普通的铁路工程师。这是我一生中因祸得福的第二个机遇。”

1940年9月，徐光宪考取了当时学费最便宜的国立交通大学，并获得了奖学金。选择专业时，他权衡再三。其实，他对土木工程根本不感兴趣，只是看在当时找工作容易，才报高工的。徐光宪数学功底深厚，本来想去读数学专业，但这个专业找工作又太难了。综合考虑兴趣、就业，徐光宪选择了化学。

当时男女不平等，有条件考大学的女性很少，能坚持读下来更是不易。上大课时，女同学坐在第一排，男同学按进校时的成绩高低，分坐二、三、四排。徐光宪坐在第二排，前面有一位名叫高小霞的女孩。进校以来，徐光宪成绩优异，引来了高小霞的注意；徐光宪则发现，高小霞的文学才华和英语水平高。于是他们相互请教问题，交往日多，几年下来，有了比较多的交流和了解，渐渐互相喜欢。高小霞自强不息，成为班级中唯一一位坚持到毕业，并取得学位的女孩，更是让徐光宪敬佩不已。

毕业后，1946 年，徐光宪、高小霞结为伉俪，有许多交大的老师、同学参加了他们的婚礼。

接下来几年里，夫妻二人先后获得了赴美留学的机会，徐光宪在美国攻读了博士学位，高小霞也获得了硕士学位。但抗美援朝战争开始后，局势突变，他们听到消息，美国国会或将通过法案阻止中国留学生回国。他们考虑再三，下定决心："科学没有国界，但科学家有祖国。"高小霞毅然放弃了自己的博士学位。1951 年 4 月，徐光宪、高小霞携手登上了向祖国驶去的"戈登将军号"邮轮。

串级萃取理论

回国后，徐光宪、高小霞夫妇到北京大学(简称“北大”)化学系执教，一教就是半个多世纪。这段时间里，应国家需要，徐光宪先生曾几次变更研究方向；得益于高小霞精通电化学实验方法，曾加以点拨，徐光宪将不同领域的研究思路结合起来，均取得了杰出的成就。他撰写的《物质结构》一书成了国内相关专业课的经典教材。

1972 年，北大化学系突然接到了一项十分紧急的军工任务！要求是分离镨、钕两种元素，纯度要求很高。

那个年代，中国的稀土化学并不发达，基本只能分离出混合稀土，然后做成打火机里用的火石；而镨、钕两种元素性质非常相近，甚至曾有 30 多年的时间被化学家们当成同一种元素，可见这个任务难度之大。

当时国家为什么想分离镨、钕？我们前面提到了制造手机扬声器需要用到钕元素，当时手机并没有发明出来，但钕元素另有一项神奇的功用——制造激光放大器。“冷战”时期，美国和苏联都在宣传激光武器，说这种武器发射出去的速度要比炮弹快无数倍，而这也是中国国防研究的一个重点。

徐光宪自然要接下这个挑战，他对国际上已有的稀土分离方法做了系统的调研。

最早分开这一组元素的化学家是本生的学生韦耳斯拔，用的方法叫作“分步结晶法”。居里夫人提炼镭的4年，后期用的也是这种方法。这种方法极为费时费力，用作大规模生产基本上是不可取的。还有一种方法“离子交换法”也好不了多少，用过的人形象地称之为“滴眼泪”。对比之下，徐光宪决定采用最有工业化生产潜力，且自己最熟悉的“萃取分离法”完成这一任务。

萃取，是利用物质在两种互不相溶的溶剂中溶解度的不同，来达到分离物质的目的。一个生活中可以做的小实

倒转分液漏斗时，应关闭玻璃塞和活塞。

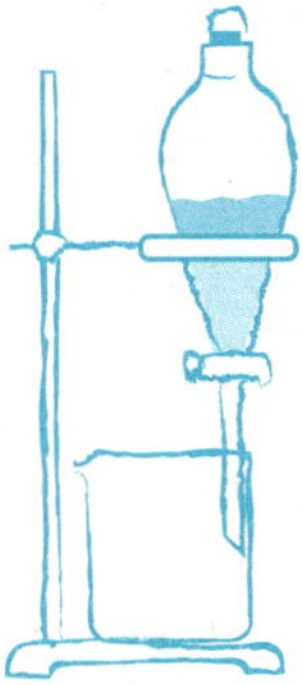

萃取

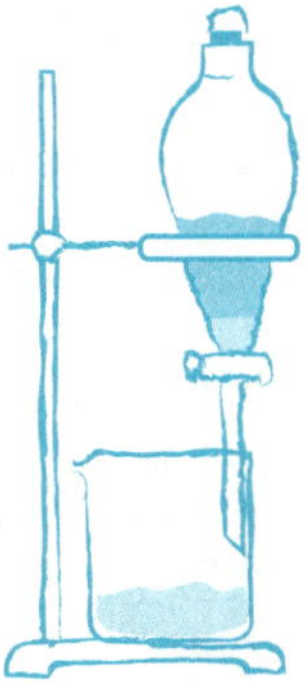

分液

验：将西红柿捣碎后，得到西红柿汁，过滤后可以看到，西红柿汁是红色的；往里面加入一些油，充分振荡后下层颜色变浅，而浮在水上的油层颜色变红，即是番茄红素被萃取出来了。

在生产实践中，一次萃取常常不能达到有效的分离，必须使含有稀土的混合溶液和萃取剂（相当于前一个实验中加的食用油）多次接触，才能得到纯产品。这就叫“串级萃取”，是一次一次地萃取的意思。

徐光宪用的萃取法，原理大致如下：将一定量的萃取剂加入镨、钕的混合溶液中，巧妙选取萃取剂，使镨更容易溶解到这种“油”中，钕则相反；混合均匀，待“油”、水分层后，取出用过的萃取剂，再加入新的，如此循环十几次，溶液中的镨杂质被萃走，剩下的就是纯净的钕了。一套流程下来，似乎非常浪费萃取剂，但萃取进行到后面时，用过的萃取剂实际上还很“干净”，溶入的镨不多，完全可以放到前面的轮次继续用，就像节约用水时，同一盆水可以先洗只有一点点脏的东西，再洗很脏的东西一样。将萃取剂放到前面的轮次使用，就好像它逆着原料溶液流动的方向前行一般，所以这又叫“逆流萃取”。

用 12 级“逆流萃取”，徐光宪获得了 99.95% 的钕！

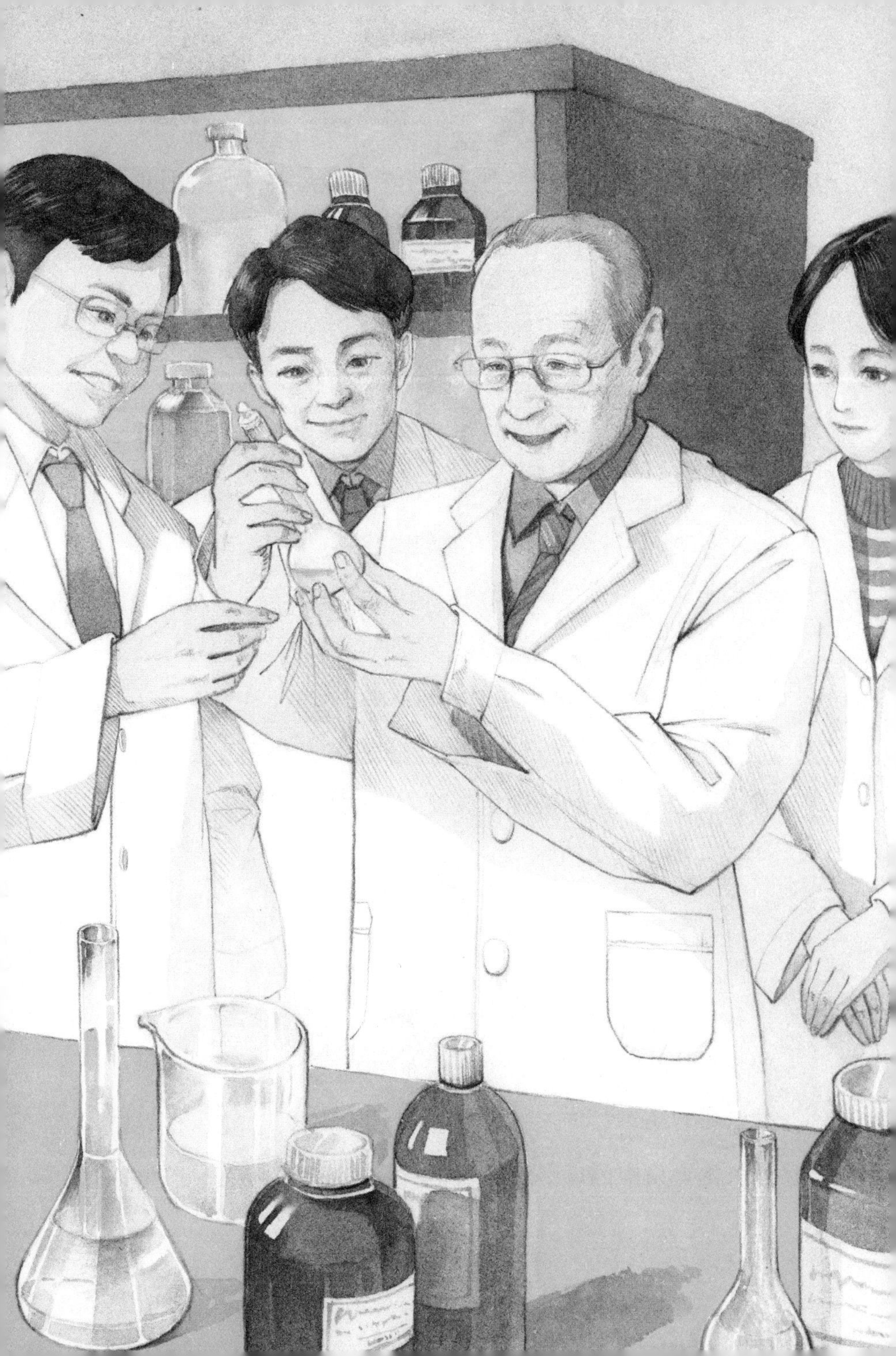

美中不足的是，收率只有50%，有一半的稀土原料都浪费掉了，这显然是不可接受的。为了同时保证纯度、收率，需要采用更复杂的“分馏萃取”，但研究的工作量太大。对此，徐光宪也在想办法。

当时国际上常用的萃取理论是荷兰科学家阿尔德斯提出来的，用起来有很多局限，只能计算出级数，而具体的工艺参数，比如，萃取剂的浓度、流量（一次加多少）都给不出来，只能先根据研究者的经验估算，再通过“摇漏斗”模拟整个工艺流程，看结果是不是满足要求。徐光宪等人之前已经摇过许多分液漏斗了，但要确定更复杂的“分馏萃取”流程，至少还要摇两倍的漏斗，这样下去是不行的。

徐光宪深厚的数学功底这时候就发挥作用了。他结合具体实践，在最初的理论假设中将流量等因素考虑进去，然后从头推导了100多个公式，得到了全新的“串级萃取理论”。经大量实验验证，这个理论推导出来的结果和实际情况相符，节省了大量人力物力，再也不需要摇漏斗了。

1974年，徐光宪顺利解决了镨、钕分离问题，完成了国家的任务；1976年，上海跃龙化工厂开办了“全国串级萃取讲习班”，将这一技术免费向全国推广！这一世界领先技术，在中国成了连乡镇企业都能掌握的工艺，一举打破了国外一些工厂的垄断地位，给世界稀土市场带来了“中国冲击”。

保护稀土资源

中国稀土工业发展的同时，也带来了隐患。中国一下子搞了几十个稀土工厂。全世界每年对稀土的需求量是 10 万吨，而中国的稀土年产量已经达到 12 万吨。供过于求的结果是，大家主动压低了价格。一些国家眼看在稀土技术上竞争不过中国，竟把自己的稀土工厂关了，大量收购中国的廉价稀土，做战略储备。

眼看不可再生的稀土资源大量流失，徐光宪先生痛心疾首。2005 年，他联合 14 位院士上书时任国务院总理温家宝，呼吁保护我国宝贵的稀土资源！温家宝总理很快作出了批复：自 2007 年起，将中国稀土年产量限制在 8 万吨。

2009 年 1 月 9 日上午，当 88 岁的徐光宪从胡锦涛同志手中接过 2008 年度国家最高科学技术奖证书时，全场响起经久不息的掌声。颁完奖，徐光宪听到有人在叫自己，原来是温家宝总理。总理一边与徐老握手，一边对他说：“祝贺您，徐院士！我记得曾批示过您的报告。”

2011 年 5 月，国务院进一步颁布政策，依法加强对稀土开采、生产、流通、进出口等环节的管理，并着手解决稀土开采时破坏环境的问题。徐光宪先生的呼吁得到了应有的重视。

中国稀土冶炼技术至今处于世界先进水平。徐光宪先生于 2015 年逝世，而他的夫人高小霞早在 1998 年就先他而去。逝者已矣，他们的精神仍在激励我们不断进步。

（全书完）

改变世界的科学家 化学家的谜题

主编 _ 果麦　撰文 _ 高铭

产品经理 _ 熊悦妍　专家审校 _ 梁琰
装帧设计 _ 吴偲靓　插画绘制 _ 王俊宇　技术编辑 _ 白咏明
责任印制 _ 刘淼　出品人 _ 王誉

鸣谢（排名不分先后）

胖鱼，Turgon，Kushim Jiang，风之子

果麦
www.guomai.cn

以 微 小 的 力 量 推 动 文 明

图书在版编目（CIP）数据

改变世界的科学家. 化学家的谜题 / 果麦编 ; 高铭撰文. -- 昆明 : 晨光出版社, 2023.7
ISBN 978-7-5715-1607-9

Ⅰ. ①改… Ⅱ. ①果… ②高… Ⅲ. ①科学知识—少年读物②化学—少年读物 Ⅳ. ①Z228.1②O6-49

中国版本图书馆CIP数据核字（2022）第127761号

改变世界的科学家 化学家的谜题
GAIBIAN SHIJIE DE KEXUEJIA HUAXUEJIA DE MITI

果 麦 编　　高铭 撰文

出版人	杨旭恒
责任编辑	魏 宾 陶安桦
特约编辑	熊悦妍
插画	王俊宇
装帧设计	吴偲靓
责任校对	杨小彤
责任印制	廖颖坤
出版发行	云南出版集团 晨光出版社
地址	昆明市环城西路609号新闻出版大楼
邮编	650034
电话	021-64386496（销售部）
法律顾问	云南上首律师事务所 杜晓秋
印装	天津丰富彩艺印刷有限公司
经销	果麦文化传媒股份有限公司
版次	2023年7月第1版
印次	2023年7月第1次印刷
书号	978-7-5715-1607-9
开本	140mm×200mm 32开
印张	4
字数	64千
定价	198.00元（全七册）

如发现印装质量问题，影响阅读，请联系 021-64386496 调换。

改变世界的科学家

生物学家的发现

果麦 编 瞻云 撰文

云南出版集团 晨光出版社

果麦文化 出品

目录

血液循环发现者威廉·哈维

近代科学的前夜，他用手术刀寻找真理

1602年，意大利帕多瓦大学，一位个子不高的圆脸学生正在学生宿舍里专注地解剖一条鱼。虽然环境阴冷，但他那小小的眼睛却黝黑透亮，炯炯有神。

他的法国同学不怀好意地走上前来，阴阳怪气地说道："恐怕你有记忆障碍吧！前天才说塞尔维特的肺小循环有道理，但在博士论文答辩时又说血液通过心隔间小孔，从右心室渗入左心室。睁大眼睛看看心膈上究竟有没有孔！"

这位英国医学博士装作没有听见，继续做他的解剖实验。

此时正值欧洲文艺复兴后期，资本主义经济发展迅速，世界日新月异，但教会和学术保守派的存在，却让人们对自然科学的认知还停留在古典时期。尤其是关于人体生理学的知识，当时的欧洲信奉的还是1500年前古罗马医学家盖伦的学说。

盖伦学说曾在人类文明的古典时期闪耀过智慧的光芒，但同时也充满了神学色彩，甚至到了普通人不可亵渎的地步。然而，随着近代生理学的发展，盖伦学说的错误认知已经逐渐成了生命科学发展的阻碍，尤其是关于心脏和血液工作原理的部分。

这位英国医学博士想要打破传统，寻找真理，但为了通过博士论文答辩，他不得不背诵盖伦学说的经典理论。此时此刻的无奈之举，化作了他寻找真理的强大动力。在未来的 20 多年中，他通过大量的解剖实践，最终创建了血液循环理论。

他便是在后世被尊称为近代生理学之父的威廉·哈维。

1578 年 4 月 1 日，哈维出生于英国肯特郡福克斯通镇上一个家境颇为优渥的家庭。父亲曾是该镇的镇长，对身为长子的他寄予厚望，从小严格教育，10 岁时便把他送进坎特伯雷的国王学校。这是英国最著名的私立学校之一。

当然，哈维也不负父亲的期望，10 多岁时便获得奖学金，进入了世界闻名的剑桥大学，攻读文学、哲学、医学和自然科学。大学求学期间，因为过于劳累，哈维病倒了，不得不辍学治疗。这一次的治病经历，成为他人生最为重要的一场转折。

1500 年前的经典，却是这个时代的枷锁

虽然此时的欧洲已经度过了中世纪的漫长黑夜，迎来了科学的黎明曙光，但近代医学才刚刚起步，随处可见从中世纪遗留下来的原始而愚昧的治疗方案，放血疗法便是其中之一。

从古希腊开始，人们便相信放血可以排毒，从而治疗各类疾病。放血疗法流传了 2000 多年，到了 18 世纪末，美国首任总统华盛顿依旧在采用放血疗法治疗感冒，他的病逝甚至可能与此有关。

在 16 世纪末，哈维母亲请来的民间医生，几乎只会放血疗法。虽然哈维在两年时间里受尽放血疗法的折磨，但他对流出的血液却产生了深刻的思考：血液为什么能不停地流出来？它在体内又是怎样流动的？

公元前 300 年，古希腊哲学家亚里士多德认为血管中充满空气，但后来解剖学创始人赫罗菲拉斯发现了动脉和静脉的存在。公元 2 世纪，盖伦指出血管中流动的是血液，并提出血液流动的理论。

虽然盖伦对血液的认识更为系统，但他认为血液运动是在各种“元气”推动下形成的潮汐式涨落。当消化吸收

后的营养进入肝脏后，会被添加“自然灵气”，转化成静脉血。一部分静脉血会被输送到身体各处，然后被彻底吸收；另一部分静脉血会进入右心室，通过心隔间的无数小孔到达左心室，同时通过肺部排出废气，并获得生命灵气，转化成红色的动脉血，运送到身体各处；还有一部分静脉血则进入大脑，产生“动物灵气”，通过神经系统流遍全身。

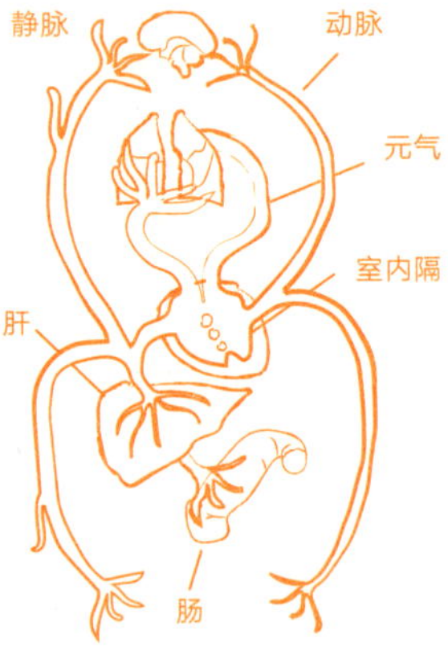

盖伦的血液运动系统想象图

盖伦学说没有循环的概念，不仅左右心室相同，就连血液也是源源不断地产生，然后被机体源源不断地吸收。

从盖伦学说中，哈维并没有得到自己想要的答案。

后来，哈维获得了剑桥大学的文学学士，开始国外游历，逐渐坚定了自己从医的信念。

捍卫真理牺牲的前辈，激励着哈维勇敢前行

几年后，哈维又进入意大利著名的帕多瓦大学继续深

造，并有幸师从著名解剖学家法布里修斯。

在帕多瓦大学期间，哈维刻苦钻研，跟随法布里修斯进行了大量解剖实践，掌握了当时最为先进的解剖学知识，被同学誉为“小解剖家”。但随着新知识获取得越来越多，哈维发现了盖伦学说与解剖学知识之间有诸多矛盾的地方，这不禁让他对盖伦的经典学说产生了深深的质疑。

其实在哈维之前，已有不少人质疑过盖伦学说。其中最著名的，莫过于近代人体解剖学之父维萨里和西班牙医学家塞尔维特，他们二人在巴黎大学一起做过解剖实验。

1540 年前后，维萨里通过对动物进行大量解剖，发现盖伦学说的诸多错误之处，并证实左右心室中隔并不存在小孔连接。这一研究成果被他写在医学巨著《人体结构》中，但他也因此触怒教会，遭到宗教裁判所的迫害，被判死罪。虽然后来他被改判前往耶路撒冷朝圣赎罪，但最终仍在返程途中遇险身亡。

塞尔维特则通过大量解剖，发现了肺循环的存在，并记录在他秘密出版的《基督教的复兴》之中。这本书被天主教徒和基督教徒视为异端邪说，他则被当作异教徒，于 1553 年在日内瓦被活活烧死。同时被烧毁的，还有他的所有著作。前人的牺牲，并没有让哈维放弃真理。相反，他们的精神激励着他，他们的研究成果更鼓励着他。

哈维求学期间，现代物理学之父伽利略也在帕多瓦大学任教，哈维常去听伽利略所讲授的力学课程。这位科学巨人的科学理念与实证精神，也对哈维产生了极深的影响。哈维率先把人体当成一个机械体看待，并通过大量解剖实践，对心中的猜想一一进行证实。

修读博士课程期间，哈维跟着老师法布里修斯研究静脉瓣。1603 年，法布里修斯公开发表《论静脉瓣膜》，对他发现的静脉瓣这样描述：静脉内壁上的小瓣膜，它的奇异之处在于，永远朝心脏的方向打开，向相反的方向关闭。

很明显，静脉瓣膜拥有阻止血液回流的作用，与盖伦学说的潮汐涨落是互相矛盾的。法布里修斯并没有注意到这一点，但观察细腻的哈维却有所留意，这为他未来的实验提供了实践基础。

无数日夜的试验，终于发现血液循环的秘密

1602 年，年仅 24 岁的哈维便因远超考官的厚望而被授予了医学博士学位。回国后，哈维受到了王室的礼遇，于 1604 年以候补委员的身份加入皇家医学院，并迎娶了英

国女王伊丽莎白的御医布朗的女儿。

1607年，29岁的哈维成为皇家医学院的正式成员。又过了两年，经国王和皇家医学院的推荐，哈维成为一名正式医师。身份地位的提高，并没有让哈维忘记自己的使命。哪怕可能面临教会的惩罚，甚至有丢掉生命的风险，哈维依旧选择了对血液循环继续进行研究。他直接在自己的家里设了实验室，开始了废寝忘食的解剖工作。

在哈维的一生中，他解剖了累计数十种动物，包括蠕虫、鱼类、青蛙、蛇、鸡、鸭、鸽、老鼠、羊、狗和猴子在内，从低等到高等、从冷血到温血的各种各样的动物。通过日积月累的解剖研究，他积累了丰富的数据和成果。

他发现，把兔子和蛇解剖开，找出正在跳动的动脉血管，用镊子夹住后，通往心脏的一头很快便会膨胀起来，另一端马上就会瘪下去。这证明，动脉血液是从心脏内往外流的，且具有很高的血压。通过对静脉血管进行相同的操作，证明静脉血液是流向心脏的，且比动脉的血压更低。

实验到了这里，哈维距离血液循环的真相已经越来越近了。经过大量的对比观察，哈维发现动物心脏跳动时，心脏左右两边并不是同时收缩的。心房和心室之间的房室瓣膜也是单向阀，就像静脉瓣一样，只允许血液朝着一个方向单向运动。通过把活心脏握在手中，感受心肌细胞的力量，他也认识到心脏收缩会产生源源不断的压力，就像水泵一样，不断地驱动着血液的流动。

确定了血液是心脏泵出的，哈维随后进行了一场经典的计算。根据心脏的平均容积，假设心脏每次泵出 56 克的血液，每分钟跳动 72 次，那么每小时就会有 242 千克的血液离开心脏并流遍全身。哪怕这个重量的三分之一，也相当于一个身材魁梧的人的重量。如此多的血液，仅靠人体在短时间内产生是根本不可能的。

根据心脏产生的压力，哈维也利用水力学原理进行了计算，得到了相同的结果，从而在数学和物理学理论上，验证了血液循环的存在。

为了证明人和其他动物一样，心脏和血液存在相同的生理机制，哈维开始在人体上进行大量研究。他找了一些血管明显、十分显瘦的年轻人，用绷带绑扎住他们的上臂，然后观察血管血量的变化。他发现当绷带扎住手臂上的大静脉血管时，远离心脏一方的血管就会鼓起来，而靠近心脏一方的血管就会瘪下去。当扎住手臂上的动脉血管时，则会出现完全相反的结果，远离心脏一端的脉搏暂时消失。

这个实验表明了哈维的猜想，人类和动物的心脏的确

存在相同的生理基础。

为了捍卫真理，他向权威提出了挑战

随着理论的成熟，哈维不顾生命安危，开始向权威提出挑战。1616年，哈维在骑士街圣保罗教堂附近的学堂中，公开宣讲了自己的血液循环理论。这一场宣讲意义非凡，乃至于他的讲稿至今还被保留在大英图书馆中。

在讲学过程中，哈维通过现场解剖动物来说明人体结构，他向听众讲解了皮肤、脂肪、肌肉、器官的系统解剖学知识，到最后才开始用很大的篇幅论述心脏结构、心脏运动和心脏瓣膜的相应功能。

哈维的理论和现场解剖实验，给人们固有的观念带来颠覆。除了引来众多的质疑外，他很快招来了教会甚至是传统医学界、学术界的疯狂攻击，他的亲朋好友和病人也因为他的疯狂行径而开始远离他。

面对这些攻击者，哈维毫不畏惧，甚至主动邀请这些神学家、哲学家和医生到他的家里。他不厌其烦地向他们讲解，并通过实验一次次地进行证明。即便是那些不愿意到家里来的反对者，他也积极与他们进行辩论。最终，哈维依靠对真理的坚持，说服、打动了越来越多的人，不仅亲朋好友和病人都渐渐回来了，甚至著名的哲学家培根也慕名来找他看病。

1618 年，随着声望越来越高，哈维被委任为王室御医，并先后为国王詹姆士一世和查理一世服务。虽然声名日益显赫，但哈维依旧坚持每年都参加伦姆雷讲学，传播科学的人体解剖学和生理学知识。

1628 年，在一位德国大出版商的支助下，50 岁的哈维对自己的讲稿进行扩充，更加系统地阐述了自己的理论，并正式出版了《心血运动论》。

就像维萨里的《人体的构造》一样，哈维的《心血运动论》遭到权威人士的疯狂攻击。虽然教会恨不得哈维和他的《心血运动论》像塞尔维特与其著作一样消失，但哈维皇家御医的特殊身份让他们无从下手。

伟大的科学家也有小小的遗憾

虽然已经取得了巨大的医学成就，但哈维依旧没有放弃解剖学研究。

1618 年到 1648 年，欧洲大陆因为霸权和宗教矛盾爆发了全面战争。1636 年，哈维再次来到欧洲大陆，面对盗贼出没、草木凋零、鸟兽几乎绝迹的世界，他在给朋友的信件中抱怨道，除了可怜的人们，他很少看到狗、乌鸦、鸢等小动物，已经找不到可供解剖的动物了。

在欧洲大陆旅行期间，哈维意图说服德国名医、血液循环最激烈的反对者霍夫曼，但没有成功。

1640 年，英国资产阶级革命爆发，之后哈维因王室御医的身份而流亡了数年。流亡期间，他依旧不忘学习，坚持研究。曾有一颗炮弹在他附近爆炸，他仅仅挪动了一下位置，就当作什么都没有发生，继续学习。因为孜孜不倦的研究精神，哈维在这一期间大量观察母鸡的生殖和鸡雏的发育，积累了大量的实验记录和观察笔记。

1649 年，英国内战结束，查理一世被绞死，哈维被罚 200 英镑，禁止进入伦敦城。已经 71 岁高龄的哈维回到家中，依旧坚持自己的研究，并在 1651 年由学生恩特整理出版了《动物生殖》一书，标志着当代胚胎学研究的真正开始。该书提出了生物器官的“渐成论”，否定了“预成论”。

哈维一生都在积极进行科学研究，直到 1657 年 6 月 3 日因为脑出血去世才停止。没有子嗣的他，在后半生几乎捐献了自己的所有遗产。

哈维曾预言，在动脉和静脉末端必定存在一种微小的通道，把两者联结起来。可惜在后半生，他并没有任何实证性的发现，或许这是他此生最大的遗憾。

他的遗憾在几年后，被意大利科学家马尔比基所弥补。1661 年，马尔比基用显微镜观察青蛙肺部，发现了静脉之间的毛细血管，从而完全证明了哈维的推断正确。

哈维通过实证精神，不仅开创了血液循环理论，也进行了一次完美的预言，他的贡献是划时代的。他不仅仅是一位医者，从某种意义上来说，他的工作标志着近代生命科学的开始。

就像哥白尼敢于怀疑亚里士多德的地心说一样，哈维勇敢地向盖伦提出了挑战，这种坚持探寻真理的意志和勇气，让他在科学史上留下了浓墨重彩的一笔。

微生物学先驱列文虎克

荷兰乡下人的来信，震惊了英国皇家学会

1673 年的一天，一位 41 岁的荷兰人经朋友介绍，谨慎地向英国皇家学会投递了一封厚厚的信件。这封信件内装着的是一份名为《列文虎克用自制的显微镜，观察皮肤、肉类以及蜜蜂和其他虫类的若干记录》的研究报告。

英国皇家学会是世界上最具名望的科学学术机构之一，成立于 1660 年，汇聚着以牛顿为首的世界著名科学家。学会每天都会收到大量权威学者的来信，但这篇研究报告的标题不仅又臭又长，而且没有用拉丁文书写，内容更是像随手写的日记。很显然，它的作者并没有受到过专门的学术训练。因为当时的欧洲以拉丁文为共用语，学术文章都是用拉丁文写成的。

当英国皇家学会的学者打开这篇研究报告，略微读了几页后，却被深深吸引了。越是读下去，他们越是震惊，

这些研究报告展现的微观世界是他们从来没有见过的。虽然皇家学会资深成员罗伯特·胡克曾在1665年观察到了植物的死细胞，但他并不认为微观世界还能有更多的发现，而这份研究报告却向他们展现了一个精彩纷呈的微观世界。

英国皇家学会立即意识到了这篇文章的价值，让学会秘书亨利·奥尔登堡把这些研究报告翻译成了拉丁文和英文，并在英国皇家学会常会上进行了宣读。没多久，英国皇家学会便把相关的研究报告发表在了《皇家学会哲学学报》上。这些研究报告很快引起了世界范围内的轰动，当时的人们从来没有想过，我们看到的微小空间内竟然有着如此丰富而精彩的世界。

这篇报告的作者便是显微镜之父——安东尼·列文虎克。

虽然在英国皇家学会面前，列文虎克认为自己是一个没有科学、艺术或写作背景的商人，但他的突出贡献，却让他成为微生物学的开拓者，在人类科学发展史上留下了光辉的一笔。

沉迷显微镜制作，不可自拔的布店商人

1632年10月24日，列文虎克出生于荷兰代尔夫特一

个典型的商人家庭。童年到青春，是一个人一生中最美好的时光，但对列文虎克来说却充斥着不幸的记忆。

他的父亲是一名篮子制造商，在他5岁时便因病去世。他的母亲出生于富裕酿酒师家庭，在父亲去世后嫁给了一位画家。但这位继父还来不及给他提供足够的父爱，没过几年就也去世了。

那一年，列文虎克尚且年幼，只上了一段时间的小学，便被母亲送到了身为律师的叔叔家里。到了接近成年的时候，他便走上从商之路，成为阿姆斯特丹一家亚麻布店的簿记学徒。虽然布店学徒是一个再平凡不过的职业，但却为列文虎克伟大的人生埋下了深深的伏笔。

完成学徒生涯后，列文虎克离开阿姆斯特丹，回到代尔夫特，与一位叫作芭芭拉·德梅的女孩步入了婚约的殿堂，并在同年开了一家布店，正式走上从商之路。凭借自己的商业天赋，列文虎克通过几年的时间，逐渐提高了自己在代尔夫特的社会地位。

几年后，在代尔夫特市长的指派下，列文虎克进入市政厅，成为治安官会议厅的一名管家。这是一份收入丰厚又轻松的公职，他一干就是数十年。

按照正常的人生轨迹，列文虎克可能会在富足而平凡的生活中过完一生。但他是个爱好钻研的人，经营布店期间，他便一心想要提升布匹的质量。在当时的技术条件下，要判断丝线的质量，使用放大镜观察是唯一的方式。为了得到高质量的放大镜，他迷上了镜头的制作。据说，他曾经向阿姆斯特丹的眼镜商人学习过磨镜的技巧。

成为治安官会议厅的管家后，充足的时间让他可以更加专注地打磨镜片。随着打磨技巧的提升，列文虎克手中放大镜的质量也越来越高，令他看到了越来越小的东西。微观世界丰富的细节，刺激着他的探索欲望，他想要看到更小的物体。很快，列文虎克开始了显微镜的制作。

虽然列文虎克是显微镜之父，但其实在他的时代就已经有了显微镜的雏形，限于列文虎克早年的身份和地位，他并不一定能有所接触。

16 世纪末期，早在列文虎克出生前 40 年左右，一位叫作亚斯·詹森的荷兰眼镜制造商在一个圆筒内，偶然放进几块镜片，获得了远远超过单个镜片的放大倍数。通过反复试验，詹森制造出了世界第一台简易显微镜。

亚斯·詹森的“跳蚤镜”

这台显微镜，通过两个凸透镜，把放大倍数叠加在一起，从而获得了 10 ～ 30 的放大倍数。由于可以观察到跳蚤等小型昆虫的身体结构，又被称为“跳蚤镜”。当时的人们并没有意识到“跳蚤镜”的价值，以至于显微镜技术在后来的几十年里并没有任何的发展。

直到 1665 年，列文虎克独立发明显微镜，它才发挥出了真正应该有的价值。列文虎克发明的显微镜，与詹森的“跳蚤镜”在外形上有着巨大的差别。很容易看出，詹森和列文虎克制造的显微镜都是在放大镜的基础上制作完成的。不过列文虎克凭借多年锻炼出来的磨制技巧，制作出了仅仅只有 1 厘米直径大小的小圆珠形凸透镜，把它镶嵌在有着小孔的铜板上，然后再搭配一个放置观测物的夹板，就成了一台结构简单的显微镜。

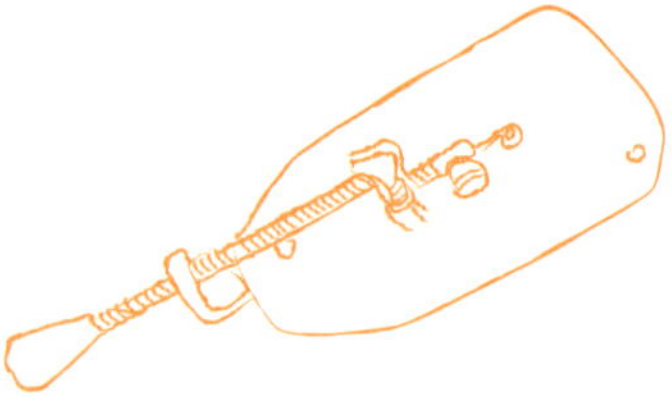
列文虎克的显微镜

虽然这款显微镜仅使用一个镜片，但它的放大倍数却超过“跳蚤镜”10 多倍，几乎达到了高精度复合显微镜诞生前的放大极限。

而在列文虎克发明显微镜的这一年，刚刚成为英国皇家学会会员不久的罗伯特·胡克凭借所能接触到的最前沿资料，设计出了当时世界上最复杂的复合显微镜。正是凭借这台显微镜，胡克观察到了死去的植物细胞，并把相关的研究报告发表在《皇家学会哲学学报》上。

罗伯特·胡克的复合显微镜

胡克曾经距离发现丰富多彩的微生物世界仅仅只有一步之遥，但很遗憾的是，胡克很快把他的研究转向了其他的领域，没能在第一时间观察到微生物。

打开微生物世界的大门，却遭到空前质疑

和詹森以及胡克不同的是，列文虎克有着非凡的洞察力。他不仅用自制的显微镜观察布匹，更是用来观察矿物、晶体、动物、植物、水流……几乎任何他能接触到的事物，他都

拥有浓厚的观察兴趣。每次发现新鲜的微小事物，他都会记录下来。

但列文虎克并不满足于这一切，他尝试使用玻璃、宝石、钻石等各种各样的材料，去提升显微镜的放大倍数。最终，他打造出了接近300倍放大倍数的显微镜。通过这些显微镜，他观察了真菌孢子、肉的纹理、虱子以及蜜蜂嘴眼等精细结构。

在当时，列文虎克结识了一位叫作格尼亚·德·格拉夫的解剖学家。格拉夫是英国皇家学会的通讯会员，拥有丰富的见识，他意识到列文虎克打造的显微镜虽然结构简单，但放大倍数却超过同时代的任何显微镜，而且他的观测研究也是整个时代从来没有出现过的，具有非凡的价值。格拉夫建议列文虎克把他的显微镜和观测记录寄给英国皇家学会，从而有了开篇的那一幕。

自1673年之后，列文虎克与英国皇家学会开始了长期通信。皇家学会的支持，也让列文虎克对微观世界的观测研究有了前所未有的动力。不久后，列文虎克便有了令人震惊的发现：微观世界竟然有活着的生物。

1674年8月1日，在代尔夫特市附近的一个内陆湖畔，列文虎克观测并记录了绿藻。第2年9月15日开始，列文

虎克又通过连续 4 天的观测，发现了水中的微小动物。

这个观察结果，让列文虎克感到十分欣慰。他曾在研究报告中激动地描述，这些生物仅仅只有人们肉眼所能看到的万分之一，但却是真正活着的生物。它们伸出两只小角不断地活动。如果把它们放在蛆虫的旁边，蛆虫将如同一匹马般高大，而这些微小动物看起来就像蜜蜂一般渺小。

由于这些细小的生物从来没有人观察到过，列文虎克把它们命名为“极微动物”。一个粗糙的沙粒中竟然有 100 万个充满活力的“极微动物”，而一滴水中更是有多达 270 万个活跃的“极微动物”，并且能不停地繁殖。

列文虎克不由得发出感叹,一滴雨水中的微生物总数，简直比荷兰的总人口还要多好多倍。

随后，列文虎克又观察了雪水、海水、污水、干净的水……几乎任何他能接触到的水，他都进行了观察。最终他发现，地球上任何形式存在的水中，都存在各式各样的微生物。它们不仅形态各异，而且有不同的运动方式。

虽然有了重大突破，但这期间列文虎克向英国皇家学会邮寄的两封信件全都石沉大海，没有任何的音讯。后来，他才从学会秘书奥尔登堡那里获悉，他的研究报告遭到了很多权威学者的反对。他们是来自法国巴黎和其他地方的一些学者，不仅不相信列文虎克所看到的东西，甚至认为他就是一个骗子。

人们很难相信，在肉眼看不到的世界，竟然还会有这么多能自主活动的生物。喝一口水，就能喝下这么多的生物，那也是多么可怕的一件事情啊！

不惧权威的挑战，终于颠覆世界认知

权威的质疑，并没有令列文虎克放弃。1676 年 4 月到 9 月，他再次进行了大量观测，并于 1676 年 10 月 9 日，把自己对 19 种不同系列液体的 145 次观察记录装在信封内，一并寄给了英国皇家学会秘书亨利 · 奥尔登堡。

面对列文虎克的坚持，英国皇家学会请来了多位权威学者，对列文虎克的观察进行评估。虽然这些学者最终在 1677 年充分认可了他的研究成果，但依旧委托了时任皇家学会干事的罗伯特 · 胡克进行重复实验。

1678 年，胡克通过自制的显微镜，果然观察到了活的微生物存在。整个英国皇家学会的权威学者们，对列文虎克的怀疑变成了彻底的震惊。随着相关报告的发表，无数人的世界观都被彻底颠覆。然而在这段充满争议的时间里，列文虎克依旧在不断进行着自己的观测工作。

1680 年，因为进行了“几个非常巧妙的光学实验”，列文虎克被推荐为皇家学会会员。截至当时，他是英国皇家学会会员中少有的 36 名外国人之一。这是一个很高的荣誉，列文虎克被这个推荐“吓了一跳”，他没有出现在伦敦举行的就职典礼上，也从未参加过皇家学会的任何会议。

相比起荣誉，列文虎克真正关心的是自己的研究。

1683 年，随着显微镜放大倍数的提高，他又发现了更小的微生物——细菌。随后几年，他又对人体进行了大量观测，详细记录了人体皮肤、肌肉、骨骼和各种组织器官的精微构造。

1684 年，列文虎克对红细胞和毛细血管进行了准确描述，不仅印证了马尔切罗·马尔比基发现的毛细血管，也与发现血液循环的威廉·哈维产生了微妙的联系。

凭借高超的显微镜制作技巧以及勤奋的观察，列文虎克几乎垄断了 17 世纪末所有的微观研究和发现。甚至就连罗伯特·胡克也不得不哀叹时运不济，这片土地已经完全靠在列文虎克一个人的肩上了。

胡克曾经有机会第一个推开那一扇大门，但他最终却错失了机会。在胡克的一生中，这样的错失并不是第一次。

例如，虽然他对“引力”的认识比牛顿更早，却没有发展出“万有引力”的概念，被牛顿压制了一生，最终抑郁而终。

1695 年，63 岁的列文虎克整理了自己多年的研究，合集出版了《宇宙秘密的发现》。他的研究被越来越多的人知晓，更是吸引了当时的王公贵族。英国的安妮女王、英格兰的国王威廉三世和玛丽二世，还有著名的数学家莱布尼茨都曾访问过他，并对他和他的研究致以敬意。

1698 年，列文虎克应邀拜访了俄国的彼得大帝。他亲手制作了一个叫作“鳗鱼观察者”的显微镜送给彼得大帝，以便让彼得大帝可以随时观察血液循环。

锲而不舍的精神，成就伟大的科学巨人

在接下来的人生中，列文虎克十年如一日地进行着大量的研究。到 89 岁的时候，他在《哲学学报》上发表了自己的第 100 篇研究论文。一直到 1723 年，91 岁高龄的他依旧没有放下手中的显微镜。

虽然他一生从来没有使用拉丁文撰写过研究报告，但他依然成了当时微生物研究的最高权威。他每发表一篇用荷兰母语所写的论文，总是能在第一时间被翻译成拉丁文

和英文，并很快传遍世界。

曾有记者采访他，问他为什么获得了如此巨大的成功。列文虎克并没有说话，而是向记者展现了他的双手，那一双满是老茧和裂纹的双手。看到这双手，记者彻底沉默了。很多人都以为，列文虎克所做的工作仅仅只是观察而已，但不知道的是，他一生用双手磨制了500多块镜片，制造了超过400种显微镜。

当然，商人出身的列文虎克一直都有着藏拙的习惯，他生前从来没有把制作显微镜的技术真正示人。1723年8月26日，列文虎克因病去世，享年91岁。去世前，他从50年来磨制的所有显微镜中选出了26台最好的送给了皇家学会，并附上了两封信：一封详细地写着显微镜的制作方法，另一封则表达了对英国皇家学会的怀念和感谢。

2021年5月，荷兰研究人员使用现代技术对列文虎克的显微镜进行扫描，发现列文虎克后来制造的显微镜是通过细玻璃丝融合而成的，而不是单纯的抛光而成。正是这种技术，让列文虎克手中显微镜的观测性能越来越好。但造化弄人的是，这种显微镜的制造方法，曾经也被罗伯特·胡克所掌握。

高精度显微镜让列文虎克在对微观世界的研究上，做了超出他所在整个时代的工作。他一生总共写了347封涉及科学发现的信件，其中有215封是写给英国皇家学会的，并有119篇在《哲学学报》上得到了发表。

随着微生物学的飞速发展，两百年后的人们一度以为列文虎克的研究只是一些很初级，甚至不可复制的实验。然而在1981年，英国一位叫布赖恩·福特的显微学家，通过对列文虎克的原始标本进行研究，发现列文虎克的研究工作不仅细腻严谨，甚至建立了可重复的实验程序，他对微生物学所做的奠基工作，远比人们想象中的更多。

虽然列文虎克出身于商人家庭，没有受到过专门的学术和实验训练，但他却凭借着非凡的洞察力和孜孜不倦的研究，为全人类打开了一扇崭新的科学大门。如果没有列文虎克的贡献，无论微生物学、细菌学，还是后来的细胞生物学、分子生物学等与显微镜使用相关的研究，在人类发展史上的出现都将延后。

列文虎克——或许当我们每一次观察微观世界的时候，总是会想起这个亲切的名字吧。

现代生物分类学之父林奈

他第一个站出来告诉大家：人是一种动物

1735年，一位年轻的博物学家出版了一本书，在科学界引起了轩然大波。这本书叫作《自然系统》，是这位年轻博物学家花了整整三年时间，游历了欧洲各个国家才写成的。在这本书里，他通过观察，把猩猩和人相提并论，归类为拟人动物，后来在1748年出版的第6版《自然系统》中更名为灵长类。

虽然在200多年后的今天，人类属于灵长类动物已是最基本的生物学常识，但在当时，这个论断不仅受到神学宗教人士的反对，甚至连很多学者都持反对意见。

神学人士认为，上帝创造了人类，如果猿猴和人类一样，那岂不是猿猴也是上帝的形象？把人和猿猴放在一起，会降低人在精神上的崇高地位。学者们则认为，这位年轻人的归类，会降低人类对自然的统治地位。他们并不愿意相信，人是自然的一部分。

面对种种质疑，这位年轻博物学家向其中一位学者回信道：“你不喜欢我把人归类到拟人动物，可能是因为‘拟人’这个词吧。但我们必须学会认识自己，不要在言语上狡辩。无论用什么样的名字，对我们来说都是一样的。寻找人与猿猴之间的巨大差异，要遵循自然规律。但很遗憾，我并没有找到这样的差异，也没有人和我说过这样的差异。如果真的有，我会召集所有的神学家来反对我。”

这位年轻的博物学家，便是现代生物学分类命名的奠基人林奈。

神学家认为人类有灵魂，而动物仅仅是机械的，没有灵魂。但林奈却认为动物同样拥有灵魂，一个人不应该把愤怒发泄在动物身上。他相信人是自然的一部分，人就是一种动物，这是一种前所未有的认知。

正是因为林奈有着超乎时代的客观认知，所以他在《自然系统》的基础上，发展出了整套分类系统，创立了动植物双名命名法，被人尊称为现代生物分类学之父。

成绩一塌糊涂，却热爱花草的“小植物学家”

1707 年，林奈出生于瑞典斯莫兰一个叫拉舒特的静谧小村庄。父亲尼尔斯是一位乡村牧师，浓厚的神学思想从小就萦绕在林奈周围，即便如此，父亲的另外一个爱好却对他造成了更深的影响。

父亲酷爱园艺，在家里建造了一个小花园，把鲜花和绿植种在了家里的各个角落。林奈从小就喜欢去观察每种植物的特点，而父亲也总会告诉他各种花卉的名字。他不可自拔地迷上了植物，每天只想研究植物。

父亲对林奈寄予厚望，在他很小的时候就开始对他进行拉丁语、宗教和地理知识的教学，希望他长大以后能子承父业，成为一名优秀的神职人员。可林奈从小喜欢观察植物，因此受到同学们的欢迎，被称为“小植物学家”。

面对林奈的成绩，父亲十分忧虑，给他请了一名家庭教师。但林奈并不喜欢填鸭式的教育方式，乃至于他在后来的自传中戏谑式地说道：“与其（说是）培养孩子的才能，不如（说是）消灭孩子的才能。”

1717 年，经过家庭教师几年的辅导，10 岁的林奈被父亲送进了一所初级文法学校。在这段时期，林奈经常跑到乡下去观察植物。有一回，父亲去看望他的时候，老师给予了他严厉的批评。父亲一怒之下就把林奈送到了鞋匠那里去当学徒，想让他好好体验生活的艰辛，但这一切都没有改变林奈对植物的热爱。

按照父亲的计划，林奈以后会顺顺当当地成为一位牧师，但他的人生轨迹却在15岁时发生了改变。在文法学校的最后一年，他的老师正好是校长兰尼鲁斯。兰尼鲁斯是一位植物学爱好者，拥有一座独立的花园。在给林奈授课期间，他很快注意到了林奈对植物的热爱，于是亲自把花园交给他管理。

随着林奈学习到的植物知识越来越多，兰尼鲁斯发现自己的学识也不够了，又把韦克舍的一位高中老师介绍给林奈认识。这位高中老师名叫罗斯曼，是一位资深的医生，对植物学有深入的研究。在罗斯曼这里，林奈得到了系统的学习，拓展了对植物学的兴趣。

人生导师引路，与挚友共建伟大目标

1724年，17岁的林奈已经十分熟悉当时的所有植物学文献，父亲把他送进了罗斯曼任教的高中，让他系统地去学习希腊语、希伯来语、神学和数学，好为未来成为神职人员打好基础。父亲并不知道，一心研究植物的林奈，根本无心学习神学知识。

一年后，当父亲询问一众老师林奈的学习情况时，老师们都摇着头说，这个男孩永远不会成为学者。在当时，学者的身份是成为高级神职人员的通道。听到这个沮丧的消息，父亲十分失望。

此时罗斯曼却找到尼尔斯，向他暗示林奈可能在医学上有前途，并提议他们一家迁往韦克舍，方便林奈更系统地学习医学。为了儿子的前途，尼尔斯接受了罗斯曼的建议。在后来的数年里，罗斯曼也把生理学和植物学系统地教授给了林奈，为林奈在未来建立全新的分类学体系打下了坚实的基础。

如果说父亲是这位伟大科学家的启蒙者，那么兰尼鲁斯校长就是他的引路人，而罗斯曼医生则是他的人生导师。

1727 年，林奈进入隆德大学学习了一年，得以在图书馆阅览了大量的植物学书籍，也研究了当地的植物群落，丰富了植物学方面的见识。

1728 年 8 月，在罗斯曼的建议下，林奈进入乌普萨拉大学学习医学。在那个年代，生物学科还没有完全从生物医学中独立出来，要系统全面地学习植物学，医学专业是林奈最好的选择。

林奈生活的年代，距离哥伦布发现新大陆已经过去了200多年，全球掀起殖民高潮。欧洲的博物学家们通过大航海前往世界各地，每发现一种新奇好玩的事物，总是按照自己的习惯来命名，从而造成了一物多名、异物同名的混乱现象。

进入大学后，林奈与具有同样爱好的学长阿特迪一见如故，面对物种命名混乱的现状，二人立志要创建科学而系统的动植物分类体系。但为了避免恶性竞争破坏友谊，他们还约定划分了各自主攻的领域，一个主攻植物，一个主攻动物；但如果两人中的任何一方先于另一方去世，在世的一方必须完成另一方的工作。

历经实地考察，初步确立分类体系

1729年，林奈写了一篇关于植物有性生殖的高水平学术论文《植物婚配初论》，引起了导师鲁德贝克的注意。鲁德贝克没有想到竟然有如此天赋异禀的学生，很快开始重视起林奈来，第2年5月便安排他在乌普萨拉大学进行植物学讲座。此时，林奈只是一名大二年级的学生。

林奈的演讲很受欢迎，每次来听他讲座的人都能超过 300 人。鲁德贝克十分高兴，甚至邀请他到家里，作为年龄较小的 3 个孩子的家庭教师。而经过 4 年的大学学习，林奈也掌握了当时绝大多数的理论知识。他知道，自己如果想要更进一步，那就需要去实地考察。

1732 年，在乌普萨拉皇家科学学会的资助下，林奈前往拉普兰。耗费 5 个月的时间，途经 2000 多公里，林奈沿路记下了 100 多种从未见过的植物。此时林奈尚未创建双命名系统，仅仅是用拉丁文描述它们。随后的两年，林奈又带领学生去过达拉纳，获得了一些新的材料，增长了他的见识。

1735 年，28 岁的林奈回到乌普萨拉大学，有留校任教的打算。但他却在此时和导师的前助理罗森发生了矛盾，不得不离开乌普萨拉大学。林奈并没有因受到打击而垂头丧气，反而决定前往荷兰哈德韦克大学攻读博士学位。

令世人震惊的是，林奈在这里仅仅用一周的时间就获得了博士学位。在他的博士论文中，不仅提到了疟疾与黏土的关系，甚至预言了青蒿将成为抗疟药物的来源。这样的前瞻性，的确配得上拥有一个博士学位。

获得学位的林奈再次回到了乌普萨拉，他和挚友阿特迪再次相聚，畅谈着他们各自领域的发现。让林奈万万没有想到的是，两个月后，阿特迪因一场意外溺亡在了阿姆斯特丹的运河里。在整理阿特迪的遗物时，林奈发现了一份关于鱼类分类的未完成手稿。按照与阿特迪生前的约定，他将替他完成接下去的分类工作。

阿特迪的意外去世，让林奈感受到了时间的紧迫，他很快整理出版了自己的所有手稿，那便是林奈人生中的第一部巨著——《自然系统》。在这本书中，林奈首次对动植物进行了系统的分类，他把所有生物分成纲、目、属、种，并依据雄蕊的数目和特征把植物分为24纲，根据各类器官的特征，把动物分成蠕虫纲、昆虫纲、鱼纲、两栖纲、鸟纲、哺乳纲，共6大纲。

林奈的分类方法，已经奠定了现代分类学的雏形。《自然系统》的出版很快引起轰动，他的声望得到了极大提升，甚至受到荷兰东印度公司的克利福德三世的邀请，成为对方的私人医生和花园管理员。克利福德拥有一栋植物标本馆，林奈在这里度过了人生中最愉快的3年。

1739年，林奈与未婚妻完成了婚礼，他的人生进入了下一个转折。

完成科学巨著，敲响生物学科的大门

1741 年，林奈有幸到母校乌普萨拉大学担任医学教授，并修复了与罗森的关系。不久后，他与罗森交换了工作，成为乌普萨拉大学的植物学教授，并开始重建植物园。任教期间，林奈多次带领学生前往各地考察，并出版了相关的研究专著。

林奈的每一次研究，总是带给世人轰动。1750 年，随着声望的提升，43 岁的林奈成为乌普萨拉大学的校长，开启了一个崇尚自然科学的黄金时期。他鼓励学生前往世界各地考察，称呼最优秀的那批学生为“使徒”。他总是谆谆教诲学生独立思考，不要相信任何人，在科学真理面前，甚至连他也不要相信。

1751 年，林奈出版了《植物哲学》，在这本书中，他的分类系统开始逐渐完善。

1753 年，林奈出版了他一生最为知名的巨著《植物种志》，提出了更为完备的双命名系统，被国际公认为现代植物命名法的起点。所谓双名法，是指用拉丁文指明物种的种属后，还需要添加“种加词”表达它的特征，并在最后加上命名者的名字缩写。

《植物种志》出版后，很快获得了反响。虽然此时林奈的声誉已经传遍了整个世界，但他依然在坚持著书立说。1758 年，在出版第 10 版《自然系统》时，林奈确立了动物的双命名法，完成了挚友阿特迪未完成的遗愿。

在乌普萨拉大学，林奈当了 22 年校长。1772 年，65 岁的他随着健康状况的下降，才不得不辞去校长的职务。原来，他从 1764 年开始就患上了一种叫作乌普萨拉热的疾病，在罗森的照顾下才幸免于难。

1778 年 1 月 10 日，疾病中的林奈与世长辞，享年 71 岁。他的遗物包括 14000 株植物、3198 只昆虫、1564 枚贝壳、大约 3000 封信和 1600 本书。

在林奈之前，并没有真正的生物学，他建立分类和命名体系，直接推动了生物科学的独立发展。

黎明到来之前，只有林奈这样热爱自然、拥有探索精神的科学家，才拥有发现光的能力。

细胞学说创始人施莱登和施旺

年轻动植物学家的相遇，改变了世界

1837年，一位植物学家和一位动物学家在柏林相遇。因为研究领域相似，两人一见如故。他们一起用餐，一起交流各自在动植物学领域的研究成果。两人思想的火花最终碰撞出一个伟大的理论——细胞学说。恐怕他们也没有想到，当年两人的一次用餐会彻底改变人们对世界的认知。

细胞是有机体，动物和植物都是这些有机体的集合物，他们按照一定的法则排列在各自体内。这个现代人所熟知的常识的发现，其实经历了一个漫长的过程。

自从17世纪列文虎克发明显微镜以来，当时的人们距离观察到细胞结构已经过去了100多年。虽然在这100多年里，显微镜的放大率、分辨率和其他的性能，都得到了一定幅度的提升，但光学显微镜的理论尚未完善，比起后世的显微镜，放大倍数和精度都还处于比较原始的阶段。

关于生物结构的认识，整个 18 世纪的研究也都是自成一派的。不同的研究者用各自的理论，自圆其说地解释着宏观生物的组成结构。

19 世纪初，随着植物学家对植物的大量观察，人们才逐渐认识到，细胞是植物普遍存在的微细结构。

1809 年，著名博物学家、进化论先驱拉马克提出，如果物体不是由细胞组成的，那便不可能是生命体。虽然拉马克的认知超越了整个时代，但在当时根本没有实验能够支持他的言论。

19 世纪 20 年代，随着消色差显微镜的出现，人们终于能勉强看到细胞的内部结构。但由于显微镜观察细胞的方法依旧还处于比较原始的阶段，人们尚未发明涂片染色观察法，很难观察到细胞的精细结构，所以关于细胞功能的研究还是一片空白。

正是 19 世纪初出生的这两位年轻科学家，在互相交流促进的过程中，填补了这一片空白，创立了一门全新的学科——细胞生物学。

这两位科学家便是植物学家施莱登和动物学家施旺，两个性格和命运截然不同的人物，在冥冥之中建立了特殊的联系，共同谱写一曲生命科学史上的赞歌。

经历波折的植物学家，有一个天才想法

1804 年 4 月 5 日，施莱登出生于德国汉堡的一个医生家庭。他在中学毕业后选择了就读法律专业，并于 1827 年毕业于海德堡大学，获得法学博士学位。随后，年仅 23 岁的他回到汉堡，从事法庭律师的工作。

工作后，施莱登才发现律师的职业并不适合他，经过两年考虑，29 岁的施莱登最终还是选择了子承父业，进入哥廷根大学攻读医学专业。

在哥廷根大学学医期间，施莱登终于找到了自己的兴趣所在——植物学。为了更加系统的学习，施莱登不惜再度变更了自己的专业，转而进入柏林大学学习植物学。

施莱登的叔父正好是著名的植物生理学家赫克尔，侄子对植物学的浓厚兴趣引起了他的高度关注。同时关注施莱登的还有另外一位著名的英国科学家布朗。布朗虽然是一名植物学家，却因发现布朗运动而闻名于世。赫克尔和布朗都发现了施莱登的天赋，建议施莱登研究当时的前沿领域——植物胚胎学。两位前辈的建议，对施莱登的人生产生了决定性的影响。

1837 年，施莱登发表了自己的第一篇，也是至关重要

的一篇论文《论显花植物胚株的发育史》。在这篇论文中，施莱登指出，只有对显花植物胚胎发育史进行研究，才能解释植物的内在规律。同时，他还把植物学重新定义为一门综合科学，同时把植物化学和植物生理学囊括在内。

在布朗的影响下，施莱登开始研究植物细胞的形成和作用。通过显微镜，施莱登发现了细胞的一些结构特征，心中产生了一个大胆的想法：细胞是否是细胞核生成的？

此时，距离人们发现细胞核，已经过去了 30 多年，但人们对细胞核的功能依旧知之甚少。

1802 年，首次对细胞核进行描述的是一位奥地利植物画家鲍尔。1831 年，首次命名细胞核的人，正是施莱登的恩师布朗，他观察到了花朵外层细胞中的细胞核。虽然他认为细胞核是细胞的功能结构之一，但并没研究出细胞核的具体功能和作用。

把细胞核与细胞产生联系起来，是一种大胆的想法，也给施莱登打开了一条前所未有的研究道路。通过对植物生殖器官和胚胎细胞进行长期观察，施莱登发现每个细胞中都存在细胞核，并最终确定在细胞的形成和发育过程中，细胞核起到了至关重要的作用。

与世无争的动物学家，有众多伟大的发现

1837 年，33 岁的施莱登在柏林见到了 27 岁的动物学家施旺。当他发现施旺正在研究动物细胞时，他毫不保留地向施旺分享了植物细胞的研究成果，不仅向施旺介绍了植物细胞中的细胞核，也描述了细胞核这种“器官”在细胞产生时可能发挥的作用。

施莱登的分享，令这位年轻的动物学家大受启发。施旺不禁想起，他在脊索细胞中也曾发现过疑似细胞核的结构。他意识到施莱登分享的信息具有重大价值，决定设计实验验证自己心中的一个想法。

比起施莱登跳脱的思维，施旺的思维更加细腻谨慎，这主要源于童年经历的不同。

1810 年 12 月 7 日，施旺出生于德国诺伊斯的一个金匠家庭。由于处于社会底层，他长期沉浸在自己的小世界，对外部世界漠不关心。虽然各科成绩优异，数学和物理名列前茅，但少年时代的他却迷上了宗教。1826 年，16 岁的施旺离开故乡来到科隆，进入耶稣教会学院学习神学。

虽然家庭和性格完全不同，但施莱登和施旺在年轻的时候，都各自走向了人生的岔路口。不过施旺成年后的人生，

并没有施莱登那么坎坷。在耶稣教会学院，施旺接触到了人体和自然神秘现象的知识。他不禁在想，自然界和人类自身的发展，是一个怎样完美的过程呢？

1829 年，为了找到这个问题的答案，19 岁的施旺毅然决定放弃神学，进入波恩大学学习医学。

1831 年，施旺获得医学学士学位，并顺利进入柏林大学，师从德国著名生理学家穆勒。穆勒是 19 世纪杰出的生理学家之一，在柏林大学成立了世界上第一所生理学研究所，而施旺正是这个研究所早期的学生之一。

1834 年，24 岁的施旺获得医学博士学位，并成为穆勒的助手。一直持续到 1839 年，施旺给穆勒做了 5 年助手，进行了大量微观生理实验，涉及组织学、生理学和微生物学等各个领域，并取得了不错的成绩。

1835 年，施旺通过“量肌”实验，测量了肌肉长度和收缩的关系，首次揭示了肌肉运动的规律。通过对神经纤维的研究，他还发现了髓鞘的存在。髓鞘不仅可以让神经信号的传导速度增加数十倍，还可以节约 5000 倍的能量。施旺的发现具有重大意义，所以髓鞘又被称为“施旺氏鞘”，而髓鞘包裹的神经胶质细胞，又被称为“施旺细胞”。

1836 年，施旺通过对胃消化液进行研究，发现了胃蛋

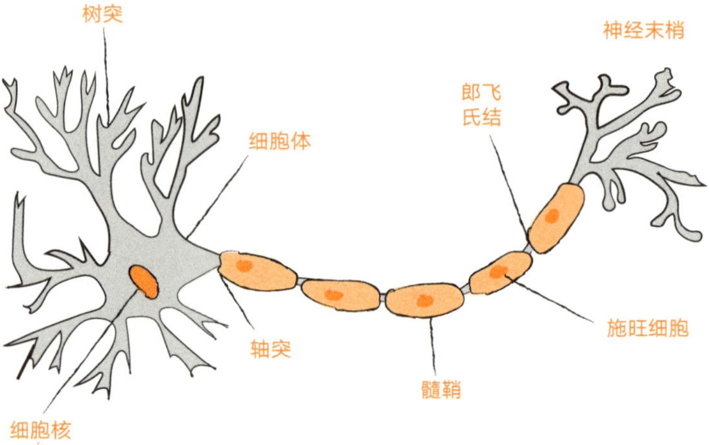

施旺“量肌”实验的观测发现

白酶的存在。同年，他还通过发酵实验，发现酒的发酵过程与酵母菌具有密切联系，提出酒精的发酵是在酵母体内进行的，细胞是生命代谢的基本单位。

但施旺正确的声音，很快淹没在无数学者的质疑声中。他内向的性格并不善于与人争辩，索性把所有的精力放在了动物细胞的研究上面。

植物细胞学说和动物细胞学说

虽然施旺性格安静，但他在实验仪器的构造和使用方面特别有天赋。他还能够识别重要的科学问题，并设计实验来系统地测试它们。想必在 1837 年，与施莱登的交谈过程中，他的学识也带给了施莱登一定的启迪。

这次会面结束后，施莱登便继续完善自己的植物细胞学说，写出了《植物发生论》，并在 1838 年进行了出版。在这本书中，施莱登正式提出了植物细胞学说。他认为细胞是植物体的基本单位，再复杂的植物都是由细胞组成的。最简单的植物是单细胞，而复杂的植物是多细胞的。

细胞的生命现象具有两重性：

1. 独立性：细胞能够独立维持自身的生长和发育。

2. 附属性：每个细胞都是植物整体的组成部分。

这一年，受到施莱登启发的施旺，则设计了严谨的实验，在实验室内进行着忘我的研究。如果他能确定动物细胞真的有细胞核这样的“器官”，那么他只需要发现动物细胞核的存在，并证明动物细胞核起到和植物细胞核一样的作用，那他就能彻底揭开动物细胞的秘密。

动物细胞非常小，而且一般很透明，很难对细胞核进行观察。施旺不得不选用脊索细胞和软骨细胞进行实验，因为这类细胞有像植物细胞壁般的支撑结构，更利于观察。经过不断地研究，施旺果然发现，这些动物细胞中都存在着细胞核。

随后，他又大量研究其他种类的动物细胞，虽然这些细胞的观察难度更高，但施旺通过谨慎的分析和细腻的对比，最终在每个细胞中都发现了细胞核的身影。

经过长达一年多的研究，施旺终于在1839年发表了一篇名为《关于动植物的结构和生长一致性的显微研究》的论文，正式提出了动物细胞学说。

他认为所有动物和植物一样，都是由细胞组成的，都具有细胞膜、细胞核和其他内容物。不同的动物细胞结构基本相同，哪怕不同的动物细胞可能具有不同的作用，它们也具有相似的发生机制。

动物细胞

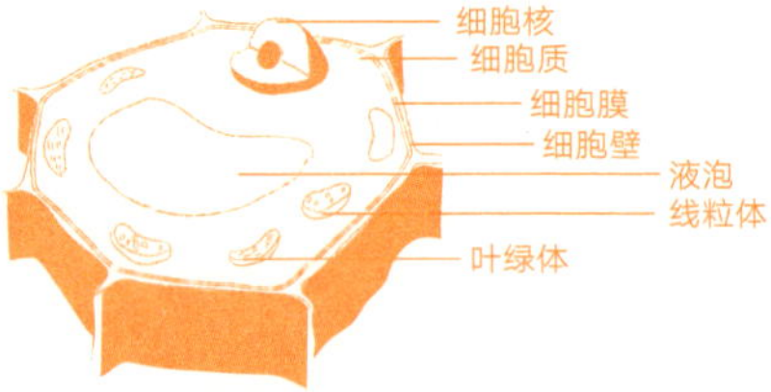

植物细胞

不同的性格，决定不同的命运

施莱登和施旺细胞学说的先后发表，引起了巨大的轰动，人们第一次认识到细胞在生物体内所发挥的重要作用。

这也带给了施莱登和施旺巨大的声望，但他们后半生的轨迹却因为各自性格的不同，有着截然不同的结局。

1840 年，施莱登被任命为耶拿大学植物学副教授，并于 1850 年获得教授之职。任教期间，施莱登先后出版了《植物学概论》和《作为归纳科学的植物学》，在科学界引起巨大反响。尤其是在《作为归纳科学的植物学》一书中，施莱登再次梳理了植物细胞学说，同时论述了植物形态学和组织学，成为植物学发展的一个重大转折。

1848 年，施莱登出版科普书《植物及其生活》，成为人们最喜欢的科普性读物之一。但耶拿大学的负责人却认为，作为施莱登这样德高望重的学者，不应该写这样浅显的科普读物。施莱登坚持己见，与校方发生了巨大的矛盾，在 1862 年愤然辞职。

从此以后，施莱登一直过着漂泊的生活，一直到 1881 年 6 月 23 日去世，享年 77 岁。

相比起桀骜的施莱登，施旺的晚年则相对平静很多。1839 年以后，施旺离开德国前往比利时，先后在吕温天主教大学和列日大学担任解剖学、生理学教授。其间他研究了胆汁对人体的作用，并在 1852 年出版《人体解剖学》。

施旺终其一生，都想要证明生命现象是物理原因的结果，而不是源于某种非物质的力量，但终其一生都没有找到真正的答案。1882 年 1 月 11 日，72 岁的施旺因病去世，带着遗憾离开了这个世界。

施莱登和施旺共同创建的细胞学说，推动了整个生物学的发展，并为辩证唯物主义提供了重要的自然科学依据。德国思想家恩格斯因此把细胞学说、能量守恒定律和生物进化论，并称为 19 世纪自然科学的 3 大发现。

细胞学说同样也为生物进化论、自然选择学说奠定了理论基础。作为与施莱登、施旺同时代的人物，达尔文提出生物进化论的过程，同样充满了传奇色彩。

进化论奠基人达尔文

被画成猿猴的伟大科学家

1871 年 3 月，英国《大黄蜂》杂志刊出了一幅漫画，题名为《令人尊敬的大猩猩》。画面上的大猩猩一身长毛，弓着腰，左脚趾抓着木棍，背后草草画了几棵树象征森林，带给人想象的空间。

但令人奇怪的是，这一只大猩猩的头像却是一位长着大胡子的老人。他不是别人，正是著名的科学家达尔文。

《令人尊敬的大猩猩》画像

19 世纪的欧洲，上帝造人的传说还有很大的影响力，随着殖民地阶级矛盾达到高峰，全球种族主义横行。奴隶主一边认为人类是高高在上的地球主宰，绝不能和动物相提并论，一边又把非洲土著当作黑猩猩对待，甚至建立动物园圈养非洲黑人，供西方贵族观赏。

在这样的大背景下，《大黄蜂》杂志上的达尔文形象具有恶毒的讽刺内涵。然而在当时的欧洲，这样的讽刺漫画并非只有一幅。教会甚至安排人在一幅名为《乐趣》的漫画中，把达尔文画成一只在给贵妇人测脉搏的猴子。

教会为什么如此憎恨达尔文？原来，在 1859 年，达尔文发表了著名的《物种起源》。在这本巨著中，他阐述了生物进化论，提出了自然选择的观点。进化论不仅对生物学有着划时代的意义，也渗透到了自然科学的各个领域，最终击溃了神造论和物种不变论。

达尔文的成功，同样离不开前人的努力。早在 18 世纪中叶，林奈便发现了人类和猿猴的相似特征，并在《自然系统》一书中将两者共同归类为灵长类。

19 世纪初，法国生物学家拉马克继承并发扬了林奈的观点和学说，在 1809 年发表的《动物哲学》中便提出了生物进化的概念。他认为，人和猿类可能具有进化关系，某种猿类要看得更远，就需要直立行走，通过直立行走便会改变生物遗传，最终进化出人类。

因为提出生物进化的改变，拉马克被尊称为进化论先驱，但他理论中的“用进废退”与“获得性遗传”这两个法则，却有着明显的局限性。

达尔文在吸收拉马克进化思想的同时，对人类进化做了更为正确的解释。他认为，在遥远的过去，人与类人猿有着共同的祖先。这个祖先的后代发生着不断的基因突变，通过漫长的自然选择，分别进化出了今天的猿猴和人类。

虽然当代人类考古学已经出土了丰富的化石，建立了从古猿到人类的进化谱系。但在一百多年前，尚未有足够的直接证据。达尔文对宗教神学的挑战，需要莫大的勇气。其实，达尔文对神学保持一生的挑战，早在他的童年就已经埋下了伏笔。

医学世家和宗教世家的结合

1809 年 2 月 12 日，达尔文出生于英国什罗普郡的商业文化中心什鲁斯伯里。他的父系家族是典型的医学世家，信奉自然科学；而母系家族则是典型的商业世家，信奉宗教神学。两个信仰截然不同的家族结合在一起，在达尔文身上碰撞出了别样的火花。

达尔文的祖父伊拉兹马斯是英国 18 世纪著名的科学家，在医学、动物学和植物学领域都有不俗的成就，曾多次拒绝成为英国国王乔治三世的御用医生。作为与拉马克同时代的人物，他不仅接受了生物进化思想，而且认为人人平等，提倡废除黑奴制度。

达尔文的父亲罗伯特不仅是医学博士，同时也是英国皇家学会会员。虽然他也继承了伊拉兹马斯的思想，成了一名自由主义者，但观念却相对保守一些。

达尔文的外祖父是英国传统陶瓷之父韦奇伍德，作为一位传统精英商人，他是一位典型的宗教徒，信奉英国国教——基督新教3个原始宗派之一的圣公会。受到父亲的影响，达尔文母亲苏珊娜是一位严格的圣公会教徒。

两个家族的信仰南辕北辙，唯一的共同点可能只有对奴隶制的废除思想。但在达尔文出生之前，祖父便已去世，由于父亲思想并不激进，整个家庭的氛围充满宗教色彩。

1817年，8岁的达尔文加入传教士开办的走读学校。同年7月，母亲因病去世，为了方便，他就近寄读于英国圣公会什鲁斯伯里中学。

虽然达尔文的生活和学习与宗教高度绑定，但祖父留下来的著作对他的思想产生了巨大的影响，他从小便热爱自然科学和收藏。

1825年夏天，16岁的达尔文从中学毕业后，给父亲当了一个暑假的学徒，帮助他给郡里的穷人看病。

1825 年 10 月，在父亲的期望下，达尔文进入了当时英国最好的医学院——爱丁堡大学医学院。经过一段时间的学习，达尔文发现医学讲座枯燥乏味，手术操作烦琐，感到痛苦。他很快迷上了动物学，学业逐渐荒废。

在逛动物学博物馆时，他认识了一位叫作埃德蒙斯通的黑人工作员。埃德蒙斯通曾是一位黑奴，他凭借优秀的能力，被奴隶主带回了苏格兰，正好遇到奴隶制度的废除，得以获得自由，进入动物博物馆工作。达尔文没有因埃德蒙斯通曾是黑奴而对他有任何偏见，在得知对方掌握精湛的标本制作能力后，反而毅然拿出学费向他请教学习。

达尔文在埃德蒙斯通那里学习了两个月，掌握了标本制作的能力，这对他未来的生物研究具有无比重要的意义。

进化思想，科学巨人的成长之旅

大学期间，达尔文加入了一个名为“普林尼学会”的组织，这个组织的成员是一群热爱自然科学的学生。他们热衷于通过唯物主义观点，挑战正统的宗教科学观念。达尔文正是他们中间的佼佼者。

1826年11月，年仅17岁的达尔文凭借优秀的个人能力，当选“普林尼学会”的书记。在与同学交流学习的过程中，他进行了一些野外观察和实验，同时他还注意到了祖父留下来的日记。

在祖父的日记中，达尔文第一次接触到了拉马克的生物进化思想。为了搞清楚生物之间的进化关系，他系统学习了植物分类学。对其他知识科学的投入，也导致达尔文的专业课程进一步荒废。父亲得知后，认为他游手好闲，不务正业，一怒之下中断了他为期两年的医学学习，把他送到了剑桥基督学院攻读神学。

或许在父亲的心里，既然儿子不喜欢医学，如果能在未来成为一名牧师，也能巩固他在母系家族的地位。恐怕他万万也想不到，在剑桥基督学院攻读期间，达尔文遇到了同样喜爱昆虫收藏的堂哥福克斯，对堂哥精美的蝴蝶收藏印象深刻，向他讨教了专业的昆虫学知识。从此以后，达尔文热衷于昆虫收集，并在1829年把自己的一些发现，发表在了《英国昆虫学插图》中。

不久后，堂哥又把植物学教授亨斯洛介绍给了达尔文认识。虽然作为基督学院的教授，亨斯洛是一位东正教牧师，但达尔文与他一见如故，很快成了忘年之交。两人常常在乡间散步，寻找大量的植物和昆虫，达尔文也在这个过程中，学习了专业而系统的知识。每当亨斯洛教授带领学生去森林和沼泽进行考察、采集标本的时候，达尔文必然会一同前往学习，度过一个愉快的周末。

后来达尔文回忆道，和亨斯洛教授一起捉甲虫的日子，是他大学生活中最快乐的时光。

1831 年 1 月，22 岁的达尔文从剑桥基督学院毕业。不久后，他开始研究宗教科学著作《自然神学》，这本书主要从自然科学的角度来解释神学和上帝的存在。对此他保持怀疑的态度，决定亲自去考察，研究生物进化的规律。

1831 年 12 月，经过亨斯洛教授的推荐，达尔文踏上了贝格尔号军舰，开始了为期 5 年的考察。虽然父亲认为达尔文是在浪费时间，但他并没有成功阻止达尔文远行。

达尔文此时已经成长为拥有丰富地质学、动植物知识的年轻博物学家，但他并没有远航经历。在漫长的旅途中，他不得不一边饱受晕船之苦，一边制作大量的动植物标本，并坚持每天写下研究笔记。这些笔记和标本涉及大量的地质测量数据，各类哺乳动物、鸟类、昆虫和大量的海洋无脊椎动物的标本资料。

达尔文跟随贝格尔号军舰几乎前往了世界各地，考察

了当时人们所能见到的绝大多数物种，这促进了他对物种起源的探索。尤其是 1835 年，在加拉帕戈斯群岛见到的一种雀鸟，在未来给了达尔文重要的启迪。不过，在 5 年考察期间，达尔文疲于每日的忙碌，并没有时间去整理和思考自己的笔记。

二十年磨一剑，进化论的沉淀

1836 年 10 月，27 岁的达尔文结束了漫长的考察之旅，回到英国。与家人匆匆见面后，他第一时间前往剑桥见了亨斯洛教授。亨斯洛教授意识到达尔文手中资料和标本的价值，建议他寻找博物学家来整理这些资料和标本。

达尔文接受了建议，并得到了父亲的支持，很快与地质学会和动物学会建立了联系。他把化石标本交给了地质学会，地质学家莱尔和解剖学家欧文参与了整理和鉴定工作。他们震惊地发现，达尔文收集的标本中，竟然有大地懒、箭齿兽、雕齿兽等灭绝动物的骨骼。研究结果与达尔文预期的一致，这些灭绝的动物的确和当地现存物种存在关联。

另一方面，达尔文把哺乳动物和鸟类的标本交给了动物学会。鸟类学家古德尔分析了达尔文在加拉帕戈斯群岛收集的雀鸟，分出了13个物种。分析结果显示，这些雀鸟之间十分相似，具有很近的亲缘关系。达尔文不禁思考到，这些雀鸟应该有共同的祖先，但在不同的后天生存环境下，经过漫长的过程进化成了不同的物种。

经过长达半年的研究，达尔文分析了各类物种，对物种的起源有了更加肯定的认识。1837年3月，达尔文在笔记中郑重地写下了一句话“一个物种确实会变成另一个物种”。他否定了流传已久的物种不变论，开始撰写第一本关于物种演化的笔记。

经过数个月的时间，达尔文勾勒了加拉帕戈斯陆龟、雀鸟和美洲鸵的进化谱系，开始筹备个人笔记的出版。

1838年，达尔文阅读了马尔萨斯的巨著《人口论》，书中提到，人口几何式增长后会爆发马尔萨斯灾难。达尔文结合自己的研究考察，分析了物种和生态环境之间的关系。他得出，面对环境压力，种群长期竞争的过程中，有利变异会被保存下来，而不利变异则会被淘汰掉。

同年，达尔文又分析了农民的选择性育种，把自然界的育种过程，称为自然选择。

1839年，是达尔文的幸福之年，30岁的他踏入了婚姻的殿堂，出版的《贝格尔号航海记》也广受好评。家庭美满，事业稳定，达尔文开始潜心研究和写作。虽然他的进化论思想已经逐渐成熟，但他的好友植物学家胡克却建议他对一个生物门类进行深度研究，经过考虑，达尔文最终选择了一种海洋无脊椎动物——藤壶。

这一研究，就是长达 8 年的时间。达尔文通过两台显微镜，一边观察，一边作图，最终写出了多达 4 卷的藤壶专著。

藤壶虽然像贝壳，但其实他们与虾和蟹有着更近的亲缘关系。由于固着生活和异体受精，藤壶有着比自身长达 8 倍的交接器。通过大量对比和观察，达尔文最终得出结论，藤壶的进化是性选择和环境适应的结果。同时他也提出“同源性”的概念，对同一祖先的进化关系进行了解释。通过对藤壶的研究，达尔文的进化思想也得到足够的沉淀。

进化论的胜利，也是自然科学的胜利

在达尔文准备拿起笔对上帝提出挑战，正式撰写进化论的相关著作时，他的父亲和女儿分别于 1848 年和 1851 年先后去世。有人认为这是上帝对达尔文的惩罚，但达尔文依旧坚定着自己对自然科学的信仰，通过长达 3 年的时间，他整理了进化论相关的论文。

1858 年，在达尔文与华莱士发表进化论相关论文的这一年，他的小儿子夭折了。虽然关于上帝惩罚的传言此起彼伏，但达尔文却意识到很有可能是遗传出了问题。可当时遗传学尚未发展，达尔文并没有得到足够多的答案。

1859 年，经过长达 20 年的准备，达尔文终于发表了巨著《物种起源》。为了避免过多的争议，在《物种起源》中达尔文回避了人类起源和性选择的问题。虽然此书一经出版便受到无数年轻学者的支持，销量十分可观，但也遭到当时许多著名学者的质疑和批评。甚至与达尔文有过合作的欧文、亦师亦友的亨斯洛、朋友胡克和莱尔都对他的一些观点持保留意见。当然，也有自由派神职人员接受了进化论思想，并拿来强行解释宗教，但被传统派认为是异端邪说。

在反对和支持的两股声音下，19 世纪末形成了一场进化思想运动。随着地质学家莱尔普及了人类史前史，解剖学家赫胥黎从解剖学上证明人类的确是一种猿，支持达尔文的人变得越来越多。1864 年 11 月 3 日，为表彰达尔文的成就，英国皇家学会给达尔文颁发了最高的科学荣誉——皇家学会的科普利奖章。

虽然越来越多的科学家开始支持进化论，但绝大多数的人还是难以接受人类和所有的动物一样，仅仅只是自然选择进化而来。

在发表《物种起源》之后，达尔文已经50多岁，他经常生病，却依旧拿着笔与宗教权威战斗到了最后。1871年和1872年，达尔文分别完成了《人类起源和性选择》和《人类和动物情感的表达》，对《物种起源》进行了补充，这标志着达尔文进化论的进一步完善。

这两本书的发表，也掀起了传统教会反对的高潮。经过达尔文不断的战斗，在他生命最后几年，当时绝大多数的科学家都已经接受了达尔文的观点，达尔文在这场战斗中最终还是胜利了。

1882年4月19日，73岁的达尔文因心脏病发在家中逝世，葬于威斯敏斯特大教堂。

终其一生，达尔文的伟大成就，在人类学、心理学和哲学上都有着不可磨灭的影响。但他晚年的研究，也有一些遗憾。他写了多部和动植物变异相关的著作，意图用泛生论来解释遗传定律。这个错误的观点，也让他的进化论显得不那么完美。

但进化论从来不仅仅是达尔文一个人的专有，作为对物种演化的科学认识，它本身就是随着科学认知而不断补充变化的。而关于遗传定律的这一页，将由与达尔文同时代的另外一位伟大科学家孟德尔来完成。

现代遗传学之父孟德尔

孤独的科学怪人

1856年，奥地利（今捷克）布尔诺圣托马斯修道院内，一位奇怪的修道士正在园子里劳作。他头戴大礼帽，脑袋看起来比平常人大一号。鼻梁上架着一副金丝边眼镜，短裤长靴，稍微显胖，走起路来晃晃荡荡，很有个性。他的脚下是一片豌豆田，这是他最大的嗜好——种豌豆。

为了种豌豆，这个奇怪的修道士在修道院的后面专门开垦了这片田地。每天他都对豌豆小心呵护，使用木棍、树枝和绳子把蔓延的豆苗支撑起来，维持“直立姿势”。按理说，种豌豆是为了收成，需要蝴蝶和甲虫来授粉。但这个怪人竟然驱赶了蝴蝶和甲虫，亲自去给豌豆授粉。

虽然信徒们对这个怪人的行为很不理解，但其他的修道士却对他十分尊敬，评价道：透过金丝边眼镜，他的眼神好像凝视着这个世界。

这个奇怪的修道士，便是著名的科学家和现代遗传学之父孟德尔。

其实，早在孟德尔出现前的数千年时间，人类便已经利用“遗传学”育种。新石器时期，人类学会驯养动物和栽培植物，在之后漫长的过程中，逐渐掌握了改良动植物品种的方法。2000年前，西班牙学者科卢梅拉在《论农作物》中对嫁接技术进行了描述。1500年前，中国农学家贾思勰也在《齐民要术》中记录了关于动植物育种的内容。

近代科学启蒙后，科学开始尝试解释生物的遗传和进化机制。18世纪，拉马克以用进废退解释遗传现象，认为生物的某个器官如果经常使用，就会变得越来越发达。依据这个理论，他对长颈鹿的进化解释道：长期食用高处的食物，长颈鹿的脖子便进化得越来越长了。

19世纪，达尔文否定了拉马克的用进废退，经过大量化石分析，他认为生物的遗传因子是随机变异的，通过自然选择淘汰弱者来实现进化。但面对一些难以解释的现象，达尔文依旧保留了用进废退的解释，例如他认为鼹鼠的眼睛退化，是在无光的环境下长期适应而造成的。

1868年，为了完善进化论，晚年的达尔文曾进行大量育种实验，提出了泛生论。他认为动植物细胞含有一种“泛子”，能收集信息并遗传给下一代。当环境变得不同，泛子就会发生改变，从而让遗传性状发生改变。虽然在21世纪的今天，一个初中生就能指出达尔文浅显的错误，但在19世纪末，达尔文的泛生论具有很大的影响力。

在达尔文发表泛生论前年，孟德尔便提出了自己的遗传定律。但因为他的论文《植物杂交实验》涉及大量数学推理，并没有被当时的科学家真正读懂，乃至于被判断成一篇没有多少价值的普通育种论文。

孟德尔的遗传定律就此被埋没，这一埋没就埋没了他整整的一生。虽然活在孤独中，但孟德尔始终坚信，他的时代迟早会到来。

体弱多病的穷苦学生

1822年7月20日，孟德尔出生于奥地利帝国西里西亚的一个小村庄。130年前，他们的祖辈曾是农奴出身，直到他父亲那一辈才拥有了微薄的土地。虽然家境贫寒，但孟德尔的母亲却生下了5个孩子，两个早夭，他是家里唯一的男丁。

作为男孩，孟德尔从小便开始帮父亲干农活，分担经济压力。由于父亲爱好园艺，孟德尔从小耳濡目染，掌握了一些园艺知识和养蜂技巧。从小他便知道树木的生长需要养料，但又是什么力量决定树木的成长呢？在各种奇怪的问题中，他也像树木一样不断成长。

孟德尔从小便聪明好学，在舅舅斯维特利切创办的小学里，他度过了一个美好的童年。11岁时，孟德尔进入初中，以最优异的成绩毕业。由于家境贫寒，父母一度考虑让他中断学业，但最终他们还是在中学校长的劝说下，把孟德尔送进了特鲁堡的高级中学读书。

1838年，一棵大树砸伤了孟德尔父亲的胸口，伤口长期不愈，孟德尔一家断绝了唯一的经济来源。16岁的孟德尔不得不一边上学，一边当家庭教师给自己赚取学费。因为过于劳累，他最终病倒了。虽然休学了4个月，但他最终还是顺利完成了学业。

1840年，18岁的孟德尔进入奥洛穆茨大学哲学院，学习古典哲学的同时，还学习了物理学和数学。坚实的数学基础在他未来的遗传学研究中发挥了巨大的作用。

大学期间，孟德尔再次病倒了，不得不再次休学一年。当他想要继续完成学业时，父母却再也拿不出一分钱了。正当孟德尔一筹莫展时，妹妹特蕾西亚站了出来。她实在不忍心看到如此优秀的哥哥就这样中断了学业，于是变卖了自己的嫁妆支持哥哥上学。拿着妹妹嫁妆换来的钱，孟德尔得以重新进入校园。后来，孟德尔有了不错的收入，他并没有忘记曾经帮助过自己的妹妹，不仅帮她抚养了3个儿子，还把其中两个培养成了优秀的医生。

大学期间，孟德尔又找了一份家庭教师的工作，通过勤工俭学完成了自己的学业。虽然常常缺衣少食，还要遭受疾病的折磨，他还是以坚强的意志熬了过来。

从奥洛穆茨大学哲学院毕业后，他面临着一个艰难的选择。他还有很多的知识想要学习，但又必须选择一个职业养活自己，并减轻父母的重担。为了找到一个能糊口又能继续学习的职业，孟德尔请教了自己的大学教授法郎兹。

“修道士对你来说会是一个不错的选择。”法郎兹教授如此告诉他。是啊，进入修道院成为一名修道士，不仅能够解决吃饭问题，而且可以免费学习修道院内的各种科学知识。几乎没有任何犹豫，孟德尔便下了决定，修道士是他唯一的也是最好的选择。

处处碰壁的失败修道士

1843 年 10 月 9 日，在法郎兹教授的推荐下，孟德尔进入了古老的奥古斯丁修道院，成了一名修道士。奥古斯丁修道院不仅是宗信徒的圣地，也是奥地利帝国摩拉维亚地区的学术中心。

这是因为奥古斯丁修道院的院长纳普不仅是当时奥地利科学协会的负责人，而且在政商两界都很具有影响力。在他的主持下，奥古斯丁修道院十分注重人才的培养，他不仅规定青年修道士需要进修完哲学和数理课程，还需要到中学或大学去授课。

纳普院长培养出克纳谢尔、布雷湍克、萨勒等优秀学生，尤其是克纳谢尔在生物学上有着很深的造诣。当时修道院有专门的育种实验室，克纳谢尔正是负责人。孟德尔在修道士生涯期间，有幸成为克纳谢尔的助手，系统学习了育种知识，为他后来的遗传学实验打下了基础。

除了克纳谢尔外，院长助理迪博尔教授的多门课程也让孟德尔受益匪浅，如植物学、育种学和农作物栽培等，其中人工试验的内容对孟德尔的豌豆实验具有直接启发。

在如此好的学习环境下，孟德尔把自己的所有精力全部灌注在了对科学知识的学习中。

19世纪40年代，随着资产阶级和工人阶级的矛盾达到白热化，欧洲掀起了一场前所未有的革命浪潮。几乎所有的年轻学者都被卷了进去，孟德尔也不例外。不过孟德尔不忍直面战争中痛苦不堪的人们，最终决定沉下心来，把精力全部放在学术之中。

革命的浪潮让孟德尔失去了很多老师和朋友。1849年，克纳谢尔因为出版了《关于社会主义和共产主义的思想起源》而遭受到迫害，不得不逃亡美国。孟德尔在后来的自传中，专门对克纳谢尔表达了感谢。

修道士见习期满后，孟德尔当了一段时间的牧师，主要工作是从精神上安慰医院的病人。但他看到病人受罪的模样，甚至会比病人更先情绪失控。他天生不适合做牧师，最终被解除了职务。这件事对孟德尔的打击很大，回到修道院后，他一度陷入消极情绪之中，找不到人生的方向。

这时，纳普院长对他进行了帮助，介绍他去齐纳姆高级中学当代课老师。不过代课老师的工资只有正式老师工资的60%，要成为正式老师还需要经过全国统一考试。

1850年，持教一年后，孟德尔终于被推荐参加了全国教师资格考试。他成功通过了物理学和气象学两科考试，却落败于动物学这一科。准备几个月后，孟德尔的动物学考试依旧没有通过，乃至于动物学主考官加特纳下了这样的结论：“这位考生不使用学术用语，用自己的语言和观念答题，连初等学校教师的资格也不够。”

但加特纳同时也从孟德尔的物理学和数学成绩中看到了非凡的潜力。他认为，孟德尔没有通过考试是因为没有受过正规大学的全面教育，建议纳普院长把已经28岁的孟德尔送去深造。纳普院长不仅接受了建议，还把孟德尔推荐给了欧洲最著名的学府之一维也纳大学，并在介绍信中对他进行了高度评价。

或许在当时，孟德尔怎么也想不到，进入维也纳大学会彻底改变他未来的命运。

豌豆杂交实验大获成功

1851年10月27日，孟德尔成功进入了维也纳大学求学。在第一学期，他就有幸听到著名物理学家多普勒亲自讲授的实验物理学，并成为多普勒的助手。孟德尔不仅学到了全新的物理学知识，也继承了多普勒科学分析的方法：通过实验分析提出假说，根据假说演绎出更多实验方法，再通过反复修正，逐步得到完善的理论。科学分析的方法，令孟德尔未来实验的成功有了基本的保证。

除了多普勒外，孟德尔还遇到了另外一位物理学家埃汀豪森。虽然埃汀豪森在历史上并不著名，但他对孟德尔却有着至关重要的影响。在埃汀豪森身边，孟德尔不仅学习了物理仪器的使用，提高了动手能力，还学习了系统的数理统计，这是当时其他生物学家所不具备的。

数理统计如同一把钥匙，帮助孟德尔彻底打开了现代遗传学的大门。不过把孟德尔推到大门前的，却是另外一名植物学家翁格尔。孟德尔不仅在翁格尔这里学习了系统的植物杂交实验，还掌握了豌豆杂交实验所得的性状分布。

在整个维也纳大学求学期间，勤奋的孟德尔穿梭于各个大学教授和图书馆之间，把所有的时间都花在了学习上。短短两年的时间，他便系统掌握了动物学、植物学、昆虫学、果树学、化学等各个学科的知识。

1853 年，31 岁的孟德尔从维也纳大学毕业。回到修道院不久，他受到布尔诺高等技术学校校长的邀请，成为该校生物学和物理学的代课老师。1856 年，孟德尔再次前往维也纳参加全国教师资格考试，但就在笔试的第一天，他因病退出了考场。从那以后，他再没参加过任何考试。

虽然孟德尔一直以代理老师的身份授课，但他的授课工作和实验演示却非常成功，大受学生的欢迎。

1856年，在授课之余，34岁的孟德尔也如同老师克纳谢尔那样，在修道院内开始了育种实验。在他所处的时代，科学界的主流还是“混合遗传”学说，人们认为，白色的绵羊和黑色的绵羊结合能生下灰色的绵羊。但经历系统学术培养的孟德尔，却敏锐地发现遗传现象或许另有规律。

豌豆的雄蕊和雌蕊闭合在严密的花瓣中，不受风和蜜蜂的干扰，可以通过人工自由操控它的授粉，是研究遗传规律的完美对象。在长35米、宽7米的狭长田地间，孟德尔种满了豌豆。他对每一棵豌豆苗都爱如珍宝，曾指着它们向挚友尼耶塞尔教授说道：“看，这些都是我的儿女！”

这一场遗传实验，孟德尔一做就是长达8年的时间。

在前两年，他从34种豌豆中找到14种明显的性状，分成了7组进行对照实验。数十年后，科学家发现，孟德尔当时选择的7组性状竟然正好位于不同染色体的等位基因上，从而保证了实验的最终结果。如果没有孟德尔细腻的观察，这样看似巧合的事情，其实极难发生。

而后的8年时间内，孟德尔累计测试的豌豆多达28000株，通过反复的播种、授粉、观察、记录和计算，他研究

了豌豆不同杂交后代的比率，经过反复验证之后，他终于发现了生物遗传的秘密。

性状	杂交组合	F1 表现的显性性状	F2 表现的显性性状		
			隐性性状	显性性状	显性：隐性
花色	红花 × 白花	红花	705 红花	224 白花	3.15:1
种子形状	圆粒 × 皱粒	圆粒	5474 圆粒	1850 皱粒	2.96: 1
子叶颜色	黄色 × 绿色	黄色	6022 黄色	2001 绿色	3.01:1
豆荚形状	饱满 × 不饱满	饱满	882 饱满	299 不饱满	2.95: 1
未熟豆荚色	绿色 × 黄色	绿色	428 绿色	152 黄色	2.82:1
花着生位置	腋生 × 顶生	腋生	651 腋生	207 顶生	3.14:1
植株高度	高的 × 矮的	高的	787 高的	277 矮的	2.84:1

孟德尔做的豌豆杂交试验的结果

当不同稳定性状的亲本杂交后，往往只显示一种性状的子代，例如红花和白花杂交，产生红花的子代。如果子代再次自花授粉，产生的子二代便会同时出现两种性状，且比例总是接近 3:1。例如，红花和白花的子二代中，红花 705 株，白花 224 株，比例是 3.15:1。把子二代再次进行杂交，得到子三代后，4 种类型的分配比例是 9:3:3:1，正好是 3:1 的平方。

“看吧，我的时代要来了”

1865 年，43 岁的孟德尔经过大量的数学推演，终于从豌豆杂交实验中得出最后的结论：生物具有成对的遗传因子，但精子或卵子只分配子代每对遗传因子中的一个。受精时，精子和卵子随机组合在一起，子代的遗传性状符合自然分布规律。遗传因子的独立分配便是基因分离定律，而配子的随机组合则是基因自由组合定律。

孟德尔把自己的研究成果撰写成了论文《植物杂交试验》，在布尔诺科学协会会议厅上连续两次进行了宣读。令他怎么也没有想到的是，来自化学、地质学、生物学等各个领域的 40 多位科学家，竟然没有一个人听懂他在说什么。当时的科学家都认为，孟德尔仅仅只是研究了豌豆杂交，而不是遗传规律。虽然孟德尔还是在次年发表了这篇论文，但在后续的 35 年中，他的论文被引用的次数仅有 3 次。

在那个时代，孟德尔把生物学和数学推理相结合，实验过于超前，让人只觉得他的论文烦琐和枯燥。此时人们在争相讨论达尔文的《物种起源》，对于一篇看不懂的论文没有太多的关心。为了让自己的理论被更多人知道，孟德尔曾向国际上权威的科学家邮寄了自己的论文，后来被证明至少邮寄了 13 份，但并没有直接证据表明达尔文曾经收到过。当然，哪怕达尔文真的收到，由于没有系统的数学学习，他也不一定能看懂孟德尔的论文。

1868 年，孟德尔被选举为修道院院长。第 2 年，他再次发表了名为《动植物遗传之研究》的两篇论文，提出了显隐性的概念：每一对遗传因子中都有显性性状和隐性性状之分，但只有显性性状才会被显现出来。虽然显隐性定律让孟德尔的遗传定律变得更加完备，但依旧没有多少人去关心。

从那以后，47 岁的孟德尔把所有的工作重心都放在了修道院上，完全放弃了科学研究。从 1874 年开始，孟德尔因为奥地利颁布的严苛税法，与政府打了数年的官司。因为其他修道士向政府妥协，孟德尔最终败诉，他的修道院资金被全部没收，他也患上了严重的心脏病。

1884 年 1 月 6 日，由于慢性肾炎，孟德尔与世长辞。

令人遗憾的是，为了解决税务纠纷，继承孟德尔的修道院院长烧毁了他收藏的所有文件。关于孟德尔遗传学的研究过程，如今我们只能从他的论文中，窥探到一丝丝的浮光掠影。

不过，伟大科学家的伟大发现，永远都不会被埋没。

在孟德尔晚年，挚友尼耶塞尔曾对他研究过程中的遭遇感到惋惜，但他却发出预言道：“看吧，我的时代要来了。”

在孟德尔去世后的16年，来自荷兰、德国、奥地利的科学家独立“重新发现”了孟德尔遗传定律。他伟大的预言变成了现实。从此以后，遗传学进入了孟德尔时代。

后来的整个20世纪，在摩尔根、克里克、沃森等数代科学家的努力下，我们终于知道了染色体和DNA的秘密。而关于染色体和DNA的发现，是生物学发展史上又一个伟大篇章。

为昆虫谱写史诗的法布尔

伟大著作背后的父子情深

1877 年，一位叫朱尔的法国年轻人因病去世，年仅 16 岁。他从小热爱自然，极具研究天赋，年纪轻轻便成了科学家父亲的得力助手。如果不是早早去世，未来他也有可能会成为一位伟大的科学家。上帝带走了这位未来的科学家，却给世人馈赠了一部伟大的著作《昆虫记》。

这位年轻人的父亲，正是《昆虫记》的作者法布尔。

法布尔是法国著名的昆虫学家，他因为《昆虫记》享誉全球，被诗人称为“昆虫界的荷马”“昆虫界的维吉尔”。然而这一伟大的著作，却发源于法布尔的悲痛经历。

在《昆虫记》的序言中，法布尔用最沉痛的语言，表达了自己对儿子朱尔的爱。甚至连《昆虫记》的撰写，都是在朱尔的提议下进行的。朱尔去世后，法布尔怀念着他，在哀痛中坚持不懈地撰写这本伟大的著作。

朱尔的母亲和姐妹把乡间的鲜花做成花环，放在他长眠的石板上，这些花儿曾带给他莫大的乐趣。在花环被太阳晒枯的那天，法布尔把《昆虫记》的第一卷放在花环前，他希望枯萎的花能看到这令人欣慰的一天。

通过这样的纪念方式，法布尔觉得儿子朱尔仿佛还在继续和他一起研究，他发誓道："我将矢志不移地坚持研究下去。"

1907年，经过30年的耕耘，法布尔终于完成了《昆虫记》全10卷的内容。这部巨著不仅从专业的角度概括了昆虫的种类、特征、习性和交配繁殖情况，更生动详细地记录了昆虫为生存而斗争的灵性。同时，它也承载着法布尔的生平抱负和个人情感，我们总能在字里行间看到他无意间透露的深厚知识底蕴，以及丰富多彩的生活细节。

从某种意义上来说，《昆虫记》所描写刻画的不仅仅是昆虫，而是法布尔通过昆虫世界所折射出来的人性。他对生命的热忱，对生命的深刻感悟，在每一章每一段中都闪烁着熠熠光辉。法国大文豪雨果曾毫不吝啬地赞美法布尔道："《昆虫记》不愧为昆虫的史诗。"甚至在1911年，法布尔还因为《昆虫记》被推荐为诺贝尔文学奖候选人。

或许在生命的最后，法布尔最感到欣慰的并不是自己

的声名，而是他没有辜负对朱尔的承诺。纵观法布尔的一生，他对生命的执着与热忱贯穿始终。

热爱诗歌和昆虫的穷人孩子

1823 年 12 月 22 日，法布尔出生于法国南方阿委龙省鲁那格山区的圣莱昂村。这是一个古老而贫穷的村落，法布尔一家更是家境贫寒。1825 年，随着弟弟出生，原本贫穷的家庭雪上加霜。

1827 年，为了照顾年幼的弟弟，父母不得不把 4 岁的法布尔送到了玛拉邦村——他祖父母的家里。祖父母家所在的地方是一个更大的聚居型村落，这里有许多比法布尔年长的玩伴，他度过了一段无忧无虑的幼年时光。他最喜欢听祖母讲故事，常常在寒冷的夜晚抱着绵羊睡觉。

法布尔从小对大自然中的一切事物都充满了好奇。他曾通过观察，证实光是通过眼睛看到的；他曾追查树叶里鸣叫的露螽，在乡间追着萤火虫和蝴蝶奔跑。

1830 年，随着 5 岁的弟弟不再需要全身心的照顾，父母把快满 7 岁的法布尔接回了圣雷恩村，送进了当地的一家私塾。由于私塾距离农舍很近，经常会有小鸡和小猪跑进教室里觅食，给原本乏味的乡村课堂增添了许多的乐趣。

因为特殊的生活环境，法布尔从小就与动物结下了不解之缘，甚至连字母 ABCD 的学习都是通过动物图书来掌握的。虽然年纪还小，但法布尔懂得帮助别人照看小鸭来获得收入，减轻家庭压力。在帮助别人照看小鸭的过程中，他曾在沼泽里发现了各种昆虫，以及漂亮的水晶和云母。

1833 年，10 岁的法布尔从中学毕业，家境有所好转，全家搬到了罗德兹镇。父亲开始经营一家咖啡店，还把他送进了镇上的王立学院。法布尔也因为有幸担任望弥撒仪式助手，被学校减免了学费。在这里，法布尔获得了不错的教育机会，他系统学习了希腊语和拉丁语，为未来的科学研究打下了基础。同时他还很喜欢诗歌，尤其喜欢古罗马诗人维吉尔的诗篇。

然而好景不长，1837 年，因为父亲咖啡生意失败，法布尔不得不中断在王立学院的学业，跟父亲搬迁到图卢兹，并进入这里的神学院。在图卢兹，父亲仅仅做了一年的生意便再次失败，他们再次举家搬迁到蒙贝利市。这一次，法布尔直接辍学了，贫穷的家境已无法再支持他的学费。

辍学之后，法布尔开始了一段自力更生的生活，他不仅卖过柠檬，还做过铁路工人。他曾经拿出比自己一天工资还多的钱，买了一本《鲁布尔诗集》。虽然鲁布尔只是当时的一个小诗人，但法布尔却对这本诗集爱不释手。他常常走在原野上朗诵诗歌，随着那些美妙句子在草木间回荡，蝴蝶和萤火虫也在法布尔身边翩翩起舞。

即便生活辛劳，但只要有诗歌和大自然的陪伴，法布尔依然可以感到快乐。

不甘平凡的年轻教师

在外打工期间，法布尔从未忘记学习的事情。积攒了一些学费后，他便报考了阿维尼翁师范学校的选拔考试。凭借优异的成绩，他不仅通过了选拔考试，还获得了奖学金，可以让他在之后的学习中大大减轻经济压力。

不过，舒适的校园生活令法布尔有所懈怠。1840 年，17 岁的法布尔因为学习退步受到老师的严厉批评。从那以后，法布尔开始发愤图强，用仅仅两年的时间便学完了 3 年的课程，且拿到了所有的学分。最后一年，法布尔学习了博物学，再次深入学习了希腊语和拉丁语。

1842 年，法布尔从师范学校毕业，获得高等学校文凭。19 岁的他来到卡尔班托拉小学担任教师，教授自然科学史。

虽然这家小学因为条件落后，只能给他一年 700 法郎的微薄工资，但他却无比热爱自己的教学工作。因为教学态度和方法受到好评，他成了学校最受欢迎的老师之一。

在卡尔班托拉小学教书不到一年，因为父亲经商再次失败，法布尔一家不得不从蒙贝利市搬到波尔多镇。在这里，他再次找了一份教师的工作。一次偶然，他从学生的口中知道了一种叫作涂壁花蜂的蜜蜂。出于对这种蜜蜂的好奇，他阅读了当时的研究专著《节肢动物志》，从此一发不可收，对昆虫的自然爱好逐渐转向了学术研究。

1844 年，21 岁的法布尔与同为教师的玛利踏入了婚姻的殿堂。他并不甘心自己仅仅是一名小学教师，从这一年开始进修数学、物理和化学等学科。

1845 年，法布尔的长女艾莉莎贝特出生了，然而命运给他开了一个莫大的玩笑，在他第 2 年顺利通过蒙贝利大学数学系入学资格考试时，他的长女夭折了。同样的事情在法布尔身上发生了两次，1847 年他的长子约翰出生，却在第 2 年他获得蒙贝利大学物理学学士后夭折。接连失去长女和长子，我们无法想象法布尔的内心是多么的伤痛，或许他总是善于把悲愤化为力量吧！

从蒙贝利大学毕业后，法布尔一直想要在大学任教，但并没有获得机会。1849 年，26 岁的法布尔前往科西嘉岛，被任命为阿杰格希欧国立高级中学的物理教师，年薪 1800 法郎，虽然比刚刚毕业那会儿薪资高了不少，但已有家庭的他却仍承受着巨大的经济压力。

所幸科西嘉拥有丰富多彩的自然环境，法布尔在这里有机会研究各种动植物。在整个科西嘉岛的教学生涯中，这里的每一座山峰几乎都留下了法布尔的脚印。

坚持不懈，终于实现理想

1853 年，不断进取的法布尔终于获得了博物学学位。

通过多年的学术积累，法布尔逐渐取得了不错的成绩。为了冲击法国学士院的实验生理学奖，1856 年他开始研究节腹泥蜂的生活习性，但因为生活条件艰苦，研究一直断断续续。为了赚钱，他不仅兼职各种课外辅导、家庭教师，甚至还不断研究茜草，试图通过提炼染料来赚钱。

1857 年，34 岁的法布尔发表了他此生最为著名的论文《节腹泥蜂习性观察记》。这篇论文修正了当时昆虫学祖师杜福尔的错误观点，令他成功获得了法国学士院颁发的实验生理学奖。法布尔的研究工作逐渐有了影响力，甚至一度流传到英国，被当时著名的科学家达尔文所知晓。

法布尔借此风头，再次去询问自己是否能成为大学教授，得到的却是一个令他意外的消息：没有财产不可能成为大学教授。为了获得足够的财产，1858 年法布尔把所有的精力都投入到了茜草染料的研究之中。

1859 年，法布尔得到了一个令他惊喜的消息，达尔文的《物种起源》出版了，并在书中赞誉他是一位“罕见的观察者”。而在这一年，法布尔还得到了一个令他更加惊喜的消息，他的二儿子朱尔诞生了。

因为《物种起源》在学术界前所未有的影响力，法布尔在法国的声望也在逐渐提升。很快，他担任了鲁基亚博物馆馆长，并得到当地督察德留依的到访，同时结识了植物学家杜拉寇尔和英国经济学家米勒。

1862 年，39 岁的法布尔出版了专门为小学生打造的学习图书，凭借图书的生动有趣，得到了当时巴黎出版社社长得拉克拉普的关注，受到了得拉克拉普给予的莫大鼓励。从此以后，法布尔便有了创作通俗科普读物的打算。

1865 年，42 岁的法布尔出版了《天空》和《大地》，同时受到了细菌学家巴斯德的来访。虽然当时的巴斯德仅仅只有 30 岁出头，但凭借在乳酸发酵研究上的卓越成果，已经是颇负盛名的学者。相比到了 42 岁还只教过高中的法布尔来说，巴斯德在 23 岁时便通过了物理教授的资格考试。

不过，法布尔很快便得到了幸运女神的眷顾。1866 年，通过长达十年的研究，43 岁的法布尔终于成功从茜草中提取出了染料色素。拥有 3 项茜草染色专利的法布尔，很快获得了属于自己的财产，正式受聘为亚威农师范学校物理教授。因为教学出众，次年法布尔还获得了 9000 法郎的卡尼耶奖金。

经历坎坷，最后释放辉光

1868 年，经过时任教育部长的德留依的推荐，45 岁的法布尔获得雷自旺·得努尔勋章，并拜谒了拿破仑三世。

这一年，法布尔本计划把自己的茜草染料工业化，但德国人却研究出了化学合成染料蒜硫胺。这种容易获取的染料让法布尔的茜草工业计划被彻底摧毁。而在教育上，由于受到保守派的反对，他也在这一年辞去了教授的职务。他的老朋友德留依也在保守派的反对下，于第 2 年辞去了教育部部长的职务。

1870 年，47 岁的法布尔举家搬迁到奥朗日，为了这次搬迁，他还向老朋友米勒借了一笔钱。他独自一人抚养一家七口，不得不依靠科学读物的出版来支撑。屋漏偏逢连夜雨，1871 年正好遇上德法爆发战争，出版社无法按时付给法布尔稿费，他的生活更加雪上加霜。

1873 年，随着米勒去世，法布尔还被迫辞去了鲁基亚博物馆馆长的职务。几经剧变，法布尔的收入来源不得不全部依靠图书出版，于是在接下来的几年里，他先后出版了数学、植物、物理方面的科普读物。

在这一时期，二儿子朱尔的陪伴带给了他诸多的安慰。然而，就在 1877 年那一年，法布尔遭受到了此生最为沉重的打击。已经 54 岁的他，白发人送黑发人，不得不直面朱尔因病去世的事实。他甚至连续把 3 种蜜蜂亚种用朱尔命名，来寄托自己的哀思。

1879 年，法布尔完成了《昆虫记》第一卷，在这本书中灌注了对朱尔所有的爱。这一年，因为房东把门前的两排悬铃木砍掉，法布尔愤而搬家。他买下塞利尼昂的一片不毛之地和小屋，取名荒石园。对外人来说，荒石园简直就是一片荒凉之地，但对法布尔来说，这却是一片自由的乐土。这里有他最心爱的昆虫，也有儿子朱尔想要完成的梦想。从此之后，法布尔再也没有搬出过荒石园。

经过 30 年的耕耘，1907 年，84 岁的法布尔终于带着对朱尔的思念完成了全套 10 卷的《昆虫记》，然而《昆虫记》的销量却一直不怎么理想。法国学士院在法布尔 82 岁时给他颁发了吉尼尔奖，赠予他 3000 法郎的养老金。但因为贫穷，他还得不断接受各方人士的捐助。

1908 年，布罗班斯诗人米斯托拉开始为法布尔奔走呼号，终于在法布尔 87 岁时，把 4 月 3 日订为了“法布尔日”。《昆虫记》扬名于世，法布尔也时隔 43 年再次荣获雷自旺·得努尔勋章。在这一年，法布尔以“昆虫界的维吉尔”之称，被推荐为诺贝尔文学奖候选人。

1915 年 10 月 11 日，92 岁高龄的法布尔在荒石园与世长辞。

法布尔一生清苦，多次经历骨肉离世之痛，但他蓬勃的生命力量和研究精神却永远值得我们学习。他留下的宝贵著作《昆虫记》，也值得我们每个人去认真阅读。

高级神经活动学说创始人巴甫洛夫

巴甫洛夫很忙……

1936年2月27日，身患流感性肺炎的巴甫洛夫临近生命的最后一刻。有朋友前来看望他，敲响了他的房门，但他不仅拒而不见，还向朋友回应道："巴甫洛夫很忙……"

在生命弥留的一刻，巴甫洛夫能忙什么呢？是忙着写遗嘱，忙着分遗产，还是忙着向儿孙交代自己的后事？又或是忙着让医生救治自己，忙着祷告？甚至是忙着写下自己精彩的一生？

都不是。巴甫洛夫正在忙着让助手记录自己的身体状态，他正在描述生命逐渐流失的感觉。是的，在生命的最后一刻，他仍在进行实验，而实验的对象正是他自己。

巴甫洛夫的一生进行过太多太多的实验，甚至一些实验还充满了争议。但正是这些充满争议的实验让他有了诸多伟大的发现，不仅促进了生理学的发展，也奠定了整个高级神经科学的基础。

人们对神经系统的认识，经历了一个漫长的过程。

公元前17世纪到前30世纪，出现于古埃及的《艾德温·史密斯外科纸草书》，首次记录了“脑”这个字，这是人类最早关于大脑的记录。过了1000多年，到了公元前5世纪，人们才对大脑有了更深的认识。古希腊著名医学家希波克拉底认为，我们的喜怒哀乐都来自大脑，无论我们进行思考、倾听、观察，还是使用善恶美丑等观念对事物进行判断，都是我们的大脑在发挥作用。不得不说，希波克拉底具有超前的判断力，哪怕从现代科学的角度来说，他的认识也没有什么错误。

虽然公元前3世纪的著名哲学家亚里士多德认为神智在心，但到了公元1世纪，著名的解剖医学家盖伦通过解剖大量动物大脑的实验，支持了希波克拉底的说法，神智是由大脑决定的。

从古典时期一直到文艺复兴前长达1000多年的时间，关于神智究竟是什么东西人们一直争论不休，但大多数的描述都偏向虚无，类似于灵魂、元气的概念。进入文艺复兴之后，在达·芬奇、维萨里、威利斯等著名大师的解剖观察下，人们对大脑和神经系统才终于有了更深入的认识，但大脑与外部世界是如何产生联系的，人们依旧没有定论。

17 世纪，笛卡尔通过观察和分析，提出了反射假说，他认为动物机体的每一种活动，都是外界的必然反映。到了 19 世纪，越来越多的研究者认为精神活动是中枢神经系统的功能之一。俄国生理学之父谢切诺夫进一步完善相关假说，提出了反射论。不过，这个理论一直停留在猜想阶段，没有任何人能证明，直到巴甫洛夫的出现。

从神学家庭走出来的科学家

1849 年 9 月 26 日，巴甫洛夫出生于俄国中部的小城市梁赞。他的父亲是俄国东正教的一位乡村牧师，和身为家庭主妇的母亲共生育了 11 个孩子。巴甫洛夫是这 11 个孩子中的老大，从小养成了独立自主的性格。

所谓穷人的孩子早当家。因为家境贫寒，巴甫洛夫从小便开始帮助母亲干家务，例如洗碗和照顾他的弟弟妹妹。虽然每天的生活都被安排得满满的，但他依然拥有广泛的爱好，喜欢园艺、骑自行车、划船、游泳和阅读。天资聪慧的他，年仅 7 岁便能独立自主阅读各类书籍，经常攀爬到阁楼上阅读父亲的藏书，从小便接触到赫尔岑、车尔尼雪夫斯基等革命思想家的进步著作。在这些人的影响下，他从小便在心中埋下了唯物主义的种子。

一次贪玩，他从高墙上跌落，在石路上摔成了重伤，一直推迟到11岁才正式上学。但因为已经掌握了小学的基础知识，父亲便安排巴甫洛夫进入了梁赞教会中学，期待他在未来子承父业，成为一名牧师。

1864年，中学毕业后，15岁的巴甫洛夫在父亲的希望下成功进入了梁赞教会神学院。按照正常的人生轨迹，他未来会成为一位神职人员。但在大学期间，他偶然读到哲学家皮萨列夫的《动植物的进化》，因此打开一扇前所未有的大门。皮萨列夫在书中对达尔文的进化论进行了详细的介绍，带给巴甫洛夫前所未有的思想冲击。父亲从小在他心中建立的神学观，在这一刹那完全崩塌了。

对自然科学产生了浓厚兴趣后，巴甫洛夫很快又接触到了谢切诺夫所著的《脑的反射》。巴甫洛夫对反射论深信不疑，从此彻底放弃神学研究，投身科学事业。整个一生，他都在对反射论进行孜孜不倦的研究。但他并不因此居功自傲，反而尊称谢切诺夫为俄国生理学之父。

1870年，21岁的巴甫洛夫离开神学院，报考俄国圣彼得堡大学。跨专业报考有一定难度，一开始巴甫洛夫没有进入自己心心念念的自然科学专业，而是进入了难度相对更低的法律专业，经过进一步的努力后才转到了自然科学专业。在这里，生理学教授是谢切诺夫，化学教授是年轻的门捷列夫，巴甫洛夫受到了当时俄国最好的教育。

一开始，巴甫洛夫所修的是物理和数学，并没有什么突出的表现。到了大三，因为上了齐昂教授开设的生理学课程，他开始对生理学实验产生浓厚的兴趣，毅然改变了自己的主修课程，投身到生理学的研究中。

生理学实验需要进行大量的手术，巴甫洛夫通过夜以继日的练习，终于练出了一双灵巧而精准的手。因为任何一场精细的手术都能迅速完成，他也受到齐昂教授的赏识，不仅能经常参与齐昂教授的实验，还能给齐昂教授充当助手，掌握丰富的实践经验。

1874 年，在齐昂教授的指导下，巴甫洛夫与同学一起完成了此生的第一篇科学论文《论支配胰腺的神经》，大获成功，得到了大学的金质奖章。

贫穷不能阻挡成功的脚步

因为学习勤奋，巴甫洛夫大学期间每年都获得了奖学金，但家境贫寒的他却不得不另外当家庭教师来赚取生活费。为了省钱，他甚至每天都要走很远的路，从住处步行到学校上课。哪怕如此，他也没有养成急功近利的性格。

1874 年，因为过多的生理学实验耽搁了主修课程，巴甫洛夫主动提出留级一年。第 2 年，26 岁的巴甫洛夫才从圣彼得堡大学毕业，获得生理学学士学位。但如果想进行更深入专业的生理学实验，就必须进一步学习医学知识，巴甫洛夫因此选择进入俄国的第一所军事医学院圣彼得堡军事医学院（今基洛夫军事医学院），继续攻读医学专业。

医学院攻读期间，他有幸成为教授助教，提升了教学能力。1876 年之后，他又进入兽医学院生理系，做了两年的实验助理，在心脏和循环系统的研究上积累了大量的实践经验。

巴甫洛夫的研究天赋很快被人所熟知，并得到波特金教授的注意。波特金教授是当时俄国著名的临床医生，拥有自己的一所小医院，他邀请巴甫洛夫前去担任医院的生理实验室责任人。虽然波特金教授的实验室十分简陋，就像澡堂一般，但生活拮据的巴甫洛夫还是答应了下来，并在那里从事了长达十年的研究工作。

有了实验室获得的报酬和医学院期间获得的奖学金，

巴甫洛夫的经济情况得到一定程度的改善。1879 年，巴甫洛夫获得医学学位，并成功进入军医研究院进行深造。

在研究院深造期间，巴甫洛夫认识了教育学院的女孩谢拉菲玛。虽然谢拉菲玛热爱文学和莎士比亚的戏剧，与一心从事科学事业的巴甫洛夫像是两个世界的人，但他们还是相爱了。经过两年的热恋，他们在 1881 年步入婚姻的殿堂。谢拉菲玛是一位能力出众的女性，结婚后，她把巴甫洛夫的生活料理得井井有条，让巴甫洛夫能把所有的精力放在研究工作上。

在波特金教授的生理实验室工作期间，巴甫洛夫从事了血液循环、消化生理和药理学方面的各项研究。凭借一双善于做手术的灵活双手，他在进行各类实验的过程中，有了前人从未探索到的一些崭新发现。尤其是在神经系统上，他不仅发现了胰腺的分泌神经，还发现了心脏的营养性神经。这意味着，他开辟了一个前所未有的学科——神经营养学。而他发现的这些神经，也被称为“巴甫洛夫神经”。

1883 年，是巴甫洛夫的幸运年，不仅儿子出生了，而且还发表了一篇重要论文《心脏的传出神经支配》。在这篇论文中，他不仅提出了神经性疾病和神经系统营养功能的基本原理，还为循环系统反射调节的基本模式提供了证据。凭借这篇论文，他不仅成功获得医学研究院的医学博士学位，还被聘为军医学院的生理学讲师。

虽然已经获得如此高的成就，但巴甫洛夫并没有停下自己的脚步。1884 年，他前往德国莱比锡大学路德维希研究室进修，继续研究心脏搏动的神经机制。通过大量的实验，他提出了一个假说，心脏的跳动节律受到两种不同的肌肉驱动，而这两种肌肉又是受两种不同的神经控制的。虽然巴甫洛夫的认识并不完全正确，却十分具有前瞻性。

在巴甫洛夫进修期间，路德维希研究室还研究了狗的消化，他们把狗的胃部切下一部分来进行研究。虽然研究室并没有得到重要成果，但巴甫洛夫却得到了启发，把相关的实验用在了他未来的研究工作中。

巴甫洛夫的狗

1886 年，37 岁的巴甫洛夫回到俄国，他一边进行着研究，一边试图向圣彼得堡大学申请教授职位，但遭到了拒绝。一家人的生活一度陷入困境，就连能干的谢拉菲玛也不得不抱怨经济状况的糟糕。正在这时，巴甫洛夫研究的一批蝴蝶不明原因地死掉了，面对妻子的抱怨，他却说道："我的蝴蝶都死掉了，你却因为这样的小事来烦我！"

不过，凭借出众的个人能力，他终于在1890年成功受聘为医学院的药理学教授，有了丰厚的报酬，一家人的经济情况也得到了改善。

在过去拮据的4年里，巴甫洛夫也没有闲着，他进行了大量的实验，并对人类医学事业做出了突出的贡献。在以前的生理学实验中，研究者往往对动物注射麻醉后进行急性实验，对组织器官直接进行破坏性的切割，从而造成实验动物直接死亡，无法进行长期的观察。而巴甫洛夫则凭借高超的手术技巧，对动物的器官进行实验改造，不仅延续了动物的存活时间，还能长期观察动物的生理过程。

1888年，39岁的巴甫洛夫进行了一场著名的"假饲"实验，他和助手切断了狗的食道，在狗身上开了一个瘘管，插入了一根直通往胃部的管子。虽然狗在进食的过程中，食物永远不可能到达胃部，但他们却通过管子收集到了胃分泌的消化液。这证明，当狗进食时，无论胃内是否存在食物，它都会分泌消化液。

巴甫洛夫的“假饲”实验

在后续的实验中，巴甫洛夫发现，仅仅在狗饥饿的时候向它展示食物，也能收集到消化液。这说明，胃分泌消化液可能和胃本身无关联，可能只和神经有关联。于是他切断了支配狗胃的迷走神经，管子里便再也没有收集到胃的消化液。巴甫洛夫的“假饲”实验，充分证明了神经系统对胃的支配作用。

1894年，巴甫洛夫改进了当初在德国进修时所做的狗胃部分切除实验。通过庖丁解牛般的手术能力，巴甫洛夫切除部分狗胃的同时，保留了神经连接。这样当狗进食时，便可以通过体外的这一部分胃，直接观察到消化液的分泌。巴甫洛夫切除的这部分胃，被称为“巴甫洛夫袋”。通过相似的实验，他观察了唾液腺、胆管、胰脏等多种消化器官，最终证明所有内脏都是受神经系统支配的。

巴甫洛夫对消化系统的相关生理学实验，不仅弄清了神经系统在消化系统中的主导作用，而且他创造的多种手术技术也促使了外科手术的快速发展，让风险极高的人类消化道外科手术逐渐成为可能。

充满争议的伟大科学家

从 1901 年到 1904 年，因为对生理学上的突出贡献，巴甫洛夫连续 4 次获得诺贝尔生理学或医学奖的提名，并在第 4 次提名时荣获该奖项，时年 55 岁。

诺贝尔生理学或医学奖的荣誉并没有让巴甫洛夫止步不前。1904 年以后，他开始研究自己一生都想要弄清楚的一个问题：究竟是什么东西控制着狗分泌唾液，难道是某种神秘的精神力量？

虽然在 50 年前就有科学家发现食物和气味能刺激唾液分泌，但并未有任何人知道具体的机制，于是才有了谢切诺夫提出的反射论。巴甫洛夫想要设计一套实验流程，验证这个理论。

通过"假饲"实验积累的丰富经验，巴甫洛夫最终设计出了一套可行的实验流程。狗进食的时候，受到食物和气味的刺激会分泌唾液，这是显而易见的，那通过无关的刺激能否让狗也分泌唾液呢?

巴甫洛夫首先选择的刺激条件，是容易制造的声音。在一些流传的轶事中，巴甫洛夫使用铃铛来制造声音，这是不符合事实的。作为严谨的实验科学家，巴甫洛夫不可能使用铃铛，因为铃铛的声音频率和大小不容易控制，会令实验结果造成偏差。在实验过程中，虽然巴甫洛夫尝试过多种发声工具，但主要是节拍器、蜂鸣器以及风琴。

通过实验，巴甫洛夫发现，在狗进食时反复进行声音刺激,当狗再次听到相同的声音刺激时,即便没有获得食物,也会产生反应，分泌唾液。但如果多次刺激，依然没有获得食物，这种反应就会逐渐减弱。随后，巴甫洛夫又使用了光电等其他刺激，也得到了同样的实验结果。于是他把狗直接通过食物就能分泌唾液的反射称为“无条件反射”，而把固定刺激产生的反射称为“条件反射”。

在随后的30年,巴甫洛夫和助手引入各种不同的变量,建立了比较系统而完善的条件反射理论。他认为低级神经系统控制非条件反射，而高级神经中枢控制条件反射。同时他还提出条件反射综合了多种感官，属于外界刺激和器

官之间建立的暂时联系。

巴甫洛夫的贡献，让后世的科学家能在高级神经活动的基础上，对大脑的学习、记忆、睡眠、觉醒、动机和行为等进行深入的研究，从而让我们对大脑和神经系统有了更加全面的了解。

巴甫洛夫曾说，我们必须痛苦地承认，正是因为狗的杰出智慧，且作为人类最优秀的驯养动物，它们才最常被用于生理学实验，成为受害者。然而，慢性实验需要手术恢复后的长期观察，所以狗是不可替代的。我们都应该感谢它们，它们是实验的参与者和贡献者，正是它们的理解和服从，使实验在很大程度上获得了成功。

DNA 双螺旋结构提出者克里克和沃森

大器晚成的科学家

1951 年，一位 35 岁的大龄研究生进入剑桥大学，加入卡文迪许实验室从事蛋白质三维结构的研究，他所在的课题小组由多位物理学家和化学家组成。虽然他看起来并不起眼，没有什么拿得出手的研究成果，但他思维敏捷，骨子里有天生的自信，善于在同事面前阐述自己的深刻见解。

这样的性格很容易给人留下骄傲自大、夸夸其谈的刻板标签。但没有人知道的是，这个大龄研究生不久之后就会提出一个伟大的发现。而这个伟大的发现会让他曾经的骄傲和自大，看起来似乎也是理所应当的。

他便是 DNA 双螺旋结构的提出者之一——弗朗西斯·克里克。

和他一起提出 DNA 双螺旋结构的另外一位科学家，正是分子生物学家詹姆斯·杜威·沃森。相比克里克的大

器晚成，沃森是个典型的天才，仅 22 岁便获得了印第安纳大学博士学位。

1951 年，沃森主动找到克里克，一起研究 DNA 的结构。有着非凡洞察力的他们，在前人研究的基础上最终确定了 DNA 的双螺旋结构。这个伟大的发现，也让他们和另外一位研究者威尔金斯，一起获得了 1962 年的诺贝尔生理学或医学奖。

DNA 双螺旋结构的提出，不仅标志着分子遗传学的诞生，也是生物学史上足以媲美进化论的伟大发现。当然，它并非由沃森和克里克单独完成，而是由一代代科学家经过 100 年的时间奠基完成的。

1869 年，是达尔文出版《物种起源》的 10 年后，也是孟德尔提出遗传定律的 5 年后。这一年，DNA 被瑞士生物化学家米歇尔从手术绷带的脓液中分离了出来。虽然通过显微镜观察，他知道这种物质来自细胞核，但由于不知道是什么物质，就把它命名为“核蛋白”。

19 世纪 80 年代，米歇尔的同门师弟科塞尔对核蛋白进行纯化，发现了它的强酸性。于是德国病理学家阿尔特曼把它重新命名为核酸，并提出有 4 种不同的核酸存在。1891 年到 1894 年，科塞尔在自己研究工作的基础上，从核酸分解物中发现了 2 种不同的嘌呤：腺嘌呤（A）、鸟嘌呤（G）；3 种不同的嘧啶：胞嘧啶（C）、胸腺嘧啶（T）和尿嘧啶（U）。

这两种不同的嘌呤和 3 种不同的嘧啶，形成了 DNA 和 RNA 的 5 种碱基，是 DNA 分子的关键结构。科塞尔凭借这个重要发现，获得 1910 年的诺贝尔生理学或医学奖。

进入 20 世纪以后，生化学家利文确定，组成核酸的结构为 4 种碱基和磷酸基团。到了 1929 年，他又和其他生理学家合作，确定“动物核酸”的主要成分为脱氧核糖酸，简称为 DNA。

哪怕如此，在很长一段时间内，不少生物学家都认为蛋白质才是真正的遗传物质。直到 1943 年，埃弗里等科学家通过相关的遗传学研究，才最终确定遗传物质就是 DNA。此时人们已经知道了 DNA 的主要成分，但对于如何破解这种大分子的结构，却是一筹莫展。

随着 X 射线在生物学领域的普及，生物学家才逐渐意识到 X 射线可能是破解 DNA 结构的关键。这需要研究者同时具备物理学和生物学两个学科的交叉知识，而克里克正是这样的一位科学家。他和相关科学家掌握的 X 光衍射技术，成为破解 DNA 结构的敲门砖。

从物理学家到生物学家

1916 年 6 月 8 日，克里克出生于英国汉普顿的一个小村庄。他的祖父是一位博物学家，与达尔文互有书信来往。父亲和叔叔经营着家族的鞋厂，所以他从小有一个颇为优渥的成长环境。

在祖父的影响下，克里克从小就喜欢科学和书本里的知识。虽然父母常常带他去教堂，想要培养他的宗教信仰。但 12 岁后，他便主动提出不再和父母去了，因为关于人生的诸多疑问，他更愿意相信科学能给出答案。

克里克的叔叔有一个小花园，他在那里学会了吹玻璃、做化学实验、制作照片，从小便养成了很强的动手能力。

1930 年，14 岁的克里克被送进了伦敦的著名私立中学米尔希尔学校。中学期间，克里克的数学、物理和化学成绩十分优秀，获得了丰厚的奖学金。1933 年 7 月 7 日，凭借优秀的成绩，他在中学毕业时还获得了学校的沃尔特·诺克斯化学奖。多年后，克里克回忆着自己的成就，他毫不犹豫地宣称，他的成功是建立在米尔希尔学校的优质教学质量之上的。

中学毕业后，17 岁的克里克考进了伦敦大学物理系。

1937 年获得物理学学士学位后，克里克便开始攻读物理学博士学位。但当他得知自己研究的课题是“测量高温下水的黏度”时，他感到十分无聊。

1939 年 9 月 1 日，二战爆发，全世界都陷入了水深火热的状态中，克里克的人生也迎来了 180 度的大转变。

1940 年，纳粹德国向英国发动了不列颠之战，一枚炸弹从实验室屋顶坠落，摧毁了克里克的实验装置。他的学业被迫中止。随后，他加入海军研究实验室，所学的物理学知识在对抗德国扫雷舰时发挥了重要作用。

1944 年，著名物理学家薛定谔结合生物学和量子力学，写下了一本著名的科学著作《生命是什么》。在这本书中，薛定谔不仅大胆地诠释了生命与“负熵”的关系，也通过“量子物理学少数原子的系统具有无序行为”的理论，断言遗传物质必须由大的非重复分子构成，才足以维持遗传信息的稳定。薛定谔的这本书对分子生物学的发展具有一定的启迪意义，向克里克打开了一扇前所未有的大门。

1945 年，二战结束后，克里克再也没有心思完成物理学课题，他对生物学产生了浓厚兴趣，尤其是当时未能解决的两个基本问题：1. 分子如何从非生物转变为生物？2. 大脑如何形成意识？为了获得这两个问题的答案，哪怕克里克在研究生期间获得过物理学相关的奖项，他还是毅然放弃了物理学业，转而专攻生物学。

当时生物学的前沿领域，已经来到了分子生物学的时代。要从事相关的研究，必须同时掌握生物学、有机化学和晶体学方面的知识。虽然学科的转变是一个莫大的挑战，但在物理学方面取得不小成功的克里克，却相信自己在生物学方面也能取得巨大的进步。

在接下来的两年时间里，克里克几乎把所有的时间都花在了相关学科的自学上。

1947 年，已经 31 岁的克里克再次考入剑桥大学，成了斯坦格威斯实验室的一位生物学研究生，完成从物理学家到生物学家的转变。

分子如何从非生物转变为生物？

在斯坦格威斯实验室的两年期间，克里克研究了细胞质的物理特性，获得了医学研究委员会的奖学金。1951 年，凭借优秀的表现，克里克进入了卡文迪许实验室。卡文迪许实验室是当时最著名的实验室之一，汇聚了无数优秀人才，仅仅 20 世纪便诞生了 29 位诺贝尔奖获得者。

在博士研究生期间，克里克开始试着去解答他最为关心的第一个生物学问题：分子如何从非生物转变为生物？他的博士生课题是“X-射线晶体学：肽及蛋白质”。

这一年，卡文迪许实验室也迎来了一位年轻的博士后，正是克里克未来的搭档沃森。沃森表面上是在研究烟草花叶病毒，但他的真实意图是想要研究 DNA 的分子结构。

1928 年 4 月 6 日，沃森出生于美国芝加哥。虽然母亲是一位天主教徒，但无神论的商人父亲却对他有着更深的影响。沃森从小就有着惊人的学习天赋，年仅 15 岁便进入了芝加哥大学，并获得了奖学金。由于父亲迷恋观鸟，他也热爱鸟类，所以报考了芝加哥大学的鸟类学专业。

大学期间，沃森阅读了薛定谔的《生命是什么》，像克里克一样受到了巨大的震撼。他毅然放弃了鸟类学，转而研究遗传学，意图找出生命的真相。

1947 年，沃森从芝加哥大学毕业，获得动物学学士学位，后又进入印第安纳大学取得了博士学位。

1950 年，沃森前往哥本哈根大学进行博士后进修，开始有了研究 DNA 结构的想法。在哥本哈根大学期间，沃森并没有得到满意的研究成果。但后来在那不勒斯的一次会议上，他见到伦敦国王学院的威尔金斯教授展现的一张

DNA 的 X 射线衍射照片，顿时感到兴奋不已，因为 X 射线衍射很可能是破解 DNA 结构的关键所在。

X 射线衍射是一项诞生于 1912 年的技术。20 世纪初，德国物理学家冯·劳厄产生了一个大胆的想法：X 射线会不会是一种电磁波？晶体的原子会不会是有序排列的三维结构？这两个想法一产生，冯·劳厄便有了用 X 射线照射晶体的想法。他认为，如果 X 射线真的是一种电磁波，且波长和原子的大小相当，那么照射后就会出现相应的衍射图案。

1912 年，冯·劳厄带领学生成功证实了自己的理论，不仅证明了 X 射线是电磁波，也发现了晶体的确存在有序结构。这个巨大的贡献，让冯·劳厄获得了 1914 年的诺贝尔物理学奖。1931 年，随着冯·劳厄完成 X 射线的“动力学理论”，X 射线衍射也开始被广泛用于各类晶体研究中。

作为一种生物大分子，虽然 DNA 并不会形成严格的晶体，但在进行高度提纯后，依旧会形成结晶。这些晶体的微观结构由 DNA 纤维平行组成，所以同样具有一定的光学性质。

1937 年，英国物理学家阿斯特伯里突发奇想，他用 X 光对 DNA 晶体进行了照射，竟然真的发现了 DNA 的衍射图案。虽然图案比较模糊，但隐约能够推断出 DNA 具有螺旋结构。但由于DNA在当时尚未完全被确定是遗传物质，阿斯特伯里的工作并没有得到足够的重视。

DNA 模型之争

1951 年，沃森加入卡文迪许实验室，就是为了利用这里的优秀资源来研究 DNA 结构。而克里克精通物理学，有着多年 X 射线衍射实验经验。沃森和克里克达成共识后，就开始共同积极研究 DNA 模型，但由于 DNA 晶体内的螺旋结构排列并不太具有规律，所以它并不能像普通晶体那样轻易得到清晰的衍射图。

当时除了沃森和克里克，威尔金斯实验室和美国的鲍林团队同样在进行 DNA 结构的研究。鲍林通过 X 射线衍射确定了蛋白质的结构，后来获得了诺贝尔化学奖，成为分子生物学的奠基人之一。面对有着深厚底蕴的两大团队，还没做出过什么重要研究的沃森和克里克，无异于初出茅庐的无名之辈。经过一段时间的研究后，他们认清了现实，决定登门拜访威尔金斯教授，向他请教。

恰好在 1950 年年底，一位叫罗莎琳德·富兰克林的女科学家，被校方安排进了威尔金斯实验室。富兰克林曾是居里夫人的学生，在X射线衍射领域颇有建树。威尔金斯误以为她是被安排来替代他工作的，两人的关系一度比较紧张。而当时DNA的X射线衍射工作，也的确主要是富兰克林在做，她还采购了当时最先进的设备来得到最佳的X射线衍射图像。

当沃森和克里克找到威尔金斯时，威尔金斯分享了自己团队的数据，对两人提供的DNA模型提出了自己的意见。这一次会谈结束后，威尔金斯决定给予两人技术支持。

1951年11月，富兰克林拍摄出了更为优质的衍射照片，威尔金斯亲自来到剑桥大学，主动向沃森和克里克分享最新的研究照片和数据。富兰克林得知沃森等人在用模型搭建DNA结构后，提出了强烈的反对意见，她认为在研究结果知之甚少的情况下进行建模是不切实际的。

得知鲍林团队也在研究DNA结构，沃森和克里克对新数据的分析有些急躁，以至于在匆忙中发布了一个错误的模型。这个错误很快被富兰克林发现并指出。就在这时传来一个消息，鲍林也建立了DNA的螺旋模型，是一种三螺旋的α螺旋。只要看过富兰克林的衍射图谱，便能证明鲍林是错的。但在当时，鲍林并没有获知剑桥大学研究成果的条件。

沃森和克里克继续积极改进模型。克里克曾向威尔金斯描述了他们原本模型的错误，并请他与富兰克林提供帮助。随后，不仅威尔金斯向他们提供了最新的、还没有发表的 X 射线衍射图像，甚至富兰克林也在 1952 年向他们提供了她自己做的一些图像分析。

解读 DNA 晶体 X 射线衍射图谱，需要用到十分复杂的数学计算。为了搭建 DNA 模型，克里克还系统进行了相关知识的学习。在威尔金斯和富兰克林的帮助下，沃森和克里克手中的 DNA 模型，已经越来越接近最终结果。

1952 年年底，富兰克林的助手高斯林拍出了一份质量极高的 X 射线衍射图片。这张照片后来被人称为“有史以来拍摄的任何物质中最美丽的 X 射线照片之一”。

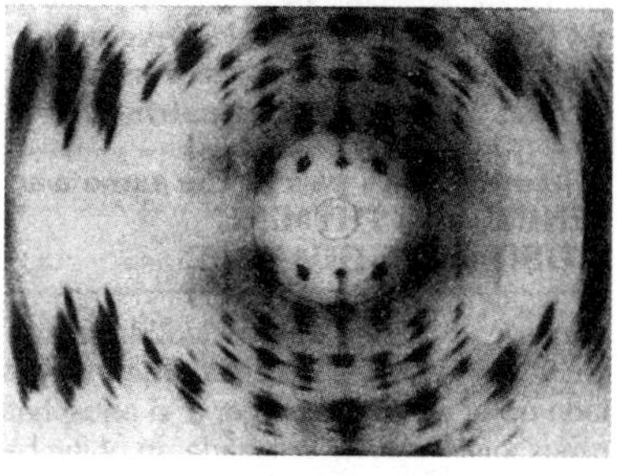
DNA 晶体 X 射线衍射图

1953 年 1 月，富兰克林通过这个衍射图谱确定了 DNA 的初步结构，并开始撰写相关的论文。2 月 28 日，威尔金斯也把这张高质量的图谱交给了沃森和克里克两人。这张清晰的X射线衍射图谱让两人兴奋不已，克里克情不自禁地说，他们找到了生命的秘密。为了确定碱基之间的结构和分配，他们甚至邀请了数学家为他们计算分子之间的引力。

沃森和克里克的伟大贡献

1953年3月7日，沃森和克里克终于完成了他们的DNA最终模型。4月25日，他们在《自然》杂志上发表了相关模型和一篇描述DNA双螺旋结构的文章。

其实早在3月17日，富兰克林就已经写出了一份论文，但并没有进行发表。从论文手稿可以显示，富兰克林已确定DNA双螺旋结构，但依旧还存在一些错误的判断。当她看到沃森和克里克那十分完美的双螺旋结构时，不禁产生了质疑，并不相信它是正确的。

虽然富兰克林并没有得到最终的DNA模型，但她的实证主义却为DNA模型的最终确立提供了巨大的帮助。令人遗憾的是，在1962年沃森、克里克和威尔金斯三人同时获得诺贝尔生理学或医学奖时，她已经去世了3年。

其实不仅是富兰克林，在DNA双螺旋结构确立后的很多年里，依旧有着不少人持质疑态度。直到越来越多的遗传学家证明了DNA双螺旋结构的正确性，质疑的声音才越来越小了。

虽然沃森和克里克年轻时缺乏相应的实验基础，但正是因为他们敏锐的洞察力，才建立了DNA双螺旋结构。也有人认为如果没有沃森和克里克，富兰克林迟早也会确立正确的DNA结构，但这对奉行实证主义的她来说，确实还存在一定障碍。

无论如何，他们的伟大贡献，都值得我们每一个人去铭记。

杂交水稻之父袁隆平

颠沛的童年时光，种下理想的种子

1930 年 9 月 7 日，北京协和医院降生了一名婴儿。他是袁家第 2 个儿子，由于没想好名字，被取名为袁小孩，乳名二毛。恐怕当时谁也未曾想到，这个“小孩”会在数十年后家喻户晓，以“中国杂交水稻之父”的身份，彻底改变中国的农业，他便是袁隆平。

袁隆平祖籍江西，爷爷曾是一位县令，家里是典型的书香门第。父亲袁兴烈毕业于国立东南大学，担任过县里高等小学的校长和督学，后来加入平汉铁路局，为抗日战争运送了不少军火和战略物资。母亲华静曾在镇江的教会学校读书，拥有较高的英语水平。正是母亲的英语启蒙，才为袁隆平在未来的国际学术活动中熟练运用英语，打下了坚实的基础。

1931 年，九一八事变爆发，年仅 1 岁的袁隆平开始跟着父母颠沛流离，5年时间辗转5个城市才最终安定了下来。数不清的人死于战争，但更多的人却死于饥荒。饿殍遍野的景象，给幼小的他留下了不可磨灭的记忆。

1936年，6岁的袁隆平被父母送进了汉口的扶轮小学。一次郊游，在一个企业家办的园艺场内，他看到了一个个姹紫嫣红的桃子、一串串晶莹剔透的葡萄。这些水果是那么美丽漂亮，对于当时的袁隆平来说，仿佛来自另一个世界。袁隆平就此种下童年的梦想，产生了到在园艺场学农的念头。但小小的袁隆平并不知道，他的梦想对于一个知识分子家庭来说，有多么的离经叛道。

1937年，卢沟桥事变爆发，几个月后武汉失守。父亲袁兴烈加入了抗战，成了抗日名将孙连仲的秘书，负责运送军火。袁兴烈特殊的身份，让他的妻儿不得不再次颠沛辗转。刚在汉口扶轮小学读了两年书的袁隆平，随父母迁居到湖南澧县。学业的半途更迭，并没有让袁隆平放弃自己的梦想，学农的种子早已在他心中生根发芽。

不会拉小提琴的游泳健将，不是好的农学家

1939年8月，9岁的袁隆平在澧县弘毅小学读书不到

半年，便再次随着父母迁居到了重庆，在这里读完了小学和初中。时值青春年少的袁隆平，和现在的青少年一样，是一个活泼好动的孩子。他最喜欢的就是游泳。甚至有一次，在日军轰炸重庆的空隙，还曾带着弟弟在江里游泳。

年少时期的白色恐怖，随着抗战结束而终止，袁隆平游泳的爱好却得以延续下来。他随父母回到汉口上高中，就读于汉口博学中学。高中期间，他是学校里的游泳健将，曾获得汉口游泳冠军，湖北省第 2 名。如果袁隆平继续顺着游泳这一条路走下去，会不会成为一位游泳运动员呢？从小的运动天赋，差点就把他的人生引向另外一条路。

1948 年，袁隆平不顾家人的反对，考入相辉学院农学系，主修遗传育种学。经历两年的求学，一次空军招飞行员，又差点改变了袁隆平的人生。

由于从小喜欢体育运动，具有良好的身体素质，袁隆平参加了空军报名，结果体检合格，通过了政审。但通过之后，袁隆平却犹豫了：祖国并不缺少一名飞行员，科学事业却百废待兴。经过再三考虑，为了自己的理想和国家的经济建设，袁隆平最终放弃成为一名飞行员，决定继续留校学习。如果当初袁隆平当了空军，中国或许会多一位优秀的飞行员，却势必会失去一位居功至伟的无双国士。

经过 4 年的学习，1953 年 7 月，袁隆平顺利从西南农学院农学系毕业。此时，中国刚完成全国性的土地改革，他先后被分配到湖南和湘西偏远地区的农校教书。虽然他是农学专业毕业的，但一开始却被安排教俄语，后来被安排研究红薯，但也没有多大的研究价值。

现实很近，理想却很远。袁隆平常常感到孤独寂寞，只能通过拉小提琴聊以度日。悠扬的小提琴声时常在他的宿舍楼里婉转起伏，这个爱好一直保留到他离世之前。甚至在查看自己心爱的稻谷时，还会在田间拉上一拉。或许，这是稻谷一生中听到的最美、最优雅的音乐吧。

对抗饥荒的逆行者

1953 年，美国科学家沃森和克里克发现了人类基因里的秘密：DNA 是一种双螺旋结构。

此时的中国尚未与美国建交，科学信息相对封锁，我们信奉的还是苏联农学家米丘林和李森科的“无性杂交”学说。这个学说不仅否定基因的存在，还认为通过嫁接等手段，就能创造新物种，不仅把本国农业带进了死胡同，也差一点带偏了中国农业研究的方向。在这样的大背景下，袁隆平也曾“误入歧途”，研究着番茄和马铃薯、西瓜和南瓜之间的嫁接。

1957年，沃森和克里克发现DNA双螺旋结构的4年后，袁隆平在《参考消息》上看到了他们获得诺贝尔奖的消息。科学知识的冲击让他明白自己曾经的研究是多么荒谬，他毅然改变了自己的方向，开始去研究杂交水稻。

然而，袁隆平决定研究的领域，在当时的科学家看来几乎是不可能成功的。早在1926年，美国人琼斯就发现了水稻的雄性不育现象，并提出了杂种优势。简单来说，这个理论认为，不同品种之间的水稻，可以通过杂交获得更高产量的稻米。由于水稻是雌雄同体、自花授粉的，正常情况下很难完成杂交。但如果找到一颗不能产生正常花粉的水稻，对它进行授粉，那就可以完成杂交了。

琼斯的观点并不被当时的科学界所认同，他的理论被主流遗传学家所推翻，甚至在哈佛大学的教科书《遗传学原理》中也写到，自花授粉的作物没有杂交优势。随后的二三十年，虽然日本、印度，甚至马来西亚都有农学家对该理论进行挑战，但都没有成功。在越来越少人相信水稻杂交优势的国际环境下，袁隆平却选择了这个方向，一些人甚至嘲笑袁隆平提出杂交水稻课题是对遗传学的无知。

袁隆平一心研究，无视所有的嘲笑。

1960 年，袁隆平 30 岁那一年，饥荒再次深深刺激了袁隆平那一颗柔软的心脏。他坚定了研究杂交水稻的信念，要解决中国的饥荒问题。

几十年后，纪录片《时代我》的采访人员曾拿着著名表情包“还是吃得太饱了”询问袁隆平：“袁老师，不知道您怎么看待网友们传的这张图？”袁隆平先是读了出来，哈哈笑了两声后，神色就伤感了起来，语重心长地说：“你们年轻人不知道啊。那个时候，饥荒的时候，没饭吃真难受啊。”说到最后，眼睛里泛着点点泪光。

让每一个中国人吃饱，是一路从饥荒中走来的袁隆平，一生都秉持着的坚定信念。

农民称他是疯子，同行称他是骗子

由于水稻是自花授粉的，要进行杂交实验，最关键的就是找到一棵雄性不育株。所以袁隆平早期的研究，最主要就是找到一棵雄性不育株，这一找就是 3 年。虽然这 3 年的时间里，他没有寻找到雄性不育株，却有了人生中的另一大收获——他找到了自己的妻子邓哲。

1964年2月22日，袁隆平34岁，邓哲26岁，他们用50块钱的喜糖办了婚礼。虽然他们是经过介绍结合的，但在一起之后却相敬如宾，十分恩爱。邓哲终其一生都尊称袁隆平为“袁先生”。

婚后，袁隆平把所有的精力都放在了杂交水稻的研究上。功夫不负有心人，经过5个月的寻找，袁隆平终于在试验稻田中找到一株“天然雄性不育株”。

1964年对于袁隆平来说，简直是双喜临门。他既收获了自己的爱情，也找到了理想大门的钥匙。惊喜万分的袁隆平立马进行杂交研究，但经过足足一年的时间，他才最终确定了水稻的雄性不育以及杂交优势。这既是肯定了当年琼斯的理论，也是对袁隆平多年默默耕耘的回馈。

然而，这一研究遭遇了外界最大的非议，同行根本不相信他能有什么成果。只有妻子邓哲默默站在他的身后，给了他最坚定的支持。在后来的两年时间里，邓哲又和他一起找到了6株雄性不育的水稻。

1966年，袁隆平在《科学通报》发表了著名的论文《水稻的雄性不孕性》。虽然这篇论文只有4个版面，十分简洁，但对中国的科学育种研究来说，却具有划时代的意义。

1967年，在政府的指示下，袁隆平和他的学生兼助理尹华奇、李必湖三人组成“水稻雄性不育科研小组”，全力寻找可育种的雄性不育系。虽然要找到这样的天然雄性不育株很不容易，但终于能一心研究的袁隆平感到很有信心。

然而，1968 年 5 月 18 日晚上，就在袁隆平试验田水稻即将成熟时，有人偷偷拔走了他们所有的水稻，一根不剩。第 2 天，发现多年的成果一夜尽失，袁隆平悲痛欲绝。经过不断地寻找，他们才在废井边上找到 5 株残存的水稻。虽然残存的水稻让袁隆平的研究不至于前功尽弃，却也让研究成果至少推后了 3 年。

在这几年的时间内，袁隆平进行了成千上万次的杂交工作，但依旧没有得到有力的成果。他遭受到的质疑越来越大，农民称他是疯子，同行称他是骗子。

夙兴夜寐：杂交水稻之父是如何练成的？

为了进行更多的杂交配种，1969 年的冬天，袁隆平与他的学生兼助理尹华奇、李必湖一起来到云南省南部的元江县，进行扩大培育，再度繁育了一代雄性不育的种子。当时，师生三人仅仅借住在农技站一间无人居住的平房里。

非凡的人生总是充满磨难。1970 年 1 月 5 日，云南发生了7.7级大地震，累计伤亡50000多人，相隔100多公里的杂交水稻基地，也受到了比较严重的影响。袁隆平和工作人员哪里肯放弃艰辛的成果，他们一度在树枝搭建的窝棚内，冒着危险，在漏风漏雨的情况下继续进行试验，直到收集了大量的野生稻品种之后才回到湖南。

从这一年开始，他们每年都会像候鸟一样在温暖的南方繁育种子，他们自称为“南繁”。

终于，1970年11月23日，袁隆平的助手李必湖和冯克珊在海南试验田中发现了一棵珍贵的野生稻雄性不育株。袁隆平发现这一棵植株是典败型的雄性不育株，十分珍贵，命名为“野败”。

第2年，经过一年的培育，跟随袁隆平在海南学习的学生颜龙安对众多的雄性不育株进行分析后发现，野败不仅长势旺盛，柱头发达且全部外露，易于授粉，而且花粉全部败育，拥有稳定的恢复系，是完美的杂交水稻不育系。

1972年3月，国家科委把杂交水稻立为重点攻关项目。经过上千个品种与野生不育系进行上万次测交，以及回交转育试验，袁隆平团队终于选育出了第一个应用于生产的不育系——“二九南1号”。1973年，袁隆平团队最终育成三系杂交水稻——籼型杂交水稻“南优1号”。三系杂交水稻的成功，让水稻产量从亩产 300 千克提高到了 500 千克。

此时距离袁隆平发现第一株“天然雄性不育株”，已经过了整整 9 年时间。9 年时间的“一无所得”，加上前所未有的非议，以及人为的恶意破坏，得有多强的斗志和自信，才能让他一直坚持了下来。

袁隆平的研究成果震惊了全世界，彻底颠覆了水稻无杂种优势的结论。当国外学者知道他竟然是中国的“乡村老师”后，带给他们的更是降维的打击。

1974 年，袁隆平团队选育出了优秀杂交品种“南优 2 号”，亩产 628 千克，相比普通水稻增产 20%。随后，袁隆平团队又陆续培育出了多个优良杂交水稻品种。杂交水稻的重大成功，令全国上下振奋。

国士无双：他改变的不仅仅是中国！

1975 年，国务院做出了大量推广杂交水稻的研究决定。到 1976 年，中国杂交水稻的种植面积从 370 多公顷提升到了 13.87 万公顷，足足提高了 370 多倍。袁隆平并不满足这一点点成绩，继续攻坚杂交水稻的产量。

西方国家纷纷来中国学习，袁隆平把种子倾囊相送。1979 年，美国引进中国的 3 个籼型杂交水稻，增产 165% 以上。西方十分震惊，杂交水稻引起世界关注，被称为“东方魔稻”。各国开始纷纷前来中国学习，请求袁隆平指导。

1987 年 11 月 3 日，联合国教科文组织向袁隆平颁发“科学奖”证书，总干事姆博先生赞扬袁隆平取得的科研成果，是继 20 世纪 70 年代国际培育半矮秆水稻之后的“第二次绿色革命”。

1995 年，两系杂交水稻研究成功，比同熟期三系杂交稻增产 5% ～ 10%。同年，袁隆平当选为中国工程院院士。

随着粮食增长瓶颈的到来，各个国家对中国高速增长的人口提出了担忧。1994 年，美国世界观察研究所所长莱斯特 · 布朗就提出了一个无比尖锐的问题：21 世纪，谁来养活中国？布朗认为，按照中国人口增长的高速度，到 21 世纪 30 年代，中国需要进口的粮食将高达 2 亿吨，这个数量达到了当初国际谷物贸易的总量。

布朗的观点引起国际轰动。然而袁隆平坚定地相信，杂交水稻的产量完全没有达到上限。1996 年，他主动申请进行超级杂交水稻的研究。2000 年，他完成了试验田亩产 700 千克的目标。届时，中国杂交水稻的种植面积，已经

占到水稻种植总面积的 50%。2004 年，他又完成了试验田亩产 800 千克的目标。同年，获得世界粮食奖。

2006 年，中国粮食总产量逼近 5 亿吨大关，联合国停止了 1980 年以来对中国的粮食援助。这一年距离袁隆平提出超级水稻，仅仅过去了 10 年。中国 26 年的粮食受捐赠历史，被他彻底画上了句号。同年 4 月，袁隆平当选美国国家科学院外籍院士。

2014 年以后，杂交水稻的种植面积，已经达到了 2.5 亿亩，占水稻种植总面积的 57%，产量更是占了 65%，每年增产的粮食可多养活 7000 万人。

2019 年，中国三大主粮稻谷、小麦、玉米的末期总库达到 2.8 亿吨，尤其是稻谷和小麦达到了历史末期库存的最大水平。这个库存数量，是布朗当初预估进口粮食的 1.4 倍。同年，袁隆平获“共和国勋章”。

2020 年，试验田双季亩产已经达到了 1530.76 千克。

21 世纪，谁来养活中国?

袁隆平院士用一生，给出了一个满分的答案。

袁隆平的贡献，不仅仅是对中国的，也是对世界的。从 1979 年把种子送给美国开始，中国一直对外输出杂交水稻种子和技术直到今天。全世界有 60 多个国家种植杂交水稻，遍及美国、印度、巴西、巴基斯坦、孟加拉国、越南、马达加斯加……袁隆平说，如果全世界 50% 的稻田推广种植杂交水稻，那么全球每年将增产 1.5 亿吨粮食，可多养活 4 亿到 5 亿人口。

袁隆平创造的杂交水稻，正走在养活全球 20 亿贫困人口的路上。

（全书完）

改变世界的科学家 生物学家的发现

主编 _ 果麦　撰文 _ 瞻云

产品经理 _ 刘树东　装帧设计 _ 朱大锤　插画绘制 _ 王俊宇
产品总监 _ 何娜　技术编辑 _ 白咏明
责任印制 _ 刘淼　出品人 _ 王誉

果麦
www.guomai.cn

以 微 小 的 力 量 推 动 文 明

图书在版编目（CIP）数据

改变世界的科学家. 生物学家的发现 / 果麦编 ; 瞻云撰文. -- 昆明 : 晨光出版社, 2023.7

ISBN 978-7-5715-1607-9

Ⅰ. ①改… Ⅱ. ①果… ②瞻… Ⅲ. ①科学知识—少年读物②生物学—少年读物 Ⅳ. ①Z228.1②Q-49

中国版本图书馆CIP数据核字（2022）第136269号

改变世界的科学家 生物学家的发现

GAIBIAN SHIJIE DE KEXUEJIA SHENGWUXUEJIA DE FAXIAN

果 麦 编 瞻云 撰文

出版人	杨旭恒
责任编辑	魏 宾
特约编辑	刘树东
插 画	王俊宇
装帧设计	朱大锤
责任校对	杨小彤
责任印制	廖颖坤
出版发行	云南出版集团 晨光出版社
地 址	昆明市环城西路609号新闻出版大楼
邮 编	650034
电 话	021-64386496（销售部）
法律顾问	云南上首律师事务所 杜晓秋
印 装	天津丰富彩艺印刷有限公司
经 销	果麦文化传媒股份有限公司
版 次	2023年7月第1版
印 次	2023年7月第1次印刷
书 号	978-7-5715-1607-9
开 本	140mm×200mm 32开
印 张	4.5
字 数	72千
定 价	198.00元（全七册）

改变世界的科学家

探险家的旅程

果麦 编 董怡苇 撰文

云南出版集团 晨光出版社

果麦文化 出品

目录

游历各地、参访名师的高僧玄奘

年少结佛缘，立志西行

中国的孩子们都是在《西游记》的陪伴下长大的。

在这个故事里，唐三藏和他的三个徒弟为了到西天取得真经，经历了九九八十一难。事实上，这个故事并非杜撰，而是根据一位唐朝高僧的真实经历改编的。这位高僧就是玄奘。虽然玄奘取经之路上并无妖魔鬼怪，但他仍需要面对无数的险境——沙漠、荒原、雪山、激流，饥饿、寒冷、迷途、强盗，更有无边无尽的孤独。从长安（今陕西西安）到天竺（今印度），玄奘平实而坚定地走过了艰难的每一步，始终未曾动摇过半分初心。

玄奘，原名陈祎，家在河南洛州（今河南偃师）一带。陈氏一族做官的人声名多不显赫，但玄奘的父亲陈惠却是当时出名的儒雅之士，曾被举为孝廉。奈何生不逢时，出仕之时恰逢隋炀帝昏庸无道，陈惠便辞官归隐。

陈惠与洛州长史之女育有三男一女，玄奘是最小的孩子，出生于隋仁寿二年（602 年）。玄奘未满 3 岁，陈惠便辞官回家，因此玄奘深受父亲儒雅气质的影响，形成了良好的个人品德修养。陈惠辞官后有充裕的时间教育、陪伴子女，经常为玄奘讲授各种经典古籍，使小玄奘养成了热爱阅读、善于思考的习惯。

陈惠去世后，玄奘的二哥陈素在洛阳净土寺出家，法号长捷。10 岁的玄奘便随兄来到净土寺，学习《法华经》和《维摩诘经》等佛教经典。两年后，朝廷派大理寺卿郑善果到洛阳负责剃度僧尼的工作，他欣赏玄奘勤学善思的品格，便破格允许玄奘出家。此后，玄奘在净土寺整整学习了六年的《涅槃经》和《摄大乘论》。

唐武德元年（618 年），玄奘和二哥长捷因战乱离开洛阳，前往四川，向赫赫有名的两位大师学习。成都会集了天下高僧，在成都的四五年间，玄奘师从多位师父，研习大小乘经论及南北地论学派、摄论学派等各家学说，精通多部经典，佛学造诣有了很大的提高。此时，不满 20 岁的玄奘已名声大震，受到大家的推崇。玄奘还在成都受具足戒，正式成为受僧职的比丘。

很快，玄奘已不满足于在四川学习的东西，决定回长安进修。虽然受到兄长的阻拦，但他仍毅然孤身前往。唐武德七年（624 年），玄奘到了相州（今河南安阳中西部），学习《杂心论》；又到赵州（今河北赵县境内），学习《成实论》；最后到长安，学习《俱舍论》，并向武德年间来大唐的中天竺波罗颇迦罗蜜多罗（简称“波颇”）咨询佛法。

几年间，玄奘几乎请教了大唐国内所有的高僧，研究了各位高僧的经典。此时的玄奘也开始分析他们对于问题的不同看法，发现很多观点竟然与典故大相径庭。玄奘深感佛教典籍的译本数量少、质量差、错漏百出，开始下定决心，要去佛教发源地请教当地的高僧，从那里带回大唐所没有的典籍。

此时正值玄武门之变不久，李世民派兵严守玉门关，禁止百姓与关外进行一切往来，玄奘的西行申请也就被驳回了。玄奘屡次提交，屡次被驳回。但他决心已定，既然无法得到合法的放行，那便决定不计后果，偷渡出关。

求法圣地，通晓三藏

唐贞观元年（627 年）八月，长安一带发生了严重的霜害，各地的百姓遭遇了饥荒，朝廷无计可施，只得“准许饥民随丰四出”。这对于多次提出西行申请却被驳回的玄奘来说，是一个绝佳的机会。玄奘从瓜州（今甘肃瓜州）偷渡出发，开始了他期待已久的西行之路。

然而西行之路并非一帆风顺。一望无际的沙漠上，令人难以睁开眼的狂风黄沙，若隐若现的海市蜃楼，极度匮乏的水源和物资，都让玄奘西行的开端显得困难重重。然而怀抱着虔诚信仰的他，却义无反顾地迈入了沙漠。

在经历了无数海市蜃楼幻化的“妖魔鬼怪”后，玄奘终于抵达了第一个烽火台。正当他准备寻找些物资和水源的时候，两名士兵出现，并带着他去见了校尉王祥。王祥被玄奘单枪匹马的决心感动，帮他备了水粮，并为他指明了一条可直达第四个烽火台的捷径。然而，离开第四个烽火台后，前方就是方圆八百里的莫贺延碛—— 一个寸草不生的可怕流沙世界。

临行时，友人曾经告诉过玄奘，唯一可以补充水的地方叫作“野马泉”，就在一百里外。玄奘坚定地走了一百多里后，却发现根本没有看到传说中的野马泉，这无疑是迷路了。玄奘开始焦急起来，一不小心，就将仅剩的水都撒在了沙漠里。狂风卷沙，饥寒交迫，此时的玄奘渐渐感受到生命的流逝。“宁可向西死，决不东归生”，即使已

经气息奄奄，玄奘依然坚定地向西行。赶了五天四夜的路，他的虔诚终于感动了上天。唯一的伙伴老赤马却不听使唤地执意走向另一个方向，任凭玄奘如何拉扯都不动摇。最后，玄奘竟被拉到了一片绿洲前，他们在水池旁畅饮了一番，并休整了一天一夜，才重新出发。又经过了两天艰难的旅程，玄奘终于来到了伊吾国（今新疆哈密境内）的边境。

伊吾王听说玄奘到来，邀请他到宫中，盛情款待。那时的伊吾国已向西边的高昌国（今新疆吐鲁番境内）称臣，而玄奘到来时高昌国的使臣也正在伊吾国访问。使臣回国之后，便将玄奘到来的消息告诉了高昌王。高昌王是一名虔诚的佛教徒，早在隋朝时就曾到过长安和洛阳，听闻玄奘是长安来的高僧，便马不停蹄地派人到伊吾国迎接。高昌王盛情难却，玄奘只好改变原定的计划，前往高昌国。

玄奘用了六天时间才赶到高昌国，到达的时候，高昌王亲自率领臣子们在宫外等候迎接。高昌王见到玄奘，激动不已，热情款待了玄奘十几天，每天一大早就去给玄奘问安，并令全国的高僧来向玄奘请教。高昌王如此费尽心力地讨好玄奘，无非是想留住他。然而玄奘早已下定决心西行取经，当然不能答应高昌王的请求。多次请求被拒后，高昌王恼羞成怒，威胁玄奘要将他扣留。玄奘不假思索地说：“我决不放弃西天取经，若您非要破坏我的计划，那我宁愿将自己的尸骨留在这里。”

高昌王为玄奘的决心震惊不已，便又低声下气地为玄奘提供美食，然而玄奘为表决心开始静坐绝食。整整四天，玄奘滴水不进，高昌王眼看他日渐消瘦，情急之下竟向玄奘叩首谢罪。高昌王恳求玄奘进食，表示再也不逼他留下，只是希望玄奘学成回国之时，能够在高昌停留三年，接受他的供养。

玄奘也被高昌王的一片诚心所感动，答应了高昌王的请求，还在太后面前与高昌王结为异姓兄弟。之后，玄奘又在高昌开坛讲经，用了一个月的时间，讲完了《仁王般若经》。高昌王为玄奘准备了三套袈裟和许多衣物，同时赠予玄奘黄金百两、银锭数万、绫绢五百匹、马三十匹、挑夫二十五人，还指派了四名青年和尚护送。高昌王的用心良苦为玄奘的西行提供了莫大的帮助，以“高昌王之弟”的名号出访也减轻了玄奘访问过程中的诸多困难，令玄奘不仅可以获得寺庙、佛教王国的支持，还能够获得政治上的保护。

玄奘一行人经过长途跋涉，终于抵达西突厥帝国，这里的宗教与佛教互不相容，玄奘十分担心会在此受到可汗的为难，难以保障西行的顺利。可没想到，因身为高昌王之弟，西突厥可汗对玄奘非常热情，给了他很多的支援。

可汗安排了一位曾经住在长安的青年做玄奘的翻译，青年精通汉语和西域多国语言。他还写信给其所属西域各国的国王，送给玄奘袈裟一套、绢五十匹，还亲自送了玄奘十多里路。西突厥可汗的支持也为玄奘的西行之路保驾护航。

继续向西前行几百里，玄奘一行来到飒秣建国，也就是今天的撒马尔罕一带。这里盛行拜火教，对异教并不是很包容，城内的佛寺已经被废弃，也不允许佛教徒在那里逗留。飒秣建国的国王碍于西突厥可汗的情面而招待玄奘，玄奘为他深入浅出地讲解佛法，使得他开始对佛教有了一些好感。然而与玄奘同行的两位年轻和尚却在不知情的情况下进入了佛寺，引起了群众的愤怒，手持“圣火”将他俩包围，险些遇难。国王大怒，要惩罚那些百姓，却被玄奘阻止了。在玄奘的劝说下，国王释放了那些百姓。也是因为这个事情，很多当地人开始对佛教有了新的看法，并有人因此皈依佛门，佛寺也重现生机。

又经过了很多个国家之后，玄奘一行人来到了“活国”。在这里玄奘经历了一场家庭悲剧。这里的首领是高昌王的妹夫，自高昌王妹妹过世之后，首领又娶了一位年轻貌美的王妃，这个王妃和首领的儿子合伙谋害了首领。政变导致玄奘在此耽误了一月有余，直至平息之后，玄奘才继续西行。

玄奘一行人穿过迦毕试国（今阿富汗东北部努里斯坦），来到了贵霜帝国（今中亚地区），终于在那里体验了佛教的荣光。渡过印度河后不久，他们来到了佛教曾经最著名的圣地——犍陀罗国，可惜佛教在此地已然凋零。

公元 631 年的夏天，29 岁的玄奘终于抵达了佛陀的故乡——迦毗罗卫。来到佛祖诞生的地方，玄奘看到的不是佛教的繁荣，而是断瓦残垣、荒无人烟、僧侣稀少。看着佛寺的倾颓、都城的废弃、佛塔的残破，玄奘睹物思情，不由得黯然神伤。佛教在诞生地的衰败令他情难自控，伤心不已。

公元 631 年的秋天，玄奘到达他西行的目的地——那烂陀。那烂陀寺相当于一所佛教大学，以大乘佛典为主，兼有小乘佛教的课程。寺中有僧侣 10000 人左右，寺内高僧大德严守戒律，700 多年来未曾发生过任何违反寺规之事。来自大唐的高僧玄奘在此受到极高的礼遇，200 多名僧侣和上千名拥护者欢迎玄奘，百岁高龄的戒贤大师还专门为玄奘开讲了《瑜伽师地论》。

玄奘在那烂陀刻苦学习了五年。他天生好学，加上那烂陀丰富的学习资源和良好的学习环境，玄奘对经书的学习愈发深入。除此之外，他对五明之学也有所涉及。在那烂陀学习的这段时间，为后来玄奘的译经工作奠定了坚实的基础。

取经归来，拒帝诏扬佛法

唐贞观十七年（643 年），玄奘启程回国，带回了 657 部佛经。贞观十八年（644 年）底，玄奘终于辗转到达唐境，敦煌官员恭迎玄奘。玄奘上表唐太宗，请求觐见。此时的唐太宗正准备亲征高丽（今朝鲜），玄奘便更为着急，怕错过觐见的机会。贞观十九年（645 年）正月，玄奘回到长安。整个长安城都在口口相传，码头上人满为患，百姓们都希望能够一睹玄奘大师的真容，挤得玄奘只能在船上过了一夜。

贞观十九年（645 年）二月初一，唐太宗在洛阳宫的仪鸾殿召见了玄奘，唐太宗以“法师出家后与世俗了断，所以能委命求法、惠利苍生”大度地原谅了当初玄奘的偷渡西行，而玄奘则将各地的风土人情和其他情况向太宗做了汇报。唐太宗表示出非常大的热情，并建议玄奘将途中的所见所闻著作成书，让天下百姓都可以看到。也是这个提议，促成了《大唐西域记》的诞生。玄奘家乡东南方的少林寺是洛州的一所名刹，远离市区，环境清幽。玄奘初见唐太宗时，即表示希望前往嵩山少林寺译经，但并未获得唐太宗的允许。

玄奘从印度及中亚地区带回国的梵夹佛典非常丰富，共 526 夹 657 部，对佛教原典文献的研究有很大的帮助。

在玄奘回国之初，唐太宗和玄奘交流时，便发现他具有惊人的政治才能，当场劝说玄奘还俗。玄奘回复道：“玄奘少践缁门，伏膺佛道，玄宗是习，孔教未闻。今遣从俗，无异乘流之舟使弃水而就陆，不唯无功，亦徒令腐败也。”意思是说让他还俗从政就好比舟在陆地上行走，不仅浪费了所学佛法，还徒招骂名。虽然唐太宗的提议被玄奘拒绝了，但他仍不放弃，常常“逼劝归俗，致之左右，共谋朝政”。

唐贞观十九年（645 年），唐朝进军辽东，唐太宗要求玄奘观战，再次提出还俗的要求，玄奘以释迦牟尼规定出家人不得看军队作战为由拒绝。贞观二十二年（648 年），唐太宗又一次令玄奘还俗，再次被拒。唐高宗李治继位以后，也曾多次令玄奘还俗，但都被拒绝。其实，唐太宗屡次劝说玄奘还俗与当时宗教的政策有关。唐朝刚建立时，由于隋末农民战争的破坏，国家经济几近崩溃，为了发展经济，唐朝的统治者对佛教甚为排斥。唐太宗自身也认为佛教无益于天下。与此同时，唐太宗一直致力于打击突厥在西域的霸权，多次发动战争，他需要精通西域、中亚、南亚多个国家地理交通、政治文化、民俗文化的顾问，玄奘便成了他最好的选择，所以才多次要求玄奘还俗做官。

唐贞观十九年（645 年），玄奘在长安设立了译经院。佛教东传最开始的翻译工作是由私人完成的，翻译的方式和质量也就无法保证。玄奘决心改变这种现状，拟订了一份合理的翻译计划呈给唐太宗，主译为玄奘，下设证义、缀文、笔受和书手，还要求特派中文和梵文专家各一名。很快，这个效率非凡的计划就得到了唐太宗的批准。第一年，玄奘就完成了 3 部经书的翻译工作。贞观二十年（646 年），玄奘为班师的唐太宗呈上了完成的翻译作品，并于同年五月开始了《瑜伽师地论》的翻译。贞观二十二年（648 年），玄奘将译好的《瑜伽师地论》呈给唐太宗，并请唐太宗作序。唐太宗花一个多月时间阅读了这部长达百卷的佛教经典后，亲自撰写了 700 多字的《大唐三藏圣教序》，盛赞“玄奘法师者，法门之领袖也”。贞观二十三年（649 年），唐太宗驾崩，受玄奘的影响，唐太宗度僧 18000 多人。

唐太宗驾崩后，玄奘继续专心译经，每日天还没亮就开始译经，深夜才睡。除了译经，玄奘也要讲经，为各地慕名而来的学僧答疑解惑，还要处理日常寺务。虽然杂务缠身，但从未影响玄奘译经的进程。玄奘在慈恩寺的西院筑了五层塔，也就是今天的大雁塔，存放佛像和经文以防水火之灾。

十几年时间，玄奘将约 1330 卷经文译成汉语。唐显庆二年（657 年）九月，玄奘借着陪驾住在洛阳的机会，第二次提出入住少林寺的请求，再次被拒绝。显庆五年(660 年)，他开始翻译《大般若经》，到龙朔三年（663 年）终于译完了这部多达 600 卷的巨著。此后，玄奘深感身心日衰，仅在麟德元年（664 年）译出《咒五首》1 卷，成为绝笔。

麟德元年（664 年）正月初九的傍晚，玄奘不慎跌了一跤，从十三日开始，便只能卧病在床。二月初五夜里，玄奘圆寂，遗体停放了 77 天都未曾腐败。按照遗言，他的灵柩只用简陋的竹席编成。四月十四日，他被安葬于白鹿原上其兄长捷法师的墓地附近，送葬者多达 30000 人。

玄奘前后共译经论 75 部，总计 1335 卷。此外，玄奘还将《老子》等中国经典译作梵文，传于天竺。唐太宗曾评价玄奘为“只千古而无对”。纵观玄奘一生，是何等的意志能令其遍游印度，又是何等的坚守让他的一生都致力于佛教真谛的追求和弘扬。虽然他只活了 62 岁，但他在中国佛教史上的伟大成就和坚持不懈的品质，都将在历史的长河中熠熠生辉、永垂不朽。

中西文化交流的先驱马可·波罗

早年经历

在中西文化交流史上，有一本名为《东方见闻录》的书，先后在法国、意大利，甚至是整个欧洲流传，被誉为“世界一大奇书”。这本书帮助西方人打开了神秘东方世界的大门，西方人第一次知道了在这个世界的东方，还有一个国家拥有着发达的物质和精神文明，地大物博，广袤无垠。这对尚处在“黑暗中世纪”的欧洲产生了强烈的冲击和震撼。这本书也帮助中国传播了自己的经济、文化和科学技术，对中国繁华的城市、丰富的物产、发达的经济、井然的交通都有着极其详细的描写。这部巨著堪称西方世界第一部真正意义上“发现东方”的作品，而书里的主人公是一位700多年前来到中国的意大利旅行家——马可·波罗，他也因此被誉为中西文化交流的先驱者。

马可·波罗是意大利著名的旅行家、商人，约1254年出生于威尼斯的一个商人世家。威尼斯位于意大利东北部边缘，濒临亚得里亚海。亚得里亚海位于东西方的正中间位置，又可通地中海，因此威尼斯凭借优越的地理位置成了重要的东西方中转贸易点。那时的威尼斯是西方近代资本主义的兴起地，它在商业贸易的推动下繁荣了200多年，正是这样的自由城邦塑造出了马可·波罗这样的伟大旅行家。

马可·波罗的爷爷起初在君士坦丁堡（今土耳其伊斯坦布尔）开业起家。他的父亲尼可罗和叔父马菲都是当时著名的商人，早年间就曾经到达过中国，见过蒙古大汗忽必烈。那时，尼可罗兄弟两人在地中海南部的君士坦丁堡经商，想要从陆路到金帐汗国的不花剌，与当时的金帐汗别儿哥会面。但正遇上别儿哥和忽必烈的弟弟旭烈兀为争夺高加索地区打得不可开交，尼可罗兄弟在不花剌耽误了整整3年，无法返回欧洲。

不得已之下，尼可罗兄弟选择向中国求助。因在不花剌遇到一位波斯使臣，他们便跟随这位使臣前往中国，见到了忽必烈。忽必烈得知情况后，赐予尼可罗兄弟蒙古大汗的金牌，并表达了想要与罗马教廷建立联系的愿望。兄弟二人带着金牌才顺利通过旭烈兀的伊儿汗国，返回了欧洲。

威尼斯是个小城，当时是自由城邦，消息和新闻的传播都非常便捷，尼可罗兄弟的回归在整个城市里引起了巨大的轰动。兄弟二人带着忽必烈的旨意前去拜访罗马教皇，帮助蒙古与罗马教廷取得了联系。这样的家庭背景，让马可·波罗从小便对旅行充满了渴望和向往。

尼可罗从中国返回威尼斯的时候，他的妻子已经去世，马可·波罗也已经 15 岁了，他对父亲给他讲的有关中国的经历非常感兴趣。自此，马可·波罗立下了成为一名商人、畅游神秘东方的志愿，多次提出想要跟随父亲前往中国。刚好此时的尼可罗兄弟因为完成了蒙古大汗的任务，在罗马教廷的指派下即将再次前往中国。这次旅行成了马可·波罗和中国产生渊源的起点。

他们从威尼斯前往中国，走了整整 3 年，旅途的大部分时间都花在大食、波斯和中亚。由于马可·波罗一直以来都跟母亲相依为命，虽然听父亲讲了一些旅途中的故事，但本身并没有什么文化根底，没受过什么教育，也不太会写作。在旅途中，马可·波罗一直跟随着父亲和叔父学习语言和经商，他的拉丁语和波斯语就是在这段时间精进的。尼可罗兄弟常年在大食和波斯地区经商，虽然也去过中国，但对蒙古语和汉语并不是非常熟悉。虽然相传马可·波罗会四种语言，但事实上他的汉语和蒙古语并不十分精通，大部分地名都是靠波斯语转译的，这使得后人无法准确分辨他的作品的真实性，因此有人也认为他的游记是虚构的。

纯粹而充实的一生

1271 年，马可 · 波罗的父亲和叔父拿着当时教皇给忽必烈大汗的复信和礼物，带着 17 岁的马可 · 波罗一起向东方进发，再次前往中国。

他们从威尼斯乘船进入地中海，然后经黑海、两河流域到达古巴格达。但他们在那儿遭遇了强盗，并无应对经验的几人被洗劫一空，并被关押了起来。半夜，马可 · 波罗和父亲逃了出来，并请救兵救出了叔父。由于财物已经所剩无几，他们只能去霍尔木兹。可等了整整 2 个月，也没有碰上前往中国的船只，只好改走陆路。

那是一条充满艰难险阻的路，多少探险家都望而却步，即使这样，也没能动摇马可 · 波罗一行人前往中国的想法。他们从霍尔木兹向东，越过伊朗沙漠，跨过帕米尔高原，一路跋山涉水来到了中国新疆。新疆的美景令马可 · 波罗叹为观止，更激发了他游历中国的信念和决心。他们继续向东，穿过塔克拉玛干沙漠到达古城敦煌，瞻仰了他们闻名已久的佛像雕刻和壁画，接着经玉门关、过河西走廊到达上都——元朝的北部都城。

一路上，寒风暴雨、疾病困苦、强盗猛兽都未能阻挡马可·波罗一行人。离开祖国整整 4 年后，他们终于到达中国。马可·波罗的父亲和叔父向忽必烈大汗献上了教皇的回信和礼物，忽必烈非常开心，也因此记住了马可·波罗这个年轻人。忽必烈请马可·波罗进宫讲述沿途的见闻，并带他和他的父亲、叔父返回大都，让他们留在大都居住。

13 世纪末，忽必烈统治下的中国，政治稳定、军事强大、商业繁荣、科学技术发达，是世界上最发达的国家。忽必烈的形象在当时的欧洲人，尤其是威尼斯人的眼中非常威武，被称为大可汗。传说中，忽必烈身材高大，脸色白皙，举止优雅，这让很多威尼斯人对元朝充满了想象。

事实上，忽必烈的确是一个非常具有包容性的君王，他是著名的文学支持者，支持各种文化、文学体裁的发展；他本人比较偏爱佛教，但他在位期间却允许所有宗教的存在；他接受海外文化的输入。忽必烈开放包容的态度，为马可·波罗在中国的旅行奠定了基石。

马可·波罗被忽必烈任命为特使，奉大汗之命巡视各地，因此走遍了中国的大好河山，先后到过新疆、甘肃、内蒙古、陕西、云南、北京等地，还到越南、缅甸等国出使。每到一个地方，他必会详细地观察各地的风俗、地理、人情等风貌，然后回到大都向忽必烈详细汇报。由于马可·波罗勤奋好学，不断地学习与元朝相关的历史和知识，钻研当地语言，很快就掌握了在元朝做官的方式和方法。忽必烈也愈发信任他，委任他做扬州地方的小使官，派遣他前往东南亚的一些国家参访。在担任可汗特使的3年期间，马可·波罗广泛地记录了中国各地与周边各国的民风、习俗和文化。

就这样，马可·波罗和他的父亲、叔父在中国度过了整整17年。1290年前后，年纪越来越大的马可·波罗思乡之情愈发强烈。1291年，马可·波罗和父亲、叔父在忽必烈大汗的允许之下，以护送阔阔真公主到波斯成婚为由，离开元朝，转路回国。他们从泉州港离开中国，经苏门答腊、霍尔木兹，在波斯上岸，于1295年年底回到威尼斯。

马可·波罗离开威尼斯已经20余年，回到祖国的他不断向人描述自己在中国看到的繁荣景象，他的同胞们不肯相信，反而认为他是叛徒和卖国贼。事实上，马可·波罗对家乡非常热爱，他回国后曾担任战船船长，与长期对抗威尼斯的热那亚作战。在一次战争中，他负伤被俘，囚禁在狱中。这让他有了足够的时间去回忆自己在中国所经历的事情，写下那段史诗般的探险经历。不过，这段经历其实是由马可·波罗口述，请他的狱友帮他写下的。这就是后来闻名欧洲的《马可·波罗行纪》。

出狱后，马可·波罗过上了平淡安静的普通人的生活。他结婚并且有了两个女儿——莫雷塔和范蒂娜。公元 1324 年，70 岁的马可·波罗在自己的家乡过世，被葬在圣洛伦佐教堂。传说，这位伟大的探险家在临死前，还被要求承认自己的书是虚构的神话故事，但他始终坚持书中所描述的事情，甚至没有自己目睹的一半精彩。

《马可·波罗行纪》及其影响

《马可·波罗行纪》对元朝的描述可谓丰富而清晰，全书分为 4 卷 200 章。引言部分介绍了马可·波罗同其父亲、叔父三人来中国的原因；第一卷记述了他们从小亚细亚到元朝沿途的风景和见闻，包括我国新疆、宁夏、甘肃、内蒙古等地的景观；第二卷记录了元朝当时的经济、政治、礼仪、制度、社会风俗、科学文化以及各种城市规划和建筑特色；第三卷讲述了日本、东南亚、南亚和印度洋沿岸国家的情况；最后一卷讲述了蒙古贵族之间的战争和亚洲北部的情况。

《马可·波罗行纪》的第二卷重点记录了中国文化的方方面面，把当时中国的社会现象描述得淋漓尽致，为当时的欧洲民众提供了了解中国的机会。这本书在当时的欧洲社会被认为是神话故事，虽然没有太多的人相信书中所描写的事物，但也还是丰富了当时欧洲民众对世界地理常识的认知。它打破了当时民众普遍相信的“天圆地方”论，推动了15世纪欧洲航海事业的发展。后来意大利著名航海家哥伦布、英国卡波特等人，都是因为对该书描述景象的向往，而开启了探索神秘东方的路途。

《马可·波罗行纪》中，对当时忽必烈的统治思想和元朝政治权力结构的描述贯穿始终。马可·波罗详细描述了忽必烈的各种惠民举措和先进的统治思想，还通过对元朝中央最高权力机构中各个官员的文化生活、权力职责等的描述，把当时的中央权力进行了部分的呈现。这对当时的欧洲社会来说是从未听说过的事情，也极大程度地促进了元朝的统治思想在全球，尤其是欧洲范围内的传播。

除了政治的传播，书中用了大量的篇幅去介绍元朝的宫廷礼仪制度。马可·波罗选取了元朝社会中占有重要地

位的礼仪文化，如大汗的大宴仪式、大汗寿辰、春节、丧葬仪式等。其实这些仪式在不同程度上呈现的，都是当时元朝人民对统治思想的信仰和追求，蕴含着传统的儒家经典思想。但是马可·波罗当时对儒家思想不甚了解，所以对各种仪式的描述都只停留在形式上，并未过多对文化思想进行挖掘和思考。

元朝的经济是《马可·波罗行纪》中重点描述的部分。因为马可·波罗本身就是一个商人，又出身于商人世家，对商业的敏感程度远远高于常人。因此，他运用自己专业的商业眼光，对当时元朝的经济情况进行了真实的记录和客观的分析。他惊叹于元朝交易市场上与黄金无异的纸币，更震撼于中国主要城市商业的繁荣，这些对于当时的马可·波罗来说，都是新鲜而高明的举措和现象。马可·波罗记录着纸币的详细情况，仔细审视并研究纸币在经济领域的作用。除此之外，他还多次提到税收情况，详细介绍了盐税、糖税、丝织税、酒税、进口税等相关情况。他还以专业的商人视角分析了元朝的交通和驿路情况，感叹于自然的鬼斧神工使得中国拥有便捷的水上交通，并对中国成熟的驿站机制赞叹不已。他的记录和描述，将元朝发达的经济情况传播到了欧洲，也成为后来欧洲渴望前往东方的重要原因之一。

在《马可·波罗行纪》中，马可·波罗还用较多篇幅描述了东方各地的社会文化风俗，但他更多只是集中在对风俗的描述和记录上，对那些现象背后所蕴含的儒家经典思想，并不能做出很好的理解和判断，因此也并不能够传播其背后所蕴含的经典文化本质。马可·波罗并非中国经典文化的研究者，想要理解中国历代的儒家、道家、佛教的思想实属不易。但即使如此，他依然竭尽全力通过自己的观察，尽可能客观、真实、全面地记载经典文化相关的内容，把中国民众多样化的社会风俗和社会文化传播到欧洲，在很大程度上打开了欧洲人的视野。

该书还对科学技术进行了小篇幅的描写。在研究元朝纸币的制作中，马可·波罗开始逐步关注制造纸币的技术，并且希望能够将制造纸币的技术传入欧洲，以此来推进欧洲社会的经济发展和纸币运用。纸币的制造所依赖的是当时中国闻名全球的造纸术，因此马可·波罗在传播元朝先进经济制度的同时，也将中国的造纸术进行了广泛的传播。马可·波罗还在书中提到过元朝的观象器，他认为这种仪器可以预测天气和地震，自然能够预测人的未来。这种未经过科学认证的推测，也是使得《马可·波罗行纪》的真实性被质疑的重要原因之一。

除以上著述之外，马可·波罗还对宫殿的特色、各个城市的建筑布局和规划等进行了记录和传播。《马可·波罗行纪》对元朝的政治、经济、科技、文化、宗教等方面在欧洲的传播，起到了至关重要的作用，在一定程度上打破了中世纪后期欧洲社会受神权统治的禁锢，促进了中西文化的交流和沟通，为当时的欧洲民众构建了一个政治清明、经济繁荣、科技发达、文化丰富、宗教成熟的中国社会形象，引起了欧洲人对于神秘而富有的东方的向往。

《马可·波罗行纪》是欧洲人撰写的第一部详细描绘中国政治、经济、文化、艺术等方面的游记。它对当时处在黑暗中世纪的欧洲产生了强烈的冲击和震撼，一定程度上推动了欧洲人文主义的复兴。同时，它还掀起了一股东方热潮，不少欧洲人开始积极学习东方知识，对15世纪欧洲的航海事业起到了巨大的推动作用，很多著名航海家纷纷开启寻访东方的航程，也在无意之中促进了美洲新大陆的发现。

除了对当时的欧洲社会带来极大的震撼，《马可·波罗行纪》在今天也依然发挥着至关重要的作用，为学者们研究元朝时期中国的社会情况提供了参考，可以通过它了解到一些史料中未能详细记载的事情。同时，书中还记载了西亚、中亚和东南亚等一些国家和地区的情况，为研究他国历史文化也提供了帮助。

总而言之，马可·波罗是中西方文化传播史上一位重要的人物，他的著作《马可·波罗行纪》在研究中世纪历史、中西方交通史、地理学史等相关领域都有极其重要的学术价值。

发现新大陆的探险者哥伦布

航海梦的开始

有一个人，曾向权威发起挑战，穿越未知的海域，将禁止变成允许，将未知变成已知，开辟了新的时代，也带回了无尽的财富和荣耀，他就是克里斯托弗·哥伦布。

克里斯托弗·哥伦布是世界著名的航海家，曾先后四次出海远航，用卓越的智慧和超脱凡人的勇气横渡了大西洋，证明了地球是圆的，成为首位到达美洲的欧洲人。同时，他开辟了欧洲的新航路，为当时腐朽、故步自封的欧洲带来了金钱、土地和荣耀，更带来了对开辟新世界的渴望，也为美洲带去了文明和繁荣。这一切的开始，或许要从一个梦想航海的孩子说起。

1451 年 8 月 10 日，在热那亚（如今意大利的北部海滨城市）一个普通的毛织匠家庭，克里斯托弗·哥伦布出生了。他的父亲多米尼科·哥伦布和母亲苏珊娜，在圣安德烈门附近的奥利维拉地区开设了一个作坊，将从农民那儿买来的羊毛织成布料再卖给当地人，生意相当兴隆。但小哥伦布却对毛织完全不感兴趣，反而对大海十分着迷，热那亚的海滩上处处都是他小小的脚印。

某日，忙碌了一整天的多米尼科和家人坐在餐桌前，却独独不见小哥伦布的身影，整个家庭对这一幕已经习以为常，因为小哥伦布一到海港便常常忘了要回家吃饭。多米尼科忽然想起，自己小时候其实也有一个航海梦，那为什么不让小哥伦布也去试试呢？于是，当晚小哥伦布跑回家的时候，迎接他的不是像往常一样的一顿暴打，而是父亲酝酿许久的话："我有一批纺织品想运往市场交易，你愿意做我的船员吗？"这句话对小哥伦布来说，犹如久旱逢甘霖，他雀跃地应了下来。

1461 年，10 岁的小哥伦布第一次下海，认识了很多船员，也听说了种种见闻。他从其他船员那里知道了马可·波罗描述的繁荣富庶的东方国家的故事，被深深地吸引，迫不及待地想要阅读《马可·波罗行纪》。小哥伦布认识一位家里有很多藏书的商人——巴罗尼叔叔，就向对方借阅。可惜《马可·波罗行纪》是用拉丁文写的，小哥伦布读不懂。幼小的他开始明白，只有对航海的热爱是远远不够的。

14 岁的时候，哥伦布进入了当地的学校，开始学习语言、航海术、地理、历史等各方面的知识。每当拉丁文学习有了新的进展，哥伦布就去巴罗尼叔叔家借阅《马可·波罗行纪》。这本书让哥伦布对神秘而富饶的东方充满了无限的向往，富丽的宫殿、辽阔的疆土、华美的衣裳、壮观的都市、完备的税法等，这些在其他人眼中可能是杜撰的奇闻逸事，却成了哥伦布沉迷其中而无法自拔的美梦。在那遥远的东方，有礼貌的黄种人，高度发达的社会，富饶的物产，取之不尽的黄金，都成为哥伦布终其一生想要到达的彼岸。正是这神秘东方国度的吸引，造就了举世闻名的大航海家——哥伦布。

初露锋芒的航海家

1470 年，19 岁的哥伦布已经跟随热那亚舰队进行了多年的航海活动，多年的航海生涯和对天文地理知识的追求都让哥伦布变得愈发成熟，他不仅精通航海和造船知识，更懂得 4 种语言。在这一年，一位商行的负责人需要聘请一个懂航海技术的代理人，去葡萄牙、西班牙等地从事贸易活动，哥伦布因此得以第一次像一位船长一样掌舵出航。

航行中，哥伦布和其他年轻人一样，听老水手们讲了许多海上惊心动魄的故事。经过这段时间的历练，哥伦布不仅丰富了航海知识，驾驶船舶的能力也大大提高，更加激起了他探险的渴望。

1476年，哥伦布凭借10多年的航海经验、渴望探险的雄心和充足完备的海上知识，成为一名真正的船长，带领法国的军舰出海。5月，哥伦布带领船只离开了直布罗陀海峡。此次航行中，他的左脚受了伤，休养了一段时间后，他便向着葡萄牙首都里斯本出发了。里斯本是航海家的圣地，这里的人都崇尚冒险精神。更幸运的是，哥伦布遇到了在此学习绘图的弟弟巴索洛缪，许久未见的兄弟俩刚见面便一拍即合，开了一家制作海图的小店。里斯本的水手们都非常喜欢这个小店，哥伦布也因此得到了更多有用的信息。

参加教会活动时，哥伦布遇到了自己未来一生的爱人费丽帕·莫妮兹，两人很快便坠入爱河，结为夫妻。费丽帕去世的父亲同样热爱探险，曾是一名出色的航海家。费丽帕的母亲非常赏识哥伦布，将亡夫留下的航海日志、海图等都给了他，这些都为哥伦布未来的航海事业带来了极大帮助。后来，哥伦布与费丽帕搬到了波德·珊特岛，生下了他们的第一个儿子迪亚戈。哥伦布也因此获得葡萄牙国籍。

坎坷的黄金东方之旅

哥伦布把从海员和当地人那儿得到的信息和资料记录下来，慢慢研究，渐渐开始相信地圆说的推论，也开始接受大西洋的西边还有陆地的说法。随着他接受的信息越来越多，他坚信只要一直往西前行，就能到达东方。但哥伦布生活的时代，这样的想法还不能被众人理解和接受。大家都开始嘲笑哥伦布的“疯言疯语”：“如果地球是球形的，地球另一侧的人怎么站得住呢？”“世界另一边的人是头在下、脚在上吗？”种种议论都把哥伦布当成一个疯子，但哥伦布却坚信大西洋的西方就是神秘的东方。

有了这个想法之后，哥伦布开始计划西航，但远航需要很多的船只、船员和武器，凭他一人的力量是远远不够的，必须要得到国王的支持。于是他四处游走，渴望得到权贵们的引荐。当时的葡萄牙国王是年轻的约翰二世，他很欣赏哥伦布的冒险精神，在皇宫接见了他。哥伦布带着自制的世界地图对约翰二世说：“尊敬的国王陛下，西进将会比东回航道更短。通往印度，若西进只需要航行地球1/7的距离，但东回航道却需要6/7。”约翰二世很感兴趣，但仍半信半疑。他召开了一次会议，向贵族、地理学家、航海专家等征求意见。大部分人对哥伦布的印象都是“牛皮大王”，只有少部分人认为哥伦布的计划是可行的。当事情传到哥伦布耳中时，他大失所望。祸不单行，就在此时，哥伦布的妻子费丽帕因病去世了，哥伦布再也不想待在葡萄牙这个地方。

1484年，哥伦布带着3岁的儿子前往西班牙，在西班牙南部地中海沿岸的帕洛斯港口登陆。父子俩饥寒交迫地敲响了修道院的大门，佩雷什神父救下了他们。狼吞虎咽后的哥伦布提起了自己的航海计划，眼神又熠熠生辉起来。佩雷什神父非常欣赏哥伦布的这种精神，决定把他引荐给西班牙王室，并帮他照料年幼的儿子。哥伦布终于见到了西班牙斐迪南国王和伊莎贝拉女王，斐迪南国王认可哥伦布计划的切实可行，但又担心影响与葡萄牙的关系，还耗费金钱，最终决定只是每月向哥伦布发放足够的生活费。

就这样过了4年，哥伦布无计可施，又回到了葡萄牙。此时的葡萄牙已经派遣了航海家迪亚士去寻找印度，迪亚士在归途中发现了好望角，打开了通往印度的通道。约翰二世因此完全对哥伦布失去了信心，哥伦布只好又回到了西班牙。

接连失败的哥伦布只能将希望寄托在自己的弟弟巴索洛缪身上。巴索洛缪在 1488 年投奔了英王亨利七世，希望亨利七世能够投资哥哥的计划，但未得到同意。他又前往法国投奔查理八世，也被拒绝了。后来，哥伦布在佩雷什神父的帮助下，又一次与西班牙国王和女王会面。此时的西班牙正在与葡萄牙争夺打开印度航道，而葡萄牙发现好望角令西班牙紧张不已。终于，伊莎贝拉女王通过了哥伦布的计划，同意给哥伦布加官授爵，并承诺将发现的土地收入的 1/8 给他。1492 年，多年奔波的哥伦布终于与西班牙女王签订了西航协议书。

新大陆的发现

经过了两个月的准备，此次航行准备了“圣玛丽亚号”“平塔号”和“妮娜号”。以现在的标准来看，其实这三艘船都非常简陋，完全不能够应付海上的风暴。但在经费紧张的当时，凑齐这三艘船已实属不易。1492 年 8 月 3 日，哥伦布坐镇“圣玛丽亚号”带领船队出海，然而仅仅过了3天，“平塔号”就出了故障。这个故障被认为是某些船员为了早点返回西班牙而做的手脚。好不容易修好了松脱的舵轮，第二天船尾又进了水。不得已，哥伦布只得连夜率领“圣玛丽亚号”和“妮娜号”去附近的岛屿，寻找熟练的技工。等“平塔号”终于修理完毕，9月初3艘船再次起航。

不久，他们遇见了一艘西班牙船，提醒哥伦布有3艘葡萄牙船正埋伏着，打算拦截哥伦布船队。深夜，船员们担心葡萄牙船队的偷袭，恰逢海上刮起了大风，巨浪紧逼，都慌乱起来。哥伦布不得不制作了两种航程表，一种是给自己看的准确航程记录，另一种是给船员看的提高士气的记录。他们幸运地躲开了葡萄牙船队的埋伏，可突然失效的指南针又让整个船队陷入了恐慌。哥伦布猜到了应该是地极和磁极之间的差异导致，他深入浅出地给大家讲解了一番，总算缓解了一些慌乱。

9月14日，海面平静如镜，天空中出现了一些海鸟。一般海鸟不会飞出离陆地太远的地方，船员们一下子就燃起了希望，欢呼雀跃，但哥伦布却认为距离陆地还有很远的距离。果然，航行了没多久，就发现原来船队进入了“海藻之海”。船只困在海藻中挣扎，最后借着风势加强，总

算是逃过一劫。

之后的每一天，哥伦布一行人都在经历着这种欢喜若狂后又希望落空的戏码，整个船队渐渐人心涣散。虽然哥伦布每天都不停地鼓励大家，带领大家做祈祷，但多日的航行却连陆地的影子都没看到，遥遥无期的海上生活让大家失望不已，开始酝酿叛变，想回到西班牙。此时，哥伦布任何的说辞都已没有作用，只能立下军令状，如果 3 天之内没有发现陆地就返程。

第 3 天时，船员们都纷纷打趣起哥伦布，哥伦布却始终要求坚守到最后一刻。突然，从船头传来发现漂浮木板的消息，大家打捞上来之后，发现木板上有雕刻的花纹。此时哥伦布宣布，谁先瞭望到陆地就将获得哥伦布个人送出的丰厚奖金。整个船队一下都躁动了起来，大家重新充满斗志。

凌晨 2 点，“平塔号”发现陆地的信号响彻云霄，大家都激动地抱在一起。此时，距离哥伦布出海整整过去了 34 天，航行了 3472 海里。天色微明，每个人都换上了自己的铠甲，手举西班牙国王和女王的旗帜登上了岛。岛上是茂密的植物，远处是森林，西班牙的旗帜在微风中飘扬。哥伦布带着众人祈祷后宣布：1492 年 10 月 12 日，堂·克里斯托弗·哥伦布发现此岛，以西班牙国王及女王的名义永远占领，并将这个地方命名为圣·萨尔瓦多岛。

这座岛上，其实还有原住民阿拉瓦克人。他们没有见过外界的人，但天生善良的他们很快带着食物、水果送给船员们，船员们也送给他们玻璃珠等饰品作为回礼。哥伦布认定这里就是印度，所以称当地人为印第安人。但他深感疑惑，因为这里与他在书里看到的黄金之都大相径庭。后来，他发现原住民戴的鼻环竟然是金子做的，于是通过手势询问原住民金子的来源。原住民告诉他，南方的国家里连盘子都是金子做的，他兴奋不已，立刻派遣代表团去探索。然而十几天后，代表团败兴而归，他们途中遇到的原住民都非常贫穷。哥伦布非常失望，但他们也并非一无所获，他们发现了当地一种可以吸的香料，哥伦布猛吸了一口，这便是欧洲人吸到的第一口香烟。

在岛上待了将近 1 个月，哥伦布和下属在周围发现了很多大大小小的岛屿，却没有一个岛屿拥有书中所描述的那种“遍地黄金”的场景。于是，哥伦布计划返航。返航途中，风暴、触礁等重重磨难依然困扰着他们。这 3 艘船再次回到帕洛斯的时候，只剩下了“妮娜号”。西班牙民众、王公贵族、国王和女王都排队迎接他们的英雄归来。哥伦布详细地描述着这次探险中的见闻，国王和女王听得如痴如醉，也是这些他们闻所未闻的故事为哥伦布再度探险奠定了基础。

屡返新大陆终未圆东方梦

有了第一次的成功航行，西班牙国王和女王很快就委托哥伦布着手第 2 次航海。有了第一次的成功经验，此次航行的筹备顺利了许多。一共动员了 17 艘船，总人数多达 1500 人。经过了 40 天的航行，11 月初哥伦布就带领船队到达西印度群岛，随后又发现了多米尼加岛。再次经过之前的营地时，却发现营地已经不复存在。跟原住民交流后，哥伦布才知道，留驻的西班牙人在此进行了残暴的殖民统治，并因为分赃不均发生了内讧。不堪其辱的原住民不得已奋起反抗，剿灭了所有西班牙人。哥伦布得知事情原委后，决定不再调查复仇，放弃了据点，建立了新的殖民地，取名“伊莎贝拉市”。1500 人经过几个月的努力，建成了西印度群岛的第一个欧洲式城市。

虽然这些已是震惊欧洲的发现，但哥伦布及手下都是为了黄金而来，于是在请教了当地的印第安人之后，哥伦布调集了 400 名士兵前往席巴奥。当哥伦布及队员们看到溪流里全是金光闪闪的金子时，大家都激动不已。但很快，大家就不满足于这些碎金，开始勘测是否有大块黄金。当原住民告诉他们海的对面有大块的黄金时，哥伦布兴奋不已，一回到伊莎贝拉就率队出发，目标是日本。然而，经过几个月的奔波，他并没有到达日本，却发现了牙买加岛。又经历了几个月的奔波，1494 年 8 月中旬，哥伦布率队回到了伊莎贝拉。

长期的海上奔波加上与日俱增的年纪，哥伦布终于病倒了。他病倒期间，岛上混乱不已、民不聊生。白人和原住民的冲突日益严重，手下的官兵也开始密谋造反，肆意骚扰着原住民。经历几场血战之后，终于平息了原住民的骚动，但白人的内乱却愈演愈烈。渐渐地，“哥伦布奴役下属，独占财富，不把国王和女王放在眼里”的谣言四起，哥伦布最终不得不回西班牙证明自己的清白。1496 年，他回到了西班牙，国王和女王都表示对谣言并不在意。然而，就在准备第 3 次航行时，国王和女王还是派了一名贵族代表鲍巴吉里亚与他同行，并对其管理的岛屿进行了调查。

鲍巴吉里亚还未调查，就将哥伦布和他的亲信拘捕了起来，不仅没收了他的所有财产，还将他们锁在狭小的空间里，不给足够的食物和水。等被押进王宫的时候，年迈的哥伦布已经瘦骨嶙峋。国王和女王心生怜悯，恢复了哥伦布的称号和财产，但他已是有名无权了。

1498年，达·伽马发现了绕过好望角去往印度的航路，此消息一出，哥伦布立刻又重新燃起了未竟的梦想。在众人的劝阻之下，哥伦布仍然坚持出海，希望能够到达他追寻一生的印度。然而，他却亲眼看到自己发现的地方正处在部下的残暴统治下。他立刻决定回西班牙，打算让女王知晓事实。可就在他回到西班牙2个月后，女王病逝了。从此，再无人支持哥伦布。

1506年5月21日，这位奔波了一生的探险家、航海勇士带着追求一生却无疾而终的梦想，在简朴的房子里病逝。直到那一刻，他仍未曾到过一生心心念念的那片黄金之地。但他的发现，让故步自封的欧洲看到了新的世界，为落后的美洲带去了繁荣；也是他的发现，使得无数本有着安静生活的原住民命丧枪炮，让贪婪的欧洲人开始了永无止境的殖民统治。

究其一生，是功成名就，还是抱憾而终？是大英雄，还是侵略者？是自豪，还是自责？徒留予后人揣摩。

环球航行第一人麦哲伦

胸怀环球之志，却遭解除官职

五百多年前，人们相信地球是个平面，如果一直航行到世界边缘，便会掉落到地球以外。然而，愚昧和科学总是互相促进的，16世纪也是欧洲“地理大发现”的年代。哥伦布率领西班牙船队横渡大西洋时，发现了“新大陆”——美洲；达·伽马率领葡萄牙船队绕非洲前往印度，开辟了通往东方的新航路。欧洲人在这个年代进行的远洋航行，让越来越多的航海家开始相信地圆说。

虽然种种迹象都间接地证明着地圆说，但一切都只存在于理论上，直到一个个子不高、蓄着大胡子，却拥有着坚定信念和非凡胆识的人——费迪南德·麦哲伦——的出现。他率领船队继承了前人西航的事业，一路向西，最终完成了环球航行的壮举，也证明了地球是圆的，成为整个航海史上的里程碑。

1480年，费迪南德·麦哲伦出生在葡萄牙北部波尔图的一个没落骑士家庭，属于四等贵族。虽然等级不高，但是贵族的身份却让麦哲伦有机会进出宫廷。大约10岁的时候，他被父亲送进王宫服役。因为聪慧伶俐，1492年，他成为王后的侍童。关于麦哲伦的幼年生活，因史料缺乏，并无过多记载。只知道由于当时葡萄牙王室无固定的住所，所以少年时期的麦哲伦大部分时间都随着国王、王后在全国各地奔波。

1496年，麦哲伦被编入国家航海事务所。葡萄牙是一个拥有着悠久航海历史的国家，早在14世纪便在欧洲海上贸易中占据十分重要的地位。继哥伦布发现"新大陆"之后，葡萄牙为了同西班牙争夺海外殖民地和东方市场，国家航海事务所正为达·伽马绕道非洲开辟东方新航路，进行着秘密的准备。1499年，达·伽马从印度返航，并带回了巨额的东方财富，获取了高达60倍的纯利。为了继续扩大这种利益，葡萄牙便进一步着手组织更大规模的海外远征队。因此，麦哲伦在国家航海事务所中，取得了熟悉航海事务各项工作的机会，也为他后来毕生从事航海事业打下了坚实的基础。

1505年，25岁身体条件并不出众的麦哲伦，获得了参加远征队的机会，开始了他的远洋事业。远征队在前往印度的过程中，麦哲伦参加了对非洲东海岸的基尔瓦、蒙巴萨的掠夺活动。在这次远征中，麦哲伦学会了使用测深锤和长剑，知道了如何使用罗盘去辨别航向，成为一名服从命令和指示的士兵。舰队是培养麦哲伦成为一名航海家的奠基石。

远征的过程总是伴随着受伤的痛苦，麦哲伦的出征和晋升之路更是伴随着无休止的伤痛。1506 年 3 月，在科那诺尔海战中，麦哲伦受到了第一次重伤，还未痊愈便被派到了东非海岸的索法拉。1509 年 2 月，在第乌海战中麦哲伦又一次重伤。在这次海战中，葡萄牙击败了阿拉伯、印度的联合舰队，封锁了经过红海到达东方的旧航路，取得了葡萄牙在亚洲南部海洋上的霸权。同年 8 月，麦哲伦带伤被编入了一支由 80 人组成的武装船队，远征马六甲和马来群岛。9 月 11 日，他们遭到了马六甲港从事和平贸易的居民的反对，并被赶走。次年初，麦哲伦在进攻卡利库特城的过程中再次重伤。同年，在返回葡萄牙的过程中经历了触礁事件，麦哲伦虽承受了多次重伤，却依然凭借他坚定沉着的品质，带领全体船员克服种种危难，终于等到了救援的船只，回到科钦。

麦哲伦经历了多次战斗后积攒了丰富的经验，而多次负伤也未曾动摇他的航海之心。经过了这么长时间的考验，麦哲伦终于第一次引起国王的重视，被提拔为军官，随后又被提升为船长。

此后，麦哲伦便跟随达尔布克基的舰队出海航行。1510 年，参加征服果阿的战争；1511 年，参加葡萄牙第 2 次对马六甲发起远征，战争历时 6 周，最后达尔布克基击败了苏丹，侵占了马六甲。自此，葡萄牙控制了大部分东方航线，切断了伊斯兰贸易的主要交通命脉，从直布罗陀到新加坡的所有海峡自此之后都归葡萄牙所有。而得到这一切的葡萄牙并不满足，他们的真正目的是“香料群岛”，即马鲁古群岛。麦哲伦在这段时间前往了苏门答腊、爪哇、马都拉、西里伯斯、布鲁、安汶和班达群岛等地。也是这段经历，让他更加相信地圆说。

1513 年，回到里斯本的麦哲伦并未受到葡萄牙国王的青睐。在海上服役长达 8 年的他带回祖国的全部财产，竟然只有在马六甲买的一个马来西亚奴仆——亨利。里斯本的繁华是远航的战士们用鲜血和汗水换来的，但多次负伤征战在前线的战士却与财富、荣耀无缘。在葡萄牙，麦哲伦没有任何的权力和具体的职务，就每个月靠着他原本的贵族出身，领1000多瑞斯。后来，麦哲伦因为被人诬陷曾把虏获的牲畜卖给敌人，未经长官允许私自逃走。葡萄牙国王听信谗言，不仅不听麦哲伦的解释，还准备对他进行审判。多少年来，麦哲伦为了祖国的荣誉奋力拼战，即使曾多次负伤也在所不辞，可回到祖国不仅受不到优待，反而被奸人诋毁。虽然最后麦哲伦并未被审判，但他已经对葡萄牙国王失去了所有的信任，被赶出宫廷的他决定开始走自己的道路。

转投异国追梦，惩治叛变异己

葡萄牙国王之所以不信任麦哲伦，其实有一个很重要的原因，是麦哲伦提出的西行环球之旅并不适应当时葡萄牙的国情。1493年，哥伦布首航美洲归来之后，葡萄牙和西班牙经常因为各自的航海范围争论不休，最后定下一条教皇子午线，而向西前行必将进入西班牙的领域引起西班牙的不满，而葡萄牙完全可以绕过非洲穿过印度洋、马六甲从香料岛进货，没必要浪费人力、物力再去开辟新的航线。然而，向西的航线对西班牙来说却是至关重要的一条航线。发现美洲后，西班牙探险者四处袭击原住民部落，抢来的金银远比不过葡萄牙贩运香料的获利，如果西行可抵达亚洲，西班牙便也可在“香料群岛”分一杯羹。因此，失之东隅，收之桑榆，在葡萄牙碰了壁的麦哲伦后来却成了西班牙的香饽饽。

1517 年 10 月 20 日，麦哲伦带着跟随他多年的奴仆亨利，一起来到了西班牙的塞维利亚。塞维利亚靠近葡萄牙，所以有很多的葡萄牙人都移居在此。当时塞维利亚的要塞司令迪奥古·巴尔波查一家，就是从葡萄牙移居到这里的侨民。巴尔波查担任司令的职务已经长达 14 年，也获得了圣地亚哥勋章，在当地非常受尊重。巴尔波查早年间也曾在印度洋航行，因此他和麦哲伦一见如故。在得知麦哲伦环球航行的梦想之后，更对这个充满勇气和才华的年轻人刮目相看。

后来，巴尔波查将自己的女儿许配给了麦哲伦。在巴尔波查的帮助下，1518 年 3 月 18 日，麦哲伦见到了西班牙国王查理五世。麦哲伦将亲自绘制的彩色地球仪送给了国王，并在地球仪上画出了他想要进行的航线，并向国王保证不侵犯葡萄牙国王的领土，在新大陆南端找寻通向“香料群岛”的海峡。很快，查理五世便同意了麦哲伦的计划，并与他签署了协定。协定签署后，查理五世国王催促麦哲伦早日装备好舰船出发，每周都过问进程，帮助麦哲伦排除困难。在查理五世的关照下，麦哲伦被封为海军上将，成为舰队的统帅。

1519年，在查理五世的指挥下，麦哲伦组织了一支由5艘船组成的船队，有旗舰“特里尼达号”，从舰“圣安东尼奥号”“康塞普逊号”“维多利亚号”和“圣地亚哥号”，随行船员多达265人。筹备的过程并不是一帆风顺的，麦哲伦的远航计划很快被葡萄牙的奸细探听到。葡萄牙国王密令派人前去传播谣言，并派人打进麦哲伦的船队，伺机扰乱军心，暗杀麦哲伦。西班牙国王虽然给予了很多的金钱和物质支持，但葡萄牙间谍们的谣言也让西班牙国王心生怀疑。为了监督和牵制麦哲伦，西班牙皇室派了心腹在舰队里担任稽查员、财务官等，甚至是船队的主舵手。种种因素制约，都给未来麦哲伦的领导埋下了极大的隐患，也令麦哲伦在远航探险队中的领导权受到极大的限制。

1519年8月，在种种条件的约束下，麦哲伦准备好了一切。9月20日，在与妻子告别后，麦哲伦率领的远航探险队起航离开了大陆。仅仅航行了十几天后，在惊涛骇浪之中，反对分子就开始跃跃欲试。很快，某次小冲突成为导火索，由西班牙军官率领的“圣安东尼奥号”开始拒不

服从命令。麦哲伦对各种异己的骚动一直采取隐忍的态度，而这次却一反常态地将“圣安东尼奥号”的船长逮捕。雷厉风行的惩治令所有船长惊慌失措，纷纷冷静下来，不敢再有反叛之心。

船队在大西洋中航行了70天，于12月13日抵达巴西里约热内卢。1520年1月10日，船队来到了拉普拉塔河口，船员们却以为是到了美洲的尽头，可以顺利进入新的大洋了。这样的挫败感又一次激发了他们的反叛之心。3月31日，南美进入寒冬，麦哲伦指挥船队进入圣胡利安港，准备过冬。

南半球的冬天，乌云黑压压地遮住了整个苍穹，整个世界都黯然失色，在恶劣的自然条件下，人们的心情也逐渐躁动起来。船员们在无聊的等待中开始心烦意乱，每日发牢骚，怀疑麦哲伦对西班牙的忠诚。这样的事情正合西班牙船长们唯恐天下不乱之心，他们利用船员们的不满情绪，密谋推翻麦哲伦，做了周密的计划，在麦哲伦还没反应过来的时候，就大肆行动攻占了“圣安东尼奥号”。麦哲伦只好用计，假意派人送去一封同意谈判的信，趁机刺杀了叛乱的船长和官员。此次叛乱被定为死罪的有40余人，为了不引起其他船员的恐慌，麦哲伦采取了宽大处理的政策，使得大多数人免于死刑。

在寒冷的日子里，麦哲伦的船队在圣胡利安港停留了将近 5 个月。在此期间，麦哲伦发现了大量的海鸟、鱼类和淡水，这也在很大程度上缓解了船队的饮食压力。有一天早上，麦哲伦在远岸的山坡上发现了原住民，他们体格高大，鞋子也非常特别，是用湿润的兽皮套在脚上，直至膝盖处。因此，麦哲伦为他们取名为“大脚人”。

严冬很快过去，麦哲伦打算继续前行，于是派遣“圣地亚哥号”前去勘察。很多天过去了，“圣地亚哥号”却杳无音信。快 10 天后，从山坡上走来了两个赤身裸体的人，正是“圣地亚哥号”上的两名水手。他们告诉大家，“圣地亚哥号”驶入圣克鲁斯河之后遇上风暴，船身粉碎，好在人员无太大伤亡，但饥饿威胁着他们，目前都在河口等待救援。麦哲伦当即派出救援小船前去救援。8 月，麦哲伦率船队重新出发。

为圆环球之梦，不幸阵亡他乡

1520 年 8 月底，船队驶出圣胡利安港，沿着大西洋海岸继续南航。经过 3 天的航行，他们在南纬 52 度的地方发现了一条狭窄的海湾。这个海湾一开始非常狭窄，后来逐渐扩展开来，即使航行了 3 天 3 夜也未到达这条水路的尽头，而且湾里的水都是咸水，涨潮退潮也非常明显，大家都认为这就是通往“大南海”的海峡。这个消息振奋了整个船队，也令麦哲伦重新燃起了信心。由于发现海峡的那一天是万圣节，于是麦哲伦将其命名为“万圣海峡”，但后人为了纪念麦哲伦，又改称为“麦哲伦海峡”。

麦哲伦率领船队沿着麦哲伦海峡航行，两岸的原住民燃烧篝火，好像在庆祝麦哲伦船队的到来。麦哲伦非常开心，便将这片陆地命名为“火地”，这就是如今非常有名的火地岛。然而在此期间，一件事情的发生让麦哲伦的心情再次落到谷底。在出发前一天，麦哲伦召集所有船长在旗舰上集合，了解口粮储备情况，好做出计划与安排。事实上，经过多日的奔波与坎坷，各个船上的粮食都只够吃 30 天了。

“圣安东尼奥号”的船长认为最明智的做法是返回西班牙，重整装备船只，然后再沿着如今发现的海峡驶出。但麦哲伦认为他们的使命就是继续航行，不管是饥寒交迫，还是顺利到达，都要勇往直前。次日一早，麦哲伦便又发布了继续航行的命令，4 艘船同时出航，并下令所有的船长封锁粮食短缺的消息，直到抵达他们要到达的地方。

经过 20 多天的航行，终于到达海峡的西口，驶出了麦哲伦海峡。麦哲伦眼神都已模糊，坎坷重重终于换来了这一天的到来。然而喜悦并没有持续太久，“圣安东尼奥号”逃走并返回了西班牙。这使麦哲伦陷入了惶恐，因为他意识到，“圣安东尼奥号”上的官兵返回西班牙，定会将麦哲伦形容成一个暴虐不堪、独断专行的乱臣贼子。但他对于梦想的渴求和坚定的信念，却不允许他做过多的思考，只能继续前行。

1520 年 11 月 28 日，舰队扬帆起航，3 艘舰船连续航行了 100 多天。直到 1521 年 3 月初，舰队在“大南海”中已经连续航行了 3 个多月，都没有遇到狂风大浪，大家的心情都非常轻松，于是麦哲伦给“大南海”起了个名字——“太平洋”。

虽然很长时间内没有风暴的洗礼，但他们的食物已经逐渐耗尽，船员们为了不饿死开始吃牛皮。很快，由于缺乏新鲜食物，很多船员患上坏血病，牙床肿大、出血，渐渐无法吞咽，悲惨地死去。船队继续在茫茫大海上漂泊了不知道多少天，终于来到了一片陆地。在这里，他们把大量的粮食、牛、羊、猪、鸡抢上舰船，终于缓解了船员们的困境。吃饱喝足后，他们重振精神，重新出发。

麦哲伦在太平洋上行驶的航线比应走的航线偏了10度，所以并没有找到他们的目的地——“香料群岛”，却误打误撞地发现了一群无人知道的岛屿，也就是现在的菲律宾群岛。至此，麦哲伦和他的伙伴们终于首次完成了横渡太平洋的壮举，证实了美洲和亚洲之间存在着一片辽阔的水域。哥伦布在首次横渡大西洋的时候，用了两个多月的时间，而麦哲伦在无风暴的情况下，依然用了100多天横渡太平洋，证明了太平洋远比大西洋宽阔。这次横渡太平洋，是航海史上的一次壮举，证明了地球表面大部分是海洋，也证明了世界上的海洋是彼此互通的，这成为未来航海事业的奠基石。

1521年3月16日，麦哲伦船队来到了萨马岛附近的一个小岛上，准备在此补充一些淡水。岛上的原住民见到他们觉得十分新奇，便拿来椰子等当地的物品换取西班牙人的小玩物。很快，他们又向西南航行，到了棉兰老岛北面的小岛。麦哲伦的仆人亨利与当地人用马来西亚语沟通之后，得知原住民对他们的东西特别感兴趣，于是通过交换礼物、参与当地祭祀仪式的方式，逐渐得到了原住民的信任，告诉他当地最大的岛屿是宿务岛。

在原住民的带领下，麦哲伦于 4 月 7 日左右到达宿务岛。麦哲伦对宿务岛的首领表示友好，并表示愿意提供军事援助，还在附近进行了军事演习，让宿务岛人知道他们的军事实力。因此，宿务岛首领接受了这个建议，一个星期后，首领携带全家老小和数百名臣民做了洗礼。

为了推行殖民主义的统治，麦哲伦开始帮助宿务岛首领插手附近岛屿首领之间的内讧。1521 年 4 月 27 日夜间，麦哲伦带领 60 多人前往马克坦岛，想要让马克坦岛的统治者承认宿务岛首领的权力和西班牙最高的统治地位。但没想到马克坦岛统治者拉普拉普酋长却不是个软柿子，强硬地回绝了他。麦哲伦放了两三炮，以为当地的人会就此退缩，但拉普拉普酋长利用沿岸独特的地形开始进行反击。

战斗开始了，麦哲伦原以为西班牙先进的火器可以抵挡对方的进攻，但当原住民大批扑上来的时候，西班牙士兵们还是招架不住了。船员们节节败退，岛民们紧追不舍。麦哲伦为了解围，下令烧毁村庄，这下更引起了岛民们的愤怒，将怒火都集中到了麦哲伦身上。麦哲伦在战斗过程中先是被标枪刺中，后又被追上来的岛民砍死。由于撤退十分仓促，同伴们甚至都来不及处理麦哲伦的尸体。

麦哲伦死后，他的助手卡诺继续了麦哲伦未完成的计划，船队于1521年11月8日驶入马鲁古群岛。12月21日，“维多利亚号”满载香料离开了马鲁古群岛，而旗舰“特里尼达号”因为船体漏水无法继续航行。“维多利亚号”远洋帆船渡过印度洋，绕过好望角，越过佛得角群岛，于1522年9月6日回到了西班牙。

历时1082天，麦哲伦远洋航队完成了人类历史上的首次环球航行，全长60440千米。船队出发时的5艘远洋海船，回来时只剩下了“维多利亚号”，出发时200多名船员，返回时只有18人，甚至连船队指挥官麦哲伦的遗体是怎么处理的都不知道。麦哲伦付出了巨大的代价，证明了地球是圆形的，海洋是连在一起的，成为第一个拥抱地球的人。只是到最后，他连一座坟墓都没有留下，或许这也是为他在航行途中额外造成的伤害而做出偿还。

一代大家医者李时珍

子承父业，弃儒从医

俗话说："学医难，行医难，修本草更难。"有一位医者，他一生都沉醉在治病救人的世界里，用一生诠释了"医者仁心"这几个字。在那个推崇炼丹之术、腐朽之气盛行的年代，他凭一己之力留下了传世巨著《本草纲目》，证明了医学是真正的科学。多年来，他的行医之旅如逆水行舟，然而他从未选择放弃。他的专业让他具有了妙手回春的能力，他的品行和风骨让无数的生命在他的医术下重生，他的敬业成了从医人员的标杆，他敢于挑战当时的医学权威，不畏艰险的探险精神，成为无数医者心中的模范。他就是世界级的医学巨匠，一代大家医者——李时珍。

明正德十三年（1518 年）五月二十六日，在湖北蕲春县蕲州镇东长街的瓦屑坝，李言闻喜得一子，取名李时珍。相传，李时珍出生那天，李言闻正在雨湖上钓鱼，一无所获，却遇到了雨湖里的神仙前来贺喜。李言闻慌忙回家，正好赶上李时珍出生，当晚又梦见仙人铁拐李前来道喜，收其为徒，赐名“时珍”。这段传说也似乎注定了李时珍一生修习医学的命运。

李时珍的祖父是草药医生，父亲李言闻更是当时的名医，曾任太医院吏目，著作有《四诊发明》《艾叶传》《人参传》《痘疹证治》等。李时珍从小受到家学的熏陶，热爱医学。但在当时，民间医生的社会地位极低，李言闻并不愿其子继续从医，有意培养他走上仕途，时刻督促李时珍认真读书。

李时珍自幼聪颖，还没上学就跟着父亲认识了许多字。他非常喜欢读书，除了儒家经典的“四书五经”外，小说传奇、诗词歌赋，他都有涉猎，非常博学。但他最爱的还是医书，各种药名他都能如数家珍地报出。曾有一位药铺的主人为自己的女儿择婿，出了一个上联“玉叶金花一条根”，使得许多求婚者望而却步。有一位马姓青年求助于李时珍，李时珍脱口而出“冬虫夏草九重皮”，助马公子娶得佳人归。这样的逸事不仅仅证明了李时珍博学善对，更体现了他从小对医学、药学的热爱。

当时李言闻正在玄妙观中义诊，经常带着李时珍和他的哥哥李果珍出诊，一边行医，一边教孩子读书，还让孩子帮忙抄药方。李时珍耳濡目染，对医学相关的知识技能越来越感兴趣，经常偷偷读父亲的医书。

一日，李言闻应病人的邀请，带着李果珍出诊，只留了李时珍一人在玄妙观中。恰逢两位病人来看病，李时珍看到病人痛苦不已，便自作主张开方取药，送走了病人。李言闻回家得知此事后紧张不已，直到看到李时珍开的药方后，心中又惊又喜，发现自己的小儿子不仅仅读了很多书，还在跟着自己实践的过程中，知道了如何运用理论知识，对症下药，确实是从医的好苗子。但李言闻此时仍然希望李时珍能够在功名上有所成就，通过科举走上仕途。听话的李时珍便继续认真读书，准备科举考试。

李时珍 13 岁时，随父亲到黄州府应试，中了秀才。但此后 3 次赴武昌应试，却均未中第。他这才向父亲表示了想弃儒从医、专心钻研医学的决心。李言闻耐不住李时珍的恳求，带着他走上了医学之路。从此，李时珍随父诊病济穷，专心于医本草学和博物学的研究。这一年，李时珍 22 岁。自此，中国历史上少了一名沉迷于科举的秀才，多了一位胸怀大爱、不断探索科学的医者。

医名大显，坐堂行医

李时珍在父亲的指导下，不仅仅读了很多医书，还拥有了丰富的实践经验，极大地提升了自己的医学水平。李时珍在读医书的过程中，还发现了许多关于本草记载的错误，在心里有了重修本草书籍的念头。

随着李时珍的医术越来越高明，他的名声也在百姓中传扬开来。当时的富顺王宠爱庶子，想废掉嫡子，恰逢嫡子生病，李时珍前去进献汤药，说这个药名为“附子和气汤”，富顺王因此幡然醒悟，保留了嫡子的王位继承权。

楚王听说之后，招李时珍去王府做“奉祠正”，兼管王府的医疗事务。在楚王府期间，楚王嫡子突然休克，经李时珍治疗后，药到病除。楚王大喜，将李时珍推荐给了朝廷，授予李时珍太医院院判一职。

在太医院就职期间，李时珍经常出入太医院的药房等地，对比来自各地的不同药材，为日后著书搜集了大量的资料。同时，他还有机会阅读了皇家珍藏的丰富典籍，其中就包括《本草品汇精要》，这本书涉及过去的疑案，一直被封藏在宫中，李时珍因此获得了大量关于本草的相关知识，见到了很多药物的标本，给后来《本草纲目》的撰写奠定了坚实的基础。

当时的皇帝迷信仙道，沉迷于追求“长生不老”之术。很多方士看准了皇帝的心意，便花费大量的人力和金钱炼丹，以取悦皇帝。但当时的仙丹多用水银、铅、丹砂、硫黄、锡等炼取，含有毒素，很多人因服用丹药而丧命。李时珍痛心疾首，方士却反驳道：“古代药书上说，水银无毒，服食可以成仙，是一种长生药。”李时珍认为古代医书上的内容可以参考，但不可尽信。虽然他反对食用仙丹，但仍然用科学的态度去汲取炼丹中可以借鉴的知识，亲自研制水银来治疗疮疥等病，又利用炼金术烧制外用药物，这些方法和实验数据后来都详细记载在了《本草纲目》里。

在朝廷做官一年后，李时珍深感为朝廷工作与他治病救人的初心大相径庭，便称病回归故里。虽然李时珍在宫中只工作了一年，但其医术得到了皇帝的认可。皇帝曾令李时珍用一根线给皇后诊病，并多次考察他，均被李时珍一一应对过去。皇帝给了他极高的赞誉，称其医术了得。返乡之后，李时珍创立了东璧堂，坐堂行医。

在宫中和故乡多年从医，李时珍的医术已经十分精湛，民间流传着许多关于李时珍医术精妙的故事。最出名的当数“死人诊活”和“活人诊死”。

有一天，李时珍在湖口见到一群人正抬着棺材送葬，棺材里直往外流血，李时珍当场拦住人群，要求开棺。之后，李时珍对着“尸体”心窝处扎了一针，不一会儿，就见棺材中的妇人轻哼一声，醒了过来，而后又产下了一子。原来这名妇女是因难产陷入假死状态。

还有一次，有家药店老板的儿子大吃大喝后，纵身翻越柜台请李时珍诊脉，李时珍断言他活不过三时。结果真如李时珍所言，此人吃饭过饱，纵身一跃，内脏受损，一命呜呼。

这些逸事都证明了李时珍高超的医术，以及百姓们对他的认可和信赖。

精研医术，潜心著书

在数十年的行医期间，李时珍发现古代的本草书籍有很多的错误和问题，决心重新编撰一部本草书籍。明嘉靖三十一年（1552年），34岁的李时珍开始编写《本草纲目》。李时珍以《证类本草》为蓝本，参考了800多部书籍。

在李时珍20多岁跟随父亲行医之时，曾遇到一场水灾，水灾过后瘟疫蔓延。一天，李时珍正在诊病，突然一帮人推搡着一个郎中进入诊所。问其原因，原来是这个郎中开的药不仅没有治病，反倒加重了病情，特来找李时珍评理。李时珍仔细观察了药罐，发现是古医书上的错误导致的，《日华本草》的记载把两种草药混为一谈，才使得郎中用药错误。

这样的医疗事故李时珍见多了，他深感仅仅阅读古代的书籍是远远不够的。虽然过往的医书都对本草进行了反复的解释，但有些作者并没有进行深入调查与研究，在不同的书籍之间互相借鉴，其著作自然错漏百出，存在着很多药名混杂的问题，以及药草形状和生长状况描述不清的情况。这就导致沿用此类医书的医者难免会开错药方，或者辨错药草，轻者耽误治病，重者害人性命。李时珍深感“读万卷书”固然很重要，但“行万里路”更是修本草中必不可少的步骤。从明嘉靖四十四年（1565 年）起，李时珍多次离家外出考察，足迹遍及湖广、江西、直隶等许多名山大川，走万里路，听万人言。

所谓本草，是古代药物学的代称，它包括花草果木、鸟兽虫鱼、铅锡硫汞等植物、动物和矿物药。从东汉《神农本草经》成书，到李时珍诞生前的 1300 余年间，历代本草学家都有不少专著问世，但从未有一部能概括这一时期药物学新进展的总结性著作。李时珍决定学习前辈神农尝百草的精神，真真正正地去深入了解本草的性状、习性和生长情形。李时珍在徒弟庞宪、儿子建元的伴随下，远涉深山旷野，遍访名医宿儒，搜求民间验方，为的就是观察和收集药物标本。

他首先在家乡蕲州一带调查，后来又多次出外探访。除湖广外，还去过江西、江苏、安徽等地。均州的太和山，盛产药材的江西庐山，南京的摄山、茅山、牛首山，李时珍都亲自去过。后人为此写了“远穷僻壤之产，险探仙麓之华”的句子，反映他远途跋涉、四方采集的生活。李时珍每到一地，就虚心地向各式各样的人物请教，其中有采药的、种田的、捕鱼的、砍柴的、打猎的。有次在一个驿站，李时珍碰到几个马夫围着一个小锅，在煮着连根带叶的野草。他上前询问，得知这汤能够舒筋活血，叫作“鼓子花”，于是赶紧记录下来：鼓子花有“益气续筋”之效。

在长期的实践中，李时珍已经总结出了尝百草的经验，发现草木味苦的凉、辣的热、甜的补、酸的开胃。经过长期的经验积累，李时珍可以用舌尖轻点，品尝到药味之后，再根据经验，结合药草的形状和颜色，写成药性简介。

除了草木之外，动物也是本草的一个重要部分。过往医书上对动物药性的记载很少，而可以入药的动物大都带有一定的毒性，李时珍为此更是不惜亲自涉险去体验。蕲蛇有医治风痹、惊搐、癣癞等功用，因为蕲蛇牙尖有剧毒，人被咬伤，要立即截肢，否则就会中毒死亡，因此相关记载非常少，但该药在治疗上对诸病有特效，因此非常贵重。只有龙峰山上才有真正的蕲蛇，李时珍追根究底，要亲眼观察蕲蛇，于是请捕蛇人带他上了龙峰山。龙峰山有个狻猊洞，洞周围怪石嶙峋，灌木丛生，缠绕在灌木上的石南藤是蕲蛇最喜欢吃的。李时珍终于亲眼看见了蕲蛇，并看到了捕蛇、制蛇的全过程，将其详细地记录到了《本草纲目》中。

穿山甲也是常用的中药。陶弘景说它能水陆两栖，白天爬到岩石上，张开鳞甲引诱蚂蚁进入甲内，再闭上鳞甲，潜入水中，然后开甲让蚂蚁浮出，最后吞食。为了了解陶弘景的说法是否准确，李时珍亲自上山去观察，并捉到了一只穿山甲。从它的胃里剖出了1升左右的蚂蚁，证实陶弘景说对了。不过，从观察中，他发现穿山甲食蚁时，是挖开蚁穴，进行舔食，而不是诱蚁入甲，下水吞食。李时珍这种对所有相关的知识刨根问底的精神，极大地保障了《本草纲目》内容的准确性和广泛性。

经过27年的努力，他在明万历六年（1578年）完成

驛

了《本草纲目》的初稿，此时的李时珍已经60岁了。又经过10年，书稿前前后后修改了3次。虽然书籍已撰写完成，但这部耗时30年的巨著仍然面临着刊印困难的局面。一生从未求过人的李时珍为了多年心血能够面世，也曾苦守在他人门外，求索序言。

万历二十一年（1593年），李时珍抱憾而逝，一直到逝世的那一刻，也没能够看到这本耗费他一生撰写的《本草纲目》见世。万历二十五年（1596年），李时珍逝世3年之后，《本草纲目》才在金陵（今江苏南京）正式出版。

巨著传世，思想流芳

《本草纲目》共16部，52卷，约190万字，全书共收纳诸家本草所收药物1518种，新增药物374种，共计1892种，其中植物有1195种。共辑录古代药学家和民间单方11096则，书前附药物形态图1100余幅。

在医学领域，《本草纲目》有很多创新性的记载，重视中医的辨证论治，主张依病开方，反对“一方可以通百病”的说法。李时珍既懂治病，又对阴阳五行学说、天人相应学说等理论知识有深入的研究；既对前人的精华内容进行了继承，又在此基础上提出了很多创造性的新发现。因此，李时珍和他的《本草纲目》在医药学史上具有十分重要的地位。

在分类学领域，李时珍创造了人为分类方法，将1000多种植物，据其经济用途与体态、习性和内含物的不同，先把大同类物质向上归为5部(即草、木、菜、果、谷为纲)，部下又分成30类（如草部9类，木部6类，菜部5类，果部6类，谷部4类为目），再向下分成若干种。不仅提示了植物之间的亲缘关系，而且统一了许多植物的命名方法。这种按照形态和使用价值相似分类的方法，为后来植物分类学的发展提供了理论基础。甚至，李时珍已经有了生物进化的思想。在动物类药物中，他根据动物构造的复杂性，依次分成虫、鳞、介、禽、兽和人等部。

在矿物学和化学方面，李时珍已经开始注意地球化学分区的现象。在《本草纲目》中记载了无机单体化学元素19种，对每种物质的来源、鉴别和化学特性都有比较详尽的叙述。同时，整合记载了蒸馏、蒸发、升华、重结晶、风化等各种现代化学的方法，用于药物制备。该书对药物栽培学、天文学、生理学等方面的内容也都有所记载。

《本草纲目》不仅仅是中国的财富，更对世界的医药学、植物学、动物学产生了深刻的影响，先后被译成日、法、德、英、拉丁、俄、朝鲜等10余种文字在国外出版。书中首创了按药物自然属性逐级分类的纲目体系，这种分类方法是现代生物分类学的重要方法之一，比现代植物分类学创始人林奈的《自然系统》早了一个半世纪，被誉为“东方医药巨典”，达尔文也称其为“中国古代的百科全书”。

除了《本草纲目》之外，李时珍的著作还有《奇经八脉考》《濒湖脉学》《命门考》《濒湖医案》《五脏图论》《三焦客难》《天傀论》《白花蛇传》等。

李时珍的科学思想和方法也流传后世。虽然李时珍从小就接受儒家封建礼教，但一直坚持自然科学唯物论原则。他认为要掌握本草的内容，得其要领，重要的是“在用者能得肯綮，而执其枢机焉”。他不仅仅局限于医药学，认为本草只是芸芸众生中的一小部分，还能够辩证性地看待自然界事物。古代的本草学者大都不能全面认识本草各个时期的生物形态和药物性质，因此不同的人常常对同一生物的看法都不一样，不能够辩证地去了解时间和空间上的变化给生物带来的影响和差异。而李时珍从自然科学的角度研究中草药学，在深度和广度上都远远超过前人。

同时，他具有实事求是的科学态度，对于那些反科学的言论嗤之以鼻。他只记录自己亲自经历、实践验证过的事情，对于无法判定真伪的记录时刻保持怀疑态度。他研究自然事物的规律，非常注重结论的准确性和科学性，《本草纲目》所具有的不可替代的科学价值也来源于此。

《本草纲目》能够一代代流传下来，是因为该书科学性和准确性并存。李时珍之所以能够流芳后世，是因为他兼具科学家的严谨冷静和医者的悉心仁爱。他以医者的仁心去救人，以科学家的严谨去著述，以儒者的执着去坚守初心。“寿国以寿万民，寿万民以寿国”，李时珍用自己的一生诠释了何谓“苍生之大医”。

在那个科举至上的年代，在那个崇尚炼丹长生不老的社会，在那个医者不被尊重的环境，他用自己的坚守换来了世代相传的医者仁心。他一生都在逆流里，可一直都在前进。

一生在路上的旅行家徐霞客

虽裕不娇，少储遍五岳之志

背上行囊，风餐露宿，身体说走就走，心灵无比自由。随着社会生活的不断发展及经济物质上的日益满足，人们开始越来越追求精神生活，很多人都崇尚和向往着在大千世界里体验生活，在芸芸众生中寻找真谛。其实，早在500年前，就有一个人的一生都在路上，就好像苏轼的那句“竹杖芒鞋轻胜马，谁怕？一蓑烟雨任平生”，潇洒自由，无所畏惧，却又清醒自知。他以性灵游，以躯命游，他用生命诠释了最纯粹的旅行家，他就是徐霞客。

明万历年间，南直隶江阴县，即如今的江苏省江阴市旸岐村里，徐有勉喜得他的第二子。此时他的大儿子弘祚已经20多岁，老来得子的徐有勉非常疼爱这个小儿子，给他取名弘祖。从名字中就可以看出，徐有勉对二儿子有振兴家业的期待。弘祖成人之后，因为喜游历，被友人画家、文学家陈继儒赐别号——霞客。于是，后来人们都习惯了称他为“徐霞客”。

徐霞客出生的徐家，在当时是名副其实的名门望族，据家谱《梧塍徐氏宗谱》能够追溯到的祖先，是北宋末年开封府尹徐锢。徐氏先祖迁到江阴之后重视农耕、兴修水利，大力发展经济，逐渐成为江南富商，为徐家的发展奠定了坚实的物质基础。由于悠久的历代文化沉淀，徐家收藏了大量的文献和书籍。元末明初，徐家被誉为“文献巨室”，徐家子弟经常与各大画家、书法家切磋书画诗文。徐家不仅仅家财万贯，还有近 4 万亩[①]良田。

到了明永乐十九年（1421 年），徐家开始出现做官之人——徐麒，他受朝廷号召招抚羌人，此后声名大振，后来辞官荣归，广置田产，成为江苏最大地主。而徐家虽然非常富有，但并没有奢靡之风，家风仁厚。徐家人十分重视子孙们的学业，注重培养子孙后代们勤俭节约和勤奋学习的品质。同时，每次遇到灾荒，徐家都倾尽全力赈灾，在当地盛传“富而有仁”的名声。

事实上，徐家的仕进之途并不是非常顺利。徐霞客的太祖徐元献虽然天资聪颖，能文善诗，可参加乡试时依然

① 亩：中国市制土地面积单位，明朝的一亩约为 614.4 平方米。

落第，从此一蹶不振，英年早逝。徐元献的儿子徐经为了继承父志，放下所有琐事，全心全意读书，终于在明弘治乙卯年（1495 年）乡试中举。

徐经和唐伯虎从小相识，因此一起吟诗作对，经常在一起结交达官贵人。由于他们过于引人瞩目，3 场会试考试结束，忌妒他们的人举报他们行贿作弊。徐经和唐伯虎被终身取消科考资格，受尽委屈。从此，徐经对朝廷失望至极，也不再强求子孙后代能够在官场上有所建树。

长久以来，富裕的家境和正直的家风，让徐有勉十分重视徐霞客的培养和教育。在徐霞客 6 岁时，徐有勉就为他聘请了先生。徐霞客虽然天资聪颖，能熟练掌握先生要求背诵的《三字经》《千字文》等经典，但他对这些并不感兴趣，常常把《水经注》压在《论语》下边，读得津津有味。徐霞客不把精力放在所谓正经的事情上，先生感到十分惋惜，经常跟徐有勉汇报徐霞客的情况。徐有勉不怒反喜，跟徐霞客交流，发现他志不在功名，只想游历天下，开始允许他阅读家里关于古代旅行家故事的藏书。徐霞客深陷惊险新奇的故事情节中，渐渐不再仅仅满足于书籍带给自己的快乐，而开始去周围探险。徐有勉虽思想较为开明，但还是希望徐霞客能够像他所期待的那样光宗耀祖，考取功名。为了不让父亲失望，徐霞客答应父亲认真读书，但他一直都没有放弃游历天下的梦想。

徐霞客 15 岁时，第 1 次去参加县学考试，却名落孙山。与此同时，明末的动乱让明王朝逐渐走上末路，无数百姓起义，朝廷派兵镇压，众多有志之士挺身赴难。在此期间，中国也开始了个性解放的资本主义萌芽阶段。无数外国传教士来华，新兴开放的思想开始在中国传播，经济也在快速发展。

因落榜而对朝廷失望，渐渐向往开明思想的徐霞客决定去黄山寺散散心，在那里遇见了江阴著名诗人许学夷。许学夷一眼看出了徐霞客落榜的窘迫，便安慰他："人生苦短，大丈夫一辈子若为功名所困，为考试所累，岂不悲哉？天地江山广阔，功名仕途，不过烟云。"他还告诉徐霞客，人生中许多问题的答案都在路上。徐霞客醍醐灌顶，逐渐明晰了自己渴望的人生，决定要踏遍三山五岳，寻江河之源头，探山脉之经络。许学夷感动于徐霞客的胸怀大志，后来还将自己的女儿许心慈嫁给了徐霞客。

徐有勉得知了儿子的想法，他本也不是喜欢做官的性格，也就不再勉强儿子追求功名。从此，徐霞客告别了"四书五经"，开始在父亲的指导下钻研地理知识，为日后游历山川打下了理论基础。如果说徐有勉影响了徐霞客的性格和爱好，那他坚忍的品质则归功于他的母亲。徐母勤俭持家，对徐霞客言传身教，从精神和物质上都支持他去追求自己的梦想。

徐霞客 18 岁时，徐父病逝。徐霞客为父服丧 3 年，期满后，他决定出外游历。此间，徐霞客的第一任妻子许氏去世，留下长子给徐母抚养。徐母赠“远游冠”为徐霞客在路上遮风挡雨，二人约定每年“春草初萌去，秋叶染霜归”。

云游四方，万里征途历天下

明万历四十一年（1613 年）前，是徐霞客游历生活的第一阶段，他开始为从一名学生向旅行家的转变做准备。此时他的出游全凭兴趣，重点都在研读祖国的地理、文化遗产等相关书籍，虽然徐霞客每天都会坚持记录，但这个阶段并没有留下足够多可供研读的游记。

《徐霞客游记》的开卷之作是《游天台山日记》，记录了徐霞客游览天台山的景象。“云散日朗，人意山光，俱有喜态”，出游的欢乐不言而喻。雨过天晴，山路险峻，翻越了重重山岭，看过了美丽风景，问候过国清寺的僧人，途经过叮咚泉水。夜晚喜不能寐，晨起日光晔晔，徐霞客以此为起点，开始了他30余年的行走生涯。

雁荡山，地质年代的火山活动和长期的日月风蚀造就其奇伟瑰怪的风格，这里便是徐霞客作“望雁山诸峰，芙蓉插天，片片扑人眉宇”之地。他的足迹遍及“二灵三绝六胜”，他笔下的玉女峰“顶有春花，宛然插髻”；他盛赞“锐峰叠嶂，左右环向，奇巧百出，真天下奇观”，引无数游客慕名前来。

齐云山，三十六奇峰，峰峰入画；七十二怪石，石石皆景。徐霞客来时，齐云山银装素裹，他步履坚冰探太素宫，脚踏木屐登文昌阁。云开日出，大雪纷飞，雪后初霁，各种不同的景色都引得徐霞客心花怒放，写下“二十七日，起视满山冰花玉树，迷漫一色”之句。

徐霞客自小就沉迷于黄山的神秀和人文，终于在明万历四十四年（1616年）二月初二前往黄山。徐霞客一行人在山脚温泉中清除旅途中的疲劳后，便信心满满地决定登顶。他们沿着南线而上，景色奇美无双，而奇特风景背后往往都暗藏凶险。雪已成冰，徐霞客用竹杖凿冰，一孔一脚地攀上了山顶。几天的攀登，让徐霞客流连忘返，也默默地留下了再登黄山的想法。

明万历四十五年（1617 年），徐霞客大部分时间都在家里休整，偶尔进行短途游。1 年后，徐霞客才决定前往庐山。在这里，徐霞客展现了他深厚的考察溯源方面的功底。整个旅程耗时 6 天，几乎游遍了庐山所有的景致，了却了多年的心愿。

多年来，徐霞客往返于祖国各地，愧疚于老母年事已高仍支持自己远游。于是，徐霞客便带母亲去游览家乡附近的山川。徐霞客于泰昌元年游九鲤及九漈，九鲤湖微波荡漾，九漈瀑布引人入胜。除了欣赏美景，徐霞客此行还去九仙祠，虔诚地为母亲祈祷，希望能够保佑母亲身体康健，长命百岁。

年幼的时候，徐霞客就已经树立了登五岳的志向。明天启三年（1623 年），徐霞客登上中岳嵩山。观中岳庙，参卢岩寺，探嵩阳宫遗址，经崇福宫旧地。山峦林立，泉水叮咚，徐霞客在少林寺中，享受佛教文化洗礼。此次嵩山之行正式开启了徐霞客西去的旅途。

同年二月，徐霞客游览了龙门石窟后，决定取道前往西岳华山。落雁、朝阳、莲花三峰争奇斗艳，万寿阁、云台观、玉泉院举世无双。但此次行程非常匆忙，很快他便前往湖北太和山。

太和山即武当山，是中国的道教圣地。三月初十，徐霞客来到了武当山脚下。武当山高峰林立，岩层分明。在山峰中穿行，徐霞客观察到有几株榔梅，其果实金黄，如金玉一般，使此地更加幽雅。徐霞客迫切渴求榔梅的果实，便去观中索求，观主搜了整个观才找到了两枚，让徐霞客带回家去。徐霞客将此果实当作礼物送给母亲，而此时的徐母早已备好茶水点心，等着听儿子讲游历过程中的故事。

随着徐母年事已高，徐霞客打算停止出游，在家里侍奉母亲，徐母却全力支持他远行。然而徐霞客刚离家没有几天，突然心慌，赶忙回家，发现徐母已经病危。徐霞客衣不解带地侍奉母亲，徐母还是离开了人世。徐霞客一生游历离不开徐母的支持和鼓励，而徐母开放的眼界也是徐霞客成为大旅行家的重要原因之一。在多年的游历中，霞客时刻记挂着母亲，每次归来都会给母亲带回一些奇物作为礼物。徐母的去世成为徐霞客人生中极为沉重的打击，为了纪念母亲，徐霞客请名家好友为母亲撰写挽联，并镌刻于晴山堂石上，流传后世。

明崇祯元年（1628 年），守孝期满后，徐霞客便准备再次踏上行程。徐母去世，孩子们都长大了，徐霞客的旅程从此便再也没有牵挂。他也不再愿意像之前那样，按照固定的旅行路线进行游历，而是更加自由随意。本年游闽，并南下广东。二年游京师。三年赴常州，后再游闽。在明崇祯五年（1632 年），他还再次探访天台山和雁荡山。

明崇祯六年（1633 年）七月，徐霞客前往山西五台山。五台山属太行山系，5 座高峰峰顶平坦如台，故名五台。在五台山的日子中，徐霞客既感叹于景色秀美，又震惊于建筑的精巧；既享受日出的喷薄汹涌，又体会落日的雄姿壮观。最后，在和尚的建议下，踏上了去北岳恒山的旅程。

同年八月，徐霞客来到了恒山，开始了他圆梦的最后一步。恒山，以险峰著名，是塞外高原通向中原的要冲。徐霞客观恒山雄伟壮观，留心分析山脉的排列和山势的变化，还意外地发现了恒山多煤炭的特色。短短几天，他一步一个脚印地记录了恒山崇山峻岭的排列和走向情况。

徐霞客早前就曾跟老友提过，前人写地方志并未实地考察，边疆地区少有提及，尤其是未曾被开发的地区，被世人称为“畏途”。此时的徐霞客已经不再年轻，但他决心进行西南万里行。操持两个儿子完婚后，徐霞客和仆人顾行、王二经无锡、昆山入浙江，开始了他人生中最后的旅程——万里征程。

他们首先是进入了江西境内，虽然徐霞客已经 3 次进入江西，但前两次都是匆匆路过。这次他闻奇必探，见险必历，日行夜宿。徐霞客仰慕江西名人，还访遍名人故居。在旅行过程中，他还遇到了强盗打劫，好在凭借勇敢和机智化险为夷。江西之行坎坷万千，徐霞客在这期间身体出现了问题。当地气候潮湿，徐霞客膝盖肿胀，登山十分不便，但他从未停下脚步，即使步履蹒跚，也一直在路上。

明崇祯九年（1636 年）除夕，家家户户张灯结彩，徐霞客仍在路上奔波，并于次年正月初一登上了江西第一高峰——武功山。

明崇祯十年（1637 年）正月十一，徐霞客抵达湖南茶陵州去寻找云嵝山。据说云嵝山上有老虎，曾袭击过人，此后再也无人敢上山了，然而，徐霞客仍迎难而上，登上了云嵝山。下山后第 2 天，徐霞客又开始探洞，所探的几个洞都是冷水刺骨，唯有麻叶洞景致优美别致。山洞回环曲折，徐霞客凭借多年的经验找到了出口，爬出洞口时似重生一般。

徐霞客从小就心怀遍游五岳之志，年轻时曾先后登临泰、华、嵩、恒四岳。直到迟暮之年，才终于来到南岳衡山。徐霞客在衡山游览了整整 7 天才下山，不由得感叹“南岳之胜乃尽”。他边走边考察山形水势，并提出了自己独特的想法。在考察衡州（今湖南衡阳）城的过程中，徐霞客详细地描述了这里的风景名胜。游历了湖南南岳各景之后，儿时的梦想五岳之游已然完成。

明崇祯十年（1637 年）二月初十，徐霞客一行人前往永州，却在湘江上遭受了强盗的袭击，徐霞客的财物被洗劫一空，甚至连身上的衣服都是同船的伙伴赠予的。船上的人十分不理解，劝徐霞客：“你年纪一大把，家室丰厚，何必在这乱世奔波？”徐霞客回：“我随身携带了锹，何处不能埋我尸骨？”

没有旅费的徐霞客一行人不得不返回衡阳寻求同乡的帮助，但同乡也无法拿出旅费。徐霞客不愿荒废时间，便自己四处借款筹了些碎银两，环湘南游。此时，徐霞客身体已经出现了问题，但仍不能阻挡他搜集当地的风景名胜和人文背景。40 多天的旅途，徐霞客孤注一掷，准备以不足 20 两银子继续西行。后来，他在朋友的资助下，最终有了 40 两银子的旅费，维持了在广西、贵州 400 多天的行程。

接着，徐霞客一行人来到广西桂林，游历了七星岩、栖霞洞、象鼻山等名胜，又去了阳朔游历，此次旅程历时 42 天，见到了桂林山水。广西是中国岩溶地貌覆盖面最为完备的地区，徐霞客对桂林附近 60 多个岩洞进行了全面的考察，并对洞内的结构进行了如实的描述，为后人研究广西地貌提供了很多资料。

贵州路面崎岖，交通闭塞，当地的民风又十分彪悍，徐霞客在贵州待了 43 天，大部分的时间都在赶路，还被人偷了旅费，经济上又陷入危机，还好遇到了慷慨相助的友人，才勉强支持。

明崇祯十一年（1638 年）五月初十，徐霞客进入云南。此次云南之行，霞客心思并不在于游玩，而在于考察珠江源头南北盘江。他根据自己的考察结果写成了《盘江考》。

奔波半生，疲途终归逝故里

由于长年奔波，加之饮食粗陋，徐霞客的身体已经积劳成疾。待他到鸡足山后，浑身都出现了疹子，皮肤红肿，不时有瘙痒之感。常年在外的徐霞客原不以为意，认为就是染了虱子、跳蚤，直到病情严重之后才发觉，由于长期在潮湿泥泞的环境中行走，自己的风湿病已经很严重了。从最开始的煎服汤药略有好转，发展到双脚失去知觉，最后已是无法行走。

明崇祯十一年（1638 年）九月，徐霞客经历了压垮他游历路程的最后一件事，跟随他多年的仆人顾行偷了他的财物后逃跑了。多年来，徐霞客与顾行相互依靠，他一直陪伴徐霞客，不离不弃。但多年在外奔波，不再年轻的顾行备受思乡之苦，最后弃徐霞客而去。徐霞客从心底理解他多年的老伙伴，拒绝了寺里僧人帮他追赶的好意，但仍悲痛不已。在那之后的日子里，徐霞客的身体每况愈下，归乡之情也逐渐迫切起来。

明崇祯十三年（1640 年），徐霞客告别悉檀寺的僧人们，在 8 个纳西壮汉滑竿运送的帮助下开始返乡。经过几个月的奔波，徐霞客终于回到老家。破败的身体令徐霞客每日只能卧床休息，游历一生的大旅行家无法行走，无法会客，只能每日摩挲着旅途中收集的纪念品，怀念旅途中的种种风光，是多么悲哀呀！

或许是感觉自己命不久矣，徐霞客把好友还有先生叫到床前，取出他的游记手稿，说：“我一生游历，丝毫不敢懈怠，游完必记载，手稿杂乱，我的身体时日无多，恳请代为整理。”

他没有等到这本书的面世，直到临死前都还握着考察时带回的两块石头，回想自己奔波的一生。明崇祯十四年（1641 年）正月二十七，徐霞客结束了他传奇的一生，被葬在前马桥之原。

徐霞客去世后 3 年，清兵入关南下，遭到了江南人民激烈反抗，然而寡不敌众，遭受了“扬州十日”和“嘉定三屠”。江阴被围困期间，开展了一场针对地主的活动，富裕的徐氏家族成了奴仆们斗争的对象。由于处处被围攻，徐霞客的长子及其他亲人不幸遇难，《徐霞客游记》的手稿也因此丢失，所幸民间人士传抄他的日记，部分内容得以留下。

四十几年后，徐霞客的小儿子李寄挽救了《徐霞客游记》。他走完了徐霞客走过的大部分地方，收集各种相关碎片，并用 5 年的时间进行整理。他一生坎坷，终身未娶，终为后人留下了《徐霞客游记》。

徐霞客一生游历，足迹遍及江苏、浙江、安徽、山东、河南、河北、北京、山西、陕西、江西、福建、广东、湖北等省市，这背后是无数的艰辛和坚持。徐霞客的一生只做了旅行一件事，完全追随着自己最初的内心，而他一生的游历也酝酿出了《徐霞客游记》这样的传世巨作，鼓舞了无数追求梦想的后人。

传奇的经历，惊世的巨著，都化为他墓碑上的九个字：明高士霞客徐氏之墓。

心怀祖国的民族勇士郑成功

回国艰难，年少投学

福建厦门西南隅的每个人，都对一个名字无比熟悉，因为这片名为“思明”的土地，处处都有他的足迹，点滴都是他留下的礼物。300多年前，他曾不畏艰难，将侵略者赶出祖国的土地，将中华文化带去台湾。300多年后，人们用地名、路名、景点名，以及一年一度的节日纪念他。这位勇士，叫郑成功；这血脉相连的文化，叫中华文明；而那近乎浪漫的铭记于心的怀念，叫作传承。

明天启四年（1624年）七月十四日，千里滨的海岸上，怀孕的田川氏正在散步，隔着海峡眺望远方。在那里，住着田川氏的所爱之人。

原来在此之前，商人郑芝龙奉命押送一批货物前往日本，机缘巧合之下，认识了华侨铁匠翁翊皇的日籍继女——田川氏。他们一见钟情，彼此爱慕，坠入爱河，不久便结为夫妻。

回想起美好的往事，田川氏思念更甚。就在这时，乌云密布，平静的海面汹涌了起来。田川氏的肚子突然一阵剧痛，她只好踉跄地来到一块大石头旁边，最终平安生下了郑成功。这块石头目前仍在平户千里滨的海滩，被人称为“儿诞石”。关于郑成功的出生众说纷纭，但似乎在每一种传说中，他的出生总是天生异象，伴有一些不寻常的奇异故事。但事实上，郑成功的儿时，才是真正的困难重重、一波三折。

当时，郑芝龙因为起义失败逃到了台湾。因此，郑成功幼年时，田川氏一个人担起了教养郑成功的所有职责。好在郑成功非常聪明，加之刻苦勤奋，习得了一身好剑法。郑芝龙回国后接受了明朝招抚，做了官，派人率船队带着礼物献给日本幕府，恩威并施，希望接妻儿回国。由于日本女子不可出国，当年十月，6 岁的郑成功独自回国。

对于 6 岁的郑成功来说，中国只是外公口中屡屡提到的故乡，父亲只是母亲心心念念的那个人，这片土地和身边的人都是他最熟悉却也最陌生的。夜深人静时，他时常会凝望东边的天空，怀念和母亲一起生活的点点滴滴。但是，懂事的郑成功还是努力地适应了在中国的生活，同时也接受了父亲新娶的颜氏。

郑芝龙曾驰骋商场，在官场也如鱼得水，但他始终对自己的出身感到自卑，希望儿子能够科举有名。郑成功很快展现出他的天赋。11 岁时，郑成功就曾经说过：“汤武之征诛，一洒扫也；尧舜之揖让，一进退也。”年纪轻轻的他，在那时就已经对中华文明有了自己深刻的认知和理解。14 岁那年，他就中了福建南安县秀才，开启了他的科举之途。

18 岁时，郑成功被安排了婚事，新娘是礼部侍郎董飏先的侄女。虽然郑成功不想分心于儿女情长，但这位董夫人宽容大度，并不怨恨丈夫的忽视，反而谦恭地伺候着郑成功。日久之后，郑成功也开始逐渐尊重起这位夫人。婚后第 2 年，他们拥有了自己的儿子，取名郑经。

娶妻生子后，郑成功还是希望去游学增长见识，做到学有所用。他选择了去南京拜钱谦益为师。钱谦益看了郑成功的诗之后颇为赞赏，师徒俩彼此欣赏，经常一起讨论国家大事。钱谦益对当时的国情并不持乐观的态度，但郑成功却不这么认为，他觉得只要自己努力就一定会有所作为。从郑成功年纪尚小时就可以看出，他是一个爱国、充满理想和抱负、无比勇敢的青年，而这种性格和品质也同样贯穿了他之后的整个人生。

忠臣猛将：违父之命，誓不降清

郑成功，本名郑森，而“成功”二字的来源，则要从明崇祯十六年（1643年）说起。当时的明朝，外有清军虎视眈眈，内有起义军此起彼伏，朝堂明争暗斗，战场却屡战屡败。李自成率农民起义军攻下北京，明朝残余势力拥护福王在南京登基。同年，郑芝龙等人拥护唐王在福州即位，尊郑芝龙为平国公。这时，郑芝龙带郑成功觐见唐王——当时的隆武帝。面对隆武帝的问题，郑成功滔滔不绝，表现出自己的才学了得。隆武帝龙心大悦，便赐名“朱成功”，而大家依然习惯称之为“郑成功”，这个名字也就流传至今。

因为获得了隆武帝的赞赏，他的母亲田川氏也因此荣耀加封，来到中国一家团圆。郑成功既备感荣耀，又感激涕零，自此决定匡扶明室，鞠躬尽瘁，至死不渝。郑成功被任命在福州管理军务，又奉命把守福建、江西交界处的大安关。当时的长江一带已然失守，但这位年轻的将领依然宁死不屈地坚守，并希望反攻收复失地。明隆武二年（1646年），隆武帝赐予郑成功尚方宝剑，令他镇守仙霞关，他珍藏一生都不曾使用。

同年，郑成功收到了母亲病重的消息，孝顺的郑成功告假去看望16年未曾见面的母亲。儿子归来的那个月，成为田川氏10多年来为数不多的温暖幸福时刻，却没想到后来的分别竟成为永诀。清兵攻进安平时，丈夫、儿子都不在家，因为田川氏特殊的身份，清兵为非作歹，玷污了她。此时的田川氏已没有活下去的念头，于是持剑自杀。这件事情也成为郑成功誓死不降清的重要原因之一。

郑成功的父亲郑芝龙却与儿子截然不同，他深知明朝大势已去。在郑成功拼命镇守明朝疆土之时，他已经暗暗与清朝政府联络。清兵南下之时，郑成功正在坚守仙霞岭，而他的父亲郑芝龙为了向清政府表忠心，坚持不给郑成功发军饷。郑成功听后悲愤难耐，声泪俱下地劝诫父亲：南方地势具有天然优势，只要军饷充足，巩固防御，仍未到命绝之时啊！郑芝龙反而觉得儿子幼稚。因此清兵直下仙霞关，郑成功与叔父只得逃亡金门，而郑芝龙仍在福州夜夜笙歌。

清朝许给了郑芝龙一个闽粤总督的官位，郑成功收到父亲的劝降信后，回道：“从来只闻父教子忠，未听闻父教子做儿臣，现在父亲不听儿子的忠谏，决意投降，事已至此，将来倘若有不测风云，儿子只能披麻戴孝为您复仇了。”郑芝龙震怒，父子二人从此决裂。

郑成功逃往金门后不久，就得知与隆武帝天人相隔，不禁失声痛哭，令当地居民为隆武帝服丧，隔海祭奠。郑芝龙被清贝勒灌醉，挟持北上，才如梦初醒，明白儿子是为自己好，闽粤总督的美梦转眼幻灭。

此时的郑成功悲壮又义无反顾，本是一介儒生，在如此国破家亡、父降母死之时，不得已扛起了保家卫国、守护国家土地的大旗。这是他人生的转折点，更是他成长的重要时刻。也是从这时候开始，郑成功完完全全开始了反清复明的大业，即使与他统一战线的人越来越少，即使这是一段无比孤独的旅途。

民族英雄：驱除荷奴，智取台湾

郑成功养精蓄锐，兵力逐渐强大起来，在厦门建立了一支自己的水师。清顺治十六年（1659 年），郑成功率领了 10 万大军，分水、陆两路攻打南京，直捣南京城下。由于清军诱降，郑成功中计，吃了败仗，只得退回厦门。此次战役令郑成功感受到了清朝统治的逐渐稳固，但自己的大军却只能受限在厦门，粮草供给都十分匮乏，所以，他开始考虑其他的方式，为自己的军队提供补给。

次年，前荷兰通事何斌由于与荷兰人发生了纠纷，逃至厦门，向郑成功建言献策攻打台湾。他口中的台湾物资富饶，正是郑成功迫切需要的。但由于当时清军正在预谋进攻，攻打台湾的事情暂时被郑成功搁置。同年五月，郑成功指挥郑军在海上与清将达素决战，大获全胜，重振军心。

清顺治十八年（1661 年）二月，郑成功开始召集将领讨论攻打台湾的事宜。在郑军中，也分为支持攻台和反对攻台的两派。反对攻台的将领们认为荷兰防御坚固，且台湾风水不好，水土多病。但郑成功依然在其他将领的支持下决定攻台。

当时的荷兰得知郑成功的攻台计划后，荷兰东印度公司派出大员长官揆一开始备战。其实，早在 1650 年前后，荷兰东印度公司就提出，和平时期都要维系至少 1200 人的安保。虽然这项措施并没有执行下去，但依然可以展现荷兰对于备战的未雨绸缪。1660 年，更是盛传郑成功要开始攻打台湾。于是，揆一要求各个地方都加强侦察与武装，同时，不准华人在普罗民遮城贩卖粮食，田间的稻谷一律焚毁，多达 8000 多袋。

1660 年 7 月 16 日，巴达维亚总督派遣司令官范德兰率领 12 艘船只，载运 1453 人抵达台湾。总督指示，若郑成功没有来攻台，为了减少出兵带来的经济损失，需要去攻打澳门。范德兰根本不认为郑成功会来攻打台湾，故抵台不久就酝酿去攻打澳门。当时，荷军就台湾问题展开了激烈的争论。1660 年 10 月 22 日，大员评议会派使者去与郑成功见面，一探虚实。11 月下旬，使者带着郑成功的回复回到台湾，郑成功在信中否认攻台事宜。虽然评议会判断攻台危机并未解除，但范德兰毅然决然带着大部队返回巴达维亚，只留下 4 艘船和 600 名没有军衔的士兵，大员地区的总兵力只有 1500 人。

南明永历十五年（1661 年）三月，郑成功率众将士在金门举行了誓师仪式。随后，郑成功率领将士 25000 人，战船数百艘向东挺进。然而在 12 天后，他们刚横越台湾海峡到达澎湖群岛，打算继续东征之时，就碰上了暴风，携带的军粮所剩无几，不得不返回澎湖。他们决定休整几天之后，再向鹿耳门港进军。郑成功之所以选择鹿耳门港，一是因为掌握了该地的潮汛规律，每个月初一、十六大潮时，水位比平时高五六尺，大小船只都可以通过；二是因为郑成功早已打探好从鹿耳门到赤崁城（今台南市西安平）

鄭

的港路。

在经历了数夜的风浪搏斗之后，郑成功抵达鹿耳门港外。到了中午，鹿耳门海潮果然涨了起来，郑成功立刻派战士们按照之前的规划前进。荷军本以为郑成功必定会从南航道驶入，准备了炮火拦截，未承想郑成功竟然从鹿耳门进入，这让他们手足无措。郑军如计划安排，从禾寮港（在今台南市）登陆，迅速建立了阵地，便于进攻赤崁城，另一支从北线尾登陆的郑军驻扎鹿耳门。

台湾人民见到郑军到达，争先恐后地推着小车来迎接亲人。据荷兰方面记载，郑成功的登陆行动得到了 25000 名壮士的帮助。台湾人民的大力支持不仅令郑军顺利登陆，还令荷军分离开来。郑军登陆赤崁城后，虽然荷军并没有太多的兵力，但气焰依然嚣张，凭借船炮的优势，分三路向郑军反扑，炮击断粮烧马厩。郑成功发现后及时调整了战略，命令两员大将控制鹿耳门海口，来接应后面的郑军登陆；又另派兵防守北线尾，保障侧后方安全，置荷军于腹背受敌的境地；同时，派兵监视台江，切断了赤崁城和台湾城的联系。当荷军贝德尔上尉驶进北线尾逼近郑军之后，正中郑成功的下怀，“箭如骤雨，天空似乎都昏黑起来”，贝德尔手足无措落荒而逃，郑军乘胜追击，一举歼灭了贝德尔的队伍。而南路的荷军也被郑军打败，200 多人组成的队伍只有 60 人逃回。

荷军的来袭被一一击破之后，郑军军心大振，开始用帆船主动出击包围荷军的战舰。在激烈斗争之后，荷军的战舰被逐个击破，赤崁城和台湾城已完全孤立无援，郑军随即包围了赤崁城，4 天便收复了赤崁城。赤崁城拿下后，郑成功劝揆一投降遭拒，决定围困台湾城。

荷军惨败之时，龟缩在城里不肯应战，偷偷派使者去找郑成功求和，并献上了 10 万两白银试图贿赂郑成功。郑成功义正词严地说："台湾本来就是我国的领土，收回这里是理所应当，必须将你们赶出去。"可即便如此，城里的侵略军还在试图顽抗，郑成功决定采用"围困俟其自降"的方法逼迫他们投降。

荷军被围 9 个月之后，士气低落、军粮匮乏、瘟疫横行、弹尽粮绝，郑成功了解情况后决定猛烈攻击。揆一走投无路，只得"愿罢兵约降，请乞归国"。1662 年 2 月 1 日，揆一在投降协议书上签字。2 月 17 日，揆一率领"卢斯杜南号""唐堡号""安克文号""梅顿号""泰伯特号""纳尔登号""白鹭号"和"罗南号"启程，结束了荷兰在台湾 38 年的殖民统治。

宝岛繁华至，将星陨落矣

郑成功收复了台湾之后，就废除了荷兰侵略者在台湾的各种殖民体制和机制，带领台湾摆脱了落后的状态。他还十分重视民族关系，下令任何人不许骚扰高山族人民，并设立乡塾，大力发展教育事业。在农业方面，他推行屯田，鼓励士兵们去耕作，后来军队可以靠从事农业自给自足，还有余粮上缴政府。

然而，离他收复台湾才过去半年，这个年轻而受人爱戴的将领就暴病而亡。据说，郑成功在死前情绪非常暴躁，曾大喊："我无面目见先帝于地下。"他猝死的原因在历史上众说纷纭：对台湾水土不服，常年作战劳累，等等。但如果从长久来看，郑成功的死因无外乎是国破家亡。

前文说到，郑成功之所以誓不降清，很大程度上是因为隆武帝的赏识。但在南京之役战败之后，隆武帝自杀身亡，郑成功悲痛欲绝。而他日日思念的母亲仅仅才见过一次，就被清军凌辱而亡，更让他对清军恨之入骨，身体状况也大不如前。后来郑成功收复台湾，清政府拿郑芝龙威胁郑成功投降。郑成功拒绝后，清军砍下了郑芝龙的头颅，全家无一幸免。郑成功得知此消息后，当场就气晕过去。

南明永历十六年（1662年）六月，永历帝在昆明被绞死，这彻彻底底地让郑成功失去了所有的希望。同月，年仅38岁的郑成功生命走到了尽头。

回顾郑成功的一生，可谓悲壮而艰难。孩童之时，与母亲孤苦相依；少年时，与至亲海岸相隔不得见；青年时一腔热血却遇父亲叛国、母亲被凌辱，忠孝不能两全，只得舍孝取忠；壮年之时，清军又用他最痛的事情再一次伤害他，致使他郁郁而终。虽然如此，可他从未动摇，忠贞为国，宁死不屈，驱逐荷兰人，守护祖国一方净土。无数的人民爱戴他，无数的战士跟随他。他戎马一生，留下了“思明州”，来思念他为之付出一生的明朝。他是民族英雄，是忠贞将领，更是祖国人民心中一颗不灭的将星。

南极最悲壮的探险者斯科特

海军上尉，怀探险之心

探险，似乎是每个人在孩童时期的梦想，幻想着自己能够登上一片从未有人涉足的险地，神秘而遥远的南极大陆因此就成了很多怀揣探险梦想的人们最向往的地方。在数百年的极地探险历史中，有许多的探险家曾来此追梦，这片静谧的大陆无声地迎接着每一个梦想、每一次成功、每一缕荣耀，也同样地接纳着每一次失败和每一个无法再回家的人。

1912年3月29日，探险家罗伯特·法尔肯·斯科特蜷缩在被暴风雪无情撕扯着的帐篷里，身旁躺着两位已经冻僵的同伴。零下40多摄氏度的酷寒，无情地攫取着他所剩无几的生命力，恍惚中他看到了自己美丽的妻子和可爱的儿子，正坐在炉火旁等他回家。于是，他慢慢闭上了自己与风雪斗争了多日的双眼……

1868 年 6 月 6 日，罗伯特·法尔肯·斯科特出生在英国斯托克达梅尔的一个富裕家庭里。爸爸约翰·斯科特和妈妈汉娜·斯科特经营着从祖父那儿继承的小啤酒厂，给予了斯科特舒适的童年生活。斯科特的祖父和四个叔叔都曾经在陆军或者海军中服役，因此斯科特和他的弟弟阿尔奇从小就知道自己终有一天要去军队服役。1881 年，在通过海军训练舰“不列颠尼亚号”的入学考试之后，13 岁的斯科特开始了他的军旅生涯，也开启了他传奇而曲折的探险之旅。

1883 年 7 月，斯科特以海军军官候补生的身份离开“不列颠尼亚号”，加入了他人生中的第一艘舰船“博阿迪西亚号”。随后在西印度群岛的圣基茨岛，斯科特又登上了英国皇家海军的“罗孚号”。也是在这里，他第一次见到英国皇家地理学会的秘书克莱门茨·马克汉姆。1887 年 3 月 1 日，当马克汉姆看到斯科特在横渡海湾中的表现之后，便记住了这位热情勇敢又充满智慧的海军军官候补生，19 岁的斯科特也因此被寄予厚望。

这位不到 20 岁的海军军官候补生随后在各项工作中都展现出了惊人的才能和智慧。1888 年，斯科特以 4 个一等证书通过了少尉考试。次年，又因为在多艘船上服役而被晋升为中尉，勇敢而聪慧的他似乎在所有的工作中都能表现出色。1891 年，斯科特申请在“弗农号”战舰上参加为期两年的鱼雷训练课程，在理论和实践考试中都获得了一级证书。

1894 年，正当这位年轻的军官畅想着美好的未来时，约翰·斯科特卖掉了酿酒厂并在糟糕的投资中血本无归，63 岁高龄的他为了维系家用只得找了一份酿酒厂的工作。3 年后，疲于奔命的约翰死于心脏病。从此，汉娜·斯科特和她两个女儿完全依靠斯科特的军饷和弟弟阿尔奇的工资生活。1898 年，又一场灾难降临在这个本就伤痕累累的家庭上，阿尔奇因不慎染风寒而去世。从此，整个家庭所有的经济负担都落在了斯科特一个人的身上。

此时的斯科特再也不能只考虑自己的梦想和雄心壮志，如何升职加薪成了他最关心的问题。但在当时的英国皇家海军中，晋升机会非常有限，竞争压力极大。1899 年 6 月初，休假的斯科特偶遇了英国皇家地理学会会长克莱门茨·马卡姆。在学会的赞助下，马卡姆正在组织南极探险。几天后，6 月 11 日，在马卡姆的公馆里，斯科特正式接受了探险队领队的任务。

初次探险，载荣誉而归

成立英国国家南极探险队是马卡姆多年以来的梦想，当他认识和了解了斯科特之后，深深被他的智慧、勇气和责任感所折服，成了斯科特最坚定的支持者。这支探险队是英国皇家学会和皇家地质勘探局联合组织的，因此，委员会对于斯科特的职责范围产生了激烈的争执，委员会认为应该由一名科学家负责探险队的计划安排，但马卡姆坚定地信任斯科特令大家动容。1901 年 8 月 6 日，斯科特被任命为探险队的指挥官。马卡姆为这场探险花费 49277 英镑，建造了“发现号”轮船。英国国王爱德华七世对于探险十分感兴趣，在探险队离开英国的前一天，他参观了“发现号”并授予斯科特皇家维多利亚勋章。

探险队的每一名队员都是斯科特亲自面试的，但在那个从未有人涉足过南极的年代，在 50 多人的队伍中，几乎没有人有任何极地考察经验，更没有受过专门的训练。斯科特专门去了奥斯陆，拜访曾经去过北极探险的挪威探险家雷德乔夫·南森。斯科特根据南森“狗拉雪橇”的建议，从俄罗斯买了 20 条公狗和 3 条母狗，并安排大家带上滑雪板。他还耗资 1300 英镑为这次旅行购置了一个热气球。

1901 年 3 月 21 日，斯科特带队出发。向南前进的路途是漫长而困难的，“发现号”很快就出现了漏水问题，即使开足马力，也很难超过 7 海里 / 小时。就这样缓慢地前进，他们到达了新西兰，将船修好并且补充了给养，继续向更高纬度的南方前进，进入了大块流动的冰群。大家都是第 1 次考察南极，他们在探险过程中出了很多问题，也吃了很多苦头。渐渐地，他们开始学习在冰冷恶劣的环境中生存，一起慢慢成长着。

1902 年 3 月，斯科特、欧内斯特·沙克尔顿和爱德华·威尔逊三人到达了南纬 82 度 17 分，距离南极点约 853 千米，成为第一批穿过南纬 80 度的人。再往南去的状况大家一无所知，甚至在地图上还是一片空白。沙克尔顿身体已经逐渐吃不消了，出现了坏血病的症状，只得提前离开了探险队；而威尔逊的眼睛也由于雪地反光十分疼痛，只能戴上眼罩，跟着斯科特的声音前行。

12 月 31 日，斯科特发出了返回的命令，所有的狗都死在了返回“发现号”的路上，但人全部活了下来。此时的温度已经达到零下 55 摄氏度，“发现号”已经被牢牢冻在冰中。前来援助的“早晨号”使用炸药，才把“发现号”从冰中解救出来。

1904 年 9 月，探险队回到了朴次茅斯，引起了轰动，斯科特成为当时备受崇拜的英雄。他获得了一系列的荣誉和勋章，并因为出色的贡献和勇气被任命为海军上尉。接下来的时间，斯科特忙于公众接待、演讲和撰写探险记录。

1906 年 1 月，斯科特重新开始了他的海军生涯，并于 8 月份在“凯旋号”上成为海军上校。在 1907 年，斯科特遇到了他一生的爱人凯瑟琳·布鲁斯，并于第 2 年与她成婚。在这期间，沙克尔顿又尝试单独前往南极探险，但他的队伍在距离南极点 155 千米的地方再次返回。南极以它神秘的魅力深深吸引着斯科特和沙克尔顿。斯科特于 1910 年准备第 2 次南极探险。

重返南极，与挪威竞赛

1910 年 6 月，斯科特和他的船员们登上了“新大陆号”离开欧洲。1911 年 6 月 6 日，斯科特带领船员们在麦克默多海峡安营扎寨，等待南极夏季的到来再出发。但他们一行人因为风暴和队员的病痛迟迟不能前行，直到 10 月底斯科特才决定向南极点前进，而早在 10 月下旬，阿蒙森已经从罗斯冰障的鲸湾向南极点冲刺了。1911 年 11 月 1 日，斯科特将大本营安顿在麦克默多海峡的罗斯岛，并在 1902 年落脚的“小屋点”以北 20 千米处搭建好营房，命名“埃文斯角”。斯科特率探险队从此出发，将去南极的路线分为 3 程。

第 1 程是近 500 英里[①]的冰原，斯科特一行人决定用摩托雪橇运送物资，当雪橇无法使用时便只能用西伯利亚矮种马和人力运送。而阿蒙森根据自己北极探险的经验使用了数十条因纽特狗进行物资搬运，斯科特却认为狗的食量过大，南极没有可以令狗饱腹的口粮而弃用了因纽特狗。斯科特选用的西伯利亚矮种马因为无法适应寒冷的环境在途中纷纷死亡，而寄予厚望的摩托雪橇也只行驶了几天就抛锚报废，只能靠人力拉雪橇。弃用因纽特狗被很多人认为是斯科特此次南极竞赛失败的主要原因之一。

第 2 程比第 1 程还要艰险。那是一段横亘绵延的山脉，其中有的山峰甚至高达 2743 米，还覆盖着厚厚的积雪。踩着深及膝盖的积雪，斯科特一行人终于走完了第 2 程。

第 3 程就是彼尔德摩尔大冰川。这是更为艰险的旅途。为了节省有限的物资和食物，斯科特决定只留下 12 名队员，每 4 人拉一部雪橇，其余的人都返回大本营。

---

① 英里：英制长度单位。1 英里等于 1609.344 米。

此次行程非常艰难，每一部雪橇都驮着800磅[①]的物资，全靠人力拉着前行。许多队员都已经精疲力竭，甚至身患疾病，但在斯科特的带领下，每个队员都坚定前往南极点的信念，一天走将近9个小时。由于风暴极大，积雪极深，再加上沉重的物资，行进速度十分缓慢。待他们来到距南极点12英里的地方，斯科特便决定再次精简队伍，只留5人轻装上阵，向南极点冲刺。斯科特最后选择了威尔斯博士、鲍尔斯中尉、奥茨上尉和海员埃德加·埃文斯，同自己一起开始最后的冲刺。1912年1月3日，这5位勇士与其他伙伴告别之后，便继续向南极点进发。

1912年1月18日，斯科特一行人终于到了他们梦寐以求的南极点，然而他们并未像想象中的那般欣喜和兴奋。因为在这片茫茫白雪之上，孤零零地立着一个帐篷，顶端有一面挪威国旗在凛冽的寒风中傲然挺立。帐篷里，还有一封留给斯科特的信："欢迎您来到南纬90度，向您表示敬意，也祝您在归途中一路平安。罗纳德·阿蒙森。"显然，挪威的阿蒙森团队早在斯科特团队到达之前就已经预先抵达。这对于整个斯科特团队来说简直是晴天霹雳，原本期待的心情完全被惨痛的感受掩盖了。

---

① 磅：英制质量单位。1磅等于0.45千克。

“历经千辛万苦，无尽的痛苦烦恼，风餐露宿——这一切究竟为了什么？还不是为了这些梦想？可现在这些梦想全完了。”斯科特在他的日记中这样写道。他明白，在这场征服南极点的竞赛中，第 2 名就意味着彻底失败。而他，已经确定自己是一名失败者了。他们一行 5 人在巨大的失落和幻灭中插上英国国旗，留下了几张不甚满意的合影。

阿蒙森知道斯科特会是他们团队的后来者，却请求这个后来者将信转交给挪威国王，证明阿蒙森是世界上第一个到达南极点的人。虽然斯科特此时已经失去了他一生追求的荣誉和梦想，但他坦然地接受了这个最冷酷无情的职责：“在世界面前为另一个人完成的业绩做证，而这一事业正是他自己所热烈追求的。”①

归途漫漫，长眠极寒地

怀着极度失望和沮丧的心情，斯科特一行人开始了返回的征途。他们在物资充沛的前提下来到南极点，已经用了整整 76 天，归途肯定会花更长的时间。虽然那时正是南极的夏天，但是不知道为何，天气却一反常态地异常寒冷，

① 出自奥地利作家斯蒂芬·茨威格《夺取南极的斗争》

气温低至零下 40 摄氏度，因此回程比来时更加危险。他们的物资已经所剩无几，斯科特多次在他的日记中写道：“我在担心我们是否能够坚持下去。”长久的跋涉、体力的透支和饥寒的交迫，让人的意志力已经逐渐被大自然的威力所销蚀。很快，强壮如牛，一直在拉雪橇工作中承担着主要责任的埃德加·埃文斯便倒了下去。为了不耽误队友们的进程，他虽无力走下去，依然四肢着地在冰上爬。斯科特和其他人没有丢下他不管，而是一直守护在他身边，直到他在这个终生向往和追求的极寒之地上安静地离开。

没有了最强壮的埃文斯，雪橇根本无法拉动，天气越来越寒冷，竟然还下起了冰雹。很快，英国皇家骑兵上尉奥茨也逐渐坚持不住了，甚至连走路都成了一件困难的事情。他心里很清楚，伙伴们不会放弃他，但他的存在一定会影响整个队伍的行进速度，无疑是让大家为自己陪葬。一天早上，奥茨从帐篷中醒来，对一起出生入死过的战友们说：“我想出去走走，过一阵子再回来。”其实大家都知道，他这一去必不会再回来。

斯科特在日记里写道：“看着他的身影，队员们都知道，为了不连累大家，他就这样走了，永远也不会再回来。我们都深深懂得，只有勇敢的英国绅士才会拥有如此的悲壮气概，我们也决心以同样的精神来面对死亡，毫无疑问那一刻已经离我们不太遥远。”斯科特日记中所记载的，竟一语成谶。

他们一行人，每一位都是真正的勇士，威尔斯博士到生命的最后一刻都没有放弃采集 15 千克的地质标本。

最后，在距离补给站只有 11 英里的地方，天气愈发恶劣，燃料食物也已经所剩无几，虽然只有 11 英里，但对斯科特一行人来说却是可望而不可即的远方。他们商议不再前行，平静地迎接死神的到来。他们在帐篷中坚持了 4 天之后相继离去。斯科特送走了他所有的兄弟，并留下了珍贵的日记。

“为了祖国的荣誉，我们甘愿献身于这一伟大的壮举。同时，我也真诚地希望我们的家人能得到抚恤。要是我们能活下来，那该多好！那么，我一定会把我同伴们的故事讲述给人们听。我深信，那肯定会震撼每一个英国人的心灵。这日记和我们的尸体便是证明。”

8 个月之后，后方搜索队在帐篷中找到了长眠在此的 3 个人。他们的身旁留着许多信件，其中就有斯科特的日记。帐篷外还有 35 磅的石头、植物、化石、矿物等其他科考材料。斯科特和他的伙伴们即使在最痛苦和沮丧的征途中，也始终未曾忘却自己探险家和科学家的身份与职责，他们留下的这些日记、照片和科考材料成了南极科学研究的宝贵财富，至今仍被完好地保存着。

研究南极探险史的学者认为斯科特失败的原因有以下几个：第一，阿蒙森依据丰富的北极探险经验制订计划，但斯科特更多的是用推理制订计划，例如换掉因纽特狗采用西伯利亚矮种马；第二，斯科特在前期行动时没有按照原定的计划设立主要的补给站，因为他担心西伯利亚矮种马损失过大，便将南纬 80 度的补给站改在了南纬 79 度 27 分，偏离了 67 千米，如果按照原定计划，斯科特一行人回程便早已返回补给站得救；第三，斯科特一行人运气十分差，坏天气一直困扰着他们，原本南极夏季比较温和的天气变成了十分少见的狂风暴雪，使得他们被 11 英里的距离挡住了求生的道路。

从竞争的角度来说，斯科特一行人无疑是失败者。但斯科特探险队留下了极多的科考资料，斯科特和他的队友面对艰难险阻的探险精神和献身精神更是感动了无数世人。斯蒂芬·茨威格对这位失败的英雄尽情讴歌："壮丽的毁灭，虽死犹生，失败中会产生攀登无限高峰的意志。因为只有雄心壮志才会点燃起火热的心，去做那些获得成就和轻易成功极为偶然的事。一个人虽然在同不可战胜的占绝对优势的厄运的搏斗中毁灭了自己，但他的心灵却因此变得无比高尚。”

首位进入太空的宇航员加加林

英雄出农庄，工业少年强

1961 年 4 月 12 日，这一天永远地被载入人类文明的史册，一个年轻人的名字传遍了世界，他就是世界上第一个进入太空的英雄——尤里·阿列克谢耶维奇·加加林。从那天起，他那张始终面带微笑的脸庞深深地刻在了很多人的心里。作为第一个进入太空的人，也是第一个从太空看到地球的人，这段传奇的太空之旅带给了加加林无上的荣耀，令加加林标志性的微笑成为一个时代的象征。

1934 年 3 月 9 日，在苏联斯摩棱斯克州格扎茨克区的克卢希诺镇，一个典型的底层布尔什维克家庭中，航天史上最耀眼的明星加加林出生了。加加林的父亲是一名木匠，母亲是一名挤奶工，他有 3 个兄弟姐妹，家庭背景非常普通。但清苦的家境并没有在加加林身上留下不好的印记，他天性乐观，又非常有责任感，从小就懂得帮家里做些放牛之类的杂事。

1939 年，第二次世界大战爆发，百姓们战战兢兢地生活。直到 1949 年，战争刚刚结束后的苏联百废待兴，劳动力匮乏。此时的加加林 15 岁，正值体力充沛、身体强健之时，为了响应国家号召并补贴家用，他选择从中学退学，到工厂成为一名翻砂工。

翻砂工的工作辛苦而劳累，每日都要耗费极大的体力。下班后已经筋疲力尽的加加林却十分刻苦，仍继续去夜校学习。工作上的兢兢业业让加加林在工厂中获得了大家的信任，夜校的学习更令他明白自己不想每日机械地工作，按时上下班。成年后，加加林原本可以继续在工厂谋生，但他心有不甘，决定前往萨拉托夫伏尔加城的一所工业技术学院学习。这个学校是战后苏联为了培养未来经济建设所需的车间主任和工厂经理而创建的 22 所学院之一。萨拉托夫虽然不比莫斯科繁华，但随着苏联各省市的发展，它整体的水平要比格扎茨克好得多。该市从 1951 年就开始生产冰箱，1952 年生产的第 1 批手推车就已经在主干道上使用，逐渐成为苏联军工综合体的一个战略中心，在此逐渐建设了许多生产航空航天设备、合成纤维、电子器械等的工厂。这些都为日后加加林的太空飞行提供了坚实的基础。

在校期间，加加林展现出了惊人的管理才能。萨拉托夫的学生以打架斗殴为荣，经常违反校纪，他们被称为“工业男孩”，其中，大部分人都过着艰苦的生活，把约群架当作表现男性情谊的一种方式，经常作为娱乐消遣。学校校长和主任屡屡禁止，试图阻止学生之间的群架，但没有任何作用。后来他们发现加加林在运动中的出色表现，便任命他为学院体育部部长。在加加林担任体育部部长期间，他多次组织同学参加篮球、排球和足球等各种体育活动，同学们的业余生活被体育活动充实，便大大减少了斗殴事件的发生。主任希望加加林继续帮助他治理学校，甚至为此阻碍他参加升学考试，不过加加林凭借自己的聪慧，获得了升学机会。

事实上，加加林并不是一个完全的和平主义者，在那个年轻人坚信“斗殴是男人的成人礼”的环境中，加加林也曾通过斗殴让大家认识到他并不是一个逆来顺受的人。虽然学生们行为确实较为粗鲁，但加加林是真心喜欢跟同学们待在一起，并且从心底尊重和热爱他的同学们。这种强烈的集体主义精神在后来加加林的航天事业中，也体现得淋漓尽致。

在校期间，加加林在文学和数学上都展现出了他的天赋。从第 1 节文学课开始，加加林就开始向往“甘愿以祖国的名义，以人类的名义去取得伟大成就”的精神。托尔斯泰的《安娜·卡列尼娜》和《战争与和平》成为加加林在学校期间最喜欢借阅的文学书籍。他不仅仅局限于国内的作品，也非常喜欢狄更斯、雨果、柯南道尔等外籍作家的作品。这些作品的浪漫主义倾向和俄国作品的无产阶级英雄主义形象，都是将加加林带入太空的精神财富。加加林在数学研究小组中的表现也完全可以跟其在文学方面的表现相媲美，得到了当时数学老师的信任和喜爱。

加加林和宇宙航天的相遇还是来自他的伯乐、物理老师——尼古拉·伊万诺维奇·莫斯克文。莫斯克文是当时出了名的“疯子”老师，除了学生和妻子，他几乎不同任何人说话。每次开教职工会议，他也只在意他需要的实验材料能否补足。他每天步行 14 千米从家到学校，风雨无阻，从未迟到。莫斯克文是一名坚定的技术决定论者，相信科学技术的创新才能够推动历史的不断进步和发展。他在教学过程中时常讲一些科学故事去吸引孩子们的注意力，在分享过程中表达了他对航空的浪漫情怀。加加林很快被这位古怪的物理老师迷住了，莫斯克文也同样被这个聪慧的学生所吸引。

加加林经常陪老师步行回家，在 14 千米的路上，莫斯克文给加加林分享了很多自己关于太空飞行的设想，加加林也经常提出自己的想法，并开始思考载人航天飞行的可行性。加加林对物理的热忱不仅仅让他获得了“A”的成绩，还在应征入伍时获得了莫斯克文的帮助，得以继续精进学业。这段与莫斯克文老师的相处时光，打开了加加林向往宇宙的大门，也开始了他的航天梦。

加加林在萨拉托夫的4年，不仅在学术上硕果累累，与宇宙相遇，也发展了自己在安全部门的关系网。他与学院秘密警察的首席代表十分要好，还同国内安全人员结成联盟，建立了一个平行组织，可以随时联系到彼此。他一生都与契卡组织保持着密切的联系，当时的契卡组织有着巨大的社会影响力，也间接推动了加加林的太空之行。

坎坷职业路，惊世宇宙途

在萨拉托夫学习期间，加加林加入了志愿协会，这个协会是一个准军事组织，有1500万名成员向苏联陆军、空军和海军提供自愿援助。这个协会对加加林这样的青少年来说，主要吸引力来自它的飞行俱乐部，在那里大家可以学习如何驾驶飞机，能够像真正的战斗英雄一样，了解战场上真实的情况和故事。在协会中表现足够好的，就有资格进入军事学院，成为一名真正的军官或者战斗机飞行员。加加林也因为参加志愿协会，使得他在萨拉托夫期间免于服兵役，能够专注于学习。

在志愿协会期间，加加林不仅需要完成在学校里的常规课程，还需要学习独立驾驶飞机。加加林从基础空气动力学学起，包括飞机发动机结构、起飞及着陆技术等一系列相关课程。志愿协会在为青少年提供航空课程的同时，还负责宣传国家对航空以及太空飞行的浪漫主义设想，充当了公关部门的角色，以隐藏他们即将发射斯普特尼克人造卫星和载人航天的工作计划。在萨拉托夫的 4 年里，加加林既学会了铸铁工艺，学会了驾驶雅克 -18 飞机，同时，他也学会了如何吸引人们的注意力。在志愿协会的时间里，加加林还决定参军入伍。

1955 年秋天，加加林获得了冶炼专业学位和飞行员执照，他计划进入一所军事学院做飞行员或者军官。当年秋天，加加林被调到了契卡洛夫军事学院学习。1955 年到 1957 年，加加林在此学习了驾驶战斗机，这段经历成了他人生中最为隐晦的部分。他对这段经历和作为飞行员驾驶米格战斗机在北极边界巡逻的两年工作经历避而不谈。

1957 年 3 月，加加林卷入一起诉讼案件，3 名学员殴打了他，加加林在医院里待了将近一个星期。这件事情被隐藏了很久，多年后才曝光。这次事件主要是因为加加林为指挥官服务，或是对他担任排里队长的报复。加加林的父亲就此事写信勉励儿子：“无论你身处何处，请记住一件事：拥护集体主义的农民和工人，敬佩坦率、有男子气概的人，只有相信自己，才能战胜敌人。懦夫没有自信，他们注定无法战胜敌人。”虽然加加林经历了一些坎坷，但他仍受到各位老师的器重和信任。1957 年，加加林出色地完成了毕业设计，从航空军事学校光荣毕业。

同年，加加林遇到了他一生的爱人瓦伦提娜。两人于 11 月 7 日结婚，这一天正是十月革命的周年纪念日，是苏联历史上非常重要的一天，这也体现了加加林对国家的忠诚。婚后加加林选择了在苏联最北部的边境巡逻，虽然他也有其他的选择，但坚定的共产主义信念让他义无反顾地选择了荒凉寒冷的北方，因为布尔什维克精神告诉他要“向着困难前进”。9 个月后，妻子不远万里到北极找他。1959 年 4 月 17 日，他们的第一个女儿埃琳娜在此出生。

在加加林毕业的这一年，苏联还有一件重要的事情发生。1957 年 8 月 3 日，苏联首枚洲际弹道导弹 P-7 试射成功。紧接着在当年的 10 月 4 日，苏联航天巨擘科罗廖夫大

胆采用了捆绑火箭的办法，使得苏联抢在美国之前发射了第1颗人造地球卫星。这一事件成为人类进入航天时代的重要标志，也使得科罗廖夫一举成名。科罗廖夫开始积极参与和实施载人飞行计划，并担任“东方号”运载火箭的总设计师。

加加林长相十分英俊，经常挂在脸上的笑容极具特色且迷人，为人又很谦和，但他的身高却与人们印象中高大魁梧的苏联人形象大相径庭。然而正是他的身高引起了科罗廖夫的关注，他正想选择一个个子不高的人当首位航天员，因为当时他设计的太空舱内部比较狭窄。1959年10月，苏联首位宇航员的选拔工作在全国展开。加加林在3000多名空军飞行员中脱颖而出，成为20名核心入选者之一，并于次年3月前往莫斯科，在苏联宇航员训练中心接受培训。

在训练过程中，加加林凭借自己强健的体魄、坚定的信念和乐观主义的精神得到了大家的认可。一个细节更令科罗廖夫下定决心选择加加林。在确定人选的前一个星期，科罗廖夫发现在进入飞船前，所有的候选人中只有加加林会脱下鞋子进入座舱。科罗廖夫认为这个年轻人是真正地热爱着飞船和航天事业，因此坚定地选择了加加林成为第一名航天员。1960年，加加林还加入了苏联共产党。

1961年4月12日，是人类历史上极具纪念意义的一天。当日凌晨6时，加加林身着宇航服，头戴密闭航天头盔，乘坐升降机进入了39米高的“东方号”运载火箭顶端的宇宙飞船。飞船总共重4.73吨，长4.4米，最大直径达2.43米，结合部配有航天员所需的所有氧气。加加林静静地坐在舱内，等待着神圣时刻的到来。9时7分，支撑火箭的4根金属支架分离，发动机启动，伴随着倒计时和巨大的轰鸣声，“东方号”腾空而起。150秒后，火箭头部整流罩飞离，飞船很快飞出了大气层。火箭和飞船逐渐都脱离了地球引力，过载开始减小，最后飞船和火箭分离，进入近地轨道，并以大约8千米/秒的速度飞行。

地面上关注着加加林身体情况的专家时刻记录着他的状况：脉搏由每分钟64次猛增到了每分钟150次。此时的飞船在自动飞行，速度和座舱内的情况由地面控制，因此加加林的主要任务就是集中精力去观察周围的一切，并进行详细的记录和汇报。

90分钟后，“东方号”已经环绕地球飞行了一周，到了返回地面的时间。这段时间将会是最危险的一段飞行，如果在这段时间出现什么问题，宇航员和整个飞船就会被永远地留在宇宙中，甚至化为灰烬。船载仪器引导飞船进入了返回轨道，但在进入大气层之前，密闭座舱和仪器舱未能在预定时间分离，连在一起的两个舱同时下坠并以非常高的速度旋转起来。在如此危险的情况下，幸运之神眷顾了加加林，由于在降落的过程中周围环境的温度极高，导致两个舱之间的连接电缆线被烧毁，才使得座舱终于和仪器舱分离。而此时已经超过了预定分离时间整整10分钟。

失重感的消失又重新带回了不断增加的过载，将加加林紧紧地压在座椅上，窗外风声呼啸。随后，飞船进入距离地面7000米的高度，主伞打开。几秒钟后，侧舱门分离，加加林被弹了出去，降落伞打开，缓缓减速。1961 年 4 月 12 日 10 时 55 分，加加林成功完成人类首次太空之旅，在萨拉托夫州的斯梅洛夫卡村地区安全着陆。

这一刻将被历史永远铭记，“东方号”飞船成为世界上第一个载人进入外层空间的航天器，加加林也在这 108 分钟的飞行过程中由上尉荣升少校。从此刻开始，加加林实现了人类多年来渴望进入太空的愿望，彻底开辟了人类航天的新纪元。

英雄虽陨落，天空仍广阔

正当加加林对未来充满信心，梦想着能够再次进入太空的时候，不幸的事情发生了。1968 年 3 月 27 日，他在一次例行训练飞行中因飞机坠毁而遇难。加加林死后，他的骨灰被安葬在了克里姆林宫墙壁里，他的故乡被改名为“加加林城”，训练的中心也以他的名字命名。国际航空联合会设立了加加林金质奖章，俄罗斯现在也把每年的 4 月 12 日定为宇航节。

就在加加林遇难后的第 2 年，美国宇航员搭乘“阿波罗 11 号”成功登陆月球。阿姆斯特朗和奥尔德林将一枚刻着加加林名字的纪念章留在了月球上，以此纪念他在人类航天史上做出的伟大贡献。

载人航天事业是全世界的事业，加加林勇敢无畏的太空之旅也是全人类的进步和壮举。随着日益发展的科学技术和社会环境，越来越发达的航空高科技成果频出，越来越多不同种族、不同国家的人登上月球，而这些进步中的每一小步都是无数加加林这样的探险家和航天人的努力所铸造的。这种勇于攻坚、开拓创新、不断探险的航天精神，也正是全人类大步向前的基石。

永远的行者植村直己

青春作探险序曲，年少览群山风光

登顶五大洲最高峰，亚马孙河漂流60天，北极圈奔袭1.2万千米，这些履历每一条拿出来都可以是一个人毕生的追求，然而日本著名登山家植村直己却用自己短短40多年的人生一一实现。他的一生好像是一段永无止息的路途，毕生都在这段路途上努力奔跑，少时为探险梦奔波，壮时走遍世界之最，最终也将生命留在了他一生追逐的山峰上。他的一生没有停息，没有终点，没有目的，也没有功利，他只是简单地用一生诠释了探险的真谛。

1941年2月12日，植村直己出生在日本兵库县一个普通农民家庭，这样的出身让植村直己最开始只是一个完全不懂登山和探险的腼腆少年。直到进了明治大学，植村直己加入了学校的登山运动俱乐部，每逢假日都会与俱乐部成员一同登山，他才逐渐对登山产生浓厚的兴趣。为了更好地登山，植村直己每天早上坚持长跑，练就了一副结实的体格，为后来辗转各地奠定了良好的身体素质。

1964 年 5 月，植村直己大学毕业，决定去美国旅行。贫穷的他便怀揣 110 美元登上了去美国的“阿根廷号”移民船。当时的植村直己英文水平并不高，也没有准备回程船票，他就凭借着对旅行的一腔热爱前往了美国。

植村直己到了美国之后的第一件事，就是要解决温饱问题，然后慢慢积累旅行的费用。这段时间的植村直己遇到了非常多的困难和坎坷，他做过宾馆的服务员，做过洗碗工，还利用他农学专业的优势在农场嫁接、采收、开拖拉机。他拼命地工作，只为能够多赚点钱，虽然他并不畏惧辛苦，但他手持的是旅游签证，如果被发现在打工，就有被遣返的危险。植村直己每日惶惶不安，尽管小心谨慎，还是被发现了，被美国当局以非法打工的名义逮捕。

植村直己明白，美国已经待不下去，便孤身前往欧洲的阿尔卑斯山地区，来到了法国的莎莫尼小城。此时的植村直己并不会法语，但他却认为“如果总顾忌自己不会英语、不会法语，那一辈子也去不了国外。是男人，就应该能豁出去，敢于冒险”。这也体现了植村直己的探险精神。

莎莫尼小城位于阿尔卑斯山勃朗峰脚下，这里登山历史悠久，滑雪场更是闻名全球。1924年的第1届冬奥会就是在此举行的。植村直己本打算在此独自攀登欧洲的最高峰——勃朗峰。但登山经验不足的他在此经历了惊险的一幕，他掉进了冰隙中，幸亏被登山包卡住才得以保住性命。这次经历让植村直己明白，他不应该急于求成去登山，应该先提高自己的生存技能和登山能力，筹划详尽的登山计划之后再行动。当务之急是先找到谋生的手段，好为自己的生活和未来的探险做好物质准备。

植村直己在莎莫尼附近找到了一份滑雪场巡逻员的工作，但要求必须是滑雪能手，而植村直己充其量只是一个滑雪初学者，但他大言不惭地说自己滑雪技术高超。当时的滑雪场负责人是让·维亚尔内先生，曾在1960年美国举行的冬奥会中获得滑雪金牌，他一眼看出了植村直己的谎言，但他被植村直己勤恳踏实的品质和对探险梦想的执着所感动，便留下了他。

1964年到1967年，在维亚尔内的关心和帮助下，植村直己以滑雪场为基础，先后去了喜马拉雅山、格陵兰岛以及非洲等地。

随队登珠峰之巅，孤身攀五洲之最

1965 年，在滑雪场工作的植村直己收到了日本明治大学登山部的邀请，他们将组建喜马拉雅登山队，希望他能够加入。植村直己喜出望外，立刻告别了让·维亚尔内先生，飞往尼泊尔与日本大部队会合。此行的目标是珠穆朗玛峰西北方的戈尊巴峰。4 月 23 日，植村直己在第一冲锋队员登顶失败后，受命成立第二梯队发起冲锋。陡峭的道路，危险的冰隙，深不见底的悬崖深渊，植村直己靠着在岩壁上打下一颗颗楔钉来固定身体，向着山顶前进。经过长达两个月的努力，植村直己登顶了海拔 7646 米的戈尊巴峰，这是人类历史上首次登顶此峰。通过这次登山行动，植村直己学到了很多登山的经验，体魄也锻炼得更加强健。

在此之后，植村直己离开了这个临时组建的登山队，又一次回到滑雪场工作。一年后，经过详细计划和安排，植村直己决定再次挑战勃朗峰。这次他终于不负众望，独自一人登顶了欧洲最高峰——海拔 4810 米的勃朗峰。同年 10 月，植村直己又独自攀登了位于坦桑尼亚的非洲最高峰乞力马扎罗山。1968 年 2 月，植村直己孤身前往南美洲，攀登了南美之最——海拔 6960 米的阿空加瓜山。植村直己

用他自己的双脚一步一步丈量着群山的高度，而这一切也为他攀登世界之最奠定了基础。

1970 年 5 月，植村直己加入了日本山岳会，即日本登山协会的珠穆朗玛峰登山队。事实上，为了登顶珠穆朗玛峰，植村直己从 1965 年 9 月就已经抵达珠穆朗玛地区，每天一早就去晨跑，以便让自己能够适应高海拔的生活。日本登山队也做了整整 1 年的准备工作，如实地勘察、沿途建营地、固定登山绳等。不管是植村直己自己，还是团队，都对这次登山行动十分重视，毕竟登上世界之巅是每一个登山者的梦想。

虽然植村直己孤身登山的时候居多，长久的孤身攀登的经历为他积累了丰富的登山经验，但在团队合作的时候，他强烈的团队意识和责任感令队长动容。于是，在最后冲刺阶段，队长宣布植村直己和队友松浦将作为第一冲锋队的队员。在最后的冲刺阶段，植村直己和队友松浦戴着氧气面罩一步一步艰难地攀爬着。珠穆朗玛峰是世界上公认的最高峰，海拔高度为 8848.86 米。植村直己和松浦互相支持、互相帮助，用登山绳连接着彼此的身体。当还有最后一步到达世界最高峰的时候，植村直己邀请松浦先迈出这一步，而后两个人一起站在珠峰之巅，紧紧相拥。他们明白这不仅仅是他们两个人的成就，更是整个登山队的努力。植村直己将此次登山过程中意外去世的队友成田的照片和他生前喜欢的遗物，埋在了山顶的雪中。

这次登珠峰之旅让植村直己完成了登顶四大洲的最高峰，让他开始对唯一剩下的北美大陆的最高峰——迪纳利山——跃跃欲试。事实上，植村直己更热衷于独自登山，他曾说“独自登山追求的是对未知事物的探索，对无限可能性的挑战”，因此在攀登完珠穆朗玛峰的当年，他就开始着手准备攀登美国的迪纳利山。

迪纳利山海拔 6190 米，位于美国阿拉斯加州，是北美洲的第一高峰。迪纳利山由南北两峰组成，南峰 6190 米，北峰 5934 米。北峰虽然高度较低，但由于地处北极圈上，峰顶的含氧量比珠穆朗玛峰还要低。迪纳利山常年被积雪覆盖，浓雾弥漫，登山之路更是陡峭险峻。同时，迪纳利山气候还非常多变，经常白天还是晴空万里，夜晚就风雪漫天。虽然征服迪纳利山的道路困难重重，但它依旧以独特的气候条件和地理表象，吸引了世界各地的登山探险家前往。虽然很多人慕名前来攀登，却有无数的登山家长眠于迪纳利山茫茫冰雪之下。在植村直己之前，还从未有人独自登顶过迪纳利山。

1970 年 8 月 17 日，植村直己来到迪纳利山在冰川上的大本营。大本营到迪纳利山山顶的直线距离大概 30 千米，植村直己对这段距离进行了详细的计划，预计 3 天登顶。攀登的第 1 天，植村直己的计划行程就没有完成，夜晚他在冰川里搭起帐篷休息，下半夜暴风雪肆虐了起来，睡梦中的植村直己体温急剧下降，几乎冻僵。他奋力地将身上的帐篷割掉，又刨开雪，用铲子开始在冰川上挖起了雪洞，直到第 2 天中午，才挖好一个可以容身的雪洞。雪洞中的温度比外面要高很多，由于暴风雪一连几日未停，植村直己只得暂时留在雪洞里。

一直到了第 4 天，天气仍十分严酷。由于原本计划 3 天登顶，所以植村直己只准备了一个星期的干粮，他明白如果再等下去只能饿死在寒夜中了。于是，8 月 22 日，植村直己开始顶着风雪和浓雾前进，当晚行进到 3300 米的峰口，在帐篷中度过了寒冷的一夜。在这样严酷的环境中，每一晚的休息都要承担着冻僵后再也不能醒来的风险，然而幸运还是眷顾了植村直己。在海拔 4300 米的时候，植村直己发现了别人留下的温暖的大帐篷，还有很多食物补给。植村直己终于在大帐篷里好好休息了一夜。

第 2 天，天气开始变得晴朗起来，植村直己精神抖擞地向迪纳利山峰顶发起了进军。26日，植村直己向着最后的一段发起了进军。下午3点15分，植村直己站在了北美最高峰——迪纳利山峰顶。

从1966年成功攀登欧洲最高峰勃朗峰，到1970年完成迪纳利山的登顶，植村直己仅用了4年的时间，便实现了他攀登五大洲最高峰的梦想。这4年也让植村直己从一名登山爱好者成了一名专业的探险家，他不仅仅满足于对高度的追求，还开始了对宽度的拓展，从高山转向极地，一个横穿南极大陆的梦想也逐渐在他的心里形成。

亚马孙数十天漂，北极圈万千米旅

多年来的登山生活，已经让风餐露宿成为植村直己的日常生活。他为了节省旅费，把一日三餐节省到最低，更是经常睡在街头。他曾说，“那些在乎吃穿、在乎洗漱、在乎危险的登山者，永远无法领略到登山的快乐”。这也正是一个纯粹的探险家对待探险真正的态度。常年的登山行动，让他感受到了挑战自然的刺激与快乐，也让他意识到了大自然的力量是无限的。在1968年，他选择去体验与登山完全不同的运动——漂流。漂流者跟登山者比起来几乎是任自然摆布，植村直己就希望能够在这样的过程中真切地体会大自然的力量。

1968 年 4 月 20 日，植村直己在亚马孙河的上游尤里马瓜斯下水，开始了他的亚马孙漂流之旅。刚开始植村直己就遭遇了风浪的袭击，整个木筏上的生活用品丧失殆尽。然而这些并没有影响植村直己的决心。不管是暴晒还是狂风，无论是暴雨还是野生动物的袭击，植村直己都凭借自己强大的决心、过人的智慧和不凡的勇气随机应变，化险为夷。

2 个月后，植村直己在河口马卡帕登陆上岸，完成了为期 60 天的漂流之旅。植村直己在完全没有河流漂流经验的情况下，仅凭自己的勇气和智慧，历时 60 天，独自漂流全长 6000 多千米、世界上流域面积最广、流量最大、横断南美大陆的世界第二大河流——亚马孙河。“在依靠自己的力量能闯过去的时候，比起祈祷，更重要的是勇敢面对。”他的这句话体现在他做的每一件事情中。

在完成漂流亚马孙河之后，植村直己开始着手实现自己的北极圈之旅。1972 年，植村直己在北极圈格陵兰岛最北端的村庄与因纽特人一起生活。因纽特人是北极圈内的原住民，植村直己为了融入他们的生活中，学习当地的习俗和语言，同时还学会了极地生存技巧和狗拉雪橇的驾驭方法。后来极地的居民还记得植村直己的故事，都评价他是一个坚定执着、谦虚有礼并且学习能力非常强的人。经过长时间的学习和准备，植村直己于1973年4月完成了驾驭狗拉雪橇，往返格陵兰西北岸3000千米的壮举。这次试验的成功，让植村直己开始谋划他更进一步的冒险——北极圈狗拉雪橇之旅。

1974年12月，植村直己独自驾驭狗拉雪橇从格陵兰出发，前往加拿大、阿拉斯加，一直到1976年5月，他独自完成了在北极圈内纵横1.2万千米的壮举。在此期间，植村直己经历了重重艰险。雪橇狗逃散时的狼狈，偶遇北极熊时的恐惧，严寒下的挣扎，这些都未曾动摇植村直己的初心半分。两年后的1978年4月，植村直己抵达北极点，当年8月，他又独自完成了纵横格陵兰岛的壮举。

因为植村直己在极地和高山探险活动中异常精彩的表现，1979年2月在伦敦市政大厅，植村直己被授予了“1978年国际体育运动最勇敢者”称号。

跨南极大陆梦碎，重登迪纳利丧命

在北极探险期间，植村直己未曾忘却自己横穿南极大陆的梦想。1982 年，他经由阿根廷前往南极，然而事情并未遂人意，就在他前往南极基地做最后准备的时候，英阿马岛战争爆发了。植村直己眼看自己的梦想因为战争这样的外部因素而打破，感到遗憾不已。但闲不住的他在 1984 年又选择重整旗鼓，去挑战冬季的迪纳利山。

1984 年 2 月，为了挑战冬季的迪纳利山，植村直己再次来到北美。虽然植村直己曾经登顶过迪纳利山，但那时是北美的夏天。冬天的迪纳利山却比夏天的迪纳利山要凶险得多，冬季的气候条件更加恶劣多变，暴风雪和极度严寒发生的概率也大大上升。此时的植村直己已经是一名经验丰富的登山家，凭借着自己的勇气、智谋和登山经验，植村直己在自己 43 岁生日——1984 年 2 月 12 日，再次独自登顶迪纳利山，创造了冬季攀登迪纳利山的纪录。然而天妒英才，植村直己在下山途中遭遇了强劲的暴风雪天气，直接跌入冰隙，永远地消失在了茫茫飞雪的迪纳利山中。

植村直己的离世是日本乃至世界探险界的一大损失，他的一生都未曾停息，没有终点，因为他一直在路上。即使身体沉睡在迪纳利山，他的精神也会活在无数探险和登山爱好者的心中，继续生生不息地行走在高山、极地、河流和荒漠之中。

他是一个登山家，一名探险者，更是一位奋斗不息、攀登不止、一直走在路上的行者。

（全书完）

改变世界的科学家 探险家的旅程

主编 _ 果麦　　撰文 _ 董怡苇

产品经理 _ 陈曦　　装帧设计 _ 吴偲靓　　插画绘制 _ 王俊宇

产品总监 _ 何娜　　技术编辑 _ 白咏明

责任印制 _ 刘淼　　出品人 _ 王誉

果麦

www.guomai.cn

以 微 小 的 力 量 推 动 文 明

图书在版编目（CIP）数据

改变世界的科学家. 探险家的旅程 / 果麦编 ; 董怡苇撰文. -- 昆明 : 晨光出版社, 2023.7
ISBN 978-7-5715-1607-9

Ⅰ. ①改少… Ⅱ. ①果少… ②董少… Ⅲ. ①科学知识－少年读物②探险－世界－少年读物 Ⅳ. ①Z228.1②N81-49

中国版本图书馆CIP数据核字（2022）第127760号

改变世界的科学家 探险家的旅程
GAIBIAN SHIJIE DE KEXUEJIA TANXIANJIA DE LÜCHENG

果 麦 编　　董怡苇 撰文

出 版 人	杨旭恒
责任编辑	魏　宾 陶安桦
特约编辑	陈　曦
插　　画	王俊宇
装帧设计	吴偲靓
责任校对	杨小彤
责任印制	廖颖坤
出版发行	云南出版集团　晨光出版社
地　　址	昆明市环城西路609号新闻出版大楼
邮　　编	650034
电　　话	021-64386496（销售部）
法律顾问	云南上首律师事务所　杜晓秋
印　　装	天津丰富彩艺印刷有限公司
经　　销	果麦文化传媒股份有限公司
版　　次	2023年7月第1版
印　　次	2023年7月第1次印刷
书　　号	978-7-5715-1607-9
开　　本	140mm×200mm　32开
印　　张	4.5
字　　数	72千
定　　价	198.00元（全七册）

改变世界的科学家

天文学家的宇宙

果麦 编　宋潇潇 撰文

云南出版集团　晨光出版社

果麦文化 出品

目录

古希腊天文学的集大成者托勒密

爱琴海边的好奇男孩

太阳为什么每天都会升起和落下？夜空中的星星为什么总是围着一个中心转动？宇宙到底长什么样子？……

这些大问题深深困扰了古代的贤哲，也萦绕在一个看不清脸庞的希腊小男孩的心头上。这个小男孩常常会坐在爱琴海的岸边发呆，望着远方海面上缓缓浮现的桅杆，显得既兴奋又惆怅。

他就是托勒密。他的名字像是琴谱上永恒不变的音名，无论过了多久，仍然要被追逐学问的世人一再歌颂。

托勒密出生于公元 90 年至 100 年间的埃及，父母都是希腊人。他有一个拉丁名，这在当时意味着他有罗马公民的身份。

小托勒密对遥远和未知的事情总是充满了兴趣，对能够解释世间万物的知识很向往。他在 20 几岁的时候就离开了家乡小镇，去了当时的亚历山大港生活。亚历山大港是古希腊的学术文化中心，矗立着一座当时全世界最大的图书馆。

在这里，托勒密快乐地沉浸在知识的海洋中，放任自己大胆而细密的创想力驰骋，虽然背井离乡，却找到了精神归宿。托勒密的日常行程非常固定，不是在工作的地方全情投入，就是在图书馆刻苦研读。

年复一年，求知若渴的托勒密精通了前人所发展出来的天文学、哲学、数学、物理等学科。在各门学科中，他最热爱的是天文学，他的房间里摆放着大量天文观测仪器和制图工具。每当夜幕降临，他便会一会儿看看星空，一会儿低头涂涂画画，时而翻翻前人留下的著作，时而忘我地在纸上做计算。在知识的不断浸润下，他举手投足间流露出一个学者的从容，但其实脑子总是忙个不停，因为那深邃无垠的星空实在有太多的秘密等待他去解答。

他从书籍中看过许多学者对宇宙所作的描述，其中最让他着迷的莫过于被历代哲学家和天文学家一再修修改改的地心说。亚里士多德为此作了一个比较完整的总结，他认为地球位于宇宙的中心且静止不动，日月星辰都镶嵌在各自的天层上，并围绕着地球做完美的圆周匀速运动。地

球之外的9个等距天层，由里到外的排列次序是月球天、水星天、金星天、太阳天、火星天、木星天、土星天、恒星天和原动力天，除此之外就没有别的东西了。所有天层自己是不会转动的，都是通过原动力天来带动，而原动力天又是由神推动的。

亚里士多德这个说法看似已经解释得很清楚，但托勒密还是不满意。他觉得这个模型有点过于理想化。首先，它没能解释水、金、火、木、土五颗行星有时顺行，有时逆行，有时甚至停住不动的现象。而且，如果天体的运动是按照一个规律来发展的话，那就应该要找出它们的数学模型，并可以用这个模型来预测它们在某时某刻出现在夜空的位置。倒过来说，只有找到这个数学模型，验证它的运动规律，才能证明这个理论是对的还是错的。

托勒密不思考不要紧，一思考就跟这个问题杠上了，他暗下决心，一定要找出宇宙运行的答案。

地心说的集大成者

地心说的宇宙模型符合人们对斗转星移的直观感受，获得了普遍的认同。但运动是相对的，如果说日月星辰不动，而是地球在旋转，那也能产生相同的视觉效果。

果然，有一个叫阿利斯塔克的学者对地心说提出了相反的看法。他认为地球每天在自己的轴上自转，而太阳和恒星都是不动的，地球每年沿圆周轨道绕太阳转一圈。这就是日心说的雏形了，或者叫地动说。

托勒密一度为这个简洁的宇宙模型动心，可理智又不允许他接受这个说法。因为如果说地球在转动，那为什么天上的云朵没有因此被集体甩向一边呢？扔向空中的石头又为什么会垂直掉落，而不是在过程中偏移出一个角度呢？这不仅是托勒密一个人的疑问，也是当时的人们不能接受地动说的一个关键原因。

我们今天很轻易就能解答这些问题，是因为我们很幸运地生活在牛顿被苹果砸中后的时代。对于托勒密时代的人，要完美解释这些物理上的矛盾，需要再等待长达 1400 多年的知识积淀呢！

因此，托勒密打消了追随地动说的念头，而拥抱了地心说，这对当时的托勒密来说，无疑是更为理性和科学的选择。然而要证明地心说的模型也并不容易，托勒密需要进一步掌握它的运动规律，摸索出可以反复验证这个规律的数学模型。这是亚里士多德等地心说提出者未曾触碰的领域。

首先，托勒密总结了前人的所有理论，在行星运动“不规则”的问题上，采纳了阿波罗尼所构想出的本轮——均轮模型。这个模型认为行星在围绕地球运动的同时，还在一个更小的范围内做着圆周运动，前者的轨道叫作均轮，后者的轨道叫作本轮，这也就解释了它们逆行和停留的运动状态。

可解释是解释了，要落实到掌握它们的动向，这可不是件简单的事。尤其是调皮的行星，它们的动向自人类有史以来就变幻莫测，正因如此才有了将它们的排列图形当作吉凶预测的占星术的诞生。

托勒密陷入了披星戴月的鏖战当中，他的算式在纸上写得密密麻麻，日积月累的稿纸，就像夜空中奔流不息的银河，一片片散落在他的桌上、满屋子的地上。终于在某张纸页的尽头，一个他等待已久的奇迹诞生了。

他的坚持和才华让他将不可能变为了可能。经过长时间的观测和大量的计算，托勒密终于成功建立了一套可模拟日月星辰运动的数学模型，他是人类史上第一个获得这个成就的天文学家。通过这个数学模型，他能够基本准确地预报日食、月食、恒星以及五大行星的出没，“破解”

了一道大自然出给人类的谜题。

至此，地心说才真正成为一个能够自圆其说、系统完整的宇宙模型理论。托勒密也因此被称为“地心说的集大成者”。

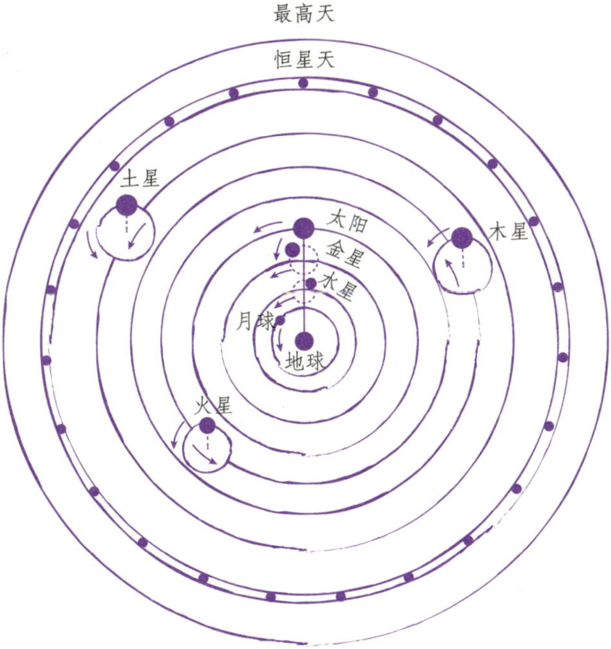

托勒密的宇宙图像

通神的《天文学大成》

天底下突然出现了个能够预测行星动向的人，在当时的人看来，这就像一个人突然拥有了神的能力。托勒密一下变得无人不知、无人不晓，人们看到他就相当于看到了个活着的传说。

然而托勒密并没有因此自满，仍然孜孜不倦地进行天文学研究工作，并于公元150年左右，根据研究成果写成了《天文学大成》（又译《至大论》）。这本书不仅体系化地阐述了地心说，还说明了太阳运动、年的长度、月球运动、月份的长度，以及日月食等天文相关知识。它的成书，标志着古希腊五百年来的天文学和宇宙学思想的顶峰。

《天文学大成》的伟大让它被翻译成多种语言。这部著作最初用古希腊文写成，后又译成了阿拉伯文，12世纪后半期在欧洲广为流传，产生了深远影响。也正是因为这部著作，我们才拥有了解托勒密生活的年代以及活动的依据。

尽管托勒密本人保守地声称，他所提出的体系并不具有物理的真实性，而只是一个计算天体位置的数学模型，但它的严密与深刻已经被世人当作毋庸置疑的“真理”了，罗马天主教教会更将它认为正统的世界观。

说起来，那个时代的人们既没有先进的天文仪器来协助验证，也不能跳出地球去一睹实况，为什么就那么笃定托勒密是对的呢？我们以历史的后见之明来看，首先，当时的天文学家实在拿不出比托勒密的地心说更完整的宇宙模型理论了；其次，地心说模型很好地调和了当时的宗教、哲学和人们的经验世界，圆满地让人们的感性、理性达到了和谐统一。

除了满足了人类对宇宙的好奇心，《天文学大成》中的知识也被运用于航海活动中。那些曾经在海边给小托勒密讲故事的水手和船长们，之后也倚仗了托勒密的天体运动数学模型，通过交叉测算天体的位置，在茫茫大海上为自己和目的地定位，不再轻易迷失方向。

自此以后，民间和学界再也没有关于宇宙图像的争议。《天文学大成》成了天文学研究者的必读书目，并在长达1400多年的时间里，作为标准教材，用于天文学的课堂教学，未曾改版。可以说，托勒密一手为整个中世纪的天文学发展，提前画上了句号。

那么托勒密的宇宙模型，真的是完美无缺吗？

永不停息的科学精神

我们只能说，托勒密在误会了天体视运动的成因的情况下，成功地将错误模型的合理性推展到了极致。根据他的模型所预测的日食和月食，误差不超过一小时，预测五大行星的运动位置，误差也只有几天时间。这个精度对当时的人们来说，已经非常不可思议。

天文学家们即便意识到这个模型在预测上的不完美，也基本认为这个误差是在可接受的范围内，它已经大大方便了天文观测工作。直到 1300 多个秋冬交替之后，托勒密的地心说才终于迎来它宿命中的挑战。

时至今日，我们凭借先进的物理学知识和科学仪器，已经可以毫无疑义地确认以托勒密为代表所提出的地心宇宙体系是错误的，然而却不该因此抹消它在天文学史上的价值和重要性，更不应该因此质疑托勒密的贡献。

在古典天文学史上，托勒密是首个突破哲学思辨范畴，用科学思维和方法来论证地心说理论的天文学家。而他为地心说所建立的精密数学模型，更是人类利用科学试图打破“天命”的尝试，为古典天文学研究树立了一座闪耀着科学理性的里程碑。

后世有学者批评托勒密，认为他最大的天文学成就也恰恰成了天文学发展道路上最大的绊脚石。其实这样的评价未免有失偏颇，因为知识的发展从来就不拒绝错误。或者说，知识的发展本就是在否定中完成的，错误是人们企及真理的阶梯。

在探索真理的道路上，托勒密的伟大，一点都不逊色于后来推翻他的哥白尼，他们分别出色地完成了各自征途上的使命。当他们在璀璨绚丽的星空下相遇，我们可以想象，面对迎面而来的哥白尼，托勒密并不会介意这位晚生否定了自己经营一辈子的学说，而是欣慰地拍拍他的肩膀，带着笑意说一声“辛苦了”。

即便到了今天，人类对宇宙的认识仍然在不断地刷新，只要探索不停止，任何已知的真理都有可能遭遇被修正的一天。《天文学大成》中记录托勒密做的最后一次观测是在公元 141 年，此后他还完成了地理学、制图学、光学及占星学上的诸多探索，同样斩获了丰硕的成果。

公元 168 年，托勒密离世。为纪念这位古典天文学的集大成者，我们将他的名字散布在浩瀚的宇宙中，其中包括了月球、火星以及小行星 4001 上的环形山，均以托勒密命名。

中国古代天文学的文理全才张衡

仰望星空，好奇心一念通天

天才罕有，但如果要从瑰丽辉煌的中国五千年文明中去找，并不难。可如果要说“全才”，那即便是放到古今中外去搜罗，也是寥若晨星了。

东汉时期，有这么一位人物，用“天才”去称呼他，也不足以评价他的资质和成就，因为他的身份横跨了天文学家、数学家、文学家、地理学家和发明家。

他便是那位“数星星的孩子”——张衡。

张衡出生于公元 78 年的河南南阳，祖父张堪曾任太守，以高风亮节名垂青史。

跟许多小孩一样，张衡从小就有强烈的好奇心。然而不同的是，对于这些心中的疑惑，张衡总要寻根究底，一直追问到水落石出才肯罢休。

有一次，小张衡和爷爷奶奶在夏夜里乘凉，他仰望天空，为寻常而又神秘的星星所着迷。他想认识它们，但却触摸不到，于是他生出了一个想法：数数看这些星星到底有多少颗。

于是他仰起头，跟不断闪躲的星芒做了一整夜的斗争。夜空下，一双溢满好奇和求知欲的眼眸，与疏朗的星辰交相辉映。

或许就是从那一刻起，一颗探寻宇宙奥秘的种子已经在小张衡的心里种下。当晚他并没有数出星星究竟有多少颗，但却在日后缔造了中国古代璀璨耀眼的天文学成就，为横跨数千年的中华文明留下了一抹永不磨灭的骄傲。

张衡天资聪颖，又刻苦好学。少年时期的张衡已经熟读五经，写得一手好文章，渐渐地，他的名声传开了。然而张衡生性淡泊，对功名利禄并不热衷，官府慕名前来征辟举荐，都被彼时醉心于研究学问的张衡拒绝了。

16 岁时，张衡挥别家乡，踏上了游学之路。他先后到达了当时的学术文化中心三辅和最高学府所在地的都城洛阳。这时期的张衡志趣主要在文学上，他工于辞赋、诗歌和散文的创作。

30 岁时，张衡经过了十年的精思傅会，终于完成了一生的代表作《二京赋》（由《西京赋》和《东京赋》组成）。

《二京赋》和班固的《两都赋》堪称东汉文学的“双璧”，是汉代大赋的最高水平。

30 岁以后，张衡的研究重心逐渐转向天文学。然而张衡并不是彻底地“弃文从理”，而是进入了“文理双栖”的时期。其时张衡大赋的创作一度陷入了僵固的困境，对于铺排和堆砌技巧的执着，限制了其文艺美感的传达和真实情感的表达。张衡敏锐地察觉到这个问题，因而开始尝试摆脱大赋的创作技巧，以平浅清丽的字句，抒发真情实意。

其中《思玄赋》展现了张衡受道家影响的哲学思想，文中把天上星星的秩序与人间社会的秩序融为一体，主要说明“凶吉倚伏，幽微难明”（认为福和祸互相依存，是福是祸难以看清）的主旨。《思玄赋》虽有汉代浓烈的“政治预言”的色彩，却也可以看作是他“文理双栖”的一个代表作品。

到了晚年，张衡倾向老、庄，主张无为，人生无常、遁隐厌世的思想愈发明显，但他始终秉持着很强的政治责任心。中通外直的个性，使他见不惯官场的污浊奸诈，以及当时社会上对谶纬[①]的迷信风气，因而那个时期他大多数的作品都表现出对现实的否定与批判，也表现了他对人民

---

① 谶纬（chèn wěi）：对未来的一种政治预言。

的关怀。

俯视星辰，化好奇为神奇

公元 115 年，37 岁的张衡出任了太史令，职位相当于现在中国科学院国家天文台的台长。

在此期间，张衡取得了伟大的天文学研究成果，他不仅拓宽了中国古代天文认知的边界，也推进了天文学知识的精度。

张衡对当时流传下来的所有星表进行归总，再与自己的观测结果汇整，最终绘制出了一张星体总数多达 2500 颗的星表。可惜的是，这幅超越了前人也为后世所不及的星表在汉末的动乱中散失了。晋代时期再有星表问世，所涵盖的星体只及张衡所制作星表的一半。直到清代，借助望远镜的观察，星体的记录数量才得以突破。

由于星星的观测时常受到月相变化以及天气等因素的影响，为了能呈现整体直观的天象，古人发明了浑天仪。浑天仪外形酷似地球仪，但是圆球的表面承载的不是地图，而是自地球望向太空所观测到的天体，人们可从浑天仪上看出日月星辰的运动情况，而不受任何天气和时间的限制。

张衡对原有的浑天仪作了改进，将计时漏壶和齿轮系统的运作原理相结合，利用水力推动，让浑天仪按一昼夜转一周的速度“自动”旋转起来。他开创了中国古代制造水运自动化天文仪象的传统。就此，行踪飘忽不定的日月星辰有了固定的“归宿”，天上星宿的运动情况，尽收眼底。

当年仰望夜空数了一整晚星星的孩子，如今成了为皇帝“数星星”的专业户。

秦汉以来，古代的宇宙观渐渐从神话主导的浪漫主义过渡到较为科学的自然主义，人们对自然现象的判断也开始更多地诉诸理性的观察。

张衡作为那个时代的天文学家，虽只能凭肉眼进行观测，但所发表的对于宇宙的见解和计算出来的相关数据，已和许多现代精密仪器观测的结果相近，令后世惊奇。

张衡建立了自己的宇宙模型，主张浑天说。他认为天就像鸡蛋一样是球状的，大地像蛋黄一样悬浮在鸡蛋内，蛋壳里面充满了水和气，气撑起了天空，把大地包裹起来，大地就浮在水上。他也指出宇宙是无穷无极的。

张衡也认识到太阳运行的某些规律，正确解释了冬季夜长、夏季夜短和春分、秋分昼夜等长的起因。通过长时间的观测，他得出了一周天为 365 度又 1/4 度的结论，与近世所测地球绕日一周历时 365 天 5 小时 48 分 46 秒的数值相差无几。

这难道是张衡的极限了吗？他作出的贡献远不止如此。

张衡还实测出日、月的角直径是整个周天的 1/736，转换为现行的 360 度制，即 29'21"，这与近代天文测量所得的日和月的平均角直径值 31'59" 和 31'5" 相比，绝对误差仅有 2'。

通过对金星、水星、火星、木星和土星的观测，张衡将它们进行了分类，相当于是对内地行星和外地行星的区分。他同时也发现了这些行星与地球的距离存在周期性的变化，于是提出五星视运动的理论，即“近天则迟，远天则速”。这是对行星运行速度不均匀作出了物理解释。

张衡也是东方最早正确说明月食现象的天文学家，他描述月食是由于地球的影子“暗虚”遮掩了月亮而引起的。

他将这些累积多年的天文学实践与理论研究进行总结，写就了不朽著作《灵宪》。书中全面阐述了天地的生成、宇宙的演化、天地的结构、日月星辰的本质及其运动等诸多天文学课题，将古代中国的天文学水平提升到了一个前所未有的新高度，使中国当时的天文学研究居世界领先地位。

披星戴月，终成一代“科圣”

除了天文学以外，张衡对科学的探索也涉及了其他学科领域。

数学方面，张衡曾想要“网络天地而算之”，著有《算罔论》。书中主要论述了如何计算球的体积，另用“渐进分数”之法，算出圆周率为10的平方根，计为3.16。这个值虽然比较粗略，却是中国第一次通过理论求得圆周率的尝试。

张衡最令后人津津乐道的是他的机械发明。

公元132年，张衡创制了世界上第一台能够测定地震发生方向的仪器“候风地动仪”。它的外形像一口巨大的酒瓮，直径将近两米，由精铜制作而成。地动仪里面有精巧的结构，处于中央的是都柱，周围环绕着8套牙机装置。都柱里面悬着设计精微的候风摆，当地震发生时，震感传递到候风摆，促使都柱摆动触发牙机。在樽的外面相应地设置了8个龙首，口含小铜丸，每个龙头下面都有一只蟾蜍张口向上。当牙机被触发的时候，相应的龙口就会张开，小铜珠即落入蟾蜍口中，由此便可知道地震发生的方向。

据记载，公元 134 年 12 月 13 日，候风地动仪被触发，显示洛阳西边发生了地震，然而当时洛阳并没有感受到任何震动。正当所有人感到疑惑，西边快马传来了陇西发生地震的消息，验证了地动仪探测地震方向的功能。这是人类历史上第一次用地震仪器检测到远处发生的、但在仪器所在地无感的地震。而西方一直到 1700 年后才发明了具有类似功能的地震仪。遗憾的是，这台造微入妙的地动仪到唐代就失传了，如今我们只能看到仿制品。

同时代的著名文学家崔瑗称赞张衡“数术穷天地，制作侔造化……与神合契”一点都不为过。

除了前面提到的浑天仪和候风地动仪以外，张衡还别出心裁地发明了称为“瑞轮荚”的自动化日历，相当于钟表中的日期显示。另外还有自动辨别方向的“指南车”，外形酷似一辆双轮马车，车厢内安装齿轮装置，外壳上有一木刻的人像，无论车子朝哪个方向转动，木人伸出的臂始终指向南方。还有用来计算里程的“计里鼓车”和能模仿鸟类飞翔的“独飞木雕”等发明。

日月更替，斗转星移，几十年的时光，张衡对科学的研究和机械工艺的发明始终保持着热忱。凭借着这些研究成果和傲立于历史长河上的发明，张衡被誉为“木圣”（科圣），是中国古代科学领域永恒的坐标。

蓦然回首，有一颗星星以我为名

有句话说，一辈子只要做好一件事就够了，这句话在张衡身上显得有些苍白。

张衡用浑天仪和地动仪向世人展示了他“上知天文，下知地理”的科学素养与才华，然而作为“全才”的他，所获得的成就远不止于此。

地理方面，他每到一地都会详细考察并做记录。他所绘制的地形图标注细致，测绘准确，一直流传后世。张衡也善于绘画，留下了能用脚作画的传说，被列为东汉六大画家之一。同时，他还是伟大的文学家和思想家，名列“汉赋四大家”之一。

公元 139 年，张衡病逝，葬于故乡南阳，享年 62 岁。

张衡的一生并不长，却足以为后世留下许多永垂不朽的瑰宝。

郭沫若曾受邀为张衡的墓碑题词，他慨然提笔写下“如此全面发展之人物，在世界史中亦所罕见。万祀千龄，令人景仰”26 字的精辟评价。近代学者也经常将知识广博的张衡与西方的旷世全才托勒密和达·芬奇作比较。

为了纪念张衡在天文学上的功绩，联合国天文组织于 1970 年将月球背面的一座环形山命名为“张衡环形山”，又于 1977 年将太阳系中的小行星 1802 命名为“张衡星”。

张衡在有生之年或许能预见即将从地平线上升起的每一颗星宿，却无论如何没料想到在千年之后，那高高挂在夜空里闪烁的星群中，竟有一颗星星是以自己的名字命名的。

中国古代天文学史上，张衡无疑是最璀璨耀眼又独一无二的一颗星。

创下六项科技史第一的宰相苏颂

壮志凌云的少年才子

宋朝是中国历史上经济、文化及教育最繁荣的朝代，稳定的经济和开明的政治给科研活动提供了一方沃土，促使科技得到长足发展。在今天来看，两宋的科技成就不仅冠绝中国古代科学技术史，即便放眼世界也无出其右。这样的年代，自然产生了许多流芳百世的人物。

要说一位对后世影响深远的苏姓官员，大部分人可能会先想到创作了“不知天上宫阙，今夕是何年”的文人领袖苏轼。但要说在天文学史上为我们留下了隽永诗篇的，那要数这位不仅能明确道出今夕是何年，而且还发明了计时仪器，被后世誉为“世界钟表鼻祖”的苏颂了。

苏颂出生于公元 1020 年的福建泉州同安（今属厦门市同安区），祖上六代皆是宋朝官员，是名副其实的名门望族之后。

苏颂从小受到良好的教育。在书香之气的熏陶下，他3岁时就可以背诵诗词歌赋。父亲苏绅是朝廷命官，平时工作忙碌，常常在书房里一待就是一天，小苏颂只能在书房外偷看父亲。他见父亲成天挥笔，觉着有趣，也就拿来纸砚笔墨，依样画葫芦，练起字来。

苏家的二世祖苏光诲是武官，因此在宅邸门前的空地修了一个广场，作为练兵用。练兵场的旁边挖有一个浅池，用来给马儿洗澡。小苏颂练字的时候常到洗马池里洗笔墨，日复一日，池水都被他洗黑了。

到苏颂4岁时，苏绅调升京官，于是一家上下迁往首都汴京（今开封）。此后苏颂时常怀念在同安生活的童年。这次离开后，他就再也没有回去过。

随着年纪渐长，长大后的苏颂也立志要像父亲、祖辈一样，效力朝廷，为天下百姓谋福。既然有了目标，学习也就愈加发奋。他兴趣广泛，对经史九流、百家之说、算法、地志、山经、本草、训诂、律吕等都有所涉猎。

有一天，苏颂正在书房里用功研读历法算术，父亲差人来唤，原来是关于推恩荫补的事。自从隋唐开科取士以来，任何人都可以通过科举考试入仕做官。但是考生很多，考试的难度又高，想要金榜题名可不容易。其时，苏颂的父亲在朝廷担任中书舍人，官位显贵，按照宋代祖制，家中儿子可以不用经过科举考试，凭借门荫获得官职。

但是苏颂却拒绝了父亲提供的这一捷径。他很少违抗父亲，然而对于为官一事早有了自己的想法。他告诉父亲，自己从小勤修苦读，承蒙家里的教诲，凡事不敢急于求成，希望可以脚踏实地，凭自己的本事通过科举，用真才实学为社稷作贡献。

苏绅听了儿子一番慷慨陈词，又见他神情凛然，也被打动了，于是唤人去把苏颂的两个弟弟叫来，让苏颂把刚刚那番话在弟弟面前再说一遍。聪明的苏颂知道自己的想法已经得到父亲的首肯，便回头劝励弟弟们跟他一样，老实做学问，将来凭靠自己的才能在考试中取得好成绩。最后，两个弟弟也答应了。

转眼到了科考之年，平常繁忙装卸物资百货的汴河有了不一样的光景。来往的篷船中多了许多白衣秀士，街上也多了许多负笈而行的身影。19 岁的苏颂也加入了这个赶考的行列中，这是他第一次参加科举考试。

宋代重文人，对科考制度进行了一系列的完善，内容和形式都与前朝不同。试题除了承袭以往的诗词、歌赋、帖经、策论外，还经常出现科技方面的考题。

苏颂在省试中遇到的就是科技试题，考的是天上星宿和地下辨方工具相关的知识。当时担任主考官的是宰相盛度，他非常赞赏苏颂的答卷，列作上等。然而复核答卷的考官发现苏颂的文章中用错了一个韵，便将他的名字从最终的榜单中剔除。

苏颂知道了自己因一字之差未能中第后，并没有灰心，他认为这是对自己学问还不够扎实的警示。于是此后苏颂更加刻苦学习，对待学问也加倍严谨，誓要在来届的科举中考中进士。

或许是命运中的必然，第二次参加科考，苏颂面对的又是科技试题。这回考的是天文历法的知识，比起上一次的考题难度更大。这一次苏颂再也没有给挑剔的考官机会，递交了一份完美的答卷，也同时为后世留下了一篇非常优秀的古代天文历法力作。

当时的考官是大名鼎鼎的欧阳修，他对苏颂的表现给出了极高评价：才可适时，识能虑远。珪璋粹美，是为邦国之珍；文学纯深，当备朝廷之用。大意是说这人才华卓越，品格超群，将来有大用，应当录取。

1042 年春天，23 岁的苏颂，站在北宋都城的虹桥之上，踌躇满志，他实现了自己的诺言，成功通过科考，登进士乙科。而他对天文和科学的兴趣也始于这一个节点。

勤奋务实的科技官员

苏颂有个爱做笔记的习惯，但凡遇到自己不知道的典故，他总要追根究底，然后认真记录下来。这个好习惯伴随了他一生。

虽然已经做官，但苏颂深知学海无涯，并不敢因此懈怠学习。在担任校理期间，他得以接触大量的宫廷珍藏典籍。苏颂把握这个难得的机会，一有闲暇就翻开阅览，还要求自己每天背诵 2000 字，并在回家后默写出来以巩固记忆。如此持续不辍将近十年，知识积厚，渐渐地传出了博学多识的名声。

宋神宗曾问苏颂博学的奥秘，他的回答一如既往的朴实无华，用现在的话来说，就是“多阅读、勤做笔记”。

苏颂为官秉公执政，不立党援，公私分明，从地方官做到中央官，仕途稳健晋升。他担任重要官职时善于发现人才，并让他们能发挥所长、施展抱负，这为他日后研制天文仪器提供了用人基础。待他 66 岁时，官任吏部尚书，对知识的运用也已经到了融会贯通、随心所欲的地步。

公元1086年，苏颂奉命检验太史局所使用的各架天文仪器，发现本朝的天文科技严重滞后了。当时世上最先进的天文观测仪器，仍是出自汉代张衡之手的“水运浑象”。到了唐朝，人们虽对其作出了些许改进，但并没有完成较大的突破，且这两代的发明成果都在战火中失传了，仅在部分典籍中有残留片段的描述。

为了提升天文观测的质量和效率，苏颂请求成立相关部门，接下了研制新天文仪器的艰巨任务。他很快找来了通晓天文、历算，时任吏部令史的韩公廉，以及其他工于研制机械的官员协助工作，望集众人的智慧一同攻关。

苏颂的科研态度兼具进取、创新的胆识，以及尊重规律、反复验证的细致，经过三年零四个月的考究、设计、做模、调试检验，终于研制出具有继往开来意义的新式天文仪器。这台仪器集观测、演示和报时功能为一体，以水力进行发动，取名为“水运仪象台”。

水运仪象台的外形是一座高约12米、宽约7米，上狭下广的三层楼方形木制建筑。它的诞生，不仅宣示了宋代天文科技对前人的超越，同时也在火药、指南针、造纸术、印刷术这四大发明之外，又将中国古代的科技水平推向了一个新高度。因此，近代有学者认为它是“中国古代的第

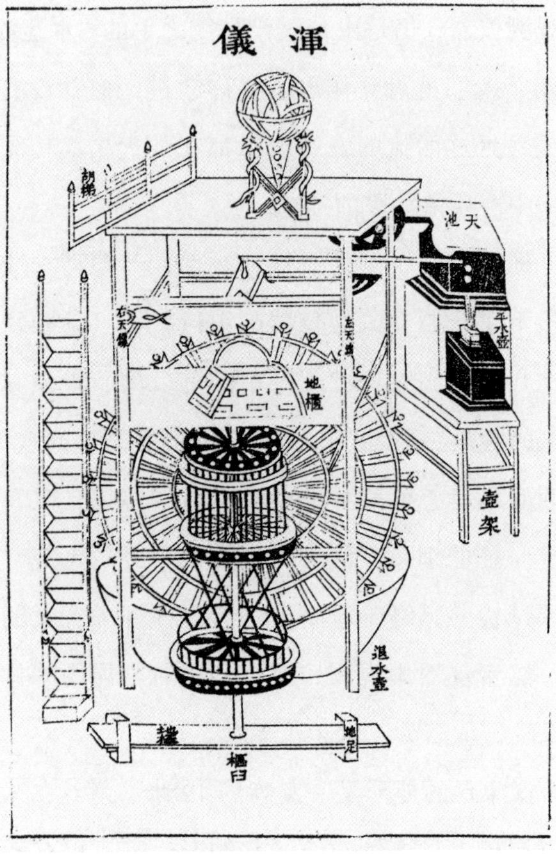

水运仪象台示意图

苏颂，《新仪象法要》，钦定四库本，商务印书馆，1937年五大发明”。

仪象台的最上层放置的是用以观测天象的浑仪。苏颂为这架浑仪配上了能够让窥管（望筒）全天候追踪天体的装置，使它成了现代天文台控制天体望远镜随天体运动的转仪钟元祖。在欧洲，到 1685 年，才由意大利天文学家卡西尼发明出功能相似的装置。

苏颂还专门为浑仪设计了活动性的屋板，平时不用时可以关闭以阻挡雨雪，需要使用时再打开。学界公认这是现代天文台圆顶自由启闭室的雏形。

中层放置的是一台可以演示天体运动的浑象。浑象与上层的浑仪联动，一昼夜即自转一圈，可与实际观测相互参照。

下层的外部是设计精巧的报时装置，外形为五层塔形木阁，每层木阁均布置了若干扇门，门内或门外守候着可机械活动的司辰官小木人。它们各司其职，有的负责以摇铃、扣钟、敲鼓、击钲的声效方式来报时；有的负责抱着时辰令牌，在声音传出的同时破门而出，向外展示时间。

苏颂设计这台仪器的周密构思，让观察者在上层观测天象时，原地就可听声辨时，大大方便了工作。

在报时装置的内部，苏颂博采古人之所长，借鉴了张衡开创的用漏壶流水来控制齿轮系机械传动的概念，以及唐代僧一行和梁令瓒发明的擒纵器机构，研发了输出更为稳定、控制更为精密的“枢轮”和“天衡”系统。

枢轮即是这台仪器的原动装置，也可以理解为这一巨大机体的“心脏”。那是一个直径 3 米多，带着 36 个水斗的大水轮，靠着恒定滴漏的水重力来推动。当水灌满一个水斗时，就会打破平衡解放拖住水斗的机构，使得枢轮下转。这时，类似现代钟表擒纵机构的天衡系统就会起作用，控制枢轮只能转过一辐的角度。枢轮产出的动能，再借由一套繁复的杠杆和齿轮系统传动到机体各处，实现稳定、统一，且自动化的运转。

这种运作原理与当今机械钟表具有极大的相似之处，科技史学家李约瑟由此意识到西方世界关于钟表的创始认知是不完整的。他在《中国科学技术史》中申明：“我们以前关于钟表装置始于 14 世纪早期欧洲发明的说法是错误的，中国许多世纪以前就已经有了装有另一种擒纵器的水力传动机械时钟。”

苏颂因此被誉为世界钟表的鼻祖，而水运仪象台也被认为是世界上最早的天文时钟。

辉煌灿烂的满天星斗

水运仪象台虽然非常成功，但苏颂仍是不太满意。

传统的浑象是在一个球体上列布凸起，来表示天上星宿的位置，观察者在外部转动球体，以达到天体运动的演示效果。水运仪象台内的浑象在这点上与前人之作无异。显然，用这种方式来象征天穹，还不够逼真。

凡事力求尽善尽美的苏颂因此在水运仪象台落实之后，又与韩公廉着手研制了一种能够让人进入浑象内部来观察的浑象装置，称作“假天仪”。

那是一个用竹编纸糊的大球体，内里置有一把悬椅，球壁上对应天空星象的位置和亮度，凿有大小不一的孔洞。当人在球体内悬坐时，扳动机关，整个球体就会在水力的推动下旋转起来，外头的光亮透过孔洞进入球体，就像“栩栩如生”的星空一般。

这架可以直观感受斗转星移的假天仪，无疑是近代天象仪的先驱，为苏颂又多揽下了一项科技史第一。

苏颂深知学问传承的重要性，于是在他 70 多岁高龄时，仍不忘将水运仪象台的设计详细记录下来，著成《新仪象法要》一书。书中透过文字和绘图，巨细靡遗地说明了水运仪象台的机械构造、部件尺寸和形制。绘图中包括全图、分图、零件单图共 50 多幅。这是代表宋代最高水平的天文机械图样专著，也是世界上现存最早、最完整的机械设计图。

正是凭借这些流传下来的图纸，王振铎等现代科技史家才得以准确地复原出水运仪象台，让这台横跨千年的天文仪器能够重现古代科技的智慧之光。

苏颂在这本著作中另外绘制了五幅星图，涵盖 1464 颗星。这比欧洲于 400 年后所绘制的星图还多了 442 颗。西方的科技史家蒂勒、布朗和萨顿等曾因此感慨：“从中世纪直到 14 世纪末，除中国的星图以外，再也举不出别的星图了。”

李约瑟博士在研读了这本著作之后，认为它对世界科技史具有非凡的意义，便将其翻译成了英文在西方世界发行，让苏颂之名享誉国际。

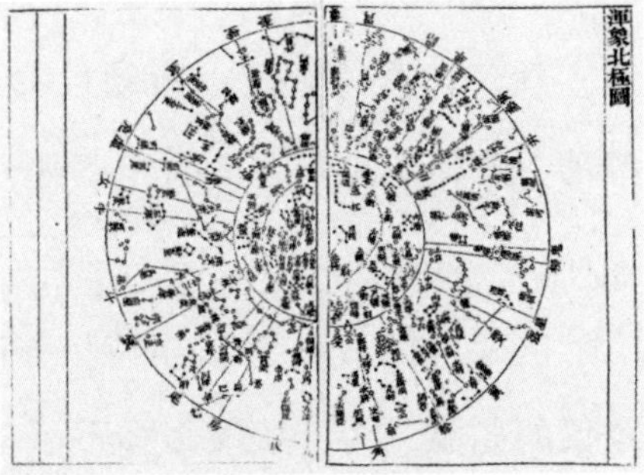

《新仪象法要》中的浑象北极图

延续千年的科技之光

苏颂一生从政 50 余载，始终恪尽职守，政绩颇丰。他做过地方官、中央官、外交官和科技官，历经北宋仁宗、英宗、神宗、哲宗四朝，至 72 岁时荣膺宰相，位极人臣。

苏颂的忠厚和正直是他政治寿命长的关键因素。当苏颂任宰相时，在位的哲宗年纪还小，实际掌权的是宣仁太后，因此许多大臣有事都直接奏报太后，而略过了年幼的哲宗。只有苏颂在奏报太后后，必定再禀告哲宗。后来哲宗亲政，曾失礼犯上的旧臣遭到贬职，有位御史想一并弹劾苏颂，哲宗却摇摇头说："苏颂素明君臣之义，不要轻率议论这位国家的元老。"

苏颂退休时已年近 80，身体非常孱弱，隐居润州，不问世事。如果将人生比作蜡烛，苏颂确已竭尽所能燃烧自己，一面照亮了社稷，一面照亮了那个时代的天文科技。

从水运仪象台到假天仪，再到《新仪象法要》，苏颂为中华文明缔造了六项科技史第一，挑战了西方世界所编订的天文科技史。

公元 1101 年，苏颂与世长辞，享年 81 岁。皇帝听闻噩耗后，悲痛辍朝三日，封赠苏颂"魏国公"，并赐予谥号“正简”。

纵观苏颂一生的科研成果，除了天文以外，他还在药物学、生物学、矿物学与冶金技术上作出了一定贡献，李约瑟因此赞叹他是中国古代和中世纪最伟大的博物学家和科学家之一。鉴于苏颂的博学多才，后世西方亦有人将他比作“千年前的达·芬奇”。

人虽已故，但他所留下的文明瑰宝依旧流光彩熠。2010 年，厦门市同安区有了首座以历史名人命名的公园，名为“苏颂公园”。两年后，同安举办了首届“苏颂国际文化节”，并成功复制水运仪象台，作为苏颂公园的“镇园之宝”，对外开放。

时至今日，水运仪象台的枢轮依然坚实而笃定地转动着，仿佛还回荡着苏颂对后世子孙的叮嘱：“非学何立，非书何习；终以不倦，圣贤可及。”苏颂治学的态度以及务实的科学精神，万世流传。

掀起“宇宙革命”的天文学家哥白尼

稍纵即逝的温暖童年

波兰的西北部，坐落着一座中世纪古城——托伦，这是波兰最古老、最具魅力的城市。维斯瓦河绕城流过，曾有大量载着货物的船只从这里经过，通往波罗的海的港口，再将货物运往整个欧洲。这是一座依托航海事业发展起来的城市，当时的经济实力仅次于首都。

当人们旅行到这座城市时，会发现这里的一切都跟一位伟大的人物密切相关。无论是哥白尼博物馆，还是命名为托伦哥白尼的大学都清晰地昭示着这位伟大人物生活过的轨迹。他就是掀起了人类认知革命的天文学家哥白尼。

1473 年的一天，托伦一个富商家庭迎来了自己第 4 个孩子，他们给这个小男孩取了一个和父亲一样的名字“尼古拉·哥白尼”。哥白尼前面已经有了两个姐姐和一个哥哥，全家都非常疼爱这个聪慧的小弟弟。

童年时期的哥白尼十分喜爱在维斯瓦河畔玩耍，他脑袋里装满了对未知世界的遐想。他常常守在河畔等待父亲乘船归来，也时常和远归的水手们谈天说地，听他们讲星辰大海的故事。渐渐地，那些关于气象、星宿的知识在幼小的哥白尼心中种下了种子，也在他的心中勾勒了朦胧的图景。

无忧无虑的童年在 10 岁那年戛然而止，父亲的去世，让整个家庭陷入危机，不久母亲也离世了。好在舅舅挺身而出，照料这几位家族的遗孤。

哥白尼的舅舅是一位主教。他十分重视对哥白尼兄弟的培养，将他们接到自己的教区接受教育，希望将他们栽培成对社会有用的人。哥白尼在舅舅的庇佑下一天天长大，接受了良好的教育，培养了自由独立的精神，为将来取得辉煌的成就打下了坚实的基础。

刻苦求索的青年时代

哥白尼 18 岁时，在舅舅的安排下去了当时波兰最好的大学克拉科夫大学学习。克拉科夫大学历史悠久、闻名遐迩，吸引了颇多有威望的教授和青年学子。

哥白尼学的是医学，中世纪的医疗水平有限，疾病肆虐，他渴望用专业的医术救助病人。但他内心从来没有忘记过去探索烂漫星空的奥妙。幸运的是，克拉科夫大学有波兰最好的天文学教授，在那里，一扇崭新的大门向他打开，他将所有业余时间都投注到天文学的学习和研究中。他时常去听天文学的课程，因而结识了导师沃伊切赫。

沃伊切赫是波兰著名的天文学家和数学家，也是一位人文主义学者，他富有激情的演讲和旁征博引的论述方式折服了哥白尼，也让哥白尼深深领略到天文学的魅力。哥白尼常常与沃伊切赫探讨天文方面的知识，还向他学习观测技能和数学计算。三年的光阴倏忽而过，哥白尼对天文知识的了解大为丰富，更重要的是，他不再靠纯粹的想象和思辨去理解宇宙，他学会了用数学计算验证观测结果。

在克拉科夫大学的求学时光结束后，哥白尼又辗转到意大利求学。这一次，他作为教会资助的学生，带着舅舅的殷切希望和教会寄予的使命踏上了漫漫征程。23 岁的哥白尼乘着马车从波兰跋山涉水 40 多天到了意大利。

这趟旅程充满着奇趣与惊险，他躲过了强盗，欣赏了祖国的大好风光，领略了别国的异域风情，眼界大开。但到达意大利时，他依然被眼前的景象震惊了。这里充满了世俗生活的喜悦，连一些宗教人士也开始享受世俗的欢乐。

那时的意大利是欧洲文化的中心，一场名为“复兴古希腊罗马典籍”的文化运动正在如火如荼地开展，这场运动就是对后世影响深远的文艺复兴运动。文艺复兴的兴起代表着人文主义的复苏，随之而来的便是科学精神和理性的觉醒，人文的曙光冲破中世纪神学的桎梏，给人们的思想带来了极大的解放。

意大利正是这场运动的策源地，因而聚集了欧洲最杰出的学者、最活跃的思想、最先进的技术，成为寻求新知的青年梦寐以求的求学圣地。

哥白尼先后在博洛尼亚大学和帕多瓦大学攻读了法律、医学和神学等学位。一方面，他作为教会资助的学生需要履行自己的使命，学习对教会发展有帮助的学科。另一方面，他割舍不掉心爱的天文学。所以他同时修习了多门学科，以常人所不及的毅力和投入取得了斐然的成绩。

在博洛尼亚大学，他遇见了一位对他一生影响至深的人——著名的天文学家诺瓦拉。哥白尼一开始是诺瓦拉的学生，后来渐渐成为他的助理和朋友。诺瓦拉是一位身体力行的实践者。他做过许多天文观测的实践，其中包括测量南欧重要城市的纬度。在这些研究中，他发现托勒密的地心说存在严重的误差。

哥白尼在跟随诺瓦拉学习的过程中，也对托勒密体系产生了怀疑。在翻阅大量古希腊的典籍后，哥白尼发现早在一千多年前就有人质疑过地心说，只是当时没人能提供有力的证据证明这一理论的谬误。

在中世纪，人们对宇宙的认知主要来源于古希腊天文学家托勒密的地心说。地心说的主要观点是地球位于宇宙中心，是静止不动的，日月星辰绕着地球转动。托勒密的理论体系自诞生至中世纪末期，已经雄霸欧洲一千多年，是学界的权威，更是被教会加以利用且神化的正统学说。要撼动它的地位，其难度可想而知！

然而哥白尼心中已经燃起了怀疑的火苗，要轻易扑灭它也是一件不可能的事。对真理的渴求、对科学探索的坚持，使哥白尼在这条路上越走越远。

有一次，他遇到了一个验证托勒密学说的好机会，那晚，根据托勒密理论的模型进行计算，月亮会和一颗叫作“毕宿五”的星星发生重合现象。哥白尼通过观测，发现天象果然发生了，却比预计的时间晚了一个多小时。诺瓦拉老师告诉他，根据托勒密体系计算的结果经常存在误差，有时甚至达一个月之久。于是，哥白尼更加确信托勒密的地心说体系有问题。

后来，哥白尼还发现在一年当中，行星的亮度是会发生变化的，有时候变亮，有时候变暗。如果行星绕着地球做匀速圆周运动，且距离不变，那么亮度怎么会变化呢？尽管托勒密体系已经用偏心圆理论和本轮—均轮理论解释了亮度变化的原因，但是哥白尼认为这并不完美。

而且，他还发现行星运行的轨迹，有时候是从西向东顺行，有时候是由东向西逆行，如果地球静止不动，又怎么会发生这样的现象呢？[①] 就在他思索地心说的未解之谜时，突然有了一个惊世骇俗的想法：地球是转动的！带着这个想法，哥白尼继续深入研究，一步步完善自己的思考和计算。

为追求真理对抗权威

光阴荏苒，意大利的留学时光已过七载，求学生涯不

---

① 编审注：地心说中的本轮—均轮体系目的之一就是为了解释行星逆行现象，在精度要求不高的时代，的确很好地解释了这一现象。随着观测精度提升，预测与观测不符的情况越来越多，地心说的解决方案是在本轮上再加本轮。到哥白尼时期，太阳系天体的运动已经有重重叠叠几十上百个圆来描述了。从科学上讲，这么复杂的体系仍不能精确描述行星运动。从神学上讲，上帝不会创造出如此不完美的宇宙。这两方面的原因导致了当时的人们对地心说的怀疑。

得不终止，舅舅殷切的期许与教会长久的经济投入都使得哥白尼必须返回故土，报效他的家族与祖国。1506年，哥白尼带着法学博士的学位回到了波兰。

哥白尼回国后担任了大主教舅舅的秘书和医生，舅舅为他提供了灵活的工作时间以及工作上的便利，让他能够继续从事天文学的研究。舅舅去世后，哥白尼来到弗龙堡神甫会担任全职的神职人员，从此他需要独当一面地应对更为繁琐的工作。

弗龙堡教堂是一座哥特式的尖顶教堂，它的周围被高大的城墙环绕，墙上有箭楼，是古人为抵抗敌人入侵而建的。后来箭楼交给神甫管理，哥白尼便将箭楼改造成天文观测台。此后他一生中的大部分时间都在这个狭小的空间度过，直到离世。

除了工作和休息，哥白尼都在这座箭楼上孜孜不倦地观测星空。那时精密的仪器还没有被发明出来，他仅凭借一些手工制成的粗糙的工具进行观察。出乎意料的是，他用裸眼观测到的结果非常精确。通过计算，他了解到地球绕着自己的轴心转一周是一天，绕着太阳转一周是一年。

日积月累，哥白尼的研究成果越来越多，他的理论也逐渐成形。他发表了一篇名为《关于天体运行假说》的文章，正式提出了自己的观点：地球不是宇宙的中心，它只是一颗普通的行星，和其他行星一样绕着太阳公转；并且，地球自转不息，从而造成了天体的东升西落等等。这一理论被后世称为日心说。

哥白尼的日心说横空出世，在学界惊起千层浪，他本人如冉冉升起的新星受到世界瞩目。他的思想迅速传遍整个欧洲，很快得到了一批忠实的拥趸，但同时也受到了保守人士的激烈批判。好在哥白尼一开始就开宗明义地说了这只是一种“假说”，因此免于教会的处罚。

尽管哥白尼宣称这只是一个假说，但实际上，这就是他深信不疑的真理。在此后的 30 多年中，他一直在撰写那部引发天文学界革命的作品《天体运行论》。这部伟大的作品宛如灿烂星辰划过中世纪最后的暗夜，让科学的光芒驱散黑暗，照亮宇宙。

锲而不舍成就伟大著作

《天体运行论》的诞生可谓一波三折，首当其冲的原因是哥白尼的工作十分繁忙，他的研究不得不一度中断。

哥白尼不是一位在“象牙塔”内工作的学者，他是身兼多职的神职人员和社会活动者。在教会土地的问题上，他需要充当经济学家处理经济有关的问题；在医疗上，他要担任医生为王公贵族和平民百姓看病；在军事上，当十字骑士团侵扰他们生活的地区时，他要率领军队与敌人展开智力和武力上的周旋。即便如此，哥白尼仍然凭借顽强的意志和坚韧不拔的决心继续着研究和写作，最终完成了这部伟大的著作。

《天体运行论》是一部厚厚的大部头著作，全书分为六卷。第一卷有十四章，哥白尼用通俗的语言阐述了日心说体系的基本观点，即使不是专业人士也能读懂。第二卷到第六卷则讲了各种天体运动以及定量计算方法。学完这本书，不仅能了解日心说的理论，还能精确地计算出日食、月食的时间，而且精度远远高于托勒密体系的方法。

年近古稀之年的哥白尼经过长期的思想斗争，决定把自己发现的关于宇宙的真相向世人揭示。他本打算将这本书以庄严的学术著作出版，但是当时的编辑为了通过教会的审查，假托哥白尼的名义作了一篇序言。大意是这本书里说的都不是真的，只是为了便于数学计算提的一种假设，天文学是很荒诞的，不值得被相信。

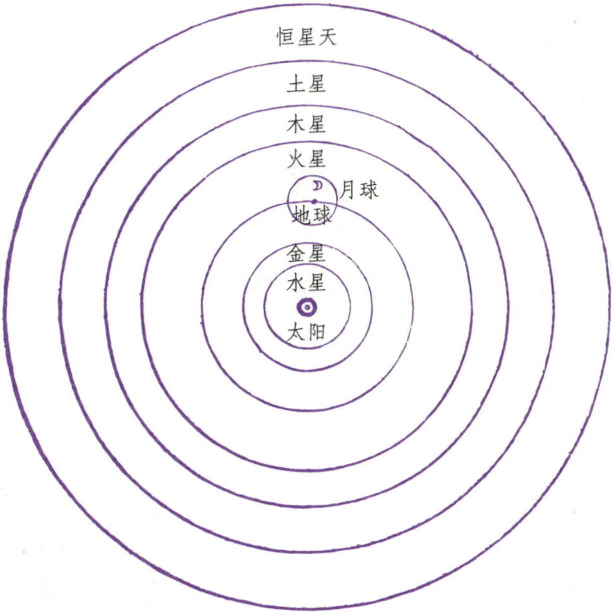

《天体运行论》中哥白尼的宇宙观

当印好的书送到哥白尼面前时，哥白尼已经奄奄一息，他躺在床上摸了摸书的封面，就与世长辞了。一直到几百年后，哥白尼的手稿被发现，人们才知道序言的内容并非哥白尼的原意。

无论如何，这本伟大的著作终于得以与世人见面，它的诞生彻底颠覆了人类对宇宙的认知，为天文学从神学中剥离出来奠定了基础，开启了现代天文学研究之路。哥白尼也因此被称为“现代天文学之父”。

哥白尼开创的日心说体系并非完美，他本人还有一些没有解决的问题。但是他将天文学的研究往前推进了一大步，开启了一个新的时代。此后300年间，第谷、开普勒、伽利略、牛顿等人沿着他的轨迹，从不同方向为日心说作了有力的论证。最终使得日心说战胜地心说，成为人们认知宇宙的真相。

如今，当我们来到波兰，依然可以看到那座矗立在波罗的海边上的塔楼，那是哥白尼度过三十载岁月的地方，是他废寝忘食观测、计算、写作的地方。这就是闻名世界的“哥白尼塔”，作为天文学爱好者的圣地，世界各地的人们慕名而来以致敬这位伟大的学者。

弗龙堡的哥白尼塔

近代实测天文学的创立者第谷

如果要在天文学史上寻找最具传奇色彩的天文学家，那第谷·布拉赫一定位列其中。他 13 岁进入大学学习，14 岁就立志成为天文学家。他生性冲动，年轻时与人决斗，面部还受了伤；他离经叛道，恋上了平民女孩，与贵族家族决裂；他运气奇好，正当生活没着落时，国王赏赐了他一座小岛，还给他一大笔钱。第谷在小岛上只做一件事情，就是看星星，而且一做就是 20 年，要不是国王去世，他恐怕会继续待在岛上。

然而让第谷在天文学史上留名的并非这些奇闻轶事，而是他对于实测天文学的贡献。可以说第谷对于天文的观测达到了裸眼观测时代的极限，其精确度与望远镜相比也相差甚微。经过多年不断的观测实践，他为后人留下了大量宝贵的观测数据。除此之外，他还做了一件特别伟大的事，就是把自己的研究成果毫无保留地交给了另一位大师开普勒，因而成就了一个惊天动地的发现——开普勒三定律。天文研究的接力棒就这样被传递下去，天文学的事实资料被不断充实，理论基石被不断完善，人类也一步步靠近宇宙的真相。

天才儿童的诞生

在遥远的北欧，大雪笼罩在1546年的丹麦，寒冷的空气让路上的行人不自觉地加快脚步。此时正值圣诞前夕，欢乐的气氛弥漫街头巷尾，家家户户为迎接盛大的节日而忙碌。斯科纳镇的布拉赫家族更是忙个不停，因为一个新的生命在这天降临了，父亲为他取了一个特别的名字：第谷·布拉赫。

第谷从小就显露出过人的天资，他聪颖好学，被家族寄予厚望。两岁时，他被伯父收养，伯父悉心地培育他，希望他将来可以出人头地，干一番大事业。

第谷不负众望，从小爱学习，在家庭教师的教导下很快完成了基础学业。同时，他也跟很多孩子一样充满好奇心，喜爱问问题，比如“有人住在天上吗”“为什么星星会发光”，但家庭教师总是敷衍了事，显然他已经无法满足小第谷蓬勃生长的求知欲了。

13 岁时，第谷被伯父送到丹麦最负盛名的学府哥本哈根大学学习。哥本哈根大学是一所新派的学校，有许多新兴的学科和领域。第谷在这里接触到了丰富的天文学著作，他几乎读遍了当时能够找到的所有天文学书籍。

1560 年的一天，晴朗的天空突然变暗，太阳好像被巨兽一点点吞噬，最后只剩下一缕发光的金边。当时的人们看到这种现象都非常惊诧，以为是上天的某种预示。人群中的第谷也看到了，但通晓天文学知识的他知道这是一种正常的自然现象。当月球运动到太阳和地球中间时，月球就会挡住太阳射向地球的光，因而产生日食。他知道这不是什么神的预兆，而是观测天象的大好时机。当他如痴如醉地观测日食时，突然有了一个想法：天体运行的情况是可以通过观察预测的。于是，他决心成为天文学家去探索更多星体的奥秘，这一年他只有 14 岁。

14 岁的第谷开始了自己的观测事业，为了预测天体的运行，他决心持之以恒地观测行星，以找到它们的规律。也许这一想法在现在的人看来很普通，但在当时是了不起的远见卓识。在此之前，人们认为只有在特殊天象发生时才需要观测，或是为获取计算数据时才需要观测，少有人会在普通的日子里对天体进行不间断的观察。谁料这一想法将第谷引向了实测天文学的大门。

制定新的星表

功夫不负有心人，第谷在持续的观测中捕捉到了一个罕见的天文现象，他看到木星与土星在恒星天空的背景下发生了“重合”，也就是说木星追赶上了土星。一般来说这两颗星星有着各自的运行轨道，运行的速度也不相同，很少“重合”。木星线速度为 13 公里每秒，大约 11.8 年绕太阳一周；土星线速度为 9.6 公里每秒，大约 29.4 年绕太阳一周。因此两颗行星大约 19 年才会近角距相聚一次。此时，从地球看过去，这两颗星星几乎贴在一起了。但实际上它们之间的距离还有 6.5 亿公里。

第谷观测到这个现象后，就根据托勒密地心说模型的《阿方索星表》进行了计算，结果发现与实际“重合”的时间，有多达一个月的误差。后来，他又根据哥白尼模型的《普鲁士星表》进行计算，这次误差少了些，但也有两天。这两天的误差到底是怎么回事呢？第谷进行了苦苦的思索。他想，如果是观测不够准确，那么应该改进观测的仪器，提升观测数据的精度。如果计算数据不够准确，那么需要重新制定新的星表。

后来，第谷不断发明和改进观测仪器，提高精度，终于达到无人能及的观测水平。但是编纂星表需要花费的时间和精力就更多了。当他决定编星表的时候还是十几岁的少年，当星表终于完成时，他已是 50 多岁的长者了。20 多年后，他交出了一份数据翔实、精确度甚高的《北天星表》，这份星表一共收录了 777 颗恒星，每一颗的位置都经过反复多次测量，力求精准。这份星表即便到了今天也仍然发挥着作用。

超新星的发现

第谷所处的时代，人们的宇宙观念仍然受古希腊的地心说和水晶球理论的影响。虽然哥白尼的学说已经横空出世近半个世纪，但因为日心说的模型只具备数学计算上的优势，而少有直接有力的证据。因而人们的宇宙观念并没有发生较大的改变，大多数人不仅认为地球是宇宙的中心，也认为宇宙是完美的、永恒不变的。

1572 年的一天，夜晚降临，星星升起，第谷像往常一样将视线对准了浩渺的星空。突然，他在仙后座附近看到了一颗前所未见的星星，这颗星星异常明亮，让周围的星体都黯然失色。第谷不禁吃惊地张大了嘴，不敢相信自己的眼睛。他想："这里的每颗星星我都认识，怎么这颗星星从来没见过？难道它是一颗新星？"他不敢妄下断言，便继续屏气凝神地观测。最终，他确定这是一个"闯入者"。

第谷为这个惊人的发现欣喜不已。他怎么会放过这个观测的大好时机呢，于是他对这颗新星展开了长达两年的观测，并作了翔实的记录，直到新星变暗、肉眼看不见为止。他还从不同角度测量了新星与仙后座 a 星的角距离。因而得出一个结论：新星位于恒星天球层。实际上，它是一颗有着炽热光芒的超新星，即处于演化末期剧烈爆炸的恒星。

这颗突然造访又突然离去的新星，恰恰证明了一件重要的事情，那就是宇宙是变化的，并不像古希腊学者认为的那样——宇宙之内并无新鲜事。毫无疑问，第谷的发现在当时引起了巨大轰动，也让他像一颗天文新星在学界冉冉升起。他的这一发现彻底动摇了学界所谓的"天体不变"理论，为人类凿开了宇宙真相。后来，人们将这颗新星命名为"第谷超新星"。

第谷之所以成为观测大师，在一定程度上也是生逢其时，几次天文界的大事件都降临在他头上，为他提供了绝佳的机会。1577 年又是第谷的幸运年，某天，一颗彗星拖着尾巴划过天际，欧洲很多天文学家都从中受到了启发，第谷也不例外。

他目不转睛地观测那颗彗星破空而出，又渐渐消失，想起了曾经读到过的亚里士多德的理论。亚里士多德认为彗星是地球上的某处向外喷了火，而在高层大气中引发的一种局部现象。总而言之，就是一种大气现象。但第谷通过观测后认为不是这样的，他通过观测发现彗星明显是一种“固定的物体”，而且是在月亮上面很远的地方，所以一定是天体。这一发现再次证明了宇宙是会变化的！而且，彗星能从天空来到地球，说明彗星是可以穿越云层的，那么自古希腊以来人们认为的天球层其实是不存在。这一发现又向宇宙真相迈进了一大步。

第谷意识到这些发现将对天文学界产生重大意义，因此撰写了一本著作《论新天象》，将宝贵的发现记录下来，留给了世人。

观星岛屿

超新星的发现，让丹麦国王腓特烈二世注意到了第谷这个卓尔不群的年轻人。那时天文与占星术不分家，伟大的天文学家同时兼具占星家的身份。当国家发生大事，国王需要占星家为其出谋划策。丹麦国王也是个狂热的占星爱好者，他迫不及待地给第谷送去了一份邀请函，希望他能为自己工作。他还慷慨地赐给第谷一座岛屿和一笔丰厚的赞助。

第谷带着家眷，开心地在岛上扎下根。有什么比全身心投入到自己的爱好中更快乐的事呢？从这个意义上来说，第谷是非常幸运的。这座岛屿就是后来为人们熟知的天文胜地——汶岛。第谷一到汶岛，便建立了一座专业的天文台，取名为“观天堡”，这是神学统治时期欧洲大陆的第一座天文台。后来他又修建了第二座天文台，取名为“星堡”。第谷雇用了 40 多个助手驻守在观测基地，并为他们配备了最先进的观测设备，其中包括他自己发明的测量恒星间夹角的六分仪。不仅如此，他还和助手们一起同吃同住在天文台，不放过每一个观测机会，即使那天风平浪静，看起来并没有什么新鲜事。

这件事他一做就是 21 年，日复一日，年复一年，以超强的毅力和恒心完成了绝无仅有的观测，促使实测天文学领域得到了长足发展。后来，丹麦国王去世，观星的资助被停止，他不得不和家人离开了这座承载他光荣与梦想的小岛。

第谷的成功，离不开他的努力、勤奋和坚持，也离不开他独有的一项优势，就是他的视力出奇的好。好到什么程度呢？那时望远镜还没有发明，第谷凭裸眼观测到的天体位置的误差很小。

20 多年的累积，让第谷拥有了世界上最精确、最完整的持续观测记录。这些资料让他编出了一份数据翔实、精度很高的《北天星表》，同时也为揭开宇宙的奥秘奠定了基础。

只可惜那时的第谷并不完全接受日心说，理由是该学说和他的观测实际不符，这其实是肉眼观测的局限导致的。但第谷也不完全接受地心说，所以，他构建了一套自己的宇宙体系。第谷的这套体系更加符合肉眼观测的实际情况，即地球位于宇宙中心，太阳和月亮都围绕地球转动，而土星、火星、木星、金星和水星都围着太阳转动，同时它们又被太阳带着绕地球转。这一体系折中了地心说和日心说，既顺应了传统的神学观点，又符合人们的观测，因而在很长一段时间被教会和主流学界认可。

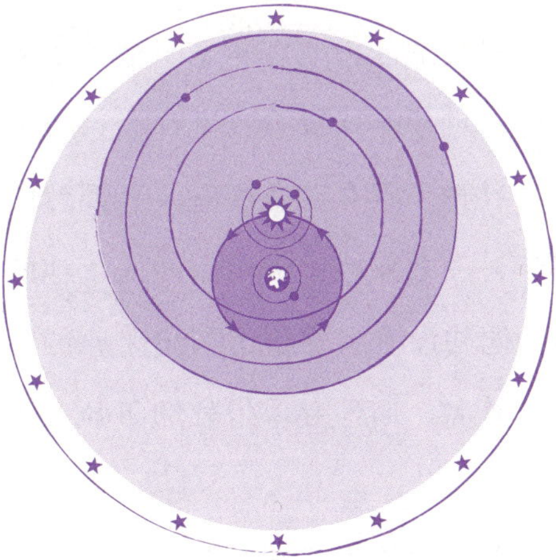
第谷的宇宙体系

第谷也一直认为自己的这套体系才是正确的，所以他孜孜不倦地去证明。但是我们知道一件事情的出发点错了的话，那么怎么也无法到达正确的目的地。第谷在错误的路上走了很远，直到去世前也没有完成他的理想。但我们不能否认的是，他的创举也像哥白尼一样冲破了传统的束缚，尝试探索了宇宙的真相，也鼓舞人们往真理的路上更进一步。

临终遗愿

第谷离开汶岛后，得到了鲁道夫二世的资助，在布拉格建起了一座新的天文台，继续观星事业。他拥有的数据越来越多，却也感到越来越遗憾。生命在流逝，而他期待的伟大事业却进展缓慢。要从浩如烟海的数据中找出宇宙运行的规律，简直比登天还难。

第谷虽然视力极佳，但数学能力实在不足。他迫切需要寻找一位数学能力极佳的助手来协助自己。那么这个人究竟会是谁呢？第谷苦苦寻找了很久。直到有一天偶然收到了一本《宇宙的奥秘》，一个年轻人的名字闯入了他的视野——开普勒。起初，他并没有在意这个初出茅庐的新人，当时的第谷已经赫赫有名，向他寻求指教的年轻人不计其数。

直到第谷翻开了这本书，他的想法彻底改变了，他不禁被书中大胆的想象所折服，对其中精妙绝伦的几何计算连连称奇。他立刻意识到，这个年轻人是一个天才！正是他一直在寻找的人，只有依靠他才能帮助自己揭开宇宙谜题。于是第谷给开普勒写了一封诚挚的信，邀请他来共同参与伟大的工作。此时的开普勒正处于人生低谷，欣然接受了第谷的提议，长途跋涉来到布拉格。

一开始第谷对开普勒有所保留，舍不得一下子把珍若生命的数据全部交给他，第谷有些私心，他了解开普勒的才华，认为如果他得到了全部资料一定会比自己更快地出成果。他只想让开普勒的才华为自己所用，并不想让他占领上风。所以第谷每次像挤牙膏一样只给开普勒一部分数据，让他完成某个问题的计算。

直到有一天，一场突如其来的变故降临在第谷身上，他如虎添翼的一生，似乎被突然折断了翅膀。他和开普勒共事仅一年后，就突然染上了重病。第谷从来没有生过这么重的病，不过 10 来天，就奄奄一息了。临终的时候，他将开普勒叫到床前，把所有资料都开诚布公地留给了他，并嘱咐他一定要完成未竟的使命。第谷在生命的最后一刻战胜了人类的私心，用自己的身躯做梯子，托举着开普勒爬到更高更远的地方，直接促成了开普勒三大定律的诞生，开启了天文研究的新时代！

历史永远不会忘记如新星般耀眼的观测大师第谷，他用毕生的努力，带领人们迈向宇宙的真相。

“天空立法者”开普勒

不幸的童年

1577年11月13日，一颗闪耀的彗星拖着长长的尾巴划过苍穹，在神圣罗马帝国的威尔德斯达特镇，一个六岁的男孩，怀着一颗好奇而敬畏的心仰望着变幻莫测的天空。

他穿着破旧的衣服，瘦削的身躯在人群中显得更加单薄。他双眉微蹙，神情严肃而紧张，眼眸却像星星一样透亮，里面仿佛藏了一个深邃的宇宙。天上的光亮稍纵即逝，一丝不易觉察的微笑拂过他略带愁容的面庞。

没过多久，他就被母亲拽了回去，年幼的他已承担起繁重的生计。当别的孩童无拘无束玩耍的时候，他不得不在母亲的小酒馆里招待客人。母亲没有余力去了解这个孩子静默的内心，生活的磨难早已把她折磨得愁容满面，自从丈夫离家之后便杳无音讯，她必须独自支撑起这个家。

厄运却接踵而至。一天，男孩生病了，烧得厉害，四

开普勒在小时候看过的1577年的
大彗星，吸引了全欧洲天文学家们的注意。

肢还出现红色的斑点。母亲着急坏了，带他去看医生。他的命虽捡了回来，但留下了影响一生的后遗症。他的视力严重受损，再也不能随心所欲地看星星了。但这已经是不幸中的万幸了，他患的病叫天花，在中世纪是一种恶性的夺人性命的传染病，能活下来已是个奇迹。

后来，男孩进入教会学校学习，他比一般孩子都勤奋刻苦，门门功课都拿优秀，尤其在数学方面展现出天赋，学校的老师都非常喜欢他。中学毕业时，他凭借优异的成绩考进了著名学府——蒂宾根大学。

男孩长大成人后，他的名字渐渐为世人所知——约翰尼斯·开普勒，在日后的天文学界如雷贯耳。开普勒一生是与命运抗争的一生，他在疾病与贫穷中顽强攀登科学的高峰，最终为宇宙探索交出了一份完美的答卷，那就是堪称奇迹的“开普勒三定律”。

哥白尼的拥护者

来到蒂宾根大学后，开普勒依然勤奋学习，保持着锲而不舍的探究精神。他成绩优异，靠奖学金和助学金完成了学业。

开普勒一开始主修的是神学和哲学，他的童年理想是成为一名神学家。在从小生长在欧洲的孩子们的眼中，神学家是上知天文、下晓地理的尊贵职业，只有最优秀的学生才有机会获得这一殊荣。

开普勒无疑是逐梦者中的佼佼者，他年仅 20 岁就完成了硕士学位，就在他离神学家梦想更近一步的时候，他却作了一个大胆的决定，放弃了人人艳羡的璀璨前途。他向来是尊崇内心呼唤的人，使他内心产生动摇的根本原因是一个人的出现，那就是拉开宇宙革命序幕的天文学家哥白尼。彼时，哥白尼的日心说如一阵狂风席卷了当时的天文学界，吸引了大批拥簇者，年轻的开普勒接触日心说体系后，便心潮澎湃，为之倾倒。

那时日心说体系还拿不出有力的实证，但精通数学的开普勒凭直觉就相信了。因为日心说的模型和数学计算都比地心说简洁太多。他觉得宇宙的形成一定是具有数学的和谐之美的，在这个意义上，日心说更符合他心中的理想宇宙。

对日心说的信奉让他开始对教会宣扬的学说产生了怀疑。他想，教会的权威并不总是对的，神学家的知识也不是如他曾经以为的那么无懈可击。在坚持信仰和寻求真理面前到底该选哪条路？一条是通往受人尊崇的神学家之路，另一条则是布满荆棘的求索之路。开普勒陷入灵魂的挣扎，当他终于看清楚内心的真正渴望后，他坚定不移地选择了后者，放弃了唾手可得的神职，选择去教会学校成为一名数学老师。

在学校教书时期，他把业余时间都投入到了哥白尼学说的研究中。他觉得日心说是对的，但仅凭直觉是不够的，他必须找到有力可靠的证据，让众人都相信日心说的正确性，让宇宙的真理被大多数人接纳。

开普勒在全面深入地研究了哥白尼最系统的著作《天体运行论》后，进一步提出了几个问题：为什么刚好有 6 颗行星，而不是更多或更少？行星到底是怎么运行的？引起它们运行的原因是什么？他的思索打开了天体动力学之门，给天文学带来了一场变革。最后，开普勒凭借出众的想象力构想了自己的宇宙模型。

1596 年，年仅 25 岁的开普勒出版了一本书《宇宙的奥秘》，阐述了自己对宇宙的构想。他关于宇宙的构想是非常奇特的，他认为宇宙的模型可能建立在柏拉图多面体的基础上。什么是柏拉图多面体呢？简而言之，柏拉图多面体是柏拉图在《蒂迈欧尼篇》中提到的五种多面体，包括四面体、立方体、八面体、十二面体及二十面体。开普勒认为，这五种多面体以一定的次序嵌套在各行星运动轨道的球层之间，区隔开 6 颗行星的运动轨道球层。各层之间的距离则是由其间的不同的多面体决定的。

他得出这一推论的根源在于，他认为上帝创造的宇宙一定是和谐的，而最和谐的美感就是几何之美，所以宇宙是由几何多面体组成的。现在看来他的推断没有什么依据，因此在不久后就被证实是错误的。但是他有勇气挑战传统，提出新知，本身就是一种科学精神的彰显。更重要的是，

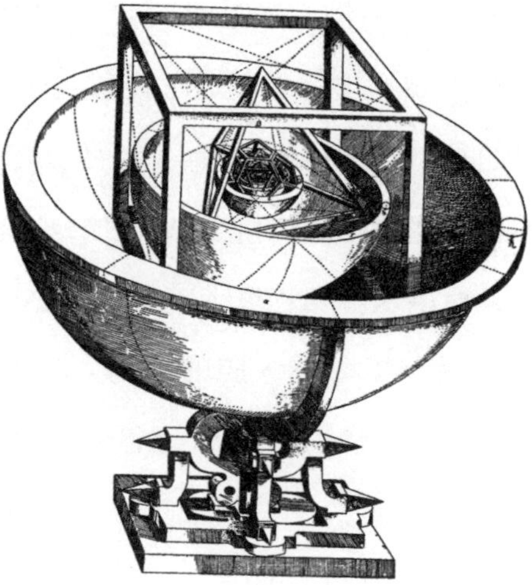

开普勒在《宇宙的奥秘》中关于太阳系的柏拉图式实体模型（1596年）

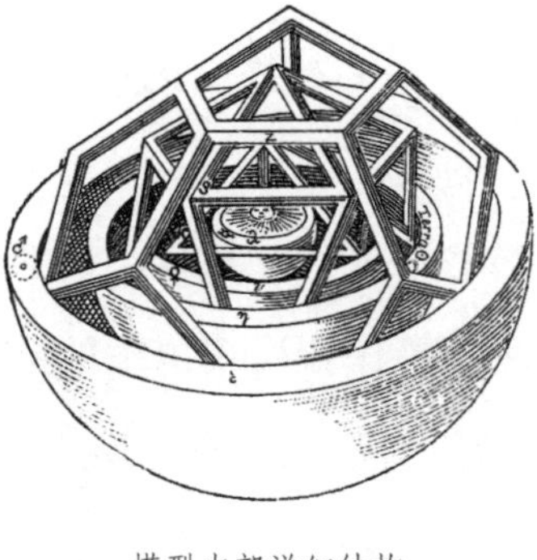

模型内部详细结构

开普勒在著作中提出的对行星及其运动机制的探讨非常具有开拓性。此前，几乎没人考虑过行星的物理机制，正是他的这一创想为牛顿提出万有引力学说奠定了基础。

值得一提的是，虽然构想是错误的，但开普勒依据这个构想计算出的行星间距离的比例关系，和日心说体系计算出来的结果相近，所以从一定程度上支持了日心说。

开普勒完稿后作了一个大胆的决定，将书稿寄给了当时颇负盛名的天文学家伽利略和第谷。伽利略给予了肯定和鼓励，第谷则是直接将他引领上了宇宙立法第一人的道路。

伟大的友谊

1600 年，54 岁的第谷始终惦记着这个才华横溢的年轻人。他读过《宇宙的奥秘》，第一眼就被里面复杂的几何图形吸引了，虽然书中表达了对日心说的支持，但他并未在意，他真正关注的是作者展现出来的数学才能，这是他可望而不可即的能力。他深知只有依靠这个年轻人的帮助，多年来的观测资料才能真正地发挥出它的价值。

第谷给开普勒写了一封诚恳的信，邀请他来担任自己

的助手，共同来完成伟大的事业。此时 29 岁的开普勒正深陷困顿，这位青年学者一直过着拮据、清贫的生活。孩子接连出生，他没有丰厚的薪水可以养家糊口，况且还需要将一大部分时间和金钱投入到天文研究中，现实的窘迫可想而知。

更糟糕的是，命运也不停地给他打击。他刚出生不久的孩子染上了天花，不久后便夭折了。妻子痛苦不堪，无法理解他整日埋首书堆，却不能为家庭带来更好的生活，也不能给予孩子更好的照料。开普勒也无奈地垂下了头，他无法为自己辩驳。开普勒盯着桌上的演算资料，那是他一直追寻的宇宙，是从儿时起支撑自己走到现在的信仰和力量。他是无论如何也不能放弃的。

开普勒夫妇的椭圆勋章肖像画

第谷的信如同一束光照进了开普勒的生活。接受这份邀请意味着他不但能从事爱好的职业，还能获得稳定的报酬，于是，他心中的火焰再次被点燃了。开普勒义无反顾地启程去第谷所在的布拉格，即使千里之遥，他都没有丝毫犹豫。

开普勒因为先天不足，常年生病，身体并不好。路途的艰辛让他深感疲惫，还没到目的地，便病倒在了旅途中。他在一家简陋的旅馆里瑟瑟发抖，当老板询问他要不要看医生时，开普勒摇了摇头，他实在拿不出多余的钱看病了。

那时的他可能抱着孤注一掷的决心，要么挺过去，要么就抱憾离开。当他深陷绝望时，一个旅客的意外造访改变了他的命运。原来，第谷一直等不到开普勒，就让人去打听。这才得知开普勒病倒在路途中，他即刻派人前去接济开普勒，帮他完成了旅程。

两个伟大的天文学家终于会面了，这真是天文史上最奇妙的时刻之一。他们个性迥异，但都为着共同目标携手共进。在第谷身边工作的这段日子，是开普勒人生中少有的安稳日子，他无须为生活奔忙，只需要专注于热爱的研究。可好景不长，一年之后，第谷就突然得了暴病，与世长辞了。第谷临终前将所有观测资料都交给了开普勒，并且嘱咐他继续伟大的征程。

为天空立法

第谷去世后，开普勒接替第谷的职位成了皇家数学家，但他的俸禄不仅变少了，还经常拖欠。国王交给开普勒的工作是编写一份新的星表，但是验证日心说的正确性才是开普勒心中亟待解决的问题。于是，开普勒把星表工作先抛到一边，全身心投入哥白尼学说的研究中。

早前，在刚来到第谷身边时，开普勒就开始着手火星轨道的计算，因为在当时人们所知的 6 颗行星中，火星轨道和正圆的偏离最大，最难用平圆轨道理论解释。开普勒利用本轮和偏心圆模型对火星运动进行了计算，发现计算结果与观测值之间有 8 角分误差。开普勒相信第谷的观测水准，他得到的数据是不可能有这么大误差的，那么问题一定出在理论模型上。所以，开普勒冲破传统的束缚，放弃了自古希腊以来把平圆轨道当作天体运行轨道的信条。在此基础上尝试了不同的模型，包括卵形（或者叫鸡蛋形），最终他发现椭圆形轨道的计算结果才是与观测数据最为契合的。

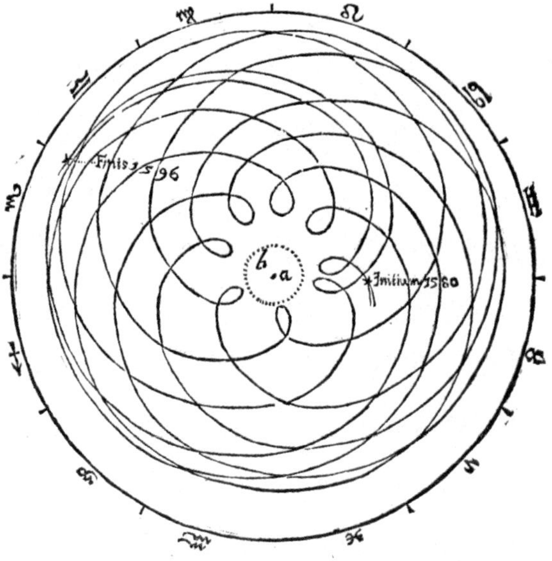

火星在几段明显逆行时期的地心轨道图《新天文学》，第一章（1609 年）

于是，开普勒得出了一个惊世骇俗的结论：火星的运行轨道不是圆形，而是椭圆形！

这个发现非同凡响，因为连哥白尼也没能完全放弃传统的信条，他虽然认为太阳是宇宙的中心，但也遵循了传统认为的所有天体都是做匀速圆周运动的说法。而开普勒的发现则修正和丰富了日心说，让人们对宇宙的认识更接近真实。

后来，开普勒创造性地将火星的规律推广到其他行星。经过计算，他发现其他行星的运行轨道也是椭圆形的。8 年的钻研终于有了突破性的进展，开普勒出版了《新天文学》一书，从行星变化万千的运动中提炼出两大定律，即开普勒第一定律和开普勒第二定律。这两个简洁无比的定律揭示了行星和太阳之间隐秘的数学关系，是前无古人的创举。

第一定律：所有行星都绕着太阳在椭圆轨道上运动，太阳位于椭圆轨道的焦点上。第二定律：连接行星和太阳的直线在相等的时间内扫过的面积相等，因此，行星在椭圆轨道上接近太阳时会加速，远离太阳时会减速。有了开普勒的这两大定律，仅需要用 7 个椭圆就可以进行行星轨道的运算，宇宙模型变得简洁多了。

但开普勒的贡献不止于此，他并没有因两大定律的发现而停止探索的脚步。真正将他从卓越推向伟大的，是诞生于苦难中的第三定律。

1612 年，鲁道夫二世去世，新国王停发了开普勒的薪俸。开普勒被迫离开，然而命运没有给他喘息的机会，开普勒再次遭遇人生的重击，跟随他奔波的妻儿相继患病离世。他不禁仰天长叹："为什么厄运又降临在我的头上？"

但命运不会给出答案。他独自在寂寞和苦楚中彷徨，心底的呼唤似乎又变得清晰了：继续去探求宇宙的真相吧！

开普勒将余生的热情全部投入到研究中，他继续思索：每颗行星都有各自的椭圆轨道和速率，那么，能不能找到一个适合所有行星的总体公式？只要有时间，他就拿起笔计算，经过无数次失败后，终于奇迹般地发现了第三定律。为什么说是一个奇迹呢？因为这个规律实在太抽象了，要从纷繁复杂的运动轨迹中找到这样一个规律，难度不亚于登上月球。

开普勒第三定律，即行星公转轨道周期的平方和行星椭圆轨道半长轴的立方成正比。也就是说，行星到太阳的距离和行星轨道周期的长度直接相关。1619 年，沉淀了 10 年的开普勒又为世人献上《世界的和谐》一书，详述了第三定律。他认为行星与太阳之间存在着相互作用力。其作用力的大小取决于二者之间的距离长短，距离越短作用力越大，距离越长作用力越小。不过他并没有解释太阳施加给行星的力是什么力，但这些思考启发了另一个天才牛顿，让他发现了万有引力定律。近代天文学的理论基石就这样不断被丰富。

自开普勒伊始，人们终于知道日月星辰的运动是按照怎样的方式运行的，也能精准地对它们进行预测和计算，因此他被后人誉为“天空立法者”。

《鲁道夫星表》与天才谢幕

开普勒最伟大的发现已经完成，但他作为皇家数学家的使命却还未完成，他终于可以放心编写新的星表了。1627年，开普勒的新星表编撰完成，为了纪念鲁道夫二世，取名为《鲁道夫星表》。《鲁道夫星表》的编制和演算是基于开普勒三大定律的。其精度在1角分以内，根据这份星表来预测天体运行路径的精确度比以往高得多。

4年后，法国天文学家依据新星表的预测，观测到了水星凌日。这是人类首次观测到这一天文现象，充分验证了开普勒定律的准确性。只是这时的开普勒已经离世一年了。他的离世也颇为凄惨，为了向国家讨要拖欠的薪资，他踏上了旅途，然而再次病倒在路途中。这一次奇迹没有发生，他在贫病交加中孤独地走完了最后的人生路。

开普勒生于逆境，又不断遭遇生活的打击，很难想象若是没有信仰的支撑，他要如何完成这样伟大的成就。世界没有温柔地对待他，他却报之以歌。时至今日，在欧洲的大地上依然屹立着这样一块墓碑，上面刻写着主人生前留下的文字：“我曾测量天穹的高度，而今丈量大地的影深。灵魂归于天国，身影没于凡尘。”这是多么博大的胸襟与旷达的灵魂，他为人类理性战胜宗教神学提供了有力的武器，开创了属于天文学的新时代！

开普勒之后，哥白尼的日心说开始正式登上了大学课堂，他所撰写的《哥白尼天文学概要》三卷成了欧洲天文学的主要教材。科学的力量终于得以和教会权威分庭抗礼，人类理性精神战胜神学枷锁的日子来临了！

现代观测天文学之父伽利略

天才的降生宛如耀眼的星辰破空而出，再多的磨难也无法掩盖他的光芒。在哥白尼离世 20 余年后，意大利西海岸的比萨城，有个小男孩出生了。他就是日后震惊世人的天才科学家伽利略，他的实验观测为哥白尼的日心说提供了直接有力的证据，从根本上撼动了托勒密的地心说，也给了中世纪的神学统治致命一击。

热爱探索的天才儿童

1564 年，带着全家的期盼，文森佐·伽利略家的第一个孩子出生了，这是一个没落的贵族之家。母亲优雅温婉。父亲开明风趣，他出过几本音乐方面的书籍，对数学和哲学颇有研究。这是一个受过文艺复兴影响的新家庭，曾有过辉煌的过去，祖上是佛罗伦萨颇有名望的医生，富裕且受人尊敬。但是到了父亲这一代，因为沉溺于精神世界，物质生活一落千丈。

伽利略的出生给这个家庭带来了曙光，因为有了儿子，父亲更加努力地工作，全家在佛罗伦萨经营一家毛织品铺子谋生。尽管不富裕，但孩子们的童年过得有滋有味。父亲会抱着年幼的伽利略给他讲鲁特琴的构造，告诉他琴弦一点点的松动都会影响声调的准确。这种对细节的精益求精深深地影响了伽利略，也体现在他日后的每一次实验中。

伽利略从小就是个爱问“为什么”的孩子：“为什么春天下雨，冬天却下雪？”“为什么雨水没有颜色，雪花却是白色的？”……他对新奇的东西总是充满好奇，而且一定要弄清楚究竟。除此之外，他兴趣非常广泛，喜欢音乐、画画，还会制作小发明，他会为弟弟妹妹做一些有趣的小玩具。大家都非常喜欢这个小哥哥。

伽利略的聪明才智被父亲看在眼里，他对这个孩子寄予厚望，决心要给儿子最好的教育，于是送他去修道院学习。在中世纪的神学统治下，很多学校都设在修道院。伽利略在学校学习了许多宗教知识，几年的耳濡目染让他成了虔诚的教徒，他甚至有了当传教士的想法。

但传教士不是父亲理想的职业。父亲一直希望他成为医生，跟祖上一样过上优渥的生活。于是他耐心地引导伽利略：“传教士是一个高尚的职业，可以为社会作贡献，但是还有很多别的职业也可以为社会作贡献，比如说治病救人。”小伽利略听后若有所思。

伽利略日后并未成为传教士，他的学说还动摇了神学的统治，甚至因此受到了宗教法庭的审判，但他始终认为人们会理解自己对于真理执着的追求，也会对自己的研究成果作出客观评判。

以科学为志业

1581 年，17 岁的伽利略来到了比萨大学学习，遵循父亲的意志进入医学系。可没过多久，他就发现自己的兴趣不是医学，而是自然科学。

他很少去上医学系的课，常常埋首在图书馆的浩瀚典籍中。他读的书越多，就越感到有的老师没有真才实学，他们用着陈旧的教材，照本宣科地讲着亚里士多德的理论。伽利略对这些教条式的学习感到厌倦，对真正的知识充满着渴望。

在中世纪的学校里，亚里士多德、托勒密这些古希腊学者提出的理论，被教会加以利用，牵强附会地解释《圣经》，被奉为不可动摇的经典。人们对权威只能服从，不能怀疑。遗憾的是，教会只取了其中的只言片语，并没有承袭古希腊自由思辨、讨论的精髓。尤其让伽利略感到不满的是，明明有些理论，只要稍加验证一下就会发现是错误的，但是大家偏偏深信不疑，不去考证。

伽利略时常会做些小实验。有一次，教堂里一盏摇摇晃晃的吊灯引起了他的注意，他盯着这盏灯看了好久，一只手摸着自己的脉搏。回过神来后，他立即飞奔回宿舍，做了个长度适中的摆锤，把它拿在手里来回摆动，专心致志地研究起摆锤的运动。

原来引起他极大兴趣的不是“灯”，而是“摆动”本身。他发现无论摆锤从何种高度落下去，来回摆动灯的时间总是相同的。于是他发现了一条摆动的规律：不论摆动幅度大还是小，完成一次摆动的时间是相同的。后来，荷兰人惠更斯用这条规律发明了现代摆钟。

大学里的自由学习，让年轻的伽利略意识到自然科学才是他毕生的志趣所在，离开科学，便不会幸福。于是，伽利略说服父亲让他学习科学。但好景不长，一封书信将伽利略拉回了现实。父亲告诉他，家里的经济十分窘迫，无法再支付高昂的学费。家里还有弟弟妹妹要养，希望伽利略能够回家帮忙。

伽利略还未拿到毕业证，就带着遗憾辍学了。离开校园的伽利略告诉自己："不管处于什么样的环境，学习的脚步不能停止。"

命运的转机

回到家后，伽利略每天坐在佛罗伦萨街角的商店里帮父亲看店。往来的客人不难发现，这个年轻的小工并没有把心思放在这份工作上，他总是在埋头做着自己的事情。有时候是读欧几里得和阿基米德的著作，有时候是在摆弄一些小器具。没有人知道他在做什么，只是看到他时而沉思，时而露出欣慰的笑容。

伽利略根据自己发现的摆动规律，设计了脉搏计，可以测量病人脉搏跳动的情况，深受医生们喜爱。后来，他又从阿基米德的实验中获得启发（即阿基米德在测定物体在水中的重量时发现，物体投入水中减轻的重量刚好等于排开水的重量），在此基础上发明了比重秤，可以方便地测定各种合金的比重。

这些发明让伽利略在当地名声大噪，人们竞相讲着这位年轻人的故事，说他用何等的聪明才智发明了有用的工具。消息渐渐传到了达官贵人的耳朵里，贵族们都以结交这位年轻的发明家为荣。尤其是盖特保图侯爵，他十分欣赏伽利略的才华，觉得天才不该埋没在一家小商店里。于是，侯爵连同大学教授一起向宫廷和学术界推荐了伽利略。

不久后，伽利略获得了比萨大学数学和科学教授的职位。这一年，他才 25 岁。获得教职的伽利略终于可以心无旁骛地做研究，不用担心养家糊口的问题。

用事实战胜权威

伽利略秉承求真务实的态度，兢兢业业地教学。当时的教材大多是由亚里士多德学派的学者撰写，里面充斥着各种未经实证的思辨和臆想的理论。他不像大多数教授一样不经思索地讲述书中的理论，而是会一丝不苟地验证书里的理论。如果是正确的，他会传授给学生；如果遇到错误，他会犀利地指出来。没想到这份耿直遭到了主流学派的排挤。

当时人们都相信亚里士多德的论断：物体从高空落下的快慢和物体的重量成正比，重者下落快，轻者下落慢。但是伽利略通过实验发现，亚里士多德说的是错误的。他认为，相同材料的物体经由同一介质下落的时间相同，与物体的重量无关。他把自己的研究结果告诉其他人时，遭到了嘲笑和讥讽。

不甘示弱的伽利略决定用实验说服众人。有一天，他把大家聚集在比萨斜塔周围，自己则爬到塔上。他手里握着两个铁球，一个重 10 克，一个重 1 千克。他握住铁球的手同时松开，两个球同时掉到了地上。在场的人无不目瞪口呆。一切争论都烟消云散，事实证明伽利略是正确的。但他质疑亚里士多德的做法，让他失去了教职。

即便如此，伽利略依然认为："科学的真理不应在古代圣人蒙着灰尘的书中去找，而应该在实验中和以实验为基础的理论中去找。"

后来，伽利略去了当时风气更为开放的帕多瓦大学学习。帕多瓦大学远离罗马教廷，由威尼斯共和国管辖。在这里，伽利略开启了他学术研究的黄金时代。

证实哥白尼的学说

1596 年夏天，天文学家开普勒出版了第一本天文学著作《宇宙的奥秘》，这是一本公开表明支持日心说的著作，他激动地将书寄给了当时在学界负有盛名的伽利略，恳求得到关注。这本书成功地将伽利略的兴趣由物理实验引到了浩渺的星空，让他成了哥白尼日心说的忠实拥护者。

但伽利略对日心说的确立起决定性作用的是这件事情。1609 年的一天，伽利略听说荷兰一位眼镜商人用两枚透镜制作出能够放大远处物体的仪器，他立刻意识到这项发明具有的巨大价值。

伽利略弄清楚原理后，决定自己做出来。他走进一家威尼斯的眼镜店，询问店里的工匠是否有凸透镜和凹透镜。工匠为他找到了适合的镜片。伽利略拿着镜片开始鼓捣起来，他把凸透镜安在管子的一端，另一端则安小一点的凹透镜。终于，一台 3 倍望远镜诞生了！后来经过改良，他又研发出能放大 30 倍的望远镜。

一个深秋的夜晚，伽利略将望远镜对准了神秘浩渺的星空，猛然发现了一个未知的世界。他首先观察的是月亮，那个看起来光洁的大圆盘，表面竟然是坑坑洼洼的，上面

有高峻的如同山脉一般的高地，还有下沉的像海洋一样的洼地。“哇！月亮竟然是这样的！”伽利略震惊了，“啊！亚里士多德又错了，他说月亮光滑如同水晶球一般。但月亮并不完美，而且也不发光。”

伽利略又将望远镜对准了夜空中的光带，就是我们现在所知的银河。那时的人以为那白茫茫一片是水蒸气凝结的白雾。透过望远镜，他惊讶地发现那里并不是什么白雾，而是聚集在一起的星群。

接着，他开始观察木星，发现木星边上还有三颗小星星，并且这些小星星的位置在不停地变化。他突然意识到，这些星星在围绕着木星转。后来，他又发现了第四颗绕着木星转的星星。“噢！这又说明并不是所有的星星都围着地球转啊。”伽利略兴奋极了。后来，人们将这四颗木星的卫星称为伽利略星。

自从拥有了望远镜这个秘密武器，宇宙的神秘面纱好像被揭开了，人们第一次如此清晰地看见遥远的天体。伽利略迫不及待地将这些观测发现记录下来，写成了第一本天文学著作《星际信使》。一时间伽利略声名大噪，望远镜也卖得脱销。正因为有了望远镜的帮忙，人类依靠肉眼观测天象的时代结束了。

随后，伽利略的另一个发现再次轰动了天文学界。他通过观察，发现金星和月亮一样会出现盈亏变化。如果如托勒密在地心说中所说，太阳和其他星星都绕着地球转，那么金星不会发生这样的变化。这一发现给了地心说有力的一击，从事实上有力地证明了哥白尼的日心说是对的。因为这一结果是可以反复验证的，所以加入日心说阵营的学者越来越多，此时罗马教廷慌了，他们担心人们开始怀疑《圣经》。1616 年，教会将哥白尼的《天体运行论》列为禁书，并对伽利略发出警告：不可以宣扬日心说。

伽利略被教会压制后，不能公开演讲，也不能著书立说，直到他的朋友当上了新教皇才有了转机。这时，教会对于伽利略的控制变得松动了。新教皇是一个相对开明的人，伽利略说服他作一些革新，比如说允许客观谈论日心说和地心说。新教皇被说动了，他同意伽利略写书，但忠告他不可公开支持日心说，尤其不能得出结论“地球是转动的”。伽利略得到教会支持后，立刻写了一本新的著作《关于托勒密和哥白尼两大世界体系的对话》。这本书在天文史上有重要地位，书中有三个角色，一个代表托勒密，一个代表哥白尼，还有一个表示中立立场的学者。在书中他们连续 4 天探讨了“天上的星星是不是永恒不变的”“地球是不是自转”“地球有没有围着太阳转”“潮汐是怎么形成的”等问题。现在看来，除了潮汐问题不大准确，其他都堪称是天文学界的科普经典。

《关于托勒密和哥白尼两大世界体系的对话》虽没有直接表明支持哥白尼，但它以完美的逻辑、翔实的证据为日心说建立了牢固的理论基础，也因此让哥白尼学说在欧洲大地上广泛地传播开来。毫无疑问，教皇读完后非常生气，认为伽利略违背了他的忠告。更有好事者从中挑拨，说书中那个肤浅、愚蠢的学者是影射教皇本人。教皇怒不可遏，下令查禁这本书，接着对伽利略的迫害也开始了。

承受时代的暗与光

1633 年的冬天，风烛残年的伽利略冒着寒风来到了罗马。这并不是他第一次来，若干年前，他曾意气风发地来此讲学，迎接他的是鲜花与掌声。而这次的光景竟然天差地别，天地萧瑟，人情冷漠，他将独自面对宗教法庭严酷的审讯。

此时的伽利略是享誉世界的大科学家，也是教会通缉令下的犯人。教会给他定的罪名是宣扬异端邪说，除非伽利略签下教会准备好的悔过书，声明放弃哥白尼的学说，否则等待他的将是更为严酷的刑罚。年迈的伽利略无力抵抗审讯的折磨，当庭承诺放弃自己的信仰。

从罗马法庭回来后，伽利略被软禁在家中，他的身体每况愈下，双眼几近失明，同时他又因违心的承诺而饱受煎熬。好在女儿的悉心照料和朋友的勉励，让他重拾科学研究的信心，决心将最后的生命继续贡献给科学事业。生命最后几年，他抱病完成了最后一部著作《关于两门新科学的对话》。

不久，伽利略去世了，他将全部的生命献给了人类科学的发展。他融会贯通了数学、物理学、天文学三门知识，改变了人类对于物质运动和宇宙的认识。他推翻了以亚里士多德为代表的纯思辨的传统自然观，开创了以实验、事实为根据并具有严密逻辑体系的近代科学。他被后人称为“现代科学之父”。

史蒂芬·霍金曾评价：“自然科学的诞生要归功于伽利略，他这方面的功劳大概无人能及。”

即使命运坎坷，磨难颇多，但是伽利略从未放弃对于真理的执着追求。他给世人留下了不朽的名言：“生命如铁砧，愈被敲打，愈能发出火花。”

伽利略如绽放的火花，照亮了那个时代，也照亮了人类文明的星空。他求真务实的精神、严谨的科学态度，不断激励着后世科学家勇敢地攀登真理的阶梯。

彗星天文学的奠基人哈雷

天资聪颖的乐观少年

诗人中从来就不缺天性浪漫的，但如果浪漫的天性降落到一个天文学家身上，他又会为我们带来一幅怎样的精彩画卷呢?

1656 年 11 月 8 日，在寒冷的英国伦敦诞生了一个对人生充满热情的男孩。小家伙手脚并用，哇哇地在空中舞动，似乎迫不及待地要跟这个世界交朋友。屋子的主人是一位富有的肥皂制造商人，正为妻子顺利产下一个健康的孩子而欣喜若狂。他眉开眼笑地叫出了早已取好的名字：埃德蒙·哈雷。

哈雷的父亲是伦敦一位颇有社会地位的商人。当时肥皂才刚开始流行于欧洲，皇家还授予了制造商一些特权，让这个新兴的行业一度相当赚钱，哈雷的父亲趁机积累了一笔不小的财富。小哈雷就在这样一个衣食无忧的环境里长大了，他终日蹦蹦跳跳，欢欣雀跃，等他到了上学的年纪，已经给人留下一个活泼好动的印象。他说起话来轻快且带点小幽默，眼里像是自带一管万花筒，看什么都感到有趣万分，不着边际的想法瞬间即来，常常逗得身边的人啼笑皆非。人们总是理所当然地认为白天就是亮的，夜晚就是暗的，可他却偏偏要追着人问："为什么夜晚的星星有无数颗，可天空还是那么暗呢？"

哈雷在学校是个不折不扣的风云人物，无论是文学、数学还是自然科学都比同龄人更胜一筹。他跟其他孩子一样爱玩，只是他玩的东西有点儿特别。他会花一整天时间来操弄罗盘、辨别方位，或是自己盖日晷窥探天象，在别的孩子看来无聊至极的东西，他却玩得不亦乐乎。

然而，快活无忧的生活总是短暂的，哈雷不幸接连遭遇了两次家庭变故。首先是他的母亲去世让他彻底失去了母爱，再是一场毁灭性的大火让父亲的资产尽失，哈雷的生活一下从天堂坠落地狱。

虽然家道已经衰落，但父亲为了培养哈雷，仍然不惜血本地为他聘请家庭教师，为他购买学习和做实验研究需要的全部器材。所幸，哈雷对待世界的热情并没有被童年经受的打击所磨灭，他越长大，好奇心和胆量也越大，特别热衷于在地理、气象和天文学领域中作各种探索。同时，爽朗健谈和落落大方的性格，也让他收获了极好的人缘。

在父亲不遗余力的栽培下，本就天赋奇高的哈雷成功考入了牛津大学皇后学院。

《南天星表》与年少成名

在牛津学习时，哈雷因为出色的天文学表现，被引荐给第一任英国皇家天文学家约翰·弗兰斯蒂德，成为他的助手。当时，弗兰斯蒂德正在编纂一份新的星表，但他所处的北半球的位置，让星表缺失了南半球的一大片星空。

哈雷知道了这件事后，便萌生了动身到南半球去观测、记录恒星的念头。哈雷做了功课，发现位于英国殖民版图最南端的圣赫勒拿岛①，是最佳的观测目的地。于是在1676年11月，年纪轻轻的哈雷带上了他的装备，准备纵跨赤道，去往那未曾涉足的遥远南方。

哈雷在这座岛上一共待了18个月之久，其间建设了一座临时天文台，同时也是南半球的第一座天文台。凭借这

---

① 圣赫勒拿岛：大西洋中的一个岛屿，拿破仑在滑铁卢战败后被流放至此地并度过余生。

座天文台，哈雷不但完成了包含 341 颗星的《南天星表》，还观测到一次水星凌日[①]的全过程。

哈雷回到英国后，整理并发表了《南天星表》。这个星表弥补了天文学界原来只有《北天星表》的不足，对天文学界的贡献极大，也给哈雷带去了不小的荣誉，他不仅赢得了“南第谷”的美誉，还完成了学术生涯的一大跳跃。哈雷出海时尚未完成学业，但凯旋后，英国国王下令牛津大学免去他的学位考试，直接授予学位。除此之外，他还风风光光地入选了皇家学会成员，成为英国皇家学院有史以来最年轻的院士。那年他才 22 岁。

与彗星订一场“世纪之约”

当我们翻开哈雷的生平事迹，或许要为那跃然纸上的旺盛精力惊叹，天文学活动只是他精彩人生的其中一部分。他热衷于新发现，为此不介意来点冒险，比如当上船长，出了好几次海。

---

① 水星凌日：当水星运行到太阳和地球之间，恰巧连成直线时才会发生的天文现象，它的道理和日食类似。和日食不同的是，水星距离地球比月亮远得多，所以能挡住太阳的面积非常小，我们用肉眼是发现不了的，只能通过望远镜进行投影观测。

也正是这样一个带点浪漫气质的天文学家，才会跟世界定下那个很酷的约定吧！

25岁时，意气风发的哈雷获得了跟巴黎天文台第一任台长卡西尼合作的机会。他们一起观测了当年出现的一颗彗星。那拖着长长尾巴的冰雪天体，从此给哈雷留下了深刻的印象。

此后数年，哈雷大量查阅与彗星相关的记录和论述。在某次整理前人的彗星观测时，他发现有一颗1682年出现的彗星轨道，与1607年开普勒和1531年阿皮延观测到的彗星轨道值非常相近。哈雷敏锐的雷达瞬间打开，隐隐觉得事情并不简单，他仔细比对，又发现了它们出现的年份近似一个等差数列，间隔正巧都是75和76年之间。

当时的天文学界普遍认为彗星没有一个固定的运动轨道，因此历史上出现的每一颗彗星都应是个别的彗星。

一系列的发现让哈雷禁不住开怀大笑，虽然他此时已经是年近五十、颇有威望的中年学者了，但只要有什么新发现，仍然会让他像孩子一样欢呼雀跃。

1705年，晋升为牛津大学几何学教授的哈雷出版了《彗星天文学论说》，引来了学界和民间的密切关注。书中详尽阐述了自1337年到1698年出现的24颗彗星以及它们的运行轨道，但其中最大的亮点却是一则“异想天开”的预言。

通过当时刚出炉没多久的牛顿万有引力定律反复运算，哈雷对自己的猜想越来越有信心，同时也对自己的结论倍感自豪。他大胆地提出了1682年、1607年和1531年出现的彗星，并不是三颗不同的彗星，而是同一颗彗星出现了三次的可能。继而预测，1758年，这颗彗星会再次进入人们的视野，他说：“如果它再次出现，那么后代人将会记得，发现这颗彗星的功劳，要归给一个英国人。”

从哈雷的口气中我们能感受到他是认为自己没有办法亲眼见证那一刻的，除非他坚信自己能活到102岁。在他过世后的16年，一颗明亮的彗星果然还是来到地球的上空，拖着长长的尾巴像是长途跋涉一般。虽然出现的日期比哈雷的预测晚了618天，但经天文学家们严密比对查验，已经可以确定这就是那颗预言中的彗星。为了纪念那位发现它的英国天文学家，人们便用他的名字来给这颗彗星命名，叫作“哈雷彗星[①]”。

---

① 哈雷彗星（正式名称是1P/Halley）：唯一能用裸眼直接从地球看见的短周期彗星，平均每76.1年环绕太阳一周。其他能以裸眼观察的彗星虽然可能更为壮观美丽，但它们通常数千年才会出现一次。像1680年的那颗大彗星要一万年才会出现一次。

哈雷彗星（1P/Halley）

1835 年和 1910 年，哈雷彗星同样如约而至，人们照例远远地欢迎和恭送它。直到 1986 年，它再度来访时，人类才终于进入太空时代，苏联、日本、欧洲都派出宇宙飞船前往迎接，这次近距离的接触，也让人类成功拍下了彗核的真面目。

值得一提的是，许多人都知道哈雷彗星的运动周期是 76 年，但如果以为只要简单的加法运算就能预测它下一次出现的时间，那就错了。因为彗星质量很小，当它运行经过较大的行星，如木星附近时，很容易就会受到引力的影响而改变轨道；此外，当它每次行经太阳附近时，都会因为水汽蒸发而损失部分质量，这也会影响轨道。据科学家推测，哈雷彗星的周期大约在 76 到 79.3 年之间。这也是哈雷所预言的时间和实际发生的时间有所出入的原因。

哈雷彗星下次过近日点的日期是 2061 年 7 月 28 日，到时别忘了抬起头来跟这位地球的老朋友打个热情的招呼啊。

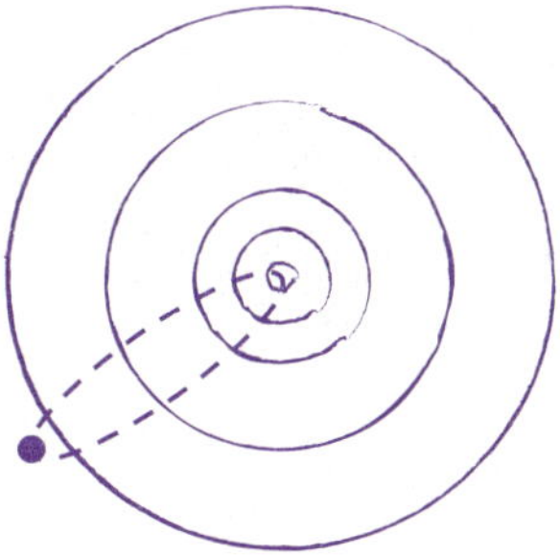

哈雷彗星的轨道

逼出“科学史上最重要的论著之一”

哈雷对彗星的预测离不开牛顿的“万有引力定律”，他与牛顿是怎样相识的，不得不牵扯出一段轶事。哈雷比牛顿小十四岁，却是他最推心置腹的朋友。这一段神奇的忘年之交，还要归功于哈雷的“多管闲事”。

1684 年的秋天，29 岁的哈雷正在费尽心思地尝试证明开普勒定律，但烦恼了许久仍是找不到头绪。这是一道需要有深厚数学造诣才能解的问题，于是他想到了那位名声在外的剑桥大学数学教授牛顿。哈雷冒昧前往拜访牛顿，提到了困扰自己的问题，没想到牛顿开口便说这个问题他早在几年前就已经找出了答案，并且针对这个开普勒仅根

据观测记录归纳所得的经验公式，完成了理论上的推导。牛顿根据开普勒定律进一步发现，无论是天上星体还是地上物体的运动，都可以由一个定律解释，那就是“万有引力定律”。

哈雷又喜又惊，恳请牛顿给他看看证明的过程，然而牛顿当初解完题后就随意把稿纸搁置一旁，完全没有要发表它的打算，这时候即便想展示也找不到了。哈雷大感可惜，却不愿让世界以这种方式错过一份知识的瑰宝。于是他使出浑身解数，软磨硬泡，终于让牛顿答应重新撰写一份。两年后，一本分量足以牵动历史进程的《自然哲学的数学原理》诞生了。

《自然哲学的数学原理》是牛顿一生最重要的代表作，他在书中提出了著名的“牛顿运动定律”。然而如果没有哈雷，就不会有这部伟大作品的问世。为了出版这本书，哈雷不仅一手包办了编辑、校订、撰写序言等工作，甚至在皇家学会反悔出资印刷时，他自掏本就拮据的腰包来付梓。因此一定程度上我们可以说，牛顿的万有引力定律对科学发展有多大贡献，哈雷就有多大的贡献。

解开“最崇高的天文问题”

自从开普勒第三定律提出后，找出日地距离的数值越来越迫切，上升到天文学第一问题的重要程度。为了解决这个问题，天文学家们绞尽脑汁，但就是没有讨论出一个令人满意的结果。

1716 年，彼时年逾 60 的哈雷也把目光聚焦到了这个悬而未解的世纪难题上。思考这个问题时，他偶然想起当年在圣赫勒拿岛上观测水星凌日的情景：在望远镜的投影面板上，水星化成一个黑色小圆点，缓缓地穿过太阳圆面。哈雷灵光乍现，拍了一下自己的脑袋：“这样不就能得到地球到太阳之间的距离了吗？”

于是他赶紧奋笔写下论文，提出了一套利用观测金星凌日来计算日地距离的办法。之所以将水星改成金星，是考虑到后者要比前者大，测量起来会相对准确。这个点子的核心是，先从地球不同地方观测金星凌日以获得视差数据，再运用几何学知识和开普勒第三定律所得的绕日轨道半径加以计算，如此便可巧妙地得出地球到太阳的距离。这篇论文发表后，立刻震动了整个天文学界。

遗憾的是距离哈雷提出这套方法最靠近的金星凌日点，

也得在 40 多年以后，他本人来不及亲自见证当时的盛况：世界各国的天文学家一齐动身，壮志昂扬地奔赴世界 100 多个角落蹲点，仿佛是在进行一场国际竞赛。由那次观测所获得的日地距离计算值约为 1.33 亿公里，虽然与 20 世纪用先进仪器所测量出来的 1.49597870 亿公里有段距离，却已大大地提前给了天文学家们一个近似的“天文单位”。

哈雷在天文学上的发现还有很多，其中影响较大的是行星的自行运动和月亮长期加速的现象。他通过比较自己的天体测量数据和古希腊时期的数据，发现人类一直以来认为“恒久不动”的恒星，其实也在做着空间运动的事实。在他的观测中，天狼星于 1800 年内一共向南偏移了至少 30 角分。

和月亮长期加速运动的复杂度一样，虽然哈雷本身并没有完全掌握这两种现象的原委，却成功引起了天文学界的关注，帮助后世进一步开拓对宇宙天体运动的探索。

年少成名的哈雷一生中获得的荣誉并不少，积极乐观的人生态度使他享有较长的学术生涯。65 岁时，已然功成名就的他又被封为皇家天文学家，并继任为第二任格林尼治天文台台长，直到过世前都担任这个职位。

为了纪念他在天文学上的贡献，后世用他的名字命名火星、月球上的陨石坑，南极洲的一座科学考察站，还有一颗每 76 年就刷一波存在感的彗星。

1742 年，86 岁的哈雷躺在天文台的椅子上，毫不犹豫地违背医师的嘱咐，满足地品完了一整杯酒，在烂漫星空下安详离世。

恒星天文学之父赫歇尔

宇宙中有更美妙的音符

宇宙之大，足以容纳人类历史上所有奇迹。包括让一个大半辈子都在练琴的音乐家摇身一变，成为彪炳天文史册的“天王巨星”，为这门奥妙的学科探照出一片新的疆域。

弗里德里希·威廉姆·赫歇尔出生于1738年的德国莱纳河畔。父亲是一名乐师，受父亲影响，赫歇尔从小就喜欢音乐，并且很早就展现出这方面的天赋。他4岁时就跟从父亲学习拉小提琴，后来还学习吹奏双簧管，立志要当一位成功的作曲家。

家中有10个兄弟姐妹，为了分担家里的生计，16岁时赫歇尔便不得不离开学校，与父亲一样加入了汉诺威的禁卫军乐队，在里面担任小提琴和双簧管演奏员。1756年，英国和法国之间爆发了历史上旷日持久的“七年战争”，德国以英国的盟友身份参与其中。作为军队的附属，军乐队得跟着四处作战，终日在子弹与火炮的夹缝间求生。

战争是异常残酷的，一年后，汉诺威盟军战败，赫歇尔不堪忍受战争之苦，渡海逃亡到了英国伦敦。到了伦敦，赫歇尔得以开始新的生活，他给自己取了个英国化的名字，叫威廉·赫歇尔。多亏他的音乐才华，虽然人生地不熟，但轻易便找到了工作。他先后担任了音乐教师、教堂管风琴师、音乐会指挥，渐渐地在当地变得小有名气。

生活经历让赫歇尔体会到知识和技艺的重要性，因此只要有闲暇的时间，他便努力学习英文、拉丁文、意大利文，同时广泛阅读哲学、数学和物理学相关的著作。

如果没有接下来这一场“意外”，那么他将继续用音符注解他的一生。

1773 年，为了研究和声学，赫歇尔开始阅读数学专著。自毕达哥拉斯学派诞生以来，天文、算术、几何和音乐，就被看作是数学的四种技艺。和声的和谐与数字排列的和谐更是有着密不可分的关系。在研读的过程中，赫歇尔顺着书中提供的信息，摸到了作者著述的另一部涉及光学的书。那是一部从理论到实践，指导人们制作望远镜和显微镜的光学著作。赫歇尔在好奇心的驱使下，翻开了这本书，同时开启了他人生的转折。

赫歇尔按照书上的教学，很快制造出一架天文望远镜。这架能够放大 40 倍的牛顿式反射式望远镜，让他首次看见了月球上轮廓分明的环形山以及土星上绚烂的光环。他内心深处孤独而静谧的宇宙仿佛一下子被唤醒了。他推着物镜继续缓缓地在广袤的星空中游移，越来越多素昧平生的星体依次映入他的眼帘，它们像一支恍然被聚光灯惊扰的乐队，纷纷从瞌睡中振奋起来，为这位等待已久的观众演奏起只有他听得懂的乐章。

赫歇尔对天文观测的兴趣一发不可收拾，那神秘的景

赫歇尔自制的天文望远镜

象让他欲罢不能。他开始醉心于制作更精良的望远镜，以便能更好地窥探星空。我们很难想象他究竟有多么不知疲惫，在短短的一年内，他就成功发表了对土星环和大型猎户星云的观测结果。那是“威廉·赫歇尔”这个名字，首次出现在天文学论文上。

这不禁让人开始期待，一位35岁才开始接触天文学的音乐家，究竟还会带来什么样的惊喜。

不存在的行星闯进了我的望远镜

一个轰动天文学界的发现，正在悄悄地逼近。

1781年一个晴朗无云的晚上，夜空上挂着一弯下弦月。正当赫歇尔就着望远镜做巡天观测的时候，一颗发着微光的天体突然出现在视线里。赫歇尔非常开心，他确定这是和它打的第一次照面。可很快，他的喜悦变成了困惑。

赫歇尔想要弄清楚它是哪一类天体，于是连忙取出了倍率更大的望远镜进行观测，观测片刻后他又搬出了倍率更大的望远镜进行观测。只见这天体在目镜中的成像随着倍数的增加而增大，已经大到基本可以看清它浑圆的轮廓了，这下赫歇尔完全愣住了。

因为他知道，如果说这天体是颗恒星的话，那么无论他如何更换倍率更大的望远镜，观测到的始终只会是一个小点。可如果是彗星，它又分明没有标志性的雾状云和彗星尾。既不是恒星，又不是彗星，那它究竟是什么？

为了弄清楚它是什么，赫歇尔密切关注了这颗小星10个夜晚，发现它每天都在缓慢地移动，而轨道近似圆形。赫歇尔隐隐觉得这是个可能要掀起一阵巨浪的新发现，但为了慎重起见，他说服自己下了这么一个结论："这恐怕不是一颗普通的彗星！"随即写了一份《一颗彗星的报告》，呈递给英国皇家学院。

事实上，赫歇尔通过追踪记录这个天体的运动，已经怀疑它可能是一颗迄今为止无人发现的行星。他使用了提丢斯—波德公式[①]对它的距离进行测算，发现它的位置远在土星之外。当时天文学家所认识的太阳系是以不动的太阳为中心，水金火木土星和地球这六颗行星围绕着太阳公转，土星的公转轨道就是太阳系的边界。

如果它真是一颗行星，那意味着太阳系维持了上千年的边界就要一朝被打破了。这可不是一件开玩笑的事。

---

① 提丢斯—波德公式：一个用于计算太阳系中行星轨道半径的经验公式，与实际测量数值相差不远。

“新彗星”的消息传开后，许多天文学家对它展开了反复的观测和辩论，最终确定它不是什么不寻常的新彗星，而是一颗货真价实的行星！

这是太阳系第七颗行星的发现，也是继哥白尼的日心说之后，宇宙图像发生的又一次重大震颤。赫歇尔在学界的建议下，将这位太阳系的新成员取名叫天王星。

天王星的表面透着一种梦幻的蓝绿色的光，它体积很大，是地球的 65 倍。它与太阳的距离则比地球远得多，太阳光从太阳发出到达天王星需要经过 2.7 小时之久。天王星绕行太阳则需要约 84 年才能绕完一圈，它的加入直接让太阳系的“疆域”扩大了一倍。

因为发现天王星，作为业余的天文爱好者，赫歇尔突然间名气大盛。很快，他就获授了开普勒勋章，成为英国皇家学会的会员。这件天文学界的大事也同时惊动了英王乔治三世。

乔治三世和赫歇尔身上还有两个共同点：一是都来自汉诺威，二是都为天文着迷。

当乔治三世点名要亲自接见赫歇尔时，赫歇尔心里非常忐忑，因为他首先想到的是当年自己擅自逃离汉诺威军队的事。没想到乔治三世不仅宽恕了他的过错，还任命他为私人天文学家，并提供了一份可观的年薪，让他可以无后顾之忧地从事天文学研究。

一时间，没有人不知道赫歇尔的大名。然而人们不知道的是，他对天文学界的冲击，才刚刚开始呢！

试图窥探银河系的真面目

你知道吗？有许多肉眼看起来单颗的星星，在望远镜下却是由两颗恒星组成的。赫歇尔对研究这种“双星”特别上心，被他记录下来的多达 848 对，比此前所有天文学家观测发现的加起来还多。当时的天文学家普遍认为它们只不过是在天球的投影上靠在一起，实际上可能是距离非常遥远且毫无关系的两颗独立恒星。

赫歇尔经过大量的追踪观测，发现有很大一部分的双星并非人们认为的那种“光学双星”，而是围绕着相同质心旋转的“联星”。这是观察上看似一样，但本质上浑然迥异的区别。

在捕捉这种微妙差异的环节中，赫歇尔很大程度上得益于他自制的望远镜。显然，他将在练习乐器中养成的精深技能这个好习惯，带到了制作望远镜的手艺上。在熟练打磨镜面的工序后，赫歇尔为提高望远镜的放大倍率，将口径越做越大，还顺便改良了当时的望远镜，使之提高聚光的效率，以便能够看得见相对昏暗的星体。后世将按照这种光学系统制成的望远镜称为“赫歇尔望远镜”。

据统计，赫歇尔一生总共制造了 2160 片镜子，完成了 400 架天文望远镜的制作。其中最大的一台长 12 米，口径达到 1.26 米。当它仰起来对准夜空时，活像一门蓄势待发的大炮，这种天文望远镜的发明被后人认为是 18 世纪的天文奇迹之一。他所制作的望远镜以性能来说，即便放到当时的格林尼治皇家天文台，也是望远镜中的佼佼者。

赫歇尔正式成为专业的天文学家时已经 43 岁，他从未受过正规的高等教育，全凭勤奋自学获得了渊博的学识，包括数理基础、冶炼、磨镜等技艺。

在天文学上获得了傲人的成就后，赫歇尔并没有因此停息，反而更加废寝忘食地投入到观测工作中。他白天研制望远镜，日落后只要天气许可，总是彻夜观测夜空。

一天，赫歇尔综合判断了自己长期以来的观测数据以及前人的研究记录，他产生了“太阳并不是永恒不动，而是缓慢地带着整个太阳系向某个方向前进”的疯狂猜想。1783 年，赫歇尔正式向天文学界宣布，太阳正朝着武仙座方向运动。为了证明这个猜想，他对七颗不同方位的恒星进行严密的追踪，最终通过它们的“路灯效应[1]”现象，论证了太阳无时无刻不在做空间运动的真相。

这个发现，再次颠覆了人们对宇宙的认知。然而限于当时天文观测仪器的水平，天文学家们无法进一步验证赫歇尔超前的发现，于是对他的猜想将信将疑。直到半个世纪后，人们才在更多的数据面世后，逐渐接受了太阳在运动的事实。

随着资历的提升，赫歇尔的目光也放得越来越远。自哥白尼时代以来，人们心目中的宇宙只限于太阳系，对太阳系外的恒星世界一无所知。赫歇尔尽其所能地把视野拓宽到太阳系外，逐步确认了由众多恒星构成的银河系的存在。他还进行了银河系结构的研究，用“恒星计数”的方法，一点一点地为银河系绘出一幅扁平圆盘状的结构图像。这是人类首次看到银河系的形状。

① 路灯效应：当车子向前开时，我们朝前方看，会看到两旁的路灯似乎是从一个点向两边散开运动；如果你朝后方看，所有的路灯则是从两边向中心点运动的。

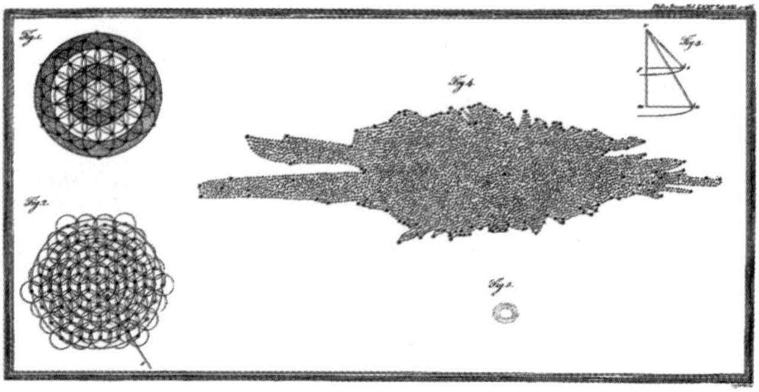

赫歇尔的银河星结构模型，1785 年

宇宙是那么浩渺无垠，在长达近 20 年的巡天观测中，赫歇尔一直对宇宙中遥远的星云和星团保持关注。据他前后制作的星表统计，他在这期间一共发现了 2500 个星云和星团。而在他之前，天文学家已知的所有非恒星天体总数加起来也不过 150 个。

当时的天文学家将宇宙中那些神秘的云雾状发光天体统一叫作星云，认为它是由气体和尘埃组成的天体。然而赫歇尔却发现，有些星云在倍数更大的望远镜底下，竟可以看见部分点状的恒星。赫歇尔由此提出，许多原先认为是星云的天体，只不过是因为距离太遥远而无法看清，实际上却是由恒星组成的星团。赫歇尔的想法并没有错，后来的天文学家在更先进的天文望远镜的帮助下证明了他的观点。

赫歇尔还进一步比较了不同密度的星团，发现它们的结构形式同样显示了引力的作用。因此推论，在广阔无垠的太空中，恒星最初是分散的，但随着引力的作用，渐渐聚集起来，因此恒星疏散的星团处于早期的发展阶段，而恒星密集的星团则属于星团的晚期阶段。①

恒星天文学之父

自赫歇尔开始投入天文观测以后，几乎以每年一次的频率为天文学界送上大礼，可以说是一个稳定且高产的天文学家。

他是怎么做到的呢？原来，他将所处的北半球天空分成了 683 个区域，然后用望远镜对这些区块分别进行了地毯式的搜索，直到全部都观测完为止。他一共观测了 1083 次，并详细记录了 11.8 万颗恒星的位置。在不借助任何现代自动化电子仪器的条件下，这效率简直不可思议。他的丰硕成果即便有着偶然性，但也无法掩蔽那几十年如一日

---

① 编审注：疏散星团通常比较年轻，超过一亿年的很少，这意味着它们结构松散，在形成后不久就会解体。球状星团是宇宙中最年老的天体集团，有些球状星团的年龄甚至比由哈勃定律计算得到的宇宙年龄还大，这个矛盾至今未完全解决。

的勤奋与投入的精力。

1788年，将大半辈子都倾注在音乐和天文事业上的赫歇尔，终于在50岁结婚了，并在4年后喜得一子。

在他的影响下，长期作为他助手的妹妹以及长大后的儿子，都成了著名的天文学家。人们把他儿子称作“小赫歇尔”，对他的称呼则升级成“老赫歇尔”。他们三人常被合称为“赫歇尔一家”，作为观测天文学时代的开辟者来讨论。

老赫歇尔将自己制作望远镜的非凡手艺早早地传给了小赫歇尔。在寂静的夜晚，老赫歇尔对着自己做的大望远镜，小赫歇尔对着自己做的小望远镜，一起在星辰大海中漫游。

1822年，赫歇尔过世，享年84岁。他的前半生在音乐界闯荡，后半生则马不停蹄地为人类认知的宇宙边界开疆辟土。在宇宙学日趋完善的道路上他立下一座又一座振奋人心的丰碑。在他之前，人类对恒星世界的认识无疑是“扁平”而单薄的，是他为人类打开了恒星世界的“厚度”，并建立起恒星天文学的第一块基石。他的天文学成就最终浓缩成一个伟大的称号：“恒星天文学之父”。

2009年，欧洲航天局研制了世界上最大的远红外太空望远镜，并将其命名为“赫歇尔空间望远镜”。6 月 14 日，地面任务控制中心向成功进入太空的“赫歇尔”发送指令，于是“赫歇尔”缓缓地睁开了眼睛。它将继续引领着人类，探索更广袤、更深远的宇宙。

观测宇宙学之母勒维特

太阳系是不是宇宙的中心

自从星星对人类眨下第一次眼，就没想过要放弃对人类好奇心的挑战。这千百年来，人类不断地朝着浩瀚宇宙投放问号，甚至还发展出一个专门的学科来研究它们。

时间来到19世纪，萦绕在天文学家们脑海中的问题是：太阳系是否是宇宙的中心？这里的宇宙指的是银河系，此时的研究者还没有发现河外星系。

天文学家们想到的方法是测出宇宙中各个方向的天体和我们的距离，只要每个方位最远的天体与我们的距离都大致相同，这个问题也就迎刃而解了。

最早做这个尝试的是英国天文学家威廉·赫歇尔，他测量了大量恒星与太阳之间的距离，然后描绘了宇宙的结构，显示太阳系的所在位置靠近宇宙的中心。后来荷兰天文学家雅各布斯·卡普坦主持了一个更为细致的大型联合观测，让世界各地的多个天文台分工协作，进行距离测量，得出了大致相同的结论。

以今天的眼光来看，他们的思路并没有问题，然而这两个研究的结论却都是错误的。原因是当时测量天体和地球距离的方法还只有三角视差法①，可这个方法的测量精度很有限，只适用于测量距离较近的天体。这就好比使用一个以十个位数为显示上限的计算器来做数值更大的题目，但凡超出范围的计算结果只能落在同一个边缘，无法真正获得十一个位数或以上的答案。

人类需要找到一把能比三角视差法拉得更远的尺。如果没有意外的话，发现这把尺的会是位才华横溢的天文学家。当他发表了相关发现的时候，一定会震动整个天文学界，他也将因此声名大噪、荣誉等身，成为一位地位崇高、受人敬仰的天文学家。

---

① 三角视差法：对同一个物体，分别在两个点上进行观测，这样两条视线与两个点之间的连线可以形成一个等腰三角形。根据测量这个三角形顶角的大小，就可以算出这个三角形的高，也就是物体距观察者的距离。

哈佛天文台的“女子天团”

1868年7月4日，亨丽爱塔·斯万·勒维特诞生于美国东北部马萨诸塞州的兰凯斯特镇。她是家中最大的孩子，下面还有一个妹妹，一个弟弟。父亲是个受人尊敬的牧师，一个人撑起了这个温暖的五口之家，勒维特的家境算得上是衣食无忧的中产阶级。

由于父亲和祖父曾经都是学霸，因此勒维特从小就生活在鼓励学习、以学识为荣的环境里。她个性娴静且容易害羞，不爱表现自己，做什么事都是轻轻巧巧的，生怕留下什么痕迹似的。在同学眼里，她总是在默默地学习，老师给她的评价是勤奋、认真，似乎除此之外，很难找到什么恰当的形容词。

勒维特的学业成绩很出色，从小学到大学都是名列前茅。大学毕业后她顺利考入了招生要求极其严格的拉德克利夫学院。这是一所文理表现都很优异的学校，后于1999年并入了如今的哈佛大学。

勒维特在校期间涉猎广泛，包括古典希腊文、美术、哲学、心理学、物理学、数学等学科。她的领悟能力极强，每门学科都斩获了优异的成绩。大四那年她选修天文学，虽是首次接触这门课程，但她却在学期末就取得了 A⁻ 的好成绩，并在众多学科中发现了自己对天文学的偏爱。

24 岁那年，青春焕发的勒维特顺利获得学士学位，一段风光明媚的人生仿佛已在向她招手。离校后，勒维特与几位同班同学结伴坐船到欧洲毕业旅行，不料却在途中遭遇了一场突如其来的大病，旅行草草收场。而更糟糕的是，这次的病直接导致了她的身体变得体弱多病，尤其严重损坏了她的听觉神经，她的听力每况愈下。

经过一年的调养后，勒维特选择重返学校，继续修读天文学硕士的课程。她来到了哈佛大学，并加入了天文台台长爱德华·皮克林组织的天文研究团队。

这时候的哈佛天文台正进行一项马拉松式的计划，对天体在宇宙中的位置、亮度和颜色进行编目，这需要进行繁重的测量和计算工作。当时还没有现代意义的计算机，只能用人的脑力来做这项工作，因此皮克林需要大量研究生协助完成这项工作。

为此，皮克林做了一个别开生面的尝试，这个尝试让本来寂寂无名的哈佛天文台在后来成为深具国际影响力的顶尖天文研究机构。

在那个年代，世界范围内能够接受女研究生的学校凤毛麟角，比如较为保守的英国大学就完全拒绝招收女研究生，许多有志继续升学的英国女大学生只能选择漂洋过海到美国去。可即便是美国的大学也基本不接纳任何女性研究人员，女性的地位可见一斑。

有一次，皮克林被一位笨手笨脚的男性研究人员气得火冒三丈，骂道："我家里的女仆都能做得比你更好。"话既出口，皮克林果然将自己家的女仆威廉敏娜·弗莱明带到天文台，并正式雇用了她。皮克林的冲动带来了意想不到的收获，弗莱明确实将他分派的工作处理得相当出色，让他非常满意。

接下来，皮克林索性组织了一个都是女性的研究团队，并委任女仆出身的弗莱明作为主管。这些女性研究者起初主要是承担计算和记录等琐碎工作，因此被称为"哈佛计算员"。随着团队的壮大，以及后续成就，她们在学术界渐渐有了名声，进而被称为"皮克林的女子天团"。

皮克林为她们提供了每小时 25 美分的工资，这个时薪比一个文书处理的工资还低，只比工厂纺织工人的时薪多了 10 美分。可即便如此，大量的女性研究者仍以能够参与科学研究工作为荣，任劳任怨，甚至为了获得经验而宁愿不拿报酬。勒维特就是她们中的一员。

虽然皮克林此举有剥削、压榨女性之嫌，他也从不让女研究员触碰天文望远镜，然而他的确创造了一个女性进入科学研究机构的先例，为女性打开了一扇证明自身科研能力的门。

勒维特很高兴能够加入哈佛天文台，对天文研究充满热情的她倍加卖力。当她投入到工作中的时候，同事无论如何叫她，她都听不见。后来她在一封写给皮克林的信中说，自己是真的听不见。

她身上那无法消除的病根一再牵引出其他病症，她不得不隔三岔五就被迫请假回家休养，导致研究工作也变得支离破碎。1896 年，意识到身体和学业不可兼得的勒维特难过地离开了哈佛，在家养病。

经过 6 年的休养，身体日趋稳定的勒维特写信给皮克林，对自己在研究的中途离开表示歉意。在信中，勒维特提到自己的听力障碍让她无法再胜任其他的工作，因此想重新申请哈佛计算员的职位。皮克林同意了，并为她开出了比普通计算员稍高的 30 美分时薪。

皮克林派勒维特一个人去研究变星，这个决定让人感到疑惑。因为当时的天文学界连恒星的分类尚未探索明白，而比起恒星，变星又是更加复杂而陌生的存在。皮克林的

初衷也许是对勒维特的能力特别有信心，或者是对她的遭遇感到同情和怜悯，所以给了她一份在当时看来有些“超纲”的工作。无论如何，勒维特接手这份工作后，就异常专注地开始了自己的研究。

变星是从地球上观察其亮度有起伏变化的恒星，成因可能是恒星内部的变化造成的，也有可能是亮度在到达地球的过程中产生变化，因此在变星底下可以做出非常繁多的分类。勒维特着重关注的那类统称为“造父变星[①]”，它们的亮度变化源于自身内部的脉动变化，且变化非常有规律，从亮到暗，再从暗到亮，一般历经数天至数月，最亮的时候可以比太阳亮度大千倍。

虽然造父变星已经被发现了一个多世纪，但天文学家们却放任它忽明忽暗了一个多世纪，就像获得了一把削铁如泥的宝剑，却将它连着不起眼的剑鞘扔进了储物室里。

1904 年春天，这把尘封已久的宝剑落入了人生同样忽明忽暗的勒维特手中，她轻轻抚摸、擦拭已蒙尘且不起眼的剑鞘，将纤手搭在剑柄上，缓缓拔出。

---

① 造父变星：一种视星等有起伏变化的恒星。命名为“造父”，是因为发现的第一颗造父变星“仙王座 δ”在中国古代被称为“造父一”，故将这类变星称为造父变星。

发现测量宇宙的大尺子

勒维特承担的一项任务是检查大小麦哲伦星云的照相底片，工作的具体内容主要是通过把不同时期拍的底片叠加在一起，比较分析得出恒星的亮度变化，从中找出变星。

从 1904 年到 1908 年，勒维特在麦哲伦星云中一共找到了 1777 颗造父变星，并整理成论文发表在《哈佛学院天文观测年鉴》上。这个惊人的成果也得到了《华盛顿邮报》的报道，世人既惊叹于这个庞大的数量，也惊叹于其发现者是一位女性。然而，人们没想到的是，这点成就与她后来的发现相比，完全不值一提。

在分析观测记录时，勒维特发现了一个逐渐清晰的规律：光变周期较长的造父变星，似乎比光变周期较短的更为明亮。换句话说，勒维特发现造父变星“眨眼”的频率和它们自身的亮度之间，可能存在着某种关系。

为了进一步证实自己的发现，勒维特挑选了观测精度最高的 25 颗造父变星加以追踪分析。经过几年的努力，勒维特发现这两个变量的关系可以用一条直线来描绘。

1912 年，勒维特又发表了一篇论文，作为上一篇论文的结论，她指出：“造父变星的绝对星等[①]与它们的光变周期成正比。”这一个定律被称为“周光关系[②]”，也被后人称作“勒维特定律”。

这个发现对陷入测量技术瓶颈的天文学界起了很大的启发作用。基于相同蜡烛放得越远视觉亮度越暗的简单原理，再通过整理出天体的绝对星等、光变周期和视星等之间的关系，人们只要找到宇宙中已知距离的一颗造父变星作为标准烛光，就能够用对照光变周期的方法，测算出遥远星系与地球之间的距离。接下来，想要测出任一星系的距离，我们只需要找出那个星系中的造父变星，因为在足够大的距离测量尺度中，个别变星和其所在的整个星系可以视作一个整体。也就是说，勒维特为人们指明了那把突破了三角视差法测量的极限，更适合用来测量星系距离的宇宙之尺。这在天文学史上是具有划时代意义的技术革命。

然而不幸的是，勒维特并没有机会亲自挥动这把尺向世人展示它在天文学发展上的重大价值。因为在发现了周光关系和确认了标准烛光后不久，她因胃部手术而不得不

---

① 绝对星等：指把天体放在指定的距离时天体所呈现出的亮度。此方法可把天体的光度在不受距离的影响下，作出客观的比较。

② 周光关系：指造父变星具有的光变周期和绝对星等之间的关系。光变周期越长，视星等越小，看上去就越亮。

再次放下自己的研究工作。

等她康复回来的时候，身不由己的她又被皮克林安排去做别的工作，研究北极星序。这个安排意味着皮克林对勒维特能力的认可，因为对皮克林而言，那是他多年来最希望能完成的研究课题。可对勒维特而言，这无疑是她人生中最大的缺憾，因为这直接让她与接下来将要震动整个天文学的成就失之交臂。

无论是在个人能力还是时间条件上，我们都有理由相信，只要勒维特在当时能有机会亲自用她发明的这把“量天尺”对宇宙进行测量，那么她所创造的成就，就绝对足以让整个学术界无法再对这一位女性的努力视而不见。

伟大的女性天文学家

顺着勒维特的研究成果，很快，天文学家们陆续在别的星系中寻找出造父变星，借以测算出它们的距离。

20 世纪 10 年代末，哈罗·沙普利率先利用这个方法获得了关键的数据，从而证明了太阳系不是宇宙的中心。随后，本来默默无闻的爱德文·哈勃也凭借对周光关系的运用，证明了银河系并不是宇宙的全部，类似于银河系的河外星系遍布于整个宇宙。河外星系的发现揭示了宇宙真实的样子，直接引导人类迈入现代宇宙学的新时代。

或许这就是勒维特的使命：成就其他天文学家的成就，而她自己完全没有从中获得任何荣誉和嘉奖。她所处的时代早已准备好接受她的才华，却还没准备好接受她的性别。

1921年，刚证明完太阳不是宇宙中心的沙普利接替了皮克林的职位，成为哈佛天文台的新台长。沙普利深知勒维特的潜力，将她提拔为测光学部门的主管。这本是一个可以让勒维特施展拳脚的机会，可就在这时，勒维特遭遇了她人生中最后一次病魔的侵扰。因为这一回找上门来的，是无药可救的癌症。同年12月12日，53岁的勒维特在一个寂静的雨夜中离去。

勒维特把自己所有的财产都留给了母亲。这些财产总共值315美元，大概只够买七八条普通地毯。去世后，勒维特被葬在了自己家族的墓地。事实上，她甚至没法拥有一个单独的墓碑，而被迫和十几个亲戚挤在一起。墓碑很小，没刻上她的著名公式，只是草草地记录了她的姓名、生日和忌日。

她的离世并没有惊动这个世界，或许是因为她一如既往地放轻了脚步，悄悄地她走了，正如她悄悄地来。

勒维特就像一颗造父变星一样，即便耀眼夺目，可当光亮传到世人的眼中时，她却早已在悄无声息中陨落。

1924 年，瑞典科学院的数学家哥斯塔·米塔·列夫勒想要提名勒维特为诺贝尔物理学奖候选人，并致信沙普利，请求后者给出更多勒维特的工作细节。沙普利回信告知勒维特已经去世，并声称真正的荣誉应归于他本人，因为他正确“解读”了勒维特的发现。

勒维特最终并未获得提名，因为诺贝尔奖不授予逝者。根据记载，被誉为“星系天文学之父”的哈勃时常提到应该给勒维特颁发一个诺贝尔奖。就事实来看，可以说如果没有勒维特，哈勃就不会有后来那些耀眼夺目的成就。

时至今日，周光关系仍然持续地帮助我们了解天体的距离。随着天体测光技术的改进，这些距离也在不断完善。一个著名的例子是，2012 年修正了北极星与地球的距离，为原来以为的数值减去了约 100 光年。[①]

鉴于周光关系的发现为天文学界开创了“观测宇宙学”这门新学科，勒维特也被后世尊称为“观测宇宙学之母”。为了纪念她的贡献，人们用她的名字来命名小行星 5383 和

---

① 这部分工作是Turner等人在2012年使用北极星的测光视差得到的，与依巴谷、该亚卫星的三角视差结果差异较大。

月球上的一个撞击坑。

勒维特的所有荣誉几乎都是逝世后才获得的。她给后世留下的资料并不多，我们仅能从她的同事梭伦·贝利写给她的悼文中看到一些她生活中的身影：“勒维特小姐从她优良的血统中继承了严谨的作风。她严肃对待生活，责任心强，有正义感，感情忠贞。她极少关注娱乐活动，全身心投入亲密的家庭氛围中，无私对待朋友，坚持自己的原则。同时她尽责且真诚地对待她的专业。她有着令人羡慕的快乐能力，使得周围人对她又敬又爱，就像洒满阳光的大自然，所有的生命都变得有魅力并充满意义。”

星系天文学之父哈勃

激发天文梦的生日礼物

1889 年美国的密苏里州，常年湿润的马什菲尔德小镇将要进入深秋，夹道的山楂树早已把自己的叶子漆黄，准备在马路上铺一条金地毯，迎接一位伟大的天文学家的到来，他就是爱德文·哈勃。

爱德文·哈勃降生在一个体面的小康之家，父亲是当地一名颇有声望的律师，育有 7 个子女，哈勃排行第三。哈勃生在多子女的家庭，从小就不缺玩伴，时常可以和兄弟姐妹们结伴到湖里游泳、抓鱼，或是到林子里爬树、打鸟，年纪小小就练出了一身健壮的好体魄。

8 岁生日那天，小哈勃在温馨的家庭聚会中收获了非常多的礼物，其中祖父送的礼物最让哈勃想迫不及待地拆开。从长长的包装来看，热爱户外活动的哈勃起初猜测那是一支酷炫的猎枪。当他将礼物完全拆开后，不由得眼前一亮，那是一架从未见过的天文望远镜。哈勃对新鲜的事物总是充满兴趣，对这个礼物很是喜欢。于是当晚祖孙二人就在家里的后院，用望远镜观察了一宿的星星。望远镜里的星空是如此的神秘莫测，小哈勃深深着迷，就此埋下了日后探索宇宙的梦想的种子。

长大后的哈勃能文能武，不仅学业成绩优异，还是一位州内颇有名气的运动健将。他曾在一次中学田径运动会上，同时揽下铅球、铁饼、链球、立定跳高、助跑跳高、撑竿跳高和接力跑 7 个项目的冠军，还有一个跳远的第三名。少年时的他长得人高马大，体格健壮，加上能说会道，在学校很受欢迎。

他本不该有什么烦恼，毕竟一个高中生能有的优点他都占了，可有一件事却总是让他感到压抑。哈勃清楚地知道自己的兴趣在天文学，上中学时就自行阅读了大量与天文学相关的书籍，然而父亲却明确希望他能成为一名律师。为了调和这个矛盾，哈勃与父亲达成了折中的协议：本科让他自行选择，硕士修读法律。

由此，考入芝加哥大学后，哈勃得以如愿修读数学和天文学。他把主要精力用在学习自然科学的课程，并结识了一位优秀的导师莫尔顿教授。在莫尔顿教授的引导下，哈勃进一步深入探索天文学领域。

毕业后，哈勃凭借优异的表现成功获得了罗德奖学金。这个奖学金非比寻常，它是最负盛名的国际奖学金项目之一，有着“全球青年诺贝尔奖”的美誉。

接着，哈勃带着这份奖学金前往英国牛津大学修读法律硕士学位，履行了对父亲的承诺。然而他仍然对天文学念念不忘，偷偷选修了一些天文学的课程。在天文学的课堂上，他常以一名法律专业的学生身份指出天文学学生犯的错误，让人对他刮目相看。

1913 年，刚完成学业的哈勃收到了父亲病重的噩耗，他日夜兼程横跨大西洋赶回了家乡。父亲知道他顺利成为法学硕士后非常欣慰，不久后便安详辞世。这之后的一年多时间，哈勃移居到印第安纳州的一所中学，担任教师和篮球教练，但他却对外声称自己这段时间是在肯塔基州经营一家律师事务所。

那是一段内心挣扎的时光，他既不想违背父亲的遗愿，又无法忘怀自己对天文学的热爱。最终他还是遵循了内心深处的呼唤，重返芝加哥大学，攻读天文学博士学位。

发现河外星系

对哈勃来说，重回天文学领域，就像是鱼儿回到了水里般舒服自在。芝加哥大学附属的叶凯士天文台里有一架当时非常先进的 61 厘米口径的望远镜，能够观察到遥远的星云，这让哈勃如获至宝。

哈勃在此期间拍摄了大量新的星云照片，累积了相当丰富的观测经验，让他还没毕业就获得了威尔逊山天文台的聘书。当时哈勃正在撰写博士论文《黯淡星云的摄影研究》，他深知自己如果要在星云的研究上更上一层楼，势必需要借助更加精良的观测仪器，而威尔逊山天文台正配备着当时世界上最大的反射望远镜。哈勃答应了聘用，然而就在他将要毕业之际，第一次世界大战爆发了。

为了响应美军募兵，哈勃决定前往军队报到。威尔逊山天文台知道他的决定后，表示仍然愿意保留一个职位给他。

战争结束后，哈勃终于前往威尔逊山天文台报到。或许这里才是他真正的战场，他也即将在这里展开一段天文学史上的英勇事迹。

1920 年 4 月 26 日，天文学界举办了一场世纪大辩论，两位德高望重的天文学家沙普利和柯蒂斯，就旋涡星云的本质和宇宙尺度产生了不同的看法。辩论中的基本问题是当时所谓的旋涡星云[①]，究竟是银河系内的小天体，还是银河系外巨大且独立的星系。

沙普利认为银河系就是宇宙的全部，直径达到30万光年，仙女座旋涡星云是银河系内的一种星云状天体。柯蒂斯则认为，银河系的直径只有4万光年，而仙女座旋涡星云距离我们至少有50万光年，它是银河系之外的另一个星系。双方都提出了各自的理论依据，谁都说服不了谁。

哈勃当时就坐在会场中，不发一语。他早就在威尔逊山上用世界上最大的150厘米和254厘米望远镜照相观测旋涡星云一年多了，他相信自己总有一天会解开这道僵持了数年之久的难题。

转机出现在1923年，哈勃在某次对仙女座星云的观测中发现了一颗造父变星，这就相当于找到了测量仙女座距离的那把尺。根据勒维特的周光关系，那颗星的光强变化的周期长达31天，与它微弱的视觉亮度相比，说明它距离我们非常遥远，远到同时超出了沙普利和柯蒂斯对宇宙大小的预测。

---

① 旋涡星云：螺旋星系的旧称。当天文学家了解这种“旋涡星云”其实是远在银河系外的星系以后，这个名词就不再使用了。

哈勃对这个距离进行了反复的测算，得出了一个超越当时所有天文学家想象的数值：93 万光年（今天测算出的距离是 254 万光年）。这可是了不起的大发现！哈勃在震惊之余依然保持着清醒与谨慎，为免自己的推论存在纰漏，他并没有马上公开这个发现，而是把自己关在了威尔逊山上，没日没夜地将那把丈量宇宙的尺子在浩渺的星际空间中不断延伸，试图获得更多的数据。

功夫不负有心人，两年时间内，哈勃进一步发现了 34 颗造父变星，并一一测算了它们的距离，其中距离我们最遥远的星系，居然达到了上亿光年。

至此，哈勃手中所掌握的数据已经足以证明仙女座星云是一个远在银河系之外的独立星系，且这样的星系广布在整个宇宙当中。它们拥有自己的星团，受自己的系统引力绑定而呈现一个整体，就像大海中一座又一座分离的岛屿。

1925 年 1 月，哈勃发表了一篇论文，正式终结了旷日持久的“沙普利—柯蒂斯之争”：旋涡星云是河外星系，银河系并非宇宙的全部，银河系的直径约 10 万光年，宇宙的大小远比人们原来知道的要大。这一天，人类总算真正发现了宇宙。

柯蒂斯最切身地明白哈勃这一发现的意义，他在书中写道：“在人类思想历史上，很少形成过比这更伟大的概念：我们——不过是在自己星系中百千万个太阳之一的一个小卫星上生存的微不足道的生物——能够看到自己星系之外还有其他类似的星系。它们每个都有着几万光年的直径，像我们的一样有着几十亿个甚至更多的太阳。因此，我们的视线从 50 万光年穿越到几亿光年的遥远——那更广阔的宇宙。”哈勃就此声名大噪。

这以后，哈勃进一步对河外星系的结构展开研究。在大望远镜的帮助下，哈勃看到星云并不都是涡旋状，还有椭圆和一些不规则的形状。他由此制作了一个“哈勃分类体系”，一直沿用至今。

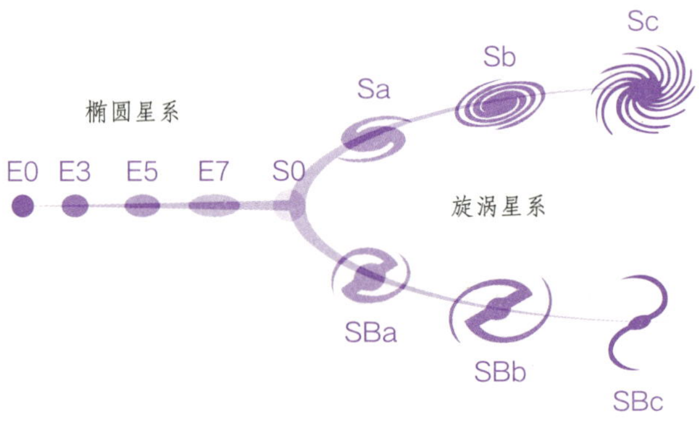

哈勃分类体系

证实宇宙大爆炸起源论

20 世纪初是科学快速发展的奇迹时代，许多重大的发现和进展如同核弹一般不断轰炸着各门学科，爱因斯坦的相对论便是在这个时候降临的。

1917 年，爱因斯坦通过物理学的角度推测出狭义相对论，认为宇宙是一个体积有限但没有边界的静态弯曲的封闭体。1927 年，比利时天文学家乔治 · 勒梅特在爱因斯坦的引力场方程中找到了一个动态的解决方案，获得了宇宙正在不断膨胀的猜想，由此进一步提出了宇宙大爆炸起源论。然而这一切都尚待过硬的真实观测数据出现来加以证实。

1928 年夏天，刚成为美国国家科学院最年轻院士的哈勃又接任了国际天文联合会中星云委员会的代理主席。此时的他正在与助手胡马森合作，对遥远星系的距离与红移[①]进行大量的测量工作。哈勃和胡马森发现远方星系的谱线均有红移的现象，而且距离越远的星系，红移越严重。隔年，根据红移程度的系统整理，哈勃得出了星系退行速度与它们和地球的距离成正比的结论，并且这个比值是一个

---

① 红移：指物体的电磁辐射由于某种原因波长增加的现象，在可见光波段，表现为光谱的谱线朝红端移动了一段距离，即波长变长、频率降低。

常数，因而建立了大名鼎鼎的“哈勃定律[1]”，其中的常数也被称为“哈勃常数”。

1929年3月，《美国科学院院刊》发表了哈勃的论文《星系外星云距离与径向速度之间的关系》，向世界公布了宇宙膨胀的首要证据。这是在发现宇宙真正的尺度之后哈勃又向天文学界投放的一颗震撼弹。

远在德国的天才爱因斯坦看到了这篇论文后十分激动，立即飞往美国，到威尔逊山上去拜访哈勃。在哈勃的陪同下，爱因斯坦亲自使用胡克望远镜进行了一番观测，并在阅览了哈勃翔实与严谨的观测记录后，终于愿意相信自己的狭义相对论对静态宇宙的描述是错误的。

事实上，正如另一位学者提到过的：宇宙并不是静态的，而是像一个正在烘烤的面包一样，整体都在不断地膨胀，星系就像面包里镶嵌的小葡萄干，在加速的膨胀中彼此越离越远。

这一认识意义深远，作为宇宙大爆炸理论的重要证据，它揭示了宇宙的起源。通过确定哈勃常数的数值，后世的

---

① 哈勃定律：2018年10月经国际天文联合会表决通过更改为现名“哈勃－勒梅特定律（英语：Hubble-Lemaître law）”，以纪念更早发现宇宙膨胀的比利时天文学家乔治·勒梅特。

科学家得以推算出宇宙这块大面包的年龄：它已经膨胀了137亿至138亿年。

1931年，天才爱因斯坦公开承认了是哈勃的观测结果让他得以纠正自己的错误。哈勃再次出尽了风头，但这次的风光可不是他自己的吹嘘，而是人类在探索宇宙的道路上一步一脚印的前进。

1936年，哈勃出版了他的著作《星云世界》。在书中，他对当时天文学研究的成果进行了一番总结，对星系的分布、距离、特征、速度等进行了系统的论述。这本书成为现代天文学的经典名著。

成为星系天文学之父

60岁的哈勃仍然没有放下星系的研究，他转到帕洛玛山天文台继续工作，同时担任威尔逊山和帕洛玛山天文台的研究委员会主席。

这段时间他探讨了河外星系的组成成分和亮度分布规律，并在一些较近的星系中发现了已知存在于银河系中的几乎所有类型的高光度天体：新星、球状星团、蓝超巨星、气体星云等，从而为星系天体物理学的发展开启了一扇新的大门。

哈勃对天文学的研究让世人见识到“天外有天”，银河系只不过是宇宙中的沧海一粟。他对河外星系的证实，一定程度上让天文学界对宇宙的研究单位从单个天体发展到星系的组成。他也因此成了公认的星系天文学创始人，并被天文学界尊称为“星系天文学之父”。

曾经那个站在人生岔路口上的年轻人，面对着两条道路。一条是风光明媚的康庄大道，一条是无法看清的林荫窄径，哈勃义无反顾地踏上了内心尊崇的那一条。

我们有理由相信哈勃的选择让世上少了一位优秀的律师，但我们也必须承认哈勃的选择为我们带来了一位伟大的天文学家，也成就了一段曲折的传奇。为了纪念哈勃的贡献，小行星 2069 和月球上的一座环形山均以他的名字来命名。

1990 年 4 月 25 日，美国肯尼迪航天中心“发现者号”航天飞机将一架主镜口径为 24 米的巨型望远镜送入了太空，这是人类历史上首次把天文望远镜架设在太空中。它最初的设计目标之一是为了测出更加准确的哈勃常数，而它的名字也被选定为“哈勃望远镜”。

哈勃望远镜成功弥补了地面观测的不足，帮助天文学

家解决了许多天文学上的基本问题，使得人类对天文物理有更多的认识。几十年来，作为人类在宇宙中最明亮的眼睛之一，哈勃望远镜不断向地面传送宇宙深空的照片，捎来一个又一个探索宇宙的美妙惊喜。

揭开恒星秘密的天才塞西莉娅·佩恩

当你仰望天空，感受太阳的灼灼烈焰时，会思考它到底是由什么东西构成的吗？它和我们脚下的地球一样吗？20 世纪的天文学家们也在思考这个问题，尽管和太阳“相处”这么长时间了，但是对于它的成分究竟是什么，还没有人能说清楚。后来，一个天才科学家的出现，给了这个问题一个肯定的答案。正是她告诉世人：太阳的主要成分是氢元素。那一年，她只有 25 岁。

爱好天文的少女

1900 年 5 月 10 日，塞西莉娅·佩恩出生在英国的多文尔。她是家中长女，4 岁时父亲去世了，母亲不得不独自抚养 3 个孩子。

但佩恩的母亲并未因此而整日愁眉苦脸，相反，她兴趣广泛，富有活力，她的爱好在当时的上流女性中也显得颇为特别。她喜爱天文，当佩恩还只是一个婴儿的时候，母亲就开始给她讲关于星空的故事了。

一天，佩恩和妈妈去散步，一颗流星划过天空，小佩恩歪着头注视着流星，母亲借机跟她解释天上的景象到底是怎么回事——那是一颗陨石滑落了下来。她还编了一首童谣和佩恩一路唱回家："那天晚上，在回家的路上，我们看到了一块闪亮的陨石……"多年后，佩恩对这首童谣记忆犹新，那不仅勾起了对母亲的温馨回忆，也回忆起自己对天文的热爱正是从那时开始的。

在上学之前，佩恩有大量时间待在家庭图书馆里，广泛阅读了那个时代的经典作品，培养了良好的音乐、戏剧等艺术的欣赏能力。同时，她也展现出杰出的数学才能，以及在理性思维方面具有的天赋。

佩恩 8 岁时，她就有了成为一名科学家的想法。那是很平常的一天，亲子伴读的时光，母亲拿起了一本意大利的故事书读给她听，她从书中成功辨认出一朵兰花，佩恩为这个发现欣喜不已。当一个孩子凭自己的经验和知识找到问题的答案，并得到了正确的验证，这种鼓舞是相当振奋人心的。

她在很多年后依然记得那个瞬间，尽管后来的职业生涯中经历了无数这样的时刻，每一次当她设想的理论被实践证实，她又会重温儿时的那种兴奋。可能正是这种原动力不断推动她在科学的道路上攀登。

12 岁那年，佩恩随家人搬到伦敦，就读于当地一所中学，这所学校第一年不开设科学课，酷爱自然科学的她只能自学物理和数学知识。但佩恩是个有想法的姑娘，她觉得将来要从事科学研究的话，一定要打下良好的基础。于是，她要求学校让她学习数学，但学校却认为根本没有这个必要。当时英国的社会非常保守，认为女性不适合从事科研工作，自然也就无须学习科学。学校的一位数学老师甚至直接对她说："你永远成为不了一位学者。"佩恩的抗争不仅无效，还被学校勒令退学。

后来，她转学到了风气更为开放的圣保罗女子学校，终于如愿以偿地学习了科学、法语、德语和拉丁语等不同学科。不仅如此，她还发展了音乐方面的特长，她的老师鼓励她走音乐之路，成为一名音乐家，但她却坚定地选择了科学研究之路。

剑桥的时光

1919年，佩恩以优异的成绩获得了奖学金，来到剑桥大学纽纳姆学院继续深造。那时的她以为自己将来会成为一名植物学家，于是修读了植物学。一次偶然的机会，她听了诺贝尔物理学奖得主尼尔斯·玻尔的课，开始对物理产生兴趣。后来则因为另一个讲座彻底改变了自己的命运。

那一年，英国著名物理学家阿瑟·爱丁顿来到剑桥做演讲。演讲的内容是自己在非洲西海岸观测日食的故事。他用富有魅力的嗓音激情澎湃地分享了自己和团队如何花了几个月的时间进行日食科考，怎样克服恶劣的天气和突如其来的故障而最终拍摄到珍贵的照片的经历。他还讲述了他们经过几个月的测量、计算后取得了惊人的成果——证实了爱因斯坦的广义相对论的正确性。爱丁顿向在座的青年学子展示了那些珍贵的照片，引得台下一阵轰动。

在一双双充满求知的眼睛中，有一双属于19岁的佩恩。没人知道她在波澜不惊的外表下，内心深处正在经历一场深刻的地震。她后来回忆起那个时刻："那完全改变了我对世界的看法。我的整个世界被颠覆了，有一种崩塌的感觉。”在那之后，佩恩的学习方向转向了天文学和物理学。

20世纪20年代，在剑桥学习物理，对于一个女性来说可谓前途渺茫。因为当时的英国社会几乎没有提供给女性科研者的机会。佩恩不顾世俗的偏见，依旧认真地完成每一门功课。她成绩优异，胜过班上大多数男同学，却不得不因为女性身份忍受各种不公正的待遇。

在古老的哥特式校园中，总是可以看见一个女孩独自坐在教室的角落里，因为她不被允许和男同学坐在一排。每当她走进教室，总能听见男生们带有嘲讽意味的“跺脚声”。那个时代的高等学府几乎是男性的天下，男人们试图营造一种具有男性气概的氛围，排斥女性参与其中，比如大声跺脚或者放肆谈笑。佩恩上每一堂课时，都不得不忍受这样令人难堪的“礼遇”，这些行为让佩恩感到格格不入，但她没有因此退缩，始终专注于自己的学业。

几年后，她以优异的成绩完成了学业，却遭受了更为严重的不公。她满心以为自己的努力终于得到回报，却被告知不可以被授予学位，因为剑桥大学700年来不曾给女性颁发学位，她最后能获得的只是一张普通的证书。为什么和男性付出同样的努力却得不到相同的回报？佩恩无数次这样问过自己。

她不甘心自己得不到学位，更不愿意在毕业后无法继续心爱的研究，一想到自己多年的努力会化为乌有，便满心愤慨。她从未停止为自己争取，一直在努力寻找机会，直到获得幸运之神的垂青。

当佩恩得知哈佛天文台有一个鼓励女学生从事天文研究的资助项目时，她毫不犹豫地报名了。那时的哈佛大学在天文领域独树一帜，已经有一个成熟的女性研究团队。她觉得自己如果能去哈佛，就可以在那里继续钟爱的研究。通过各种方式，她结识了时任哈佛天文台台长的沙普利，并成功引起了他的注意。在沙普利的鼓励下，她远渡重洋来到了哈佛。

哈佛的征程

1923 年的秋天，佩恩漫步在哈佛校园，凉凉的秋意抚过，树叶落了下来，她充满对未来的无限幻想。这里仿佛就是她的应许之地，她与哈佛天文台的同事们相处融洽，一边如饥似渴地学习，一边全心投入地工作。她把天文台当作了自己的堡垒，在这里度过了一个个漫长的白昼与黑

夜。作为回报，她迅速成长起来，很快就像海绵一样吸纳了各种前沿的研究成果和资料。

哈佛大学天文台的恒星光谱研究卓有成就。自 19 世纪 80 年代起，哈佛大学天文台的研究者就开始陆续对恒星光谱进行分类，并提出了著名的哈佛分类法。他们将恒星光谱分为 7 大类，分别是 O 型、B 型、A 型、F 型、G 型、K 型、M 型。直到现在，天文学界依然在使用这个体系。

恒星的光谱图究竟是什么呢？在普通人看来，就是一张布满线条的彩图。但在研究者眼中，这些细细的线条揭示了恒星的重要信息，它们能够反映恒星的物理状态和化学成分。

佩恩从其他研究者那里得到了关于恒星光谱的所有数据，她浏览了数以万计的底图后，开始着手自己的研究。她的目标是弄清楚恒星的成分和状态。她颇有创见地将当时最新的原子结构与量子物理理论应用于对恒星光谱的分析。

这在当时的研究领域是绝无仅有的，因为其他人不具备她这样深厚的物理学基础。早在剑桥求学的时期，佩恩就跟随尼尔斯·玻尔学过原子物理理论基础。后来，她又研究过印度物理学家萨哈的理论。萨哈认为，恒星光谱形态与恒星温度有关。恒星温度越高，恒星中物质原子内的电子能级就越高，它们会跃迁到更外侧的电子轨道上。萨哈的热电离平衡方程把光源的化学成分和光谱同光源的温度联系在一起，用这个方程可以确定恒星光谱与恒星温度之间的联系。

有了物理学的深厚基础，佩恩对恒星成分的分析取得了突破性的进展，得出了前人不曾有过的结论。佩恩对不同温度的恒星中的元素含量进行了计算，她发现恒星几乎是由氢和氦两种元素组成的，而其他元素微乎其微。这个结果太令人震惊了，因为当时的学界有着截然不同的观点，他们普遍认为恒星含有的碳、钙、铁、硅等元素，和地球相似，因此其成分的构成比例也应与地球相似。佩恩分析道，他们得出这样的结论，是因为他们忽略了温度、压力等因素对恒星光谱的影响。佩恩以其敏锐的视角和扎实的科学基础发现了恒星的本质。

尽管与学界主流观点相悖，但佩恩作为一个科学家相信科学的方法和论证。通过不断地验证，她最终确信这一结论的正确性，于是对自己的博士论文有了清晰的规划。

最杰出的博士论文

1925年，佩恩撰写了题为《恒星大气》的博士论文。在这篇论文中，佩恩量化了恒星类别的不同表面温度，得出恒星的组成基本上只有氢和氦两种元素，而氢构成了太阳的主要成分。这一洞见如今已经是天文物理学的核心原则，但在当时，佩恩的研究结果获得认可还经历了一番波折。

佩恩完成论文后，率先交给了她的导师沙普利。沙普利在当时的天文学界颇有盛名，他曾对球状星团和造父变星进行了系统的研究，推导出太阳系不在银河系中，为人类认识银河系奠定了基础。他读完佩恩的论文后深感震撼，却对于她的研究结果感到难以置信。

他无法断言佩恩的结论是否正确，出于谨慎，他将文章寄给了恒星成分研究的权威亨利·罗素。佩恩忐忑地等待着学术权威们对她论文的评定，她更希望的是自己的心血获得肯定和鼓舞。然而罗素的回信如同一盆冷水浇在了佩恩的头上。他的回信非常简单，甚至有些冷酷，上面只有一句话："氢的丰度超过金属上百万倍，很显然，这是不可能的。"

这样一句不经实证的简单断言，轻易地抹杀了一个青年学子多年的努力。佩恩感到非常失望，但她还是仔细检查了自己所用的方法和推论的过程，最后仍旧确信结论是正确的。可这一领域的最有权威的人物都否定了她。那么作为一个还没毕业、尚未在学界站稳脚跟的学生，还能有什么办法去证明自己呢？她无从得知。为了让博士论文顺利发表，她不得不听从导师的意见，调整论文里的措辞。

最终论文是这样表述的：我的测量数据显示氢和氦的含量“高得令人难以置信”，因此“几乎肯定是不真实的”。这种措辞让大家非常满意，沙普利很快帮助她发表了论文，而罗素看到后也对此大加赞赏。虽然论文上有所遗憾，但佩恩最终获得了博士学位，成为历史上第一个获得哈佛大学天文学博士学位的女性。

因为她的论文中没有明确的论断，所以恒星的成分问题依然需要解决。罗素为此花了四年时间，他在研究过程中也发现氢元素是构成太阳的主要元素，这和四年前他拒绝相信的那位女学生的结论如出一辙，但他不敢相信这是真的，于是又反复地验证，直到每次得出的结果都相同，最后不得不接受了。

罗素发表了一篇论文《关于太阳大气的组成》，阐述太阳的主要成分是氢元素。他还在文中写道："这一结论是不容置疑的。"他引用了佩恩的论文，却对当年的质疑闭口不提，不知道他心里有没有过一丝懊悔和愧疚。

罗素论文发表之后，人们的思想也随之发生了变化，他们重新意识到佩恩的博士论文的价值，更有几位著名的天文学家评价佩恩的论文为"历史上最杰出的博士论文"。虽然迟到了几年，但佩恩终究等来了属于她的荣誉。

哈佛首位女性教授

佩恩的科研探索之路走得并不顺畅，但是她似乎总能在困境中找到一条勇往直前的路，也能够顶住外界的压力坚持自己的想法。

她在完成博士学位后，在很长一段时间内从事着不受人们重视的基础研究工作。直到 1956 年，56 岁的佩恩才获得哈佛大学的正教授职位，成为哈佛大学第一位女性教授。

佩恩可能没有想到自从迈进哈佛大学天文台那一刻开始，她此生所有的梦想与荣耀都将与它交织在一起。这是让她梦想起航的地方，也是她历经磨难、满载荣誉的战场，她终于成了一位享誉世界的天文学家，并以此为园地将毕生所学倾囊相授给新一代的科研工作者。

在学生眼中，佩恩是这样一位老师：她很严厉，时间观念很强，知识渊博，对于意大利艺术、旧石器时代的斧头、马赛克木工和叙事诗《狐狸雷纳德》都有着自己的见解。

除了有作为严谨的科学家的一面，佩恩也是个爱好广泛、对艺术和环球旅行充满热情的人。她在工作取得重大成就的同时，也拥有一个美满幸福的家庭和广博的文化视野。

1976 年，美国天文学会授予她最高荣誉亨利·诺里斯·罗素奖，以表彰她在天文学研究领域的杰出成就。她在获奖感言中谈到，她永远不会放弃对探索的追求。她还传递给后辈这样的信念：只有毫无功利之心，才能在科学之路上走得更高更远。作为一个科研工作者，你将获得广阔的无与伦比的精神回馈。

佩恩这一生，作为女性受到过各种不公正的待遇，但她从来没有被女性身份所束缚，更没有因此退缩、抱怨和消沉。她始终像一辆充满斗志的坦克，向着心中的目标坚定地前行。她以超然的眼光看待所处的世界，把成为一个科学工作者作为矢志不渝的初心，最后取得了伟大成就，到达了同时代女性不曾企及的高度。

当有人称她是女性主义的先驱时，她云淡风轻地说道：“我只是被星星吸引了，而星星对性别视而不见。”

（全书完）

改变世界的科学家 天文学家的宇宙

主编 _ 果麦　撰文 _ 宋潇潇

产品经理 _ 熊悦妍　审读 _ 沈鸣 颜文赋

装帧设计 _ 吴偲靓　插画绘制 _ 王俊宇　技术编辑 _ 白咏明

责任印制 _ 刘淼　出品人 _ 王誉

鸣谢

朱琳

果麦

www.guomai.cn

以 微 小 的 力 量 推 动 文 明

图书在版编目（CIP）数据

改变世界的科学家. 天文学家的宇宙 / 果麦编 ; 宋潇潇撰文. -- 昆明 : 晨光出版社, 2023.7
ISBN 978-7-5715-1607-9

Ⅰ. ①改 Ⅱ. ①果 ②宋 Ⅲ. ①科学知识—少年读物②天文学—少年读物 Ⅳ. ①Z228.1②P1-49

中国版本图书馆CIP数据核字（2022）第128737号

改变世界的科学家 天文学家的宇宙
GAIBIAN SHIJIE DE KEXUEJIA TIANWENXUEJIA DE YUZHOU

果 麦 编 宋潇潇 撰文

出版人	杨旭恒
责任编辑	魏 宾
特约编辑	熊悦妍
插 画	王俊宇
装帧设计	吴偲靓
责任校对	杨小彤
责任印制	廖颖坤
出版发行	云南出版集团 晨光出版社
地 址	昆明市环城西路609号新闻出版大楼
邮 编	650034
电 话	021-64386496（销售部）
法律顾问	云南上首律师事务所 杜晓秋
印 装	天津丰富彩艺印刷有限公司
经 销	果麦文化传媒股份有限公司
版 次	2023年7月第1版
印 次	2023年7月第1次印刷
书 号	978-7-5715-1607-9
开 本	140mm×200mm 32开
印 张	5.25
字 数	84千
定 价	198.00元（全七册）

改变世界的科学家

医学家的挑战

果麦 编　郭晓强 撰文

云南出版集团　晨光出版社

果麦文化 出品

目录

药圣李时珍

药圣的诞生

中医药是中华文明的瑰宝，在疾病治疗方面有独特优势，如治疗疟疾的青蒿素就是从中药青蒿中提取的。在中医药几千年的发展历程中，有无数推动中药学发展的药学家诞生，其中“药圣”李时珍的贡献尤为突出，他编纂的药学巨著《本草纲目》，在国内外都有重大影响。

1518 年 7 月 3 日，明正德（明武宗朱厚照年号）十三年农历五月二十六，李时珍出生于湖北蕲春县的一个医学世家。他的祖父是一名走方郎中[①]，尽管在当时社会地位不高，但也能保全家衣食无忧。父亲李言闻子承父业，成为当地名医，却不希望自己的儿子也走上学医的道路。他认为科举才是正道，希望李时珍能考取功名，入朝为官，光宗耀祖。

① 走方郎中：对游走于民间卖药治病的行医者的称呼。

这么一来，李时珍不得不学习四书五经，自然也是废寝忘食，寒窗苦读，积极备考。虽被反对从医，但他毕竟生于医学世家，耳濡目染之下，仍借机熟悉了许多中医原理和诸多草药的特征。此外，李时珍从小就体弱多病，也常常亲自见证中医药的神奇疗效，这些经历都使他萌发了从医的想法。

李时珍天资聪慧，14 岁就考取秀才，但随后的 3 次乡试（3 年一次）都以失败告终，一方面是因为当时科举考试难度极高，另一方面是因为李时珍早就志不在此，他的一切努力纯粹是为了达成父亲和祖父未了的心愿。父亲李言闻不得不接受现实，不再逼迫李时珍考取功名，李时珍则向父亲表达学医决心："身如逆流船，心比铁石坚。望父全儿志，至死不怕难。"父亲李言闻同意了。

从医之路

李言闻对李时珍的要求极为严格。他要求李时珍不搞特殊，也从学徒做起，并强调选择从医这条路就要有吃苦耐劳的精神。因自小受到熏陶，李时珍比其他人学得快很多，并且极有天分，经过几年打磨，终于在 30 多岁时成长为当地一位小有名气的医生。

1551 年，也就是嘉靖（明世宗朱厚熜年号）三十年，34 岁的李时珍因治好了富顺王朱厚焜儿子的病而名声大噪。获悉此事的楚王朱英裣便请他为自己的儿子治病，李时珍也治好了。楚王因此欣赏李时珍，请他留在府中担任官职，同时兼管良医所。楚王府有许多藏书，工作也比以前行医时要轻松很多，李时珍得以利用宽裕的闲暇时间阅读大量古医书。读着读着，李时珍发现了问题，那就是，不同书中对相同事物的描述异常混乱，说法不一，更有甚者常常以讹传讹，出现一些错误和误导，这对治病救人而言，后果异常严重。恰在此时，朝廷出版了几部医学著作，李时珍便萌生出编纂医书的想法，他认为这样做既可以得到官方认可（这是当时大多数人的想法），又可以正本清源，消除医书内容混乱的局面。然而，当李时珍向楚王提起编纂医书的想法时，楚王却表示并无太大兴趣。失望之余，李时珍开始寻找其他解决方案。

1556 年，李时珍获得一个极佳的机会，那就是进入明朝太医院工作。他认为楚王作为地方人士，意识不到编纂医书的重要性是情有可原的，而作为明朝最高医学殿堂的太医院应该会支持自己的想法。遗憾的是，李时珍的美好愿望再次落空。嘉靖皇帝喜欢的是可令人“长生不老”的方士[①]，对李时珍的药学著书毫无兴趣。同时，李时珍在太医院的生活也不太平，他和宫廷御医的理念完全相反，因此经常会产生摩擦。但是，在太医院的工作经历对李时珍的一生产生了深远影响，为编写《本草纲目》打下了基础：他在太医院的药房里仔细比较和鉴别了各地的药材，搜集到大量第一手材料[②]；他饱览了皇家珍藏的丰富典籍，获得当时民间的大量相关信息，并看到不少平时难以见到的药物标本，许多都是李时珍闻所未闻的。同时，李时珍发现了更多书籍中的更多错误，从而更加坚定了编纂《本草纲目》的信心。1558 年，在太医院工作一年有余的李时珍离开京城，回到家乡开始坐堂行医，用自己的“字”——“东璧”为堂号创立“东璧堂”。

此后十年，李时珍阅读大量古医书并结合自己的临床实践，发现这些书中记载的药材数目繁多，名称多种多样，有时候同一种药材有两三个名称，而有时几种药材又使用同一个名称，混乱程度让人触目惊心。更严重的问题是，

---

① 方士：古代自称能访仙炼丹以求长生不老的人。

② 第一手材料：从亲身实践或调查中直接获得的材料。相对应的有“第二手材料”一词，指已经存在并已经为某种目的或发生过的事情编辑起来的资料。

有的书里对药效的描述是错误甚至是相反的，致人死亡的毒药居然被标注为延年益寿的仙丹，如被实际应用，后果可想而知。李时珍原本期望编纂《本草纲目》能够得到官方支持，被拒绝后他对此感到越来越急迫，最终决定以个人名义来完成这个巨大挑战。

千辛万苦

为编纂《本草纲目》，李时珍开启了前后 30 多年的艰苦工作。

首先是读万卷书。李时珍查阅了 800 多本古医书，包括最早的药学专著《神农本草经》《本草拾遗》等，归纳总结所有书中合理的部分，剔除其中的谬误之处，做到既继承又发扬。李时珍博览群书，旁征博引，并不拘泥于医学著作，而是试图从各种资料中寻找自己需要的线索，甚至从屈原等人的诗中获得灵感，最终达到准确区分不同药材的目的。

其次是行万里路。令李时珍最头疼的是，不同古书中前后矛盾的内容无法辨别真伪。在父亲启发下，李时珍意识到“纸上得来终觉浅，绝知此事要躬行”。书是静态的，观察是动态的，书中知识有限，只有眼观耳闻才能补其不足。李时珍在徒弟和儿子的陪同下开始了漫长的药物考察历程，走遍祖国名山大川，足迹遍及湖北、湖南、江苏、安徽、江西和广东等地。李时珍遍访民间名医，向他们虚心请教中医药的相关知识，他还四处搜寻民间处方，观察和收集药物标本。每到一处，都会谦卑地向当地人求助，他们中有采药的、种田的、捕鱼的、砍柴的和狩猎的，李时珍从而得到书本中没有的大量知识，比如通过种菜老农的介绍和实物观察，李时珍学会了如何真正辨别几种药用蔬菜的真伪。

李时珍在走访过程中非常注意观察药物的形状和生长环境，有时为了获取第一手材料还常常会冒着生命危险，比如不畏风险近距离观察毒蛇的形状，这样可以在后来的《本草纲目》中精准描述出这种蛇的外观。这样的事情比比皆是，毕竟部分药物生长在人迹罕至之地，未知风险随时都会发生。通过这样操作，他最终修改和纠正了古书中关于药材的诸多错误。

最后是持之以恒。在完成书本知识整理和野外考察资料收集的同时，李时珍迎来最大挑战，那就是正式开始写书。李时珍编纂《本草纲目》是个人行为，并非官方组织

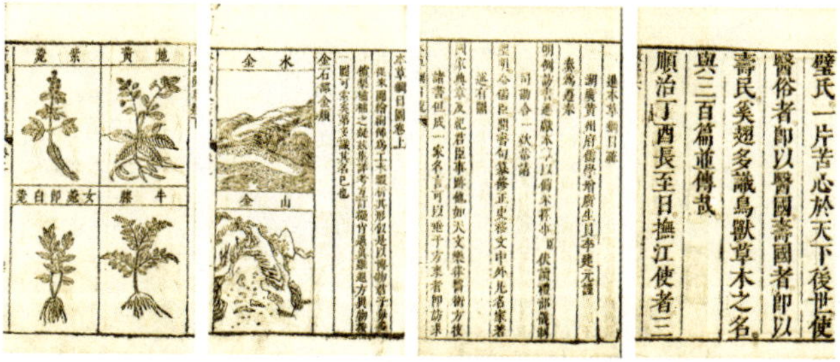

本草纲目部分原文

的共同编纂，因此任何事都要亲力亲为，不存在分工协作的可能，难度可想而知。更重要的是除了文字，还要配备大量图片，在没有照相机的时代，全靠记忆和手绘，李时珍并非专业画家，个中艰辛和不易可想而知。他的计划是尽可能做到图文并茂，因为有时候单纯的文字叙述会让人产生主观偏见，容易引起误解，甚至以讹传讹，辅之以图片就会客观和准确许多。但此举方便了他人，却给自己增加了巨大的工作量。

1578 年，也就是万历（明神宗朱翊钧年号）六年，时年 61 岁的李时珍终于完成《本草纲目》的初稿。当书稿完毕，李时珍走出书房时，朋友看到他的第一反应是他消瘦了太多，可谓“为伊消得人憔悴，衣冠不整下堂来”。然而，李时珍对初稿仍不满意，在随后的 10 年间又进行了三次大

修改，直到 1588 年才正式编订完成。

然而，更大的挑战接踵而来，那就是文稿的出版。李时珍来到南京，试图说服一家官方印刷商出版《本草纲目》，遗憾的是遭到拒绝。随后，李时珍来到江苏太仓拜访自己的老朋友、文坛泰斗王世贞，获得后者写序的承诺。不久，《本草纲目》被一个小的私人印刷厂看重并同意出版，尽管李时珍知道印刷质量会大打折扣，但对一位古稀老人而言，他已没有其他选择。

终于出版

1593 年，李时珍去世，享年 76 岁，遗憾的是，此时《本草纲目》尚未完成出版。直到 1596 年，李时珍去世 3 年后，在子孙和朋友的共同努力下，《本草纲目》终于得以出版，也算告慰了李时珍的在天之灵。然而李时珍的另一个愿望——得到官方认可——却未能实现，从嘉靖到万历，李时珍的《本草纲目》都没有得到官方的肯定。

《本草纲目》约 190 万字，共 52 卷，共记录 1892 种药物的信息，其中 374 种为李时珍首先确定的新药，此前的其他古医书从未记载。《本草纲目》详细描述了这些药物的名称、产地、种类、形状、加工、性质、味道、作用和适应证[①]等。与此同时，还列出它们应用的 11096 种处方。为使读者更加清晰地识别和理解，书中同时辅以 1160 幅插图。

《本草纲目》已具有物种分类的雏形。李时珍一改传统的编排方式（以主观为主，根据药性分为上、中、下三等），而是根据药物属性进行客观分类，如植物药（1094 种）、动物药（444 种）、矿物药（275 种）等；在此基础上又细分为 16 个部，如水、火、土、金属和矿物、草、谷物、蔬菜、水果、木材、昆虫、鳞片、蟹壳、鸟类、动物和人类等；某一类下面还会细分，如根据生长环境将草进一步分为水生和陆生，将有香味的植物归为一类等。这些知识说明李时珍已萌发物种分类的思想，对将来科学分类法的提出具有重要参考价值。

李时珍拥有高超的记录和表述技巧。为弥补以往古医书的缺陷，《本草纲目》对每一种药物都进行了清晰编排和分类，每个条目下都涉及多方面信息：以前药物的错误信息；生僻名称；按年代顺序收集的药材注释信息，如来源、外观、时间、药用部位、与其他药材的相似性等；药

① 适应证：指某一种药物或治疗方法所能治疗的疾病范围。

材制备方法；疑点解析；更正信息；味道和特性信息；药材应用处方等。如此丰富的信息量无疑提高了药材的辨识度和应用的正确性。与此前的药物学著作相比,《本草纲目》具有四大优势：一是数量扩大化；二是名称标准化；三是分类科学化；四是描述客观化。

伟大著作

《本草纲目》是明朝规模最大、内容最完整的药物学著作，后被翻译为英语、日语等多种语言在国外发行，产生了深远的国际影响。《本草纲目》原版目前只剩六本，一本在美国国会图书馆，两本在中国，三本在日本。《本草纲目》一直被作为“药典”广泛使用，直到1959年才被我国颁发的药典正式取代，前后横跨近四百年。

《本草纲目》（共52卷）

《本草纲目》已成为中国药理学史上前所未有的伟大著作。一方面，它纠正了以前关于药物的许多错误，从而推动了药物的快速发展；另一方面，它还在动植物分类学方面取得了重大成就，对生物学、化学、矿物学、地质学、天文学等多个学科产生了深远影响。英国著名生物学家达尔文将《本草纲目》称为“中国古代的百科全书”；著名中国科技史专家李约瑟博士在《中国科学技术史》中将《本草纲目》评价为中国最伟大的天然药物学著作之一。

更难能可贵的是，李时珍不仅撰写了《本草纲目》这一本书，还完成了其他十余本著作，可惜大多已经失传。李时珍还总结了胆结石的相关知识，并提出用冰退烧、用水蒸和熏蒸防止传染性疾病传播等方法。李时珍特别强调疾病预防的重要性，认为治病类似于口渴时才想起打井，效果自然不佳，正确做法应该是未雨绸缪，提前打井储水，从而应对口渴的发生。李时珍的这些伟大探索对推动中医药发展乃至医学的进步都具有重要价值。

令李时珍的父亲应该感到自豪和欣慰的是，李时珍尽管未能做官，却达到了绝大多数仕途人士无法企及的高度，被后世世代颂扬，真正实现了光宗耀祖。李时珍的名字和《本草纲目》，不仅在他的家乡家喻户晓，而且在整个湖北省、全国，乃至全世界都非常著名。李时珍被家乡人民树碑立传，他的墓地被当地政府多次修缮，并于 1954 年被列为全国重点文物保护单位。李时珍世界闻名，中医药界更是人人皆知，甚至被有些国家誉为“中药学之父”，与西方医学之父——希波克拉底相媲美。

如今，李时珍已经成为一种重要的文化符号在进行广泛传播。2011 年 5 月 23 日，讲述他生平事迹的民间文学作品《李时珍传说》被国务院批准列入“第三批国家级非物质文化遗产保护名录”。

微生物学之父巴斯德

幸福童年

狂犬病是一种很可怕的疾病，其接近百分之百的致死率让人不寒而栗。人可因被携带病毒的狗或其他动物咬伤而感染，目前尚无药物可治疗狂犬病，只能通过注射疫苗进行预防。而狂犬疫苗的开发要追溯到 1885 年，它是由法国最著名的微生物学家、被尊称为“微生物之父”的路易斯·巴斯德研制的。

1822 年 12 月 27 日，巴斯德生于法国东部汝拉州的多尔小镇一个贫穷的制革工人家庭，是家中第三个孩子。巴斯德的父母非常重视教育，为了让子女接触到更优质的教育资源，他们在巴斯德四岁时举家搬到阿博伊斯镇，巴斯德后来进入当地小学就读。巴斯德入学后，父亲发现这所小学的教学质量并不算好，于是亲自对巴斯德进行课外辅导，以弥补学校教学的不足。此时的巴斯德并未展示出过人的聪明才智，他成绩中等，与其他同学相比没有多大差异，好在父亲对他的期望也并不太高，就是期望儿子将来能成为一名受人尊敬的高中教师。

儿时的巴斯德更多展示的是自由天性。巴斯德对物理和化学等科目并不感兴趣，却对艺术和大自然情有独钟。他喜欢素描、钓鱼和野外踏青，喜欢惬意地看身旁飞舞的蝴蝶、水中游荡的鱼儿和天空飘浮的云朵，就这样度过了充满童真与童趣的时光。

十几岁时，巴斯德意外得到父亲一位学者朋友的帮助，并在其影响下，逐渐发现自己其实对学习也非常热爱，而后发愤图强，学习成绩也慢慢提高了。

1838 年 10 月，16 岁的巴斯德独自来到巴黎一所寄宿高中巴比特学院就读，期待以后考入巴黎高等师范学院。遗憾的是，巴斯德非常不适应这里的环境，他只坚持了两周多，便不得不被父亲接回家。不久，巴斯德进入离家不远的皇家学院就读，并于 1840 年毕业。毕业后，巴斯德留校做了助教，一方面为了挣足将来求学的费用，另一方面也可集中精力学习数学、物理和化学等知识。

1842 年，信心满满的巴斯德参加了巴黎高等师范学院的入学考试，然而成绩并不理想，未能如愿。好在巴斯德坚持自己的目标，继续苦读，次年来到巴黎一所高中进行加强学习。功夫不负有心人，巴斯德终于在 1843 年以优异的成绩考入巴黎高等师范学院，并于第二年顺利毕业。

1846 年，通过了教师资格考试的巴斯德，被分配到偏远地方的一所高中教学。他对这个结果很难接受，他更希望能留在巴黎进行科学研究并在将来进入更高水平的学校工作。不久后，巴斯德收到来自巴黎高等师范学院的老师、对他欣赏有加的著名化学家安东尼·巴拉尔（元素溴的发现者）的邀请，得到了一份化学研究生助理的工作和攻读博士学位的机会。巴斯德对这个天赐良机非常珍惜，跟随巴拉尔开展晶体学研究，仅用一年时间就完成物理学和化学两个毕业课题，并于 1847 年获得理学博士学位。

牛刀初试

1848 年，26 岁的巴斯德成为斯特拉斯堡大学的化学教授，如愿以偿地实现了毕业时的理想，在高等学校开展研究工作。此时的巴斯德对一种小分子有机物——酒石酸，产生了浓厚兴趣。这种化合物[①]既可人工合成，又可从生物

① 化合物：由两种或两种以上不同元素组成的纯净物。

中分离。当时，研究化合物的光学性质是常规操作。巴斯德从生物中提取了一些酒石酸溶液，当他让光线穿过这些溶液时，却发现光线出现了偏转，这与他在巴黎高等师范学院使用人工合成的酒石酸做的光学实验结果完全不同。巴斯德对此迷惑不解，决定解开这个谜团。他将人工合成的酒石酸进行结晶，在对晶体观察过程中惊奇地发现：存在两种结构有些许差异的晶体，两种相异的结构类似镜像（我们可以将其类比为一只右手、一只左手）；如果将两种晶体分开后单独溶解，则每种溶液都会产生光线偏转，且偏转方向正好相反；如果将两种晶体混合后溶解，则溶液不再产生光线偏转的现象（正好抵消）。巴斯德据此认为，光学活性与晶体形状密切相关，酒石酸存在旋光异构现象——后来科学家进一步将这类现象称为手性异构。手性异构现象在自然界非常普遍，如医院经常使用的 D- 葡萄

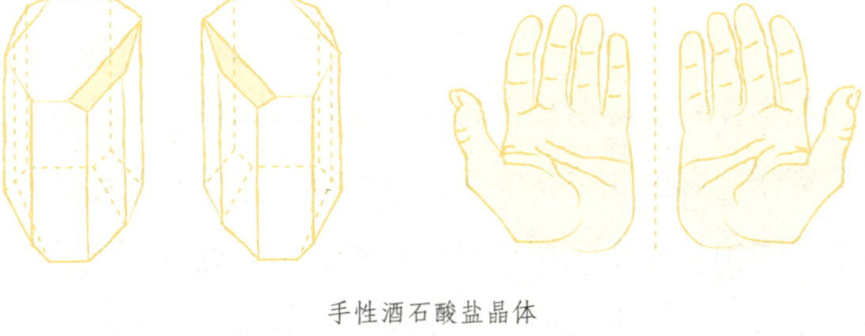

手性酒石酸盐晶体

糖、构成我们身体的 20 种 L- 氨基酸（甘氨酸例外，因为它没有异构体）。

巴斯德是第一位发现手性异构的科学家。他幸运地遇到酒石酸这种特异分子，仅仅从晶体外形就可以区分手性分子的差异，而绝大多数手性分子需要借助更高级的方法来鉴定。手性异构的发现被化学界看作“最原创和最深刻”的创新，也被当作巴斯德“最伟大的科学发现”，因为它为化学、生物化学和制药领域开辟了一条光明大道，巴斯德也因为这一发现被伦敦皇家学会授予 1856 年的拉姆福德奖章。从这项发现可以看出，巴斯德是一位伟大的化学家，只是由于他很快转向微生物领域并做出了更大贡献，因此他在化学方面的贡献常常被忽略。

崭露头角

1854 年，32 岁的巴斯德离开斯特拉斯堡，加盟里尔大学，并担任科学院院长，开启了新的研究征程。当地一位葡萄酒制造商的儿子是巴斯德的学生，这位学生告诉了巴斯德一个困扰父亲乃至整个酿酒界的大问题——糖通过发酵产生酒精，但操作失误往往会造成酒精产量过低，有时还有变酸情况发生，人们苦恼于找不到解决这两个问题的良策。巴斯德对此很感兴趣，决定探索发酵背后的奥秘以找到破解工业难题的方法。

巴斯德首先查阅了发酵的相关资料。当时普遍的观点是发酵是糖类物质的简单分解过程，而德国著名细胞生物学家西奥多·施旺则认为发酵是活酵母代谢的结果。巴斯德决定用事实来判断两种理论的正确与否，随后将大量时间花费在观察发酵过程方面。他经过几年的深入研究，最终于 1858 年得出结论：活酵母负责将糖转换为酒精，从而用事实支持了施旺的观点。巴斯德还发现自然界存在多种类型的酵母，不同的酵母功能各异，如可将牛奶中的糖转变为乳酸的酵母，如果葡萄酒被这种酵母污染，葡萄酒发酵则会产生变酸的后果。1861 年，巴斯德又发现，在酿酒过程中若酵母暴露于空气中，则发酵过程会受阻，酒精产量相应降低——后人将氧抑制糖发酵的现象称为巴斯德效应。

巴斯德的这些发现，推动了人们对发酵过程的理解，更推进了法国酿酒工业的发展，葡萄酒产量和品质都得到极大提升。今天，众多国际驰名的法国葡萄酒品牌的背后都有巴斯德的贡献。

1857 年，35 岁的巴斯德回到巴黎高等师范学院，并被任命为科学研究部主任。巴斯德虽然担任“要职”，但面临重大挑战，那就是既没有实验室可用，又缺乏政府资金支持研究。致力于科研的巴斯德亲自出资，一方面把学校闲置空间改建为实验室，另一方面也方便自己的工作。

巴斯德进一步研究发现，按照微生物对人体产生的效应可将其分为两大类：有益微生物和有害微生物，如酿酒的酵母就属有益的，而啤酒、葡萄酒和牛奶等变质的原因则在于被有害微生物污染。基于这一发现，巴斯德于1862年开发出一种防止液体产品变质的工艺，那就是将它们短暂加热到60℃至100℃之间，就可基本杀死可造成产品变质的有害微生物。这一方法被命名为“巴氏高温消毒法”，尽管后来有一定的改进和完善，但基本原理仍然是巴斯德提出的。

巴氏高温消毒法的发明和应用，无论对工业发展还是人类健康，都具有不可估量的价值。

无中生有的谬论

自发生成论是一种描述生命产生的朴素哲学思想。该理论认为生命可从非生命中直接产生，如跳蚤可由灰尘产生，蛆可由腐烂的肉产生。尽管当时许多科学家对此提出质疑，但仍有部分人相信。巴斯德在研究发酵过程中观察到葡萄皮仅是酵母的存在场所，因此完整的葡萄可以进行发酵，而葡萄皮经过消毒或者去除葡萄皮的果肉则无法发酵，据此巴斯德认为酵母是无法自然生成的——这一看法与鲁昂自然历史博物馆馆长菲利斯·布切特的结论产生强烈冲突。布切特首先用加热的方法杀死水中的生命物质，然后将水静置在空气中一段时间后发现水中有生命存在，他用这个存在众多漏洞的实验来证实自发生成论的成立。1860 年 1 月 30 日，法国科学院宣布，凡能为自发生成论提供可靠实验证据的人都将获得 2500 法郎的奖金。

巴斯德决定参加这场比赛，并为此设计了一个非常奇特的装置——鹅颈瓶。顾名思义，它就是一个瓶口长形似鹅颈的瓶子。巴斯德将煮沸后的肉汤（充分灭菌）分盛到干净的普通烧瓶和鹅颈瓶内，将它们放置在空气中，三个月后观察发现，普通烧瓶出现生命迹象，而鹅颈瓶内则没有。这一结果有力证明了生命并非自发生成，而是空气中微生物在适宜环境（如普通烧瓶中的肉汤）中繁殖的结果，因为鹅颈瓶的长颈

鹅颈瓶

可使空气中的微生物黏附其上，而无法落进肉汤里。此外，巴斯德还提供了其他证据来否定自发生成论。

1862 年，法国科学院认定巴斯德的实验更有说服力，因此将奖金授予了他。经此一“役”，巴斯德在微生物学领域的知名度大大提高。

应用于疾病治疗

巴斯德在发酵原理、否定自发生成论方面的成就以及巴氏消毒法的发明使他进一步得出结论：疾病也能由致病微生物造成，因此可通过阻断它们进入人体的方式来预防及治疗人类疾病。在具体操作上，巴斯德提议使用过滤、加热或化学药品处理等方法去除致病菌，以此来预防疾病。约瑟夫·李斯特受巴斯德的观点启发，在 1867 年实施外科手术过程中首次采用了消毒方法——用石炭酸对手术器械和患者伤口进行消毒处理，从而极大地减少了手术后的感染率和死亡率，成为外科手术史上具有里程碑意义的三大发现之一。

养蚕业是法国支柱产业之一，然而在 19 世纪 60 年代却遭到蚕病的严重袭击，每年损失上亿法郎，税收的减少使人们进一步被笼罩于贫困和饥饿的阴云之中。1865 年，巴斯德受命调查蚕病的发生原因。

巴斯德为此投入了巨大的精力，每天都工作到筋疲力尽。在经历几次失误后，巴斯德最终于 1867 年底确认蚕病的发生原因：蚕卵受到了微生物的攻击而无法有效孵化。他在此基础上制订出预防策略，如将病蚕集中处理、清理养蚕的环境、重新选用健康的蚕进行养殖等。经过巴斯德等人的努力，蚕病得到有效控制，从而挽救了养蚕业、丝绸业等多个行业。但长期艰苦的科学研究，让巴斯德付出了惨痛的代价，1868 年，46 岁的他患上严重的脑中风，造成左侧身体瘫痪，但他仍坚持致力于科学研究。

19 世纪 70 年代，法国农村又开始流行可怕的鸡霍乱，大批的鸡因此死亡。1877 年，巴斯德决定研究鸡霍乱。他首先对致病细菌进行连续培养，经过一年时间后发现细菌的致病性有所下降。准备度假的巴斯德让助手用这些细菌为鸡及时接种以检测毒性，然而助手却忘了这件事，待一个月后才将过期的细菌接种给鸡，结果这些鸡仅表现出轻度感染症状，却并未死亡。正当助手准备将这些鸡遗弃时，却被巴斯德阻止。巴斯德为这些鸡重新注射了新鲜细菌，正常情况下会很快死亡的鸡却一直健康如初。巴斯德意识到，霍乱弧菌暴露在空气中后毒性减弱了，将这些减弱了

毒性的细菌接种给鸡，能使鸡获得对该细菌的免疫力。尽管这一策略在随后鸡霍乱预防中效果有限，却为疫苗研发指明了道路。

黑暗中的曙光

19 世纪 70 年代，法国东部蔓延一种人畜共患病，绝大多数感染者的伤口会呈现直径 1 到 3 厘米的溃疡，中央部分有黑色坏死的焦痂，形似炭黑，故称炭疽病。巴斯德从鸡霍乱研究方法中得到启发，决定用减弱细菌毒性的方法来攻克这一难题。

巴斯德和助手皮埃尔·鲁克斯成功制备出炭疽疫苗，随后进行了一次公开实验：找来 50 只健康的羊，先给其中的 25 只羊接种炭疽疫苗，作为对照的另外 25 只羊未处理，随后对所有 50 只羊都注射活的炭疽杆菌。巴斯德向公众预测接种过疫苗的羊不会发病，而未接种的羊会发病死亡。果不其然，巴斯德的预测成真。炭疽疫苗的发明为法国减少了七百万法郎的损失，其数额与法国在普法战争中的赔款相当。

1880 年底，一位兽医给巴斯德带来两只疯狗，拜托他研制出防治狂犬病的方案，这促使巴斯德产生研制狂犬病疫苗的想法。要研发疫苗，首先要弄清楚狂犬病的病因，狗自然是首选对象，然而在那个年代，别说是患病的疯狗，就算是只健康的狗，也让人害怕被咬伤后患病，但巴斯德和同事仍义无反顾地接受了挑战。

经过无数次动物实验后，巴斯德大胆推测：狂犬病毒应存在于狗的脑髓，通过侵犯神经系统致病。巴斯德随后将狂犬病毒注射到家兔体内，多次传代后病毒的毒性大大降低。他将减毒病毒注射给了 50 只健康狗，这批健康狗不再致病，并对天然狂犬病毒产生免疫——这证实了疫苗的安全性和有效性。巴斯德就用兔脑脊髓液制成了最早的狂犬疫苗。

巴斯德的职业并非医生，开展动物实验无可厚非，然而要进一步开展人体实验却面临重大挑战。1885 年 7 月 6 日，9 岁的小男孩约瑟夫·迈斯特被疯狗咬伤，情况十分危急。在咨询医生相关问题后，巴斯德决定亲自为迈斯特注射疫苗，其间小男孩未表现出明显异常。在随后的 11 天内，迈斯特被注射了 13 次疫苗，三个月后的检查证明了迈斯特身体状况良好。这一消息很快传遍全球，许多人慕名而来。1886 年，巴斯德共为 350 人接种狂犬疫苗，其中只有一人最终患病。狂犬疫苗的研制成功终于为这种高致死率疾病找到了解决良策。

荣誉加身

巴斯德淡泊名利，他将巴氏高温消毒法的技术无偿奉献给世界，体现了科学家的高风亮节。他对科学的热爱贯穿一生，为了工作不辞辛劳，勤勤恳恳地日夜忙碌，导致积劳成疾，加上尿毒症给本就孱弱的身体雪上加霜。1894年，巴斯德再次发生严重中风并一直未能痊愈。1895 年 9 月 28 日，巴斯德由于中风和脑出血去世，享年 73 岁。人们为巴斯德举行了国葬，将他安葬于圣母院大教堂。

巴斯德一生成就众多，荣誉无数：1862 年当选法国科学院院士；1869 年当选英国皇家学会外籍会员；1881 年因攻克炭疽病被授予杰出十字奖章；1888 年法国政府为表彰巴斯德的伟大贡献而在巴黎创建巴斯德研究所，由他担任所长；1895 年因对微生物学的贡献而获得列文虎克奖章……1901 年诺贝尔奖才创立，因为不颁发给已故科学家，所以巴斯德至少错过了两次诺贝尔奖（手性分子的发现和狂犬疫苗的研发）。2006 年，世界卫生组织将巴斯德逝世之日——9 月 28 日，设立为全球狂犬病日。

病菌克星科赫

微生物学黄金时代之前

19世纪，结核、霍乱、白喉和鼠疫等被称为“瘟疫”的传染病肆虐欧洲，严重威胁人类健康和生活质量。许多微生物学家纷纷开始探索这些疾病发生的原因，希望找到治疗或预防之法。被誉为“医学微生物学之父”的德国医生罗伯特·科赫几乎以一己之力解决了传染病的众多问题，开创了“微生物学黄金时代”，为后续的传染病预防和治疗奠定了坚实基础。

1843年12月11日，科赫出生于德国西北部的一个银矿小镇——克劳斯塔尔，在13个兄弟姐妹中排行第三。科赫的父亲是一位采矿工程师，家庭条件一般，但科赫天资聪慧，自小就展示出过人天赋：4岁可独立阅读报纸，中小学阶段在数学和物理等方面表现优异，高中时又对生物学产生浓厚兴趣。1862年，19岁的科赫进入格丁根大学接受高等教育。格丁根大学在当时是学术圣地，大师云集，包括病理学家雅各布·亨勒（提出现代细菌理论）、有机化学家弗里杜里舒·维勒（首次人工合成尿素）、解剖学家威廉·克劳斯（发现机械感受器）等。大学雄厚的实力和多样思想的碰撞为科赫后续的学习提供了可靠保证。

在格丁根大学，科赫最初的兴趣在理科，先后学习数学、物理、化学和植物学等课程，但第四个学期时却对医学产生浓厚的兴趣，在渴望成为一名医生的心愿驱动下转到医学院。第五个学期，科赫的天赋引起了亨勒教授的注意，邀请他参与子宫神经结构的研究项目。科赫借此赢得大学研究奖，得以有机会前往汉诺威，跟随当时被认为是德国最著名的医生、被誉为“细胞病理学之父”的鲁道夫·魏尔啸进行短暂学习。第六学期，科赫在生理研究所开展研究，主要探索琥珀酸的生物作用。丰富的大学经历和扎实的专业知识为科赫进一步开展研究奠定了良好基础。

1866年1月，科赫以优异成绩从格丁根大学医学院毕业，带着诸多荣誉开启了职业生涯。科赫先在柏林完成了6个月的化学培训后，于第二年加入汉诺威总医院担任全科医生，两年后成功通过地区医务人员考试。1870年普法战争爆发，科赫作为外科医生志愿入伍。服役一年后，科赫来到沃尔斯坦地区（今属波兰）担任地区医疗官员，并在这里度过近 10 年光景。工作稳定后的科赫想做点有价值的事情，与他心灵相通的妻子在他生日时送了他一台显微镜作为礼物，科赫在自己家后院搭建起一座简陋实验室，正式开启独立科研生涯。

改进显微镜

当时细菌致病理论已得到大量的实验支持，而科赫在大学期间跟随亨勒学习时就已初步接受这一观点。要研究肉眼无法直接观察到的细菌，相关工具自然必不可少，妻子的显微镜礼物无疑如虎添翼，成为科赫研究的重要工具。科赫在使用显微镜过程中发现其存在一定弊端，首先是分辨率有限，其次是视野清晰度不高。为此，科赫对显微镜进行适当改进，一方面引入油浸透镜来起到放大作用，另一方面增加聚光镜实现光线聚焦。科赫在显微镜下观察液体中培养的细菌，发现细菌还存在透明、移动的特性，因此难以捕捉和细致观察。科赫采用补充染料使细菌带上颜色而容易被发现；通过在土豆上培养细菌而使其位置固定，这些措施都极大方便了研究。即使到了今天，科赫所改进

的显微镜也是普通微生物学实验室的基本工具。

1875 年，科赫做了另一件大事。他走访了德国多个科研中心，一方面了解当时的科研动态，另一方面熟悉严格的实验操作程序，以弥补自己“草台班子”式实验室的些许不足。在前期充分准备的基础上，科赫决定主动出击来展示自己的科研才华。他将第一个目标锁定在炭疽，理由是当时炭疽在沃尔斯坦地区的农场中流行，在他到达这里的 4 年内，该病已导致 528 人和 56000 头牲畜死亡。

科学家已发现感染炭疽的动物体内存在细菌，从患病动物脾脏分离出细菌，小鼠接种这种细菌后就会患上炭疽，因此高度怀疑这种细菌为炭疽病因。科赫决定用更全面的数据来证实这一推测。由于经费有限，科赫实验时尽量做到能省则省，就地取材——他的女儿甚至一度担心自己的宠物都会成为爸爸的实验材料。

科赫用死于炭疽病的绵羊血液对小鼠、豚鼠、兔子、狗、青蛙和鸟类等尝试接种，最终一只小鼠患上炭疽并在第二天死亡。通过对死亡小鼠进行尸检，他发现血液、淋巴结和脾脏中存在大量细菌。科赫随后用这只小鼠的血液接种第二只小鼠，也获得了相同结果。通过重复接种，科赫将炭疽繁殖数十代。更为重要的是，科赫使用体外培养的单一细菌进行接种也能造成动物患病。基于这些结果，他认为这些细菌（后称为炭疽杆菌）为致病菌。

科赫发现用充满细菌的液体接种兔子角膜会导致房水[1]由半透明变混浊，因此房水是炭疽杆菌体外培养技术的理想介质。科赫将一块被炭疽杆菌感染的脾组织放入一滴房水后将其密封在凹形载玻片上，进而创造出了活炭疽杆菌的生长环境，借此观察炭疽杆菌的生命周期。科赫观察到在适宜条件下炭疽杆菌会以长丝状形态繁殖，但在不利条件下会形成球状孢子结构，而在补充营养后这些球状结构会重新出现丝状结构并开始繁殖。科赫随后证明这些孢子和活的炭疽杆菌一样也可致病。这一发现很好地解释了被炭疽杆菌污染的土壤可多年保持致病性的原因——隐匿在沙石和泥土中的炭疽杆菌孢子。基于此，科赫提出减少炭疽传播的基本策略：将患病动物彻底焚烧或掩埋在足够冷的土壤里，以避免孢子形成。

科赫将自己的研究结果寄送给当时德国最著名的植物学和微生物学家费迪南德·科恩，后者兴奋异常，强烈建议将论文发表在他主编的植物学杂志上。在获得科赫同意

---

① 房水：无色透明的液体，属于组织液的一种，具有维持眼内压力的作用。房水不断由睫状体产生，经后房、瞳孔、前房角排出进入血液。

后，这篇论文最终于1876年刊登。32岁的科赫从一位名不见经传的小人物开始成为一颗冉冉升起的科研新星。

虽然细菌致病理论在此之前已经被提出，但科赫却是第一位将特定细菌与疾病联系起来的科学家。炭疽致病菌的发现具有里程碑式的意义，它标志着细菌学“黄金时代”的到来。

蓄势待发

尽管科赫已小有名气，但科赫实验室的条件一直没有得到根本性改善，所以无法展开更多研究。直到1880年，这个情况才引起德国政府重视，科赫得以移居柏林并被任命为帝国卫生局官员。为充分发挥科赫的聪明才智，德国政府还给他配备了一个专门实验室，并分派助手组成科研团队，使其能专注微生物学研究。科赫的事业随后迎来一个关键的黄金期。

工欲善其事，必先利其器。科赫决定首先在细菌研究工具上进行改进。尽管使用土豆代替液体进行细菌培养是一大进步，但透明性差的问题妨碍了随后的显微镜观察。科赫还发现，如果在液体培养皿中添加明胶则可制造出透明、光滑和均匀的固体培养基，从而大大方便操作。然而明胶也存在不足，那就是过高的温度易使明胶融化，细菌也会消化明胶从而破坏其形态。后来在助手的帮助下，科赫意外发现琼脂代替明胶效果更佳。直到今天，琼脂固体培养仍是微生物实验室的常规方法。

科赫发现细菌体外培养还存在另一大缺陷，那就是培养基容易干燥从而影响细菌生长。为此，他将带有琼脂和细菌的玻璃片放在一个带有盖子的透明容器内，容器内加放湿纸来保湿。后来，科赫的助手朱利叶斯·佩特里对此进一步改进，设计出一个浅的、有盖透明器皿，将培养基直接放置于器皿底部，这种装置被称为“佩氏培养皿”。今天，佩氏培养皿仍是实验室进行细菌培养乃至细胞等培养的基本工具。1881 年，科赫撰写《病原体培养方法》一书，系统介绍细菌的培养、传代、接种和观察等操作细节，相关方法延续至今，这本书也被称为“细菌学圣经”。1881 年 8 月，科赫在伦敦举行的第七届国际医学大会上展示了他的一整套细菌研究方法，引起与会人员的极大兴趣，另一位微生物学大师路易斯·巴斯德由衷感叹：“这是多么伟大的进步啊！”

科赫对细菌研究方法的改进极大地提升了实验室的工作效率和操作规范。随后他决定迎接更大的挑战，那就是研究肺结核病因。

一锤定音

当时，肺结核又名肺痨，是一种严重的传染病，欧洲每年有约 1/7 人口死于该病。以柏林为例，1/3 的新生儿和 1/2 的 25—40 岁成年人都死于肺结核，整体死亡原因中有 12% 都归因于肺结核。面对如此严峻的形势，解决它的重要性不言而喻。当时，关于肺结核的病因存在一定分歧：肺结核的家族性发病特征使部分医生将其看作是一种遗传病；魏尔啸等人认为包括肺结核在内的所有疾病都源于细胞功能障碍；科赫则倾向于认为肺结核是一种由细菌引起的疾病。

科赫需要找到潜在致病菌。他尝试多种细菌染色方法，最终在肺结核患者受感染的组织内观察到大量杆状细菌，而在正常组织内则不存在这种细菌。科赫进一步观察发现，细菌数量与疾病状况密切相关，肺结核活动期患者体内细菌数量多，而稳定期患者体内细菌数量较少。这些证据使科赫将该细菌锁定为致病菌。

下一步，科赫需要实现细菌培养。他发现，相比较于炭疽杆菌，体外培养这种新型细菌较为困难，一方面它生长缓慢，另一方面培养条件苛刻。经过多次筛选后，科赫发现热凝固的绵羊血清是这种细菌理想的培养基，并且37℃到38℃效果最好。最终，他获得了足量的细菌。

最后，科赫还需要证明细菌可导致肺结核。科赫使用体外培养的细菌为217只健康动物进行接种，结果发现动物都不同程度感染上肺结核，且接种细菌数量越多，肺结核症状越严重；相反，如为动物接种不含细菌的物质则不会出现肺结核。科赫从被感染的动物体内分离细菌后，再次将细菌接种给健康动物，结果仍可造成肺结核出现。基于所有数据，科赫认定这种细菌就是导致肺结核的罪魁祸首，并将其命名为结核杆菌。

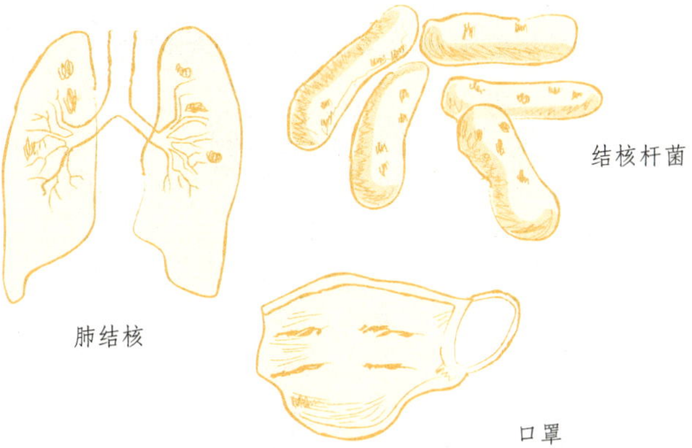

科赫还从肺结核患者的痰中检测到了结核杆菌，并且用这种痰为健康动物接种也可诱发肺结核，从而说明痰是肺结核传播的重要媒介。这一发现表明，预防肺结核的传播涉及公共卫生问题，可通过对患者衣物进行全面消毒和限制公共场所随地吐痰达到减少肺结核传播的效果。科赫不辞辛劳、夜以继日地工作，最终花费约半年时间解决了肺结核病因这一重大科学问题。

1882年3月24日，科赫在柏林生理学会议上宣布自己的发现：结核杆菌是肺结核的致病菌。这天是值得纪念的日子，标志着人类在战胜重大疾病方面取得第一次突破性进展，被看作医学史上一个分水岭，1982年3月24日纪念科赫发现结核杆菌100周年时，世界卫生组织将这一天命名为"世界结核病日"。1882年4月10日，科赫在著名的《柏林医学周刊》杂志上正式发表名为"结核病病因"的文章。

在结核杆菌的发现过程中，科赫结合自己的老师亨勒及其他科学家思想，提出判定致病菌的一般规则，后来被命名为"科赫法则"：

第一，致病菌必须存在于每位患者中，但不应存在于健康个体。

第二，致病菌必须能从患者体内分离并在体外成功培养。

第三，体外培养的纯致病菌接种到健康动物体内，必须诱导出相同疾病。

1905年，美国植物病理学家欧文·史密斯又补充了一个新要求：第四，必须从被感染的动物体内分离出相同的致病菌。

虽然这些要求不能适用所有情况，但所设定的严格证据链仍成为致病菌鉴定的基本准则，被沿用至今。更重要的是，其基本思想还被其他科学领域的研究借鉴，对推动科学的全面发展具有重要意义。

1883年，科赫被任命为德国霍乱委员会的负责人，全面调查埃及和印度的霍乱疫情，最终于1884年分离并确定霍乱弧菌为霍乱的致病菌。

科赫通过流行病学分析发现，霍乱弧菌造成的水源污染是引发霍乱传播的重要因素，因此提出借助过滤水源而获得清洁水是防止霍乱传播的一个必要条件。这一措施在印度加尔各答的实施，使霍乱发病率明显下降。科赫的这个发现无疑是公共卫生领域的一场重大胜利。

名人论战

在科赫取得一系列重大突破，声誉如日中天之时，他开启了与巴斯德的一场论战。

1881 年 8 月，在伦敦举行的第七届国际医学大会上，科赫和巴斯德第一次会面时，双方还比较友好，但不久纷争开启，起因是巴斯德成功开发出炭疽疫苗。早在科赫发现炭疽杆菌时，巴斯德就持一定怀疑态度，后来在研发疫苗过程中也没有对科赫的发现给予足够重视，这造成科赫的极大不满，因此也针锋相对地质疑巴斯德疫苗的预防效果。1882 年，在日内瓦国际医学大会上，科赫和巴斯德进行了激烈的公开辩论，科赫直接批评巴斯德疫苗数据不可靠，所得结论错误。为此，巴斯德会后派助手到德国开展炭疽疫苗接种实验，直接用事实反驳科赫，但科赫仍坚持自己的观点，认定巴斯德不是医生，在疾病预防方面是门外汉。两位科学大师的争论带来很大的负面影响，一方面，延迟了德国在炭疽疫苗方面的接种进度；另一方面，作为报复，法国拒绝使用科赫细菌培养方法，这无疑不利于科学的发展。

巴斯德和科赫两人的争论有着多方面的深层原因，可归纳为两点：一是性格使然。两人都是爱国者，认定国家利益高于一切，普法战争又给双方带来更大隔阂，巴斯德炭疽疫苗的发明和应用无疑会为法国带来巨大利益，而作为炭疽杆菌致病性首先发现者的科赫，自然情绪上会有所抵触。尽管科赫质疑巴斯德疫苗的有效性，但也承认疫苗的作用，后来还亲自研发炭疽疫苗进行应用。二是思维层面。两人对科学的理解和态度不同。巴斯德以理论为主，持严密的逻辑思维模式，在疾病预防方面，持疫苗接种的态度；科赫是医生出身，更倾向实际应用，倡导采用公共卫生方法来解决问题。

“美丽”的失误

尽管公共卫生策略在减少结核病传播方面取得了一定成效，但结核病长期居高不下的死亡率仍让科赫难以释怀。因此，科赫决定接受更大挑战，那就是找到结核病的治疗良策。这个挑战在当时的历史背景下（大多数疾病的治疗方法有限）确实巨大，最终导致科赫的这次尝试以失败告终。

1888 年，科赫研发出一种体外检测结核杆菌活性的快速方法，随后启动了抗菌化合物的筛选工作。他在随后两年时间内先后测试了数百种化合物，遗憾的是均以失败告终。1890 年 2 月，科赫意外发现结核杆菌培养物可治愈豚鼠的肺结核，他进一步确定这种活性成分为结核菌素。此时，科赫过度自信、急于求成和些许不严谨的作风开始显现，在治疗过程中豚鼠表现出的严重副作用并未引起他的重视。

1890 年 8 月，科赫在第 10 届国际医学大会上做了一个学术报告。临近尾声时，他宣布找到了一种治疗结核病的化合物。这一振奋人心的消息立刻轰动了整个会场，并随后扩散到全球，多家著名媒体都报道了这一重大突破。世界各地的结核患者慕名来到柏林接受这种治疗方法，许多医生也纷纷开展学习。可是，后续的发展却完全超出了科赫的预期，接受结核菌素治疗的患者并未痊愈，甚至由于严重副作用而导致患者死亡。这一结果报道后，科赫的研究遭到了公众的强烈质疑，德国政府也对整个研究过程启动了全面调查，最终于 1891 年底正式宣布结核菌素治疗结核病无效。这一事件令科赫的国际声誉受到严重打击，也成为他科研生涯的滑铁卢。尽管结核菌素后来在结核诊断方面发挥了重要作用，但仍无法消除科赫在整个事件中的重大失误。

科赫的失败有重要历史原因，那就是人类急于想攻克结核病这一顽疾，但以当时的客观条件，根本无法实现。结核治疗直到1947年链霉素的发现才有根本性改变，后来又有异烟肼和利福平等药物的应用，但这些很大程度上得益于科赫结核杆菌的发现。

最后时光

1891年，科赫由于结核菌素事件，从柏林大学辞职，转任新成立的普鲁士皇家传染病研究所所长，专注于各种传染病的研究并做出了一系列重要贡献。直到逝世前，科赫的大部分时间都在国外度过，这样既可满足自己旅游的梦想，更重要的是能够帮助世界各地的传染病防治。科赫协助南非遏制了牛瘟的暴发；在非洲和印度等疟疾流行地区的高危人群中尝试奎宁治疗；1904年，科赫卸任传染病研究所所长，返回非洲继续研究昏睡病的病因。

科赫在微生物学领域的重要贡献也获得科学界的高度认可。1897年，科赫当选英国皇家学会外籍会员；1905年，科赫因为“在结核病方面的研究和发现”而获得诺贝尔生理学或医学奖；1906年，科赫又因为对结核病和热带疾病的研究而赢得普鲁士勋章。

1910 年 4 月 9 日，科赫心脏病发作，虽然治疗及时，但并未完全康复。5 月 27 日，科赫在德国西南部巴登—巴登市去世，享年 67 岁。为纪念科赫，他工作的研究所被更名为罗伯特·科赫研究所，后来设立了以他名字命名的罗伯特·科赫奖，以奖励为全球健康做出重大贡献的科学家。

科赫一生的重大科学贡献可归纳为三个方面：第一，奠定微生物学基础，开发细菌培养技术和显微镜观察技术，提出确定致病菌的科赫法则；第二，亲力亲为发现大量致病微生物，尤其是结核杆菌的发现更是意义重大；第三，提出传染病预防的公共卫生方案，在治疗药物和疫苗尚未开发成功的时代，这些措施具有极为重要的现实意义。科赫尽管在研究生涯出现过失误，但瑕不掩瑜，科赫享有“医学细菌学之父”这一名誉乃众望所归，他的贡献和事迹值得我们学习和铭记。

血型系统的建立者兰德斯坦纳

发现血型之前

人们因疾病或灾难事故失血过多时，输血是挽救生命的首选方案。目前，血型鉴定是输血之前必不可少的重要环节，因为在血型不匹配的情况下贸然输血往往会造成凝血发生，进而带来灾难性后果。血型是由美籍匈牙利裔免疫学家卡尔·兰德斯坦纳于 1901 年首先发现的。

1868 年 6 月 14 日，兰德斯坦纳出生在奥匈帝国维也纳巴登郊区（今属奥地利）一个富裕的犹太家庭，是家中独子。他的父亲是维也纳的一位著名记者、律师和报社创始人，家庭条件殷实。不幸的是，父亲 57 岁时突发心脏病去世，而兰德斯坦纳当时仅有 6 岁，母亲独自承担抚养孩子的责任，母子二人相依为命，建立起极为深厚的感情。后来母亲去世后，兰德斯坦纳念念不忘，时刻铭记。

兰德斯坦纳在孩提时代就显现出非凡的学习天赋，并对自然世界充满强烈兴趣。他 5 岁入学后成绩就一直在班上名列前茅，在当地完成小学和初中教育后考入维也纳林茨地区著名的公立高中，后来逐渐爱上数学、物理和化学。

1885 年，17 岁的兰德斯坦纳以优异的成绩进入维也纳大学医学院就读。当时的维也纳大学在欧洲具有重要影响力，聚集了一大批在解剖学、动物学、血液化学和有机化学等方面杰出的科学家，极大地开阔了兰德斯坦纳的眼界。他逐渐对科研产生浓厚兴趣，在大学期间就完成了饮食对血液成分影响的论文。

1891 年，兰德斯坦纳顺利完成学业并获得医学学位。出于对研究的热爱，他决定一边进行医学实习，一边提升自己的科研素质。兰德斯坦纳对有机化学产生浓厚兴趣，因此在随后几年遍访德国慕尼黑和瑞士苏黎世等地的著名实验室，并跟随埃米尔·费舍尔（1902 年诺贝尔化学奖获得者）在内的多位著名科学家学习最先进的有机化学理论和技术，从而积累研究经验。

1896 年，28 岁的兰德斯坦纳在维也纳卫生研究所供职，第二年转到维也纳大学病理解剖学系并担任助理研究员。他厚积薄发，从这里正式开启了自己的科研生涯。

凝血谜团

兰德斯坦纳第一个感兴趣的科学问题是血液凝聚，而这一现象可追溯到两个世纪前。

早在1667年，法国医生就完成首例输血，将羊的血液输入人体并取得成功，然而，在进行第四例输血时，病人出现了严重的凝血反应，输血被强制叫停。虽然尝试失败，但输血的潜在价值促使科学家孜孜不倦地探求凝血的机理，并于1875年取得重大突破：德国科学家伦纳德·兰多瓦通过研究确认，血清中的某种因素与外来红细胞之间相互作用会导致红细胞凝集和溶血。1895年，比利时免疫学家朱尔斯·博尔德特（1919年诺贝尔生理学或医学奖获得者）将红细胞凝集现象解释为“抗原—抗体反应”，将红细胞上的特定物质称为抗原，而将血清中的某种物质称为抗体，当红细胞抗原与血清抗体产生反应时则出现凝集现象。

几乎在同时，兰德斯坦纳也得到了相同结果，他在获悉博尔德特结论后毅然放弃发表文章，却另辟蹊径想观察一下人与人的血清和红细胞是否也存在凝集现象。为检验自己的想法，兰德斯坦纳自告奋勇，并成功说服5位同事，最终获得6个人的血清和红细胞，然后将它们依次进行混合。他首先发现自身血清不会与自身红细胞反应，但两位同事间的血清和红细胞会发生反应，这预示至少存在两类抗原，兰德斯坦纳将其命名为A型和B型，由于自己的血与其他人的都没有反应，因此称为C型，后修改为O型。1901年，兰德斯坦纳将这些结果以“正常人体血液的凝集”为题发表于《维也纳临床周刊》上。

兰德斯坦纳的研究遭到其他科学家的质疑，他们认为如此少的样本（6个人）无法说明问题。为此，兰德斯坦纳让学生和同事进一步做大样本测试。于是他们又发现了

血型 / 血液成分	A型	B型	AB型	O型
红细胞				
血浆中的抗体	 B抗体	 A抗体	无	 A和B抗体
红细胞抗原	 A抗原	 B抗原	 A和B抗原	无

人的四种血型

一种新型血清，称之为 AB 型，至此组成 ABO 系统的四种血型全部鉴定成功。

1904 年，兰德斯坦纳基于 ABO 血型特征对血凝规律进行了描述，通俗理解就是：红细胞携带特定抗原，则血清中缺乏相应抗体；红细胞缺乏特定抗原，则血清中存在相应抗体；抗原与抗体的结合是造成血液凝聚的原因。如 A 型血的人红细胞携带 A 抗原，则肯定不存在 A 抗体；A 型血不携带 B 抗原，则一定存在 B 抗体。这一发现使安全输血成为可能。通常同种血型输血最理想，此外 O 型血红细胞表面不含任何抗原，被称为万能输血者；而 AB 型血红细胞表面携带 A 和 B 两种抗原，但血清不含相应抗体，被称为万能受血者。1907 年，美国纽约西奈医院鲁本·奥滕伯格医生完成第一次血型匹配并成功实施第一次输血。1915 年，研究人员发现柠檬酸钠具有抗凝血作用，为血液储存提供了极大便利，从而使输血成为常规治疗手段。第一次世界大战期间，输血挽救了成千上万

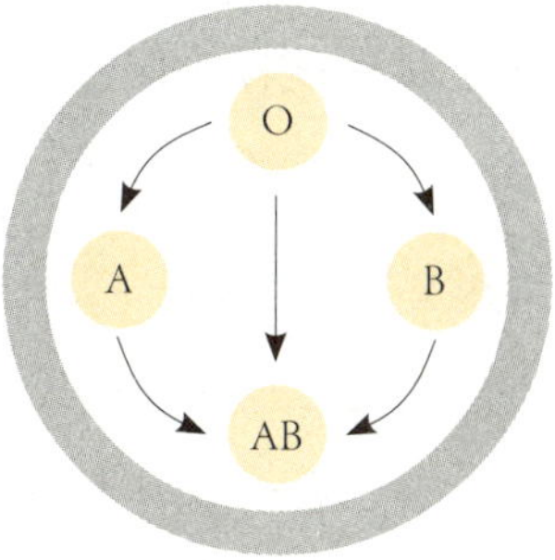

输血方式

（只能按照箭头方向进行，反之会出现凝血）

士兵的生命。后来，血库的建立和完善进一步规范了输血操作。

兰德斯坦纳和马克斯·里克特发明从干血样本中确定血型的方法，并积极倡导将该方案应用于犯罪嫌疑人的确定，在很长一段时间内被广泛采用。后续还发现血型是由遗传决定的，因此血型还被应用于亲子鉴定等方面。

输血成为现代外科发展和成熟的三大基石之一（另两个是麻醉和无菌）。1930 年，兰德斯坦纳由于在“人类血型发现”过程中的贡献获得诺贝尔生理学或医学奖。2004 年，兰德斯坦纳的生日（6 月 14 日）被世界卫生组织确立为世界献血者日，以纪念他在输血领域做出的卓越贡献。

头痛的男孩

在维也纳大学病理解剖学系，兰德斯坦纳的主要职责是负责尸体解剖和病理诊断，十余年间完成近四千次尸检，在提升业务水平的同时，他还有机会开展临床研究，并取得多项突破。

兰德斯坦纳的日常工作之一是借助显微镜观察来确定患者病因。1906 年，他和皮肤科同事维克多·穆查在梅毒感染者标本中清晰观察到梅毒螺旋体，从而为临床诊断提供了重要工具。尽管该方法后来被其他方案代替，但在当时对减少梅毒传播具有重要意义。

1908年，兰德斯坦纳成为维也纳威廉敏娜医院病理学主任，这一职位更加有利于他开展临床研究。同年的11月16日，一名9岁男孩由于头痛入住医院，初诊为流感，经常规治疗后症状得到明显改善；然而，两天后患者病情突然加重，出现瘫痪和呼吸窘迫并很快死亡。兰德斯坦纳对这一突发状况极为关心，想知道男孩病情突变的原因，于是和儿科同事欧文·波普尔对患儿进行尸检，根据大脑病理最终确定男孩死于脊髓灰质炎。

脊髓灰质炎，又称“小儿麻痹症”，已被发现几百年，随着20世纪初在美国和欧洲的频繁暴发而令各国不得不加强相关研究。当时的主流观点认为脊髓灰质炎是由某种细菌感染引起的，因此兰德斯坦纳决定找到这种致病菌。遵循科赫法则，兰德斯坦纳首先使用显微镜在患儿神经组织中寻找细菌存在的证据，遗憾的是并未成功。不甘心的兰德斯坦纳又将患儿神经组织制备成匀浆进行体外细菌培养，仍一无所获。兰德斯坦纳将组织匀浆分别注射到兔子、豚鼠、小鼠和猴子体内，这次取得部分成功，前三种动物都健康生活，而被注射的两只猴子不久出现瘫痪症状并死亡，病理报告显示猴子死于小儿麻痹。兰德斯坦纳和波普尔结合这些结果推测，脊髓灰质炎由一种在自然界中比细菌更小的传染性病原体（显微镜无法发现）引起。这一结果于 1909 年以“急性脊髓灰质炎传播给猴子”为题在《免疫和实验治疗研究杂志》上发表。

兰德斯坦纳推测脊髓灰质炎的病原体应该是由一类比细菌小的生物引起的，而当时符合这种条件的就是病毒。当他准备用实验提供更直接的证据时却遇到麻烦，当时医院只有两只猴子可用，但它们已经死于脊髓灰质炎。为解决这一难题，兰德斯坦纳联系到当时的微生物研究圣地——法国巴斯德研究所，携带材料到法国开展实验。兰德斯坦纳将患病神经组织匀浆先行过滤以完全排除细菌干扰，然后将过滤液再注射到猴子体内，结果使猴子患上脊髓灰质炎，最终确定脊髓灰质炎是一种由病毒引起的传染病，这为进一步的研究奠定了基础，而兰德斯坦纳顺理成章成了脊髓灰质炎病毒的发现者。为表彰这一开创性发现，兰德斯坦纳于 1958 年被追授进入美国佐治亚州沃姆斯普林斯的脊髓灰质炎名人堂。

远走美国

1911 年，兰德斯坦纳升任维也纳大学病理解剖学教授，而第一次世界大战的爆发给兰德斯坦纳带来严重影响：首先，他的薪水没有变高多少，即便如此，他仍然热心于研究；其次，各种研究设施都无法有效使用。于是他利用这段时间钻研抗原和抗体特异性结合的化学基础内容。“一战”后，奥匈帝国的崩溃引发金融和社会危机，兰德斯坦纳的基本生活都无法得到有效保障。

1919 年，兰德斯坦纳全家搬到荷兰海牙，成为一家小型罗马天主教医院的工作人员。由于科研和生活条件都得到很大改善，兰德斯坦纳又可以专心做免疫学方面的研究了。然而，工作状态的不稳定总是让兰德斯坦纳感到不安，恰好美国洛克菲勒医学研究所主任、脊髓灰质炎领域专家西蒙·弗莱克斯纳向他抛来橄榄枝，承诺给予永久教职。1923 年春，兰德斯坦纳全家来到纽约。客观上讲，兰德斯坦纳更喜欢欧洲较自由的生活方式，他不太适应纽约的快节奏，但环境使然，不得不接受现实。全家人最终于六年后的 1929 年加入美国国籍。

弗莱克斯纳知人善任，给予兰德斯坦纳教授待遇，并尽其所能提供研究平台，帮助他尽快开展工作。在洛克菲勒医学研究所，兰德斯坦纳重点仍聚焦于免疫学。当时的观点认为，蛋白质等分子量较大的物质才可激发机体免疫应答，因此才可作为抗原，而小分子物质则没有这种能力。兰德斯坦纳研究发现，有机小分子在单独情况下确实无法激活免疫系统，但是如果与蛋白质结合则可诱导机体产生针对有机小分子的抗体。基于这种情况，他将它们统称为“半抗原”，一方面区别于传统抗原概念，另一方面也表明它们在免疫应答中的作用。

兰德斯坦纳对免疫化学进行了全面系统的研究并取得一系列重大进展，扩大了免疫反应的应用。1936 年，他出版了巨著《血清反应特异性》。这本书被称为免疫化学领域的经典著作。

发现新血型

兰德斯坦纳研究免疫化学的同时，并未放弃对血型的探索。他在后续的研究中发现，人类除 ABO 血型外，还存在几十种血型，包括兰德斯坦纳和同事菲利普·莱文于 1927 年发现的 M、N 和 P 血型。最为重要的是，兰德斯坦纳于退休前还发现了一种具有广泛应用价值的新血型。

1939 年，莱文发现一例孕妇产下死胎后出现大出血，再经过 ABO 血型匹配后为她输入丈夫的血液，结果出现严重凝集反应，通过进一步分析胎儿死亡的原因，发现是源于新生儿溶血病的发生，当时对这种现象的原因却不甚清晰。与此同时，兰德斯坦纳和同事亚历山大·维纳开展了一项动物实验，他们为 5 只兔子输入恒河猴血液，不出所料，出现凝血反应，意味着兔子产生了针对恒河猴红细胞抗原的抗体，他们收集这些抗体并检测它们的特异性，惊奇地发现可与 85% 人类红细胞发生特异性结合，说明人类红细胞表面拥有和恒河猴相同的抗原，因此称为 Rh 因子（Rh 取自恒河猴单词前两个字母）。1940 年，兰德斯坦纳报道了这种新型红细胞抗原，同时发现这种抗原恰好就是莱文观察到的孕妇输血凝集反应的“罪魁祸首”。

原来这位孕妇为 Rh 阴性，丈夫为 Rh 阳性。他们第一胎为 Rh 阳性，从而激发母体产生 Rh 抗体，但时间具有一定的延迟性，因此得以顺利生产。第二胎仍为 Rh 阳性，此时母体内的抗体对胎儿产生破坏，出现溶血，最终导致死胎，当丈夫输血时也由于 Rh 抗体的存在而产生凝血。

Rh 因子的发现对医学的影响非常迅速，它进一步消除

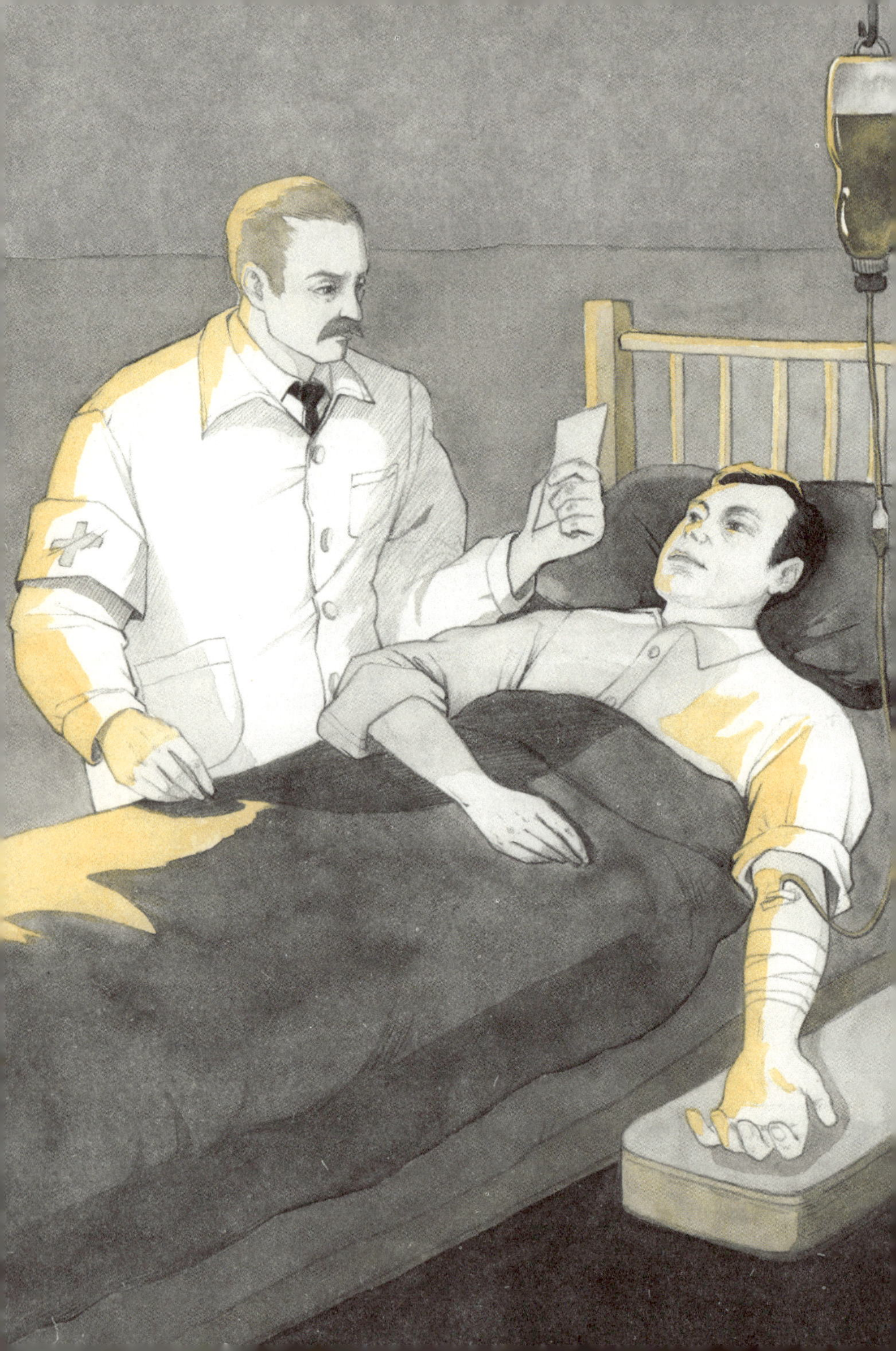

输血过程中的凝血风险（Rh 阴性不宜接受 Rh 阳性的输血）和部分 Rh 阴性孕妇妊娠的潜在风险。Rh 因子在其他领域也有重要应用，特别是与种族存在一定关联，如欧洲人 Rh 阴性率约为 35%，而亚洲人则不足 1%，因此这种血又被称为“熊猫血”，以显示其弥足珍贵。

1946 年，兰德斯坦纳由于在 Rh 血型发现中的贡献被追授拥有“小诺贝尔奖”称号的美国拉斯克临床医学研究奖。

晚年生活

1939 年，71 岁的兰德斯坦纳正式从洛克菲勒医学研究所退休，成为名誉教授。然而，兰德斯坦纳仍挚爱自己的科研事业，经常去实验室开展研究。他是一位情感极为丰富的科学家，年轻时与母亲的感情非常好，而晚年又对妻子关爱有加。兰德斯坦纳得知妻子患有甲状腺癌后，义不容辞地将科研方向转向癌症领域，期望能为妻子的疾病做些力所能及的事。为此，退休后的兰德斯坦纳仍加班加点地工作，身心压力使他原本就不佳的身体每况愈下。1943 年 6 月 24 日，正在实验室工作的兰德斯坦纳突发心脏病，并于两天后的 6 月 26 日不幸离世，享年 75 岁。半年后，兰德斯坦纳的妻子也去世了，伉俪情深的二人最终共同长眠于马萨诸塞州南塔基特市的普洛斯特山公墓。

兰德斯坦纳是一位伟大的科学天才，他在血液学、免疫学和微生物学等多个学科间游刃有余，既能无缝对接，又能自由切换，得心应手，做出了一系列有突破性、奠基性的贡献，获得学术界高度认可，先后当选美国科学院院士和英国皇家学会外籍会员。兰德斯坦纳也是一位非常谦恭的科学家，当得知被授予诺贝尔奖后，他谦虚地认为托马斯·摩尔根更值得获奖，当然后者于 1933 年也获得了诺贝尔生理学或医学奖。兰德斯坦纳还是一位为人类健康做出杰出成就的科学家，输血和脊髓灰质炎疫苗等在疾病预防和治疗方面发挥着极为重要的作用。

维生素最早的发现者艾克曼

从成为军医开始

生命维持不仅需要糖类、脂类和蛋白质等大量营养成分，还需要维生素等微量物质，如维生素 A、维生素 B1、维生素 C 和维生素 D 等，而维生素的历史要追溯到 1897 年荷兰生物学家克里斯蒂安·艾克曼，在研究脚气病过程中的一次意外发现。

1858 年 8 月 11 日，艾克曼出生于荷兰中部海尔德兰省的奈凯尔克，是家中第七个孩子。他的父亲是当地一所小学的校长，在艾克曼出生一年后的 1859 年升任为一所新成立高校的校长，于是他们举家搬到荷兰河港城市赞丹，这个城市离首都阿姆斯特丹只有 13 千米。艾克曼在赞丹度过了童年并完成早期教育。在求学阶段，艾克曼展示出极高的学习天赋，尤其对医学情有独钟，但遇到资金难题。当时学医所需学费较为高昂，他的家人难以承担，尽管如此，他最终还是找到了“曲线救国”的方法：荷兰军队有公费医学生培养方案，只要学生毕业后参军并在定向军队中服务数年，军队就会承担其教育费用。艾克曼接受了这个方案。

1875 年，艾克曼通过初步考试后成为阿姆斯特丹大学军事医学院的学生，四年后以优异成绩通过所有考试后毕业。他也在这个军事医学院开始了自己的博士研究，并于 1883 年 7 月 3 日获得博士学位，论文题目为《神经系统的极化》。

1883 年，艾克曼按照约定入伍并跟随荷兰军队一起来到东印度群岛（现在的印度尼西亚），先后在爪哇岛和苏门答腊岛等地担任卫生医疗官，主要负责调查疾病发生情况及提供治疗措施，这段工作经历激发了他对热带疾病持续终生的兴趣。1885 年 11 月，艾克曼由于在工作过程中不幸患上严重的疟疾，不得不回到荷兰本土疗养。

调查脚气病

养病期间，艾克曼意识到新兴微生物学的重要性，考虑到身体不会在短期内完全康复，他觉得这段时间是加强专业学习的好机会。

1885 年，艾克曼前往德国柏林著名微生物学家罗伯特·科赫的实验室参观，学习了基本的细菌学技术，并了解了当时的研究进展，如包括科赫在内的多位科学家已经发现了多种疾病的病因，鉴定出多种致病菌如结核杆菌和霍乱弧菌等，他还专门学习了确定疾病原因的科赫法则，这成为他下一步研究的指导思想。

更为重要的是，艾克曼还在这里结识了同样参观科赫实验室的两位荷兰科学家：病理学家科内利斯·佩克哈林博士和神经病学家提比略·温克勒博士，二人受荷兰政府委托，准备领导一个研究小组，赴东印度群岛调查一种严重疾病——脚气病的病因，进而找到预防或治疗之法。

艾克曼对脚气病早有耳闻，他在爪哇岛工作期间就观察到许多脚气病受害者。疾病开始时患者会出现虚弱、疲劳、易怒、烦躁、食欲不振和腹部不适的表现。随着病情发展，患者出现奇特的神经病变、肌肉疼痛和萎缩，以及认知功能障碍等症状，部分患者甚至发生心力衰竭。艾克曼对遭受疾病折磨的士兵深感同情，无奈由于水平所限无法为他们提供太多帮助，唯一能做的是详细记录疾病的各种资料。两位科学家向艾克曼发出共同研究的邀请，感觉健康已无大碍的艾克曼欣然接受，决定再次踏上东印度群岛的土地。

当时，脚气病已在亚洲多个国家迅速蔓延，而荷兰政府担心这可能会损害驻扎在东印度群岛士兵的健康，因此找到治疗方案已是迫在眉睫。由于当时微生物研究达到了一个新高度，因此主流观点认为脚气病也应该是由细菌引起的，佩克哈林和温克勒也不例外，这也是他们造访科赫实验室的一个重要原因。即使对脚气病并不太熟悉的科赫也认为细菌感染的可能性比较大，因此也建议他们能按照寻找致病菌的思路来对待脚气病。令他们意想不到的是，这个观点竟误导了他们十余年。

让人一头雾水的实验

1886年10月，一行人从荷兰出发来到东印度群岛的爪哇岛，在当地军队医院建起一个临时实验室，并迅速投入工作。不久，佩克哈林就从脚气病患者的血液中分离出了一种微球菌，并初步认定是脚气病的致病菌。随后，艾克曼用体外培养的微球菌先后对兔子、狗和猴子等进行注射，遗憾的是都无法制造出脚气病模型，因此他对这种微球菌的致病性半信半疑。

然而，这个项目启动不久就出现重大变故。佩克哈林和温克勒被荷兰政府召回，但他们不想让前期的辛苦付出半途而废，因此大力举荐艾克曼接管这个项目，并建议将临时实验室永久化，由艾克曼担任第一任主任。这个提议很快被荷兰政府接受，艾克曼顺理成章地成为脚气病研究小组负责人，同时还被任命为爪哇医学院（今天印度尼西亚大学的一部分）首任院长，讲授生理学和有机化学。这也标志着艾克曼结束了自己的军旅生涯，作为全职科研人员投入到研究中。

尝试用微球菌感染多种动物失败后，艾克曼认为这些动物可能需要较长时间发病，因此不是理想的模型，能否找到发病快、价格低廉的动物就成为一个重要问题。艾克曼偶然间发现厨房饲养的鸡会患上一种多发性神经炎疾病，而这种疾病在一些表现上与脚气病极为相似。艾克曼认为发现了“新大陆”，这些鸡可能是研究脚气病病因的理想动物模型。为此，艾克曼购买了一批健康的鸡进行实验。他将这些鸡分为两组，一组给予细菌感染，另一组则不接触任何病原体。1 个月后艾克曼进行观察，初步结果令他欣喜若狂，因为第一组鸡确实患上了疾病。艾克曼对尸体进行解剖和组织观察后确定鸡的多发性神经炎和人的脚气病非常类似，可看作同一种疾病。这一结果好像证明了科赫法则第三条要求，但另一组的结果却又令艾克曼大失所望，因为这些没有接种细菌的鸡也出现了症状。艾克曼将此解释为实验设计有瑕疵，因为两种鸡混养，生病的鸡会感染健康的鸡，从而二者患上相同疾病。为此，艾克曼重新买了一批鸡，将两组鸡处理后隔离喂养，1 个月后他发现两组鸡再次毫无差别地染上了相同疾病，艾克曼也再次为自己寻找理由，认为这是饲养两组鸡的鸡舍被致病菌污染的缘故。艾克曼进行了第三次实验，这次，他将鸡放置在一个经过彻底灭菌的新环境里，最终结果是两组鸡仍然没任何区别，都出现了发病情况。这下艾克曼彻底无语了，对这个结果感到一头雾水，实在想不出自己的实验设计存在何种疏漏。

然而，艾克曼并未放弃研究和思考，不久，一件更为奇怪的事情出现，从根本上改变了他的思路。

寻根追底

艾克曼不久后发现两组患病的鸡都莫名其妙康复了，此时他开始重新梳理实验背后的其他因素。原来，艾克曼所使用的实验室虽在军队医院，但当时归地方管理，也就是说鸡的处理等过程由艾克曼负责，但饲养则由实验室管理人负责。艾克曼了解到，在实验前期实验室管理人为了省钱，将军队食堂吃剩的精米（严格去皮）拿来饲养这些鸡；而在实验接近尾声时发生了实验室管理人更替，新的管理人认为这样做有假公济私之嫌，因此从市场购买糙米（未脱皮）来喂养鸡，也就是在这件事后不久，鸡的病症消失了。

艾克曼开始怀疑可能是饲料本身出了问题。为了证明米的差异是造成鸡患病和康复的原因，艾克曼再次开展研究，仍将鸡分成两组，一组用精米喂养，另一组用糙米喂养。一段时间后观察发现，第一组鸡出现了不同程度的多发性神经炎症状，而另一组则持续保持了健康状态，更重要的是，如果用糙米喂养患病的鸡一段时间，症状就会消失。这个实验清晰表明了食物与鸡的多发性神经炎相关。

从这时起，艾克曼就抛弃了细菌导致脚气病的观点，开始从营养学角度入手考虑问题。艾克曼分析，精米经过

鸡饲养实验的分组设计

脱皮处理，相对于糙米更不容易感染细菌，但是用煮熟后的精米（类似高温灭菌）饲养仍可造成鸡患病，因此唯一的可能就是糙米的外壳中含有预防和治疗多发性神经炎的成分。

艾克曼随后又用鸽子等鸟类进行测试并得到类似结果，尽管鸟的多发性神经炎和人的脚气病是否为同一类疾病尚存在争议，但艾克曼已经信心满满地认定，脚气病发生原因应与营养相关，关键是接下来如何用实验来证实这一结论。

尘埃落定

尽管鸡的多发性神经炎与人的脚气病有相似性，但二者毕竟存在差异，特别是艾克曼的研究初衷是解决人的脚气病问题。1897 年，艾克曼经过调查发现，患有脚气病的人群相对而言吃精米的比重确实大，暗示二者之间确实有内在关联。为了得到更确定的结果，艾克曼进一步开展队列实验：一组给予精米饮食，另一组给予糙米饮食，经过一段时间后发现，精米饮食组脚气病患病率为 2.8%，而糙米饮食组患病率不到 0.01%，二者相差高达约 300 倍。当为脚气病患者替换为糙米饮食后，疾病很快得以痊愈，这一结果坐实了艾克曼的前期研究结论，即人的脚气病也是一种与营养相关的疾病。

艾克曼推测食用精米之所以会患上脚气病是源于米中存在一种有毒物质，而外壳中恰好含有中和有毒物质的成分，因此二者合用（糙米）才能避免脚气病，外壳中的这种成分顺理成章地被称为“抗脚气病因子”。艾克曼因此成为第一个阐明营养缺陷疾病并发现治疗方法的科学家。

1897 年底，艾克曼由于身体健康状况不佳无法维系进一步的研究，因此再次返回荷兰。1898 年开始，艾克曼担任乌得勒支大学卫生和法医学教授，鼓励学生自由思考，反对教条思维。此后，艾克曼主要致力于细菌学、卫生学和公共卫生方面的研究，发明了著名的艾克曼测试法，用于测定水是否被人类或动物粪便污染，以及是否存在大肠杆菌。

拨云见日

离开东印度群岛时，艾克曼委托年轻的同事格里特·格里金斯继续开展脚气病研究。1901 年，格里金斯经过细致观察和全面研究后修改了艾克曼的结论，稻米外壳中并非含有解毒成分，而是拥有一类机体生长发育必不可少的成分，该成分缺乏会造成脚气病发生，因此脚气病应该是一种营养物质缺陷疾病，而非感染性疾病。

1911 年，波兰化学家卡西米尔·芬克最终从稻米外壳中分离出这种抗脚气病因子，根据其结构称之为“胺”。1912 年，芬克进一步提出自然界应该存在一类像抗脚气病因子这样对生命活动必不可少的物质，将它们统称为“重要的胺类”，音译就是“维他命”，正式翻译通常是“维生素”，而艾克曼发现的抗脚气病因子最终名称为——维生素 B1。

不久，艾克曼的发现被学术界广泛认可，开始应用于脚气病的预防和治疗。饮食结构的改善和营养成分的补充使得亚洲多个国家的脚气病发生率显著下降。

随着艾克曼这个发现的重要性日趋凸显，各项荣誉也接踵而来。1907 年，艾克曼当选荷兰皇家科学和艺术学院院士，此外还当选美国科学院外籍院士。1929 年，艾克曼由于“抗神经炎维生素”的发现而分享诺贝尔生理学或医学奖。遗憾的是这一奖项有点姗姗来迟，由于疾病，艾克曼已无法亲自到斯德哥尔摩领奖，只能委托他人代领，并

宣读获奖词。1930 年 11 月 5 日，长期患病的艾克曼在位于荷兰乌得勒支的家中去世，享年 72 岁。

艾克曼发现维生素 B1，为脚气病的预防和治疗带来直接效果，同时也为相关疾病的研究引入新思路，如坏血病、糙皮病、佝偻病等；他的发现还极大地推动了对维生素的研究，从而为医学打开一个新的领域——在 1911 年到 1940 年的三十年间，以维生素研究为主的营养学成为医学热点和前沿之一，大量维生素包括 A、C、D、E 和 B 族维生素等维生素结构和功能的阐明无疑是最重大的进展（多位科学家因此获得诺贝尔奖），在改善膳食结构和治疗营养缺陷疾病方面具有重要推动作用。

为了纪念艾克曼的奉献精神，印度尼西亚政府将一家病理学和细菌学研究中心命名为艾克曼分子生物学研究所。艾克曼是一个兢兢业业的科研人员，也是一位伟大的科学家，通过孜孜不倦的实验最终确定了脚气病的发生原因，使这种致命性疾病的发病率急剧下降，挽救了众多人的生命。更重要的是，他的发现还极大地推动了维生素研究，揭示了维生素对人体健康至关重要的作用，奠定了现代营养学的基础之一。

遗传学先驱摩尔根

热爱大自然的小男孩

“龙生龙，凤生凤，老鼠的儿子会打洞。”这句谚语精准地刻画出一个清晰的遗传画面，这一现象背后的神秘原因被两位伟大科学家破解，一位是奥地利神父孟德尔，另一位是美国胚胎和遗传学家托马斯·亨特·摩尔根。孟德尔的发现宣告着遗传学的诞生，而摩尔根的贡献则促使遗传学发展壮大。

1866年9月25日，摩尔根出生于美国南部肯塔基列克星敦的一个显赫家族，家中拥有很大面积的种植园和大量奴隶。他的曾祖父是当地首位百万富翁，父亲是南方邦联军队的一名军官，叔叔是南方邦联军队的一位将军。美国南北战争以南方战败落幕，这使摩尔根家族受到重大影响，其部分家庭财产被剥夺，社会地位也显著下降。

然而，这次重大变故对摩尔根的影响有限，甚至还有点因祸得福的味道。摩尔根原本就不热衷家族产业，而且没什么家族荣耀的概念，他更喜欢的是广阔的大自然，更倾心于有生命的花草鱼虫和飞禽走兽。没有显赫背景的羁绊，儿时的摩尔根可以整日在肯塔基州和马里兰州的乡村自由玩耍，掏鸟蛋、捡石子、找化石等，让他逐渐对自然界神奇生命的产生和发育有了兴趣。更为可贵的是，这一儿时的兴趣成了他的职业，伴随了他的一生，可谓“寄情于山水，遥望于星河，结缘于生命，痴情于研究”。

1882 年，16 岁的摩尔根进入肯塔基州立学院（现在的肯塔基大学）学习自然科学，出于对自然史的热爱，他还曾与美国地质调查局合作进行野外勘探。1886 年，他以优异成绩获得理学学士学位。随后，摩尔根来到马萨诸塞州海洋生物学院，在度过了一个夏天后，他被这里的环境和氛围所吸引，这里恰好就是自己梦想的天堂，因此他决定跟随著名胚胎学家和形态学家布鲁克斯，作为研究生进入新成立的约翰·霍普金斯大学学习。在这里，摩尔根熟悉了普通生物学、解剖学、生理学、形态学和胚胎学等知识，为将来的科研工作储备了大量基础知识。1888 年，摩尔根凭借在海洋生物形态观察方面的研究生成绩，获得肯塔基州立学院理学硕士。尽管肯塔基州立学院给出丰厚条件极力挽留，但摩尔根为了自己热爱的研究，还是毅然决然进入约翰·霍普金斯大学跟随布鲁克斯进行博士学位的研究学习。

摩尔根这次选择了海蜘蛛[①]胚胎的发生作为研究课题。他来到位于马萨诸塞州的伍兹霍尔海洋生物学研究所进行实地研究，并最终得出结论——海蜘蛛与蜘蛛等生物更“接近”，而与虾、螃蟹等甲壳类生物“较远”。摩尔根还与伍兹霍尔海洋生物学研究所建立起极为深厚的感情，即使后来他多次变动工作，但唯一不变的是对研究所的热爱。每年夏天都会来到这里，从事研究也好，放松心情也罢，毕竟这里是他科研开始的地方。1897 年到 1945 年间，他担任研究所理事，积极参与各项事务。

1890 年，摩尔根凭借这项研究获得约翰·霍普金斯大学博士学位，同时获得布鲁克斯研究奖学金，得以在研究所进行一年的博士后工作，从而有机会到牙买加、巴哈马群岛和意大利等地考察和学习。

生命从哪里来

研究中，摩尔根结识了长他十岁的另一位胚胎学家威

① 海蜘蛛：一种生长于海洋、外形与蜘蛛很像的生物。

尔逊，并成为科研知己。1891 年秋，摩尔根加入约翰·霍普金斯大学的姐妹学校布林莫尔学院，接替威尔逊担任生物学副教授，而威尔逊则转到哥伦比亚大学。摩尔根是一位天生的老师，他讲授的形态学课程获得学生的一致好评。

当然，摩尔根的心思主要还是在科研上面。1894 年，摩尔根申请到了为期一年的学术休假，得以到意大利那不勒斯动物学院开展研究。在那里，摩尔根结识了德国胚胎学家杜里舒，开启了胚胎学研究的新征程。关于胚胎发育问题，当时存在诸多争论，神创论已被摈弃，预定论和镶嵌论的观点较为盛行，即认为受精卵已是完整小个体，发育就是小个体逐渐变大的过程。这些理论的核心是“先天决定”，而杜里舒等人则持有“后天影响”的看法，认为环境在当中发挥着至关重要的作用。摩尔根比较认可杜里舒的观点，决定用实验进行验证。

摩尔根与杜里舒合作，采用海胆和草鱼的卵裂球分离实验证明，双细胞期受精卵均等分割后的每一部分都可再发育出一个完整个体，而四细胞期胚胎分割出的四个部分可发育出四个个体。这一发现有力地反驳了预定论和镶嵌论观点（他们认为在上述实验中会发育出 1/2 或 1/4 的身体）。摩尔根还发现，未受精的海胆卵可在外加特定物质的情况下诱导出细胞分裂，其他科学家在此基础上进一步发现未受精的青蛙卵不仅可以分裂，而且可以最终发育出完整的青蛙，从而人工培育出第一个“无父青蛙”。

1895 年，摩尔根回到美国并升任正教授。此时，他的研究兴趣已经转为幼虫发育。他试图区分外部原因和内部原因对发育的影响，并于 1897 年出版了第一部专著《青蛙卵的发育》。随后，摩尔根开始关注蝌蚪、鱼和蚯蚓等生物成年后的再生能力，于 1901 年出版了第二部专著《再生》。摩尔根还对生命进化有一定涉猎，于 1903 年出版了第三部巨著《进化与适应》。他接受进化过程，认可物种是在变化之中的，但并不完全认可达尔文提出的自然选择理论，即连续的微小变异可被选择并遗传。此时，摩尔根秉持的观点是：环境引起的后天效应对个体发育和物种进化都发挥着至关重要的作用。

蓄势待发

1904 年，摩尔根再次受威尔逊之邀加入哥伦比亚大学，担任实验动物学教授，研究方向也发生重大转变，原因在于 20 世纪初的几项重大突破。

1900 年，孟德尔的遗传规律被重新发现，遗传学正式诞生。孟德尔以豌豆为材料，发现了遗传的两大定律，即分配定律和自由组合定律。单个性状遗传时第二代会出现 3:1 分离，此为分配定律；两个性状遗传时第二代出现 9:3:3:1 比例，此为自由组合定律。摩尔根对此持反对意见，认为这是另一种形式的“预定论”——遗传因子严格决定后代性状而未考虑环境影响。1902 年和 1903 年，萨顿和博维里先后提出了染色体概念，认为决定个体性状的遗传因子（后来称为基因）应该位于染色体上。摩尔根从胚胎发育角度认为这种解释也不合理，所有细胞都含有相同染色体，但最终产生出差异悬殊的组织，如动物的眼睛、翅膀、腿等。摩尔根不赞成当时的主流观点，但也没有直接证据和十足把握，为此他决定用事实进行反驳。

摩尔根与遗传学有着深厚渊源。首先，摩尔根和德弗里斯相识，特别是于 1900 年造访德弗里斯花园实验室后感触颇深，能够将个人爱好和科学研究融为一体真是人生乐事；其次，摩尔根的挚友威尔逊于 1905 年发现 X 染色体，从而激发了摩尔根探索性别决定因素的兴趣。

选择一个理想模式生物[①]是摩尔根开启研究的第一步。

① 模式生物：可用于研究与揭示生命体某种具有普遍规律的生物现象的一类生物。

孟德尔选用豌豆为材料，而摩尔根以前很少接触植物，更多的是与动物打交道，因此他起初尝试的材料是小鼠和大鼠，但情况极为糟糕。由于他的实验室刚刚建立，空间和经费均不富裕，摩尔根希望能找到一种质优价廉的动物以解燃眉之急。一个偶然的机会，摩尔根知道了果蝇，他敏锐地意识到这可能是最为理想的材料。

果蝇成为遗传学模式生物可谓机缘巧合，也是情理之中。第一，果蝇可由实验室饲养，且饲养技术成熟；第二，它体积小，省空间，成年果蝇仅 3 毫米左右，一只牛奶瓶就可饲养数百只；第三，果蝇的繁殖力强，十天左右即可繁殖一代；第四，它的染色体比较大，可以在显微镜下清晰地区分性染色体。1908 年，摩尔根建立了著名的“果蝇室”，开启人生的高光时刻。

当然，果蝇也存在一些不足，如自发突变就比较困难。摩尔根花费两年时间都没有成功，但功夫不负有心人，幸运最终从天而降。

一只白眼果蝇

1910 年的一天，摩尔根借助一个放大镜屏气凝神地注视着一只雄性果蝇，被它的“与众不同”深深吸引，那就是它拥有白色的眼睛，而正常情况下果蝇的眼睛都是红色的。摩尔根认定这就是一只突变果蝇，并视如珍宝，因为终于有机会测试孟德尔的遗传定律正确与否了。

摩尔根让这只突变的白眼雄果蝇和正常红眼雌果蝇交配，结果后代都是红眼果蝇，符合孟德尔分配定律预期。接下来，他让这些雌雄果蝇进行自由交配，后代显示红眼果蝇和白眼果蝇的比例为 3:1，这与孟德尔结论也很类似。然而，摩尔根却发现了孟德尔没有观察到的现象，那就是所有白眼果蝇均为雄性，而没有雌性。摩尔根对这一现象最初迷惑不解，而后从胚胎学家的视角给出了自己的解释，那就是白眼雌果蝇胚胎发育异常，无法存活。为了验证自己想法的正确性，摩尔根随后让第二代的白眼雄果蝇与红眼雌果蝇交配，结果后代有一定数量白眼雌果蝇出现，表明最初的解释存在问题。摩尔根再让白眼雌果蝇与红眼雄果蝇交配，结果后代中雌果蝇均为红眼，而雄果蝇均为白眼。结合这些数据，摩尔根最终得出结论：果蝇眼睛的颜色基因必然定位于 X 染色体。

1911 年，摩尔根在著名的《科学》杂志上发表了自己发现的成果，主要提出三个结论：首先，某些性状（如眼睛颜色）与性别相关；其次，与性别相关的基因（如眼睛颜色）定位于性染色体；最后，作为合理推论，其他与性别无关的基因应该定位于常染色体。

摩尔根这一发现具有里程碑意义，首次将不可见的孟德尔遗传因子（后称“基因”）与可见的染色体实现统一，从而使遗传学的发展迎来新机遇。

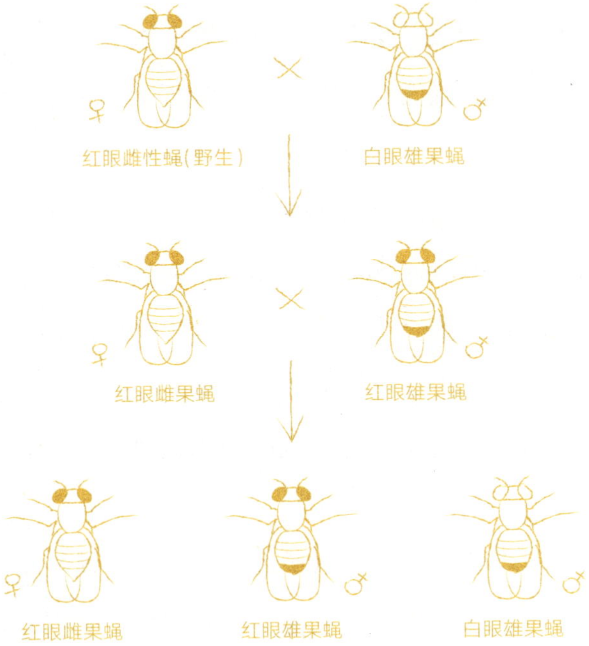

红眼果蝇遗传

人生巅峰

摩尔根在发现白眼果蝇的基础上又找到一系列的果蝇突变，然后对这些果蝇采用不同方式交配实验来研究这些突变的遗传规律。随着研究的深入，摩尔根发现孟德尔在豌豆中得到的规律同样适合于果蝇遗传，因此逐渐从试图推翻孟德尔定律转变为孟德尔最坚实的信徒。

如果仅停留在验证阶段，那么摩尔根将和德弗里斯等人一样只能算作著名的遗传学家，他更大的贡献在于将孟德尔理论进行了重大拓展。不久，摩尔根又发现了一种小翅突变果蝇，并最终也将突变基因定位于X染色体，现在已有两个基因与性别相关。摩尔根推测，既然两个基因位于同一染色体，那么它们在遗传过程中应该形影不离，但结果却并非如此——虽然大部分情况下二者同时出现，但少部分仍有分开现象发生，这一现象无法用孟德尔定律来解释。

经过深思熟虑后，摩尔根最终提出了连锁交换定律来解释这种现象，即同条染色体上不同基因之间既有连锁关系（协同遗传），又有交换关系（独立遗传）。这一发现极大地丰富和补充了孟德尔的遗传学成果，被称为遗传学

第三定律。

摩尔根还进一步发现基因间的交换频率与它们的距离成正比，距离越大，交换越频繁。基于这一现象，摩尔根根据果蝇后代表型来确定基因定位于何种染色体，并计算出基因间距——后人为了纪念他而用“摩尔根”一词作为基因间距单位。1913 年，摩尔根的学生斯特蒂文特绘制出第一张果蝇的基因图谱，奠定了现代遗传学基础。1915 年，摩尔根和学生出版遗传学里程碑意义的巨著《孟德尔遗传学机制》，这本专著将世人对遗传学的认识和理解提升到一个新高度。摩尔根在染色体理论研究过程中展示出的想象力堪比伽利略和牛顿。

1933 年，摩尔根凭“染色体在遗传中的作用”的发现荣获诺贝尔生理学或医学奖，这也是遗传学研究获得的第一项诺贝尔奖，标志着遗传学正式进入医学殿堂，成为推动医学发展的重要原动力。

伟大师者

1927 年，摩尔根收到加州理工学院的邀请，希望他能帮助建立生物系。年逾花甲的摩尔根尽管即将退休，但仍义不容辞地接受了这份工作，并于1928年来到加利福尼亚州。摩尔根创立的加州理工学院生物系，逐渐成为实验胚胎学、遗传学和进化、生理学、生物物理学和生物化学等专业的国际研究中心，后续又诞生了7位诺贝尔奖获得者。1942年，摩尔根在几经拒绝挽留后最终从加州理工学院退休，但仍继续担任荣誉教授，为学校做出力所能及的贡献。

摩尔根后来将研究重点转回胚胎学，并积极倡导将遗传学与胚胎学的研究相融合，从而使胚胎学研究也提升到一个新高度。摩尔根在胚胎学领域也做出重要贡献，但由于他在遗传学领域的影响更为突出，前者往往被忽略。摩尔根尽管知道基因的重要性，但强力反对“优生学[①]”，在他看来，这就是采用基因方法实现“改善”人性的种族主义观点。

摩尔根还积极参与公众事务，担任许多社会职务，1927年到1931年间，他担任美国国家科学院院长；1930年，他成为美国科学促进会主席。

摩尔根长期忍受慢性十二指肠溃疡的困扰。1945年，摩尔根经历了一次严重的心脏病发作，1945年12月4日由于动脉破裂而去世，享年79岁。1939年，英国皇家学会授予摩尔根科普利奖章时，对其科学贡献给予了更为全面

① 优生学：起源于英国，主要是研究如何用有效手段降低胎儿缺陷发生率。

的概括：“摩尔根创立了现代遗传学，不仅彻底改变了我们对遗传的理解，而且改变了学界对进化机制和本质的理解。”此外，摩尔根还是英国皇家学会外籍会员（1919 年）和英国达尔文奖获得者（1924 年）。

摩尔根不仅科学研究贡献突出，在人才培养方面更是独树一帜，最终形成摩尔根学派。在果蝇研究方面，摩尔根无疑可称鼻祖，具有开宗立派之功，今天研究果蝇的科学家都可算作传承摩尔根的衣钵。摩尔根培养了包括斯特蒂文特、布里奇、斯特恩、穆勒（1946 年诺贝尔生理学或医学奖获得者）和我国的谈家桢等在内的一大批科学家。

在摩尔根对其学生的要求中，有一条基本原则：必须自主找到研究课题。他们实验室没有单独安排喝咖啡、休息的时间，也不会设定固定的实验室讨论时间，因为他们每天都在讨论问题、完善思路，甚至争论之中。令许多人迷惑的是，就是在这种看似散漫、每天充满“争吵”的实验室里，一项项的重大突破发生了，这里成为遗传学的圣地，世界各地的遗传学家都来这里进修、访问和深造。

以摩尔根为代表的科学家，在 20 世纪初引发了一场遗传学革命，且经久不衰。即使在今天，遗传学也是医学里举足轻重的学科。摩尔根无疑是其中的佼佼者。他最终荣获诺贝尔奖，是首位与医学看起来“毫无关联”的获得者。遗传学也开始正式成为医学密不可分的一部分，为 20 世纪下半叶分子生物学的诞生和生命科学的蓬勃发展奠定了坚实的基础。

摩尔根获得诺贝尔奖可谓一个转折点，体现出基础科学在医学中的重要价值。这也是为什么把摩尔根义无反顾归类到医学家领域的重要原因。摩尔根算是美国本土真正意义上的第一位诺贝尔生理学或医学奖获得者（兰德斯坦纳尽管先获奖，但获奖成果主要在奥地利完成），并且带动了生命科学的发展。1981 年，美国遗传学会设立摩尔根奖章，用于表彰在遗传学领域取得终身成就的科学家。

青霉素之父弗莱明

农场童年

当我们被细菌感染，出现身体不适等各种症状时，医生通常会使用抗生素来解决。常用的抗生素如阿莫西林、氨苄西林等都起源于青霉素，而青霉素是由英国微生物学家亚历山大·弗莱明于1928年首先发现的。

1881年8月6日，弗莱明出生于苏格兰艾尔郡达维尔附近的一个农场。父亲休斯是一位农场主。父亲第一段婚姻育有两儿两女，妻子去世后在60岁时与弗莱明的母亲结婚，他们又共同生育了四个子女，弗莱明排行第三，上面一个哥哥、一个姐姐，下面一个弟弟，严格意义上说他在家中排行老七。弗莱明生活在一个十余口人的大家庭，每逢假期，亲戚们过来，家中便更加热闹，年幼的弗莱明和兄弟们捉迷藏、抓野兔和钓鱼……充分享受田园风光的快乐。弗莱明7岁时，年迈的父亲去世，大哥继承遗产，同时也承担起弟弟妹妹的生计问题。

弗莱明住在乡村，虽然拥有美丽的自然风光，但上学极其不便。弗莱明最初在村内小学校就读，为得到更好的教育，在 10 岁时转到离家 4 英里[①]的镇上学校。无论刮风下雨，弗莱明每天都需徒步往返学校，夏天时弗莱明赤脚走路，而冬天时天不亮就得出发。13 岁那年，弗莱明进入基尔马诺克学院学习后，他开始接触多门课程，学习天赋也逐渐开始显现。

1895 年，弗莱明全家搬到伦敦，弗莱明进入当地一所学费低廉的技工学校就读，毕业后到一家航运公司当学徒，每周能拿到10先令[②]报酬。当时的弗莱明并没有太多远大理想，最大的希望是能够挣钱养家糊口。在航运公司一待就是 4 年，这时弗莱明的生活出现了一次重大转折，去世的叔叔为他留下了一笔遗产。弗莱明在和已经是内科医生的哥哥商讨后，决定将这笔钱用于进一步求学并选择了医学院，机缘巧合下，“毫无准备”的弗莱明踏上了漫漫求医路。

然而，弗莱明又面临新难题，一方面他离开学校已 4 年有余，对书本知识有些生疏，另一方面自己已经 20 岁，比

① 英里：英制长度单位。1 英里等于 1609.344 米。

② 先令：英国的旧辅币单位。

其他考生都年长。但弗莱明克服了这些困难，以第一名的成绩通过了医学院入学考试，同时获得随意挑选学校的机会。弗莱明最终选择了圣玛丽医院的医学院，原因是这所医院有他喜欢的水球队队员。当然，弗莱明没想到的是，圣玛丽医院不仅伴随了他的学习岁月，还陪伴了他整个职业生涯。

过人天赋

20 岁的弗莱明开始了自己在圣玛丽医院的学业，由于入学成绩优异，还获得一定数额的奖学金，减轻了他在学费及生活支出方面的压力。入学第三年，弗莱明便完成了基础课学习，开始临床实习并在各个科室轮转，一方面培养医者的同情心，另一方面熟练掌握叩诊、听诊等诊断方法。弗莱明在医院实习期间如鱼得水，各方面成绩都很优异，可谓羡煞旁人。1906 年 7 月，弗莱明的不凡实力再一次展现了出来，25 岁的弗莱明一次性通过了英国皇家外科医生和医师学院负责的全部四项考试，而大多数学生通常需要几个月甚至几年才能通过全部四项考试。

1906 年 8 月 6 日，弗莱明在医学资格证书到手后的第二天就进入了圣玛丽医院工作。在朋友举荐下，弗莱明进入医院接种科，跟随主任阿尔姆罗斯·赖特开展工作。赖特是英国免疫学和疫苗研究的先驱，因在该领域的卓越贡献而被授予爵位并当选英国皇家学会会员。赖特是一位很有个性的科学家，大多数人都认为他生性孤僻，然而他却对弗莱明钟爱有加。弗莱明虽然通过了外科医生资格考试，但还没进入临床，因此也被同事开玩笑称作医院中唯一没动过手术的外科医生。幸运的是，弗莱明在赖特指导下，从一个懵懂的小医生逐渐成长为一位有钻研精神和科学思维的研究人员。

赖特认为通过接种策略可预防部分细菌性疾病，但该理念并未得到公众普遍接受，大家更愿意相信药物的作用。当时，赖特获悉他的德国朋友、著名的细菌学和免疫学家保罗·埃尔利希发现砷凡纳明（又名 606）在治疗梅毒方面有一定疗效，但赖特并无太大兴趣，反而是弗莱明兴奋异常，急于尝试砷凡纳明的真正疗效。弗莱明被选为英国首批开展砷凡纳明临床实验的医生，许多梅毒患者慕名而来。尽管砷凡纳明存在多种副作用，但在治疗梅毒方面取得的疗效在当时已是重大进步，弗莱明也凭此而小有名气。需补充的是，后来青霉素开始广泛应用于梅毒治疗后，砷凡纳明逐渐退出临床应用，也算二者的渊源了。

工作几年后，弗莱明的收入增加，生活质量得到极大提升，闲暇时终于可以拥有丰富多彩的业余生活了，然而，他平静、惬意的生活因为第一次世界大战的爆发而被打断，随着 1914 年 8 月 4 日英国对德国宣战，弗莱明开始了自己的军旅生涯。

临危受命

第一次世界大战期间，弗莱明放弃了自己的本职工作，与赖特一起参加战争后勤保障。赖特几乎将圣玛丽医院整个接种科搬到了位于法国布洛涅英国军事医院的一个临时实验室，以解战时之需。弗莱明作为皇家陆军医疗队临时中尉，负责伤员救治工作，在目睹许多士兵因伤口感染而死于败血症后，他迫切地想要找到解决之法。当时治疗伤口感染的标准方案是基于李斯特原理的外科消毒剂，如苯酚等，直接进行伤口冲洗，但弗莱明却观察到用消毒剂处理并不会使患者好转，反而使伤口恶化。

于是弗莱明开始进一步研究，他发现外科消毒剂主要在表面发挥杀菌作用，无法有效接触到伤口深处的细菌，并且消毒剂会无选择性地杀伤细菌，有时也会造成大量有益菌受损，这就是伤者病情加重的原因所在。他得出结论：

外科消毒剂应用于伤口感染弊大于利。弗莱明还积极探索其他方案，他发现伤口只需保持干燥和清洁即可达到有效愈合，因此建议使用高渗盐溶液清洗伤口，这一发现被发表于著名的医学期刊《柳叶刀》上。赖特对弗莱明的发现推崇备至，但遗憾的是这一建议并未引起医学界重视，大多数人仍选择使用外科消毒剂治疗伤口感染，这一情况也促使弗莱明踏上了寻找抗菌物质之路。

意外之喜

1918 年，第一次世界大战结束，弗莱明回到圣玛丽医院，升任接种科助理主任，开始寻找抗菌物质。其间他还曾调查造成两千多万人死亡的西班牙大流感的原因，遗憾的是无果而终。

弗莱明在实验操作方面并不是一位非常严谨的科学家，而恰恰是这一“特征”使他因祸得福，取得两项重大发现。为了找到抗菌物质，弗莱明需要培养大量细菌，开展大规模筛选。他制备出大量高温灭菌后的培养基，然后倒入同样无菌的培养皿，以备下一步培养细菌之需。1921 年底，弗莱明在整理培养皿过程中发现一块培养皿被空气中的细菌污染而产生菌斑，而弗莱明此时恰好患有感冒，他就将鼻涕滴落到这块已经无用的培养皿中，神奇的事情发生了，弗莱明发现鼻涕周围形成了一个清晰透明的圆圈，这表明圈内细菌已经被杀死，而圆圈之外仍是不透明区域，这意味着污染细菌仍然存活。弗莱明对这个结果半信半疑，随后又用培养着细菌的混浊溶液进行测试，结果发现加入鼻涕一段时间后溶液变得澄清透明，说明鼻涕确实具有杀菌作用。

弗莱明推测其他体液可能也具有杀菌功能，他首先将目光转向眼泪。为了收集尽可能多的眼泪，弗莱明鼓励同事积极“捐献”，当洋葱都不足以使同事们产生大量眼泪后，又换用柠檬，后来甚至招募志愿者“捐献”，每份眼泪给予3便士补偿。进一步的测试结果显示，眼泪确实也可杀死细菌。弗莱明进一步拓展测试范围，先后使用唾液、痰、血清、精液和脓液等人体体液证实这一结论，将这种抗菌物质命名为溶菌酶。弗莱明对这个发现欣喜若狂，后来他将其看作自己一生中的最大发现，重要性甚至超过青霉素。1922年5月，弗莱明在《皇家学会会刊B：生物科学》上发表《关于组织和分泌物发现的显著溶菌物质》的文章，然而令他始料未及的是，溶菌酶的发现并未引起其他人的兴趣，因为他们不相信体液中含有可以杀菌的物质，即使有，也没有实际价值。

弗莱明并没有因为同行的漠视而停止溶菌酶的探索步伐，但随后的结果也让他有些丧失信心。弗莱明发现，溶菌酶杀死的更多的是有益菌，而对造成败血症的葡萄球菌等却没有杀伤能力，意味着溶菌酶的治疗价值确实有限。溶菌酶研究的无疾而终让弗莱明有些丧气，但这并未影响他继续寻找抗菌物质的决心。

又一场意外

弗莱明意识到他应该聚焦于杀死有害菌，为此于 1927 年开始了大规模培养葡萄球菌，后用一年多时间筛选抗菌物质，却还是毫无进展。俗话说“眼不见心不烦”，为此弗莱明决定放下当前烦心事全家进行度假，鉴于工作还要继续的原则，走之前弗莱明接种了多皿葡萄球菌，将培养皿放置在实验室角落里的长凳上以便回来后可以立即使用。

1928 年 9 月 3 日，弗莱明在度过愉快的假期后重回实验室工作，在检查培养皿过程中意外发现一个培养皿被真菌污染，真菌周围出现了一个透明的圆圈形状，而远处的葡萄球菌还在茁壮生长。他当时认为这个现象很有趣，后在同事提示下意识到，这不就是溶菌酶的翻版吗？但与溶菌酶的最大不同在于这次杀死的是有害菌。

弗莱明随后确定造成“污染”的真菌属于青霉属，因此将最初命名的抗菌物质由“真菌汁”修改为“青霉素”，意指青霉菌产生的物质。弗莱明需要进一步确认青霉素杀死葡萄球菌是偶然现象还是普遍现象，因此对青霉菌进行单独培养。测试结果表明，青霉菌对部分细菌如葡萄球菌、链球菌、炭疽杆菌等都具有杀伤性，而对其他细菌如大肠杆菌和霍乱弧菌等则没有杀伤性。弗莱明还发现青霉素和溶菌酶存在诸多不同，如青霉素只能由青霉菌产生（其他真菌无效），而溶菌酶广泛存在；二者能杀死的细菌种类也存在巨大差异。

实际上，弗莱明并非第一位观察到青霉菌具有抑制细菌生长现象的科学家，但只有弗莱明抓住了这一现象并进行了深入研究。有人将青霉素的偶然发现归结于弗莱明的幸运，这是非常不客观的描述，因为弗莱明已花费十余年寻找抗菌物质，而青霉素的特性与前期的溶菌酶又出奇地相似，因此弗莱明能抓住这一意外事件并最终发现青霉素，可看作是他长期坚持的结果。正如巴斯德所说，机遇只偏爱那些有准备的头脑。如果弗莱明没有认真细致地观察，而只是无动于衷、放之任之，不抓住那些偶然现象，也就不会发现溶菌酶和青霉素。而弗莱明发现并研究青霉素的器具，今天被保存在圣玛丽医院的亚历山大弗莱明实验室博物馆。

1929年，弗莱明在《英国实验病理学杂志》上发表《关于青霉菌培养物的抗菌作用，特别是在分离流感嗜血杆菌中的应用》，全面介绍青霉素的特点及潜在用途，即将来“能用于治疗细菌感染”，但他更多强调的是青霉素的当前用途——作为一种单纯的技术工具，用以区分培养基中对青霉素敏感的细菌和耐药细菌。青霉素音译名为“盘尼西林”，主要通过破坏细菌的细胞壁生成而发挥抗菌活性，由于人体细胞都没有细胞壁，因此青霉素对白细胞等毒副作用较小，

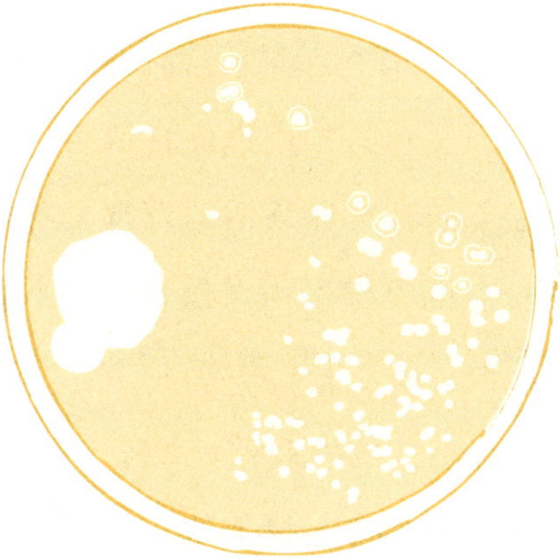

弗莱明发现青霉素的培养皿

动物和临床实验也证实青霉素是一种高效、低毒的抗生素。

合作攻关青霉素提纯难题

青霉素的命运和溶菌酶差别不大，也未引起同行太多关注。青霉素首先需要解决的问题是分离和提纯，后续才是大规模生产。因为少得可怜的青霉素对于大量需求者而言是杯水车薪。弗莱明继续研究青霉素，决定与化学家合作来完成提纯。弗莱明首先联系了包括英国医学研究委员会实验室化学系主任哈罗德·金在内的几位化学家，但收效甚微；又于 1932 年和真菌代谢物领域著名的生物化学家哈罗德·赖斯特里克组建合作团队，但只分离到色素成分，未获得抗菌物质。1935 年，赖斯特里克在一次学术会议上提到，想要大规模生产医疗用途的青霉素，几乎是不可能的。至此，大家普遍认为弗莱明的发现太难实践，花费巨大资源都无法分离到足够量的青霉素，总不能在病人体内通过培养青霉菌来直接产生青霉素。

弗莱明关于青霉素的发现被埋没了十余年。1936 年，弗莱明在医学研究俱乐部会议上谈及青霉素在治疗人类感染方面的潜在价值时，并无同行问津；在随后的国际微生物学大会上，面对来自世界各地的著名细菌学家们，他再次提到青霉素发现的重要性，可回应者还是寥寥无几。当时，几乎整个科学界都对青霉素在预防和治疗人类感染疾病方面的潜在应用没有太多兴趣。

客观上讲，大家并非刻意忽视弗莱明的发现，实在是因为该发现在实际应用中的瓶颈迟迟无法取得突破。同期，德国微生物学家格哈德·多马克于 1932 年发现磺胺药——百浪多息，其抗菌作用迅速引起科学界的普遍关注。1939 年，多马克被授予诺贝尔生理学或医学奖。

青霉素的命运的最终转变，是在霍华德·弗洛里和厄斯特·钱恩两位科学家手下实现的。

1935 年，牛津大学病理学教授弗洛里招聘生物化学家钱恩加入实验室，他们志趣相投，都对抗菌物质有浓厚兴趣。二人发现弗莱明关于溶菌酶的文章并于 1937 年提纯溶菌酶；后又发表青霉素文章并决定研究青霉素价值。

1939 年，弗洛里和钱恩向英国医学研究委员会申请基金用以支持青霉素研究。尽管同意资助，但由于英国当时刚向德国宣战，因此只能提供最低限度的资金。项目随时面临突然停止的窘状，幸运的是，弗洛里又从美国洛克菲勒基金会获得了足够资助得以使项目继续。钱恩负责青霉素提纯，弗洛里主持青霉素抗菌活性的动物实验。1939 年 5 月 25 日，弗洛里为 8 只小鼠注射致病性链球菌，4 只小鼠未做进一步处理，剩余 4 只注射青霉素；次日未做进一步处理的小鼠全部死亡，而注射了青霉素的小鼠都健康活着。弗洛里认为青霉素在抗菌方面看起来很有效，而钱恩直接惊呼这个结果简直就是一个奇迹。经过重复实验和验证后，他们最终确认青霉素是一种具有重要抗菌作用的潜在药物。这一结果于 1940 年 8 月 24 日发表于《柳叶刀》杂志，从而为抗生素研究掀开新的篇章。

弗莱明读到弗洛里的论文后兴奋异常，第一时间联系弗洛里安排会面，共同推进青霉素研究。1942 年 8 月，弗莱明从弗洛里团队获得了数量不多的青霉素纯品，并为患有致病性链球菌脑膜炎的哈里 · 兰伯特进行了首次治疗，第二天症状就显著改善，一周后完全康复。该结果于 1943 年发表于《柳叶刀》杂志上，正式确认了青霉素的临床治疗价值。然而，青霉素的实验室制备量远远无法满足实际需求，弗洛里在劝说英国政府未果后来到美国，最终成功实现了青霉素的工业化。1945 年 6 月，青霉素的年生产能力已达到 6460 亿单位。

青霉素的作用立竿见影，一定程度上影响了第二次世

界大战的走势，是盟军取得最终胜利的原因之一。青霉素的应用直接减少了“二战”期间军队因为感染而造成的截肢和死亡人数；再以细菌性肺炎为例，第一次世界大战期间患者死亡率为18%，而在第二次世界大战期间由于青霉素的使用而使死亡率降低到不足1%。由于青霉素的应用广泛，因此它挽救生命的确切数字可能难以确定，估计应该在8000万到2亿之间，堪称人类和医学发展史上的奇迹，因此青霉素的发现和应用具有里程碑意义。

随后，其他研究人员使用类似方法和生产技术又发现了多种具有杀菌作用的物质，如链霉素、氯霉素和红霉素等，它们也拥有了一个共同的名字——抗生素。弗莱明的贡献不仅仅在于发现青霉素，更在于开创了抗生素领域。

科学成就和质朴人生

青霉素重要性的体现也使弗莱明的荣誉接踵而来。1943年，弗莱明荣获英国学术界最高荣誉——当选皇家学会会员；1944年，弗莱明被授予爵位；1945年，弗莱明、钱恩和弗洛里以“青霉素发现及其对多种传染病的治疗效果”分享科学界最高荣誉诺贝尔生理学或医学奖。1999年，《时代》杂志将弗莱明评为20世纪最重要的百人之一。1945年开始，弗莱明因青霉素的发现而受到全世界欢迎，并担任世界医学和科学大使。更难能可贵之处在于弗莱明心系全人类的伟大情怀。

当弗莱明得知青霉素的生产方法在美国被申请成专利时，他极其愤怒，他是为了全人类的共同利益着想，才将青霉素的生产方法免费给予了他们，而他们却想通过垄断来获取巨大利益。弗莱明有一句名言：“为了我自己和我一家人的荣华富贵，而有意无意地去危害无数人的生命，我是不忍心的。”

1947年，赖特去世后，弗莱明继任圣玛丽医院接种科主任（1947年—1954年），后来该科更名为赖特—弗莱明研究所。从1951年到1954年，弗莱明还担任爱丁堡大学校长。1955年3月11日，弗莱明由于心脏病在伦敦家中突然离世，他的骨灰被安葬于伦敦的圣保罗大教堂。

弗莱明沉默寡言、不爱夸夸其谈的性格，也是他的众多发现不被他人所熟悉的原因之一。但这沉默下的质朴与坚持，也是青霉素最终被科学界接受的理由之一——实际上青霉素被“发现”由来已久，但只有在弗莱明长期的坚持和执着钻研下才终获成功。作为青霉素发现者的弗莱明，也作为最伟大科学家之一而被全世界人类所铭记。

幽门螺杆菌的发现者马歇尔

开启学术生涯

摄入营养（通俗说就是饮食）是生命维持的基本需求，胃是消化系统最重要的器官之一，其重要性不言而喻。长期以来，以胃炎和胃溃疡为主的慢性胃病严重影响人类健康，轻者影响饮食并痛苦万分，重者可发展为胃癌等造成死亡。20 世纪 80 年代，胃溃疡致病原因——幽门螺杆菌的鉴定是实现胃病治疗的一次革命，大大提升了临床疗效，为众多被胃病折磨的患者带来福音。这一切都得益于澳大利亚医学家巴里 · 马歇尔和其同事的重大发现。

1951 年 9 月 30 日，马歇尔出生于澳大利亚西部的金矿小镇卡尔古利，是家中 4 个孩子中的老大。父亲当时是一名铁路工人，后独立经营快餐店，母亲是一名护士。马歇尔在卡尔古利度过了自由自在的童年，他做过各种各样的事情，包括制作弓箭、弹弓和放学后点燃自己亲手制作的“超级烟火”——事后遭到父母严厉教训。同一时间，他的母亲看着当地 16 岁上下的小男孩们纷纷辍学去矿井工作，她开始考虑起孩子们的未来。在马歇尔 8 岁时，他们全家搬到了西澳大利亚州首府珀斯。

在学校里，马歇尔的成绩偶尔会在班上名列前茅，但大部分时间处于中等水平。在家里，他有非常多的书可以读，父亲有很多技术书籍，所以马歇尔在 8 岁时就会制作电磁铁，而母亲的医疗和护理书籍，令马歇尔对医学产生了一定兴趣。

1969 年，马歇尔开启了自己的大学生活，虽然他一直喜欢数学，但他认为电气工程专业的数学课程难度不是自己所能承受的，因此转入医学院学习。马歇尔认为医学更适合自己，一方面，不用担心高等数学带来的些许压力——不需要每天接触微积分；另一方面，生物、化学等课程都非常有趣，结合自己以前的医学基础，在这里可算得上得心应手、顺风顺水。

1975 年，马歇尔从西澳大利亚大学医学院毕业，并获得医学和外科学士学位，随后进入伊丽莎白二世女王医疗中心开始内科实习和住院医师培训。此时的马歇尔对将来并没有明确的目标，单纯感觉老年病、肿瘤学和风湿病等学科具有重要价值，并初步意识到基础和临床相结合更为重要。几年的实习经历，使马歇尔对医学有了更深的理解，相比其他学科，医学充满了挑战，人们对许多疾病都缺乏足够的认识，直接导致临床治疗方案非常有限，患者痛苦和无奈的表情都在马歇尔心中留下了深刻印象。在实习过程中，马歇尔还发现许多书本知识在实际应用过程中总会遇到这样或那样的问题，他意识到了疾病本身的复杂性，这也成为他日后从事研究的动力所在。

1978 年，马歇尔开始了专科医生培训。他对心脏病学和相关手术产生浓厚兴趣，鉴于皇家珀斯医院是当地唯一开展此类手术的地方，因此，1979 年，马歇尔转到皇家珀斯医院培训。意想不到的是，他竟在这里开启了自己的学术生涯。

机缘巧合

在皇家珀斯医院，马歇尔异常忙碌，一方面要开展专业学习，而另一方面又要兼顾家庭，4 个孩子的上学和吃饭都需要他照顾。在这种背景下，马歇尔遇到了他的人生贵人和科研知己。1981 年下半年，马歇尔轮转到胃肠科进行 6 个月培训时，其间被鼓励开展一项临床研究项目，他咨询指导老师汤姆·沃特斯的意见，老师给了他两个选择：一是整理和分析患者病历；二是协助病理科医生罗宾·沃伦开展实验研究。

让我们把时间拨回到两年前。1979年6月的一天下午，正在进行常规胃活体病理检测的沃伦无意间发现样本表面存在一条蓝色线条，在高倍显微镜下放大进一步观察发现，样本中含有众多弯曲、呈螺旋状的细菌。沃伦进一步用细菌染色方法证明了自己的发现，欣喜若狂的他随即对病理室保存的近10年的标本开展检测，结果发现超过30%的胃标本存在这种细菌。以前这种细菌之所以一直没被发现，一方面是因为从来没有人意识到胃内会有细菌存在，另一方面也是因为这种细菌比较脆弱，标本处理过程中容易被破坏而错失。沃伦搜集了更多确凿的证据来证明自己发现的正确性，然而，同行对这一发现嗤之以鼻：受传统观念影响，人们认为强酸性环境的胃内不可能容许细菌生存，即使有，也不大可能是胃病的发生原因。处于这种状态的沃伦向沃特斯请求帮助，希望提供人手拓展研究。

马歇尔毫不犹豫地选择协助病理科医生罗宾·沃伦开展实验研究，并迅速与其取得了联系。

马歇尔的第一个任务，是拿到一些胃病患者的临床资料。马歇尔对一位女性患者印象深刻——她当时主诉腹痛，但常规检查未发现胃内指标异常（当时细菌尚未被列入常规检测），最终不得不送到精神科开展治疗。随后马歇尔从这位女性患者及其他几位腹痛患者那儿重新获得新鲜标本，随后进行检测，最终证实沃伦的发现：患者的胃部内确实存在细菌。此后马歇尔坚信沃伦发现的正确性，每天朝气蓬勃地工作，希望能发现更多的蛛丝马迹。然而，同事们却都投来异样的眼光，他们原来以为神经“不正常”的只有沃伦一个，现在有两个了。

马歇尔进一步查阅相关文献，发现以前也曾有胃内细菌的相关报道，他更加坚信他们这一发现的正确性。1983 年 6 月，他们的发现在著名医学杂志《柳叶刀》上发表，正式报道人的胃内存在细菌，后将其命名为“幽门螺杆菌”。

无心插柳

1981 年底，马歇尔完成胃肠科轮转后进入其他科室，后又于 1982 年 5 月完成皇家珀斯医院培训轮转到珀斯以北 2000 千米的黑德兰港医院工作，但仍继续着幽门螺杆菌的研究。

为进一步确定幽门螺杆菌是胃病致病原因，马歇尔决定遵循著名的科赫法则，在体外完成纯净幽门螺杆菌的培养。为此，他首先从溃疡患者的胃中采集细菌样本，随后将它们放置在培养皿中进行体外培养。遗憾的是，随后几个月均未成功，马歇尔对此一头雾水。1982 年复活节后的第一个星期三，奇迹发生了，培养皿中出现了大量细菌菌落，经过进一步鉴定，这些细菌被确定为幽门螺杆菌。马歇尔深入调查后，才解开了前期失败之谜。原来，医院常规细菌培养为两天期限，两天后如没有菌落出现则推定培养失败，随后将培养皿进行处理，并告知马歇尔阴性结果。而在复活节周末却出现一个小插曲，当时医院特别忙，工作人员无暇顾及用作幽门螺杆菌实验的培养皿，将它们放置在旁边准备等有空时再做处理。这一耽搁就是几天，待他们想扔掉“无用”的培养皿时才发现实验就这样毫无征兆地成功了。原来幽门螺杆菌不同于普通细菌，它们生长缓慢，两天时间很难长出肉眼可观的菌落。马歇尔得知医院细菌培养流程后大为震惊且恼火，如果能早一天知道，让细菌培养多一些时日，实验进度将大大加快。不过，马歇尔也应该感谢这次无心之失，毕竟取得了成功，否则长期失败最终可能使他的细菌培养计划无果而终。

马歇尔进一步推测，若幽门螺杆菌感染真能导致胃溃疡，则理论上抗生素治疗应该有效。可是，他尝试了医院几种常用抗生素后均没有达到预期效果。在实验迟迟无法取得进展之时，马歇尔开始在历史文献中搜寻相关信息，最终发现 19 世纪 60 年代德国医生阿道夫·库斯莫尔曾使用铋化合物治疗胃溃疡并取得不错效果。受此启发，马歇尔为胃溃疡患者使用铋化合物，结果幽门螺杆菌的生长明显受到抑制，患者症状出现好转，但通常会在不久后复发，疗效难以持久。不久，马歇尔给一名胃溃疡患者也进行铋化合物治疗，这名患者由于并发其他感染而同时服用了抗生素甲硝唑治疗。奇迹再次出现，这名患者胃溃疡痊愈并不再复发，胃镜检测表明幽门螺杆菌完全消失。这个结果表明，在铋化合物和甲硝唑双重作用下，可达到有效杀灭幽门螺杆菌的目的。马歇尔敏锐地意识到自己找到了治愈胃溃疡的新方案。随后，马歇尔为多名胃溃疡患者尝试铋剂和甲硝唑联用治疗，结果大部分患者都痊愈了。

1982 年 10 月，马歇尔首先在珀斯举办的皇家澳大利亚医师学院年会上介绍这项成果，却收到负面评价，在胃肠病学家看来，胃溃疡是由细菌导致的理念简直荒谬至极。1983 年 9 月，马歇尔在比利时布鲁塞尔举行的第二届弯曲杆菌感染国际研讨会上再次报告自己的研究结果，却仍旧没有得到多少正向的回应，除了英国微生物学家马丁·斯基罗的大力赞赏，其他人大都持怀疑态度。当马歇尔和沃伦将自己的发现再次投稿给《柳叶刀》时，同行都不予认可，拒绝发表。

当时医学界的主流观点是：胃溃疡主要由压力、刺激性食物和胃酸过多等引起。抑制胃酸分泌的新药西咪替丁的发明和应用进一步强化了这一观点。斯基罗再次发挥重要作用，他与编辑部进行沟通，表明可重复马歇尔的结果，编辑部经过慎重考虑，最终于几个月后发表了这篇文章。

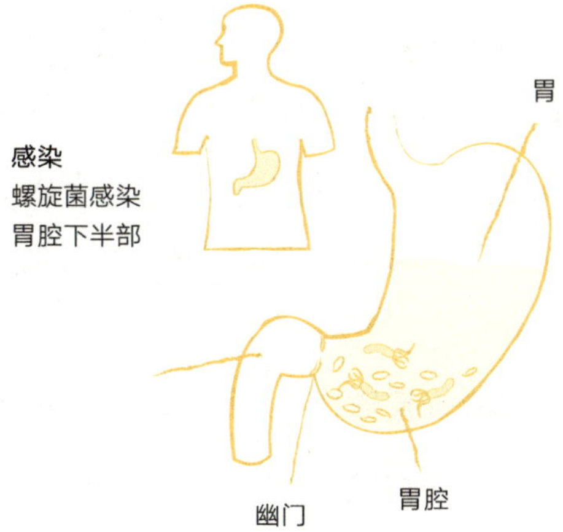

幽门螺杆菌引起胃溃疡过程示意图

一锤定音

虽然文章被发表，但是马歇尔的观点仍不被大多数科学家和临床医生所接受，他们质疑马歇尔的理由是：实验数据不足以支持幽门螺杆菌致病这一结论。他们认为这些细菌要么是操作过程中被污染了，要么本来就是无害共生菌，根本不会导致疾病，更有甚者，宣称无法重复实验，不排除马歇尔作假嫌疑。

按照科赫法则，需要从动物模型中复制出幽门螺杆菌致病的结果，但遗憾的是马歇尔多次对实验室小鼠进行操作均未成功，而直接用人进行实验根本无法通过医院的伦理学审批。面对这一窘状，马歇尔决定置之死地而后生，那就是拿自己做实验材料。做出这一大胆决定的原因一方面在于这是面对质疑最有效的回击方式，另一方面是对自己研究结论的自信，那就是即使染病，也可通过抗生素治疗实现痊愈。

马歇尔首先进行胃镜检查，证明自己确实未曾感染幽门螺杆菌；第二步从胃溃疡患者胃内取出细菌后在体外进行大规模培养、收集，马歇尔再将之喝下。5天后，马歇尔开始感觉不适，每天晚上醒来时胃痛和呕吐，同时伴发口臭等症状；10天后，他再次接受胃镜检查，发现胃内出现大量细菌，体外确定为幽门螺杆菌。至此，马歇尔严格遵循科赫法则证明幽门螺杆菌确实是引发胃病的一种病原体。更为重要的是，马歇尔随后对自己进行抗生素治疗后顺利痊愈，第三次接受胃镜检查时发现，已无细菌存在。这个看起来有点“不道德”的实验为马歇尔的结论提供了直接证据，论文最终发表在《澳大利亚医学杂志》上，成为该杂志引用次数最多的文章。

尽管马歇尔不在皇家珀斯医院工作，但仍与沃伦保持密切联系和经常性的科研沟通。当马歇尔将最新成果与沃伦分享时，沃伦也是欣喜万分，他意识到他们的成果很快会被同行广泛接受。恰在此时，沃伦接到一个来自美国《星报》杂志的越洋电话，询问有关幽门螺杆菌研究的最新进展，沃伦详细介绍马歇尔亲力亲为的实验结果，经报社编辑“添油加醋”式的宣传报道，竟收到意想不到的效果。美国民众获悉澳大利亚医生发明了一种治疗胃溃疡的新疗法，咨询信息接踵而来，部分深受胃病折磨的患者亲自来到马歇尔所在医院进行治疗，事情开始出现重大转机。

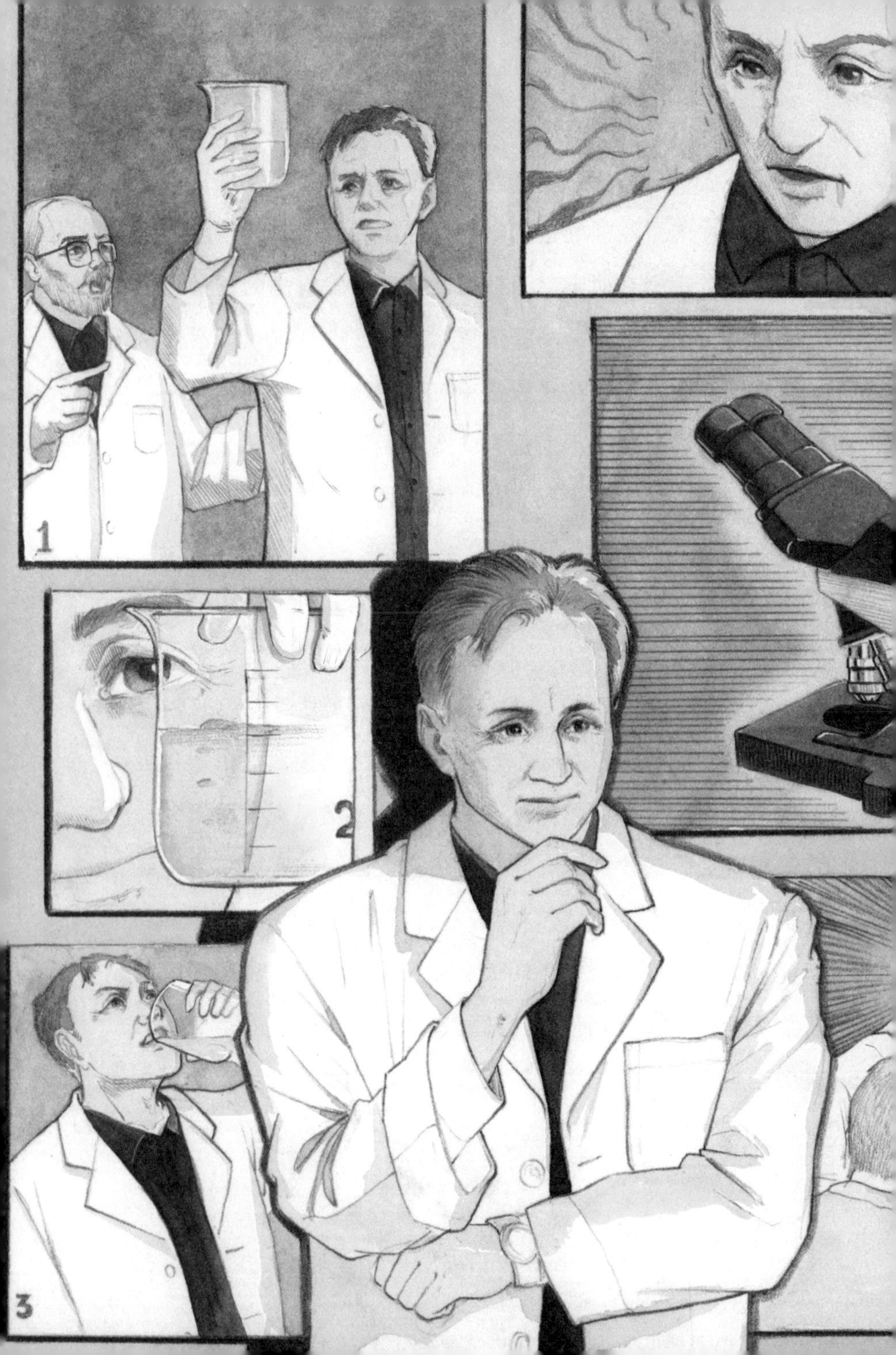
1
2
3

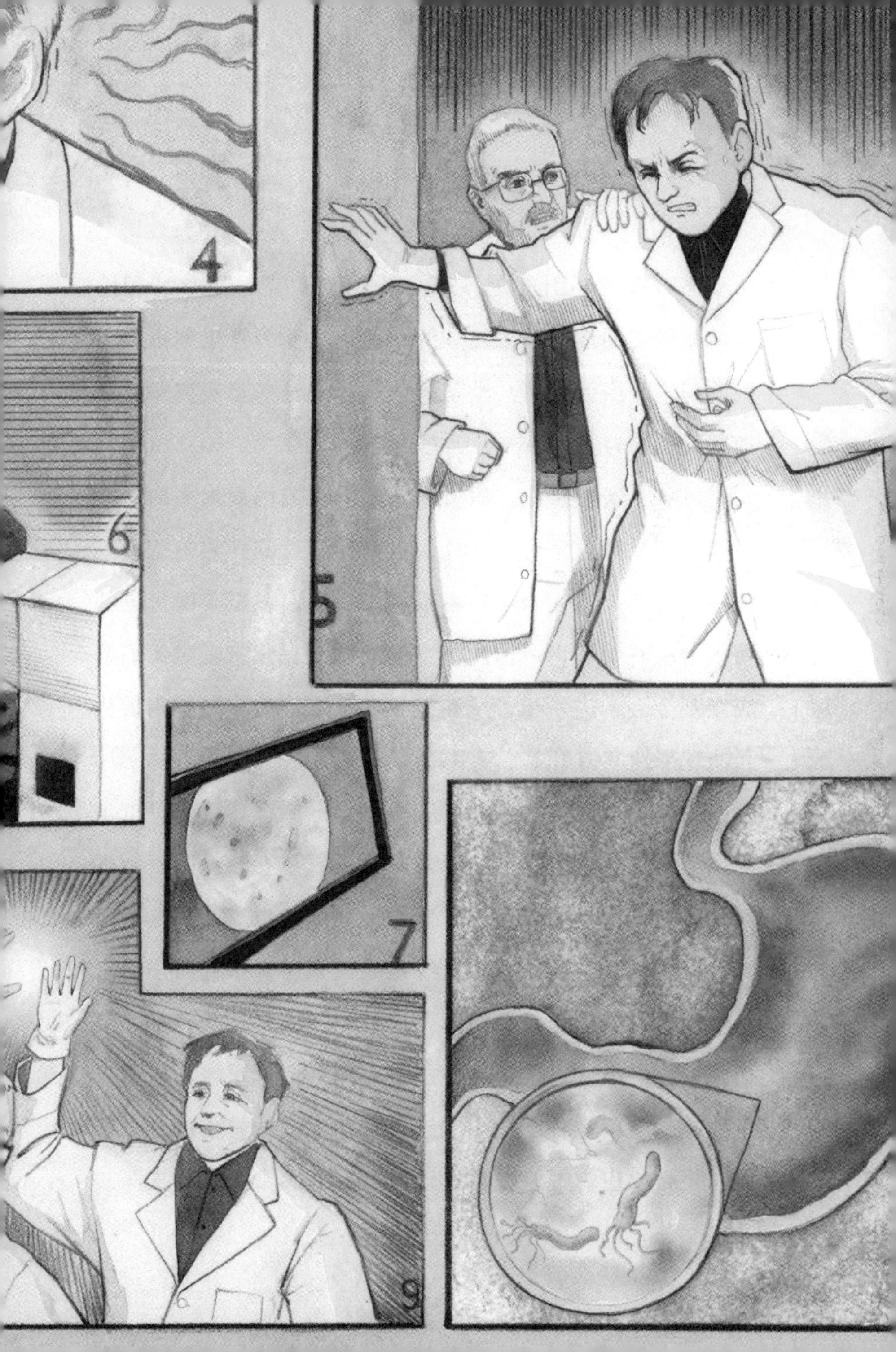
4
5
6
7
9

终获认可

这篇报道还引起美国微生物学家迈克·曼哈特的注意。他仔细阅读马歇尔发表的相关论文后，意识到重大商机的到来，因此邀请马歇尔到美国开展进一步研究，1986年马歇尔成为美国弗吉尼亚大学的一员。

马歇尔亲力亲为，积极倡导以采用抗生素为主的慢性胃病临床治疗方案，这在外人看来简直达到狂热的程度。马歇尔的新疗法使众多患者摆脱了病痛，以至美国每天的报纸上都有胃病患者治愈消息的故事刊登。患者纷纷捐款成立基金会，进一步普及和倡导慢性胃病治疗新知识，从而使越来越多的患者了解并接受新方案。

20世纪90年代，越来越多的证据也使学术界对马歇尔的态度有了根本性改变。1992年，马歇尔在学术会议上再次介绍自己的研究时，赞赏开始逐渐超越批评。1994年2月，美国国立卫生研究院最终达成共识，宣布胃溃疡诊断标准之一是幽门螺杆菌检测，治疗的关键是将幽门螺杆菌根除。这一事件也成为马歇尔发现的一个分水岭，科学界正式接受幽门螺杆菌是引发胃溃疡的病因。马歇尔在早期还发现胃癌患者通常也伴发幽门螺杆菌感染，因此推测二者之间也存在因果关系，美国将幽门螺杆菌明确列为致癌物，预示幽门螺杆菌的消灭对胃癌预防具有重要意义。

马歇尔还积极探索幽门螺杆菌的新型诊断方式。马歇尔发现幽门螺杆菌具有独特的代谢方式，可以将尿素分解为二氧化碳和氨，从而开发出一种幽门螺杆菌呼气测试法。今天医院常用的 C-13 同位素呼吸试验就是基于此原理，就诊患者先服下 C-13 同位素标记的尿素，如果存在幽门螺杆菌，就会有 C-13 标记的二氧化碳生成和释放，通过检测呼出气体中的放射性水平来确定感染幽门螺杆菌的数量。

在马歇尔的推动下，科学界还积极寻求其他治疗幽门螺杆菌感染更理想的治疗方案。目前，临床上常用方案有三联和四联疗法，三联通常是拉唑类药物（如奥美拉唑）加两种抗生素（如克拉霉素与甲硝唑），四联则是在三联基础上加一种铋剂。

荣誉等身

1996 年，马歇尔回到西澳大利亚工作，重点还是从事幽门螺杆菌的相关研究。2007 年起，他担任传染病研究和培训中心共同主任。

20世纪90年代开始，幽门螺杆菌发现的重要性日益凸显，马歇尔的科学贡献也得到学术界的普遍认可，各种科学大奖被马歇尔尽数收入囊中，包括沃伦·阿尔珀特奖（1994年）、拉斯克临床医学奖（1995年）、喜力医学奖（1998年）和庆应医学奖（2002年）等，其中最为重磅的，是2005年由于马歇尔在“幽门螺杆菌及在胃炎和消化性溃疡病中作用方面的发现”而与沃伦共同荣获诺贝尔生理学或医学奖。2007年，马歇尔被授予澳大利亚同伴勋章，1999年当选英国皇家学会会员，2011年成为中国工程院外籍院士。这些荣誉马歇尔在研究之初是无法想象的。

在妻子眼中，马歇尔单纯、执着，对自己的事业有种非常强大的自信，并且极为享受研究过程，而这可能是许多伟大科学家的共同品质。马歇尔并非第一位发现幽门螺杆菌的科学家，但他却是第一位用严密实验证实幽门螺杆菌是导致慢性胃病的科学家。马歇尔的发现看似有一定偶然性，有很大机遇成分，比如，他幸运地结识了沃伦，但马歇尔的执着精神和不懈努力才是他最终取得重大科学发现的根本原因。马歇尔也曾戏谑地说，最应该感谢的是那些错失幽门螺杆菌发现的科学家。

幽门螺杆菌是胃病致病因素之一的发现，从根本上改变了慢性胃病的治疗，并在预防胃癌方面发挥重要价值，成为医学史上重大突破之一。我国作为胃癌发生大国，幽门螺杆菌的有效控制更是意义非凡。因此，马歇尔和沃伦的发现在提升全人类的健康方面可谓居功甚伟。

试管婴儿之父爱德华兹

一波三折的开端

生老病死是个体发展的基本规律，新生命的诞生是物种延续不可或缺的一环。生儿育女对大多数人而言，是一件平淡无奇的事情，然而却有一定比例的人无法得偿所愿，他们或不孕或不育，承受着较大的社会压力。试管婴儿的出现为他们带来了福音，这也是医学史上具有里程碑意义的重大突破，完成这一壮举的，是被誉为“试管婴儿之父”的英国生理学家罗伯特·爱德华兹。

1925 年 9 月 27 日，爱德华兹出生于英国约克郡小镇巴特利的一个工人家庭，是兄弟三人中的老二。5 岁时，爱德华兹全家搬到曼彻斯特，因为这里距离父亲工作的地方更近。当时工人家庭出身的孩子可通过参加奖学金考试来竞争有限的入学指标，这被认为是进入理想大学的最佳途径。1937 年，爱德华兹顺利通过了考试，如愿以偿进入名校——曼彻斯特中心男子高中，该校还是中子的发现者、1935 年诺贝尔物理学奖获得者詹姆斯·查德威克的母校。

可是，第二次世界大战的爆发暂时打断了爱德华兹的学业。出于安全考虑，爱德华兹被父母送回约克郡老家的农场，由于当地学校招收走读生较为不便，爱德华兹便只能休学。在这一年休学期间，爱德华兹一方面体验了大自然的优美环境，另一方面还学到了许多农业知识，近距离观察了绵羊、猪和牛的饲养与繁殖过程，懵懂的他对动物生殖产生极大好奇心。尽管耽搁了一年学业，但天资聪慧的爱德华兹最终仍以优异成绩毕业了，随后被招募到英国军队。

1948 年，爱德华兹退役回到曼彻斯特，随后进入位于班戈的北威尔士学院。他出于爱好选择了农业，但不久就发现自己犯了一个严重错误，那就是此时的自己已不再钟情于农业了，他对小麦或燕麦种子的萌发毫无兴趣，对大麦每亩的播种量没有任何概念。为了前途着想，他申请转专业，最终于 1951 年从动物系毕业。爱德华兹原打算在本校继续深造，但由于没有心仪的研究内容，转而向爱丁堡大学遗传学研究所康拉德·沃丁顿申请遗传学专业，并最终被录取。

然而，令爱德华兹头痛的事情随之而来，那就是进一步深造需要高额的学费，而这远超父母的承受力。爱德华兹为此花了一整个夏天的时间来打工挣钱，先后帮农民收割庄稼、在曼彻斯特码头搬运香蕉、在面粉厂搬麻袋、在报社做勤杂工等，最终攒足了所需要的学费。

1952 年秋，爱德华兹如愿以偿来到了爱丁堡大学，这里是发育生物学的研究圣地，包括沃丁顿爵士在内的众多著名科学家的成果极大地拓展了爱德华兹的认知，这里还充满浓厚的学术气息，从而使爱德华兹逐渐喜欢上了科研。爱德华兹以优异的学习成绩获得了沃丁顿爵士的欣赏，在其建议下继续攻读博士学位。他选择了艾伦·比蒂作为自己的博士导师，专注小鼠的受精和胚胎早期发育过程的研究，开始了自己的研究生涯。

伉俪情深

19 世纪，科学家已经知道人的生命诞生并非上帝主宰，而是先由精子与卵子结合形成受精卵，然后受精卵经过多次分裂和发展过程，最终发育出胚胎的各个组织和器官。十月怀胎，一朝分娩产下胎儿。

虽然这个大概过程是已知的，但当时人们对个中细节并不是很了解，比如卵子如何成熟，该过程发生异常的后果如何，等等。比蒂最感兴趣的问题是遗传对卵子发育的影响，考虑到伦理问题，他选择小鼠的卵子作为研究对象。爱德华兹需要收集大量的小鼠卵子才可以开展下一步实验，然而这在当时是一件极为棘手的事情，原因在于雌鼠通常在午夜排卵，在该时间段收集卵子，效果最理想，这导致爱德华兹不得不经常持续工作到深夜。这一状况持续了近三年时间，他决定做出一些改变。

爱德华兹找了一位助手来分担任务，另一位女博士鲁思·福勒加入研究团队，这大大减轻了爱德华兹的工作强度。他尝试改变午夜取卵的不便，于是和福勒合作开发一种新方法，为雌鼠注射一定量的性激素，这样不仅能控制排卵时间，而且能控制排卵数量，该方法后被称为“福勒—爱德华兹法”并被研究卵子功能的其他实验室广泛采用。通过改进方法，爱德华兹一举两得，避免熬夜的同时也获得了更多实验材料，最终顺利完成研究内容课题，于 1957 年获得了博士学位。与此同时，爱德华兹与福勒也喜结连理，可谓好事成双。

科研道路尽管艰辛，但同时充满着快乐和幸福。研究期间烦琐和枯燥的生活非但没有磨灭爱德华兹的科研热情，相反更加坚定了他献身科学的决心，可以说这是科学的力量，或者说是爱情的力量，亦可能是二者兼而有之。

新起点，新挑战

1957 年，爱德华兹来到美国加州理工学院进行为期一年的科学研究，一方面是为拓宽思路，另一方面是为寻找新的研究方向。随着当时世界人口快速增长，公众的关注焦点之一是减少生殖，因此爱德华兹决定研究不孕症的原因，找到阻碍精卵结合的方案，以期能在这个领域做出重大贡献。

1958 年，爱德华兹回到英格兰，加入英国医学研究院实验生物研究所，尝试实现精子和卵子在体外结合的详细过程，然而实验并不顺利，直到 1962 年，一项重大突破改变了爱德华兹的研究历程。华裔美籍生殖生物学家张明觉实现了黑雄兔精子和黑雌兔卵子的体外融合，并将发育胚胎植入一只白兔的子宫内，最终产下一窝黑色幼崽。这说明这些幼崽的父母为黑兔，白兔只发挥代孕作用。这是人类第一次实现试管哺乳动物技术。受这一进展启发，爱德华兹做出一个大胆设想，那就是可采用相似策略完成试管婴儿，从而解决人类不孕问题。然而，爱德华兹将这一想法与妇产科医生进行沟通尝试合作时，她们对此没有太多兴趣，幸运的是产科医生莫莉·罗斯被他的执着深深感动，同意尽其所能为爱德华兹提供研究用的卵子，因此这些卵子显得弥足珍贵。

主流观点认为哺乳动物的卵子在体外需要 12 小时才能成熟，爱德华兹用多种动物实验验证了这一说法的正确性。然而，当爱德华兹使用人类卵子进行实验时遇到重大挑战，那就是人类卵子 12 小时后并不能成熟。他尝试给人类卵子更多的时间，随后发现人类卵子在 25 小时后才开始成熟，到第 37 小时才完全成熟。1965 年，爱德华兹在著名医学杂志《柳叶刀》上发表了这一研究成果，纠正了生殖学领域的一个重大错误。

科研挚友

爱德华兹于 1963 年加入剑桥大学并最终成为生殖学教授，但他的研究遭到了部分同事的反对。爱德华兹发现，尽管卵子可以在体外成熟，但无法在体外与精子完成结合，他因此推测，这种从被切除的卵巢中分离出的卵子存在先天不足，如果能从母体内获得即将排出的成熟卵子则效果更佳，然而，该过程需要无创或微创操作才行。这对爱德华兹而言无疑是一个巨大的挑战，因为他是一位理学博士，缺乏临床研究经验。

幸运不期而至，1967 年，爱德华兹从杂志上了解到，英国一家小医院的一位妇产科医生成功开发出腹腔镜技术，并成为该领域一流专家。这位医生是帕特里克·斯特普托。

腹腔镜最初主要应用于在微创下观察女性生殖道健康状况。爱德华兹立刻意识到腹腔镜在从妇女体内获取卵子方面具有巨大潜力，因此立刻打电话与斯特普托联系，并最终达成合作意向。剑桥的同事们认为爱德华兹和一个缺乏学术背景的人士合作是一件疯狂的事情，然而爱德华兹并不介意这些非议。

1968 年，爱德华兹与斯特普托正式达成合作，首先进行的是直接让人类卵子在体外受精。幸运的是，许多女性在知道爱德华兹和斯特普托的研究工作后，主动报名成为志愿者捐献卵子，这为后续的研究提供了可靠保证。实验开展得非常顺利。不久，爱德华兹使用腹腔镜获取的卵子首次实现体外受精，形成受精卵，该成果于 1969 年发表在《自然》杂志上。

虽然获得了体外受精卵，却又出现了发育停滞的问题，爱德华兹无法开展下一步工作。为此，爱德华兹邀请护士让·珀迪加入团队。在珀迪的精心呵护下，培养条件得到优化，受精卵终于开始分裂、产生细胞团，这些细胞团无论在外部形态还是内部结构方面都非常正常。爱德华兹结合动物研究结论，自信地认为如果将这些细胞团植入受试者体内，就有望产生出健康的胎儿——这一发现于 1971 年在《自然》杂志上发表。

在争议中砥砺前行

爱德华兹在决定正式启动试管婴儿计划之前，就已经预见到这项研究不可避免地会带来伦理争论。为此，爱德华兹与美国律师大卫·夏普就试管婴儿可能引发的伦理问题在《自然》杂志上共同发表了“社会价值和人类胚胎学研究”的评论，全面分析潜在的风险和解决之策，最终明确得出结论，试管婴儿安全，不会引发伦理问题。

但这一概念一经提出，就引起了一场持续至今、旷日持久的大论战。伦理学家认为试管婴儿技术会带来怪胎降世，并故意曲解这项研究，认为爱德华兹是打着治疗不育的幌子，真正的用意是进行胚胎研究；他们还宣称试管婴儿根本无法治愈不孕不育症，因为这样诞生的婴儿成年后仍会不孕不育。针对这一指责，爱德华兹针锋相对地回应道：如果这一逻辑成立，那么具有同样效果的眼镜、假牙和心脏移植等算什么呢？是不是同样应该停止研发和应用？

另一些人认为，当时的主流是减少人口，因此发展安全避孕措施才是正道，而爱德华兹开展的试管婴儿研究无疑与该理念背道而驰。但爱德华兹坚持认为，不孕不育症患者有权利诞下自己的孩子，而他所做的事业就是为了解决这部分人的需求，与主流并不相悖。1971 年，英国医学委员会拒绝爱德华兹和斯特普托提出的试管婴儿研究资助申请，但万幸的是，剑桥大学同意了资助。

当然，爱德华兹没有被这些反对的声音吓倒，他毅然决然地启动了研究，因为他坚信试管婴儿对人类具有重大益处。与伦理争论相比，爱德华兹面临的更大挑战在于实际操作过程中遇到的种种难题。首先是交通不便，爱德华兹所在的剑桥大学和斯特普托所在的奥尔德姆相距遥远，1968 年到 1978 年 10 年间，爱德华兹驱车在两地之间来回奔波。其次是进展不顺，来回奔波固然枯燥劳累，但更令爱德华兹气馁的是实验的一次次失败。尽管动物实验已非常成熟，但在人类实验方面仍有许多困难尚未解决，比如所有实验操作都要尽量不伤害妇女和胎儿，这无疑增加了实验的难度。1971 年开始，爱德华兹和斯特普托进行了多次尝试，先后有 40 个病人都以失败告终。直到 1975 年，第 41 个病人才成功怀孕，然而遗憾的是这次胚胎植入到达的是输卵管而非子宫，病人发生宫外孕而不得不终止妊娠。尽管一次次失败，但是两位科学家仍痴心不改，坚定地相信他们的想法一定会实现，随后又有 60 多位病人接受了胚胎植入，遗憾的是无一发育到最终分娩，直到第 103 位病人的到来。

大功告成

1976 年夏天，布朗夫妇找到爱德华兹，他们已历经十余年的尝试但仍无法怀孕。诊断结果发现，布朗太太输卵管堵塞，对于这种情况，传统方案束手无策，因此医生建议他们尝试一下试管婴儿。经过慎重考虑后，布朗夫妇接受了这一建议。1977 年 11 月 9 日，布朗太太开始排卵，第

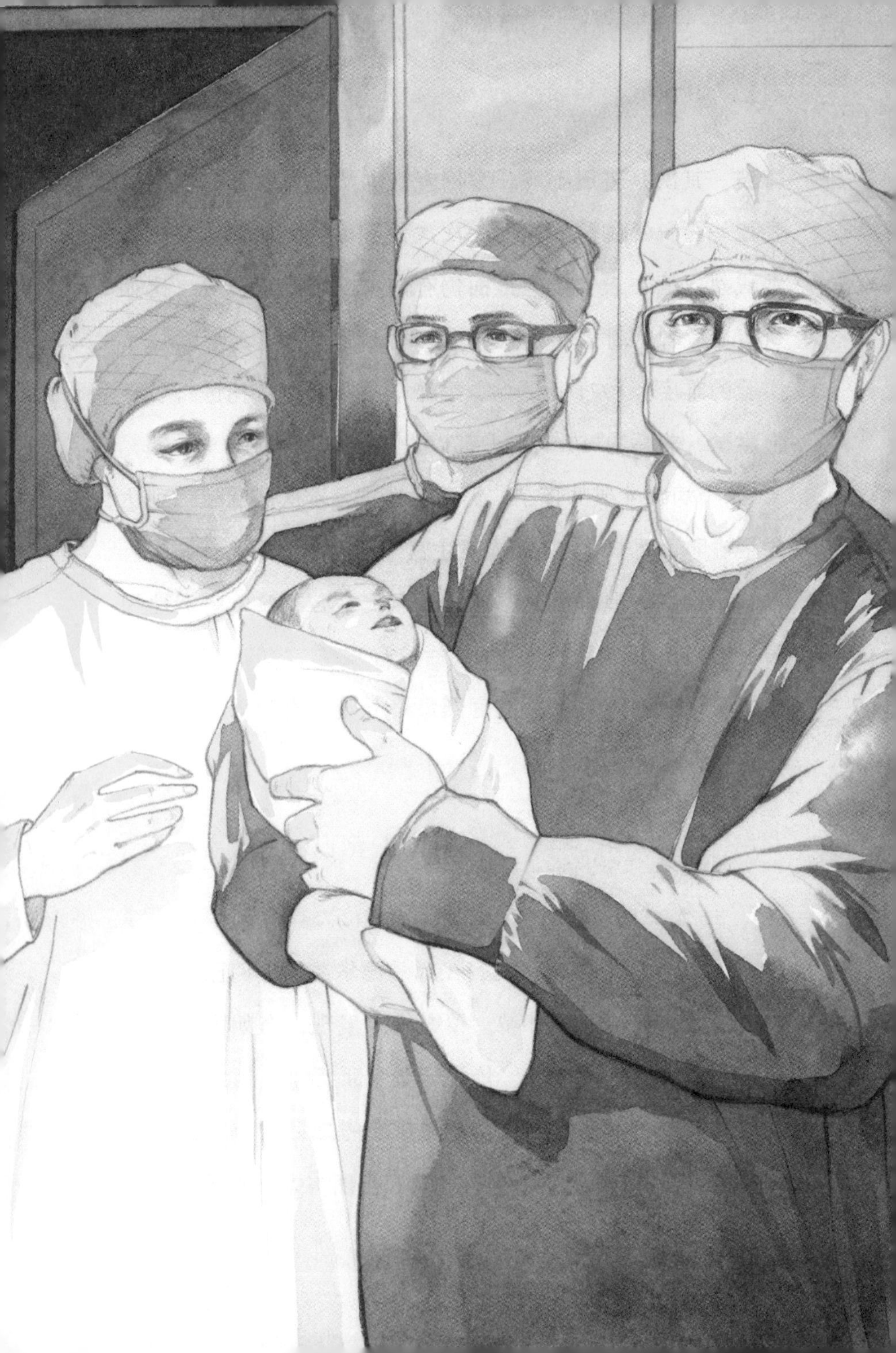

二天，斯特普托利用腹腔镜成功获得了一枚卵子，并在体外实现了人工授精，两天后将发育出卵细胞的受精卵植入布朗太太子宫，幸运的是这次实验非常成功，布朗太太顺利怀孕，胎儿发育一切正常。

随后，爱德华兹开始了漫长的等待，期待这次能取得成功，布朗太太的任何不适都可能引起爱德华兹的万分焦虑，还好，一切最终都化险为夷。1978 年 7 月 25 日，已经妊娠 8 个半月的布朗太太再次出现异常，考虑到胎儿已基本发育成熟，不想再进一步冒险，如果流产将再次导致前功尽弃，最终决定采用剖宫产方式来生产。

1978 年 7 月 26 日，伴随着一声啼哭，世界上第一例试管婴儿诞生，这名女婴的名字是路易丝·布朗。路易丝的诞生是团队十余年辛勤探索和艰苦工作的回报，意味着他们首次实现了试管婴儿技术，宣布一个医学新时代的到来。

为避免引起不必要的社会纷争，减少舆论压力，在路易丝诞生前，这个消息一直秘而不宣，但产房门口仍聚集了来自世界各地的数百名记者，他们在焦急地等待这一激动人心时刻的到来，等尘埃落定，他们要迅速地将这个消息传遍全世界。公众的反应会是多种多样的：许多不孕不育症患者看到了希望；一些社会人士却表达了关注和担忧；

部分同行投来质疑的目光，怀疑这是一个假消息——然而随后的多名试管婴儿的诞生证明这是一个确凿的事实。

终获认可

1980 年，爱德华兹在剑桥波恩诊所建立了世界上第一个试管婴儿门诊部；同年，美国也诞生了第一例试管婴儿；我国也于 1988 年开始应用试管婴儿技术治疗不孕不育。今天，试管婴儿已成为一项治疗不孕不育的常规方法，为成千上万的不孕不育夫妇解除痛苦，带来福音。目前，全世界已诞生上百万名试管婴儿，他们都健康地生活着。值得一提的是，第一例试管婴儿路易丝已于 2004 年结婚，爱德华兹也参加了她的婚礼。路易丝的第一个儿子为自然受孕并于 2006 年 12 月 20 日正常出生，这进一步说明试管婴儿技术的安全性，同时也彻底打破了公众的质疑之声。

1984 年，爱德华兹从剑桥大学退休，仍担任荣誉教授，继续从事相关研究。随着试管婴儿技术的广泛应用，爱德华兹的贡献也逐渐得到科学界认可。1984 年，爱德华兹当选为英国皇家学会会员；2001 年，荣获有美国“诺贝尔奖”之称的拉斯克临床医学奖；2010 年，由于试管婴儿技术的开发而荣获诺贝尔生理学或医学奖。但这一奖项姗姗来迟——做出关键性贡献的斯特普托已于1988年离世，无法分享这一荣誉；就连爱德华兹也由于身体缘故而无法到现场领奖。但欣喜的是，他们毕生追求的事业最终得到了认可。

过去，临床医学的大部分进展仅对医学发挥一定的推动作用，只有极少数具有革命性意义，试管婴儿技术就属于后者。2000年，英国评价出上千年来英国在临床医学领域的四项最伟大成就，试管婴儿位列其一，另三项分别为琴纳首创的天花疫苗、南丁格尔创立的护理学和弗莱明发现的青霉素。

将青蒿素献给世界的屠呦呦

成为药学家

疟疾是一种由蚊子传播的传染病，患者通常出现发烧、疲劳、呕吐和头痛等症状，严重情况下可导致黄疸、癫痫发作、昏迷或死亡。疟疾是严重威胁人类健康的疾病之一，全球每年有上亿人次感染疟疾、近一百万人因此死亡。

青蒿素的发现从根本上改变了疟疾的治疗方案，进而挽救了成千上万的生命，而青蒿素的发现者正是我国著名药学家屠呦呦。

1930 年 12 月 30 日，屠呦呦出生于我国浙江省宁波市的一个富裕家庭，是家中唯一的女孩，父亲在银行工作，母亲是全职主妇。屠呦呦的父母对子女教育极为重视，屠呦呦在当地最好的私立学校完成了初等教育。童年时，屠呦呦曾亲眼见证中医药的神奇疗效，对其产生极大兴趣，但当时年幼的她未曾想到将来会与中医药结缘终身。

1946年，16岁的屠呦呦不幸患上了肺结核，不得不在家休养、接受治疗，两年后她康复了，得以继续求学。这段经历对屠呦呦的职业选择至关重要，她深深意识到，如果能学习医学知识并掌握一定的医疗技能，不仅可以保证自己的健康，还有机会为他人提供帮助。1951年，屠呦呦参加了高考并填报了自己心仪的专业，最终被北京大学医学院录取，成为药学系的一名大学生。1952年，医学院从北京大学分离出来，成为独立的北京医学院。药学系由1941年成立的中药研究所发展而来，中药自然为其主要发展方向，但也开设生药学、药物化学和植物化学等课程，可算中西合璧。大学阶段，屠呦呦接触到药物学相关的几乎所有基础知识，如药用植物的起源、分类、形态和识别；植物中活性成分提取方式、溶剂选择、性质和结构决定等。通过这些课程的学习，屠呦呦加深了对草药和药用植物的理解，为将来的研究奠定了基础。

1955年，大学毕业的屠呦呦被分配到卫生部新成立的中医药研究院中药研究所工作，开启了自己的工作和研究生涯。

20世纪50年代初，中国医疗资源缺乏，全国只有约两万名医生和数万名中医。为了充分利用有限的医疗资源，国家启动了多项医学培训项目，如倡导中西医结合，鼓励医学院毕业生和工作不久的年轻医生学习中医药知识。屠呦呦参加了全日制培训，系统学习了中医方面的知识，进一步加深了对中医药的理解和认识，并熟悉了中药制备方法。传统的中药炮制从数千年中医实践经验中发展和总结而来，采用不同方法可最终达到提高药效、减少毒性的目的。基础知识的学习、自己实践过程中的摸索，都使屠呦呦受益匪浅。

屠呦呦参与的第一个研究项目是半边莲，这是一种用于治疗血吸虫病的草药。屠呦呦在指导教师楼之岑教授的指导下，全面研究了它的生药性能①，另外还研究了治疗感冒的中药黄芪。此时的屠呦呦按部就班，直到疟疾治疗计划的出台，她的学术生涯才发生改变。

艰难探索

疟疾是一种严重的传染病，已为害人类数千年，古希腊和古罗马时期就已有大量记载，但直到 19 世纪末才有真正意义上的突破。1880 年，法国医生查尔斯 · 拉韦朗首次

---

① 生药性能：又称药性，是中药作用的基本性质和特征的高度概括，主要包括四气、五味、归经、升降、浮沉、毒性等。

在疟疾感染者红细胞内观察到寄生虫（疟原虫）的存在，并证实疟原虫是疟疾的致病原因，拉韦朗由于这一发现而获得 1907 年诺贝尔生理学或医学奖。1897 年，苏格兰医生罗纳德·罗斯阐明蚊虫是疟原虫的中间宿主，并详细绘制了疟原虫在蚊虫体内完整的生命周期，进而提出通过改善环境减少蚊虫滋生可达到预防疟疾的目的，罗斯也因此获得 1902 年诺贝尔生理学或医学奖。1942 年，瑞士化学家保罗·米勒发现双对氯苯基三氯乙烷（简称 DDT）可有效杀死蚊虫，从而起到控制疟疾传播的目的，米勒也因此荣获 1948 年诺贝尔生理学或医学奖。这一事实说明疟疾研究在医学发展中的重要性。

疟疾治疗也在摸索中缓慢发展。秘鲁人很早就发现金鸡纳的树皮可用来控制疟疾的发烧症状。1820 年，科学家从中提取出活性成分奎宁，此后，奎宁一直成为疟疾治疗的标准药物。直到 20 世纪 40 年代，氯喹以更好的疟疾治疗效果取代奎宁，一时间使大家看到战胜疟疾的希望。

20 世纪 50 年代，世界卫生组织决定启动雄心勃勃的疟疾消灭计划，其基本策略是 DDT 灭蚊和氯喹应用双管齐下，期望能在一定时期内控制疟疾传播甚或达到基本消除的目标。但结果却事与愿违，DDT 的应用破坏了生态平衡，得不偿失而最终被禁止；氯喹的大量应用使疟原虫耐药性不断增强，以致治疗效果急剧下降。疟疾研究者急需找到一种更加理想的治疗方案。

1967年5月23日，我国启动疟疾消除计划，这个计划也被称为“523项目”。523项目聚集了中药学、西药学、药理学等各个领域的骨干力量，协同攻关解决疟疾这个顽症。在随后的两年内，有上千种化合物被测试，遗憾的是，无一被证明对杀伤疟原虫有效。1969年2月，523项目组造访了中国中医药研究院和中药研究所，期待能在中药上寻找突破，而屠呦呦最终被选定为中药组负责人。屠呦呦对这不期而遇的安排异常激动，同时感到重任在肩，需要全身心投入到这项重大计划之中。

屠呦呦随后从汗牛充栋的中医药文献中寻找治疗疟疾的良策。疟疾在中医文献中也早有记载，最早可追溯到周朝的《周礼》，在随后的大量著名文献如《黄帝内经》《金匮要略》和《千金方》中都有记载。屠呦呦在接手任务后的三个月内，通过彻查大量中医文献和走访许多经验丰富的中医，最终收集到两千余份治疗处方，并从中选定640份处方，撰写出《抗疟处方集》一书，分发给其他研究小组，以供参考。

1969年5月，屠呦呦从选定的处方中制备出上百种提取物，随后在小鼠疟疾模型上依次测试它们的疗效。她历经两年时间完成了所有提取物的动物实验，遗憾的是，仍没有心仪的结果出现。1971年6月，经历过多次实验失败的屠呦呦决定重新审视以前的中医文献和自己的实验记录，无意中发现多篇文献中提到青蒿可缓解疟疾症状，而青蒿提取物也显示出一定的疟疾症状缓解效果，但存在数据不理想和结果不稳定的缺点，未引起足够重视。屠呦呦凭直觉感知青蒿在治疗疟疾方面可能有重大潜力，只是由于种种原因而遗漏了某些关键信息。屠呦呦再次全面地查阅中医文献，这次幸运注意到葛洪《肘后备急方》中的一些细节，从而触发了自己的科学灵感。

灵感突现

葛洪是我国东晋时期著名的医生和哲学家，持有“道法自然”的思想，还撰写了多部医学著作，其中就包括引起屠呦呦注意的《肘后备急方》。这本书主要是针对急症的治疗药方，而急症实际上有两类，一类是真正的急性病，就是常说的传染性疾病，另一类是慢性病的急性发作。《肘后备急方》一书提出了急诊救治的朴素观念，描述了常见急症的临床表现，同时开出了治疗这些疾病的良方。作为常见急症的疟疾，自然也成为《肘后备急方》的重点关注对象，书中给出了多个治疗方案，其中一个是：“青蒿一握，以水二升渍，绞取汁，尽服之。”

屠呦呦发现葛洪对青蒿的使用不同于传统中药的炮制方法，因此推测可能是高温煮沸过程破坏了青蒿中的某些活性成分，所以获得的提取物在疟疾治疗中效果不佳。在这一想法的指导下，屠呦呦及时修改了提取过程，首先改用低温操作，然后对所得提取物进行测试，疟原虫抑制活性有所提升，但仍未达到期望的效果。凭借在药物提取方面扎实的专业基础，屠呦呦认为青蒿的活性成分可能在水中溶解度不高，而更易溶于有机溶剂，这种现象在西药中非常普遍。因此，屠呦呦进一步将水换作乙醚做溶剂进行提取，这次所得青蒿活性成分抑制效果急剧提升，大家看到了希望。屠呦呦和同事接下来对整个提取过程进一步完善，如有效去

青蒿

除提取物中的酸性物质，观察到青蒿叶含有更多活性成分时将青蒿其他部位去除，这样可使青蒿活性成分的产量更高。

屠呦呦随后使用新的青蒿提取物对小鼠疟疾模型进行检测，疗效出乎意料，不仅抑制了小鼠体内疟原虫的生长，而且基本达到消除的效果；随后在猴子疟疾模型中的测试也得到了相同结果。1972 年 3 月 8 日，屠呦呦将鼓舞人心的研究结果在 523 项目小组上进行汇报，得到大家的极大肯定。

终获成功

从 1972 年 3 月开始，屠呦呦团队开始大批量生产青蒿提取物，为进一步临床研究做准备。由于没有合适的制药厂参与，屠呦呦和同事只能利用实验室里的简易装置进行生产工作，许多人甚至把家具带到实验室以供使用。为了早日获得足够量的青蒿素，他们加班加点地努力工作。由于通风设施无法匹配大规模青蒿提取，团队成员不得不长期暴露于有机溶剂的包围之中，许多人出现了不同程度的健康问题，但他们毫无怨言，坚持工作，只希望能早日实现青蒿素的应用。

与此同时，青蒿素毒理测试也在有条不紊地进行，但部分实验结果并不令人满意。为稳妥起见，项目组决定推迟临床实验的启动时间。屠呦呦心急如焚，因为她知道如果无法在年底前开始临床实验，那就意味着将要再等一年时间，对亟待治疗的疟疾患者而言无疑是一个巨大损失。屠呦呦对青蒿提取物的安全性很有信心，因此决定发扬“神农尝百草”的精神，最终和两名同事主动请缨，以身试药。1972 年 7 月，项目组领导经过慎重考虑后批准了他们的请求。屠呦呦服下青蒿提取物，每天记录身体的变化，一周时间内都未见明显异常，大家这才放心。另外 5 名同事随后又自愿参与了青蒿提取物剂量递增实验，也未见异常。屠呦呦和同事们用自己的身体完成毒理学实验，最终证明了青蒿素的安全性。

这一非常规操作加快了青蒿提取物的应用历程，为众多疟疾患者赢得了时间。1972 年 8 月，青蒿提取物 I 期临床实验在海南省正式启动，21 名疟疾患者（9 名氯喹耐药的恶性疟疾，11 名症状反复发作的间日疟疾，1 名混合型）接受了青蒿提取物疗效和毒性测试。两个月后观察发现，受试者无明显不良反应，进一步证明了安全性，更重要的是神奇的临床疗效：患者服药一段时间后，发烧等症状开始消失，最终血液中也基本检测不到疟原虫了，曾经令人恐惧的疟疾被治愈了。同一时间，北京 302 医院的 9 名疟疾患者也接受了青蒿提取物治疗，最终也达到成功治愈的效果。

1972 年 11 月，523 项目组成员在北京举行通报会，全面回顾青蒿提取物一年来的研究进展，最终达成一致意见，同意青蒿提取物作为抗疟药物在全国范围内应用。后续的大样本数据表明了青蒿素在治疗疟疾中的有效性。

继续改进

受临床结果的鼓舞，屠呦呦团队继续研究如何从青蒿提取物中分离和纯化出活性成分。1972 年 11 月 8 日，屠呦呦采用色谱法获得活性成分的晶体，将该晶体直接应用于疟疾治疗也获得同样效果，说明其就是青蒿提取物发挥活性的纯品。进一步的结构分析表明，这是一种完全不同于以往任何药物的全新化合物，根据来源将其命名为青蒿素。青蒿素的发现仅仅是对疟疾作战取得的第一次重大胜利，随后还有另一大问题需要解决，那就是如何将天然分子最终转化为药物。

1973 年 8 月，屠呦呦将青蒿素制成片剂后开展临床试验，但未获得预期效果，通过分析发现这是片剂难以分解和利用的缘故。1973年9月底，屠呦呦又将青蒿素制成胶囊，治疗效果提升了很多。1973年9月，屠呦呦开始尝试以红外光谱法解析青蒿素结构，为此需要对青蒿素采取各种修饰以评估结构—活性关系。屠呦呦无意间发现了一种独特的光谱峰，分析表明应该是双氢青蒿素，在使用双氢青蒿素进行抗疟疾实验时，她发现其抑制活性是天然青蒿素的10倍以上，成为后来临床应用的主要成分。屠呦呦发现，最初研究中使用的青蒿产自北京，其缺点是青蒿素含量低，大规模生产和应用将耗费大量资金和时间。为此，屠呦呦联合多家研究机构，从全国各地采集青蒿，然后检测其青蒿素含量，最终发现四川产的青蒿最符合生产要求。根据药物监管要求，屠呦呦团队完成了青蒿素和双氢青蒿素的化学结构、药理学、药代动力学、稳定性和临床试验等一系列实验，最终分别于1986年和1992年获得中国卫生部颁发的新药证书。

由于种种原因，青蒿素相关研究成果最初从未在国外杂志上发表，只有几篇论文以中文形式在国内出版。随着改革开放政策的不断推进和深化及国际交流日益频繁，青蒿素研究的幕后英雄开始走向台前。20世纪80年代，青蒿素和双氢青蒿素在治疗中国数千名疟疾感染者方面的疗效引起全世界的关注。1980年，罗氏公司远东研究基金会的基思·阿诺德在获悉中国的青蒿素研究后，与广东的一家课题组取得了联系并联合开展临床实验。两年后，实验数据显示青蒿素在治疗疟疾方面优于已有的所有治疗方案。

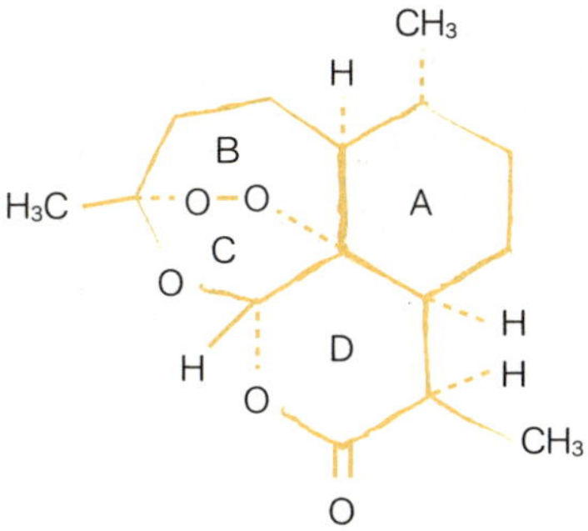

青蒿素

1981 年 10 月，由世界卫生组织、世界银行和联合国开发事业部赞助的疟疾化疗科学工作组邀请屠呦呦在其第四次会议上介绍她的研究成果，引起与会人员的热烈反响。这些进展推动了青蒿素和双氢青蒿素走出国门，开始在全球疟疾治疗中发挥重要作用。2005 年，世界卫生组织宣布将青蒿素联合疗法作为疟疾标准治疗方案。自青蒿素被发现以来，至今已有两亿多名疟疾患者接受了青蒿素或青蒿素联合疗法的治疗，在挽救众多生命，特别是非洲儿童方面发挥了难以估量的价值。

迟来的荣誉

随着青蒿素在治疗疟疾中价值的逐渐体现，屠呦呦在青蒿素发现过程中的贡献也逐渐得到科学界认可。2003 年，

CH3
H
H3C
H
H
H
CH3
OMS

屠呦呦获得泰国玛希顿皇家医学贡献奖；2011年，荣获具有“小诺贝尔奖”之称的美国拉斯克临床医学研究奖；2015年，分享沃伦阿尔伯特基金奖，并分享诺贝尔生理学或医学奖，成为亚洲至今唯一一位女性诺贝尔生理学或医学奖获得者；此外，她还获得了2016年度国家最高科学技术奖，2019年荣获共和国勋章。当然，在屠呦呦看来，与荣誉相比，更重要的是青蒿素本身在拯救疟疾患者生命方面的实际功效。

毫无疑问，青蒿素的发现是多家机构和多位科学家精诚合作和集体努力共同的结果，而屠呦呦在其中的贡献尤为突出，因此也就成为杰出代表被公众所熟知。2009年，屠呦呦出版《青蒿及青蒿素类药物》一书，全面介绍了青蒿素的发现史及研究过程中获得的有关青蒿素和衍生物的相关知识。青蒿素的发现和应用是中国为世界科学发展作出的原创性贡献，为全球公众健康作出卓越的贡献，也是中药研究中里程碑式的发现。

（全书完）